PRINCIPLES OF ECONOMICS

제 2 판

경제원론

박유영 · 조성봉 · 박창수 · 김대욱

탑북스

제2판 머 리 말

초판 발행 이후 2년여의 세월이 흘렀다. 그동안 강의를 담당하였던 교수들이 미흡하거나 보완해야 할 부분을 중심으로 수정 · 보완하여 제2판을 내놓게 되었다.

이 책의 구성은 초판의 편제를 유지하되 초판의 8장과 11장을 가계 및 기업의 경제행위를 다루는 제2편으로 옮겼다. 그리고 3편에서는 소득분배와 형평성문제, 독과점문제, 시장실패와 정부의 역할 등을 다루는 장들로 구성하였으며 분배와 형평성을 다루는 10장에서 분배적 정의관(분배적 규범성)을 추가하였다.

4편의 14장 거시경제의 개요에서 거시경제의 작동과 국민소득의 순환과 균형을 다루는 절을 추가하여 보완하였고, 6편의 23장과 24장을 통합하여 23장으로 해서 경기변동, 경제성장, 저개발국의 특성과 개발이론을 다루었고 성장 및 개발정책에 대한 논쟁과 문제점을 추가하여 보완했다.

2판이 출판되는데 박창수 교수, 조성봉 교수와 김대욱 교수께서 기꺼이 참여하여 주신 것에 감사드리며 또한 본서를 교재로 사용하면서 내용과 문장을 다듬어주고 교정을 도와준 조재호 박사와 강달원 교수에게 감사드립니다. 아울러 본서의 출판에 성심성의껏 도와준 탑북스 김광식 사장과 이신정 편집주간을 비롯한 출판관계자 여러분께 감사드립니다.

2013. 1.

저자들을 대표해서 박유영

머 리 말

이 책은 경제학의 기본적인 내용을 개괄적으로 다루는데 중점을 둠으로써 학생들이 한학기동안 수강하고 다음 단계의 고급경제학과정을 계속 공부함으로써 체계적인 경제학연구를 할 수 있도록 하고, 경제학을 전공하지 않는 비전공자들도 그리 어렵지 않게 책의 내용을 이해할 수 있도록 배려를 하였다. 경제학에서 다루어야 할 부분이 누락이 된 것도 없지는 않으며 또한 내용의 구성 및 전개상 많은 부분이 이 분야의 국내외 여러 원론들 중에서 발췌・요약된 것이다. 따라서 필자 자신의 독창력에 의한 저서라기보다 기본이론들을 정리하여 필자의 체계 내에서 편집한 것에 불과하다.

이 책은 7편으로 구성되어 있으며, 제1편에서는 경제문제와 경제학이라는 제목으로 경제학의 기초적인 내용과 경제학의 분류 및 연구방법론 등을 다루었다. 제2,3편에서는 미시적인 측면에서 경제학의 기본적인 수요・공급, 합리적인 정신에서 기인된 개별기업의 공급과 개개인의 경제행위에 대하여 다루었다. 그리고 시장경제의 장점 및 단점에 관하여 다루었다. 시장에 있어서 독점이 미치는 사회 전체에 대한 폐단과 이에 대한 정책적 대응에 관하여 언급하였다. 제4,5,6편에서는 GNP에 대한 개념과 거시적인 측면에서 경제 전체적 균형의 달성에 관하여 언급하였다. GNP와 화폐부문, 총수요・공급에 관하여 언급하였으며, 그리고 실업과 인플레이션의 상충적 관계의 필립스곡선과 이에 대한 정책적 대안인 소득정책에 관하여서도 다루었다. 그리고 합리적 기대가설과 스태그플레이션에 관한 케인지안과 공급경제학자들의 견해, 그리고 경기순환과 경제발전, 경기순환 및 경제성장에 따른 전반적인 문제점에 관하여 언급하였다. 제7편에서는 무역이론의 기본이라 할 수 있는 몇가지 이론과 국제거래와 환율에 관하여 개괄적으로 다루었다.

한권의 책을 탈고하고 나면 누구나 다 절감하는 일이지만 미흡한 부분이 항상 마음에 걸리게 마련이다. 이 책도 예외는 아니어서 좀 더 경제학의 산지식을 익힐 수 있도록 보다 배려를 하였으면 하는 아쉬운 생각이다. 일단 미흡하나마 한권의 책으로 출생시켜 앞으로 부족한 점을 점차적으로 보완해 나가려는 다짐을 해 본다. 독자 여러분의 현명한 조언과 질타를 바라마지 않는 바이다.

미흡한 책이나마 출판되기까지 여러 측면에서 여러분들의 많은 도움을 받았다. 특히 국제경제부문(제25~26장)의 내용중 일부를 서술해주거나 많은 도움과 조언을 주신 최유식 교수님과 제13장, 15장 그리고 21장 등의 보완에 많은 도움과 조언을 해준 조운행 교수님께, 그리고 강달원 박사, 조재호 박사, 김경표 박사 또한 탑북스 김광식 사장님, 이신정 편집주간님을 비롯한 출판관계 여러분께 깊은 감사를 드립니다.

2011년 1월 새해에
상도동 연구실에서
저자 씀

차 례

제1편 경제문제와 경제학

제1장 경제와 경제문제

제2장 경제학의 분류와 방법론

제3장 수요 · 공급과 시장가격결정: 경제적 분석의 기초

제2편 가계 및 기업의 경제행위

제4장 개인 및 가계의 소비행위와 효용극대화(1): 한계효용접근

제5장 가계 및 개인의 소비행위와 효용극대화(2): 무차별곡선접근

제6장 기업의 생산과 비용

제7장 이윤극대화와 기업의 균형: 기업의 의사결정

제8장 완전경쟁시장에서 기업의 가격과 산출량 결정

제9장 완전경쟁요소시장에서 가계와 기업: 생산요소가격의 결정

제3편 형평성, 독과점문제와 정부

제10장 소득분배, 빈곤문제 그리고 형평성

제11장 독점시장에서 생산량과 가격

제12장 과점, 독점적 경쟁시장

제13장 시장경제와 정부

제4편 국민경제 실물부문의 작동원리

제14장 거시경제학의 개요

제15장 거시경제활동의 측정지표: 국민소득, 실업, 물가

제16장 소비, 투자, 정부지출과 승수모형

제5편 국민경제와 화폐

제17장 화폐의 공급과 통화관리

제18장 화폐의 수요, 이자율 그리고 국민소득

제19장 *IS-LM* 모형과 재정 · 금융정책의 효과

제6편 경제변동과 거시경제 논쟁

제20장 거시경제의 단기변동: 총수요 · 총공급과 정책효과

제21장 인플레이션과 실업문제

제22장 거시경제논쟁과 주요학파의 견해

제23장 장기에 있어서 경제변동: 경기순환과 경제성장

제7편 국제무역, 환율 및 국제수지

제24장 국제무역의 이론과 새로운 국제경제환경

제25장 환율과 국제수지

제1편

경제문제와 경제학

제1장
경제와 경제문제

→ 제1절 경제행위와 경제의 개념

1. 경제행위의 주체는 누구이며 그 대상은? : 경제주체, 경제객체

사람은 그들의 삶을 영위하기 위해서 물질적이든, 정신적이든 여러 가지 물자(재화와 서비스)의 생산, 분배, 그리고 소비를 하게 된다. 소비자는 그들의 경제적 욕구 충족을 위하여 소비재의 조달 및 소비가 필요할 것이며, 생산자는 이윤추구를 위한 생산과 생산을 하기 위하여 생산요소와 생산재의 조달이 필요하다. 이러한 물자의 생산, 분배, 소비 등에 관한 행위를 경제행위라 하고 그러한 행위를 하는 활동을 경제활동이라고 한다.

경제행위를 영위함에 있어서 주된 역할을 하는 것을 경제주체라고 한다. 경제주체라는 말은 경제단위 또는 개별경제라는 말과 같은 의미로도 사용되고 있다. 경제주체는 개인 또는 가계, 기업, 정부, 외국 등이 있다. 개인은 소비생활의 주체이며, 기업은 생산활동의 주체이다. 그리고 소비생활의 주체로서의 개인을 가계라고 부르는 것이 보통이다. 가계와 기업이라는 두 가지 경제주체만으로 구성되는 국민경제를 민간경제(private economy)라고 한다.

현실적으로 국민경제의 내부에는 개인과 기업 이외에 특수한 성격을 가지고 있는 정부라는 경제주체가 있다. 정부는 국민경제에 양적으로 큰 비중을 차지할 뿐만 아니라 경우에 따라서는 질적으로도 적극적인 경제정책을 통하여 민간경제를 통제·간섭하고 있다. 따라서 이것을 정부경제(government economy)라고 하여 민간경제와 대립시키고 있다. 그리고 민간경제와 정부경제만으로 이루어진 경제를 폐쇄경제(closed economy) 또는 봉쇄경제라고 하는데, 여기서 봉쇄 또는 폐쇄라는 말은 외국과의 경제교류가 없다는 것을 가정한 것이다. 그러나 현실적인 경제는 이러한 폐쇄경제하에 놓여 있는 것은 아니며 어떠한 국민경제도 외국에 있는 경제주체와 상호관계를 맺게 된다. 편의상 외국에 있는 모든 경제주체, 즉 개인 · 기업 · 정부를 총괄하여 외국이라는 경제주체로 가정한다. 이와 같이 외국과 상호간에 경제적 거래관계가 있는 경제체제를 개방경제(open economy) 또는 개방체제(open system)라고 한다.

한편, 경제행위에 있어서 그 대상이 되는 것을 경제객체라고 한다. 이것은 직 · 간접으로 인간의 욕망을 충족시켜 주는 것이며, 경제객체의 대상이 되는 것은 재화(goods)와 용역(service)이다. 재화는 그것을 얻기 위하여 대가를 지불하느냐 지불하지 않느냐에 따라 경제재(economic goods)와 자유재(free goods)로 나누어진다. 자유재는 사용가치를 가지고는 있으나 그 존재량이 무한하므로 경제행위의 대상이 되지 않는 재화이며, 경제재는 사용가치도 있으며, 그 존재량도 제한되어 희소가치가 있으므로 경제행위의 대상이 되는 재화이다. 서비스는 용역이라고도 하며, 이것은 물체의 형태를 취하지 아니하고 생산과 소비에 필요한 노동을 제공하는 것을 의미한다. 용역은 직접용역과 간접용역으로 구분되는데 직접용역은 음악가, 의사, 가정부 등의 노동처럼 재화와 관련없이 용역 그 자체로서 생산되는 동시에 소비되는 것이다. 이에 비하여 간접용역은 운수나 상인의 노동처럼 그 용역이 특정재화에 부착하여서만 발생하는 것이다.

2. 경제란 경제행위를 위한 사회적 질서

여러 가지 물자(재화와 서비스)의 생산, 분배, 소비를 위해서는 반드시 일정한 사회적 질서 하에서 행동하여야 한다. 이와 같이 사회적 질서 내에서 인간의 물자조달행위는 가능해진다. 또한 개인의 물자조달을 제약하고 있는 사회적 질서는 단순한 의미에 있어서의 사회적 질서가 아니라 반드시 물자조달과 관련되어 이루어진다. 이러한 의미에서의 경제질서를 물자의 생산과 소비에 관한 사회적 질서 또는 물자조달에 관한 사회적 조직(social organization), 경제조직(economic organization)이라고도 한다.

이처럼 경제질서란 개개인의 자유로운 경제활동의 결과의 합계가 전체로서 조화를 이루고 있는 것을 말하며, 자본주의 체제 위에서는 각자의 이익은 자유롭게 추구하면서 경제생활이 전개되는 과정에서 경제질서가 유지되고 있다.

한편 경제(economy)라고 하면 생산과 소비에 관한 물자조달행위, 즉 재화와 용역을 생산하고, 이를 통해서 욕구를 충족시키는 활동을 총칭하는 것을 말하는데 이는 일정한 사회적 질서 아래에서 영위하는 것이라고 규정할 수 있다. 그리고 이 규정하는 명제에는 (1) 경제를 하나의 질서라고 보고, (2) 경제질서를 사회적인 것으로 규정하고, 그리고 (3) 경제의 주된 내용은 재화의 생산과 소비에 둔다.

→ 제2절 다양한 선택의 문제와 경제원칙

1. 희소성과 선택의 문제 : 경제원칙의 필요성

인간의 욕구는 다양하며 무한하다. 그렇지만 다양하고 무한한 인간의 욕구를 만족시켜 줄 수 있는 자원은 상대적으로 부족하다. 이러한 자원의 상대적인 부족을 경제학에서 희소성(scarcity)이라고 하며, 바로 희소성 때문에 경제생활의 근본적인 문제가 발생하는 것이다. 또한 희소성은 인간의 무한한 욕구를 만족시키기 위하여 상대적으로 유한한 자원을 어떻게 유효 적절하게 사용할 것이냐 하는 선택(choice)의 문제를 야기시킨다. 즉, 인간 및 사회가 당면하고 있는 주요한 경제문제의 대부분이 희소성으로부터 야기되는 것이다. 따라서 희소성의 개념에 대한 올바른 이해가 경제를 이해하는 첫 걸음이 될 것이다.[1)]

어떤 것은 그 존재가 바람직한 반면, 수량이 제한되어 있는 경우 우리는 그것이 희소성을 가진다고 말한다. 우리가 숨쉬는 데에 필요한 산소는 분명히 바람직한 것이지만 그 존재가 무한하다고 볼 수 있기 때문에 희소성은 없다. 쓰레기는 그 양은 한정되어 있으나 바람직한 것이 아니므로 역시 희소성이 없다.

---

1) 경제학의 시발점이 되는 진리는 희소성이 무척 보편적인 현상이라는 것이다. 안타까운 일이지만, 우리는 단지 마음 속으로 희망하는 것만으로는 우리가 원하는 것을 더 많이 소유하거나 누릴 수 없다. 세상에 대가를 지불하지 않고 무상으로 얻을 수 있는 것은 거의 없다 해도 과언이 아닌 것이다.

반면에 우리가 먹는 음식이나 주택, 교육, 국방, 자유, 여행, 건강 등은 모두 바람직하지만 무한하게 소유할 수 없는 것들이기에 희소성을 가진다고 말할 수 있다.

따라서 경제행위를 행한다는 사실은 희소성의 원칙이 지배하고 있기 때문이다. 희소성의 원칙(principle of scarcity)이란 재화는 한정되어 있는데 비해 인간의 욕망은 무한하다는 것을 뜻한다. 따라서 인간은 가능한 한 합리적으로 행동하여 조금이라도 더 적게 비용을 들여, 보다 더 많은 재화를 조달하고 여기에서 오는 만족을 극대화하려는 경제원칙에 따라 행동하고자 할 것이다. 다시 말해서 사람들은 경제행위를 행할 때 항상 최소의 비용으로 최대의 효과를 얻으려는 합리적인 정신에 의하여 행동한다. 이것을 경제원칙(principle of economic)이라고 한다.

2. 선택은 기회비용을 지불해야 한다.

일정하게 주어진 자원을 가지고 생산할 수 있는 재화나 용역에는 한계가 있다. 따라서 어떤 한 재화를 생산하려면 다른 재화의 생산을 희생시켜야 하고, 어떤 한 목적에 재화를 소비하려면 다른 목적에는 그 재화의 소비를 희생시켜야 한다.

이와 같이 상대적으로 제한된 자원을 이용하는 것은 다른 목적의 생산 또는 소비를 포기한다는 전제 하에서만 이루어질 수 있다. 이때 포기되거나 희생된 재화 또는 용역들 중 가장 가치가 큰 것을 선택된 재화나 용역의 기회비용(opportunity cost)이라고 한다. 즉, 기회비용은 어떤 재화나 용역을 생산 또는 소비함으로써 다른 것을 생산 또는 소비하지 못하기 때문에 포기해야 하는 편익(benefit)을 말한다. 예컨대 냉장고 10대를 만드는데 소요되는 비용으로 자동차 1대를 만들 수 있다면 자동차 1대의 기회비용은 냉장고 10대가 되고, 냉장고 10대의 기회비용은 자동차 1대가 된다.

대부분의 사람들은 의사결정에 있어서 이익을 가장 많이 내는 쪽을 선택하고자 할 것이며 이때 비용과 편익을 고려해서 같은 비용이라면 편익이 가장 큰 경우를, 같은 편익이라면 비용이 가장 적게 드는 경우를 선택할 것이다. 따라서 바람직한 선택이 이루어지기 위해서는 각 대안들의 비용과 편익이 주의깊고 체계적으로 검토되어야 한다. 그런데 사회적 차원에서의 선택에 있어서는 그 비용과 편익이 사회의 여러 집단-부유층과 빈곤층, 도시거주자와 농촌거주자-에 어떻게 다르게 영향을 주는가도 반드시 검토되어야 한다.

그렇지만 대부분의 선택이 "전부가 아니면 아무 것도 아니다"라는 것으로 이루어지는 것은 아니다. 보다 보편적인 경우는 어느 재화를 더 얻기 위해 다른 재화를 조금 포기하는 것이다. 소비자들은 한정된 구매능력으로 최대의 만족을 얻기 위해 어떤 재화와 용역을 어느 정도씩 구입할 것이냐를 놓고 끊임없이 선택의 딜레마(dilemma)에 빠지는 것이 현실이다. 마찬가지로 생산자들도 그들의 한정된 생산자원을 가지고 어느 제품을 얼마만큼씩 생산해야 하는가 등의 선택을 끊임없이 되풀이해야 되는 것이다.

이와 같이 선택(choice)을 하는 것, 즉 기회비용을 부담하는 생활이 곧 경제생활이며, '선택'을 하지 않을 수 없는 것이 인간의 생활이기 때문에 인간은 누구나 다 부지불식간에 경제생활을 하고 있는 것이다. 흔히 경제학을 제한된 수단의 선택에 관한 학문이라고 정의하는 이유도 선택이야말로 곧 경제생활의 기본적 원칙이라는 것에 있기 때문이다. 인간사회가 결핍이라든가 부족이라는 것이 없는, 말하자면 복지상태에 있게 된다면 경제학이란 있을 수 없다. 바꾸어 말하면 '경제학'(economics)이 필요없는 사회에 있어서는 '경제하는 것'(즉, 선택하는 것)을 연구하는 학문이 그 존재 이유를 잃어버리는 것이다.

이상의 논의에서 볼 때 경제적 선택의 기준은 (1)선택에 따른 기회비용, (2)비용과 편익을 고려하여 최대이익을 가져오게 하는 것이라고 할 수 있다.

경제에 대한 동서양의 관점

경제를 보는 눈은 동양과 서양이 서로 다르다. 양쪽의 시각차이는 경제의 어원에서도 드러난다. 영어의 이코노미(economy)는 그리스말로 집을 나타내는 "오이코스"(oikos)와 관리를 뜻하는 "노미아"(noma)를 합친 "오이코노미아"(oikonomia)에서 나왔다. 따라서 이코노미란 "집안(가계) 살림살이를 꾸려간다"는 말이다. 얼핏보면 이상하게 들릴지 모르나 실은 가계와 경제는 많은 공통점을 갖고 있다. 한 가계는 일상생활을 꾸려가면서 여러 가지 의사결정을 하게 된다. 식사준비, 세탁, 시장 보기 등 집안일을 누가하고 또 어디에 얼마의 생활비를 쪼개어 써야 할지 등을 가족의 능력, 기호, 희망 등을 생각하면서 정하고 한정된 자원을 배당해야 한다.

가계와 마찬가지로 한 사회도 옷, 음식, 컴퓨터 프로그래머 등 여러 가지 직업과 그 일을 누가 할지를 결정해야 한다. 일에 따라 사람, 재화, 용역 등을 배당한다. 또 누가 버스를 타고 또 누가 BMW를 타는지 누가 스테이크를 먹는지, 누가 보리밥을 먹는지도 정해야 한다.

사회의 자원을 꾸려나가는 일은 자원의 희소성 때문에 중요하다. 희소성이란 사람들이 갖고 싶은 양보다 사회가 제공하는 양이 더 적은 것을 뜻한다. 가계도 가족구성원 모두에게 각자가 갖고 싶은 것만큼 줄 수 없듯이, 사회도 구성원이 바라는 최고의 생활수준을 개인 모두에게 줄 수 없다.

그런데 동양에서 말하는 경제는 경세제민의 준말로 나라를 다스리고 백성을 구제한다는 의미를 가지고 있다. 이코노미는 집이란 작은 단위에서 유래된 반면, 경제는 국가라는 큰 단위에서 출발하고 있는 것이다. 이는 경제행위의 구심점을 개인으로 보느냐, 정부로 보느냐의 시각차이를 반영한 것이다. 서양에서는 개인의 이익을 증진시키기 위한 합리적인 경제행위가 곧 국익개선에 기여한다는 입장인데 비해, 동양에서는 나라를 잘 다스려야 도탄에 빠진 백성을 구제할 수 있다고 보는 것이다.

이같은 접근방법의 차이는 실제 경제운영 방향을 결정하는데도 반영된다. 경제학의 시조인 영국의 애덤 스미스는 국부론에서 "개개인이 스스로의 이익극대화를 위해 노력하다 보면 결과적으로 국가의 이익 극대화를 가져오게 된다"고 했다. 반면 동양에서는 농사가 잘돼 풍년이 들면 임금이 나라를 잘 다스린 결과라고 생각했다. 민주주의를 희생한 성장제일주의도 이와 같은 맥락에서 이해될 수 있다.

→ 제3절 경제의 근본(기본) 문제는 무엇인가?: 문제해결의 유형과 경제체제

1. 국민경제의 기본문제 3가지

어느 사회이든 그 사회가 직면하고 있는 근본적인 경제문제는 그 사회구성원들이 필요로 하는 물적 조달(공급)과 관련하여 야기되는 희소성 때문에 발생한다. 이러한 희소성 때문에 어느 사회든 간에 다음 세 가지 근본적인 문제에 대한 해답을 제시해야 한다.

어느 사회를 막론하고 국민경제가 성립하고 유지되기 위해서는 [그림 1-1] 경제활동의 순환적 흐름에서 보듯이 다음 세 가지 기본적인 경제문제를 해결해야 한다. 첫째, 어떤 재화를 생산할 것인가의 문제이고, 둘째, 무엇을 어떤 방법으로

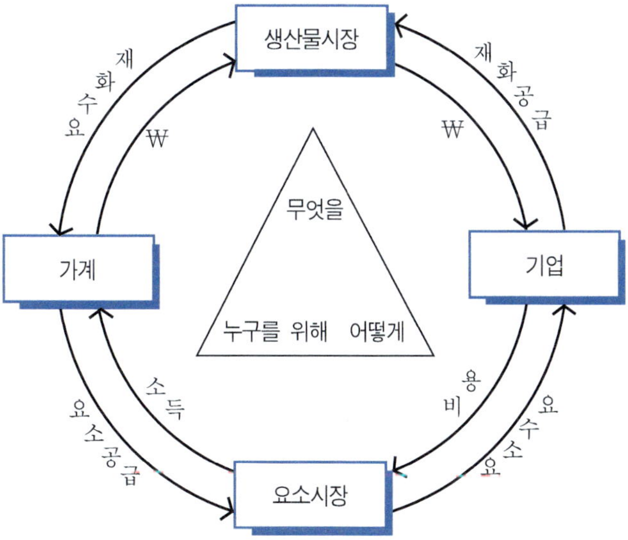

[그림 1-1] 경제활동의 순환적 흐름(The Circular Flow of Economic Activity)

생산하느냐에 관한 문제이고, 셋째, 그렇게 해서 생산된 재화들을 누가 사용하고 처리하느냐에 관한 문제이다.

우선 어떤 재화를 생산하느냐의 문제는 어떤(what) 재화 및 용역을 얼마나(how much) 생산할 것인가의 문제, 즉 산출량 배합(output mix) 또는 재화와 용역의 구성에 관한 문제이다. 그리고 어떤 방법으로 생산하느냐의 문제는 어떻게(how) 재화와 용역을 생산할 것인가 하는 문제, 즉 자원을 어떻게 배합하여 생산할 것인가 하는 투입물의 배합(input mix)에 관한 문제 또는 생산방법의 선택의 문제이다. 또한 생산된 재화와 용역을 누가 사용하고 처리하느냐에 관한 문제는 누구를 위해서(for whom) 재화와 용역을 생산할 것인가 하는 문제, 즉 사회의 생산물이 사회구성원 사이에 어떻게 배분되는가 하는 소득의 분배(income distribution)의 문제이다([그림 1-2] 참고).

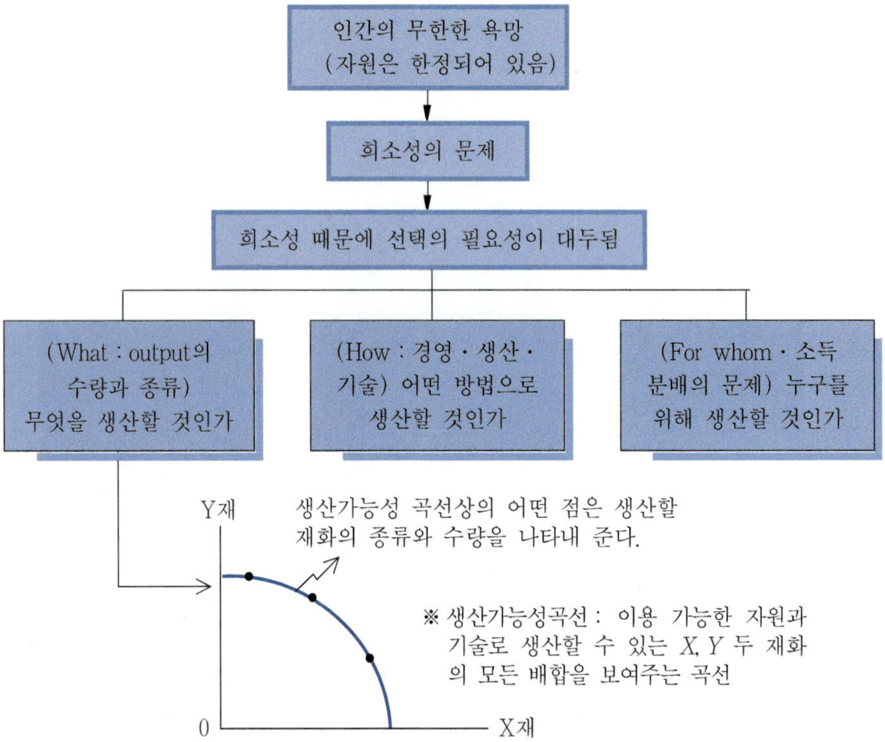

[그림 1-2] 국민경제의 기본문제

2. 기본문제의 해결과 경제체제

위 세 가지 경제문제는 서로 모순없이 동시에 해결되어야 한다. 그런데 이 세 가지 해결방법은 그 근본적인 문제를 어떠한 원리(principle)와 질서(order)를 가지고 해결하려고 하느냐에 따라, 즉 어떠한 경제체제(economic system)를 채택하느냐에 따라 다르게 나타난다.

경제체제(economic system)란 한 나라의 '경제를 질서지우는, 즉 경제질서를 유지시키는 근본원리'로서 경제생활에 참여하는 사회구성원들의 상호관계를 규정짓는 규칙 또는 결정의 집합을 의미한다. 우리가 앞에서 논의한 바와 같이 희소성의 문제로 야기되는 근본적인 경제문제들을 해결하기 위해서 사회구성원과 그 사회가 경제생활을 적절하게 조직해 나가야 하는데, 이것은 바로 경제체제를 통해서 이루어지게 된다. 즉, 한 나라가 무엇을 얼마나 생산할 것인가의 문제를 해결해 주는 기능이 경제체제를 통해서 이루어지게 된다.

경제체제를 두 가지로 대별하여 보면 시장경제체제(market economic system)와 계획경제체제(planning economic system : 명령경제체제)로 나누어 볼 수 있다.

시장경제체제란 국민경제의 기본문제들을 시장의 원리, 즉 수요·공급의 원리에 의한 가격기구의 역할(기능)을 통해 해결하려는 경제체제이다. 다시 말해서 시장에서 수요자·공급자간에 자유로운 의사결정에 의한 수요·공급에 의해 결정되는 시장가격이 수요와 공급을 일치시키는 매개기능을 통해서 해결되는 경제체제가 시장경제체제(market economic system) 또는 경쟁적 시장경제(competitive market economy)이다. 여기서 수요주체인 소비자와 생산주체인 기업은 각각의 소비 및 생산활동에 있어서 정부의 간섭없이 자유롭게 의사결정을 한다. 즉, 생산자는 이윤극대화(profit maximization)를 위해 자유로운 생산활동이 보장되며, 소비자는 효용극대화(utility maximization)를 위한 자유로운 소비활동이 보장된다.

한편 경쟁시장에서 수요·공급에 의한 매매거래, 즉 경쟁시장을 통한 교환(exchange)이란 대가지불에 의한 재산권에 근거해서만이 성립하게 된다. 따라서 모든 자원에 대한 사유재산권이 인정되고 그것의 집행 가능성이 전제될 때 시장기구에 의해서 세 가지 경제의 기본문제가 해결되어진다. 또한 시장경제를 채택하는 경우에는 영업의 자유, 직업선택의 자유, 주거이전의 자유 등 경제적 자유를 인정하지 않을 수 없다. 그런데 경제적 자유의 법적 표현 내지 법적 장치가 재화에 대한 사적 지배범위, 자유로운 처분범위 등을 확정짓는 사유재(private ownership)이다. 따라서 사유재에 의한 개인의 경제적 자유의 영역이 확정되어야 시장경제가 활성화할 수 있다.

명령경제체제(또는 계획경제체제)는 정부 및 공공기관이 계획에 근거하여 명령과 지시에 의해서 국민경제의 세 가지 기본문제들을 해결하려는 체제를 의미한다. 즉, 무엇을 얼마나, 어떻게 생산하여, 누구에게 나누어 줄 것인가 하는 문제들을 시장의 기능을 통해서 해결하려는 것이 아니라 인위적 질서로서의 조직 및 정부의 계획에 의해 해결하려는 체제를 말한다. 그래서 이를 계획경제체제라고도 말한다.

앞에서 설명된 두 가지 경제체제는 현실적으로 상호 배타적이라기 보다는 상호 의존관계에 있다. 다만 어떤 체제가 보다 더 지배적으로 채택되고 있느냐에 따라 한 사회가 시장경제체제를 채택하고 있느냐 계획경제체제를 채택하고 있느냐가 결정된다고 할 수 있다. 대체적으로 미국, 독일 등의 자본주의 국가에서는 원칙적으로 시장기구 또는 가격의 역할에 의해 경제문제가 해결되고 있으나, 북한 등의 사회주의 국가에서는 아직도 경제문제가 주로 정부의 명령이나 지시에 의해 해결되며 가격 및 시장기구의 역할은 극히 적다고 할 수 있다.

3. 시장가격과 경제문제의 해결: 가격의 역할로 경제문제가 해결된다.

가격(price)이란 재화나 용역의 값어치(value)를 화폐금액으로 표시한 것을 말한다. 인류가 경제생활을 하기 시작한 그 순간부터 가격은 생겨났다고 볼 수 있다. 제1절에서 설명한 바와 같이 경제생활이란 인간이 바라는 여러 가지 경제재들이 인간의 욕구를 충족시킬 수 있을 만큼 넉넉하게 존재하지 못하는 현실 속에서, 주어진 자원을 가장 유효 적절하게 이용하고자 하는 인간생활의 측면을 말한다. 따라서 경제생활이란 곧 선택(choice)하는 생활을 말한다. 선택을 한다는 것은 비교하는 것을 전제로 하고, 비교한다는 것은 가격이라는 개념의 존재를 전제로 하는 것이다. 흔히 가격은 화폐의 사용과 더불어 생긴 것으로 인식하거나 또는 자본주의 사회의 전유물인 것처럼 생각하기 쉽다. 그러나 이것은 잘못이다. 왜냐하면 가격은 화폐가 발명되기 이전의 원시사회에서도 필요한 생필품의 교환을 위해 적어도 암묵적으로 존재하는 개념이었고, 또 자유시장의 기능이 크게 제한되어 있는 사회주의 사회에서도 역시 존재하는 개념이기 때문이다. 인간이 경제생활(즉, 선택의 생활)을 하는 이상 가격을 회피할 수는 없다.

경제재의 가격이 가장 확실하게 명시적으로 성립하는 경제체제는 시장을 중심으로 자원이 배분되는 자본주의 경제체제이다. 경쟁시장에서 가격이 형성되는 과정은 입후보자에 대한 투표과정과 흡사하고, 생산자가 그 물건을 시장에 내놓는다는 것은 그 재화를 출마시키는 것에 비유할 수 있다. 예를 들어 어떤 특정의 경쟁시장 제품에 대한 수요가 증가하면(즉, 그 제품에 대한 득표 수가 증가하면) 그 제품의 가격이 상승하고 생산량도 늘 것이다. 반면에 수요가 감소한 제품의 가격과 생산량은 하락할 것이다.

이와 같이 시장가격의 형성과정은 입후보자에 대한 투표과정과 흡사하지만, 양자 사이에는 상당한 차이점도 있다. 즉, 정치적 투표의 경우에는 단 한 표의 차이에 의해서라도 승패가 판가름나면 승자는 영광과 특권을 독차지하게 되며 패자는 모든 것을 상실하게 된다. 이에 비하여 경제적 투표결과는 말하자면 비례대표제(proportional representation)와 같다고 할 수 있다. 소비자의 득표를 적게 얻는 제품이라고 해서 그 생산이나 판매가 중지당할 이유는 없으며, 모든 득표수만큼의 시장점유율을 갖게 된다.

뒤에서 설명할 '시장실패'의 문제를 일단 도외시한다면, 경쟁시장에서 소비자들의 투표에 의하여 성립하는 균형가격(equilibrium price)은 재화의 기회비용(opportunity cost)을 반영하는 가격이라고 볼 수 있다.

경쟁시장에서 재화나 용역의 가격이 형성되면 그 가격은 생산자나 소비자에게 신호역할을 한다. 가령, 어떤 재화 A에 대한 표수가 늘어서(즉, 수요가 증가해서) 그 재화가격이 올라가면 이것은 첫째, 소비자에 대하여 이 재화를 덜 사용하고 그 대체물을 더 많이 사용하라는 신호가 되며, 둘째, 생산자들에 대해서는 이 재화의 생산을 늘리라는 신호가 된다.

이리하여 경쟁시장에서 수요와 공급에 의하여 결정되는 재화의 가격은 그 재화를 소비하거나 생산할 때 각 경제주체가 그들의 행동을 조절할 수 있는 도표(guidepost)와 같은 역할을 하게 된다. 각 경제주체들은 경제적 환경의 변화를 가격의 변화를 통해 인지하게 된다. 따라서 그들이 가격변화에 맞추어 행동하는 것은 새로운 경제환경에 대응해서 자신의 행동이 최적의 결과를 낳도록 조정하는 것이다.

여기서 지적해 두고 싶은 것은 가격이 도표의 역할을 완수하기 위해서는 그 가격이 반드시 경쟁시장에 의하여 형성된 것이라야만 하는 것은 아니라는 사실이다. 가격은 경쟁에 의하여 결정된 것이건 혹은 독점기업이나 정부관리에 의하여 결정된 것이건 간에 언제나 자원배분의 기능을 수행한다. 다만 가격이 경쟁에 의하여 결정되는 경우에는 기회비용을 반영하므로, 그 가격이 전달하는 신호가 경제적 여건을 적절히 반영시키는데 비하여 자의적으로 결정되는 가격, 즉 독점가격이나 관리가격(administrated price)의 경우에는 기회비용을 반영하기가 매우 어려우므로 이와 같은 가격이 전달하는 신호는 경제적 여건을 적절히 반영시키지 못한다. 따라서 이것에 의하여 소비나 생산이 이루어질 경우에는 자원의 효율적 배분을 왜곡시킬 수 있다는 질적인 차이가 있을 따름이나.[2)]

---

2) 경쟁시장의 기능에 관한 이론은 아담 스미스 이후 많은 경제학자들에 의하여 발전되어 오늘날에는 정밀한 고급이론이 전개되고 있다. 이 이론은 대체로 첫째, 경쟁시장이 일정 조건하에서 자원을 최적으로 배분한다는 명제에 대한 논증과 둘째, 경쟁시장에 의한 자원의 최적배분을 가로막는 조건을 어떻게 적절히 처리하여 효율적 배분을 달성시킬 수 있을 것인가에 관한

부록 자본주의와 사회주의의 경제적 특징

자본주의(capitalism)란 시민혁명과 산업혁명이라는 거대한 역사적 흐름을 타고 영국에서 생성하여 정착되는 과정에서 자유주의 · 민주주의라는 정치적 · 문화적 특징과 밀접하게 관련되어 왔으며 19세기에 프랑스 · 독일 등 전유럽에 자본주의가 확산되어 갔다.

이처럼 18~19세기 유럽을 중심으로 하여 생성 · 발전된 자본주의는 경제적인 측면에서 보면 경제질서 원리의 한 종류인 시장경제로 특징지워질 수 있다. 말하자면 자본주의는 18~19세기 유럽을 중심으로 생성된 시장경제체제를 대표하고 있다.

한편 경제적 측면에서 볼 때 계획경제체제로 특징지워지는 사회주의(socialism)는 러시아, 동구유럽, 중국 등에서 근대산업사회로의 이행과정에서 생성 · 정착된 것이다.[3]

이제 자본주의와 사회주의를 경제체제적 특징을 중심으로 하여 살펴보고 현존하는 자본주의 하의 경제체제의 특징을 설명하기로 한다.

1. 자본주의 경제체제

1) 자본주의 경제의 개념

자본주의의 개념은 명백히 정의된 바 없다. 자본주의 개념은 원래 근대경제사회의 구조와 그 운동법칙을 밝히기 위해 사회주의 경제학자들에 의해 만들어진 개념이다.

학자들에 의하면 "자본주의(capitalism)란 물적 생산수단이 개인에 의해서 소유 내지 임차되며, 그 개인이 노동자들을 고용하여 최대의 이윤을 얻기 위한 목적 하에 생산활동을 하는 교환경제조직"이라고 할 수 있다. 예를 들면,『근대자본주의』(*Der Moderne Kapitalismus*)의 저자 좀바르트(W. Sormbart)는 자본주의에 대하여 다음과 같이 주장하고 있다. 즉, 자본주의란 두 개의 상이한 인구군, 즉 지휘권을 가진 동시에 경제주체인 생산수단 소유자와 단순한 노동자가 시장을 통해서 결합하고 협동하는, 그리고 영리주의와 경제적 합리주의에 의하여 지배

논의로 집약될 수 있다.

3) 시장경제란 앞에서 언급한 바와 같이 개별경제주체의 분권적 의사결정에 기초한 경제질서의 원리이며 하나의 이념형이고 경제질서 원리의 한 종류이다. 또한 중앙당국의 계획에 기초하여 지시와 명령에 따라 움직이는 경제질서로의 조직인 계획경제체제도 하나의 이념형이고 경제질서 원리의 종류이다. 그런데 자본주의나 사회주의라는 개념은 구체적, 역사적 현상이므로 시장경제체제와 자본주의, 사회주의와 계획경제체제는 각각 구분해야지 이들을 체제의 한 종류로 보는 것은 타당하지 못하다는 견해도 있다.

되고 있는 하나의 유통경제적 조직이라고 주장하고 있다. 그러나 이에 대하여 마르크스(K. Marx)는 그의 명저 『자본론』(*Das Kapital*)에서 물적 생산수단의 사유하에서 이윤을 획득하기 위한 상품생산이 무계획적으로 행해지며, 노동자가 자본가에 의하여 착취되는 것과 같은 경제로 자본주의를 묘사하고 있다.

2) 자본주의 경제의 특징

자본주의는 경제적 관점에 비추어볼 때 다음과 같은 특징을 가지고 있다.

첫째, 물적 생산수단의 사유이다. 물적 생산수단을 소유하는 자를 자본가, 그리고 그것을 소유하지 못하는 자를 노동자라고 부른다. 자본가는 노동자를 고용하여 생산을 행한다. 그러나 현실세계의 자본주의에 있어서는 물적 생산수단의 일부분은 국가에 의하여 소유되고 있다.

둘째, 자본주의는 시장경제 또는 유통경제의 형태로 경영되고 있다는 것이다. 시장경제는 모든 상품의 가격이 시장의 기구를 통해 이루어지고 소비자도 생산자도 모두 이 가격을 기준으로 하여 자유로이 경제행위를 행하는 경제이다. 소비선택의 자유, 생산의 자유, 직업선택의 자유 등이 보장되고 있으며, 원칙적으로 정부는 어떠한 간섭도 하지 않는다. 이러한 경제를 자유방임(laissez-faire)의 경제라고 한다. 자본주의 경제에서는 모든 사람이 자유스러운 판단에 따라서 행동하기 때문에 전체적으로 무계획적이며 이로 말미암아 종종 불황이나 공황이 발생한다.

셋째, 자본주의에 있어서 이윤의 소유가 인정되고 있으며, 자본가는 이윤획득을 목적으로 생산을 행한다. 따라서 자본가는 재화를 팔아서 이윤을 얻기 위하여 생산하며, 이러한 행위를 상품생산이라고 한다.

넷째, 노동력은 상품과 마찬가지로 취급된다. 생산에 대한 실권을 잡고 있는 사람은 자본가이며, 노동자는 자기의 노동력을 제공함으로써 자기의 생계를 유지하게 된다. 따라서 노동자는 약한 위치에 놓이게 되며, 장시간 노동이 강제되거나 싼 임금으로 고용될 수도 있고 또 실업이라는 위험에 부딪치게 된다. 또한 인간소외라는 현상이 일어나게 되며, 자본가계급과 노동자계급간의 계급적 대립이 발생하게 된다.

이러한 특징을 요약하여 보면 다음과 같이 나타낼 수 있다.

첫째, 사유재산제도 및 경제적 자유,

둘째, 시장과 가격기구(price mechanism)에 의한 이해관계의 전달과 소성-가격기구를 통해 재화 및 용역의 매매가 이루어짐.

셋째, 기본 경제행동의 원리는 사적 이익(private interest)의 추구,

넷째, 경쟁의 규제-경쟁이라는 장치를 통해서 판매자와 구매자들이 서로 착취하거나 해를 끼치지 못하도록 규제한다.

3) 자본주의의 장 · 단점

이상의 자본주의의 특징에 의해서 나타나는 장점과 단점을 요약하여 보면 다음과 같다.

먼저 장점을 살펴보면 ① 이해관계 및 수급조건 변화의 자동적 조정, ② 인간에 의한 인간통제의 배제, ③ 자원의 효율적 배분, ④ 불균형의 자동적 조정이다.

다음으로 단점을 살펴보면 시장을 통한 가격기구에 의해 완전경쟁이 이루어지므로, ① 소득분배의 불균형이 나타날 염려가 있고, ② 자원의 불완전 고용을 초래하기 쉽고, ③ 시장의 실패(market failure)가 발생할 수 있다.

2. 사회주의 경제체제

1) 사회주의 경제의 개념

사회주의 경제체제는 주로 러시아 및 동유럽, 중국 및 아시아 여러 나라들이 사회주의의 길을 가게 되면서부터 형성되기 시작하였으며, 공공기관의 명령과 지시에 기초한 계획경제체제이다. 모든 사회주의에 있어서 공통적인 점은 물적 생산수단의 사유(private ownership)를 부정하고 이윤의 사적 소유를 인정하지 않는 것이다. 이러한 체제 하에서의 경제를 사회주의 경제(socialism economy)라고 한다.

2) 사회주의 경제의 특징

사회주의 경제의 특징을 자본주의와 비교하여 보면 다음과 같다.

첫째, 사회주의에 있어서는 물적 생산수단은 그것의 사유가 부정되며 국가 또는 사회소유로 된다. 사회주의 신봉자는 자본주의에 있어서 불평등이 존재하는 것은 착취가 행해지기 때문이며, 착취가 행해지는 것은 노동력과 물적 생산수단이 같은 사람의 수중에 존재하지 않기 때문이라고 주장한다. 그러므로 여기서 물적 생산수단의 사유를 부정하고, 이를 국유 또는 사회소유로 하려는 것이다.

둘째, 자본주의는 시장경제인데 비하여 사회주의는 계획경제이다. 중앙계획기관에 의하여 경제에 관한 계획이 수립되고, 직업선택의 자유, 생산의 자유가 현저히 제한되며, 자본주의 경제에 있어서와 같은 시장가격은 성립하지 않는다. 다만 소비재에는 시장가격이 성립하지만, 그것은 국가에 의하여 결정된 가격이며, 그 가격을 근거로 하여 소비와 생산이 결정된다는 것은 아니다. 물적 생산수단에서는 시장가격은 성립되지 않고 다만 경제계산을 위한 편의상의 가격이 설정될 뿐이다.

셋째, 사회주의에서는 이윤의 사적 소유가 인정되고 있지 않으므로 이윤획득의 동기가 작용하지 않는다. 따라서 이윤을 목적으로 판매하는 상품생산은 행해

지지 않는다. 사회주의 사회에 있어서도 이윤은 발생하지만, 그것은 개인에게 돌아가는 것이 아니라 국가에 귀속된다. 국가는 국가의 판단에 따라 그 이윤을 여러 용도로 분배한다.

경제활동의 동기 내지 목적에 있어서 사회주의 경제는 자본주의 경제와 구별되는 것이다. 자본주의 경제에 있어서는 대부분의 경제활동이 사적인 이윤추구의 동기에 의하여 좌우되고 있는데 반하여, 사회주의 경제에 있어서는 공동의 이익이 경제활동의 목표가 되어 있는 것이다.

넷째, 사회주의 사회에서는 자본가계급이 소멸하기 때문에 노동자계급과 자본가계급간의 계급적 대립은 존재하지 않는다.

일반적으로 생산효율이라는 관점에서는 자본주의가, 그리고 분배면이나 고용면에 있어서는 사회주의가 강점을 가지고 있다고 주장된다. 그러나 자본주의와 사회주의의 우열의 비교는 단순히 경제적 측면에 의해서만 결정되는 것이 아니며, 자유라든가 생활양식의 다양성 또는 문화적 · 예술적 측면의 여러 관점에서 비교되어야 한다.

한편, 사회주의 경제의 특징을 소비자와 생산자의 행동 및 자원분배의 시각에서 보면 다음과 같다.

① 사회주의 경제체제는 토지 · 자본 등 생산수단의 소유를 사회화 내지는 공유화하는 것이 전제가 되고 있다. 따라서 생산수단 및 노동력이 계획적으로 편성 이용되고 있어 사회적 효율성이 저하된다(생산시설의 공유화로 효율성 저하).

② 소비자의 선택이 집단적으로(collective choice) 이루어진다. 즉, 소비선택은 모든 사회구성원에게 동일하게 일률적으로 행해진다. 집단적 선택원리의 결과, 자원배분의 효율성 저하, 다시 말해서 소비자 주권원리가 결여되어 자원이 계획적으로 배분되므로 자원배분의 효율성이 실현될 수 없다.

③ 집단적 선택의 원리에 의해 개인적 차원의 교환이 없어야 할 사회주의 경제체제 하에서도 개인의 선호가 다르다면 식품, 의류 등과 같이 분할 가능한 재화의 교환이 발생할 수 있다. 이러한 교환가능성이 있는 것이 바로 사회주의 하의 완전한 계획경제라는 고유의 특성을 존속시킬 수 없는 이유 중의 하나다.

집단적 소비원리에 입각한다고 해도 개인의 선호가 다르다면 교환이 이루어질 가능성이 있다.

3. 혼합경제체제: 현존하는 자본주의

1) 혼합경제체제의 개념

현대 자본주의 경제는 완전경쟁시장경제의 이념을 토대로 하고 이것의 결점인 분배적 불균형 및 독과점 등의 문제를 조정하기 위해 국가의 계획적인 요소를 추가시킨 혼합경제체제(Mixed Economic System)로 운영되고 있다. 즉, 오늘날 미국, 일본, 독일 등 선진국은 물론 우리나라 및 기타 여러 국가들이 채택하고 있는 경제체제는 완전경쟁시장체제가 아니라 혼합경제체제라고 할 수 있다. 혼합경제체제란 시장경제제도의 자율적 기능과 국가의 계획 및 통제 하의 통제·계획기능이 혼합되어 있는(계획경제와 시장경제 체제가 공존하는) 체제이다. 즉, 사적 소유와 공적 소유가 공존하는 경제체제이다. 이는 다음 그림과 같이 요약될 수 있다.

① 소비는 개인적 선호(individual preference)에 의해 결정
② 임금은 노동시장(labor market)에서 결정
③ 생산수단의 사유제도(private system)
⇒ 시장경제체제의 특징

\+

① 분배적 불균형의 조정
② 공공재 공급
③ 독과점 및 경제력 집중 해소
⇒ 정부의 간섭 및 계획적 요소 가미

따라서 ① 생산적 자산의 사적 및 공적 소유도의 결합정도, ② 재화의 생산에 관한 사적 및 공적 선택의 상대적 중요성, ③ 가격기구와 행정적 계획의 혼합비율 등에 따라서 현존하는 혼합경제체제가 각기 다르다고 할 수 있다.

앞에서도 설명한 바와 같이 현실의 경제제도는 경쟁시장제도와 계획경제제도가 혼합된 혼합경제제도이며, 이러한 혼합경제제도가 순수경쟁시장제도에 가까울 때는 주로 시장기능에 의해 경제문제가 해결되며 정부의 역할은 극히 한정되기 마련이다. 그러나 현실경제제도가 계획경제에 가까울 때는 경제문제가 거의 정부에 의해서 해결된다.

2) 혼합경제체제 하의 정부의 역할

현실에 있어서 대부분의 국가는 혼합경제제도를 채택하고 있는데, 여기서는 주로 시장에 있어서 정부의 역할이 무엇인가에 대해서만 살펴보기로 한다.

각 국민경제마다 경제여건이 다르므로 조금씩 차이는 있지만 정부의 역할은 다음과 같이 크게 두 가지로 분류될 수 있다.

첫째, 시장자체의 기능만으로는 희소한 자원을 효율적으로 배분하지 못하는 경우(이런 경우를 시장실패라고 함), 정부가 직접 시장에 참여해서 생산하거나 공기업을 운영하는 것이다. 예를 들면, 독과점시장을 통제한다든가, 치안, 국방과 같은 공공재를 공급한다든지, 외부불경제의 경제적 폐해를 제거하기 위해 공해방지정책을 수행하기도 하고, 상수도·전력과 같은 공익사업을 운영하는 것이다.

둘째, 효율성만을 고려하는 경쟁시장경제제도에서는 형평성이 깨질 위험이 존재한다. 즉, 빈익빈 부익부의 현상에 의하여 소득분배가 불공평하게 될 위험이 시장기구 내에는 항상 존재하며, 현실적으로 그러한 것이 나타나고 있다. 이러한 불공평한 소득분배의 현상을 시정하기 위하여 정부는 소득재분배 정책을 수행하는데, 그 대표적인 것으로는 누진적 소득세, 양도소득세, 상속세, 특별소비세 등의 조세정책과 의료보험, 실업보험, 연금제도 등의 사회보장제도, 소비자보호를 위한 최고가격결정, 근로자 보호를 위한 최저임금결정 등이 있다.

제 2 장
경제학의 분류와 방법론

→ 제1절 사회과학으로서 경제학

경제학(economics)은 경제현상을 연구대상으로 하는 사회과학(social science)이다. 경제는 일정한 사회적 질서하에서 물자를 획득 · 이용하는 것이며, 단순히 인간과 자연과의 상호작용이 아니다. 그것은 사람과 사람 사이의 경제해위와 관련한 상호작용이다. 경제학은 사회과학의 하나로서 주로 사회적 측면 중에서 경제관계를 연구하는 것이다. 다시 말해서 인간의 사회활동 중에 나타나게 되는 경제현상을 대상으로 하여 어떤 법칙이나 이론을 찾아내려는 학문이 경제학이다.

단순한 물질이나 기술에 관한 연구는 이러한 사회관계를 이해시키기 위하여 필요한 것에 지나지 않는다. 이러한 의미에서 "경제학은 일면에 있어서는 부(wealth)의 연구이고, 더 한층 중요한 다른 면에 있어서는 인간연구(human research)의 일부이다."라고 주장한 마샬(Alfred Marshall, 1842~1924) 의 말은 바로 경제학의 본질을 지적한 것이라고 볼 수 있다.

경제학은 경제생활에 있어서 개인과 사회와의 상관관계를 분석하여 그곳에 존재하는 원리를 밝히고, 경제생활에 있어서의 문제점을 제거하여 인간생활을 경제적인 면에 있어서 더 풍부하게 만들고자 하는 점에 그 실천적인 목표가 있다고 볼 수 있다. 그리고 이 실천적 목표가 성취되기 위해서는 최소한 경제학은 다음 세 가지 문제를 풀어야 할 것이다. 즉,

첫째, 생산과 소비에 관한 경제질서를 안정시키는 문제,

둘째, 경제질서의 발전 내지 성장을 확보하여야 한다는 문제,

셋째, 안정의 조건과 진보의 조건이 서로 모순에 부딪쳤을 때 이것을 어떻게 조화시키는가 하는 문제이다.

• 관련인물 • 알프레드 마샬

알프레드 마샬
(Alfred Marshall, 1842-1924)

일반적으로 수학의 그래프는 독립변수를 가로축에, 종속변수를 세로축에 표시한다. 수요함수에서 독립변수는 가격, 종속변수는 수요량이지만 경제학에서는 수요곡선을 그릴 때 가격을 세로축에 표시하고, 수요량을 가로축에 표시한다. 이러한 표시법은 경제학의 오렌 관행인데, 이를 만들어낸 사람은 영국의 경제학자 알프레드 마샬이다.

마샬은 고전학파를 잇는 신고전학파 경제학의 창설자다. 고전학파는 경제학의 아버지 아담 스미스에서 시작해 데이비드 리카도, 토마스 맬서스, 존 스튜어트 밀로 이어지는 학문적 조류다. 마샬은 고전학파 경제학을 보완해 신고전학파란 새로운 조류를 만들었는데, 그는 케임브리지대학 경제학 교수로 약 40년간 재직하면서 많은 제자들을 길러냈기 때문에 신고전학파는 케임브리지학파라 불리기도 한다.[주)]

마샬은 1842년 런던에서 은행 출납원의 아들로 태어났다. 그의 아버지는 독실한 복음주의 기독교인이었으며, 아들을 목사로 키우려고 했다. 그러나 기대와는 달리 마샬은 케임브리지 대학에서 수학을 공부했다. 수학을 전공한 것은 훗날 그의 경제학 연구에도 큰 영향을 미쳤다. 경제학을 그래프와 방정식으로 설명하는 체계는 바로 마샬이 세운 것이다. 마샬은 런던 빈민굴의 참상을 본 후 빈곤문제에 관심을 가지게 됐고, 이를 계기로 경제학을 공부하기 시작했다. 그는 케임브리지대 경제학 교수가 된 후 당시까지 유일한 경제학 교과서로 사용돼 오던 밀의 「정치경제학원리(Principles of Political Economy)」를 수학적 기법 도입으로 발전시켜 「경제학원리(Principles of Economics)」를 저술했는데, 이는 경제학의 표준교과서로 오랫동안 사랑받았다. 수요의 가격탄력성과 외부경제, 소비자잉여 등의 개념은 모두 마샬이 만들어낸 것이다. 그가 수요곡선에서 가격을 세로축에, 수요량을 가로축에 표시한 정확한 이유는 알려져 있지 않지만, 마샬 시대에는 지금과 수요곡선을 도출하는 방식이 달랐기 때문이라는 주장이 설득력을 얻고 있다.

주) 그가 케임브리지대학 취임 연설에서 언급한 '냉철한 머리와 따뜻한 가슴'(cool head but warm heart)이란 문구는 경제학을 복지를 위한 실증과학으로 정의했던 그의 입장과 케임브리지학파 사상을 잘 나타낸다.

<작성자: 김훈민/KDI 경제정보센터, 2011.2.25>

→ 제2절 경제학의 분류

1. 대상의 영역에 따른 분류

경제학은 보통 사회과학(social science)으로 분류된다. 사회과학의 일부인 경제학은 그것이 취급하는 대상의 영역에 의하여 가정경제학(home economics), 경영학(business administration), 재정학(public finance) 및 국민경제학(national economics)으로 분류한다. 가정경제학은 개인의 소비생활면을 대상으로 하며, 경영학은 생산주체인 기업의 활동을 분석한다. 재정학은 개별경제로서의 국가 또는 지방공공단체의 경제를 연구한다. 즉, 정부의 정책수단으로서 경제변동에 영향을 미치는 조세 및 재정지출에 관한 연구이며, 국민경제학은 한 국가 전체의 경제생활, 즉 가계, 기업, 정부의 종합체로써 국민경제를 총괄적으로 분석하려는 것이다. 보통 경제학이라 할 때에는 이 국민경제학을 의미한다고 할 수 있다.

2. 인지방법의 차이에 따른 분류

1) 이론경제

경제학은 또한 인지방법의 차이에 따라 이론경제, 경제사, 그리고 경제정책론으로 나누어진다.

경제학은 먼저 경제현상의 일반성·공통성을 연구하여 개념을 정립하고, 다시 현상 상호관계의 규칙성을 분명히 하여 법칙을 수립한다. 경제현상은 다른 현상과 마찬가지로 특수성·개별성을 소유함에도 불구하고 다소 일반성·공통성을 나타내고 있으며, 또한 이들 상호관계에 있어서도 다소의 규칙성을 나타내고 있다. 경제학 연구는 기업의 분화와 더불어 산업부문별로도 행하여 지지만 총괄적으로 사회에 있어서의 경제현상 전반에 관하여 그 제반 법칙과 더불어 이들의 종합적인 이론을 연구하고 사회경쟁의 기구 및 운동을 설명하는 방법도 있다. 즉, 경제현상들 사이에 존재하는 인과관계를 규명하고 체계화하는 것이다. 이러한 경제학의 이론적 부문을 이론경제학 또는 경제이론(economic theory)이라고 말한다.

다시 말하면, 경제이론은 일정한 조건하에서 경제현상 간에 성립되는 필연적 연관, 즉 경제법칙을 해명하는 것을 목적으로 한다. 경제현상은 사회현상 중의 일부이기 때문에 이러한 경우 일정한 조건이란 일정한 역사적·제도적 조건을 의미한다. 사회과학에서 말하는 공통성 내지 법칙성은 상대적인 성격을 가지고 있으므로 사회현상을 지배하고 있는 법칙성도 절대적인 법칙이 아니고 시간과 장소의 제약을 받는 상대적인 법칙에 불과하다는 것은 극히 중요한 사실이다.

2) 경제사

경제사(economic history)는 일정한 구체적 조건하에서 현실적으로 생성 · 변화 · 발전하는 경제현상을 연구대상으로 하고 있다. 경제사가 취급하는 범위는 시간적으로 볼 때 인간이 존재하는 모든 시점에 있어서의 경제현상을 대상으로 한다. 따라서 경제사에서 중요한 것은 경제현상의 구체적 · 개별적 관련성이다. 경제이론과 경제사는 존재를 연구한다는 점에서 공통적일 뿐만 아니라 양자는 또한 상호의존관계에 있다.

3) 경제정책

경제정책(economic policy)은 경제현상을 목적과 수단의 관계로서 포착하여 인간이 생존하고 있는 경제질서의 결점을 시정하려고 하는 것이다. 정책의 실현을 의도하는 질서는 현재의 그것이 아니고 미래의 질서를 의미하는 것이다. 다시 말해서 정책은 이상적 질서의 실현을 목표로 하고 있는 것이다. 이러한 뜻에서 정책을 당위에 관한 경제학이라고도 한다.

경제사 및 이론경제, 그리고 경제정책론은 본질적으로 상이한 인식방법에 입각하면서도 상호간에는 밀접한 의존관계가 존재한다. 경제학은 경제복지의 증진이라는 정책적 요구에서 성립된 것이기 때문에 실제적인 정책에 공헌하지 못한다면 무의미한 것이 된다. 이론은 정책을 전제로 하고 정책에 의하여 반영되며 동시에 정책은 이론을 기초로 하고 이론의 발전으로 그 효과를 거둘 수 있다. 정책은 또한 개별적 · 구체적인 역사적 조건을 토대로 해야만 구체적일 수 있다. 따라서 경제정책론에는 경제사의 지식이 필요하며 경제사도 현재의 정책적 요건을 전제로 하고 그러한 입장에서 분석 · 연구되어야 할 것이다.

→ 제3절 경제이론(이론경제학)의 분류 : 미시경제학과 거시경제학

경제학자들은 경제이론 연구의 대상인 여러 경제현상을 두 가지 시각에서 분석하고 있는데, 하나는 미시적 분석이고 다른 하나는 거시적 분석이다.

1. 미시경제학

미시적 분석은 가정이나 기업과 같은 한 나라 국민경제를 형성하고 있는 개별 경제주체의 경제활동을 분석하여 거기서 얻은 결론을 가지고 경제현상을 분석하려는 방법을 말한다. 이러한 미시적 분석방법에 의하여 수립된 경제이론을 미시경제이론 또는 미시경제학(microeconomics)이라고 한다.

미시경제학은 경제적 의사결정의 개별단위의 행위를 취급한다. 즉, 경제주체로서의 개인이나 기업의 개별적 경제활동 내지 행동의 원리 또는 경제객체로서의 각 재화 및 용역과 관련된 개별시장 등과 같이 경제의 한 부분만을 설명하려는 것이다.

다시 말해서 생산물시장(product market)이나 요소시장(factor market)에서 가계와 기업의 상호작용의 결과로 인해 개별상품의 가격, 임금률, 이자율 등이 어떻게 결정되는가에 관한 것이 바로 미시경제학의 내용이다. 이와 같이 미시경제학이 개별상품이나 생산요소의 가격결정을 다루고 있기 때문에 이를 '가격론'(price theory)이라고도 부른다.

2. 거시경제학

거시적 분석이란 한 나라의 경제를 구성하고 있는 각 주체 또는 개별단위를 전체로써 집계(aggregate)하여 경제현상을 분석하고자 하는 방법을 말한다. 즉, 전체로서의 국민경제를 직접적으로 분석하여 경제구조와 기능을 밝히려는 것을 거시적 분석방법이라고 하며, 거시적 분석방법에 의한 경제이론을 거시경제학(macroeconomics)이라고 한다. 거시경제학은 직접적으로 사회 전체의 경제문제, 즉 사회 전체의 생산량, 고용량, 물가수준, 소비, 저축, 투자, 통화량 등을 통계적으로 파악하여 그 상관관계를 밝힘으로써 국민경제의 전체적인 움직임을 설명하는 것이다. 그런데 흔히 국민경제의 전체적인 움직임을 국민소득의 유량(flow)을 중심으로 하여 규명하게 되므로 거시적 분석을 소득분석이라고도 한다.

3. 미시경제학과 거시경제학의 관계

미시경제학은 가계, 기업, 정부 등과 같은 개별단위(individual unit) 주체들의 행동원리를 다루고 있는 반면, 거시경제학은 국민경제 내의 일반물가수준, GDP, 총고용수준, 이자율수준 등의 전체 또는 총량변수(aggregate variables)에 초점을 두고 있다.

나무와 숲에 비유하면, 미시경제학이 숲속에 있는 '나무'(tree)를 하나 하나 관찰하는 것이고, 거시경제학은 '숲'(forest) 전체를 관찰하여 보는 것이라고 할 수 있다. 이처럼 경제현상을 보는 분석시각의 차이에 따라 미시경제학과 거시경제학으로 나누어지는데, 이들 간의 관련분야를 구분하여 간단히 예시하여 보면 [그림 2-1]과 같다.

분석대상	미시경제분야	거시경제분야
생산(production)	개별기업 또는 산업의 산출량 (자동차생산량, TV생산량)	국내총생산 및 산출량 (GDP, 총산업생산량)
가격(price)	개개의 재화 및 용역의 가격 (자동차가격, 음식가격, 의료비)	총물가수준(소비자물가, 생산자물가, 인플레이션)
소득(income)과 부(wealth)의 분배(distribution)	자동차산업의 임금, 최저임금, 빈곤	국민소득, 총임금 및 급여, 총법인이윤

[그림 2-1] 미시경제학과 거시경제학의 차이

→ 제 4 절 경제학의 연구방법론

1. 실증적 방법과 규범적 방법

어떤 내용을 서술하는 방법으로는 실증적 방법(positive method)과 규범적 방법(normative method)이 있다. 실증적 서술은 "무엇이다"라는 형식을 취하며 규범적 서술은 "무엇이어야 한다"와 같은 형식을 취한다. 예컨대 "생산이 효율적으로 이루어지고 있다"는 실증적 서술(positive description)이고, "생산이 효율적으로 이루어져야 한다"는 규범적 서술(normative description)인 것이다. "생산물은 사회구성원의 기여도에 따라 공평하게 분배되어야 한다"는 규범적 서술이다. 실증적 서술 또는 이론은 기본적으로 "무엇이다"(what is)에 관한 것이다. 실증적 서술에 대한 의견대립은 사실을 밝힘으로써 해소된다. 규범적 서술 또는 이론은 "무엇이어야 한다"(what ought to be)와 관련되기 때문에 이는 그와 같은 서술을 하는 당사자의 철학, 뉘앙스 또는 소신 등에 기초한 가치판단의 산물이다. 따라서 규범적 서술에는 의견의 불일치가 얼마든지 있을 수 있다.

어떤 경제현상을 실증적 서술방법으로 설명하여 경제이론을 체계화시킨 경제학을 실증경제학(positive economics)이라고 한다(Positive economics is the study of what is in the economy). 즉, 실증적 경제이론은 어느 한 경제현상이 "--하다", "---할 것이다", "---했었다" 등으로 표현된다. 이러한 주장이나 가설은 모두 현실에서 관찰되는 경제현상과 비교하여 그것의 사실 여부를 밝혀 실증이 가능하다는 특색이 있다. 예를 들면 "오늘 서울지방의 최고온도는 36℃였다"와 같은 것은 실증적인 표현이다. 반면 어떤 경제현상을 설명함에 있어서 주관적 평가 내지 주관적 가치관을 내포할 경우, 즉 어떤 경제현상이 "--해야만 한다", 또는 "--해야만 바람직하다" 등으로 표현되는 경제이론을 규범경제학(normative economics)이라고 한다(Normative economics is the study of what ought ot be in the economy). 규범경제학의 특징은 현실에서 관찰된 자료로써 검증하여 그것의 사실여부가 가려질 수 없다는 점이다. 예를 들면 "진달래꽃이 아름답다"고 하는 사람이 있는가 하면 색깔이 아름답지 않다고 생각하는 사람이 있을 수 있다.

이상과 같은 실증과 규범의 구분은 어느 것이 더 중요하다거나 덜 중요하다는 것을 보여주기 위한 것이 아니라, 실증적 가정으로부터 규범적 결론이 나올 수 없다는 것을 보여주기 위한 것이다.

2. 경제이론의 구성

1) 단순화하는 가정(simplifying assumption)

경제법칙을 찾아 이론화하기 위하여는 경제현상을 둘러싼 내·외적 조건과 그러한 현상이 발생하게 되는 원리를 밝혀내야 한다. 이러한 이론분석은 관련된 주요 개념들이 뜻하는 바를 명확히 하는 정의(definition)와 분석(analysis)의 기본전제로서 일정한 조건을 가정(assumption)하는 것(ceteris paribus : 다른 여건이 일정하다면)으로부터 시작되는 것이 일반적이다. 이러한 정의와 가정은 수학의 형태로 표시되기도 한다.

가정은 현실의 조건을 잘 반영할 수도 있고 그렇지 못할 수도 있다. 예컨대 흔히 사용되는 하나의 가정으로서 "음식과 옷의 두 가지 재화만 있다고 하자"라든지 "다른 여건은 모두 불변이고 가격만 변한다"와 같은 것이다. 이 가정은 확실히 비현실적인 것이다. 그러나 이것은 소비자가 주어진 소득을 가지고 어떠한 재화를 어떤 비율로 구입할 것인가 또는 생산자가 주어진 기술을 가지고 어떠한 재화를 어떤 비율로 생산할 것인가 하는 선택의 원리를 가장 단순한 방법으로 설명하는데 큰 도움을 주는 가정이다. 경제학에서 사용되는 가정은 그것이 과연 현실적인가 하는 점도 문제가 되겠지만 다른 한편으로는 그것이 어느 특수한 경제법칙 또는 이론을 구성하는 데에 직접 도움을 줄 수 있는가의 여부도 매우 중요하다.

"시장이 완전경쟁적(pure competition)이다"라는 가정도 경제이론에서 자주 사용되고 있다. 경제학에서 완전경쟁시장은 소비자와 공급자가 무수히 많고 그들 모두가 시장에 관한 모든 정보를 고루 갖고서 경쟁하는 시장을 말한다. 이러한 시장은 현실적으로 존재하기 힘들다. 완전경쟁과는 정반대로 공급자 또는 수요자가 오직 하나인 독점시장의 이론도 역시 비현실적이지만 경제학에서 중요시되고 있다. 경제현실은 완전경쟁과 독점의 중간 어디에 존재할 것이다. 우리는 이러한 양극단의 이론을 이해함으로써 경제현실의 파악에 도움을 받을 뿐 아니라 이론에 비추어 경제현실의 추이를 파악하고 전망을 할 수도 있다. 따라서 우리가 경제이론에서의 가정을 논의할 때 가정이 아무리 비현실적이라 하더라도 그 가정이 가져다 주는 분석상의 유용성을 쉽게 부정해서는 안 될 것이다.

2) 가설의 도출 : 추론(推論)을 통한 예측가능성의 설정

다음 단계는 가정의 기초 위에서 수학이나 논리학의 법칙을 이용하여 연역적 추론을 통해 가설(hypothesis)을 도출하는 것이다. 가설이란 잠정적으로 맞다고 가정한 명제로서 현실의 자료를 이용하여 검증해 볼 수 있다. 가설을 도출하는 과정은 추상(abstraction)을 통해서 이루어진다. 추상이란 복잡한 경제세계로부터 부차적이고 우연적인 것, 즉 가끔 나타나는 비본질적인 것을 제거하고 일정한 조건하에서 반복되어 나타나는 본질적 혹은 필연적인 것만을 가려내는 것이다. 따라서 도출된 가설은 경제현상에 관한 매우 단순한 추상적 관계를 나타낸 것이라 할 수 있다. 또한 가설은 경제현상에 대한 매우 단순한 확률적 예측, 즉 개연성(probability)을 제시해 준다.

3) 검 정

도출된 가설로부터 얻을 수 있는 함축성(implication)은 실제 경험적 관찰에 의하여 검증될 수 있다. 예컨대 "어떤 상품의 가격이 상승했다면 그 상품의 공급량이 증가하는가"라는 가설이 도출되었다고 하자. 이는 과거 경험적 사실을 조사하여 과연 그러했는지 검정(testing)해 볼 수 있다. 실제로 모든 경우를 다 검정하기란 불가능하나 만약 상품의 값이 상승하였을 때마다 상품의 공급량이 증가하지 않고 감소하였다면 그 가설은 부당하다고 볼 수 있으며, 그렇지 않고 모든 검정에서 상품의 공급량 증가가 확실히 이루어졌다면 그 가설은 경험적 관찰과 일치한다고 볼 수 있다. 이러한 검정과정을 통하여 이론의 현실과의 일치 여부가 밝혀진다.

과학적 경제학 문제있다 - 루이스 유치텔

"제2차 세계대전 후 경제학이 시시한 사회과학에서 이탈하여 자연과학의 성격을 띠면서 이러한 사고방식에 변화가 나타나기 시작했다. 수학이 경제학의 언어가 되고 경제의 컴퓨터 모델이 연구의 중요한 도구가 되었다."

오늘의 경제학은 과연 효율성이 있는가를 둘러싸고 학계에 논란이 일고 있다. 이 논쟁에서 1953년 『세계의 석학들』이라는 저서를 통해 현대 경제학의 토대를 만든 위대한 사상가들을 찬양했던 경제학자 로버트 하일브로너(79)는 자신에 영향을 미쳤던 경제학자들을 비판하고 나섰다. 한 마디로 핵심이 빗나갔다는 것이다.

그들의 연구는 훌륭했지만 그들이 만들어 낸 경제 모델은 너무도 단순하다고 그는 지적한다. 경제사회 체제를 형성하는 정치, 사회, 심리, 윤리, 역사적인 복잡한 요인들을 모두 포용하는 경제 모델을 만들어 내야 하는데 현대 경제학자들은 경제체제가 어떻게 운용되는지에 대한 진정한 이해없이 과학적 기본조건도 갖추지 않은 2차원 모델을 선호하고 있다는 것이다.

조셉 슘페터는 1942년 "비경제적인 동기가 경제이론의 중요한 요소"라고 썼고 이보다 몇 년 앞서 존 메이너드 케인즈는 "인간의 성격이나 제도는 그 어느 부분도 완전히 경제적인 고려 밖에 있어서는 안 된다"

고 말했다. 또 19세기 영국의 경제학자 알프레드 마셜은 "경제학은 정확성을 요하는 물리학과 비교될 수 없다. 그것은 인간의 성격이 끊임없이 변하는 오묘한 힘을 다루는 학문이기 때문이다"고 경고했다.

그러나 제2차 세계대전 후 경제학이 시시한 사회과학에서 이탈하여 자연과학의 성격을 띠면서 이러한 사고방식에 변화가 나타나기 시작했다. 수학이 경제학의 언어가 되고 경제의 컴퓨터 모델이 연구의 중요한 도구가 되었다.

이러한 경제 모델은 시장과 사람이 어떻게 움직일 것인가에 대한 추론을 요구한다. 요즘에는 실제상황에 근접시키기 위해 경제학자들의 보다 실제적인 자료를 등식에 대입시키고 있기는 하지만 이러한 추론은 비현실적인 경우가 많다.

"수학은 올바르게만 사용하면 보다 분석의 폭을 넓힐 수 있는 모든 것들을 포용할 수 있다"고 버클리 캘리포니아 대학의 경제학자 조지 아커로프는 말한다.

그러나 이것은 하일브로너가 생각하는 것에는 못 미친다. 현대 경제학자들은 옛날의 경제학자들이 중요하게 생각했던 주관적이고 때로는 직관적인 판단을 배제한다. 이런 것들은 과학적 연구의 대상이 될 수 없기 때문이다.

과학으로서의 경제학은 극단적인 소득 불균형의 원인을 객관적으로 측정하는 방법을 개발했다. 교육수준이 높은 사람은 소득이 많고 고등학교까지 밖에 교육을 받지 못한 사람은 소득이 적다는 사실을 밝혀냈다. 그러나 교육수준과 관계없이 임금격차를 더 넓힐 수 있는 요인인 직업불안 같은 것은 측량이 불가능하다. 하버드 대학의 경제학자 그레고리 맨키우(40)와 스탠퍼드 대학의 경제학자 폴 로머(43)는 이는 주관적인 관찰로서 정치적인 문제나 공공정책상의 문제이지 경제체제의 움직임을 과학적으로 설명하는 것은 못된다고 주장했다.

〈DATELINE March 1999, pp. 76~79에서 발췌 · 요약〉

제 3 장
수요·공급과 시장가격결정: 경제적 분석의 기초

이 장은 경제학을 공부하는데 가장 중요하고 기초적인 분야를 다루게 된다. 많은 경제학자들은 경제학의 90%가 수요(demand)와 공급(supply)에 영향을 미치는 것이 무엇인가를 연구하는 것이라고 말하고 있다.

19세기의 저명한 수필가이며 역사학자인 칼라일(T. Carlyle)은 앵무새를 한 마리 구입하여 "수요와 공급이라 말하도록 가르쳐라"라고 말하듯이 앵무새의 능력으로 경제학을 배운다는 것이 과장된 말이지만 칼라일은 수요와 공급이 경제학에서 중심적 역할을 수행하고 있음을 예리하게 암시하고 있다.

자본주의 경제에서는 자원의 배분 및 가격결정이 시장기능에 의해 이루어지고 있으며 이는 경제학의 기본원리이기도 하다. 그러므로 이 장에서는 수요, 공급의 개념과 이에 미치는 영향이 무엇인가, 그리고 시장이 어떻게 작동되고 있는가를 다루고자 한다.

→ 제1절 수요와 수요곡선

1. 수요와 수요량

수요(demand)란 소비자가 재화(goods) 및 용역(services)을 값을 지불하고 살 수 있는, 그리고 구입할 의지(willingness)가 있는 욕구, 또는 욕심의 크기(quantity)를 의미한다. 지불능력도 없이 단순히 구입하고자 하는 양은 포함되지 않는다는 것을 말한다. 상품에 대한 수요는 가계(household)에 의한 수요뿐 아니라 기업에 의한 수요도 있음을 간과해서는 안 된다.

수요량(quantity demanded)은 소득, 다른 상품의 가격(대체재 또는 보완재), 소비자의 선호(기호) 등이 일정한 조건하에서 일정 기간 동안에[1)] 가계와 기업이 기꺼이 주어진 가격으로 구입하고자 하는 상품의 수량을 의미한다. 즉, 수요량은 수요곡선(수요량과 가격과의 관계를 그림으로 나타낸 곡선)을 따라 어떤 주어진 가격에 대응하여 소비자가 구입하려는 양을 나타낸다.

수요량은 일정가격 이하에서 구매자가 특정기간마다 사고자 하는 최대의 수량이다. 따라서 구매자는 수요곡선이 가리키는 이하의 가격은 기꺼이 지불하려 한다. 그러나 그 이상의 가격에 대해서는 지불을 거부한다. 이러한 의미에서 가격과 수요량의 관계를 함수로 나타내는 수요함수 식 (3·1)은 하나의 극대개념이라 할 수 있다.

2. 수요의 법칙과 수요곡선

개별소비자가 특정기간 동안 구매하고자 하는 재화 및 용역의 수요량은 그 재화 및 용역의 가격, 소비자의 소득(income: I), 관련 재화의 가격(P_Y), 소비자의 기호 및 취미(tastes: T), 시장규모(S) 등의 여러 요인들에 의해 결정된다. 이를 수요함수(demand function)로 표현하면 다음과 같다.

$$Q_X = f(P_X,\ I,\ P_Y,\ T,\ N) \quad \cdots\cdots (3\cdot1)$$

위의 요인들 중에 어떤 재화 및 용역의 가격(P_x)이 변하고 다른 요인들은 일정하다고 가정한다면(ceteris paribus), 그 재화의 가격변화와 이에 대응하여 소비자가 그 재화에 대해 구매하고자 하는 양(Q_x)과의 관계를 나타낸 표를 수요표(demand schedule)라 부른다.

〈표 3-1〉은 하나의 가상적인 수요표이다. 예를 들면 X재의 가격이 1원일 때, 소비자는 매기에 7단위의 X재를 사려고 하고, 4원으로 가격이 상승하면 4단위를 사고자 할 것이다. 이러한 수요표를 그림으로 나타내면 [그림 3-1]의 '수요곡선'

1) 경제 관련 변수들은 크게 유량(flow)과 저량(stock)으로 분류할 수 있다. 유량변수는 일정 기간 동안(예컨대, 1개월 동안, 1년 동안)에 대해 정의되며, 저량변수는 일정 시점(예컨대, 1월 1일 기준, 12월 31일 기준)에 대해 정의된다. 유량변수로는 수요량, 공급량, 국민소득 등이 있으며, 저량변수로는 통화량, 외환보유액, 국가의 부 등이 있다.

이 된다.

〈표 3-1〉의 수요표는 소비자가 X재의 가격이 하락하면 할수록 X재의 수요량이 더 많아지는 것을 나타내 주고 있다. 이와 같이 수요량과 가격의 사이에 역의 관계가 성립하고 있다. 다시 말하면 다른 조건이 일정할 때 가격이 높아지면 재화와 용역을 구입하려고 하는 수요량이 줄 것(줄 가능성이 있는 것)으로 본다. 따라서 수요곡선은 우하향의 형태를 취한다. 이것은 곧 수요곡선의 기울기가 음(−)으로 나타남을 의미한다. 그리고 가격과 수요량간의 역의 관계, 즉 수요곡선의 기울기가 부(−)로 나타나는(나타날 가능성이 있는) 것을 **수요의 법칙**(law of demand)이라고 부른다. 다시 말해서 **수요의 법칙**(law of demand)은 다른 조건이 일정하다면, 재화와 용역의 수요량이 가격과 역의 관계가 있는 것을 말한다.

〈표 3-1〉 X재의 수요표

X재의 가격 (P_x)	8	7	6	5	4	3	2	1	0
X재의 수요량 (Q_x)	0	1	2	3	4	5	6	7	8

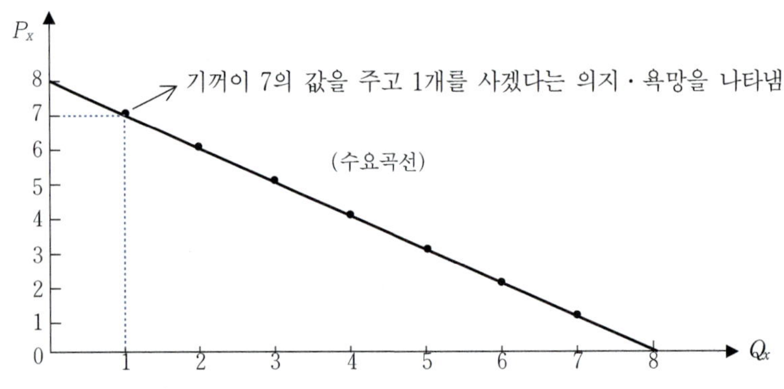

[그림 3-1] 수요곡선

한편, 다른 조건들이 불변이라면, 재화와 용역의 수요량이 가격과 역의 관계가 있는 것을 말해 주는 **수요의 법칙을** 식 (3 · 2)와 같이 함수식으로 나타내면 **수요곡선**(demand curve)이 된다.

$$Q_X = f(\underset{(-)}{P_X}) \quad \cdots\cdots \quad (3 \cdot 2)$$

위의 식에서 하첨자 X는 X라는 재화 또는 용역을 의미한다. 수요의 법칙은 거의 대다수의 경우에 적용되는 법칙이나 항상 적용되는 법칙은 아니다. 예를 들면 기펜재의 역설(Giffen's goods paradox)은 수요의 법칙에 대한 예외를 이루는 것이다. 즉, 어떤 재화의 가격하락은 그 재화의 수요량을 오히려 감소시키는 결과를 야기하게 되는 현상을 말한다.

수요의 법칙을 근대적으로 정식화한 사람은 마샬(A. Marshall)이다. 그는 횡측에 Q(수요량)를, 그리고 종축에 P(가격)을 측정하고, 이 법칙을 [그림 3-1]과 같이 도식화하였다.

3. 수요량의 변화와 수요의 변화

앞에서 언급한 바와 같이 수요법칙이란 수요량(quantity demanded)과 가격 사이에 역의 관계가 있다는 것을 말한다. 즉, 수요곡선은 우하향한다. 따라서 수요량은 가격의 하락에 따라 증가한다. 그러나 우하향의 기울기, 즉 가격하락 정도에 대한 수요량 증가의 정도를 나타내 주는 반응도는 상품의 종류에 따라 일정하지 않다.

이와 같이 주어진 수요곡선상에 가격의 변화에 따라 수요량이 변화하는 것을 수요곡선 위의 운동(movement along a given demand curve)이라고 한다. 반면 식 (3·1)에서와 같이 다른 요인은 일정하다고 가정하였던 가격 이외의 요인들, 즉 소비자의 소득의 증감, 관련재화의 가격의 변화, 개개인의 욕망 또는 기호의 변화 등의 제요인에 의해 수요곡선 자체가 좌·우방향으로 이동하는 것은 수요곡선의 이동(shift of a given demand curve)이라고 하여 수요곡선 위의 운동과 구별한다. 이 두 개념을 구분하는 것은 대단히 중요하다.

[그림 3-2]에서 주어진 수요곡선 D_1D_1에서 D_2D_2로의 이동 또는 D_1D_1에서 D_3D_3로의 이동, 즉 주어진 수요곡선 자체가 좌, 우 방향으로 이동하는 것은 수요의 변화라고 한다. 전체 수요곡선이 우측으로 이동함은 수요의 증가요, 반대로 좌측으로의 이동은 수요의 감소를 나타낸다. 반면 수요량의 변화는 [그림 3-2]에서 주어진 수요곡선 D_1D_1상에서 가격이 변화함에 따라 수요량이 움직이는 것을 의미한다. 예컨대, B점에서 A점으로 움직이는 것은 수요량의 감소, B점에서

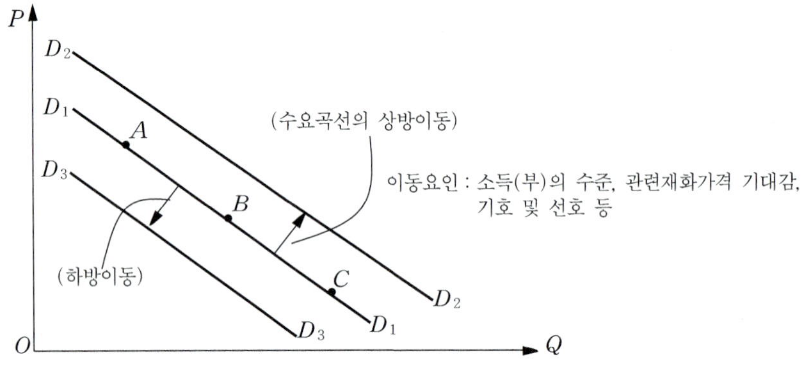

[그림 3-2] 수요곡선의 좌우이동

C점으로 움직이는 것은 수요량의 증가를 의미한다.

4. 수요변화의 요인: 수요곡선의 이동요인

앞에서 설명한 것과 같이 상품의 수요를 결정하는 요인들 중 해당 상품가격 이외의 다른 요인들이 변하면 그 상품의 수요가 변하여 수요곡선이 좌 또는 우로 이동한다([그림 3-2] 참조).

우선 어떤 경우에 수요곡선이 우측으로 이동하는가를 살펴보면 다음과 같다.

첫째, 가계의 소득이나 부가 증가되었을 때 그 상품이 열등재 또는 하급재(inferior goods)가 아닌 정상재(normal goods)인 경우 그 상품에 대한 수요는 증가한다.

둘째, 기호(tastes)나 취향(favor)이 어떤 재화에 유리하도록 변화되었을 때 그 상품에 대한 수요는 증가하여 수요곡선은 우측으로 이동한다. 온돌생활에서 침대생활로 취향의 변화는 침대에 대한 수요를 증대시킨다는 것은 취향의 변화가 상품에 대한 수요를 증가시키는 좋은 예이다.

셋째, 한 상품이 다른 상품과 보완재(complementary goods) 관계에 있을 때, 보완재 관계에 있는 두 상품 A와 B의 경우 A의 가격이 하락하면 B에 대한 수요는 증가하여 B의 수요곡선이 오른쪽으로 이동한다. 반대로 두 재화가 대체재

(substitute goods) 관계에 있을 경우에 어느 한 재화의 가격이 상승하면 대체관계에 있는 다른 재화의 수요는 증가하여 수요곡선이 오른쪽으로 이동한다. 이처럼 관련 재화의 가격도 수요곡선의 이동요인이 된다.

넷째, 소비자의 소득이나 부 또는 어떤 상품의 가격변화에 대한 소비자들의 예상(expectation)이 그 상품에 대한 수요를 변화시켜 수요곡선을 이동시킨다. 즉, 일반적으로 소비자들은 가까운 장래에 소득이나 부가 증가할 것이라고 예상되면 한 상품의 모든 가격수준에서 그 상품을 종전보다 더 사고자 한다. 따라서 소득이나 부의 증가가 예상되면 수요가 증가한다. 또한 가격변화에 있어서 어떤 한 상품의 가격이 가까운 장래에 오를 것이라고 예상하면 그 상품에 대한 수요는 증가한다. 왜냐하면 소비자들은 값이 인상되기 전에 더 많이 구매하려고 하기 때문에 수요곡선은 우측으로 이동하게 된다. 수요에 대한 예상(expectation)과 예상의 영향은 미시경제학과 거시경제학에서 중요할 수 있다.

다음으로 수요곡선이 어떤 경우에 왼쪽으로 이동하게 될까?

첫째, 소비자의 소득 또는 부가 감소하면 수요가 감소한다. 소득 또는 부에 관한 감소가 예상되면 상품에 대한 수요가 감소한다. 또한 가격이 내릴 것이라고 예상하면 값이 더 싸질 때를 기다려 현재의 소비량을 줄이기 때문에 수요가 감소한다. 따라서 소비자가 가격이 내릴 것이라는 예상이나 소득 또는 부의 감소 예상은 수요곡선을 왼쪽으로 이동시킨다.

둘째, 우리가 논의하는 재화에 대한 보완재의 가격이 상승하면 그 재화에 대한 수요는 감소한다. 따라서 수요곡선은 왼쪽으로 이동한다. 또한 대체재의 경우 우리가 고려하는 상품에 대한 대체재의 가격이 하락하면 그 상품에 대한 수요는 감소한다.

셋째, 기호나 취향이 소비자들의 선호를 불리하도록 변화되었을 때 그 상품에 대한 수요는 감소하여 수요곡선은 왼쪽으로 이동한다. 흡연이 암을 유발시킨다는 사실은 소비자의 취향을 바꾸어 담배에 대한 수요를 감소시킬 것이다.

5. 재화의 분류

일반적으로 경제학자들은 경제분석의 필요에 따라 재화를 여러 가지로 분류하는데 소득과 재화의 수요간의 관계에 따라 정상재(normal goods)와 열등재(inferior goods), 어느 한 재화의 가격변화에 대한 관련 재화의 반응관계에 따라 대체재(substitute goods), 보완재(complementary goods), 그리고 독립재(independent goods)로 나눈다.

. 우선 쇠고기의 값이 일정할 때, 소비자의 소득이 종전보다 증가하면, 보다 많은 쇠고기를 산다. 이는 쇠고기에 수요가 증가했다고 한다. 이처럼 소득이 증가하여 수요가 증가하는 재화를 정상재(normal goods)라고 한다. 그러나 위와는 반대로 소득이 증가함에도 불구하고 수요가 감소하는 경우의 재화를 열등재(inferior goods)라고 부른다. 대표적인 예로 보리나 감자 등이 열등재에 속한다고 볼 수 있다. 그러나 보리쌀은 쌀과 비교하여 우리나라에서는 1960-70년대에는 열등재이였으나 1980년대에 들어와 보리 수확량이 급감하고 쌀밥은 온갖 성인병의 근원이라고 많은 사람들이 인식함에 따라 소득이 높은 사람들이 보리밥을 즐겨 찾고 있는 실정이다. 따라서 지금 시대에서는 보리쌀을 열등재라고 할 수 없다.

어느 재화에 대한 수요는 또한 다른 재화(관련재)의 가격의 변화에 따라 변화한다. 예를 들어, 커피의 값이 오르면 홍차에 대한 수요는 증가하며, 커피값이 떨어지면 홍차에 대한 수요는 감소하게 되는데, 이와 같이 한 재화의 가격이 오를 때(내릴 때) 다른 재화의 수요가 증가하는(감소하는) 경우 이 두 재화를 대체재(substitute goods)라고 부른다. 한편, 커피와 설탕 두 재화 중 커피(한 재화)의 값이 오르면, 나머지 한 설탕(재화)에 대한 수요가 감소하고 커피 값이 내리면 설탕 수요가 증가하면, 이 두 재화를 보완재(complementary goods)라고 부른다. 그리고 한 재화의 수요가 다른 재화의 가격변화에 따라 영향을 받지 않으면 두 재화를 독립재(independent goods)라고 부른다.

부록 비기능적 수요(nonfunctional demand)

우리가 제1장의 1절과 2절에서 살펴본 경제행위는 합리적 경제행위를 가정하고 있다. 여기에서 '합리적'이라는 내용은 다른 소비자가 어떠한 소비행태를 보이던 상관없이 개별소비자의 독자적인 선호체계 속에서 상품의 쓸모에 따라, '최소비용 효용극대'의 원칙에 따라 소비한다는 것이다. 그러나 라이벤스타인(H. Leibenstein)은 소비자들이 현실적으로 그렇게 합리적이지 못하고, 특히 상품을 수요함에 있어 소비자간의 상호영향으로 (1) 밴드웨곤효과(bandwagon effect), (2) 스노브효과(snob effect), (3) 베블렌효과(veblen effect)가 발생한다고 하였다.

그리고 라이벤스타인은 전통적인 소비자행동이론에 있어서의 수요를 '기능적 수요'(functional demand)라 하고 밴드웨곤효과 · 스노브효과 · 베블렌효과 등의 소비수요행태를 묶어서 '비기능적 수요'(nonfunctional demand)로 분류하였다.

1. 밴드웨곤효과

현실세계에서는 상당수의 소비자들이 어떤 상품을 소비하고 있는 경우를 볼 때 그 상품은 틀림없이 가격에 비하여 질이 좋은 상품일 것이라고 생각하여 자기 자신도 그 상품을 덩달아 소비하는 경우가 많다. 이와 같이 한 소비자의 수요가 다른 소비자들의 수요에 편승하여 이루어지는 경우를 밴드웨곤효과(편승효과)라고 한다. 이에 대한 좋은 예는 여성들의 의상수요이다. 이를테면 미니스커트 의상이 유행하게 되면 많은 여성들은 이러한 유행에 따라 이를 수요하게 된다.

밴드웨곤효과가 있으면 그것이 없을 때보다 개별수요가 커지고 시장수요도 커진다. 왜냐하면 한 상품을 많은 소비자들이 수요하면 이를 보고 개별소비자들이 그 상품에 대한 수요를 더 늘리기 때문이다. 밴드웨곤효과를 경제이론으로 설명하는 한 가지 방법은, 개별소비자가 시장수요를 예측하고 예측된 시장수요에 근거하여 자기의 수요량을 결정한다고 보는 것이다. [그림 3-3]에서 D_{100}과 D_{200}은 소비자들의 예측시장수요가 100단위와 200단위일 때 개별소비자들의 수요를 합계한 실제수요곡선이다. 소비자들이 예측한 시장수요가 100단위일 때 그들 각각의 수요를 합계한 실제시장수요의 크기가 E_1점에서 Q_1이 되었다고 하자. 이때 가격은 P_1인데, 가격이 P_1에서 P_2로 하락함에 따라 예측 시장수요가 커지고 따라서 개별소비자는 그들의 수요를 늘릴 것이다. 예를 들어 가격이 P_1에서

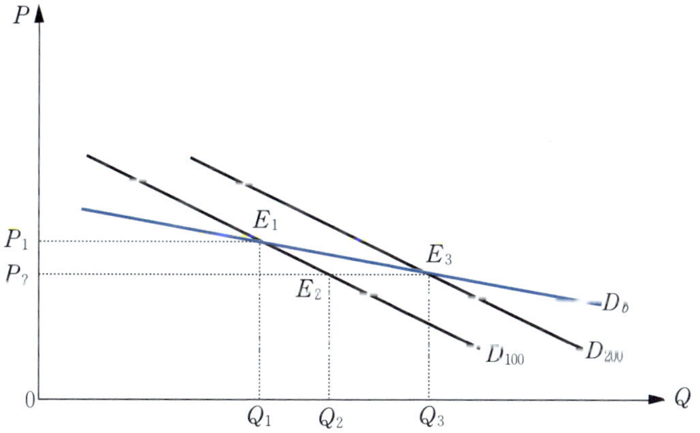

[그림 3-3] 밴드웨곤수요곡선

P_2로 하락할 때 개별소비자들의 시장수요가 100단위에서 200단위로 증가할 것이라고 예측하고 이에 따라 수요한다면 그때의 실제시장수요는 D_{200}의 시장수요곡선을 따라 E_3점에서 Q_3로 결정된다. 따라서 편승효과가 존재할 경우의 실제시장수요곡선은 점 E_1과 E_3를 연결한 곡선 D_b가 되는데 이를 밴드웨곤수요곡선 (bandwagon demand curve)이라고 한다. 편승효과가 있을 때의 시장수요가 없을 때의 그것보다 가격에 대하여 더 탄력적이다.

경제적 버블

경제적 버블은 기초적 제조건으로는 도저히 설명할 수 없는 수준까지 가격이 치솟다가 괴리가 있다는 의심이 짙어지면서 터지고 마는 현상을 말한다.

버블에 공통된 현상은 주가와 지가가 상승하는 가운데 사람들은 계속 상승할 것이라고 생각하여 투기열풍은 더욱 가열되고 자산가격은 더욱 오르는 점이다. 가격이 오르는 동안에는 투기이익이 예상대로 발생하기 때문에 더욱 많은 사람들이 투기행렬에 끼어든다. 버블은 밴드웨곤(Bandwagon)에 비유할 수 있다. 밴드를 태운 웨곤이 소란스럽게 연주를 하면서 마을을 지나가면 사람들은 무엇 때문에 시끌벅썩한지 궁금하여 모여들기 시작한다. 몰려가는 사람들을 바라 본 더욱 많은 사람들이 무엇인가 있는 것이 틀림없다고 생각하여 영문도 모른 채 뒤따라가기 때문에 군중은 더욱 불어난다. 이 현상이 바로 밴드웨곤효과다. 케인즈는 일찍이 증권시장의 투기열풍을 가리켜 미인투표에 비유하기도 했다. "사람들은 자신이 미인이라고 생각하는 후보에게 표를 찍지 않고 다른 심사위원들이 미인이라고 생각할 것 같은 후보에게 표를 찍는다. 바로 여기서 밴드웨곤과 같은 결과가 나온다"는 것이다.

1929년 대공황이 터지기 전에도 포브스 잡지가 나서서 신경제론을 내놓을 만큼 경제가 활황이었고 주식시장에서는 인수합병의 파고가 일고 있었던 적도 있다.

2. 스노브효과

스노브효과(백로효과)는 밴드웨곤효과와는 정반대되는 것으로서 다른 사람들이 어떤 상품을 많이 소비하고 있기 때문에 자기는 그 소비를 중단하거나 줄이는 경우를 말한다. 스노브효과(Snob effect)는 자기가 다른 사람들과는 계층이 다르다는 것을 과시하고자 할 때 나타난다. 백화점에서 값비싼 의상을 구입하여 입고 다니는데 만약 시골부인이 자기와 똑같은 의상을 걸치고 있는 것을 보았을 때 이를 다시는 입지 않는 경우가 그 예이다. 따라서 스노브효과가 있으면 그것이 없을 때보다 개별수요가 작아지고 시장수요 또한 작아진다. 스노브효과도 밴드웨곤효과와 마찬가지로 개별소비자가 시장수요를 예측하고 예측된 시장수요에 근거하여 개별수요를 결정한다고 이야기할 수 있다. [그림 3-4]는 스노브효과가 있을 때의 실제 시장수요곡선을 도출한 것인데 이는 [그림 3-3]에서 밴드웨곤효과가 있을 때의 실제 시장수요곡선의 도출과정을 정반대로 이해하면 된다.

스노브효과가 있을 경우 시장수요가 크리라 예측되면 개별수요가 줄고 따라서 시장수요도 줄어든다. [그림 3-4]에서 예측 시장수요가 100단위일 때 가격 P_1에서 소비자들의 수요를 합계한 실제 시장수요량이 Q_1이었다고 한다. 이제 가격이 P_2로 하락할 경우 스노브효과가 없다면 실제 시장수요는 D_{100}의 예측 시장수요곡선을 따라 Q_2로 결정될 것이다. 그러나 스노브효과가 있다면 개별소비자들은 가격이 하락함에 따라 예측 시장수요가 100단위에서 50단위로 감소할 것이라 생각하고 각자의 수요를 줄이기 때문에, 실제 시장수요는 D_{100}곡선의 좌측 D_{50}의 예측 시장수요곡선을 따라 Q_3로 결정할 것으로 본다. 따라서 스노브효과가 있을 경우의 실제 시장수요곡선은 점 E_1과 E_3를 연결한 곡선 D_s가 된다. 이를 **스노브수요곡선**(snob demand curve)이라고 한다. 스노브효과가 있을 때의 시장수요가 없을 때의 그것보다 가격에 대하여 보다 비탄력적이다.

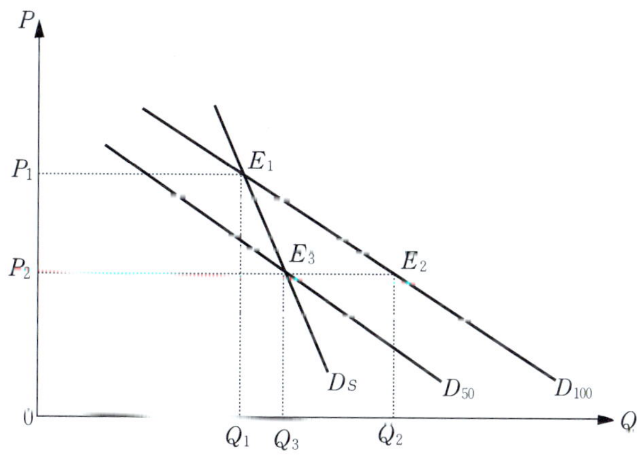

[그림 3-4] 스노브수요곡선

3. 베블렌효과

베블렌은 유한계급론(the theory of the leisure class)의 과시소비론에서 지출이란 것이 한 개인의 '명성'을 떨치는데 공헌하기 위해서는 일반적으로 '쓸데없는 물건'에 쓰여져야 하며 "쓸데없는 데 돈을 쓴다는 사실이 바로 명성의 원인이 된다"고 지적하고 있다.

베블렌효과는 소비자들이 자기를 과시하고 싶어서 소비하는 경우에 나타난다. 예를 들면 어떤 상품에 대한 수요가 같은 수준의 상품이라 하더라도 가격이 높을 경우에 보다 잘 팔리는 경우, 즉 값비싼 상품을 구입할 수 있는 능력을 과시하기 위해 소비하는 경우에 이를 베블렌효과라고 할 수 있다. 남을 지나치게 의식하거나 허영심이 많은 소비자일수록 베블렌효과를 크게 받는다. 특히 과시적 소비(conspicuous consumption)는 남성들에 의해서 이끌어지기 보다는 가장의 명성을 위한 그들의 부인이나 자녀를 통하여 이끌어지는 경우가 많다. 베블렌효과가 있으면 그것이 없을 때보다 가격이 높은 재화일수록 개별수요뿐만 아니라 시장수요도 커진다.

이와 같은 베블렌 효과는 경제발전과정에서 졸부들의 소비행태를 분석하는 중요한 개념적 틀을 제공할 뿐만 아니라 과소비현상을 분석하는 데 매우 유용하다고 할 수 있다.

→ 제 2 절 공급과 공급곡선

1. 공급과 공급량

공급(supply)이란 생산자가 재화와 용역을 판매하고자 하는 욕구로, 일정시점이 아니라 일정기간 동안(유량 개념) 계속 판매하고자 하는 양이다. 공급개념은 수요개념과 마찬가지로 시장에서 실제로 판매된 양이 아니라 판매하고자 하는 양을 의미한다. 어떤 특정재화의 공급량(quantity supplied)이란 다른 재화의 가격, 생산요소의 가격 등이 불변이라는 가정하에서 일정기간 동안 생산자가 주어진 가격에 기꺼이 판매하고자 하는 수량을 말한다. 따라서 공급이란 각 가격수준하에서 공급량이 얼마나 되는가를 나타내는 개념이다.

2. 공급곡선과 공급의 법칙

기업이 시장에 공급하고자 하는 재화의 양에 영향을 미치는 요소들은 해당 상품의 가격, 생산요소의 가격(ω), 생산기술(T), 기업의 수(N), 미래에 대한 기대(E) 등이 있는데 X재의 공급함수(supply function)를 표현하면 다음과 같다.

$$Q_x = f(P_x, \omega, T, N, E) \quad \cdots\cdots (3 \cdot 3)$$

한편, 재화의 공급을 결정하는 다른 조건들이 불변한다는 가정하에서 해당 재화의 각 가격수준에서 여러 가지 가능한 공급량들의 대응관계를 특정한 기간 동안에 구체적인 숫자로 표시한 것을 그 재화의 공급표(supply schedule)라고 한다. 예컨대, 〈표 3-2〉는 하나의 가상적인 공급표(supply schedule)이다. 이 표에서 볼 수 있는 바와 같이 X재 가격이 상승함에 따라 X재의 공급량은 증가한다.

〈표 3-2〉는 X재에 대한 가상적인 공급표인데, 가격을 종축(vertical line)에 공급량을 횡축(horizontal line)에 표시하여 각각의 가격과 그에 대응되는 공급량을 그림으로 나타내면 [그림 3-5]와 같이 우상향의 기울기를 갖는 공급곡선(supply curve)이 도출된다.

[그림 3-5]는 다른 조건이 불변이라는 가정하에 X재화에 대한 가격 P_x와 공급량 Q_x와의 대응관계를 함수관계식, 즉 공급함수를 그림으로 나타낸 것이다. 공급곡선(supply curve)은 특정재화의 가격과 공급량 사이의 정(+)의 관계를 함수로 표시한 것을 말한다.

$$Q_x = f(P_x) \quad \cdots\cdots (3 \cdot 4)$$

〈표 3-2〉 X재의 공급표

X재의 가격 (P_x)	1	2	3	4	5	6	7	8
X재의 공급량 (Q_x)	2	4	6	8	10	12	14	16

여기서 X의 공급량을 Q_x, 해당상품의 가격은 P_x, 공급에 영향을 미치는 요소는 해당상품 가격 외에 여러 가지가 있는데 해당상품 가격 이외에 모든 요소는 일정불변이라고 가정하였다.

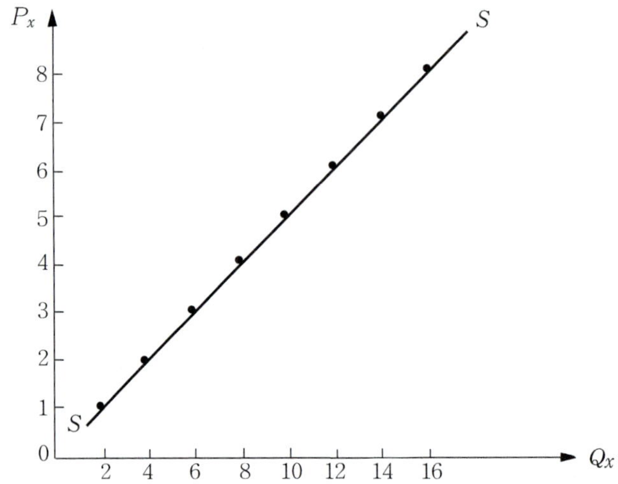

[그림 3-5] 공급곡선

식 (3-4)에서처럼 다른 조건이 일정할 때 어떤 재화와 용역의 공급량(quantity supplied)과 가격 사이에는 정(positive)의 관계가 존재하는 것을 알 수 있는데 이를 '공급의 법칙'이라 한다. 다시 말해서 다른 조건들이 일정할 때 판매하는 재화와 용역의 가격이 높으면 높을수록 판매자의 판매수입은 많아진다. 따라서 어떤 재화와 용역의 가격이 상승하면 그 재화의 공급량은 증가하고, 가격이 하락하면 그 재화의 공급량은 감소한다. 이처럼 다른 조건이 일정할 때 어떤 재화와 용역과 공급량(quantity supplied) 사이에는 정(positive)의 관계가 존재하는 것을 공급의 법칙(law of supply)이라고 한다.

3. 공급량의 변화와 공급의 변화

공급량의 변화(change in the quantity supplied)와 공급의 변화(change in supply)에 대한 구분은 수요량의 변화와 수요의 변화가 구분되는 것과 같은 성격을 갖는다. 공급량의 변화란 다른 조건들이 일정할 때, 어떤 재화의 가격이 변화하면 동일한 공급곡선상에서 그 재화의 공급량이 변동하는 것을 말한다. 공급의 변화란 어떤 재화의 가격이 일정한데 어떤 가격 이외의 요인들이 변함으로써

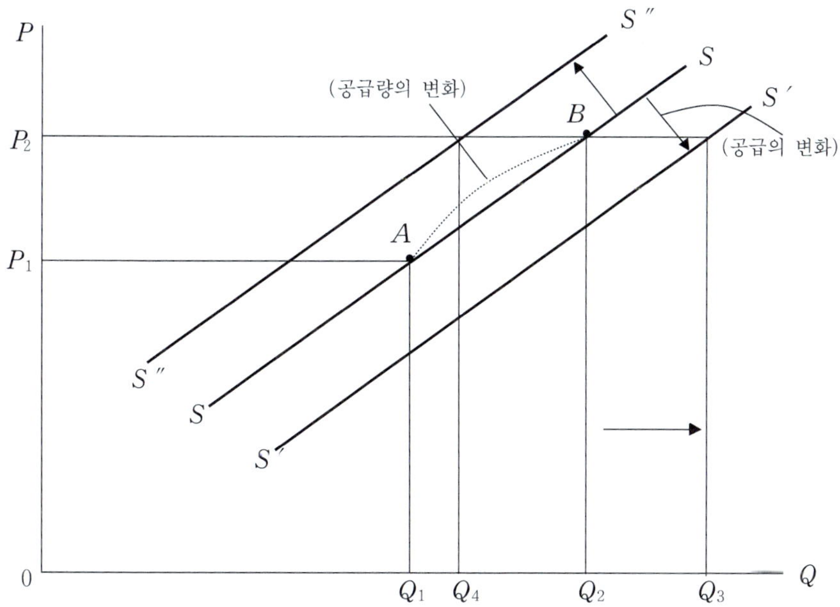

[그림 3-6] 공급곡선의 이동

각 가격에 대응하여 생산자들이 판매하고자 하는 욕구가 달라지는 것을 의미하며, 공급곡선 자체가 이동하는 결과로 나타난다.

[그림 3-6]에서 보는 바와 같이 공급곡선이 *SS*상의 *A*점에서 *B*점으로의 이동은 공급량의 변화를 의미하며, 공급곡선 자체의 좌·우 이동을 나타내는 *SS*에서 *S′S′* 나 *S″S″*으로의 이동은 공급의 변화를 의미한다.

[그림 3-6]에서 보는 바와 같이 공급곡선 *SS*에서 *S′S′*로, 즉 우측으로 이동하는 경우에 가격수준이 P_2으로 동일하더라도 공급자의 공급량이 Q_2에서 Q_3로 늘어난 것을 말한다. 이를 공급의 증가라고 한다. 이의 요인으로서는 생산기술의 향상이나 생산요소의 가격이 낮아지면 생산자는 같은 가격에서 보다 많이 생산할 수 있기 때문에 공급곡선은 우측으로 이동한다.

이와 반대로 생산요소의 가격상승, 흉년, 생산설비와 기술의 노후화, 또는 생산규제 등에 의해 공급곡선이 좌측으로 이동하면 동일한 P_2에 대해서 기업이 공급하려는 양이 Q_2에서 Q_4로 줄어드는데 이를 공급의 감소라 한다.

4. 공급의 변화요인

자본주의 경제에서 기업가들은 이윤추구를 위한 생산활동을 한다. 따라서 보다 큰 이윤이 남을 때는 공급은 증대될 것이고, 그 반대로 이윤이 하락할 때는 공급이 감소될 것이다.

일반적으로 경제학에서 기업의 목적은 이윤(profit)을 극대화시키는데 있다고 가정한다. 이윤은 기업이 상품을 판매하였을 때 생긴 총수입(total revenue : TR)과 노동, 자본, 토지 등의 생산요소의 사용에 따르는 총비용(total cost : TC)과의 차액으로 정의된다.

공급의 변화는 여러 가지 요인에 의하여 결정되는데 비교적 큰 영향을 미친다고 생각되는 몇 가지 요인들에 대해서 설명하기로 한다.

첫째, 생산기술이 향상되면 종전과 같은 양의 상품을 보다 값싸게 생산할 수 있게 되어 이윤이 증대되어 공급은 증가한다.

둘째, 어떤 상품의 공급은 임금, 이자, 임대료 등 생산요소의 가격이 하락하면 생산비가 절감된다. 따라서 생산요소의 가격이 하락하면 총비용이 감소하여, 여타의 다른 조건들이 이윤을 증가시켜 공급이 증가된다. 이와 반대로 생산요소가격이 상승하면 이윤이 감소되어 공급은 감소된다.

셋째, 공급자의 수가 많을수록 다른 조건들이 일정 불변하다면 시장공급은 증가한다. 따라서 공급곡선은 우측으로 이동한다. 이와 반대로 재화를 생산 · 공급하는 공급자의 수가 감소하면 시장공급이 감소하여 공급곡선이 좌측으로 이동한다.

넷째, 생산공급자가 해당 상품가격이 장래에 오를 것이라고 예상(expectation)하면 오를 때 팔기 위해 현재 상품공급은 감소한다. 반면에 장래에 가격이 떨어질 것이라고 예상하면 떨어지기 전에 팔기 위해 현재의 상품공급은 증가한다.

다섯째, 정부는 조세정책과 보조금정책을 통하여 공급에 영향을 미친다.

기업에 부과되는 법인세를 올리면 상품의 생산비가 증가하여 공급이 감소한다. 특정상품에 대한 정부보조금은 기업에 대한 '음의 조세'로서 해당 상품의 생산비를 낮추어 공급을 증가시킨다.

또한 공급은 기업규제정책에도 영향을 받는다. 정부가 보다 값비싼 공해방지장치를 기업으로 하여금 설치하게끔 한다든지 보다 값비싼 재해방지시설의 설치를 요구하게 되면 생산비가 증대되어 이윤에 영향을 주고 공급을 감소시킨다.

이 밖에도 경기전망, 기업간의 경쟁, 기후의 변화, 국제정세 등도 공급에 영향을 미칠 수 있다.

제 3 절 수요, 공급의 탄력성

1. 수요의 가격탄력성

1800년대 후반기, 영국의 경제학자 마샬(A. Marshall)은 처음으로 수요의 가격탄력성(price elasticity of demand)을 정의하였다.

수요의 가격탄력도 또는 가격탄력성(price elasticity)이란 식 (3·5)와 같이 재화의 가격변화율에 대한 수요량 변화율을 백분율로 나타낸 것을 말하는데, 수요량의 변화율을 가격의 변화율로 나눈 값이기 때문에 그것은 가격이 1% 변화할 때 수요량은 몇 % 변화하는가를 나타낸다. 그리고 수요량과 가격은 서로 상반된 방향으로 움직이기 때문에 가격탄력성을 양(+)의 부호로 갖도록 하기 위하여 수요의 가격탄력성 공식 앞에 (-)를 곱해 준다.

어떤 재화의 가격과 수요량을 각각 P, Q라 하고 가격변화량을 ΔP, 가격의 변화에 따른 수요량의 변화량을 ΔQ, 그리고 η_d를 수요의 가격탄력성이라고 한다면, 수요의 가격탄력성은 다음과 같이 정의된다.[2)]

$$\eta_d = -\frac{\Delta Q/Q}{\Delta P/P} = -\frac{\Delta Q}{\Delta P}\cdot\frac{P}{Q} \quad \cdots\cdots (3\cdot5)$$

1-1. 수요의 호탄력성

〈표 3-3〉은 X재의 수요함수표를 나타내며, [그림 3-7]은 이 표를 기초로 작성한 수요곡선이다. 이 곡선으로부터 B점에서 D으로 이동할 때와 D점에서 B점으로 이동할 때, 수요의 가격탄력성은 각각 다음과 같이 구할 수 있다.

2) η은 그리스 문자 'eta'를 나타낸 것이다.

〈표 3-3〉 X재의 수요함수표

X재의 가격 (₩) : P		7	6	5	4	3	2	1	
X재의 수요량 (개) : Q		500	750	1250	2,000	3250	4750	8,000	
수요점		A	B	C	D	F	G	H	

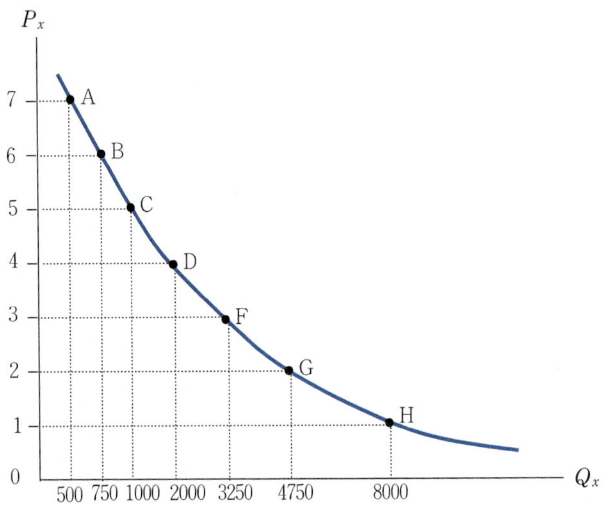

[그림 3-7] X재의 수요곡선

B점에서 D점으로 이동할 때는,

$$\eta_d = -\left(\frac{Q_D - Q_B}{P_D - P_B}\right)\cdot\left(\frac{P_B}{Q_B}\right) = -\left(\frac{1,250}{-2}\right)\cdot\left(\frac{6}{750}\right) = 5$$

따라서 *B*점에서 *D*점으로 이동할 때의 경우, *X*재에 대한 수요의 가격탄력성은 5이다. 즉, *X*재의 가격이 1% 상승할 때, *X*재의 수요량은 5% 감소한다는 것을 의미한다.

한편, *D*점에서 *B*점으로 이동할 때 수요의 가격탄력성은 1.25이다. 즉,

$$\eta_d = -\left(\frac{Q_B - Q_D}{P_B - P_D}\right)\cdot\left(\frac{P_D}{Q_D}\right) = -\left(\frac{-1,250}{2}\right)\cdot\left(\frac{4}{2,000}\right) = 1.25$$가 된다.

이와 같이, B, D의 두 점의 이동방향에 따라 호 탄력성의 크기가 다르게 나타나는 문제점이 발생하는데, 그 이유는 B점과 D점의 두 점에서 기준(base)이 되는 점이 다르기 때문이다. 그러나 두 점에서의 가격의 평균치[$(P_B+P_D)/2$]와 두 점에서의 수요량 평균치[$(QB+QD)/2$]에 의해 값을 구하게 되면 위에서와 같은 다른 결과가 나타나는 결함을 제거할 수 있다. 이를 식으로 나타내면,

$$\eta_d = -\frac{\Delta Q}{\Delta P}\cdot\frac{(P_B+P_D)/2}{(Q_B+Q_D)/2} = -\frac{\Delta Q}{\Delta P}\cdot\frac{(P_B+P_D)}{(Q_B+Q_D)}$$

$$= -\left(\frac{-1,250}{2}\right)\cdot\left(\frac{10}{2,750}\right) = 2.27 \text{이 된다.}$$

이것은 B점과 D점의 중간점인 C점의 값과 같다. 다시 말해서 각각의 7원에서 5원으로 하락할 때와 반대로 5원에서 7원으로 인상될 때는 수요의 가격탄력성이 다르기 때문에 그 평균치에서 값을 구하게 되는 것이다. 이와 같이 가격의 수요탄력성을 구하는 공식을 중간점 공식(midpoint formula)이라고 한다.

지금까지는 수요곡선상의 두 점 사이에 있어서의 탄력성인 수요의 호탄력성 또는 수요의 호탄력도(arc elasticity of the demand)를 설명하였다. 수요의 호탄력성은 가끔 수요의 구간탄력성이라고 부른다.

1-2. 수요의 점탄력성

수요곡선상의 한 점에 있어서도 탄력성을 구할 수 있다. 이와 같이 수요곡선상의 한 점에서의 탄력도를 수요의 점탄력성(point elasticity of the demand)이라고 한다. 수요의 호탄력성은 다소 큰 변화량을 나타내는 일정변화(Δ)의 개념이고 점탄력성은 미세한 변화를 나타내는 미분(d)의 의미이다. 그러므로 [그림 3-8]의 수요곡선상에 두 점 A, B가 한없이 가까워지면 수요의 호탄력성은 점탄력성이 된다. 이것을 수식으로 표시하면 다음과 같다.

$$\eta_d = -\lim_{\Delta P\to 0}\frac{\Delta Q}{\Delta P}\cdot\frac{P}{Q} - \frac{dQ}{dP}\ \frac{P}{Q} \quad\cdots\cdots (3\cdot 6)$$

수요의 점탄력성은 [그림 3-8]에서 A점의 탄력성을 말하는 것이기 때문에 이것은 A, B의 두 점 사이의 거리를 거의 0에 가깝게 잡고 측정한 호탄력성이라

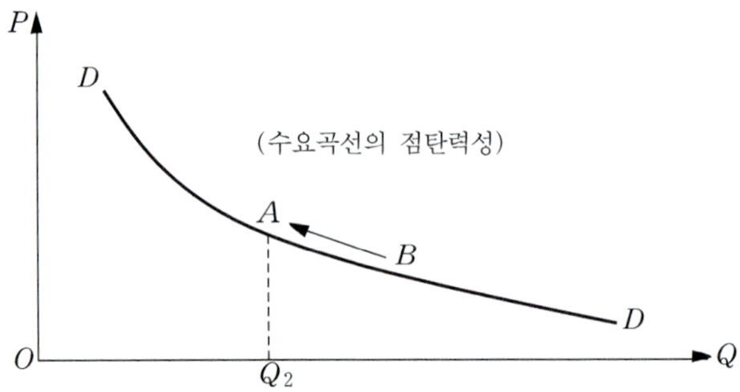

[그림 3-8] 수요의 점탄력성

할 수 있다.

1-3. 수요의 소득 및 교차탄력성

수요에 대한 소득탄력성이란 소득의 백분율 변화가 수요의 백분율 변화에 얼마나 영향을 미치는가를 나타내는 지표를 말한다. 즉, 소득의 변화에 대해 소비자의 수요의 반응 정도를 측정하는 것이다.

$$\eta_y = \frac{\text{수요량의 변화율(\%)}}{\text{소득의 변화율(\%)}} = \frac{\Delta QX}{Q} / \frac{\Delta Y}{Y} = \frac{\Delta Q}{Q} \cdot \frac{Y}{Q} \quad \cdots\cdots\cdots\cdots (3 \cdot 7)$$

통상 정상재는 소득이 증가하면 수요가 증가하므로 소득탄력성이 양(+)의 값을, 열등재는 소득이 증가하면 수요가 감소하므로 소득탄력성이 음(-)의 값을 갖게 된다. 정상재 중 생필품의 소득탄력성은 0과 1 사이의 값을 갖고, 사치품의 소득탄력성은 1보다 크다. 왜냐하면 생필품의 수요량은 가격에 민감하게 반응하지 않지만 사치품은 가격변화에 민감하게 반응하기 때문이다.

<table>
<tr><th colspan="3">소득탄력성과 상품의 구분</th></tr>
<tr><td>$\eta_y < 0$</td><td colspan="2">열등재</td></tr>
<tr><td>$0 < \eta_y < 1$</td><td>생필품</td><td rowspan="2">정상재 · 우등재</td></tr>
<tr><td>$1 < \eta_y$</td><td>사치품</td></tr>
</table>

한편, 한 상품의 수요량은 대체재 또는 보완재의 가격에 따라 변화한다. 따라서 해당 상품의 가격 및 소비자의 소득이 일정하다고 가정하고 다른 상품가격이 변화할 때 해당상품의 수요량이 반응하는 정도를 수요의 교차탄력성(cross elasticity of demand)이라고 한다.

수요의 교차탄력성이란 다른 상품의 가격(Y재의 가격, P_y) 변화에 대한 해당 상품(X재)의 수요의 반응도로서 X재의 수요변화율을 Y재의 가격변화율로 나눈 값이다. 이것을 수식으로 정의하면 다음과 같다.

$$\eta_{xy} = \frac{X\text{재의 수요량변화율}}{Y\text{재의 가격변화율}} = \frac{\Delta Q_x}{Q_x} \div \frac{\Delta P_y}{P_y} = \frac{\Delta Q_x}{\Delta P_y} \cdot \frac{P_y}{Q_x} \quad \cdots\cdots\cdots\cdots (3 \cdot 8)$$

여기서 η_{xy}는 X재의 Y재에 대한 교차탄력성이며, Q_x는 X재의 수요량, P_y는 Y재의 가격, ΔQ_x는 X재의 수요량변화량, ΔP_y는 Y재의 가격변화량을 각각 나타낸다. 일반적으로 수요의 가격탄력성은 원래 음(−)의 값만을 가지기 때문에 양(+), 음(−)의 구분없이 편의상 절대값을 취해 양(+)으로 표시한다. 그러나 수요의 교차탄력성의 경우 양(+), 음(−)의 부호가 중요한 의미를 갖는다. 수요의 교차탄력성이 양(+)이면 두 재화가 대체관계, 음(−)이면 보완관계, 0이면 독립관계를 의미하며, [그림 3-9]에서 (a)는 대체관계, (b)는 보완관계를 나타낸다.

[그림 3-9](a)에서 대체재의 경우 수요의 교차탄력성을 나타낸 것이다. 다른 조건들이 일정한 상태에서 석탄의 가격이 상승함에 따라 소비자들은 석탄을

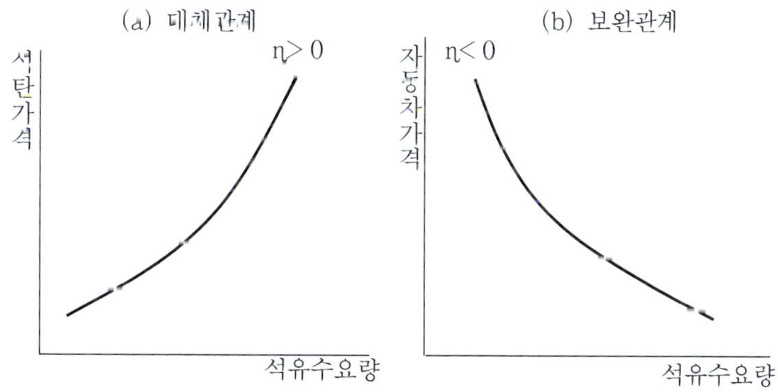

[그림 3-9] 교차탄력성 : 대체와 보완

석유로 대체하여 사용할 것이기 때문에 석유의 수요량은 증가한다. (b)는 보완재의 경우 수요의 교차탄력성을 나타낸 것이다. 자동차들의 가격이 상승함에 따라 자동차의 수요량이 감소할 것이며 이에 따라 석유 수요량은 감소한다.

1-4. 수요곡선의 형태와 탄력성의 크기

수요의 가격탄력성은 수요곡선의 모양과 동일 수요곡선상의 점의 위치에 따라 그 크기를 달리하며, 그 크기는 대체재의 유무, 소득 중 재화지출액의 비중 등에 의해서 영향을 받는다.

수요의 탄력성이 1일 때는 단위탄력적(unitary elastic)이라고 하고, 1보다 클 때는 탄력적(elastic), 1보다 작을 때는 비탄력적(inelastic)이라고 말한다.

또한 [그림 3-10](b)에서 처럼 곡선이 수직선인 수요곡선 D_1의 경우 가격의 일정불변에 대응하는 수요량의 변화율은 0이고, 따라서 탄력성은 0(zero elasticity)이 되는데 이를 가리켜 수요가 완전비탄력적(perfectly inelastic)이라

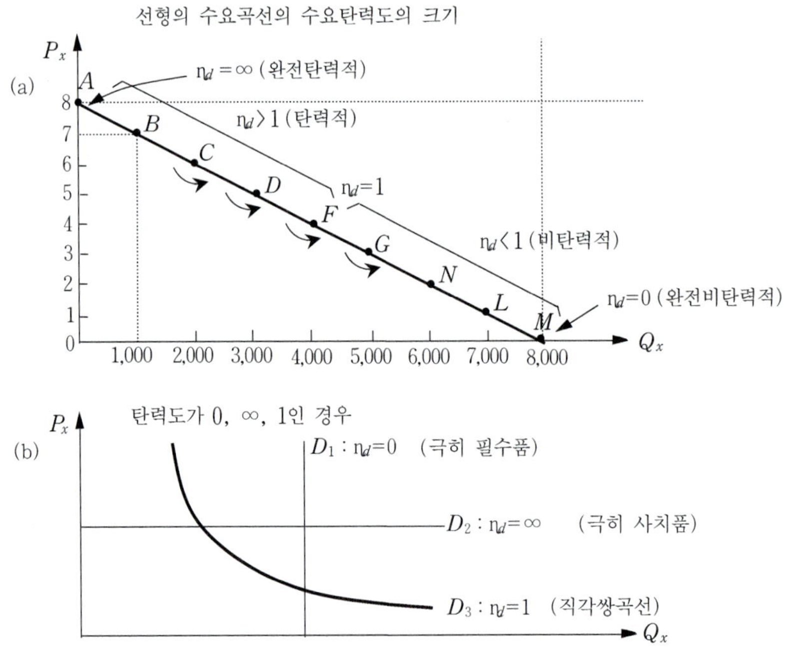

[그림 3-10] 탄력도의 크기

고 부른다.

수요곡선 D_2는 수평선이기 때문에 가격이 조금이라도 변화하면, 그에 대한 수요량은 정할 수 없게 된다. 즉, 이 경우에는 수요량의 일정변화율에 0의 가격변화율이 대응하고 있으므로 가격탄력성은 정할 수 없다. 그러나 이것은 탄력성이 무한한 경우라 생각하여 수요가 완전탄력적 또는 무한탄력적(infinitely elastic)이라고 부른다. 수요곡선 D_3는 수요량의 변화율과 가격변화율이 동일하기 때문에 수요의 가격탄력성은 1이다. 이 경우 수요량의 변화는 가격의 변화에 대하여 단위탄력적(unitary elastic)이라고 한다.

한편 [그림 3-10]의 (a)와 같이 직선인 수요곡선(A점과 M점을 연결하는 직선의 수요곡선)의 탄력도는 수요곡선상의 중간점에서 단위탄력적이고, 중간점보다 윗 부분은 탄력적이며, 중간점보다 아래 부분에서는 비탄력적이다. 그 이유는 다음과 같다.

직선의 수요곡선상에서는 모든 점에서의 기울기값이 일정(동일)하므로 ($\triangle Q/\triangle P$)값 역시 일정하다. 그러나 수요량에 대한 가격비율(P/Q)은 다르게 나타난다. 즉, 탄력성 계산공식(p. 65의 식 (3·5))에서 볼 때 ($\triangle Q/\triangle P$)가 일정하므로 탄력성은 (P/Q) 값에 따라 달라진다. "높은 가격 수준과 적은 수요량"일 경우의 탄력성이 "낮은 가격 수준과 많은 수요량"일 경우의 탄력성보다 크다. [그림 3-10] (a)에서와 같이 우하향의 직선상에서 왼쪽(예 : B점)에서 오른쪽(예 : G점)으로 이동할 때 (P/Q)비율이 작아지므로 탄력성 값은 작아지게 된다.

한편, 〈표 3-4〉는 가격변화에 따른 X, Y, Z재의 수요량의 변화를 나타낸 표이며 [그림 3-11]은 〈표 3-4〉를 이용하여 각 재화의 수요곡선을 나타낸 것이다.

〈표 3-4〉 각 재화의 수요량의 변화

가격(P)원	6	5	4	3	2	1
X재 수요량(D_x)	100	110	120	150	200	300
Z재 수요량(D_z)	100	150	225	325	500	1,100
Y재 수요량(D_y)	100	120	150	200	300	600

즉, 가격이 하락함에 따라 X재에 대한 지출액은 계속 감소되기 때문에 수요량은 100, 110, 120, …, 300으로 증가하지만, 그 증가폭이 적기 때문에 탄력도는 $\eta_d<1$이 되어 비탄력적임을 나타내며, 반대로 Z재의 수요량은 가격의 하락에 따라 100, 150, 225, …, 1,100으로 증가하고 있어 탄력적(즉, $\eta_d>1$)임을 나타내고 있다. 그리고 Y재에 대한 탄력성은 $\eta_d=1$로서 단위탄력적임을 나타내고 있다.

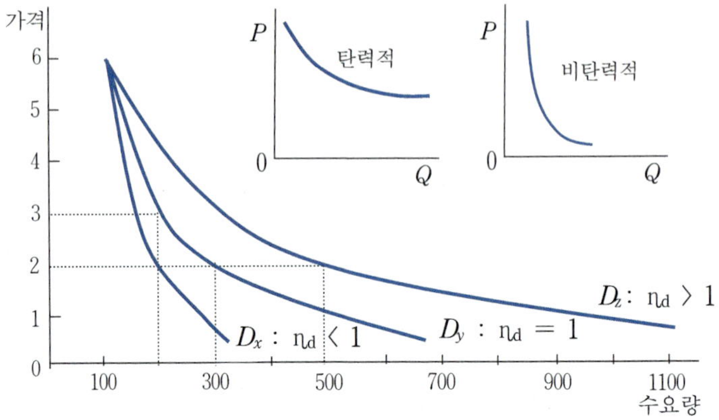

[그림 3-11] 〈표 3-4〉의 각 재화의 수요에 대한 가격탄력성의 크기

이와 같이 탄력성이 1일 때는 원점에 대해 직각쌍곡선을 그리며, 탄력적일 때는 완만한 경사를, 비탄력적일 때는 급경사를 그린다. 따라서 탄력도가 0일 때는 수직선, 탄력성이 무한대일 때는 수평선을 각각 그리게 된다.

1-5. 총지출과 가격탄력성의 관계

한편 가계의 총지출에 대한 가격변화의 영향과 수요의 가격탄력성과의 관계를 보면 아래 표와 같이 요약할 수 있다. (수요의 가격탄력성은 소비자들의 총지출(기업의 총수입)에 대한 변화방향을 가르켜 준다)

수요의 가격탄력성	가격 인상시	가격 하락시
탄력적 (η_d >1) : $\frac{\Delta P}{P} < \frac{\Delta Q}{Q}$ *	가격 상승률보다 수요량 하락률이 더 크기 때문에 가계의 총지출 감소	가격 하락률보다 수요량 증가율이 더 크기 때문에 가계의 총지출 증가
비탄력적 (η_d <1) : $\frac{\Delta P}{P} > \frac{\Delta Q}{Q}$	가격 상승률이 수요량 하락률보다 더 크기 때문에 총지출 증가	가격 하락률이 수요량 증가율보다 더 크기 때문에 총지출 감소
탄위탄력적 (η_d=1): $\frac{\Delta P}{P} = \frac{\Delta Q}{Q}$	가격 상승률과 수요량 하락률이 동일하기 때문에 총지출 불변	가격 하락률과 수요량 증가율이 동일하기 때문에 총지출 불변

* $\frac{\Delta Q}{Q} / \frac{\Delta P}{P} > 1 \rightarrow \frac{\Delta P}{P} < \frac{\Delta Q}{Q}$

2. 공급의 가격탄력성

2-1. 계산공식

수요의 가격탄력성이 가격변화에 대한 소비자의 반응정도를 측정하는 것이라면 가격에 대한 공급탄력성(price elasticity of supply)은 가격변화에 대한 공급자(생산자)의 상품의 공급 반응정도를 측정하는 것이다. 다시 말해서 가격에 대한 공급탄력성이란 어떤 상품의 가격백분율(%) 변화에 대한 공급량의 백분율(%)을 말한다. 그리고 공급탄력성을 측정할 때 공급의 변화량과 가격의 변화량의 기준점은 중간지점으로 잡아 계산한다. 즉, 탄력성을 구할 때 식 (3·9)와 같이 중간점 공식(midpoint formula)으로 계산한다.

$$\eta_s = \frac{\Delta q}{\frac{(q_1+q_2)}{2}} \div \frac{\Delta p}{\frac{(p_1+p_2)}{2}} = \frac{\Delta q}{\Delta p} \cdot \frac{(p_1+p_2)}{(q_1+q_2)} \quad \cdots\cdots \quad (3 \cdot 9)$$

그리고 점탄력성의 계산공식은 식 (3·10)과 같이 나타낼 수 있다.

$$\eta_s = \frac{dq}{dp} \cdot \frac{p}{q} \quad \cdots\cdots \quad (3 \cdot 10)$$

2-2. 탄력성의 크기와 곡선의 형태

한편, 탄력성의 계수(값)는 수요탄력성과 마찬가지로 다섯 가지 범주로 나누어 볼 수 있는데 그 계수가 무한한 값이면($\eta_s = \infty$) 완전탄력적, 탄력성이 0이면($\eta_s = 0$) 완전비탄력적, 탄력성이 1이면($\eta_s = 1$) 단위탄력적, 탄력성이 1보다 크면($\eta_s > 1$) 탄력적, 그리고 탄력성이 1보다 적으면($\eta_s < 1$) 비탄력적이라고 한다. 공급의 가격탄력성 값의 크기에 따른 다섯 가지 범주를 그림으로 나타내면, [그림 3-12]와 같다. 이 그림에서 탄력성의 값에 따라 공급곡선의 형태가 가파른지, 평평한지, 수직선인지, 수평선인지 등을 알 수 있다.

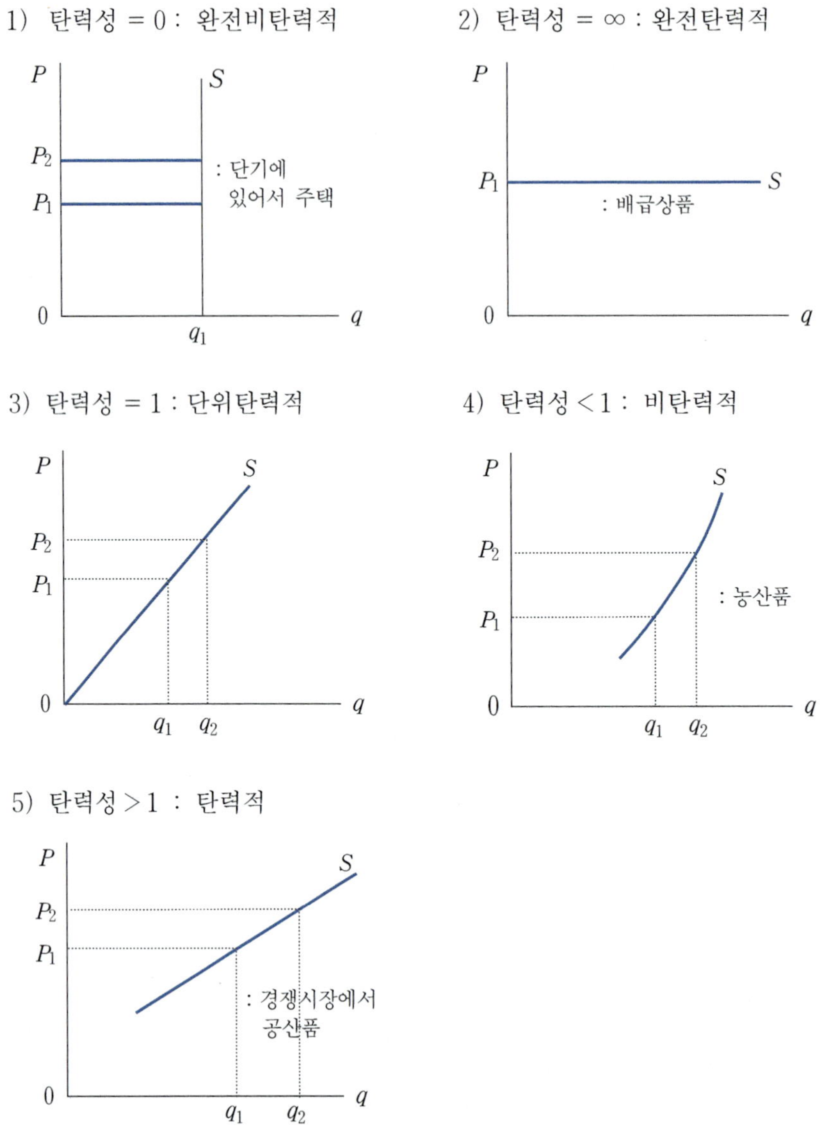

[그림 3-12] 공급의 가격탄력성의 크기와 공급곡선의 형태

(1) 가격이 상승해도 공급량은 변하지 않는 경우, 즉 공급량이 가격변화에 전혀 반응을 보이지 않는 경우

(2) 공급량이 가격변화에 매우 민감한 경우, 즉 주어진 가격 P_1 그 이상에서는 공급량이 무한대(∞)가 된다. 그러나 그 가격 P_1 이하에서는 공급량이 0이 된다.

(3) 가격변화율이 공급량변화율과 동일한 경우

(4) 가격변화율이 공급량변화율보다 큰 경우

(5) 가격변화율이 공급량변화율보다 작은 경우

〈표 3-5〉 수요 · 공급 탄력성에 대한 요약

	분류	계수(값)	해 석
수요(공급)의 가격탄력성	완전비탄력적	$E_p=0$	가격이 변화해도 수요(공급)량이 변하지 않는다.
수요(공급)의 가격탄력성	비탄력적	$0<E_p<1$	수요(공급)량의 변화율 〈 가격변화율
수요(공급)의 가격탄력성	난위탄력적	$E_p=1$	수요(공급)량의 변화율 = 가격변화율
수요(공급)의 가격탄력성	탄력적	$1<E_p<\infty$	수요(공급)량의 변화율 〉 가격변화율
수요(공급)의 가격탄력성	완전탄력적	$E_p=\infty$	구매자(판매자)는 어떤 가격에서 가능한 모든 것을 구매(판매)할 용의가 있으나, 어떤 가격 이상으로 조금만 높아져도(낮아져도) 전혀 구매(판매)할 의사가 없다.
수요의 소득탄력성	열등재	$E_y<0$	소득이 증가할 때 수요량이 감소한다.
수요의 소득탄력성	정상재	$E_y>0$	소득이 증가할 때 수요량도 증가한다.
수요의 소득탄력성	생필품	$E_y<1$	소득 증가율 〉 수요량 증가율
수요의 소득탄력성	사치품	$E_y>1$	소득 증가율 〈 수요량 증가율
수요의 교차탄력성	대체재 (커피와 홍차)	$E_{xy}>0$	어떤 재화(커피)의 가격상승은 그 재화의 수요량을 감소시키고 이와 대체관계에 있는 재화(홍차)의 수요량은 증가시킨다.
수요의 교차탄력성	보완재 (커피와 프림)	$E_{xy}<0$	어떤 재화(커피)의 가격상승은 이 재화의 수요량을 감소시킬 뿐만 아니라 이와 보완관계에 있는 재화(프림)의 수요량도 감소시킨다.

→ 제 4 절 경쟁시장과 시장가격의 결정

1. 시장 및 시장의 형태

1) 시 장

시장(market)이란 무엇인가? 흔히 시장이라 하면 상인이 모여 있고 물품이 집산되는 어떤 특정한 구역을 연상한다. 그러나 경제학의 입장에서 보면 시장이란 어떤 특정한 장소로 제한하지 않고 상품에 대한 수요와 공급에 관한 정보가 교환되고 그 결과로 상품이 판매되는 매개체라고 할 수 있다. 파는 사람과 사는 사람들이 김장시장에서와 같이 물리적으로 같은 장소에 있는 경우도 있는가 하면, 국제외환시장에서와 같이 멀리 떨어져 있는 거래 당사자들이 전화나 전신, 인터넷 혹은 그 밖의 통신수단에 의하여 연결되어 있는 경우도 있다. 따라서 시장(market)이란 재화 및 용역 등에 대한 수요·공급에 관한 정보가 수요·공급자간에 교환되고, 그 결과로 상품이 매매되는 매개체로서의 유형·무형의 조직 또는 장소를 말한다.

시장은 크게 생산물시장(products market)과 요소시장(factors market)의 두 가지 형태로 구분된다. 생산물시장이란 기업들이 생산한 재화와 용역이 거래되는 시장을 말하며, 요소시장이란 가계가 소유하고 있는 노동, 자본, 토지 등과 같은 생산요소들의 서비스가 판매되는 시장을 말한다.

시장에는 언제나 서로 상반된 이해관계를 갖는 힘이 작용한다. 물건을 팔려고 하는 사람들은 일단 서로 경쟁관계에 있으며, 판매자들은 사는 사람들로부터 이윤을 극대화시키는 주문을 받아내고자 할 것이다. 파는 사람들을 하나의 집단으로 본다면, 사는 사람들의 집단과도 이해관계가 상반된다. 구매자들 또한 서로가 경쟁관계에 있고, 동일한 품질이라면 가장 낮은 가격에 판매자들로부터 구입하고자 할 것이므로 집단 전체로 보면 판매자 집단과 구매자 집단간에 이해관계가 상반된다. 따라서 집단들 간에 충돌과 경쟁이 끊임없이 일어난다. 시장에서는 조화나 협력보다는 경쟁이나 이해의 상충이 오히려 다반사이다. 그러나 이러한 개개의 경쟁관계가 마침내는 전체로 하나의 조화를 이루게 되고 결국에는 큰 질서를 낳게 된다. 서로 상충된 이해관계가 오히려 모든 거래당사자에게 이익을 가져다 준다는 것이 아담 스미스(A. Smith)의 이른바 '보이지 않는 손'(invisible hand)의 작용이며, 자유시장의 묘미요, 또한 매력이라 하지 않을 수 없다.

한편, 판매자의 수, 생산물의 성질, 시장의 진입장벽 등에 따라 개별기업이 직면하는 수요곡선의 형태가 달라지고, 따라서 기업의 가격 및 산출량에 관한 의사결정, 즉 기업의 행동도 달라지게 된다. 기업의 행동에 영향을 미치는 이와 같은 시장조직상의 특성을 시장구조(market structure)라 부른다.

시장구조(market structure)에 영향을 미치는 요인으로 판매자의 수, 생산물의 성질, 시장의 진입장벽, 정보의 공개 등을 꼽을 수 있는데 이러한 요인 등을 시장구조의 결정요인(elements of market structure)이라고 부른다.

2) 시장의 형태

기업이 이윤을 극대화시키는 방법은 그 기업이 어떤 종류의 시장에 속하는가에 따라 달라지기 때문에 각 시장형태에 따라 이윤을 극대화하는 산출량 및 가격수준도 달라지게 된다. 그래서 시장의 형태와 그 특성을 먼저 살펴보아야 할 것이다.

각 시장을 기업의 수, 각 기업의 생산제품의 동질성(homogeneity) 여부, 그리고 신규기업 또는 기존기업의 시장 진입과 퇴출의 난이도에 따라서 구별할 수 있다. 〈표 3-6〉은 완전경쟁, 독점적 경쟁, 과점, 독점의 네 가지 시장구조의 종류와 주요 특징을 요약한 것이다.

〈표 3-6〉 시장구조의 종류와 주요 특징

시장구조의 형태	정 의			발견할 수 있는 장소	판매방법
	판매자의 수	생산물의 성질	진입장벽	한국경제의 예	
완전경쟁	다수	동질 상품	없음	몇몇 농수산물시장과 소매시장일부	경매
독점적 경쟁	다수	기업마다 품질이 다른 상품을 생산	조금	대부분의 소매업, 이발소, 식당, 병원	광고, 품질경쟁
과 점	소수	동질적이거나 다양한 상품	상당함	휘발유, 설탕, 시멘트, 철강, 냉장고	홍보 및 광고
독 점	하나	독특한 상품(유사한 제품이 없음)	상당함	공공부문(담배, 전기, 수도, 철도	홍보 및 광고

2. 완전경쟁시장의 정의

판매자와 구매자들 간의 완전경쟁(perfect competition)은 다수의 공급자(판매자)와 수요자(구매자)가 시장에 참여하기 때문에 어느 누구도 재화의 시장가격에 결정적인 영향력을 갖지 않을 때에 존재한다. 특히, 수요자에 비해 공급자가 상대적으로 숫자가 적다는 점을 고려해 볼 때, 생산자 또는 공급자가 시장가격에 영향을 미칠 수 없을 때 완전경쟁이 발생한다. 이때 각 생산자는 시장에서 결정된 시장가격에 공급해야만 한다는 의미에서 소비자뿐만 아니라 생산자도 가격순응자(price taker)이다. 즉, 완전경쟁은 많은 소규모의 기업들이 존재하여 각

기업들이 시장가격에 영향을 미치기에는 너무 소규모이며, 동질적인 상품(homogeneous product)을 생산하는 경우에 발생한다. 따라서 완전경쟁 하에서는 각 기업(생산자)은 시장지배력이 없으므로 완전히 수평적인 수요곡선에 직면하게 된다.

완전경쟁은 다음과 같은 네 가지 특징을 만족시킬 때를 말할 수 있다.

첫째, 다수의 판매자와 구매자들이 존재해야 하며,

둘째, 동질적인 상품이 거래되어야 하고,

셋째, 각 판매자와 구매자는 가격과 상품의 질에 대해 완전한 정보를 갖으며,

넷째, 판매자는 시장에의 진입과 탈퇴가 자유로워야 한다.

이제 이와 같은 특성(또는 성질)을 중심으로 하여 완전경쟁의 성립조건을 살펴보기로 한다.

1) 다수의 참여자 : 가격의 순응자(price-taker)

다수의 구매자와 판매자가 있을 때 완전경쟁이 성립될 수 있다. 왜냐하면, 각 구매자와 판매자는 시장의 매우 작은 부분을 구성하고 있기 때문에, 각자의 의사결정이 가격에 영향을 미치지 못한다. 따라서 다수의 의견이 집결된 시장경제원리에 의해 결정된 가격에 순응하게 된다. 이 조건은 가격에 영향을 미칠 정도로 강하게 공동거래를 하거나 공모협정을 하게 되면 완화된다.

2) 상품의 동질성

소비자들이 구입하는 상품은 어떤 생산자(판매자)에게서 구입하든 동질적이어야 한다. 즉, 어떤 판매자가 공급하는 상품은 그 밖의 다른 판매자가 공급하는 상품과 동질적이어야 한다. 그래서 소비자들이 누구에게서 구입하든 상관없어야 한다.

3) 진입 · 퇴출의 자유

시장에 진입하기를 원하는 새로운 기업은 기존기업이 취할 수 있는 장벽에 직면하지 않아야 자유로운 경쟁이 이루어질 수 있다. 또한 상품의 생산 및 판매로부터 이윤이 없음을 알게 되어 시장에서 탈퇴하는 데에도 방해하는 장벽이 있어

서는 안 된다.

진입장벽(barrier to entry)의 경우는 그 생성요인에 따라 제도적 진입장벽과 기술적 진입장벽으로 분류할 수 있다. 제도적 진입장벽에는 특허권, 정부의 인허가, 전매권(market franchise) 등이 있다. 또한 기술적 진입장벽에는 규모의 경제를 들 수 있다. 이 경우에 새로운 기업이 기존산업에 진입하기 위해서는 굉장히 값비싼 생산설비와 대규모 자본이 필요하다. 따라서 새로운 기업이 시장에 진입하기에는 많은 어려움이 따른다. 또한 어떤 기업이 생산기술상의 비교우위로 인하여 독점권을 획득하는 경우에도 시장에 진입장벽이 존재하게 된다.

4) 완전정보

각 생산자(기업)와 각 구매자(소비자)는 상품의 질, 가격, 구입방법 등 모든 정보에 대해 완전하게 주어졌을 때 완전경쟁이 가능하다.

이와 같이 네 가지 조건을 충족하는 시장형태를 완전경쟁(perfect competition)이라고 하는데, 이러한 시장형태는 현실적으로 존재하기 어려울지 모른다. 따라서 완전경쟁시장은 다만 현실적으로 가능한 시장형태를 분석하는데 비교척도가 될 뿐이다.

3. 완전경쟁 하의 시장수요 · 공급곡선과 시장가격의 결정

1) 시장수요곡선

수요(demand)는 개별 소비자수요와 시장수요로 분류된다. 전자는 한 구매자 또는 소비자수요이고, 후자는 개별 소비자의 수요를 합계한 개념이다. 마찬가지로 개별 소비수요함수는 한 구매자의 수요함수이고, 시장수요함수는 개별 수요함수를 합계한 개념이다. 다시 말해서, 어느 재화에 대한 시장수요(market demand)는 개별소비자들의 수요곡선을 각 가격 수준에서 수평적으로 합계한 것이다. 즉, 시장수요곡선은 어떤 재화, 예컨대 ① Y재에 대한 개별소비자의 수요결정요인들(Y재의 가격, 소비자의 소득수준, 다른 Y재화의 가격 등)과 ② Y재의 시장에 참가하고 있는 소비자의 수에 의해 결정된다. 따라서 Y재의 시장수요곡선(market demand curve)은 Y재의 시장에 참여하는 개별소비자들의 수요곡선을

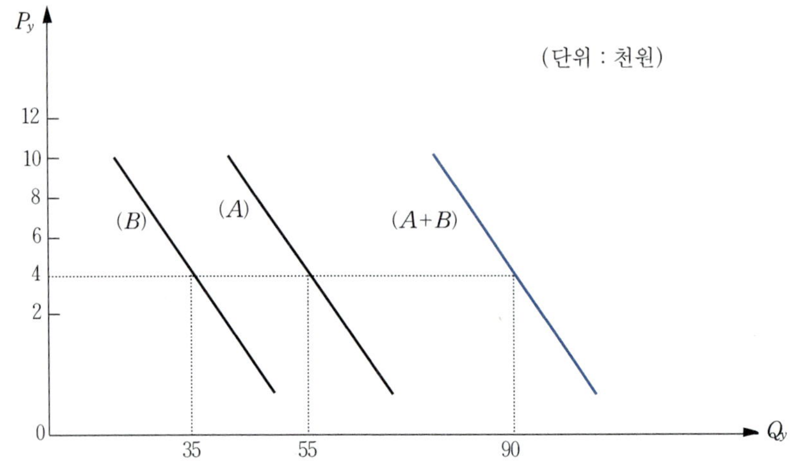

[그림 3-13] Y재에 대한 시장수요곡선도출

수평적으로 집계함으로써 구해질 수 있다.

〈표 3-7〉은 구매자가 두 사람뿐인 경우에 각각의 가격에 대응한 시장수요를 보이는 것이며 [그림 3-13]은 시장수요곡선의 도출과정을 설명하고 있다.

〈표 3-7〉 Y재에 대한 시장수요표(구매자가 A, B 둘인 경우)

(매기당 : 개)

가격(원/개)	구매자 A의 수요량(1)	구매자 B의 수요량(2)	시장수요량 : (1)+(2)
10,000	10	7	17
8,000	20	12	32
6,000	35	21	56
4,000	55	35	90
2,000	80	55	135

2) 시장공급곡선

어느 재화의 시장공급(market supply)은 시장수요와 마찬가지로 그 재화의 시장에 참여하는 모든 생산자들이 일정 기간 동안 각 가격수준에서 공급하려고 하는 공급량을 집계한 것을 말한다. 따라서 어느 한 재화의 시장공급은 ① 개별

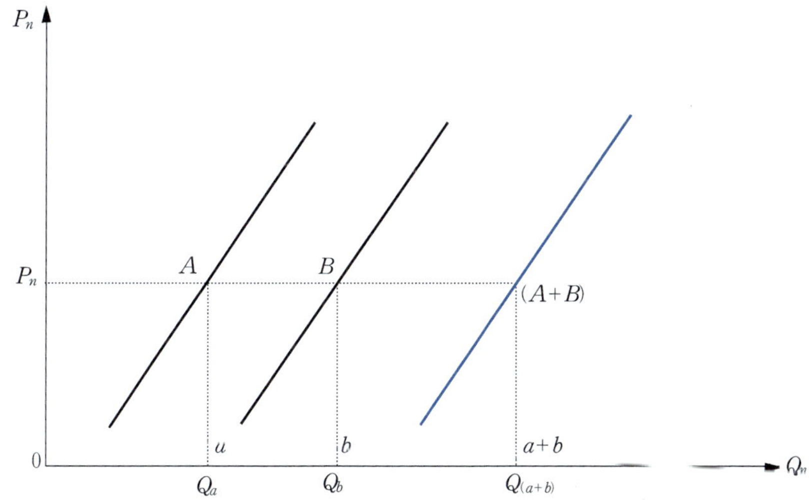

[그림 3-14] n 재의 시장공급곡선

생산자들의 공급을 결정하는 모든 요인과, ② 그 재화시장에 참여하는 생산자의 수에 따라 결정된다. 또한 어느 한 재화에 대한 시장공급곡선(market supply curve)은 그 재화의 시장에 참여하는 모든 개별공급자들의 공급곡선을 수평으로 집계함으로써 구할 수 있다. n재를 예로 들어, 그림으로 살펴보면 [그림 3-14]에서와 같다.

3) 시장균형가격의 결정

(1) 시장의 균형

균형(equilibrium)이란 수요와 공급이 일치하여 일단 그 상태에 도달하면 외부에서 다른 충격이 없는 한 변화되지 않는 상태를 말한다.

어떤 재화 및 용역의 시장 수요표·공급표 및 시장 수요곡선·공급곡선들을 결합하여 시장균형(market equilibrium)을 설명할 수 있다. 즉, 균형은 어떤 재화의 수요곡선과 공급곡선이 교차하는 점에서 발생하며 그 상태에서 결정된 가격을 균형가격(equilibrium price), 이때의 수요량과 공급량을 균형량(equilibrium quantity)이라고 한다. 이와 같이 수요와 공급이 균등되는 점에서 가격이 결정되는 것을 수요공급의 법칙(the law of demand and supply)이라고 한다.

이제 우리는 [그림 3-15]를 가지고 가계의 소비결정과 기업의 공급결정이 어떻게 상호작용하여 상품의 가격과 시장에서 거래되는 양이 결정되는지를 알아보자. [그림 3-15]에서 수요곡선을 *DD*로 표시하였고, 공급곡선을 *SS*로 표시하였다. 횡축에는 재화의 수량을, 종축에는 그 가격을 두고, 수요와 공급이 일치하는 점은 두 곡선의 교차점 *E*이며, 이때 균형가격은 2,000원이고 균형거래량은 150개이다.

하지만 시장가격이 균형가격보다 높은 경우에 재화의 공급량이 수요량보다 많게 되며 그 차이를 **초과공급**(excess supply)이라고 한다. 예를 들면 3,000원의 가격에서 공급량은 250개이고 수요량은 50개이다. [그림 3-15]에서 3,000원에서는 직선 *AC*만큼 초과공급 200이 있게 된다.

또한 시장가격이 균형가격보다 낮은 경우에 재화의 공급량이 수요량보다 작게 되며 그 차이만큼 **초과수요**(excess demand)가 존재한다. 즉, 1,000원의 가격에서는 수요량은 250개이며 공급량은 50개이다. [그림 3-15]에서 직선 *DB*만큼의 초과수요, 즉 200개의 초과수요가 존재한다.

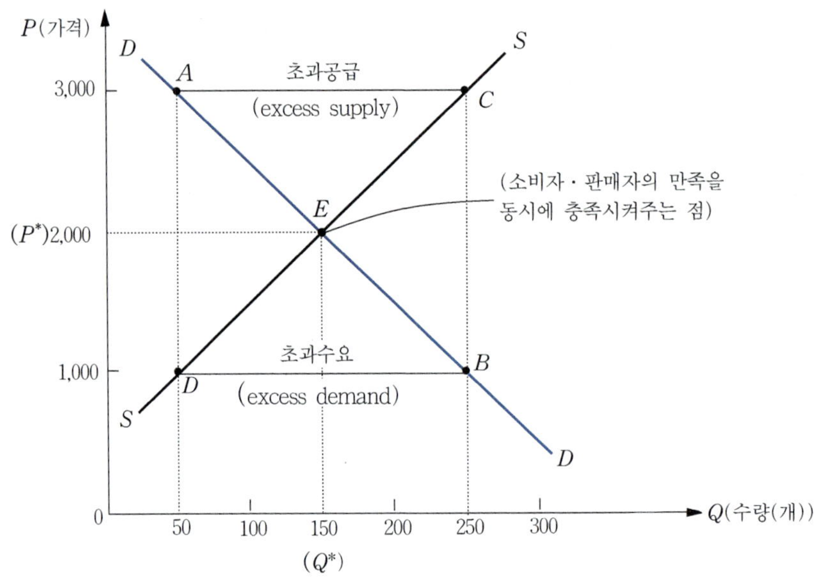

[그림 3-15] 시장균형가격의 결정

초과수요(excess demand)가 존재하게 되면 소비자들 간의 상품구매경쟁은 상품가격을 상승시키게 되어 소비자들은 수요량을 감소시키고(수요량 감소) 공급자들은 공급량을 증가시키게(공급량 증가) 된다. 반대로 초과공급(excess supply)이 존재하게 되면 재고를 원치않는 공급자들 간의 상품판매경쟁이 가격을 하락시키고 가격이 하락함에 따라 수요자들은 수요량을 증가시키게(수요량 증가) 되고 공급자들은 공급량을 감소시키게(공급량 감소) 된다.

이런 조정과정은 수요곡선과 공급곡선이 일치할 때까지 계속되는데 일단 수요량과 공급량이 일치하게 되면 다시 균형점으로 복귀하게 되어 더 이상 가격과 거래량의 변화가 없게 된다. 즉, [그림 3-15]에서 수요곡선과 공급곡선이 만나는 점 E에서는 초과공급이나 초과수요가 없고 가격은 더 이상 변동하려는 경향을 갖지 않는다.

(2) 수요 · 공급의 변화와 균형: 비교정태분석

앞에서 설명한 바와 같이 균형점은 수요곡선과 공급곡선 교차점의 좌표에 의하여 결정되지만 이 최초의 균형점은 수요곡선과 공급곡선 중 두 곡선 또는 어느 한 곡선이 이동하면 새로운 균형점이 결정된다. 그리고 최초의 균형점과 새로운 균형점의 비교, 즉 가격의 변화와 균형수량의 변화를 비교하는 것을 비교정태분석(comparative static analysis)이라고 한다. 몇 가지 예를 들어 소개하면 다음과 같다.

첫째, 공급은 불변이며 수요만 변동한 경우이다. [그림 3-16]과 같이 생산방법을 불변으로 유지하고 있으므로 공급곡선이 SS로 주어질 때 수요의 변화(수요의 증가)가 나타나 수요곡선이 DD에서 $D'D'$로 이동되면, 균형점은 $E_1 \rightarrow E_2$가 되며 따라서 가격은 $P_1 \rightarrow P_2$, 균형수급량은 $Q_1 \rightarrow Q_2$로 변동한다. 따라서 수요가 증가하면 가격의 상승에도 불구하고 균형수급량이 증가하게 된다.

둘째, 공급은 변동하고 수요가 불변인 경우이다. 위와는 반대로 수요에 변동이 없더라도(DD) 생산규모의 확대가 행하여지면(공급의 증가) 공급곡선의 전체이동이 발생하여($SS \rightarrow S'S'$) 균형점은 $E_1 \rightarrow E_3$, 가격은 $P_1 \rightarrow P_3$, 균형수급량은 $Q_1 \rightarrow Q_3$로 변동한다. 따라서 공급이 증가하면 가격이 하락함과 동시에 균형수급량이 증대한다.

셋째, 공급과 수요가 다 변동하는 경우이다. 예컨대, 수요의 증가와 공급의 증가가 동시에 발생하였다고 가정하자. 이 경우에 공급곡선은 $SS \rightarrow S'S'$, 수요곡선은 $DD \rightarrow D'D'$로 이동하여 균형점은 $E_1 \rightarrow E_4$, 균형수급량은 $Q_1 \rightarrow Q_4$로 변동

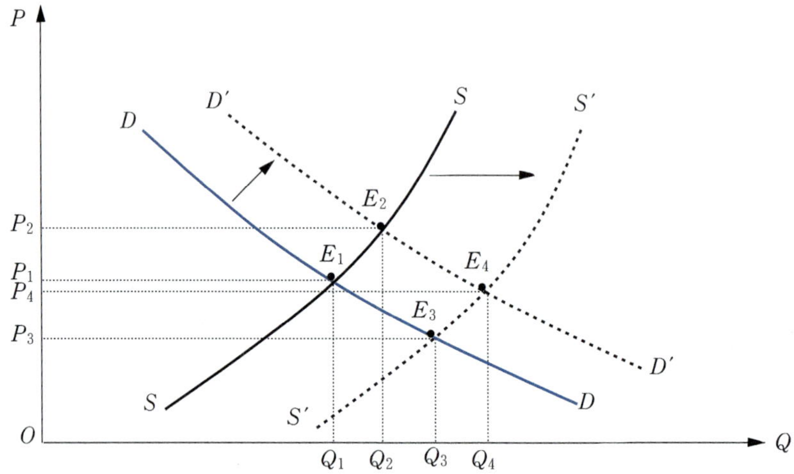

[그림 3-16] 수요공급곡선의 이동

한다. 따라서 최초의 균형점과 새로운 균형점을 비교하면 균형가격은 상승, 불변, 또는 하락할 수 있으나([그림 3-16]에서는 균형가격이 하락한 경우를 상정함) 균형수급량은 항상 증가하게 된다.

(3) 실제 수치적인 예

완전경쟁 하에서 X재의 시장수요함수가 $D_x=-P+250$, 시장공급함수는 $S_x=P+50$이라고 가정하자. 균형조건이 $D_x=S_x$인 것을 이미 살펴보았다. 따라서 $-P+250=P+50$이 균형조건식이다. 이 식을 이용하여 계산하면 균형가격은 100이고 균형거래량은 150이다. 이제 시장수요함수가 $D_x=-P+300$로 증가하면 균형가격은 125, 균형거래량은 175임을 확인할 수 있다. 따라서 수요가 증가하면 균형가격은 증가하고 균형거래량도 증가함을 알 수 있다.

→ 제 5 절 시장가격과 정부개입

시장경제체제에서도 정부의 역할은 필요하다. 그러한 경우의 예가 최고가격제, 최저가격제, 그리고 물품에 세금부과(물품세) 등이다.

1. 최고가격제

최고가격제(maximum price system) 또는 가격상한(price ceiling)이란 정부가 최고가격을 설정하여 상품교환에 있어서 설정된 가격 이하로 교환되는 것은 자유이나, 물가를 안정시키고 소비자를 보호할 목적으로 최고가격 이상으로 교환되는 것은 법으로 규제를 가하는 제도이다. 이러한 정책적 효과를 얻기 위하여 최고가격은 시장균형가격보다 낮은 수준에서 결정되어야 한다.

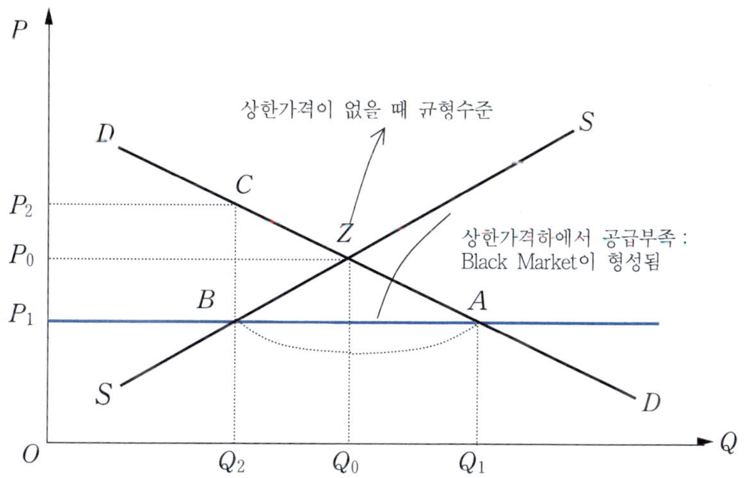

[그림 3-17] 최고가격제

[그림 3-17]은 정부가 어떤 재화에 대하여 최고가격제를 실시한 경우를 그림으로 나타낸 것이다. 시장기구(가격기구)에 통제를 가하지 않으면 가격은 수요곡선과 공급곡선이 일치하는 Z점(즉, P_0)에서 가격이 결정되지만 최고가격제를 실시하여 시장균형가격보다 낮은 P_1점으로 고정시키면 수요량은 Q_0에서 Q_1으로 증가하지만 공급량은 Q_0에서 Q_2로 감소할 것이다. 따라서 공급량의 감소와 수요량의 증가로 초과수요, 즉 품귀현상이 발생하게 된다. 그 결과 수요자는 행렬을 지어 선착순으로 물품을 구입해야 하거나 혹은 판매자의 선호에 따라 단골거래를 하게 된다. 심한 경우에는 정부가 배급제를 실시해야 하는 입장에 놓이게 된다. 즉, 최고가격제를 실시하는 경우에는 물품의 부족량의 해결이라는 문제가

야기된다.

최고가격제의 실시에 의한 물가통제는 강력한 단속과 통제가 따르지 않는 한 암거래를 유발할 가능성이 크다. 비합법적인 암거래에서는 시장균형가격보다 높은 P_2의 가격으로 판매되게 되는 것이다. 이렇게 되면 통제가격(물가통제)의 의의를 잃게 되는 것이다.

이와 같이 최고가격제의 실시에 있어서는 강력한 법적 내지 행정적 단속이 수반되지 않으면 효과를 얻기 어려운 것이다. 최고가격제의 이론은 정부의 직접적 가격통제의 경우나 임금 및 가격을 일정기간 현행가격으로 동결하는 경우에도 적용되는 것이다.

우리나라에서는 주택가격자율화 이전에 주택의 가격통제(특히, 아파트 분양가 상승 억제)나 임대료통제, 그리고 석유파동 이후 정부고시가격제도 등에서 찾아볼 수 있다. 아파트 시장에서 아파트 분양가를 최고가격설정을 통해 억제하면 아파트 공급량의 감소로 인한 품귀현상이 발생하게 된다. 이러한 현상에 대해 정부는 아파트에 대한 초과수요를 해결해야 한다. 해결방법으로는 다음과 같은 것들이 있다.

첫째, 초과수요를 해소하기 위하여 행정적 규제나 세무조사 등의 조치를 통해 초과수요를 감소시켜야 한다. 그 예로서 매매시 양도소득세를 부과한다든지 또는 아파트 매입 이후 1년 이내에 전매할 수 없다는 규정 등이다.

둘째, 초과수요를 해소하기 위해서는 아파트의 공급을 확대하면 된다. 그런데 이 방법은 주택자금의 부족, 택지부족 등의 제한으로 인해 단기적으로는 어려움이 따른다.

셋째, 아파트의 초과수요를 실수요자에게만 직접 배급하는 방법이 있다. 이의 대표적인 예로서 선착순(first-come-first-served) 분양, 추첨, 청약제 등의 분배방법이 있다.

2. 최저가격제

최저가격제 또는 가격하한(price floor)은 시장가격이 정부가 생각하는 최저수준 또는 특정수준 이하로 하락하는 것을 방지하기 위한 제도로서 그 대표적인 예로 농산물가격 지지제도, 최저임금제 등이 있다. 따라서 최저가격은 시장균형가격보다 높은 수준에서 결정되어야 한다.

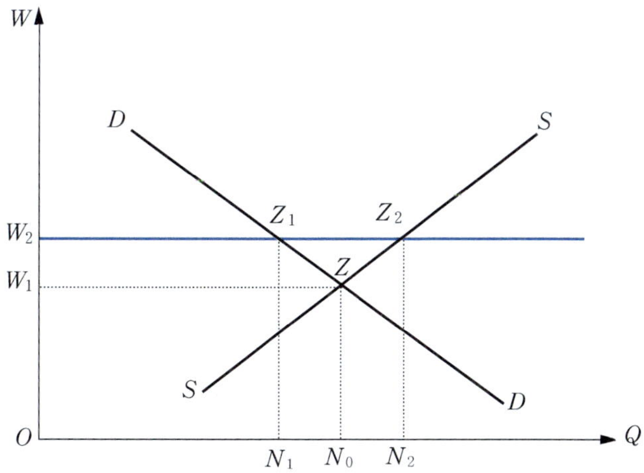

[그림 3-18] 최저가격제

최저임금제의 경우를 살펴보기로 하자. [그림 3-18]에서 노동의 수요곡선 DD와 공급곡선 SS가 교차하는 Z점에서 임금 W_1이 결정된다면, 노동자의 생계유지가 어려운 경우 정부 당국이 개입하여 W_2에서 임금을 결정하게 된다. 최저임금제의 실시가 그 좋은 예이다. 이 경우 시장균형임금보다 최저임금 수준이 더 높기 때문에 노동의 공급은 N_0에서 N_2로 증가하지만 노동의 수요는 N_0에서 N_1으로 감소한다. 따라서 노동시장에서 노동의 초과공급이 발생한다. 이때 만일 노동조합의 조직이 약하거나 정부의 강력한 단속이 없으면, 고용주는 N_1N_2만큼 노동자를 해고시키거나 감축하려고 할 것이다. 즉, 최저임금제 도입으로 고용되는 근로자들의 임금수준은 개선되었으나 고용수준은 오히려 악화(N_0-N_1만큼)되는 부작용이 발생할 가능성이 높다. 또한 노동시장에서는 최저임금제 실시로 노동의 초과공급이 존재하고 있기 때문에 고용주는 최저임금보다 낮은 수준의 임금을 지급하고자 하는 유혹에 빠지게 된다. 따라서 최저임금제를 실시하려면 강력한 법적 규제 혹은 행정규제가 수반되어야 한다. 또는 노동조합이 이를 예방할 수 있을 정도로 강력한 조직력을 가져야 한다.

3. 조세(종량세)와 시장가격: 조세의 귀착

정부의 역할을 수행하기 위해서는 재원이 필요하게 된다. 이러한 재원을 조달하기 위해서나 혹은 특별소비세와 같은 소비를 억제시키기 위해서 정부는 조세를 부과한다. 가격과 직접관계가 있는 물품세에는 가격에 세금을 부과시키는 종가세와 거래되는 수량에 세금을 부과시키는 종량세의 두 가지가 있다. 여기서는 종량세의 경우만을 설명하기로 한다.

세금부과에 따른 가격상승이 소비자 및 생산자에게 부담되는 것이 [그림 3-19]같다고 하자. 즉, 상품단위당 일정한 세금 t(500)이 부과되면, 기업의 단위당 생산비가 세금만큼 상승하게 되므로 공급곡선은 S_0에서 S_1으로 이동하게 된다. 따라서, 가격은 P_e에서 P_t로 상승하며 거래량은 Q_e에서 Q_t로 감소하게 된다. 이때 구매자가 지불해야 할 가격은 P_t(3300)이 되고 판매자가 받게되는 가격은 P_s(2800)가 된다. 이처럼 세금이 생산자에게 부과하더라도 구매자와 생산자가 함께 부담하게 된다.

세금부과에 따른 가격상승이 소비자 및 생산자에게 부담되는 정도는 수요곡선과 공급곡선의 기울기에 따라 다르게 나타난다. 만약, 공급곡선이 수평으로 나타나면 세금이 부과된 만큼 가격이 상승하게 되고 이 세금은 소비자가 전부 부담하게 된다. 반면에 수요곡선이 수평이면 세금이 부과되어도 가격은 상승하지 않으며, 이 조세는 공급자가 전부 부담하게 된다. 이 두 극단적인 경우를 제외하면, 수요, 공급곡선의 탄력도에 따라 소비자와 공급자가 나누어서 세금을 부담하게 된다. [그림 3-20]은 수요, 공급의 탄력도에 따라 소비자와 생산자가 부담하게 되는 부분을 보여주고 있다. 1)은 수요곡선은 비탄력적이나 공급곡선이 탄력적인

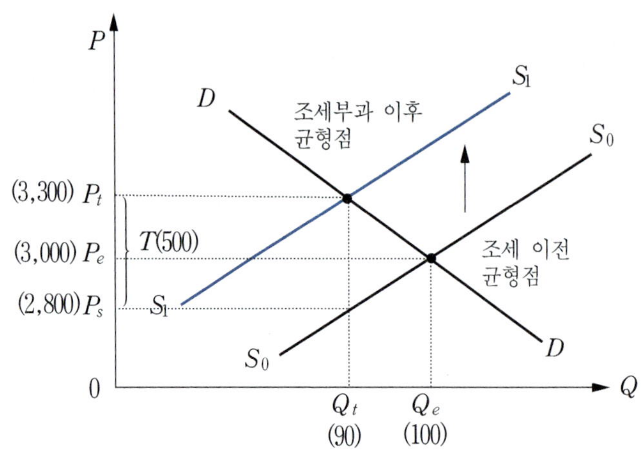

[그림 3-19] 생산자에 대한 종량세 부과

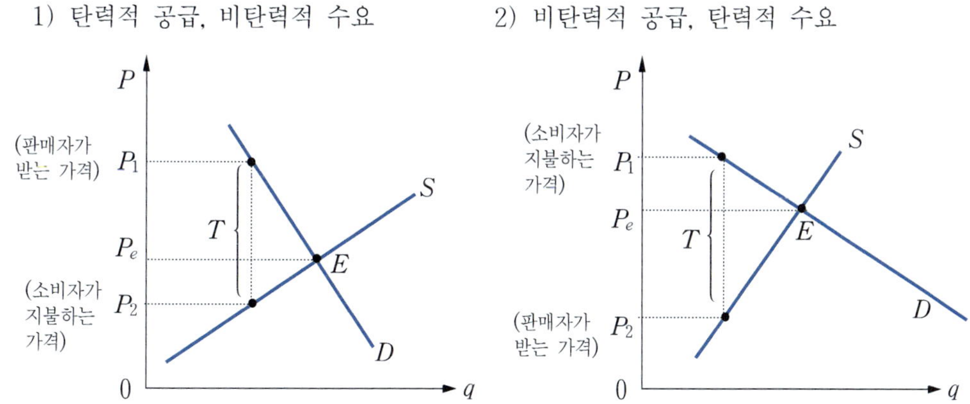

[그림 3-20] 수요, 공급의 탄력성과 조세부담

경우로 소비자의 조세부담이 많고, 2)는 수요곡선이 탄력적이고 공급곡선은 비탄력적일 경우로 생산자의 조세부담이 많음을 보여준다.

한편, 소비를 억제시키기 위해서 세금을 부과시키는 경우 예컨대, 가솔린 소비세 같은 것이 있다. 이 경우에는 가솔린의 가격이 높아지므로 당연히 소비는 감소하게 되고, 따라서 석유수입에 의한 외화지출을 절약할 수 있다([그림 3-21] 참조).

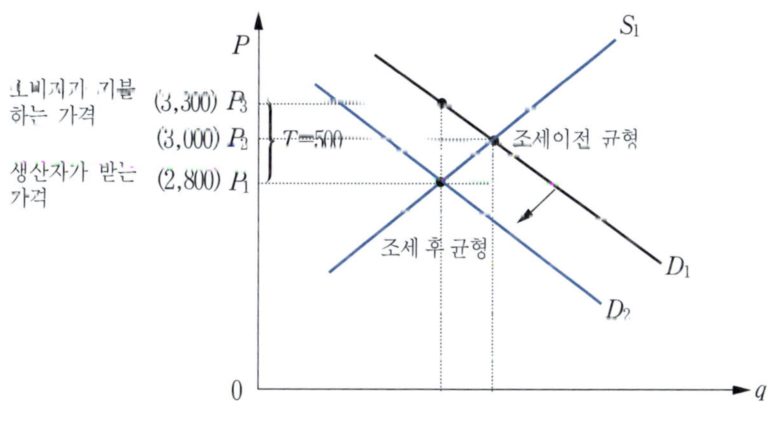

[그림 3-21] 소비자에 대한 조세부과

제2편 가계 및 기업의 경제행위

제 4 장
개인 및 가계의 소비행위와 효용극대화(1): 한계효용접근

제4장과 제5장에서는 소비자(가계)가 합리적인 소비행위를 하는 과정에서 수요곡선이 도출되는 것을 설명한다.

→ 제 1 절 경제적 욕망과 효용

1. 욕망과 희소성

인류의 경제생활이 계속 유지되기 위해서는 끊임없는 재화의 소비가 이루어져야 하며, 동시에 이 소비가 가능하기 위해서는 다른 한편으로 끊임없이 새로운 재화의 생산이 이루어져야 한다. 소비자들이 소비재를 구하고자 하는 것은 그 재화에 대한 욕망이 존재하기 때문이다. 소비자는 각종 소비재를 구입하여 가능한 한 최대의 경제적 욕구를 충족시키고자 하는데, 경제적 욕망을 충족시키기 위해 소비하고자 하는 재화는 그 종류나 양에 있어서 매우 많다. 이에 비하여 실제로 생산되는 재화의 종류나 양에 있어서는 유한하다. 이러한 이유로 어떠한 경제조직에 있어서나 사람들의 갖고자 함(wants)은 현존하는 충족수단에 의해 제약받지 않을 수 없다. 이러한 사실을 스웨덴의 경제학자 캇셀(Gustav Cassel)은 희소성의 원리(principle of scarcity)라고 부르고, 모든 경제활동을 규정하는 기준으로 삼았다.

요컨대, 인간은 경제적 필요(economic need)에 대한 갖고자 함(wants)이 생기고, 이에 따른 경제적 요구를 충족시키기 위해 재화를 구입하고자 하는 욕심,

욕망을 갖게 된다. 재화를 갖고자 하는 욕망은 그것으로부터 오는 만족과 기쁨(측정단위가 곧 효용)을 얻기 위함이라 할 수 있다. 그런데 인간의 욕구・욕망은 회소성의 원리에 의해 지배받게 된다.

2. 총효용과 한계효용

사람들이 재화를 갇고자 하는 것은 그것으로부터 오는 만족과 기쁨, 즉 효용을 얻기 위함이라 할 수 있다. 효용(utility=the basis of choice)이란 특정한 재화의 사용에 따른 사용가치가 특정재화를 사용하는 경제주체에게 주는 만족의 정도를 말하며, 재화선택의 기준이 된다. 사용가치는 재화가 가지고 있는 물리적이고 화학적인 유용한 성질을 말하는 것이며, 효용은 재화가 가지고 있는 유용한 성질에 대하여 인간이 주관적으로 부여하는 심리적 평가를 말하는 것이다. 따라서 사용가치는 객관적이지만 효용은 주관적이고, 일정한 재화와 특정한 사람과의 관계이며, 개인적인 성질을 가지고 있는 것이다.

한편, 경제적 효용에는 다음과 같은 특징이 있다.

첫째, 효용은 다종다양하다.

둘째, 한 종류의 재화를 지속적으로 소비하면 욕망이 충족됨에 따라서 추가적으로 얻는 효용은 체감하여 포화점에 이르게 된다.

셋째, 효용은 분할하여서 충족될 수 있으며, 또한 선택적이다.

넷째, 효용은 대체성을 가지며, 또한 상호보완적이기도 하다.

1) 총효용

총효용(total utility)이란 소비자가 하나의 재화를 일정기간에 걸쳐 일정량을 소비함으로써 얻어지리라고 예상되는 효용의 총계이다. 총효용은 그 상품의 소비량을 증가시킴에 따라 일반적으로 증가한다. 그러나 소비량이 일정 수준에 도달하면 그 이후의 소비량으로부터 발생하는 그 상품의 총효용은 증가하지 않고 오히려 감소하게 된다. 따라서 총효용이 극대가 되는 소비자의 소비수준을 만족 또는 효용의 포화점(saturation point)이라고 한다.

이와 같이 효용과 소비량 사이에는 어떤 관계가 존재하는데 이때 함수관계를 가정하여 표현한 것을 효용함수(utility function)라고 부른다. 총효용(U)은 소비량(q)과 함수관계로 식 (4 · 1)과 같이 나타낼 수 있다.

$$U=f(q) \quad \cdots\cdots (4 \cdot 1)$$

U는 총효용, q는 재화의 소비량, f는 함수를 각각 나타낸다. 이 함수는 소비자의 선호(preference)나 취향(tastes)이 변하지 않는 단기에 있어서 일정기간 동안의 소비량과 총효용과의 관계를 나타낸다.

어떤 사람이 〈표 4-1〉에서와 같이 일정시간 1잔의 음료수에 대하여 4의 효용을, 2잔의 경우 7, 3잔의 경우 9, 4잔과 5잔의 경우 각각 10의 효용을 인정하였을 경우 4잔 또는 5잔을 마셨을 때 총효용은 10이다. 이와 같이 총효용은 음료수의 각 단위로부터 얻어진 효용을 합계한 효용이다. 이제 총효용을 U, 소비량을 q라 하면 음료수의 총효용(U)은 소비량(q)과의 관계를 〈표 4-1〉과 같이 나타낼 수 있다.

〈표 4-1〉 가상적인 효용표

소비량(q : 잔)	총효용(TU)	한계효용(MU)
1	4	4
2	7	3
3	9	2
4	10	1
5	10	0
6	9.5	-0.5
⋮	⋮	⋮

2) 한계효용

한계효용(marginal utility : MU)이란 어느 개인이 하나의 재화의 일정량을 일정기간에 걸쳐 소비하고자 하는 경우, 그 재화를 추가적으로 한 단위를 소비했을 때 추가적으로 얻게 되리라고 예상되는 효용의 크기이다. 다시 말해서 한계효용이란 현재의 소비량에서 얻는 총효용의 크기에 1단위 추가하여 소비한 양의 효용증가분이다. 〈표 4-1〉에서 3잔째의 경우 한계효용은 2이다. 즉, 한계효용을 MU, 총효용의 증가분을 ΔU, 소비량의 증가분을 Δq라고 하면 한계효용을 다음

과 같이 정의할 수 있다.1)

$$MU = \Delta U/\Delta q,\ 또는\ MU = \frac{f(q)-f(q_{-1})}{\Delta q} = \Delta U/\Delta q \cdots\cdots\cdots\cdots\cdots (4 \cdot 2)$$

식 (4·2)와 같이 정의되는 한계효용은 욕망의 강도에 정비례하고 재화의 존재량에 반비례한다. 예를 들면, 갈증이 없을 때 마시는 음료수보다 갈증이 있을 때 마시는 음료수가 같은 양의 음료수에 대해 총효용뿐만 아니라 한계효용이 더 클 것이다. 또한 물과 같은 재화는 풍부하기 때문에 한계효용이 낮고 다이아몬드 같은 재화는 희소하기 때문에 한계효용이 높다고 말할 수 있다.

한편, 일반적으로 소비자가 소비하는 재화의 양이 증가할수록 일정수준까지 그 재화의 소비로부터 얻는 총효용은 증가한다. 그러나 총효용은 증가하지만, 그 재화를 1단위씩 더 추가하여 소비할 때 얻게 되는 추가적인 효용(한계효용)은 감소한다고 가정한다. 이것을 한계효용체감의 법칙(law of diminishing marginal utility)이라고 부른다. 또는 한계효용체감의 법칙을 발견한 고센(H. Gossen)의 이름을 따서 고센 제1의 법칙이라고도 한다.

[그림 4-1]은 음료수 소비에 따른 총효용과 한계효용의 관계를 그림으로 나타낸 것이다. [그림 4-1]에서 음료수 5번째 단위를 소비할 때 총효용은 극대화가 되는데, 이때의 한계효용은 0이 된다. 즉, 일정의 소비수준에 이르면 소비한 재화로부터 소비자가 얻는 총효용은 극대가 되는데, 이때에 한계효용은 0이 된다. 이와 같은 만족 극대점 이후 재화를 소비 또는 소유하게 될 경우 저장 또는 처분에 따른 번거러움 때문에 총효용은 오히려 감소한다. 따라서 한계효용은 부(－)가 된다. 이러한 부(－)의 한계효용을 한계비효율(marginal disutility) 또는 고통(pain)이라고 한다.2)

---

1) 이때, 소비의 증가분 Δq가 아주 작은 수치로 접근하면 아주 작은 값이 되어 다음 식 (4·3)으로 표현된다. 이때 dU는 효용의 미증분(미세한 증가)이고 dq는 소비량의 미증분을 나타내므로 총효용함수를 소비량 q로 1차 미분하면 한계효용이 된다.

$$MU = \lim_{\Delta q \to 0} \frac{\Delta U}{\Delta q} = \frac{dU}{dq}$$

2) 일반적으로 경제학에서 한계효용은 0보다 크거나 같다고 가정한다.

음료수를 먹는 데서 얻는 총효용과 한계효용

수량	총효용	한계효용
0	0utils	
1	30utils	30utils
2	50utils	20utils
3	60utils	10utils
4	65utils	5utils
5	68utils	3utils
6	68utils	0utils

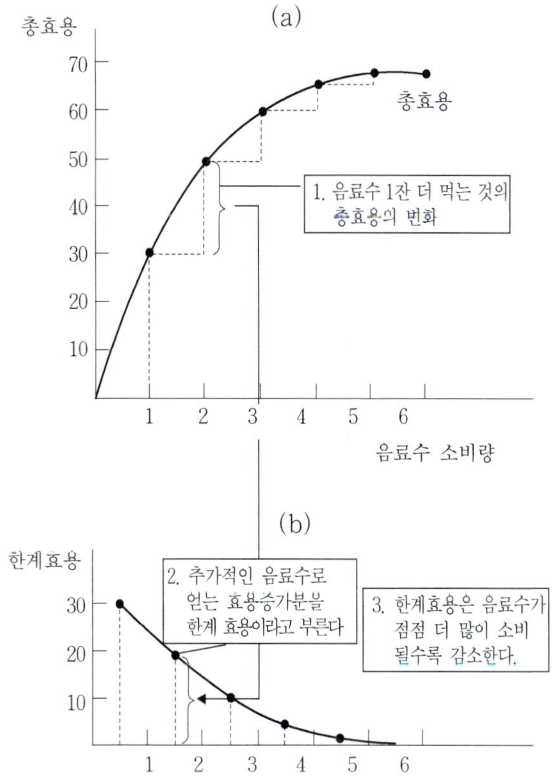

[그림 4-1] 총효용과 한계효용

→ 제 2 절 한계효용균등의 법칙과 소비자선택

합리적인 소비자는 일정한 소득수준에서 가능한 한 최대의 효용을 얻기 위해 다양한 재화를 구입할 것이다. 즉, 일정한 소득의 지출로부터 얻을 수 있는 총효용을 극대화시키도록 행동할 것이다. 이처럼 주어진 소득(예산제약)으로 소비자의 효용 또는 만족이 극대가 되는 상태를 소비자균형(consumer equilibrium)이라고 부른다.

소비자균형은 소비자가 구입하는 모든 재화에 지출한 최종화폐단위가 가져오는 한계효용이 균등하도록 그의 소득을 배분할 때 달성된다. 소비자가 X재와 Y

재만 구입할 때, 이 소비자의 효용극대화, 즉 균형조건을 수식으로 표시하면 식 (4·3)과 같다.

$$\frac{MU_x}{P_x}=\frac{MU_y}{P_y}\ \text{(for all pairs of goods)} \quad\cdots\cdots (4\cdot 3)$$

위 식 (4 · 3)에서 X재의 가격을 P_x, X재의 한계효용을 MU_x, Y재의 가격을 P_y, Y재의 한계효용을 MU_y라 하면 X재 1원어치의 한계효용은 MU_x/P_x로 나타낼 수 있다. 또한 Y재 1원어치의 한계효용은 MU_y/P_y로 나타낼 수 있다. 식 (4 · 3)은 소비자가 소비하고자 하는 각 상품 X재 및 Y재에 지출하는 비용 1원어치의 한계효용이 서로 같도록 소비함으로써 소비자는 극대의 효용을 얻게 된다. 이것을 한계효용균등의 법칙(law of equimarginal utility) 또는 고센(H. Gossen) 제2의 법칙이라고 한다.

물론, 이때 소비자가 구매하는 X재와 Y재의 양은 그 소득에 의해 제약을 받는다. 즉, I를 소비자의 화폐소득이라 하고 저축을 하지 않는다고 가정하면, 소비자가 소비하는 X재와 Y재의 소비량, Q_x와 Q_y는 식 (4 · 4)를 만족시킨다.

$$P_xQ_x+P_yQ_y=I \quad\cdots\cdots (4\cdot 4)$$

식 (4·4)를 예산제약식(제약조건)이라고 하며, 소비자는 식 (4·4)조건 하에서 식 (4 · 3)을 만족시키도록 소득을 배분할 때 효용의 극대화를 이룰 수 있다.

구체적인 예를 통해서 설명하여 보기로 한다. 이를 위해 가상적으로 〈표 4-2〉와 같은 경우를 가정해 보자. 〈표 4-2〉는 어떤 소비자의 X재와 Y재에 대한 한계효용표를 보여주고 있는데 X재와 Y재에 대한 한계효용은 체감하고 있다. 지금 X재의 가격은 2원, Y재의 가격은 1원, 그리고 소비자의 화폐소득은 12원이라고 하자. 그러면 효용 극대화를 위한 소비자균형 조건, (4 · 3)과 (4 · 4)를 만족시키는 균형 소비량은 Q_x=3과 Q_y=6이다.

$$\frac{MU_x}{P_x}=\frac{MU_y}{P_y},\ \text{즉}\ \frac{12}{2\text{원}}=\frac{6}{1\text{원}} \quad\cdots\cdots (4\cdot 5)$$

$$P_xQ_x+P_yQ_y=\text{I},\ \text{즉}\ (2\text{원})(3)+(1\text{원})(6)=12\text{원} \quad\cdots\cdots (4\cdot 6)$$

〈표 4-2〉 X재 및 Y재에 대한 각각의 한계효용

Q	1	2	3	4	5	6	7	8	⋯
MU_x	16	14	12	10	8	6	4	2	⋯
MU_y	11	10	9	8	7	6	5	4	⋯

위에서 식 (4・5)는 X재 구입에 지출된 최종 1원에 대한 한계효용(6)과 Y재 구입에 지출된 최종 1원에 대한 한계효용(6)이 같다는 것을 보여주고 있고, 식 (4・6)은 X재에 의한 지출액(6원)과 Y재에 대한 지출액(6원)의 합계가 소비자의 소득(12원)과 동일하다는 것을 나타내 주고 있다.

이상의 설명에서 재화를 구입하는데 지출된 화폐의 한 개 단위가 확보하는 한계효용, 즉 화폐의 한계효용은 어떠한 재화를 구입하여도 같게 된다는 것을 알 수 있다. 이것은 현실적 가격으로 수정한 화폐의 한계효용을 균등하게 하는 것이기 때문에 가중된 한계효용균등의 법칙(law of equality of weighted marginal utility)이라고도 한다. 즉, 복합적 재화의 소비에 있어서 각 재화의 균등효용을 유지하기 위한 방법으로 소비를 조절해가는 상황을 한계효용균등의 법칙이라고 한다. 이를 수식으로 나타낸 것이 식 (4・3)으로 표현한다.

다시 말하면 각 재화의 한계효용은 그 재화의 가격으로 나눈 것이 화폐단위의 효용, 즉 화폐의 한계효용이다. 그리고 각 재화(good)의 한계효용을 그 가격으로 나눈 것은 바로 그 재화의 한계효용에 가격의 역수를 곱한 것과 같다. 따라서 식 (4・3)에서 한계효용에 가격의 역수인 가중치를 곱한 것을 가중된 한계효용이라 한다. 가중된 한계효용이 균등하게 소득을 지출한 셈이다. 이것을 이른바 가중된 한계효용균등의 법칙이라고 부른다.

가중된 한계효용균등의 법칙은 합리적인 소비자의 일반적인 행동법칙이라고 할 수 있다.

→ 제 3 절 소비자선택과 수요곡선의 도출

어느 한 소비자의 소비재에 대한 수요는 그 소비자의 균형조건(효용극대화조건)에 의해 결정된다. 균형조건을 나타내 주는 식 (4・3)이 의미하는 것은 화폐단위당 한계효용균등의 법칙이다. 그런데 소득의 단위도 화폐단위이므로 화폐의 한계효용을 λ라 하면 식 (4·3)은 다음과 같이 고쳐 쓸 수 있다.

$$\frac{MU_x}{P_x} = \frac{MU_y}{P_y} = \lambda \quad \cdots\cdots (4 \cdot 7)$$

이제 화폐의 한계효용이 불변이어서 λ로 주어지면, 위의 식 (4·7)로부터 $MU_x = \lambda P_x$와 $MU_y = \lambda P_y$를 얻게 된다. 즉,

$$P_x = \frac{1}{\lambda} MU_x, \quad P_y = \frac{1}{\lambda} MU_y \quad \cdots\cdots (4 \cdot 8)$$

이제 이해를 쉽게 하기 위해 $\lambda = 1$이라고 한다면 식 (4·8)에서 $MU_x = P_x$가 된다. 그런데 소득의 크기는 일정하므로, 즉 $P_x \cdot X + P_y \cdot Y = \bar{I}$ (Y: Y재의 소비량, X: X재 소비량, $\bar{I}$ = 일정의 소득)이므로 Y재의 가격이 일정할 때, 즉 $P_y = \overline{P}_y$일 때, $P_x = P_1$에서 $P_x = P_2$로 하락한다면, $P_x = MU_x$가 유지되기 위해서는 X재를 그 만큼 더 구매하여 소비함으로써 X재의 한계효용이 떨어져야 한다(한계효용 체감의 법칙).

다시 말해서 Y재 가격은 일정한데 X재의 가격이 하락하여 $\frac{MU_x}{P_x} > \frac{MU_y}{P_y}$로 된다면 P_x가 하락한 만큼 X재 소비를 늘려 MU_x가 낮아지도록 하면 원래 균형 상태로 돌아간다. 따라서 $P_x = P_1$에 대응하는 X재 소비량이 X_1이라면 $P_x = P_2$에 대응하는 X재 소비량은 X_2가 된다. 그러므로 [그림 4-2]에서 A, B 두 점이 곧

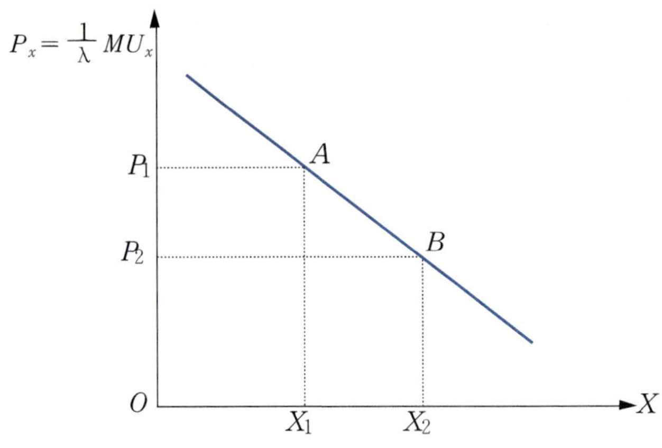

[그림 4-2] 한계효용과 수요곡선의 도출

P_1에 대응하는 X_1과 P_2에 대응하는 X_2를 나타내는 점과 이 A, B 두 점을 잇는 곡선이 곧 X재의 수요곡선이 된다. 그리고 이것이 우하향의 형태를 갖는 것은 한계효용체감의 법칙이 적용되기 때문이다. Y재의 수요곡선도 같은 방법으로 얻어진다.

제 4 절 소비자잉여와 가치의 역설

1. 소비자잉여

소비자잉여의 개념은 영국의 경제학자 마샬(A. Marshall)이 "소비자가 필요한 재화를 획득하기 위하여 의도적으로 지불하려고 하는 가격에서 실제로 지불한 가격을 초과하는 부분"이라고 설명하였다.

재화의 구입에 필요한 비용과 그 재화에서 얻는 효용을 비교하여 효용이 비용보다도 큰 한도 내에서는 재화의 구입을 계속하지만, 효용과 비용 양자가 균등하게 되면 구입을 중지하게 된다. 그러므로 구입의 한계점을 제외하고는 그 재화의 구입을 위해서 지불하는 비용 이상으로 여분의 효용을 얻을 수 있다. 이 여분의 효용을 소비자잉여(consumer's surplus)라고 한다. 이것은 재화의 구입에 의하여 얻는 총효용이 이 재화의 한계효용에 이 재화의 구매량을 곱한 것을 초과한 부분이다.

[그림 4-3]에서 수요 · 공급의 법칙에 의하여 균형점은 B에서 발생하고 소비자

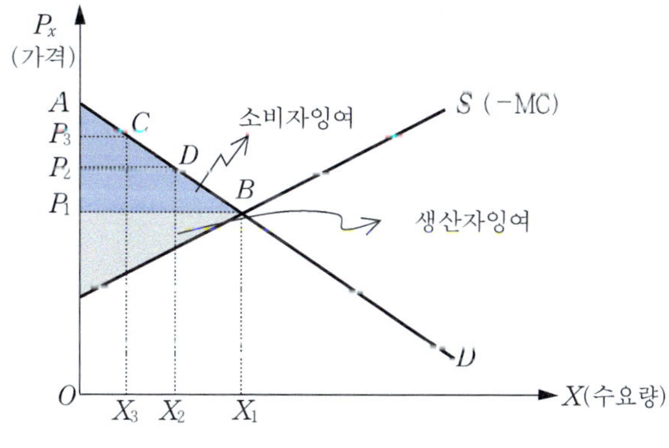

[그림 4-3] 소비자잉여

는 P_1의 가격으로 해당 재화를 X_1만큼 구입한다. 이때 소비자가 지출한 금액은 $OP_1 \times OX_1$, 즉 $\square OP_1BX_1$이 된다. 그런데 수요곡선에서 OX_3단위를 구입하기 위하여 소비자가 자율적으로 지불하고자 하는 가격은 P_3이다. 이것은 소비자가 OX_3단위를 구입하기 위하여 $OP_3 \times OX_3$만큼의 금액을 지출할 의사가 있음을 의미한다. 또한, OX_2단위를 구입하기 위하여 소비자가 지출하려고 하는 가격은 OP_2이고 $\square OP_2DX_2$만큼의 금액을 자율적으로 지출할 의사가 있다.

상품을 분수단위로 임의적으로 나눌 수 있다면 OX_1단위를 획득하기 위하여 소비자가 기꺼이 지불해도 좋다고 생각하는 금액은 $\square OABX_1$가 된다. 그런데 수요와 공급의 법칙이 작용하는 자유시장이 존재하기 때문에 소비자들은 $\square OP_1BX_1$만큼의 금액만을 지불하면 OX_1단위를 획득할 수 있다. 그러므로 자유경쟁시장의 존재로 인하여 소비자들은 $\square OABX_1$에서 $\square OP_1BX_1$을 공제한 나머지 $\triangle P_1AB$가 소비자잉여이다.

우리의 일상생활에서 느낄 수 있는 예는 소금, 성냥, 우표 등이라 할 수 있다. 소금 1kg을 구입하는데 그 가격이 P_1(500원)이라 하자(그림에서 P_1이 500원이라 하자). 소금의 효용에 대해서는 여러 사람이 서로 다르게 평가하고 있는데, 이들 각 개인의 수요곡선 총계에 의해서 사회적 수요곡선 D가 형성된다고 하면, 이때 700원에라도 살 생각이 있었던 사람은 시장가격이 500원이므로 소금 1kg당 200원의 소비자잉여를 얻는 셈이다. 여기서 소비자잉여란 말은 아무에게도 피해를 주지 않고 추가적인 효용을 얻었다는 의미이다. 각 소비자에게 발생한 추가적인 효용을 누적시키면, $\triangle P_1AB$의 면적이 되는 소비자 총잉여를 구할 수 있다. 이상은 마샬이 제시한 소비자잉여의 개념이나 여기에도 화폐의 한계효용을 불변으로 가정하고 있는 점과 효용의 개인적인 비교의 문제가 제기된다.

2. 가치의 역설

아담 스미스(Adam Smith)의 유명한 '다이아몬드와 물의 역설'(diamond-water paradox)에 대해 설명하여 보기로 한다. 사람의 일상생활에 없어서 안될 중요한 것이 물이다. 따라서 물의 소비에서 얻는 효용(만족 또는 사용가치)은 상당히 크다. 그러나 우리의 일상생활에서 별로 사용하지 않는, 즉 사용가치는 크지 않는 데도 불구하고 다이아몬드의 가격은 물의 가격보다 비싸다. 이러한 현상을 관찰한 스미스는 이를 가리켜 가치의 역설(paradox of value)이라 하였다. 즉,

어떤 재화의 사용으로부터 얻는 총효용(사용가치)과 가격(교환가치)은 무관하여 역설이 아니냐는 것이다.

이러한 스미스의 지적은 한 재화의 가격이 그것으로부터 얻는 총효용에 의해 결정되면 타당성을 지니지만, 가격은 사용가치(총효용)에 의해서가 아니라 교환가치에 의해서 결정되므로 이 문제를 완전히 해결하지 못했다. 그러나 한계효용학파는 가격결정(교환가치의 결정)은 총효용이 아니라 한계효용이라는 주장을 통해, 이 역설을 쉽게 해결할 수 있었다. 즉, [그림 4-4]에서와 같이 다이아몬드의 존재량(OY_1)은 작으므로 그것의 한계효용은 큰 반면($MU_y = OP_y^0$), 물의 존재량 (OX_1)은 풍부하므로 그것의 한계효용($MU_x = OP_x^0$)은 다이아몬드의 그것에 비해 훨씬 적다. 그런데 재화의 가격은 한계효용(즉, 교환가치)의 크기에 의해 결정되므로 다이아몬드의 가격이 물의 가격보다 높게 되는 것이다.

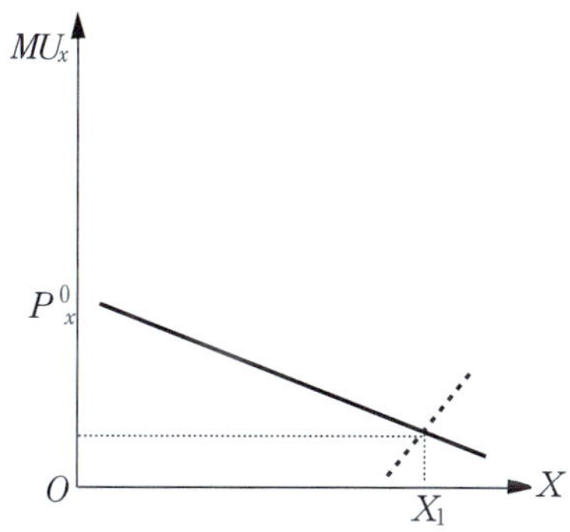

(a) 물

(흔하므로 MU가 작은 것으로 느낌)

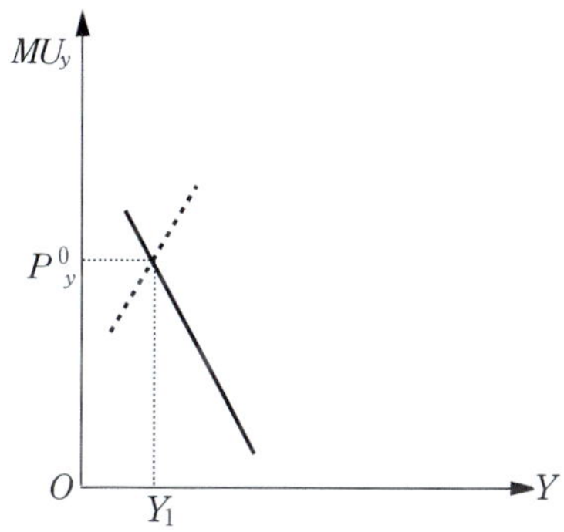

(b) 다이아몬드

(희소하므로 MU가 크다고 느낌)

[그림 4-4] 다이아몬드와 물의 역설

제 5 장
가계 및 개인의 소비행위와 효용극대화(2):무차별곡선접근

제1절 무차별곡선의 정의 및 성질

1. 무차별곡선이론의 의의

한계효용학설은 일단 마샬의 『경제학원리』 에 이르러 완성되었다. 그러나 한계효용학설은 그 후 여러 학자에 의하여 지적된 바와 같이 측정상의 결함을 가지고 있다. 즉, 제본스(W.S. Jevones) 자신도 인정하고 있는 것과 같이 효용이라든가 욕망 또는 감정이라는 것은 주관적이고 심리적인 것이기 때문에 직접 그 크기를 측정할 수 없다.

효용의 크기에 대한 측정이 불가능하다고 하면 총효용과 한계효용도 측정할 수 없다. 따라서 효용의 수량적 측정이라는 곤란한 문제를 회피하기 위하여 직접적인 측정을 도외시하고, 우리들의 경험에 의하여 확정할 수 있는 재화의 조합(combination)의 선택순위를 서수계열로 표시함으로써 측정상의 어려움을 제거하고자 하는 이론이 전개되었다. 이것을 무차별곡선이론(theory of indifference curve) 또는 소비자선택의 이론(theory of consumer's preference)이라고 부른다.

소비자선택의 이론 또는 무차별곡선이론이란 일정한 소득으로 소비지출을 하는 소비자가 극대의 만족을 얻기 위하여 객관적인 선택의 순위에 따라 행동한다는 이론이다. 이 이론은 에지워스(F.Y. Edgeworth), 피셔(I. Fisher)에 의하여 기초가 세워졌고 파레토(V. Pareto), 알렌(P.G.D. Allen), 힉스(J.R. Hicks)에 의하여 발전되었다.

2. 무차별곡선의 정의

예컨대 한 소비자가 두 종류의 재화 X와 Y를 구입한다고 가정하고, 그 구입량을 각각 X_1과 Y_1로 나타내자. 이제 X재를 빵이라고 하고 Y재를 우유라고 하면 빵 X의 어떤 수량(X_1)과 우유 Y의 어떤 수량(Y_1)의 조합(X_1, Y_1)과 동일한 만족(효용)을 주는 다른 어떤 수량의 조합(X_2, Y_2), (X_3, Y_3)…을 무차별적인 상품묶음이라고 부른다. 이러한 상품묶음의 각 조합이 〈표 5-1〉과 같다고 가정하자.

〈표 5-1〉에서 상품묶음의 각 조합을 그림으로 나타내면 [그림 5-1]이 된다. 즉, OX선 위에 빵의 수량 X를, 그리고 OY선 위에 우유의 수량 Y를 나타내고 평면상의 교차점 $P(X, Y)$를 잡는다면 [그림 5-1]에서 빵과 우유의 수량적 변화에 따른 점 A, B, D 등 P점의 궤적(locus)을 무차별곡선(indifference curve)이라고 한다.[1)]

다시 말해서 무차별곡선이란 소비자에게 동일한 효용 또는 동일한 만족을 주는 두 재화(X재, Y재)의 여러 가지 배합(combination)의 궤적을 표시하는 곡선이다. 무차별곡선들을 그리는데 있어서는 오직 소비자의 선호의 순위(order)만이 필요하고 한계효용이론에서와 같이 기수적 측정을 필요로 하지 않는다. 왜냐하면, 무차별곡선이란 소비자가 얻을 수 있는 만족에 대해 얼마만큼의 효용 또는 만족이 증가하는가를 나타내 주는 것이 아니기 때문이다. 무차별곡선은 단지 X재와 Y재의 한 배합이 다른 배합보다 선호되는가 또는 무차별한가 만을 나타내 주고 있다. 소비자의 무차별곡선을 모두 나타낸 그림을 무차별지도(indifference map)라고 부른다. 선호가 동일하지 않는 한 개별 소비자들의 무차별지도는 모두 다르고 소비자의 선호가 변화하면 무차별지도 역시 변화한다([그림 5-3] 참조).

〈표 5-1〉 무차별적인 상품묶음들

빵(X)	1.6	1.4	1.2	1.0	0.8	0.6	0.4	………
우유(Y)	0.7	0.8	0.9	1.0	1.4	1.8	2.2	………
	A	B	C	D	E	F	G	………

1) 일반적으로 상품묶음들에 대한 선호체계(preference systme)에 기초한 공리들(완비성, 이행성, 연속성, 단조성, 그리고 볼록성)을 가정한 후 연속적이고 서수적인 효용함수로부터 출발하여 효용곡면(utility surface)을 통해 무차별지도를 도출한 후 이들 중 어느 하나를 무차별곡선이라 한다.

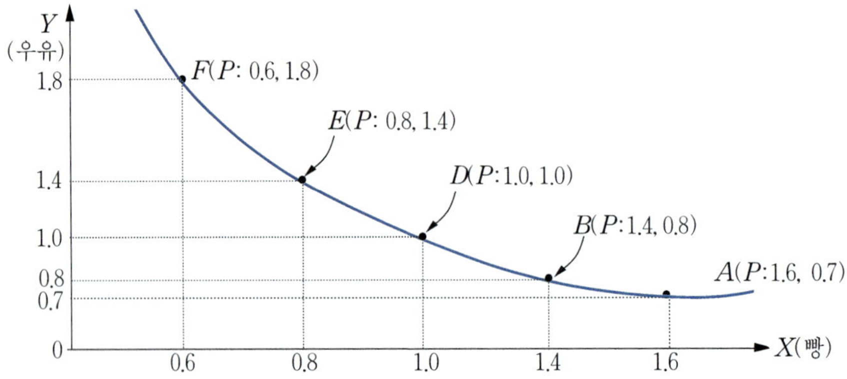

[그림 5-1] 무차별곡선

3. 무차별곡선의 성질(특성)

무차별곡선은 다음과 같은 성질을 가지고 있다.

첫째, [그림 5-1]의 제1상한의 모든 점은 그곳을 지나는 하나의 무차별곡선을 갖는다. 이러한 성질은 모든 상품묶음에 대해 선호관계를 갖기 때문에 가능한 것이다.

둘째, 각 재화가 정(+)의 한계효용을 가지고 있는 이상 무차별곡선은 우하향의 형태를 취하게 된다. 이는 곧 무차별곡선의 기울기 값이 음(-)이 된다는 것을 의미한다.

*X*재가 양(+)의 한계효용을 가지고 있는 경우 *Y*재의 수량을 고정시켜 놓고 *X*재의 수량만을 증가시키면, *X*, *Y* 두 재의 조합에서 얻게 되는 총효용이 증가하므로 최초의 상품묶음과 무차별적이지 않다. 즉, 소비자는 최초의 상품묶음보다 *X*재가 더 증가한 새로운 상품묶음을 더 선호하게 된다. 그러므로 *X*재의 수량이 증가함에도 불구하고 동일한 무차별곡선상에 머물러 있기 위해서는 *Y*재의 총효용이 줄어야 하며, 따라서 *Y*재의 수량이 감소되어야 한다. 따라서 동일한 효용수준을 유지하기 위하여 *Y*재의 감소가 *X*재의 증가에 의하여 대체되기 때문에 무차별곡선은 우하향의 형태를 갖게 된다.

[그림 5-2]에서 지금 X재를 한 단위 더 증가시켰기 때문에 G점이 H점에 있어서와 동등한 만족을 얻기 위하여서는 X재의 한 단위의 증가에 의하여 획득한 만족도와 Y재를 9만큼 감소시킴으로써 상실된 만족도가 같아야 되는 것이다. 즉,

$$-(\Delta Y)\times(Y\text{재의 한계효용})=(\Delta X)\times(X\text{재의 한계효용})$$

따라서, $$-\frac{\Delta Y}{\Delta X}=\frac{X\text{재의 한계효용}}{Y\text{재의 한계효용}} \quad \cdots\cdots (5\cdot1)$$

$$-\frac{\Delta Y}{\Delta X}=\frac{PG}{PH} \quad \cdots\cdots (5\cdot2)$$

즉, 점 G와 점 H를 연결한 직선의 기울기 값이다.

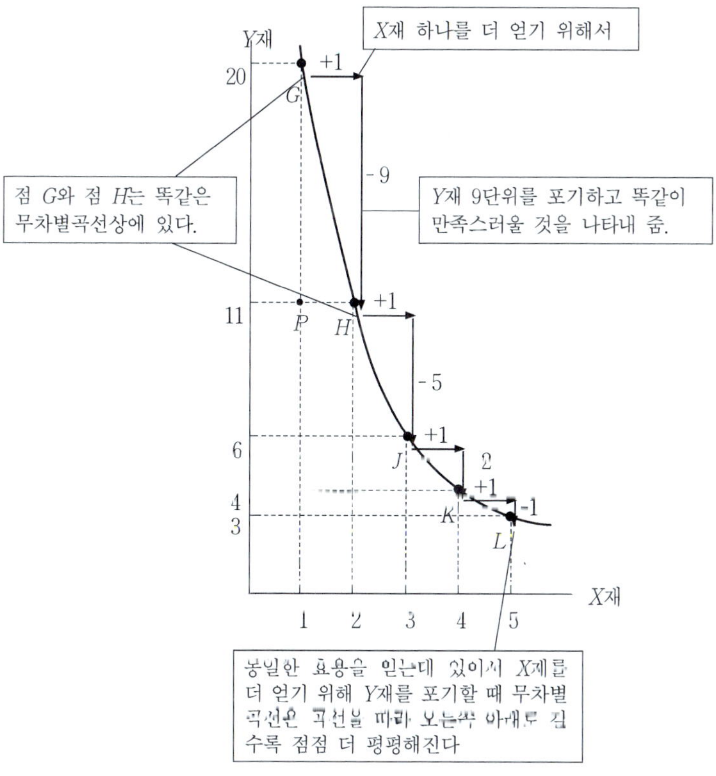

[그림 5-2] 한계대체율

셋째, 무차별곡선은 원점에 대하여 볼록(convex to the origin)하다.

무차별곡선의 볼록성은 소비자는 어느 한 재화의 소비에 치우치는 극단적인 상품묶음보다 여러 상품이 골고루 섞여 있는 상품묶음을 더 선호하기 때문에 발생되는 성질이다.

[그림 5-2]에서 $-\frac{\Delta Y}{\Delta X}$, 즉 X를 한 단위 더 증가시키기 위해서 어느 정도의 Y의 감소를 수반해야 하는가를 나타내는 비율을 X재의 Y재에 대한 한계대체율(marginal rate of substitution X for Y : MRS_{xy})이라고 한다. 즉, 한계대체율이란 두 재화가 어떤 특정한 비율로 대체되어도 소비자의 효용수준에 아무런 변화가 없는 상태에서 무차별곡선 상에 있어서의 X재와 Y재의 대체관계를 나타낸 것으로 $-\frac{\Delta Y}{\Delta X}$로 표시한다.[2] 따라서 한계대체율은 무차별곡선의 기울기이다.[3]

$$MRS_{xy} = -\frac{\Delta Y}{\Delta X} \quad \cdots\cdots (5 \cdot 3)$$

무차별곡선이 원점에 대해 볼록하면 한계대체율은 무차별곡선을 따라 우측으로 이동할 때, 즉 X재의 수요량을 증가시키고 Y재의 수요량을 감소시킴에 따라 점점 감소한다(이것은 곧 무차별곡선의 기울기 값의 절대치가 점점 작아짐). 왜냐하면 X재의 양이 많아지면 많아질수록 X재 한 단위 추가에 대하여 감소되는 Y재의 양이 감소되기 때문이다. 이것을 한계대체율체감의 법칙(law of diminishing marginal rate of substitution)이라 한다.

한편, 식 (5・1)과 (5・3)으로부터

$$MRS_{xy} = -\frac{\Delta Y}{\Delta X} = \frac{X\text{재의 한계효용}}{Y\text{재의 한계효용}} \quad \cdots\cdots (5 \cdot 4)$$

식 (5・4)에 의하여 한계대체율은 두 재화의 한계효용의 비율과 같다. 그리고 한계대체율체감의 법칙은 효용학설에서 한계효용체감의 법칙에 대응하는 개념

---

2) 추가되는 X재의 양이 극히 적을 경우에는 X재의 Y재에 대한 한계대체율은 곡선 상의 어떤 점에 있어서의 접선의 기울기가 된다.

3) 추가되는 X재의 양이 극히 적을 경우에는, 즉 X재의 변화량(△X)이 0으로 접근하면, X재의 Y재에 대한 한계대체율은 무차별곡선 상의 어떤 점에 있어서의 접선의 기울기라 할 수 있다. 즉 수학적으로 다음과 같이 표현할 수 있다.

$$MRS_{xy} = \lim_{\Delta X \to 0} -\frac{\Delta Y}{\Delta X} = -\frac{dY}{dX} = \frac{M_X}{M_Y} \quad \cdots\cdots (5 \cdot 4)$$

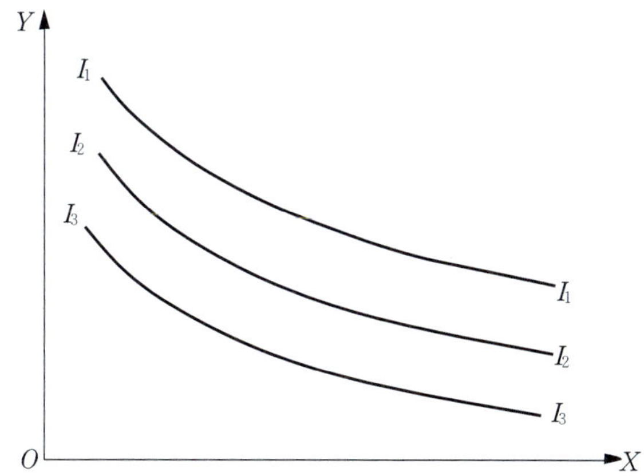

무차별곡선 I_1 I_1 곡선상의 점들은 I_2 I_2, I_3 I_3 선상의 어떤 점보다도 더 선호된다.

[그림 5-3] 무차별지도

이며, 무차별곡선은 두 재화가 완전한 대체관계에 있는 경우를 제외하고는 원점에 대하여 볼록하다.4)

넷째, 무차별곡선이 원점에서 멀리 위치할수록 효용수준이 더 크며, 반대로 원점에 가까이 위치할수록 소비자의 효용수준은 더 낮아진다.5)

[그림 5-3]에서 I_2는 I_3보다 더 큰 효용을 나타내며, I_1은 I_2보다 더 큰 효용을 나타낸다. 왜냐하면 무차별곡선이 원점에서 멀리 떨어져 있다는 것은 재화의 양이 증가함을 의미하기 때문이다.

다섯째, 서로 다른 두 무차별곡선은 서로 교차하지 않는다. 서로 다른 무차별곡선이란 효용수준을 달리하는 두 개의 무차별곡선들을 의미한다.

이제 무차별곡선이 [그림 5-4]의 I_1과 I_2처럼 서로 교차한다고 가정하자 「그림 5-4」에 의하면 점 B와 점 C는 각각 다른 무차별곡선 상에 있으므로 각 점에서 소비자의 효용수준은 다르다.

한편, 점 A와 점 B는 동일한 무차별곡선상에 있으므로 소비자의 효용수준은 점 A와 점 B에서 같다. 동일한 원리를 적용하면, 점 A와 점 C에 대해서도 소비자는 동일한 효용을 느낀다.

4) 두 재화가 완전대체의 선호관계를 갖게 되면 무차별곡선은 직선이며, 완전보완의 선호관계를 갖게 되면 무차별곡선은 L자형을 띠게 된다.

5) 이러한 성질은 선호체계의 단조성 공리(monotonicity axiom)와 관련 있다.

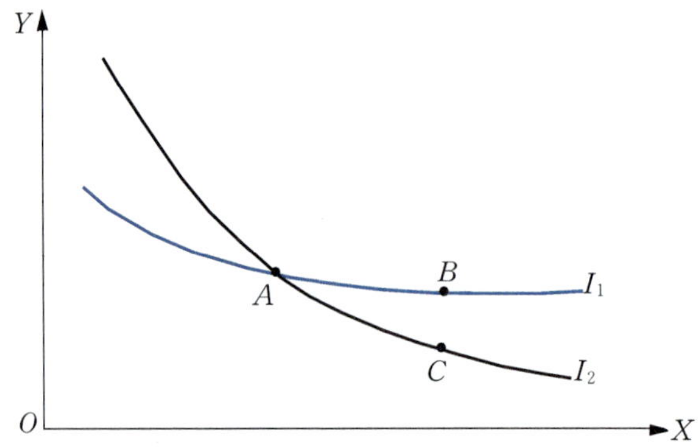

[그림 5-4] 교차하는 두 무차별곡선

즉, 점 A와 점 B는 무차별곡선 I_1에서 효용수준이 같고, 점 A와 점 C는 무차별곡선 I_2에서 효용수준이 동일하므로, A, B, C점 모두 똑같은 효용수준을 나타낸다. 따라서, 점 B와 점 C에서 만족수준은 동일해야 한다.[6] 그러나 점 B가 점 C와 똑같은 효용수준이라는 것은 무차별곡선의 세 번째 특징인 원점에서 더 멀리 떨어져 있는 무차별곡선일수록 더 높은 효용수준을 갖는다는 것에 대한 모순이다. 따라서 서로 다른 두 무차별곡선은 교차하지 않는다.

제 2 절 가격선과 소비자균형 : 효용극대화 원리

예산제약을 나타내주는 예산선(budget line) 또는 가격선(price line)은 일정한 소득(가처분소득)으로 구입할 수 있는 두 재화(goods)인 X재 · Y재 조합의 궤도, 즉 X재의 포만량(Y재의 구입을 0으로 한 경우 가처분소득 I을 X재의 가격 P_x로 나눈 것, 즉 I/P_x)과 Y재의 포만량(X재의 구입을 0으로 한 경우 가처분소득 I을 Y재의 가격 P_y로 나눈 것, 즉 I/P_y)을 연결한 직선으로 표시된다.

이제 소비자는 일정의 소득 I를 지출하여 두 재화 X와 Y를 구매한다. 이때의 두 재화의 가격을 각각 P_x와 P_y로 하고 그 수량을 각각 X와 Y로 표시한다면

6) 이를 선호체계의 이행성 공리(transitivity axiom)라 한다.

다음과 같은 관계식이 성립한다.

$$P_x X + P_y Y = I \quad \cdots\cdots (5 \cdot 5)$$

이 식을 변형하면,

$$Y = \frac{I}{P_y} - \frac{P_x}{P_y} X \quad \cdots\cdots (5 \cdot 6)$$

다시 $\frac{Px}{Py} = m$, $\frac{I}{Py} = n$이라 하고 이를 식 (5・6)에 대입하면 다음과 같다.

$$Y = -mX + n \quad \cdots\cdots (5 \cdot 7)$$

이 된다. 이것은 [그림 5-5]에서 Y축의 절편이 점 $Y_0 = (0, n) = (0, I/P_y)$이고, X축의 절편이 점 $X_0 = (m/n, 0) = (I/P_x, 0)$이며, 기울기가 $-m(=-P_y/P_x)$인 하나의 직선 $Y_0 X_0$으로 나타낼 수 있다.

일반적으로 직선 상의 임의 한 점에 있어서 X와 Y는 주어진 가격 P_x와 P_y로 일정한 소득 I를 이용하여 구매할 수 있는 두 재화의 수량을 나타낸다. 이 직선을 예산선(budget line) 또는 가격선(price line)이라고 부른다.

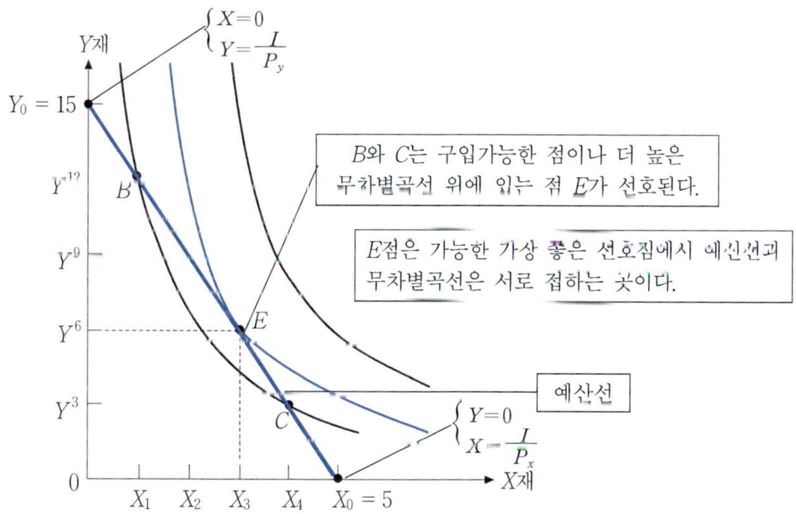

[그림 5-5] 소비자 균형

예산선은 수많은 무차별곡선과 교차하지만, [그림 5-5]에서 예산제약 하에서 효용을 극대화시키는 무차별곡선은 $Y_0 X_0$선과의 접점 E를 통하는 곡선이다. 왜냐하면 예산선 상의 두 점, 점 B와 점 C를 지나는 무차별곡선은 주어진 소득을 모두 사용하고 있으나 효용이 극대에 도달하지는 않고 있다. 점 E와 접하고 있는 무차별곡선이 원점에서 더 멀리 떨어져 있기 때문이다. 한편 예산선 밖에 위치하는 무차별곡선은 주어진 예산으로 달성할 수 없는 효용수준이다. 그러므로 E점의 좌표가 표시하는 수량 X와 Y의 구매에 의하여 얻을 수 있는 만족이 고정된 소득 I의 지출에 의하여 얻을 수 있는 최대의 만족이다. 이러한 두 재화 상품묶음의 수량을 좌표로 하는 E점을 일정의 가격 (P_x, P_y) 하에서 일정의 지출액 I에 대한 소비자 균형점이라고 한다. 동일한 지출에 있어서 최대만족, 동일만족에 있어서 최소지출이라는 합리적 행동을 전제로 하는 한 소비자의 효용을 극대시키는 균형점은 가격선과 무차별곡선이 접하는 E점이다.

균형점(E)에서는 가격선의 기울기와 무차별곡선의 기울기가 일치한다. 즉,

$$MRS_{xy} = -\frac{\Delta Y}{\Delta X} = \frac{MU_x}{MU_y} = \frac{P_x}{P_y} \quad \cdots\cdots (5 \cdot 8)$$

이 성립된다. 그리고 균형점은 소비자의 효용극대화를 만족시켜 주는 X재와 Y재의 구입점이며 이를 소비자 균형점(point of consumer's equilibrium)이라고 한다. 그리고 소비자 균형점에서 주어진 모든 소득은 지출되어야 한다. 즉, 앞의 식 (5・5)가 충족되어야 한다. 따라서 식 (5・5)와 식 (5・8)은 소비자가 주어진 소득으로 효용을 극대화시키는 조건이라 할 수 있다. 한편, 식 (5・8)은 제4장의 식 (4・3)의 효용극대화 조건(한계효용균등의 법칙)과 일치함을 알 수 있다.

→ 제 3 절 소비자 균형점의 이동 : 비교정태분석

지금까지 우리는 소득과 재화의 가격이 변화하지 않는다고 가정했다. 그러나 현실적으로 개인의 소득과 재화의 가격은 변할 수 있다. 이러한 변화들이 소비자 선택에 어떠한 영향을 미치는지 비교정태분석을 통해 알아보기로 한다.

1. 소득변화와 소득소비곡선과 엥겔곡선

1) 소득의 변화

소득이 증가하면 예산선은 오른쪽으로 이동되고 기울기에는 변화가 없다([그림 5-6a] 참조).

소득이 증가하여 예산선이 오른쪽으로 이동하면, 소비자는 가능한 한 가장 높은 무차별곡선에 예산선이 접할 때까지 탐색을 하여, 그 점에서 무차별곡선과 예산선이 접할 것이다. 그런데 이 점은 어디가 될까? [그림 5-6]에서 보듯이 *X*, *Y*재 모두 정상재라면 예산이 허용하는 범위 내에서 원점에서 가장 먼 무차별곡선에 도달하는 *H*점에서 만족이 극대화되고 소비자균형점이 이루어진다.

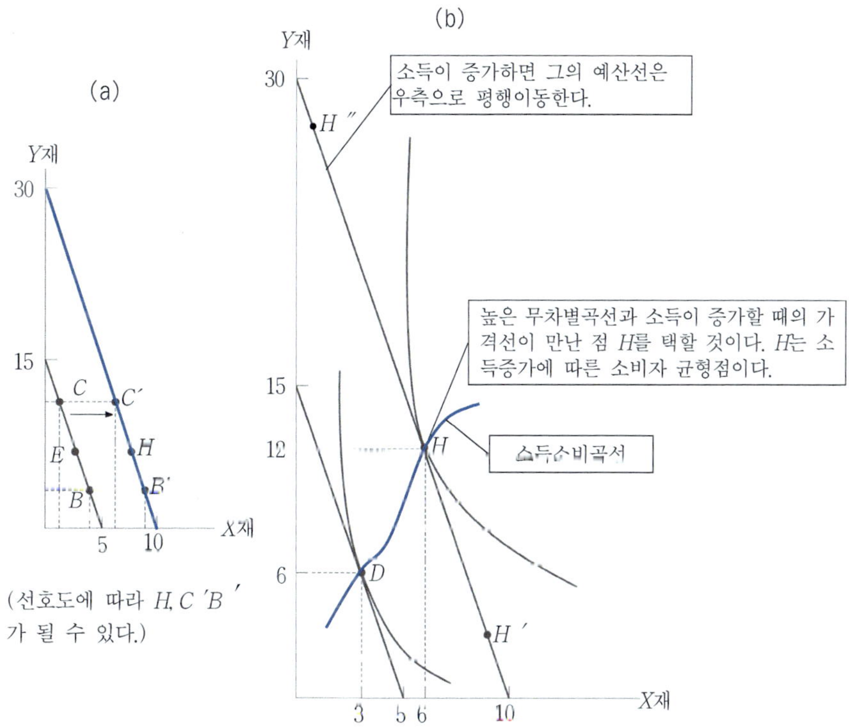

[그림 5-6] 소득의 증가

2) 소득소비곡선과 엥겔곡선

소비자의 선호와 X재와 Y재의 가격이 일정할 때, 소비자의 화폐소득을 변화시킴으로 소득소비곡선(income-consumption curve: ICC)과 엥겔곡선(Engel's curve)을 구할 수 있다.

다른 조건들이 모두 불변일 때 소비자의 소득이 증대한다면, [그림 5-7]에서 소득증대에 상응하는 가격선 AB는 원점 0로부터 평행으로 멀어지는 A_1B_1, A_2B_2, A_3B_3 …… 등의 직선군을 얻을 수 있다. 그리고 이러한 가격선 A_1B_1, A_2B_2, A_3B_3 …… 등에 대응하는 소비자균형점들을 F, E, S… 등을 얻을 수 있으며, 이러한 균형점들을 연결한 곡선이 소득소비곡선이다. 즉, 소득소비곡선은 수요를 결정하는 요인들 중 소득을 제외한 요소들은 고정된 상태에서 소비자의 소득이 변함에 따라 효용을 극대화시키는 점들을 연결한 궤적이다.

엥겔곡선은 각 소득수준에서 소비자가 매기당 구매하려는 특정재화의 수량을 나타내는 것으로써, 소득소비곡선으로부터 도출된다.

이제 소득소비곡선과 엥겔곡선의 도출을 위해 구체적인 수치를 사용하여 살펴보기로 한다. [그림 5-7]에서 X재의 가격 P_x와 Y재의 가격 P_y를 각각 1원이라

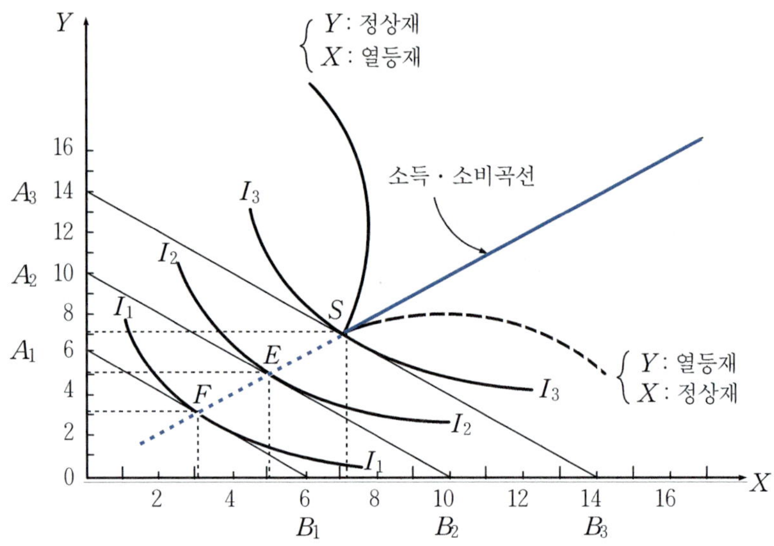

[그림 5-7] 소득소비곡선

한다면, 즉 $P_x = P_y = 1$원으로 일정할 때, 화폐소득 6원에서 10원으로, 그리고 다시 14원으로 증가하면 가격선은 A_1B_1, A_2B_2, 그리고 A_3B_3 로 이동한다. 이때 I=6원이면 X재 3단위와 Y재 3단위를 구매할 수 있는 무차별곡선 I선상의 F에서 균형이 달성된다. 또 I=10원이면 무차별곡선 I_2(X재 5단위와 Y재 5단위를 구매하는)선상의 E점에서, 그리고 무차별곡선 I_3(X재 7단위와 Y재 7단위를 구매하는 선) 선상의 S점에서 각각 균형이 달성된다. 세 개의 균형점 F, E, S를 연결하여 소득소비곡선을 도출할 수 있다. 즉, 소득소비곡선은 실질소득이 증가하는데 따른 효용극대를 위한 수요량의 증가를 표시한 것이다.

[그림 5-7]의 F, E, S에 대해 각 소득수준에서 X재의 수요량에 대응하는 F', E', S'을 연결한 직선을 [그림 5-8]에 나타내면 이 직선을 X재에 대한 엥겔곡선이라 한다. [그림 5-8]에서 보는 바와 같이 X재의 엥겔곡선은 정(+)의 기울기를 갖는다. 즉, 소득탄력도가 0보다 크다. [그림 5-7]에서 소득소비곡선이 우하향으로 나타날 때, 소득이 증가함에 따라 X재의 수요량은 증가하고 Y재의 수요량은 감소있기 때문에 X재를 정상재(normal goods)라고 하며, Y재를 열등재(inferior goods)라고 한다. 열등재의 경우 소득탄력성이 0보다 작기 때문에 엥겔곡선은 [그림 5-8]에서 음(-)의 기울기를 갖게 된다.

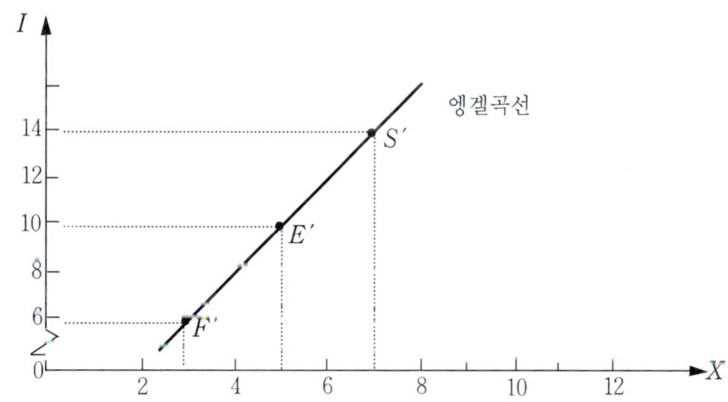

[그림 5-8] X재에 대한 엥겔곡선

엔젤계수

엔젤계수(angel coefficient)는 영・유아 관련산업을 '엔절산업'이라고 부른 데서 비롯된 것으로 가계 총지출에서 자녀를 위한 교육비가 차지하는 비율을 말한다. 수업료, 과외교습비, 장난감 구입비, 용돈 등을 포함한다. 가계지출 중 식료품비 지출비중을 나타내는 엥겔계수와 함께 최근 가계의 생활패턴을 반영하는 지수로 많이 쓰인다. 불황 속에서는 엔젤계수가 높아지는 추세를 보인다. 부모들은 경제가 어려울수록 교육비를 미래에 대한 투자로 인식해 가계비용에서 교육비 지출을 현재 수준으로 유지하거나 비탄력적으로 감소시키기 때문이다. 한편, 소득계층별로 엔젤계수를 비교해 보면, 일반적으로 엔젤계수는 소득이 낮은 계층에 비해 소득이 높은 계층이 더 크다. 하지만 엥겔계수는 그 반대의 경향을 보인다. 엔젤계수는 낮아도 문제지만 너무 높은 것도 좋지 않다. 교육제도에 문제가 있다는 것을 드러내기 때문이다. 우리나라의 연간 총교육비는 국민총생산(GNP) 대비 8% 수준이다. 선진국의 5~6% 수준을 크게 웃돈다. 상대적으로 엔젤계수가 높다는 뜻이다. 엔젤계수가 높아지면 엔젤산업이 번성한다. 엔젤산업이란 유아부터 초등학교 어린이를 수요층으로 하는 신종산업을 말한다.

2. 가격소비곡선과 소비자수요곡선의 도출

1) 재화가격의 변화와 예산선

소득과 X재의 가격이 변화가 없고 Y재 가격이 하락했다면 예산선 [그림 5-9]의 (a)와 같이 될 것이고, 소득과 Y재의 가격이 변화가 없고 X재 가격이 하락했다면 [그림 5-9]의 (b)와 같이 될 것이다.

2) 수요곡선의 도출

소비자의 화폐소득, 선호 및 Y재의 가격이 일정한데, X재의 가격 P_x가 하락하였다면 가격선은 [그림 5-10](a)에서 KL에서 KJ로 변화한다. 이 경우 지출확장선은 E, T와 같은 길을 밟는다. 점 E와 점 T는 소비자의 선호, Y재의 가격, 화폐소득 등이 일정하고 X재의 가격(P_x)이 변할 때 이루어지는 소비자균형점을

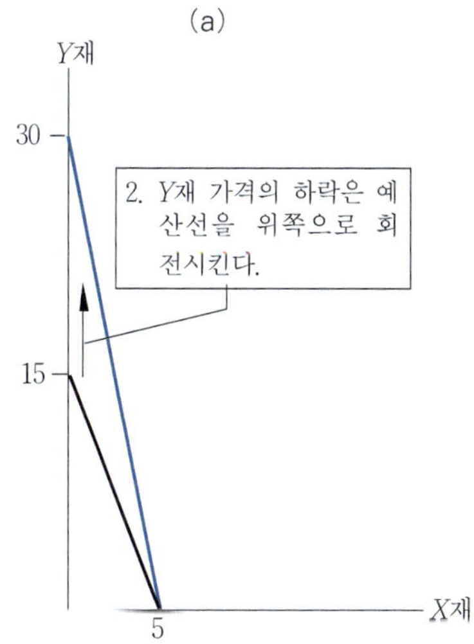

[그림 5-9] 가격의 변화

연결한 곡선이며, 이것을 가격소비곡선(price-consumption curve: *PCC*)이라고 부른다.

일반적으로 가격소비곡선은 소득과 *Y*재의 가격을 포함한 다른 수요결정요소들이 일정하고 *X*재의 가격이 변화할 때 소비자에게 극대효용을 주는 *X*·*Y* 두 재화의 소비량은 어떻게 변하는가를 보여주는 곡선이다. [그림 5-10](a)에서 X재의 가격만 하락하는 경우 소비자 균형점은 *E*에서 *T*로 이동한다.

한편, 한 재화의 개별소비자의 수요곡선을 합리적 소비행태를 위한 소비자균형으로부터 도출할 수 있다. 소비자의 수요곡선을 도출하기 위해서는 먼저 소비자의 균형상태로부터 출발해야 한다. 왜냐하면, 소비자의 한 균형상태는 그 재화에 대한 소비자의 수요곡선 상의 한 점을 나타내주기 때문이다. 다음에 소비자의 화폐소득과 다른 재화들의 가격 등 다른 조건이 일정하다고 가정하고, 그 재화의 가격만 변화시키면 처음의 균형상태는 소비자의 총효용을 더 이상 극대화시키지 못하기 때문에 소비자는 새로운 균형점으로 이동하게 된다. 이때 새로운 균형점으로부터 그 재화에 대한 소비자의 수요곡선 상의 다른 한 점을 구할 수 있게 된다. 이러한 과정을 반복하여 얻게 되는 점을 모두 연결하면 한 재화에 대한 개별수요곡선(individual demand curve)이 도출된다.

[그림 5-10](a)에서 *Y*재의 가격이 P_y^0원이고, *X*재의 가격이 P_x^0원일 때,

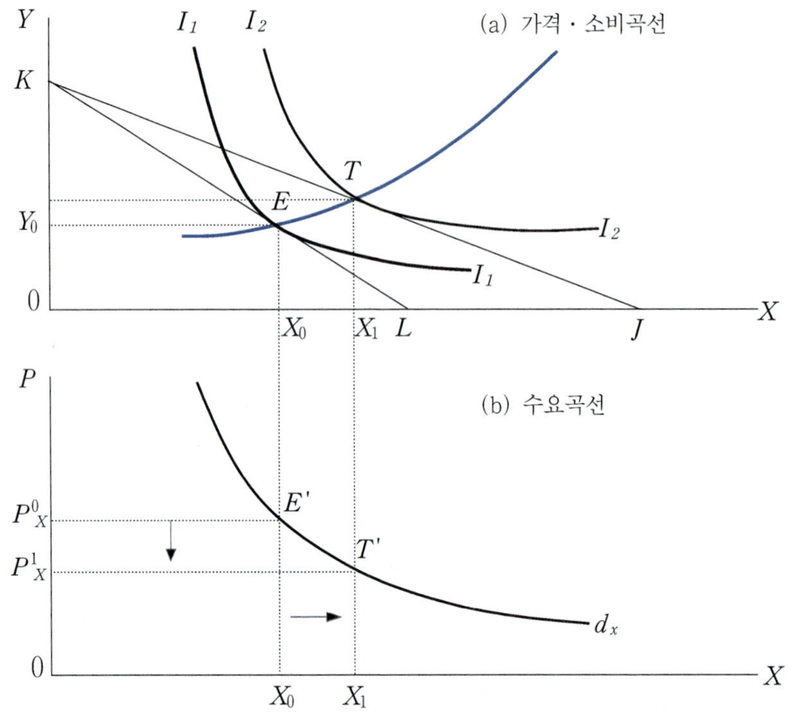

[그림 5-10] 가격·소비곡선과 수요곡선

$I=P_x \cdot X+P_y \cdot Y$의 소득의 지출로부터 총효용을 극대화하기 위하여 X재를 X_0단위, Y재를 Y_0 단위 구입하였다. 이로부터 [그림 5-10](b)의 X재에 대한 수요곡선상의 한 점 E'를 구할 수 있다. 이때, 만약 다른 조건들이(화폐소득과 Y재의 가격) 모두 일정한데, X재의 가격만이 P_x^0원에서 P_x^1원으로 하락한다면, 새로운 균형상태로부터 X재에 대한 수요곡선 상의 다른 한 점 T', 즉 X를 X_0에서 X_1단위로 더 구입할 수 있는 새로운 균형점인 [그림 5-10(a)]의 T점에 대응되는 T'를 구할 수 있다. 따라서 E'과 T'를 연결하면 X재의 수요곡선 d_x가 도출된다.

3. 가격효과의 분리: 소득효과와 대체효과

재화의 가격이 하락하게 되면 지금까지의 동일한 소득으로 보다 많은 재화를 구입할 수 있다. 이것은 마치 가격이 하락하기 전보다 소비자 실질소득이 증가한 경우와 마찬가지의 결과가 되는 셈이다. 이런 경우에 소비자들은 소득의 구매력의 증가로 재화를 더 사게 된다. 예를 들어, X재를 석유라 하고 Y재를 석탄이라 할 때, 원유값 하락으로 X재의 값이 하락하였다면, 그 만큼(X 값이 하락된 만큼) 실질소득 또는 구매력이 증가되었으므로 X재를 더 구입하게 된다. 한편, Y재에 비해 상대적으로 X재의 가격이 낮아졌으므로 Y재의 소비를 줄이고 X재를 더 구입할 것이다. 즉, X재의 가격이 하락함에 따라 Y재를 X재로 대체시키려는 경우를 생각해 볼 수 있다. 이때 전자를 소득효과(income effect), 후자를 대체효과(substitution effect)라고 한다. 그리고 이 두 효과를 합하여 X재의 가격하락에 따른 가격효과(price effect) 또는 전체효과(total effect)라고 부른다. 다시 말해서, 가격변화가 실질소득의 변화와 동일한 작용을 할 경우 가격변화가 수요에 미치는 효과를 소득효과라고 부르고, 대제효과란 한 재화의(예긴대, X재) 가격하락과 반비례하여 타재화(예컨대, Y재)에 대체시키는 (즉, X재의 가격이 하락함에 따라 X재가 Y재에 비해 상대적으로 더 싸졌기 때문에 Y재를 X재로 대체시키는) 효과를 의미한다. 대체효과는 주어진 무차별곡선 상에서 주어진 어느 한 점([그림 5-11]에서 E점)에서 다른 점(Y재 대신 X재로 대체시켜 X재 소비가 증가된 점, G)로 이동되는 것이므로 효용

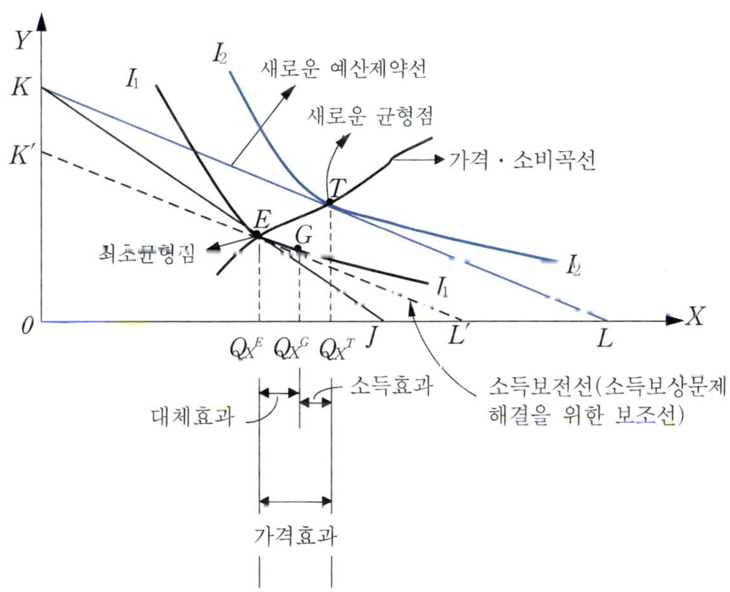

[그림 5-11] 대체효과와 소득효과의 분리

에는 변화가 없다.

따라서 한 재화의 가격하락이 그 재화에 대한 수요에 어느 정도 영향을 미치는지 알아보기 위하여 소득효과와 대체효과를 종합하여 보아야 한다. 일반적으로 한 재화의 가격변화에 따르는 소득효과와 대체효과는 소비자의 명목소득을 동일하게 유지시키면서 실질소득(real income)을 증가시키는 방법으로 분리할 수 있다. [그림 5-11]에서 *X*재의 가격이 하락하여 원래의 가격선 *KJ*가 *KL*로 이동되고 균형점도 *E*에서 *T*점으로 변동되었다. 따라서 *X*재의 구입량도 Q_x^E에서 Q_x^T로 증가하였다. 이런 경우 *X*재의 가격하락에 따르는 *X*재의 가격효과인 $Q_x^T - Q_x^E$를 소득효과와 대체효과로 분리하여 볼 수 있다. 우선 [그림 5-11]에서 *X*재의 가격하락에 따른 새로운 상대가격 비율인 가격선 $K'L'$과 원래의 무차별곡선 I_1I_1이 서로 접하는 점 *G*를 구하면 $Q_x^EQ_x^G$간의 *X*재의 구입량 변화(증가)는 대체효과이다. 즉, 소비자는 *X*재의 가격하락으로 인해 가격의 변동이 없는 *Y*재에 비해 상대적으로 싸진 *Y*재를 *X*재로 대체시켜 그만큼 더 *X*재를 구입하게 되나 동일한 무차별곡선 상에 있으므로 효용의 변화는 없다. 따라서 동일한 만족을 주면서 *X*재를 *Y*재에 대체시킨 것 뿐이다. 그러므로 $Q_x^EQ_x^G$는 대체효과를 나타낸다.

다음에 *X*재의 가격하락에 따른 전체효과 또는 가격효과($Q_x^T - Q_x^E$)에서 대체효과($Q_x^G - Q_x^E$)를 빼면 '소득효과($Q_x^T - Q_x^G$)'가 구해진다. 이것은 *X*재의 가격이 하락하였기 때문에 실질소득의 증가(즉, 가격선이 $K'L'$에서 *KL*로 평행이동으로 나타남) 효과로 그 만큼 *X*재를 더 구입하게 된다는 것을 나타낸다.

[그림 5-11]에서 가격선 *KL*을 평행으로 하향 이동시켜 무차별곡선 I_1I_1에 접하도록 한 가격선이 $K'L'$이다. 가격선 $K'L'$를 무차별곡선 I_1I_1상에 접하게 하는 것은 소비자의 실질소득을 *X*재 가격하락 이후와 동일하게 유지시킨다는 것을 의미한다.7) 한편 *G*점은 *E*점과 동일한 무차별곡선 I_1I_1상에 있으므로 동

---

7) 이처럼 가격하락에 따른 그만큼의 실질소득변화를 반영시키는 경우를 '보상변화'(compensating variation)라고 한다. 다시 말해서 가격변화 이후 소비자로 하여금 가격변화 이전의 효용수준(또는 실질소득)으로 머물게 하기 위해 그에게 보상(또는 조정)해야 할 화폐소득을 '보상변화'라고 한다. [그림 5-11]에서 가격변화 이후 예산선($K'L'$)과 이전의 무차별곡선(I_1I_1)이 접하도록 화폐소득을 조정(보상)하는 경우이다.

반면 가격변화 이후의 무차별곡선과 가격변화 이전의 예산선이 서로 접하도록 화폐소득을 조정하는 경우를 '동등변화'(equivalent variation)라고 한다. 다시 말해서 가격변화가 발생하지 않았더라면, 실제로 가격변화가 나타나서 도달한 효용수준(또는 실질소득)으로 소비자가 머물게 하기 위해 조정해야 할 또는 그로부터 받아내야 할 화폐소득의 크기를 '동등변화'라고 한다.

일한 만족을 준다. 그러므로 소비자가 X재 가격하락으로 소비점이 E점에서 T점으로 이동할 때 추가되는 만족은 실질소득(구매력)이 Y재로 평가할 때 KK'만큼 증가할 때에 추가되는 만족과 같다. 즉, 만족의 증가를 Y재 화폐액으로 환산하면 KK'과 같다는 것을 의미한다.

4. 기펜의 역설: 열등재의 수요

정상재인 경우 해당 재화의 가격이 하락할 때에 대체효과와 소득효과가 동일한 방향으로 작용한다. 즉, 소비자는 한 재화의 가격이 하락하면 그 재화가 타재화에 비하여 가격이 싸기 때문에 더 구입할 뿐만 아니라 실질소득의 증가(구매력의 증가)로 더 구입하게 된다. 따라서 수요의 법칙이 성립한다.

정상재의 가격 하락 ─┬ 소득효과→구입량 증가(+) ┐
　　　　　　　　　　└ 대체효과→구입량 증가(+) ┘ → 그 재화의 수요량 증가

그러나 특수한 재화에 있어서는 위와는 반대로 소득효과가 부(－)가 될 수도 있다. 이러한 재화를 열등재(inperior goods) 또는 하급재라고 한다. 또한 열등재의 희생으로 선택한 재화를 우등재(superior goods) 또는 상급재라고 한다. 열등재의 경우에는 가격이 하락하면 대체효과는 정(＋)의 효과로 작용하지만 소득효과는 부(－)의 방향으로 작용한다. 즉,

열등재의 가격 하락 ─┬ 소득효과→구입량 감소(－) ┐
　　　　　　　　　　└ 대체효과→구입량 증가(＋) ┘ → 수요량 증 · 감

위에서와 같이 두 효과가 서로 상반된 방향으로 나타날 경우에는 가격하락이 반드시 수요량의 증가를 가져온다고는 말할 수 없다. 그 이유는 수요량의 증감은 두 효과 중 어느 쪽의 효과가 더 크게 나타났느냐에 의존하므로 대체효과가 소득효과보다 크게 나타나면 열등재라 하더라도 가격하락이 수요량의 증가를 가져온다. 반면 정(＋)의 대체효과가 부(－)의 소득효과보다 작게 나타나면 가격이 하락하여도 수요량은 증가하지 않고 오히려 감소하게 될 것이다. 이러한 현상을 기펜의 역설(Giffen's paradox)이라고 부르고, 이러한 현상이 적용되는 재화를 기펜재(Giffen's goods)라고 부른다.

부록 현시적 선호이론

앞 절에서 우리는 합리적 소비행동을 분석하는 이론으로 기수적(cardinal) 효용함수를 가정한 **한계효용이론과 서수적 효용의 무차별곡선을** 분석하였다. 이 두 이론들은 소비자의 주관적 선호관계를 가정하여 분석하고 있다.

현시적 선호이론(revealed preference theory)은 최초의 노벨경제학상을 수상한 미국의 경제학자 사무엘슨(P.A. Samuelson)에 의하여 정립된 이론으로, 각 소비자가 합리적으로 소비행위를 한다는 가정만 있으면 한계효용이론에서 전제로 하는 한계효용체감의 법칙이나 무차별곡선이론에서 전제로 하는 한계대체율체감의 법칙이 없이도 소비자의 균형점과 소비자의 수요곡선을 도출할 수 있다는 이론이다. 합리적 소비자(rational consumer)란 어떤 선택의 범위에서 하나의 상품조합(commodity combination)을 선택하면 다음에도 선택의 범위가 바뀌지 않는 한 다른 상품조합을 선택하지 않는 소비자를 말한다.

[그림 1]에서 가격(P_x, P_y)과 소득(I)이 주어졌다고 하자. 따라서 Y_1X_1의 가격선을 나타낼 수 있다. 이때 어느 소비자가 K점을 선택하여 X재는 X_2만큼 Y재는 Y_2만큼 구입할 것을 결정하였다면, 이 소비자는 Y_1X_1 가격선상이나 그 아래에 있는 모든 재화를 구입할 수 있는데도 불구하고 K점을 선택했기 때문에 K는 가격선 상이나 그 안에 있는 모든 상품묶음보다 선호가 현시되었다(revealed preferred)라고 한다.

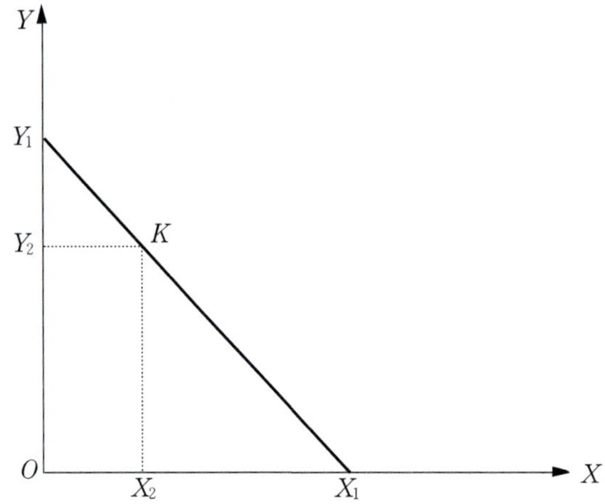

[그림 1] 현시적 선호이론에 대한 도표

현시선호이론은 대표적인 가계(representative household)의 합리적인 소비자(rational consumer)를 가정하고 있는데, 이러한 전제를 약공리(weak axiom of revealed preference)와 강공리(strong axiom of revealed preference)로 구분한다.

소비자가 합리적으로 일관성(consistency)있게 행동하기 위한 최소한의 공리를 말하는 것을 현시선호의 약공리라고 한다. 예를 들면, 두 재화조합(goods combination) $A(=\{X_1, Y_1\})$와 $B(=\{X_2, Y_2\})$가 있을 때 A와 B를 모두 선택할 수 있는 상황에서 A가 B보다 선호가 현시되었다면, 즉 A가 선택되었다면 다시는 B는 A보다 선호가 현시될 수 없다. 이 약공리는 소비자의 재화선택이 일관성(consistency)을 지녀야 한다는 것이다.

만약 어떤 재화조합 X가 Y보다 직접 현시선호되고 Y가 Z보다 직접 현시선호된다면 X가 Z보다 간접적으로 현시선호되었음을 의미한다. 이런경우 어떠한 경우에도 Z가 X보다 직·간접적으로 현시선호될 수 없다. 다시 말해서 X가 Z보다간접적으로 현시선호되었다고 말할 수 있다. 여기서 우리는 일관성을 전제로 한 개념이고 다만 일관성을 전제하고 직접(directly) 비교하면 약공리라고 하고, 간접(indirectly) 비교하면 현시선호의 강공리가 된다. 약공리와 강공리는 서로 완전하게 다른 것이 아니라 상호 연관성을 가지고 있다. 즉, 강공리가 성립할 때 약공리는 자동적으로 성립하는 관계가 존재한다.

제 6 장
기업의 생산과 비용

제 6장과 제 7장에서는 기업이 합리적으로 생산하고 비용을 최소화하여 이윤을 극대화하는 과정을 설명한다.

→ 제 1 절 기업의 목적과 형태

1. 기업의 목적

기업이란 생산요소 및 자원을 산출(output)로 전환시키는 조직 내지 그룹이며 생산물시장에서 기본적인 생산단위이다. 기업의 목적은 이윤을 최대한 남기는데 그 목적이 있고 이윤을 얻지 못하면 그 기업은 시장에서 소멸된다.

기업이 이윤극대화를 하기 위한 의사결정을 하는데 있어서 고려해야 할 사항은 ① 공급량을 얼마큼 할 것인가(How much), ② 생산방법, 즉 생산에 이용될 수 있는 기술(기법)은 어떻게 사용해서 생산할 것인가(How to produce that output technique to use), 그리고 ③ 각 투입요소를 얼마로 할 것인가(How much of each input to demand) 등이다. 이러한 요인들에 대한 판단과 의사결정을 위한 정보(basis of decision)는 시장가격과 기술market price and technology)이다. 즉, ① 생산물의 가격, ② 생산요소의 가격, ③ 생산기술 등이다.

이윤이란 간단하게 말해서 수입과 비용의 차이를 말한다.

이윤 = 총수입 - 총비용

여기서 총수입이란 '판매량(Q)×단위당 판매가격(P)'이고 총비용은 경제적 비용의 개념으로써 정상이윤(normal rate of return on investment)과 각 생산요소의 기회비용을 합한 것이다.

2. 기업의 형태와 특징

기업은 여러 가지 기준에 의해 그 형태를 분류할 수 있다. 여기서는 소유권에 대한 조건에 따라 기업의 3가지 기본형태 – 단독사업체(individual proprietorships), 동업기업(partnership), 주식회사(corporation) – 로 대별해 본다.

1) 개인회사(단독사업체)

가장 단순한 사업형태로서 조그만 소매점, 농장, 공상 등이 단독사업체의 형태를 취한다. 강점으로는 ① 소유주의 완벽한 지배, 즉 오너가 의사결정을 한다. ② 설립하기 쉽다. 즉, 간편한 법적절차, ③ 주식회사에 비해 소유자가 낮은 세금부담을 한다. 단점으로는 회사에 대한 무한책임을 져야 하고 사업확장에 따른 필요자본의 증식에 어려움이 있다.

2) 동업기업

동업기업은 두 사람 이상에 의해 소유되며 회사의 모든 이윤이 그들의 가계소득으로 귀속되는 형태의 기업으로써, 단독사업체보다는 크고 주식회사보다는 작은 회사가 보통이다.

장점으로는 자본을 증식할 수 있는 여력이 있으며 2중과세를 면할 수 있다. 불리한 점으로는 주요 문제에 대하여 다수의 의견일치를 구해야 하며, 회사부채에 대한 무한책임을 지게 되고 또한 소유관계의 변화가 있을 때 자동으로 해체되는 법적 복잡성이 있다.

3) 주식회사

주식회사는 주식을 구매하는 주주들에 의해 소유되고 통제되어지며 이윤의 일부가 주주들에게 배당금으로 지급되는 형태의 기업이다.

법적으로 인격체이며 개인과 마찬가지로 돈도 벌고 세금도 낸다. 주식회사의 금융활동은 사내유보, 주식이나 채권의 매각에 의존하는데 주식은 주식회사의 소유권의 분할이고 채권은 주식회사가 채권소유자에게 써준 차용증서이다.

장점으로는 회사가 진 채무에 대해서는 회사가 전적으로 책임지고 개인에게는 책임이 없다. 또한 주식회사에의 투자는 유한책임이기 때문에 위험부담으로부터 보호받는다.

단점으로는 주주가 받는 배당금(개인소득)에 세금을 내야 하고 또 법인이윤에 대해 세금을 부담해야 하는 2중과세의 부담이 있다. 그리고 경영의사 결정에 주주 간에 불일치에 따른 의사결정의 어려움이 있다.

각 형태별 장·단점의 특징을 요약하면 〈표 6-1〉과 같다.

〈표 6-1〉 기업의 형태 및 특성(장·단점)

기업의 형태	장 점	단 점
단독사업체 (개인회사)	· 설립하기 쉽다. · 의사결정이 분명하다 · 개인소득으로서 과세부담	· 오너가 무한책임을 져야 하므로 이에 따른 위험부담 · 자본증식의 어려움 · 오너가 망하면 기업도 망함
동업기업	· 상대적으로 설립하기 쉽다 · 단독사업체보다 경영기법이 좋을 수 있다 · 이윤은 동업자의 소득으로 한번만 과세된다.	· 동업자들이 무한책임을 진다 · 의사결정이 단독사업체보다 복잡하다 · 동업자끼리 의견불일치에 따른 불안전성
주식회사	· 주주(오너)들은 유한책임을 진다. · 주식·채권 발행을 통해 막대한 자금조달능력 · 전문경영인 채용과 경영성과가 낮으면 교체 가능	· 이중과세(법인이윤과 주주의 배당금인 개인소득에 세금부과) · 경영상의 의사결정에 불일치 가능성

제 2 절 생산함수론

1. 생산과 생산요소와의 관계

1) 생산요소

생산(production)이란 생산요소를 결합하여 사용함으로써 새로운 재화를 획득하는 것이라고 정의할 수 있다. 생산하기 위해서 소비된 생산요소에 의하여 새로 생산된 것을 생산물이라고 한다. 생산요소는 단독으로 생산물을 생산할 수 없으며, 그것이 상호 결합, 작용함으로써 생산물을 생산할 수 있다. 생산이 이루어지기 위하여 투하되는 노동력, 자연 및 물적 자본들을 생산재의 생산과정에 있어서의 그 지위나 성질상 생산요소(factor of production)라고 하는데, 이것이 없이는 생산이 불가능하다. 생산요소로서 노동력과 자본, 토지 등을 들 수 있는데, 노동력은 기능적 요소이고, 자본, 토지는 수동적 요소이다. 생산은 노동과 자본, 즉 도구, 기계, 설비 등의 수단을 사용하는 것이 보통이다. 이러한 것을 자본재(capital goods)라고도 한다. 노동과 토지를 본원적 생산요소라고 부르는데 대하여, 자본재는 생산된 생산수단이므로 파생적 생산요소라고 부른다. 노동력, 토지 및 자본재를 생산의 3요소라고 부른다. 생산의 3요소는 단독으로 생산력을 발휘할 수 없으며, 그 결합이나 협동을 통하여 생산력을 발휘한다. 이 생산의 3요소를 동일적 의사로 결합하여 생산을 행하는 것이 경영(management)이다. 그리고 어떤 학자는 경영을 제4요소로 들고 있다.

2) 투입물과 산출량 : 생산함수의 기초개념

기업은 어떤 종류의 생산물을 어떠한 방법으로 얼마만큼 생산할 것인가를 결정한다. 이때 생산에 필요한 각종 생산요소의 수량을 투입물(input), 생산되는 생산물의 수량을 산출물(output)이라고 한다. 투입물과 산출물의 사이에 존재하는 기술적인 관계를 나타내는 함수를 생산함수(production function)라고 한다.

생산함수는 기술(technology)이 변화함에 따라 변화하는데, 기술적 변화는 일정한 수준으로 주어진 것으로 가정하고 있다. 생산함수는 수요함수와 마찬가지

로 다음과 같이 표현할 수 있다. 즉,

$$Q=f(V_1, V_2, V_3, V_4, ... V_n) \quad \cdots\cdots (6 \cdot 1)$$

식 (6 · 1)은 생산요소 1, 2, 3, 4, ……, n을 각각 V_1, V_2, V_3, V_4, …, V_n의 수량만큼 투입한다고 하면, 생산물이 Q만큼 생산되는 것을 의미한다. 이 함수는 투입물에 의하여 획득 가능한 최대의 산출량을 표시하고 있다.

토지, 건물, 기계 등의 고정요소를 변경시킬 수 없을 정도로 짧은 기간 내의 생산활동을 분석하는 경우를 단기(short-run)라고 하고, 모든 생산요소들을 모두 변경할 수 있을 정도로 긴 기간 내의 생산활동을 분석하는 경우를 장기(long-run)라고 한다.

생산요소의 투입량을 변경시키는 데는 생산요소의 성질, 즉 고정적이냐 또는 가변적이냐에 따라 장 · 단기 시간의 구분이 필요하다. 왜냐하면 단기라고 하지만 그 기간이 일정하게 주어져 있는 것이 아니고, 산업에 따라 그 기간이 달라질 수 있기 때문이다. 일반적으로 단기는 고정 투입요소와 가변 투입요소가 모두 존재하는 경우이며, 장기는 모든 생산요소들이 가변적인 경우이다.

예를 들면 제철공장이나 정유공장과 같이 대규모의 고정설비가 소요되는 산업의 경우는 단기라는 기간도 무려 3~4년이 되는데 반하여, 소규모의 고정설비를 사용하는 산업의 단기라는 기간은 불과 1, 2개월에 지나지 않는 경우도 있기 때문이다.

2. 단기생산함수

1) 1개의 가변투입물과 산출량

생산함수에 있어서 다른 생산요소의 투입량을 일정하다고 가정하고 1개의 가변투입물의 각 수준에서 생산되는 생산물의 총량을 가리켜 총생산물(total product : TP)이라고 한다. 생산요소가 노동(L)과 자본(K)뿐이라고 할 때, 노동이 유일한 가변투입량이라면 단기생산함수는 다음과 같이 나타낼 수 있다.

$$Q=f(L, \overline{K}) \quad \cdots\cdots (6 \cdot 2)$$

식 (6・2)는 자본이 고정되어 있고 노동만이 가변적일 경우의 총생산물을 나타내어 준다. 이때 노동의 평균생산물(AP_L)과 한계생산물(MP_L)은 다음과 같이 정의된다.

$$AP_L = \frac{TP}{L} = \frac{Q}{L} = \frac{\text{총생산량}}{\text{노동투입량}} \quad \cdots\cdots (6 \cdot 3)$$

$$MP_L = \frac{\Delta TP}{\Delta L} = \frac{\Delta Q}{\Delta L} = \frac{\text{총생산량의 변화}}{\text{노동투입량의 변화}} \quad \cdots\cdots (6 \cdot 4)$$

즉, 생산요소의 투입물을 한 단위만큼 증가시킴으로써 얻어지는 총생산물의 추가적 증가분을 그 생산요소의 한계생산물(marginal product: MP)이라고 하며, 생산물의 추가적 증가분을 수량으로 표시하였을 때를 물(리)적 한계생산물이라고 한다. 그리고 총생산물(TP)을 가변투입물의 양으로 나눈 것을 평균생산물(average product: AP)이라고 한다. 즉, 가변투입량 한 단위에 대한 생산량이다.

〈표 6-2〉에 나타난 생산함수표는 가변투입물인 노동의 투입량이 1부터 8까지 변화할 때의 총생산물을 나타내 주고 있다. 고정투입물인 자본(K)을 일정하게 두고 가변요소인 노동(L)을 1단위에서 8단위까지 증가시켜 감에 따라 총생산물, 한계생산물, 평균생산물 등이 각각 어떻게 변하고 있는가를 보여주는 생산함수표이다.

한편, (4)열의 평균생산물(AP_L)은 (3)열의 총생산물(TP_L)을 (2)열의 가변투입물(노동)의 양으로 나눈 것이고, (5)열의 한계생산물(MP_L)은 (2)열의 가변투입물이 1단위씩 추가될(ΔL) 때의 (3)열의 총생산물의 변화량(ΔTP)을 각각 나타내고 있다.

〈표 6-2〉 총생산물(TP), 평균생산물(AP) 및 한계생산물(MP)

K투입량(1)	L투입량(2)	TP(3)	AP(4)	MP(5)
1	1	3	3	3
1	2	8	4	5
1	3	12	4	4
1	4	15	$3\frac{3}{4}$	3
1	4	17	$3\frac{2}{5}$	2
1	5	17	2.5	0
1	6	16	$2\frac{2}{7}$	-1
1	8	13	$1\frac{5}{8}$	-2

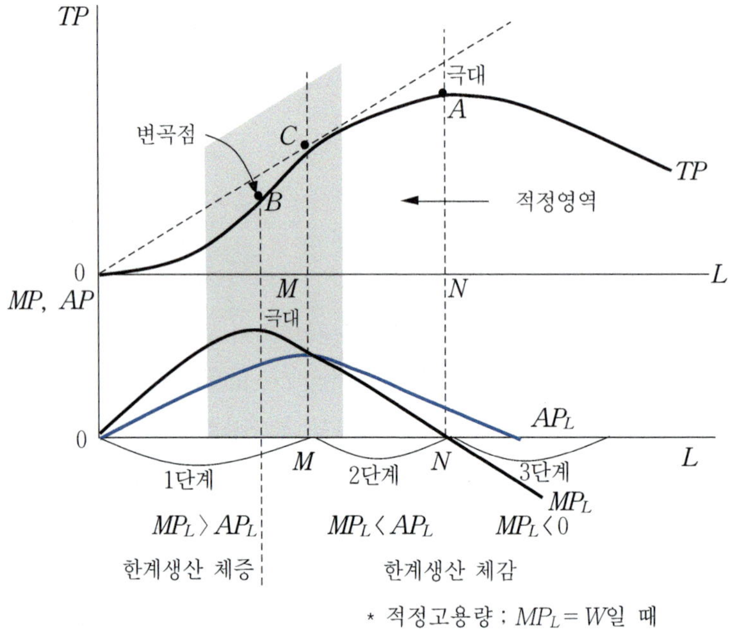

[그림 6-1] 단기생산함수-*TP*, *AP* 및 *MP*곡선

단기의 생산함수를 좌표평면 상에 옮기면 [그림 6-1]에서 보는 바와 같이 총생산물곡선을 얻을 수 있고, 이로부터 AP_L과 MP_L을 도출해 낼 수 있다.

2) 평균생산물(*AP*)과 한계생산물(*MP*)의 관계

평균생산물곡선은 총생산물곡선으로부터 도출할 수 있다. 즉, [그림 6-1]에서 보는 바와 같이 AP_L은 *TP*곡선 위의 한 점과 원점을 연결하는 직선의 기울기로 나타내며, AP_L은 대체적으로 처음에는 증가하다가 최대점(*C*점)에 도달한 후 감소하기 시작한다. 그러나 총생산물(*TP*)이 정(+)의 값을 갖는 한 평균생산물도 정(+)의 값을 갖는다.

또한 한계생산물곡선도 총생산물곡선으로부터 도출할 수 있다. 즉, 노동의 한계생산물(MP_L)은 노동의 증가분(ΔL)에 대한 산출물의 증가분(ΔTP)의 비율이므로 총생산물곡선 위의 한 점의 기울기로 측정할 수 있다. 한계생산물곡선의 모양은 [그림 6-1]에서 보는 바와 같이 총생산물곡선의 변곡점(*B*점)에 이르기까지 증가하여 이 점에서 최대가 된다. 그러나 변곡점을 지나 총생산물곡선이 극대가 될 때까지 한계생산물은 점점 감소하며, 총생산물의 정점(A점)에서 한계생산물은 영(0)이 된다. 그리고 총생산물이 감소하면 한계생산물은 부(-)의 값을 갖게 된다. 단기에 가변투입물이 증가함에 따라 한계생산물곡선이 결국 하향하게 되는 현상을 한계생산 체감의 법칙(law of diminishing marginal product)이라고 부른다.

[그림 6-1]에서 AP_L과 MP_L 사이에 다음과 같은 관계가 있음을 알 수 있다. 즉, ① AP_L곡선이 증가하는 단계(원점에서 M점까지)에 있어서는 AP_L곡선이 MP_L곡선의 아래에 위치한다. ② AP_L곡선의 극대점에서 MP_L곡선은 AP_L곡선과 교차한다. AP_L이 감소하는 단계(M점의 오른쪽)에 있어서는 MP_L곡선은 AP_L곡선 아래에 위치한다.

3) 적정투입량의 결정

하나의 가변투입물의 선택에 있어서는 한계생산 체감의 법칙이 중요한 역할을 한다는 것을 유의해야 한다. 한계생산 체감의 법칙이 작용하기 때문에 어느 일정 수준 이상의 노동이 투입되면 노동의 한계생산은 하락하기 시작한다. 그래서 한계수입생산물(marginal revenue of product : MRP)도 하락하기 시작한다.[1] 이때 한계수입생산물이 노동의 값보다 낮은 점에서는 노동의 고용을 중지하는 것이 현명한 일이다. 왜냐하면 노동을 추가적으로 고용할 때 기업의 추가적 수입이 노동 투입의 추가적 비용을 감당하지 못하기 때문이다. 따라서 노동 투입량을 줄이는 것이 기업이 손실을 줄이는 방법이다. 반대로 한계수입생산물이 노동의 값보다 높을 경우에는 노동 투입량을 늘이는 것이 기업이 수입을 증가시키는 방법이다. 따라서 한계수입생산물이 그 투입요소의 가격수준과 일치할 때 비로소 투입량이 결정된다. 다시 말해, 노동의 수요량, 즉 노동의 최적 고용수준은 다음 조건에서 이루어진다.

한계수입생산물 – 투입요소의 가격

1) 노동의 한계수입생산물(MRP_L)은 노동을 추가적으로 한 단위 고용하였을 때 기업의 총수입(total revenue: TR)이 어떻게 변하는지를 측정하는 것으로 정의된다. 그리고 이것은 기업이 일정한 산출량에 대해 비용 극소화를 달성하는 과정에서 다음과 같은 관계가 도출됨(MR에 대한 정의는 제7장에서 설명됨). 아래 식에서 w는 노동의 가격, 즉 임금률이다. 따라서 노동에 대한 수요는 노동을 추가적으로 한 단위 고용할 때 기업이 벌어들이는 수입과 노동을 추가적으로 고용할 때 기업이 부담하는 비용이 일치하는 수준에서 결정될 것이다.

$$MRP_L = \frac{\Delta TR}{\Delta L} = \frac{\Delta Q}{\Delta L} \times \frac{\Delta TR}{\Delta Q} = MP_L \times MR = w.$$

3. 장기생산함수

1) 두 개의 투입물과 생산 : 등량곡선(Isoquant)

장기에 있어서는 모든 투입물이 가변적이어서 투입물간의 대체가 가능하다. 따라서 장기생산함수(long-run production function)가 갖는 중요한 특성은 투입물간의 대체(substitution)가 가능하다는 것이다. 다시 말하면, 노동과 자본이라는 두 투입물이 있을 때 일정한 생산물을 생산할 수 있는 노동과 자본의 배합은 무수히 많다고 하는 사실이다. 이것은 [그림 6-2]에서 횡축에는 노동(L)을, 종축에는 자본(K)을 나타내며 동일량의 생산 $Q(60)$을 위한 방법은 $B(L_B, K_B)$, $C(L_C, K_C)$, $D(L_D, K_D)$ 등의 노동과 자본의 결합으로 이루어질 수 있다.

이러한 배합들을 동일한 좌표 평면 상에 표시한 후 연결한 곡선을 등량곡선(isoquant curve)이라고 부른다. 즉, 등량곡선은 동일량의 산출을 할 수 있는 두 투입물간의 여러 가지 수량적 배합을 나타내는 것이다. 더 많은 생산량은 보다 높은 등량곡선에 의해 표시된다. 즉, 등량곡선이 원점으로부터 멀리 위치할수록 산출량은 많고 원점에 가까이 위치할수록 산출량은 적다. 등량곡선을 모든 산출량 수준에 대하여 나타내면 등량지도(isoquant map)가 된다.

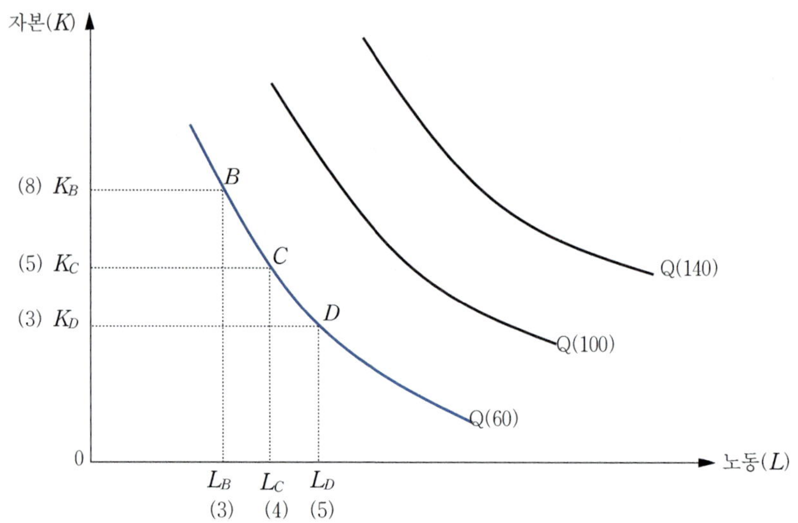

[그림 6-2] 등량곡선

등량곡선의 특징은 무차별곡선의 그것과 마찬가지로 비슷한 기본적인 성질을 가지고 있다.

첫째, 노동-자본 평면상의 모든 요소 배합점들은 그것을 지나는 하나의 등량곡선을 갖는다.

둘째, 등량곡선은 우하향의 형태, 즉 부(-)의 기울기를 가진다. 등량곡선 상의 모든 점은 동일한 산출량에 대응하는 생산요소의 효율적인 결합을 나타낸다. 따라서 동일한 생산수준을 유지하면서 한 요소를 늘릴 경우 다른 요소는 줄여야 한다.

셋째, 등량곡선은 서로 교차하거나 겹칠 수 없다. 왜냐하면, 두 개의 등량곡선이 교차한다면 동일한 요소의 투입으로 서로 다른 두 생산을 할 수 있다는 뜻인데, 이것은 기업이 기술적으로 가장 효율적인 생산을 하는 한 불가능하기 때문이다.

넷째, 등량곡선은 원점에 대하여 일반적으로 볼록(convex)하다.

이는 두 개의 생산요소가 서로 대체될 수는 있으나 완전대체가 이루어지기는 어렵다는 것을 의미한다.

마지막으로 등량곡선이 원점에서 멀수록 더 큰 산출량을 대표한다. 따라서 등량곡선은 구체적인 산출량 수준으로 표현되기 때문에 무차별곡선과는 달리 기수적인 측정(cardinal measure)을 나타내고 있다.

원점에 대하여 볼록한 것은 자본의 노동으로의 기술적 한계대체율(marginal rate of technical substitution : MRTS)이 체감한다는 것이다. 자본에 대한 노동의(자본으로 표시한 노동의) 기술적 한계대체율이란 노동의 투입량을 증가시키고 자본의 투입량을 감소시키는 결합방법으로 바꿀 때 노동투입량의 증가를 위한 자본투입량의 감소($-\Delta K/\Delta L$)를 말한다. 등량곡선 상에 있어서 기술적 한계대체율은 투입물간의 대체관계를 나타내며 식 (6・5)와 같이 나타난다.

$$MRTS_{LK} = -\Delta K / \Delta L \quad \cdots\cdots (6 \cdot 5)$$

동일한 등량곡선상의 노동의 투입량이 증가할수록 기술적 한계대체율($MRTS_{LK}$)은 일반적으로 감소한다. [그림 6-2]에서 등량곡선 Q선상에서 B점에서 C점으로 이동시킬 때 노동 한 단위를 더 사용하기 위해 자본 3단위를 감소시킨다고 하자. 그러면 $MRTS_{LK}$는 -3이다. 이와 같이 등량곡선을 따라 우하향으로 이동할 때 $MRTS_{LK}$가 감소하는 것을 기술적 한계대체율 체감의 법칙이라 부른다. 이 법칙이 적용될 때 등량곡선은 원점에 대해 볼록한 형태를 갖게 된다.

한편 동일한 등량곡선 상에서는 산출량의 변화가 없기 때문에 등량곡선의 정의에 따라 $\Delta K \cdot MP_K + \Delta L \cdot MP_L = \Delta Q = 0$, 즉 $\Delta K \cdot MP_K = -\Delta L \cdot MP_L$의 관계가 성립한다.[2] 한편 $MRTS_{LK} = -\Delta K / \Delta L$이므로 다음 식이 성립한다.

$$MRTS_{LK} = \frac{MP_L}{MP_K} = \frac{-\Delta K}{\Delta L} \qquad \cdots\cdots (6 \cdot 6)$$

즉, 기술적 한계대체율은 두 투입요소의 한계생산물의 비율과 같다.

2) 등비용선과 요소의 최적배합 : 최소비용의 요소배합

등비용선(isocost line)이란 투입물의 가격이 주어졌을 때 기업이 지출하는 일정의 총비용으로 구입할 수 있는 두 투입물(K와 L)의 모든 총량적 배합을 나타내는 직선이다. 등비용선은 우리들이 논의한 바 있는 예산선(budget line)과 같은 개념이다. 왜냐하면 직선 K_1L_1을 따라서 자본(K)과 노동(L)이 여러 가지로 배합되어 사용되어도 생산비는 동일하게 지출하기 때문이다.

이제 총비용을 TC(total cost), 자본의 가격을 P_K(price of capital), 노동의 가격을 P_L(price of labor)이라고 하면 등비용선의 식은 다음과 같다.

$$P_K K + P_L L = TC \text{ 또는 } K = \frac{TC}{P_K} - \frac{P_L \cdot L}{P_K} \qquad \cdots\cdots (6 \cdot 7)$$

따라서 자본을 횡축에, 그리고 노동을 종축에 나타내면, 등비용선의 기울기는 $-P_L/P_K$가 된다. 예컨대, $P_L = P_K = 1$원이고 $TC = 10$원이라면 [그림 6-3]에서 기울기가 -1이 되는 등비선용을 얻을 수 있다.

기업이 생산의 기술적 조건을 나타내는 등량곡선과 생산의 비용조건을 나타내는 등비용선이 주어지면, 일정의 총비용으로 최대량을 생산할 수 있는 요소의 배합 또는 일정한 산출량을 최소의 비용으로 생산할 수 있는 요소의 배합이 정해지는데, 이를 요소의 최적배합(optimal input combination)이라고 한다. [그림 6-3]에서 등비용선이 K_1L_1으로 주어질 때 최대 가능한 산출량은 등량곡선 Q_2이며, E_2점에서 K_0와 L_0가 최적배합이다.

---

2) 일정한($\overline{Q}$) 산출량에 대한 생산함수, 즉 $\overline{Q} = f(L, K)$에 대해 노동(L)과 자본(K)에 대해 전미분을 하면 $dK \cdot MP_K + dL \cdot MP_L = dQ = 0$을 구할 수 있다.

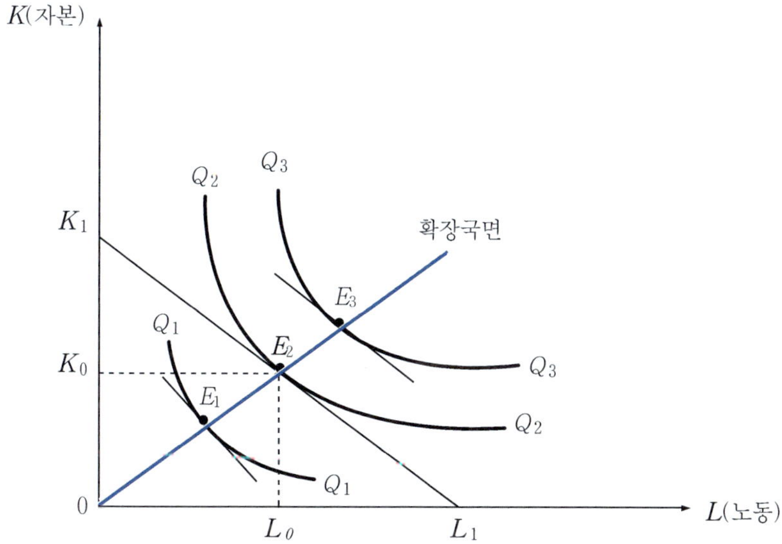

[그림 6-3] 생산자의 균형

기업이 일정한 총비용(TC)을 가지고 생산할 수 있는 산출량을 극대화(요소의 최적배합을 통한 최대산출량의 생산)하기 위해서는 등비용선과 접하는 등량곡선이 나타내는 산출량을 생산하여야 한다. 이를 식으로 표시하면

$$MRTS_{LK} = -\frac{P_L}{P_K} \quad \cdots\cdots (6 \cdot 8)$$

이 된다. 한편, 식 (6・6)을 식 (6・8)에 대입하면

$$\frac{MP_L}{MP_K} = \frac{P_L}{P_K},\ 즉\ \frac{MP_L}{P_L} = \frac{MP_K}{P_K} \quad \cdots\cdots (6 \cdot 9)$$

의 관계가 성립된다. 이러한 관계가 성립되는 것을 한계생산력 균등의 법칙이라고 한다. 이는 노동과 자본에 지출된 마지막 화폐단위가 가져오는 한계생산물이 동일하도록 노동과 자본에 지출된 경우 이루어진다.

[그림 6-3]의 E_2점은 등비용선과 등량곡선 Q_2와의 접점을 나타내고 있다. 기업은 일정의 총비용으로는 등량곡선 Q_3이 나타내는 산출량을 생산할 수 없으며,

또한 등량곡선 Q_1 위에서 생산한다면 산출량을 극대화하지 못한다. 따라서 등량곡선 Q_2가 주어진 등비용선(주어진 총비용과 요소가격)으로 생산할 수 있는 최대량이며, 또 이 점에 도달하기 위해서 생산자는 P_K원으로 자본 K_0 단위, 그리고 P_L원으로 노동 L_0 단위를 구입하여 생산요소의 최적 배합량이 달성된다.

요소의 가격이 일정할 때 모든 산출량 수준에 대한 최소비용의 요소배합점은 하나씩 존재한다. 그러나 실제로 기업이 이 가운데 어떤 산출량 수준을 어떻게 결정하느냐 하는 문제는 이 기업이 생산하는 생산물에 대한 수요와 이 기업이 참여하는 산업의 시장형태(완전경쟁시장이나 독점 등)에 달려 있다.

→ 제 3 절 생산량과 생산비

1. 비용의 기초개념

생산비(cost of production)란 생산에 투입된 생산요소들의 화폐비용뿐만 아니라 생산으로 인한 실물의 희생을 화폐금액으로 환산한 것을 말한다. 따라서 여기에는 임금(wages), 지대(rent), 이자(interest) 등의 요소비용뿐만 아니라 원료비, 고정자본의 감가상각비 (depreciation), 세금, 보험료 등의 각종 비용이 포함된다.

생산비는 경제분석의 대상과 목적에 따라 여러 가지 관점에서 분류할 수 있으나, 여기서는 회계적 비용(accounting cost)과 경제적 비용(economic cost)으로 분류하여 설명하여 보기로 한다. 이를 위해 〈표 6-3〉에 제시된 어떤 조그만 구두공장의 어느 해 일 년간의 총수입과 총비용 자료를 예로 들어 설명하기로 한다.

회계적 비용이란 화폐지출이 실제로 일어나는 비용이며, 이를 명시적 비용(explicit cost)이라고도 한다. 회계학자의 입장에서 비용과 이윤을 계산하면 총수입은 1,130만원이고, 총비용은 610만원이므로 총수입에서 총비용을 뺀 회계적 이윤은 520만원이 된다. 그런데 만약 이 구두공장 주인이 구두공장에서 손을 떼고 건설공사 현장에서 일을 하면 연간 300만원을 벌 수 있다고 가정하자. 건설공사 현장에서 벌 수 있는 300만원은 구두공장을 경영함으로써 포기해야 하는 이득이다. 이와 같이 어떠한 경제행위를 하지 않고 다른 경제행위를 했을 때 포기해야 하는 이것을 기회비용(opportunity cost) 혹은 묵시적 비용(implicit cost)이라고 한다.

회계적 비용은 공장에서 고용한 사람들에게 지불한 금액은 비용으로 계산하였지만 이 공장주인의 자기 노동에 대한 보수는 포함시키지 않았다. 경제적 비용에는 이와 같은 공장주인의 자기노동에 대한 보수가 포함되어 있다. 기회비용에는 이 밖에도 이자와 정상이윤이 있다. 〈표 6-3〉에서는 구두공장에 투자한 돈을 은행에 예금하든지 남에게 빌려주든지 하면 얻을 수 있는 60만원의 이자소득을 회계적 비용으로 계산하지 않지만, 경제적 비용을 계산할 때는 기회비용으로 포함시킨다. 만일 공장에서 투자한 자본 중에 타인자본으로부터 차입한 부채가 있으면 명시적 비용란에 이자비용이 추가되어 그 부채에 대하여 지불하는 연간 이자금액이 기록된다.

〈표 6-3〉 어떤 구두공장의 비용과 이윤[3]

(단위 : 천원)

회계적 비용	경제적 비용
총수입 : 11,300	총수입 : 11,300
총비용 : 명시적 비용	: 명시적 비용(1)
임금 1,500	임금 1,500
원료 4,200	원료4,200
지대 400	지대 400
총 6,100	소계 6,100
회계적 이윤 : 5,200	기회비용(2) : 묵시적비용
	봉 급 3,000
	이자소득 600
	정상이윤 1,200
	소 계 4,800
	경제적 비용 : 명시적 비용+기회비용=(10,900)
	경제적 이윤: 400(=총수입-경제적 비용)

그 다음으로 정상이윤(normal profit)이라 함은 기업가로 하여금 동일 상품 및 용역을 계속적으로 생산케 하는 유인으로서 충분한 가치가 있는 정도의 이윤을 말한다. 왜 이것을 비용으로 간주하는가 하면 기업가는 장기적 견지에서 생산의 회계적 비용과 기회비용으로서 최저비용으로서의 최저이윤, 즉 정상이윤의 합계를 보상받을 만한 수입이 기대되지 않을 때에는 그 상품을 생산하려 들지 않을

3) 〈표 6-3〉에서 이 구두공장에 투자한 모든 자본이 자기자본이라고 가정한다.

것이기 때문이다. 소비자의 입장에서는 그 상품을 계속해서 소비할 수 있으므로 그만한 이윤의 대가를 지불해야 한다.

이윤이 기업가가 기대했던 정상이윤보다 클 경우 초과이윤(excess profit)이 발생했다고 말하는데, 이것은 경제적 이윤, 즉 총수입에서 경제적 총비용을 뺀 값이 정(+)의 값을 가질 경우에 발생하게 된다. 장기에는 기존 기업이 생산시설을 확장 또는 축소할 수 있다. 또한 어떤 산업에서 기업들이 정상이윤을 초과하는 이윤을 얻고 있을 때, 장기에는 새로운 기업으로 하여금 이 산업으로 진입하게 하는 유인을 주게 된다. 따라서 수요가 일정하다면 생산물의 공급이 증가하여 가격이 하락하고 초과이윤이 없는 '총수입=경제적 비용'의 단계에 도달하게 된다. 반면 초과이윤은 고사하고 정상이윤도 보상받을 수 없는 경우에는 초과이윤이 존재할 때의 반대현상이 일어나게 되어 결국 정상이윤만을 보장받는 '총수입=경제적 비용'의 균형상태에 도달하게 된다.

실제적으로 정상이윤의 수준이 얼마인가를 계산하는 것은 대단히 어려운 일이지만 〈표 6-3〉에서는 정상이윤이 120만원이라고 가정하고 있다. 그러므로 경제적 비용(=명시비용+기회비용)이 1,090만원이 되고 총수입은 1,130만원이어서 40만원의 초과이윤을 얻고 있다. 이와 같이 경제적 이윤(economic profit)이란 총수입에서 회계적 비용에 기회비용을 합한 경제적 비용을 제외한 개념으로 취급한다.

2. 단기비용함수와 단기비용곡선

1) 단기비용함수

기업은 일정의 생산량을 생산할 때 총비용을 극소화하기 위하여 생산함수로부터 생산요소의 최적 배합조건을 고려한다. 설명의 편의상 자본(K) 투입량은 $\overline{K}$로 고정되어 있고 변동 가능한 가변 투입물은 노동 L이라고 가정한다. 따라서 단기생산함수는 다음과 같이 정의된다.

$$Q = f(L, \overline{K}) \quad \cdots\cdots (6 \cdot 10)$$

가정에서 언급한 바와 같이 자본($\overline{K}$)이 고정되어 있고 노동공급량(L)의 단기에서 총생산비는

$$STC = P_K \overline{K} + P_L L \quad \cdots\cdots (6 \cdot 11)$$

로 정의된다. 여기서 STC는 단기 총생산비(short-run total cost : STC), P_K와 P_L은 각각 자본과 노동의 가격을 의미한다.

또한 최적 배합조건을 만족시킨 투입량이 증가하면 산출량이 증가하고 산출량의 증가는 총비용을 증가시킨다. 따라서 총비용함수는 수학적으로 다음과 같이 나타낼 수 있다.

$$C = f(\underset{+}{Q}) \quad \cdots\cdots (6 \cdot 12)$$

투입물의 가격이 상승하면 비용곡선은 상방으로 이동하고, 투입물의 가격이 하락하면 비용곡선이 하방으로 이동한다. 한편, 투입물의 가격이 일정하더라도 생산함수가 변화하면 비용곡선은 이동한다. 예컨대 기술의 진보가 이루어지면 비용곡선은 하방으로 이동한다.

생산함수에 있어서 고정요소가 존재하는 경우를 단기(short-run)라고 하였고, 모든 생산요소가 가변적인 경우를 장기(long-run)라고 하였다. 마찬가지로 비용분석에 있어서도 고정요소가 존재하는 경우 각 생산량에 대응하는 비용의 변화를 분석하는 것이 단기비용분석이고, 모든 요소가 가변적인 경우의 비용분석이 장기비용분석이다. 즉, 생산량의 증감에 관계없이 발생하는 고정비용이 존재하면 단기비용, 그렇지 않으면 장기비용으로 구분한다.

〈표 6-4〉는 여러 가지 가상적인 단기비용의 체제를 보여주고 있다.

〈표 6-4〉 단기비용의 체계

생산량 Q	총고정비용 TFC	총가변비용 TVC	총비용TC TFC+TVC	한계비용MC $=\frac{\Delta TVC}{\Delta Q}$	평균비용 $AC=\frac{TC}{Q}$	평균고정비용 $AFC=\frac{TFC}{Q}$	평균가변비용 $AVC=\frac{TVC}{Q}$
0	25	0	25	-	-	-	-
4	25	25	50	6.25	12.50	6.25	6.25
10	25	50	75	4.17	7.50	2.50	5.00
13	25	75	100	8.33	7.69	1.92	5.77
15	25	100	125	12.50	8.33	1.67	6.67
16	25	125	150	25.00	9.38	1.56	7.81

2) 비용곡선의 분류

(1) 총비용곡선

생산요소 중에 어느 하나라도 고정되어 있는 경우를 단기라 하고, 이때의 비용에는 고정비용(fixed cost)과 가변비용(variable cost)이 있다. 따라서 총비용은 총가변비용과 총고정비용으로 구성된다.

총고정비용(total fixed cost : TFC)이란 넓은 의미에서 보면, 기업의 존재 내지 고정투입액(공장기계설비)을 유지하는데 필요한 기업경영 상 소요되는 고정의 일반관리비로 구성될 것이다. 그러나 우리가 관심을 두고자 하는 고정비용은 좁은 의미로서 고정투입량에 대해서 기업이 부담하는 모든 비용을 나타내는 것으로 한다. 따라서 총고정비용은 산출량수준에 관계없이 일정하다.

총가변비용이란 기업이 조업수준에 대하여 민감하게 반응하는 비용의 총액이며 기업의 생산활동에 직접 종사하는 노동자의 임금, 원재료비, 판매비의 보수, 운송배달비, 상품구매비, 제품재고, 원재료 재고의 보관비용 등이 그 주요 항목들이다. 그러므로 총가변비용(total variable cost : TVC)이란 이들 비용을 모두 합한 것이 될 것이다. 그러나 여기서는 총가변비용은 가변투입물에 대하여, 기업이 부담하는 모든 비용으로 간주한다. 따라서 총가변비용(TVC)은 산출량 수준에 따라 변화한다. 따라서, 산출량을 Q라고 표시하면, TVC는 Q의 함수, 즉 $TVC(Q)$로 표시할 수 있다.

기업이 생산량의 수준을 여러 가지로 변경하였을 때 기업이 지출하는 비용의 총액은 가변비용의 변화를 통하여 여러 가지로 변화한다. 우선 총비용(TC)은 총고정비용(TFC)과 총가변비용(TVC)의 합으로 정의되므로 다음과 같이 표시된다.

$$TC = TFC + TVC(Q) \quad \cdots\cdots (6 \cdot 13)$$[4]

총고정비용(TFC)은 [그림 6-4]에서처럼 산출량과 관계없이 일정한 수준에서 수평선의 모양을 갖게 된다. 총가변비용(TVC)은 한계생산이 체증하는 부분에 있어서는 오목한 형태를 취하고, 한계생산이 감소하는 부분에 있어서는 볼록한 모양을 한다. 한계생산이 체증하는 부분, 즉 오목한 부분은 총생산곡선의 변곡점에 대응하는 총가변비용곡선상의 E점에 이르기까지 계속된다. 일정한 비용

4) 총비용을 TC, 총고정비용을 TFC, 그리고 산출량이 Q일 때 총가변비용을 $f(Q)$라 하면, 총비용 함수는 $TC = TFC + f(Q)$로 나타낼 수 있다.

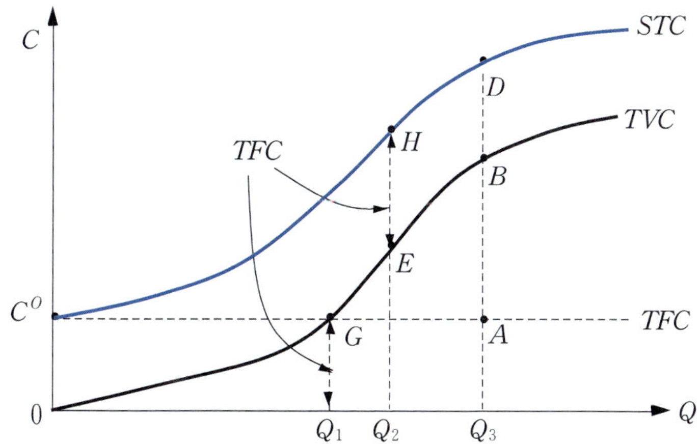

[그림 6-4] 총가변비용(*TVC*) 및 단기총비용곡선(*STC*)

형태를 유지하고 있는 총고정비용곡선과 총가변비용곡선을 더하면 단기총비용곡선(*STC*)을 도출할 수 있다.

(2) 평균비용곡선

앞에서 살펴본 총비용 외에 단위당 생산비용으로 평균고정비용(average fixed cost : AFC), 평균가변비용(average variable cost : AVC), 평균비용(average cost : AC)이 있다. 평균비용(*AC*)은 총산출량으로 총비용을 나눈 것인데, 이는 *AFC*와 *AVC*의 합과 같다. 즉, 식 (6 · 14)와 같이 나타낼 수 있다.

$$AC = \frac{TC}{Q} = \frac{TVC}{Q} + \frac{TFC}{Q} = AVC + AFC \qquad \cdots\cdots (6 \cdot 14)$$

평균비용(*AC*)과 평균가변비용(*AVC*)은 처음에는 감소하다가 최저점에 도달하고 그 후 증가하는 현상을 보여준다.

평균비용곡선은 총비용 곡선으로부터 도출될 수 있다. 「그림 6-5]에서 원점으로부터 각 생산량 Q_1, Q_2, Q_3에 대응하는 총비용곡선 위의 점 *P*, *R*, *S* 등을 연결하는 각각의 직선의 기울기 값이 평균비용이 된다. 생산량이 Q_2에 이를 때까지 원점을 출발하는 직선의 기울기 값이 점점 감소하다가, Q_2 수준에서 평균비용은 가장 작은 값을 가지게 된다. Q_2 수준 이상일 때에는 기울기 값이 증가하여

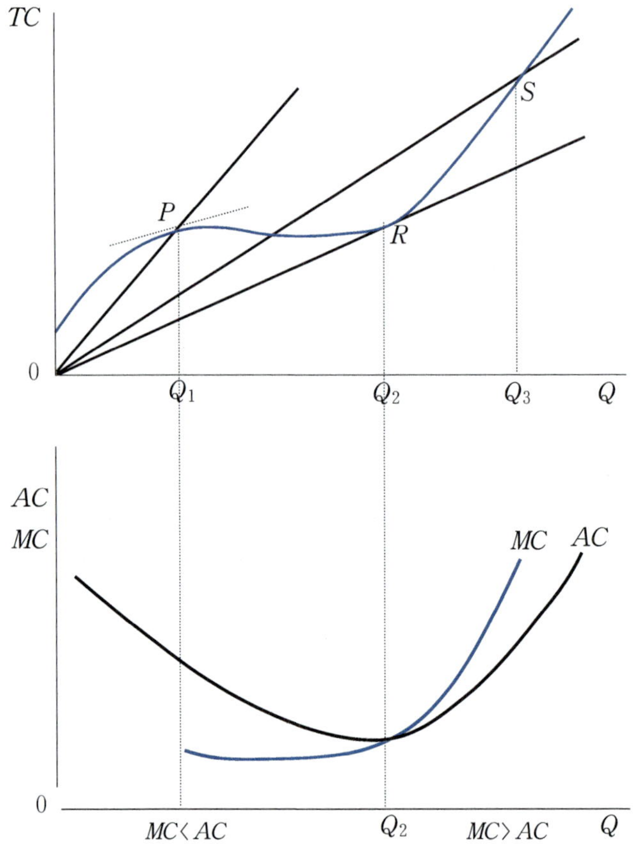

[그림 6-5] 총비용(*TC*)곡선과 평균비용(*AC*)곡선

평균비용이 상승하게 된다. 마찬가지로 평균가변비용도 총가변비용으로부터 위와 같은 방법으로 도출할 수 있다.

평균비용과 평균가변비용이 *U*자형을 취하는 것은 생산함수의 성질에 기인하고 있다. 평균비용이 감소하는 부분은 평균가변비용과 평균고정비용이 동시에 감소하는 경우이고, 평균비용이 최저점에 도달하고 난 후 상승하는 것은 평균고정비용은 계속 감소했을지라도 평균가변비용의 증가가 평균고정비용의 감소보다 더욱 크기 때문에 일어난다. 예컨대, 노동만이 가변요소라고 하면 $TVC = P_L \cdot L$이다. 그러면 식 (6·15)에서와 같이 평균가변비용은 단위당 임금을 노동의 평균생산물로 나누어서 얻을 수 있다.

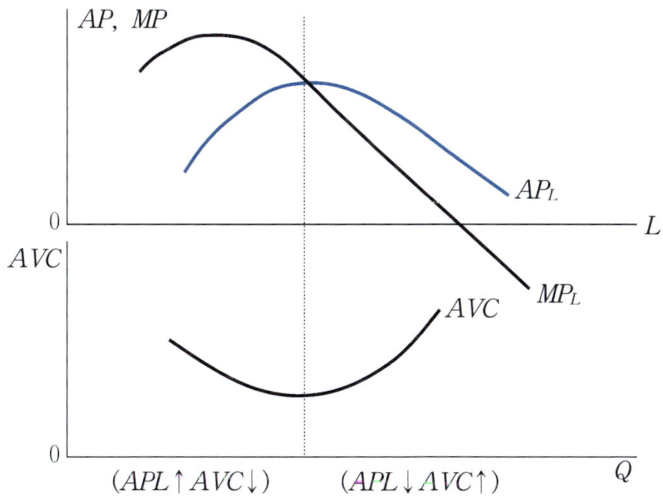

[그림 6-6] 평균생산물(AP)과 평균가변비용(AVC)의 관계

$$AVC = \frac{TVC}{Q} = \frac{w \cdot L}{Q} = \frac{w}{Q/L} = \frac{w}{AP_L}, \quad (w = P_L) \quad \cdots\cdots(6 \cdot 15)$$

여기서 w는 노동의 가격을 나타낸다. 앞에서 설명한 바와 같이 평균생산물은 처음에는 증가하다가 최대점에 도달하고 그 이후에는 감소한다. 식 (6・15)에서 임금이 고정되어 있다고 하면 평균가변비용은 평균생산물과 역의 관계가 있게 된다. 즉, 평균생산물이 증가할 때 평균가변비용은 감소하게 된다. 이와 같은 관계를 그림으로 나타내면 [그림 6-6]과 같다. 이 그림에서 AVC가 U자 형태를 취한다는 것을 우리는 알 수 있다.

한편, 평균고정비용(AFC)은 총고정비용/산출량(TFC/Q)이므로 [그림 6-7] (a)의 Q_1점에서의 평균고정비용(AFC)은 Q_1P/OQ_1가 되어 원점으로부터 Q_1에 대응하는 총고정비용(TFC)곡선 위의 점 P를 연결하는 직선의 OP의 기울기의 값이 된다. [그림 6-7](a)에서 보듯이 생산물(Q)이 Q_1, Q_2, Q_3로 증가함에 따라 원점에서 연결되는 직선 OS, OR의 값이 감소하고 있다. 이러한 관계를 그림으로 나타낸 것이 [그림 6-7](b)이다. 이 그림에서 보듯이 평균고정비용(AFC)은 생산량이 증가함에 따라 계속 작아지고 있다.

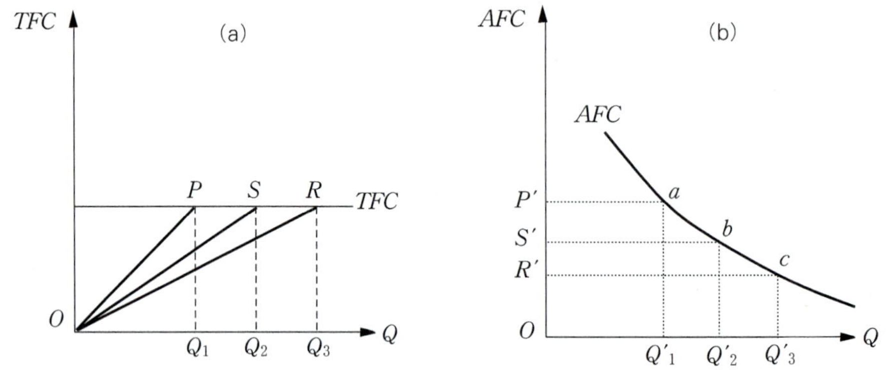

[그림 6-7] 평균고정비용(AFC)의 도출

(3) 한계비용곡선

한계비용(marginal cost)이란 생산량을 한 단위 증가시킬 때 추가적으로 증가하는 총비용을 말한다. 즉, 식 (6 · 16)과 같이 나타낼 수 있다.

$$MC = \frac{\Delta TC}{\Delta Q} = \frac{\Delta TFC}{\Delta Q} + \frac{\Delta TVC}{\Delta Q} \quad \cdots\cdots (6 \cdot 16)$$

한계비용은 생산량 한 단위를 증가시킬 때 일어나는 총가변비용의 변화라고 할 수 있다. 왜냐하면, 총고정비용은 생산량의 증가에 따른 것이 아니고 생산량의 변화에 전혀 영향을 받지 않아서 $\Delta TFC/\Delta Q=0$이 되기 때문이다. 한계비용도 평균비용과 마찬가지로 총비용곡선에서 도출할 수 있다. [그림 6-8](a)에서 생산량이 OQ_1에서 OQ_2로 증가함에 따라 총비용은 TC_1에서 TC_2로 증가하게 된다.

즉, 한계비용은

$$MC = \frac{TC_2 - TC_1}{OQ_2 - OQ_1}$$

가 된다.

이제 V 주위에서 생산량이 아주 미세하게 변화하면 이는 V에 접근하게 됨을 의미하기 때문에 V에서 기울기는 V에서의 접선(PT선)의 기울기가 된다. 즉,

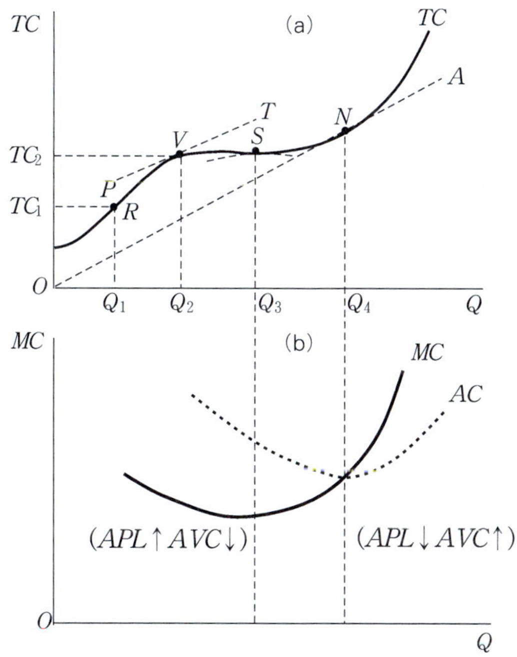

[그림 6-8] 한계비용곡선의 도출

각 생산량수준에 대응하는 총비용곡선 위에 접선의 기울기 값이 한계비용이 된다. 접선의 기울기는 V에서 S까지 점점 감소하다가 S점에서 최소가 되고 이 이후에 증가하고 있다. 따라서 [그림 6-8](b)의 한계비용곡선은 처음에는 감소하다가 최소가 되고, 다시 증가하는 형태를 보이고 있다.

[그림 6-8](a)로 돌아가서 OA직선을 살펴보자. OA직선은 생산량 Q_4에 대응하는 N점의 접선의 기울기, 곧 한계비용이자 동시에 원점을 통과하는 직선의 기울기, 곧 평균비용이 된다. 따라서 Q_4의 생산량에서 한계비용과 평균비용은 같게 된다. 그런데 N점은 평균비용이 최소가 되는 점이다. 결국, 한계비용은 평균비용의 최저점에서는 평균비용과 똑같게 된다고 말할 수 있다. 여기에서 중요한 것은 한계비용이 최저점이 되는 생산량 Q_3는 평균비용이 최저점이 되는 생산량 Q_4보다 적은 수준이라는 점이다.

U자형의 한계비용곡선도 한계생산물과의 관계로 설명할 수 있다. 한계비용은 생산물을 추가로 한 단위 더 생산할 때 총비용의 증가분을 의미한다. 즉, 한계비용은 총가변비용의 변화이므로 한계비용(MC)은 총가변비용(TVC)의 접선의

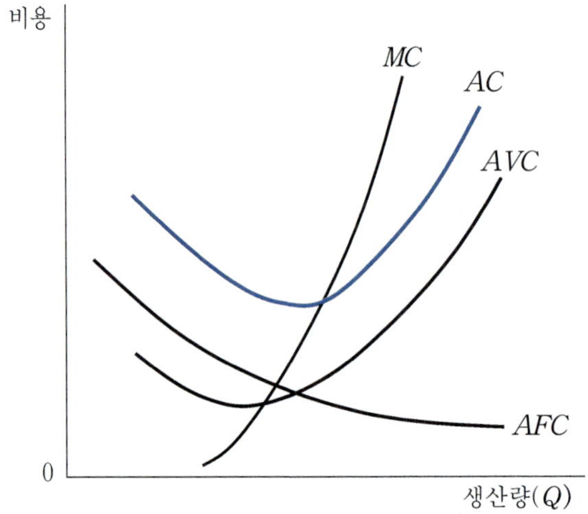

*MC*곡선은 *AC*와 *AVC*곡선의 최저점을 지난다.

[그림 6-9] 여러 가지 단기비용곡선

기울기이다. 가변요소가 노동 하나뿐이라면 $TVC = P_L \cdot L$이 된다. 따라서 다음과 같은 식이 성립한다.

$$MC = \frac{\Delta TVC}{\Delta Q} = \frac{w \cdot \Delta L}{\Delta Q} = \frac{w}{\Delta Q / \Delta L} = \frac{w}{MP_L},\ (w = P_L) \quad \cdots\cdots\cdots\cdots\cdots (6 \cdot 17)$$

따라서 한계비용은 노동의 한계생산물과 역의 관계에 있다는 것을 알 수 있다. 즉, MP_L이 증가할 때 MC는 감소하고, MP_L이 감소할 때 MC는 증가하게 된다. 그리고 MP_L이 최대일 때, MC는 최소가 된다. 또한 MP_L과 AP_L이 일치할 때 MC와 AVC가 일치하여 단기비용곡선은 한계생산체감의 법칙을 반영하고 있음을 알 수 있다.

(4) 비용곡선들 간의 관계

지금까지 여러 가지 비용곡선에 대한 개념을 식으로 나타내고 이러한 개념을 기초로 하여 그림으로 나타내면 [그림 6-9]와 같다.

[그림 6-9]에 나타난 단기비용에 관한 주요 특징을 요약하면 다음과 같다. 첫째, 평균고정비용곡선(*AFC*)은 산출량이 증가함에 따라 계속 감소하고 있다. 둘

째, 한계비용곡선(MC)은 평균가변비용(AVC)과 평균비용(AC)의 최저점을 지나고 있고, 한계비용(MC)의 최저점은 평균가변비용(AVC)과 평균비용(AC)의 최저점보다 왼쪽에 있다.

한편, 산출량이 증가함에 따라 평균비용(AC)과 한계비용(MC) 사이에는 다음과 같은 관계가 성립한다. AC가 감소할 때에는 MC는 AC보다 작고, AC가 증가할 때에는 MC는 AC보다 크다. AC가 불변일 때에는 AC와 MC가 같다. 흔히 AC와 MC가 같아지는 단기평균비용곡선 상의 최저점에서 생산되는 산출량을 최적산출량(optima output)이라고 부른다.

(5) 실제 수치적인 예

기업의 총비용(TC) 함수가 $TC=Q^3-3Q^2+3Q+3$으로 주어져 있다고 가정하자. 이 경우 각 비용함수는 다음과 같이 구해진다.

고정비용 : $FC=3$

가변비용 : $VC=Q^3-3Q^2+3Q$

평균가변비용 : $AVC=VC/Q=Q^2-3Q+3$

평균고정비용 : $AFC=FC/Q=3/Q$

평균총비용 : $ATC=TC/Q=(Q^3-3Q^2+3Q+3)/Q$

한계비용 : $MC=dTC/dQ=3Q^2-6Q+3$

3. 장기비용곡선

1) 장기평균비용곡선

장기에 있어서는 고정투입물이 존재하지 않으므로 고정비용 역시 존재하지 않는다. 따라서 모든 비용은 가변적이다. 즉, 장기가변비용(long-run variable cost : LRVC)과 장기총비용(long-run total cost : LRTC)의 구별이 필요없다. 단지 장기평균비용(long-run average cost : LRAC)이 주요한 의미를 가진다.

장기평균비용이란 기업이 시설규모를 마음대로 변경할 때 각 산출량 수준을 생산할 수 있는 최저의 단기평균비용이다. 즉, 장기평균비용곡선이란 모든 투입물이 가변적일 때(그리고 투입물의 가격이 고정되었을 때) 각 산출량 수준에서의 최저

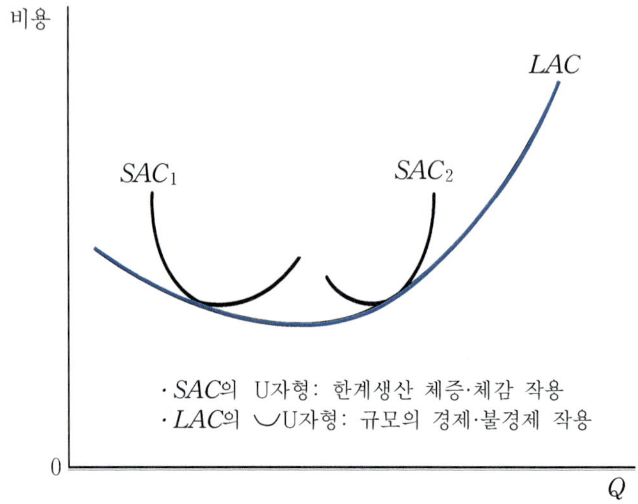

[그림 6-10] 장기평균비용곡선과 단기평균비용곡선의 포락

단기평균 비용을 나타내 준다. [그림 6-10]에서 보는 바와 같이 각각의 산출량 수준에서의 단기평균비용(short-run average cost : SRAC) 곡선과 접함으로써 단기평균비용곡선을 포락(enveloped)하고 있는 곡선이 장기비용곡선이다. 다시 말하면 산출량의 추이에 따라 시설규모를 조금씩 계속해서 변경한다면 수많은 시설규모에 대응하는 수많은 단기평균비용곡선이 장기평균비용곡선에 접하게 될 것이다. 이때 장기평균비용곡선은 무수히 많은 단기평균비용곡선들과 접하는 곡선으로서 구해진다. 그러므로 장기평균비용곡선은 많은 단기평균비용곡선들의 포락선이 된다.

장기평균비용곡선은 *U*자형(U-shaped)을 갖는다. 그 이유는 산출량이 증가함에 따라

첫째, 규모의 경제(economy of scale), 즉 규모에 대한 수익 체증(increasing returns to scale)이 나타나고

둘째, 규모에 대한 수익 불변(constant returns to scale)이 나타나고,

셋째, 규모의 불경제(diseconomy of scale), 즉 규모에 대한 수익 체감(decreasing returns to scale)이 나타나기 때문이다.

규모의 경제란 산출량이 증가함에 따라 비용이 절약(감소)되어 장기평균비용곡선이 우하향하는 현상을 말하는데, 이런 현상(평균비용의 절감)은 규모가 증대함으

로써 투입물(노동 또는 자본 등)의 분업화가 이루어질 수 있기 때문이다. 이를테면, 대규모 회사에서는 소규모 회사에서 보다 더 생산의 특화(전문화)가 이루어질 수 있고, 이것은 생산성을 향상시킬 것이다. 또한 규모가 클 경우 요소의 대체성이 용이하여 요소의 분활성을 통해서 생산성을 향상시킬 수 있다. 요컨대 규모의 경제는 모든 투입물이 두 배 증가하면 산출량은 두 배 이상으로 증가할 경우에 존재하게 된다. 한편, 규모의 불경제란 생산규모가 어느 정도 이상이면 오히려 평균생산비가 증가하는 현상을 말하는데, 이는 산출량이 적정규모 이상으로 증대되면 기업의 비대화 문제에 따른 경영 및 관리능력이 분산되어 효율성이 저하되는 것 등에 의하여 발생된다. 요컨대 규모의 불경제란 모든 투입물이 두 배 증가하는데 산출량은 두 배보다 작게 증가할 때에 존재한다. 그리고 규모에 대한 수익 불변이란 모든 투입량의 증가율이 산출량의 증가율과 동일한 경우, 즉 모든 투입량을 두 배 증가시키면 산출량도 두 배 증가되는 경우에 존재하게 된다.

장기평균비용(*LRAC*)이 *U*자형을 갖게 되는 이유는 일반적으로 처음에는 산출량이 증가함에 따라 규모의 경제가 작용하다가 일정한 단계를 지나 산출량이 너무 많아지면 관리능력의 한계 등에 의해 규모의 불경제가 작용하기 때문이다([그림 6-11] 참조]).

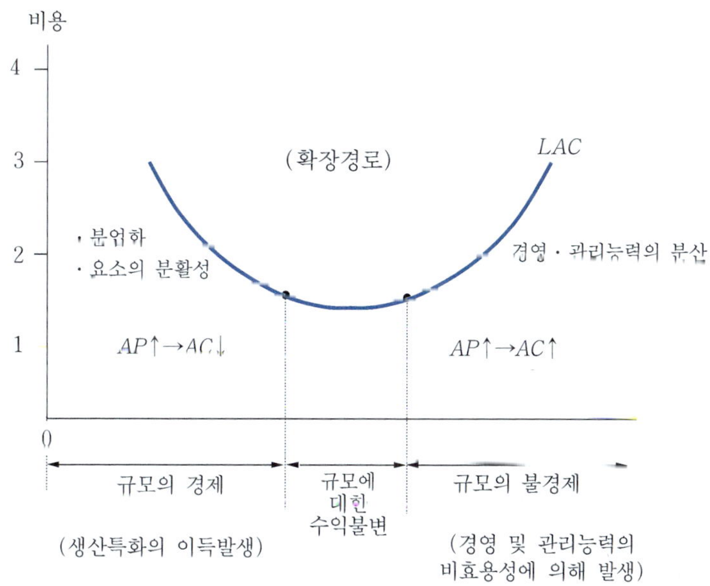

[그림 6-11] 장기평균비용곡선의 모양

2) 장기비용곡선

앞에서 본 장기평균비용($LRAC$)에 산출량을 곱하면 장기총비용($LRTC$)이 얻어진다. 즉, $LRAC=\frac{LRTC}{Q}$이므로 $LRTC=LRAC\cdot Q$로 된다. 따라서 각 산출량 수준에서의 장기총비용곡선이 구해진다. 그러면 장기총비용을 어떻게 구하는가를 알아보기로 하자.

[그림 6-12](a)에서와 같이 생산량 Q_0에서의 최소비용을 TC_0, Q_1에서의 최소비용을 TC_1, Q_2에서의 최소비용을 TC_2이라고 하면 각 생산수준 Q_0, Q_1, Q_2에 대응하는 최소비용 TC_0, TC_1, TC_2와 최적 요소 배합점(비용최소화를 위한 조건을 만족시키는 균형점) A, B, C를 연결하면 확장경로(expansion path)를 얻을 수 있다.

이제 균형점 A, B, C에 대응하는 TC_0와 Q_0, TC_1과 Q_1, TC_2와 Q_2를 종축에 총비용(TC)을, 횡축에 생산량(Q)을 나타내주는 [그림 6-12](b)에 옮기면 A, B, C에 대응하여 A', B', C'가 얻어지고, 이 점들을 연결하여 총비용곡선(total cost curve : TCC)을 도출할 수 있다.

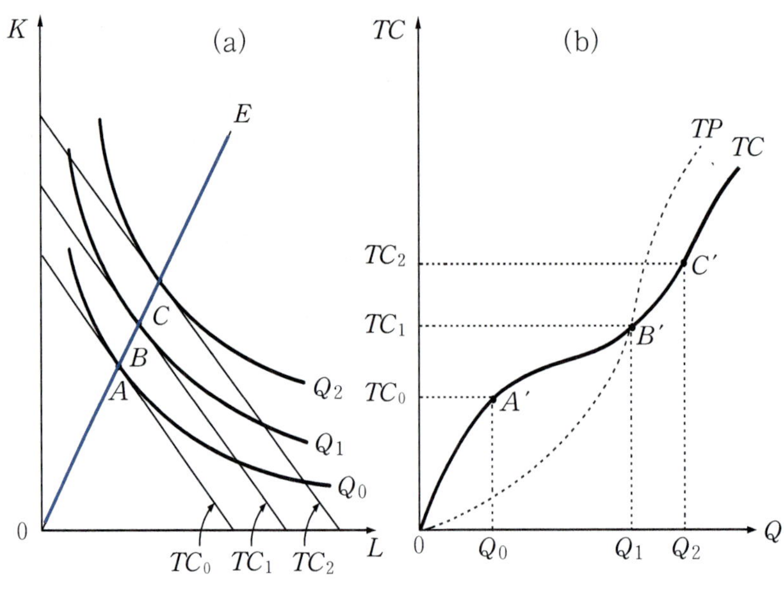

[그림 6-12] 장기비용곡선의 도출

3) 장기한계비용곡선

장기한계비용(long-run marginal cost : LRMC)이란 장기에 있어서 산출량(Q) 1단위를 증가시킬 때 장기총비용($LRTC$)의 변화($LRMC = \Delta LRTC / \Delta Q$)를 말하는데, 이를 그림으로 보기 위해서는 각 산출량의 수준에서의 장기총비용곡선의 기울기(각 산출수준에서의 장기총비용곡선의 접점에 대한 접선의 기울기)를 구하면 장기한계비용곡선이 도출된다.

한편, 장기평균비용($LRAC$)곡선이 단기평균비용곡선으로부터 도출될 수 있는 것과 마찬가지로 장기한계비용($LRMC$)곡선도 단기한계비용곡선(short-run marginal cost : SRMC)으로부터 도출할 수 있다. [그림 6-13]에서 보는 바와 같이 $SRAC$곡선이 $LRAC$곡선에 접하는산출량에 있어서는 $LRMC = SRMC$가 되므로 산출량 Q_1에 대응하는 A점에 있어서는 $SRAC$곡선이 $LRAC$곡선에 접한다.

따라서 장기와 단기의 총비용도 같다. 그러나 Q_1보다 작은 Q_0에서는 $SRAC_1$은 $LRAC$ 위에 위치할 때에는 장기총비용($LRTC$)보다 단기총비용($SRTC$)이 크다. 왜냐하면 $SRTC$가 $LRTC$보다 큰 산출량 Q_0에서부터 $SRTC$와 $LRTC$가

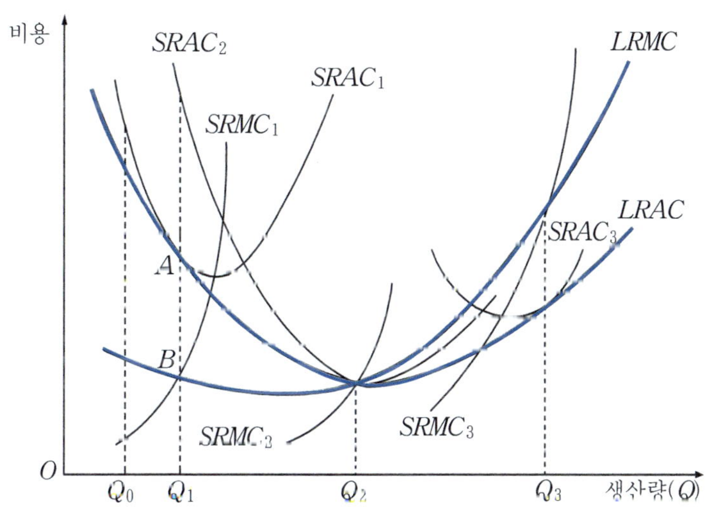

[그림 6-13] 장기평균비용과 한계비용곡선

동일한 산출량 Q_1으로 산출량이 증가할 때에는 *LRTC*가 *SRTC*보다 크게 되기 때문이다. 따라서 *A*점의 왼쪽에서는 *LRMC*가 $SRMC_1$의 위에 있게 된다.

한편 산출량이 Q_1에서 더 큰 Q_2로 증가할 때에는 이와는 반대의 관계가 성립한다. 즉, Q_1의 오른쪽에는 $SRMC_1$이 *LRMC*의 위에 있게 된다. 그리고 Q_1의 왼쪽에는 $SRMC_1 < LRMC$이고, Q_1의 오른쪽에서는 $SRMC_1 > LRMC$이어냐 하므로 Q_1에서는 $SRMC_1 = LRMC$가 되어야 한다. 이와 같이 하여 *LRMC* 곡선상의 한 점인 *B*점도 구할 수 있다. 이러한 과정을 모든 시설규모에 적용하면 *LRMC*곡선이 얻어진다.

장기한계비용(*LRMC*)곡선은 *U*자형으로 나타나며, 장기평균비용(*LRAC*)곡선의 최저점을 통과한다. 또 장기한계비용(*LRMC*)곡선의 최저점은 장기평균비용(*LRAC*)곡선의 최저점보다 왼쪽에 있다. 그리고 최저의 단기평균비용(*SRAC*)곡선이 최저의 장기평균비용(*LRAC*)곡선과 일치하는 시설규모는 오직 하나밖에 존재하지 않는데 이를 흔히 최적규모(optima scale)라고 부른다. [그림 6-13]에서는 *LRMC*가 최적규모를 나타내고 있으므로 *LRMC*는 *LRAC*와 공통의 최저점을 가지고 있다. 한편, 이미 살펴본 바와 같이 *SRAC*와 *LRAC*가 접하는 점에서 *LRAC*와 $SRMC_2$와 같으므로 *LRMC*는 *LRAC*상의 최저점을 통과한다.

제 7 장
이윤극대화와 기업의 균형:기업의 의사결정

→ 제1절 수 입

1. 총수입과 평균수입곡선

기업의 수입, 즉 총수입(total revenue: *TR*)은 판매량(*Q*)과 단위당 시장가격(*P*)의 곱으로 계산된다. 그런데 시장가격은 시장에서 시장공급곡선과 시장수요곡선이 서로 만나는 점에서 결정된다. 시장에서 결정된 각 가격수준에서 개별 기업은 자신의 생산조건, 즉 생산비용 조건을 고려하여 최대한 판매하고자 하는 수량을 결정하게 된다. 그리고 시장공급곡선은 이러한 개별 기업의 공급량을 각 가격수준에서 수평으로 합계한 것이다. 반면에 시장수요곡선은 상이한 가격들에서 각 구매자가 구입하고자 하는 수량을 수평으로 합계한 것을 가리킨다.

따라서 시장수요곡선은 시장에 참여하는 모든 기업들로부터 생산된 생산물에 대한 소비자들의 요구소비량(수요량)을 알 수 있게 해준다. [그림 7-1] 좌측표의 (1)과 (2)란은 그림에서 시장수요곡선을 나타내주는 지표이고, 수요곡선상의 어떤 점에 대응하는 가격과 수량의 곱은 (3)란의 총수입을 나타내준다.

따라서 기업의 입장에서 시장수요곡선 상의 어떤 점은 그 기업이 어떤 주어진 생산량을 판매하기 위해 소비자로부터 받을 수 있는 최고가격을 나타내준다. [그림 7-1]은 시장수요곡선을 나타내고 있는데 가로축은 수요량 또는 판매량을, 세로축은 각 수요량을 판매하고자 할 때 소비자가 최대한 지불할 용의가 있는 가격을 나타낸다. 예컨대, A기업은 자신의 생산수준을 자유롭게 결정할 수 있다고 하면 시장가격이 ₩600으로 결정되면 A사는 생산량(*Q*)을 수요곡선에

(단위 : 천원)

가격 (1)	수요량 (2)	총수입 (3)
650	0	0
650	1	650
600	2	1,200
550	3	1,650
500	4	2,000
450	5	2,250
400	6	2,400
50	7	2,450
300	8	2,400
250	9	2,250
200	10	2,000

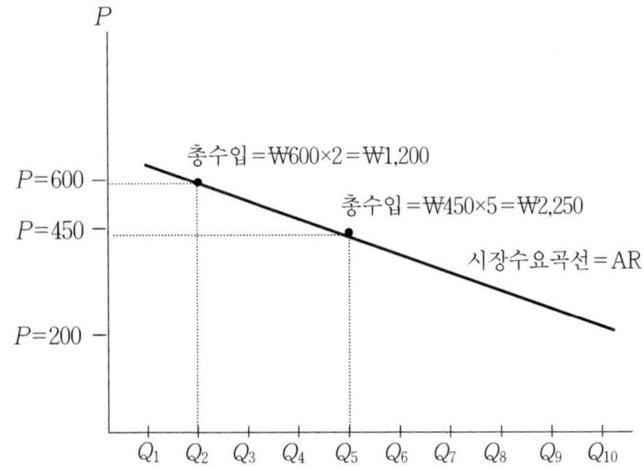

[그림 7-1] 시장수요곡선

의해 Q_2로 결정할 것이다. 또한 시장가격이 ₩450으로 책정될 때 기업의 생산량은 시장수요곡선에 의해 Q_5에서 결정된다.

이제 기업의 입장에서 시장수요곡선이 갖는 의미가 무엇인지 살펴볼 필요가 있다. 앞에서 언급하였듯이 총수입은 판매량(Q)에 단위당 시장가격(P)을 곱한 것으로 식(7 · 1)로 정의된다.

$$TR = P \times Q \quad \cdots\cdots (7 \cdot 1)$$

식 (7 · 1)을 이용하여 [그림 7-1]에 제시된 총수입을 쉽게 계산할 수 있음을 알 수 있다. 한편, **평균수입**(average revenue : AR)은 판매량 한 단위당 수입이다. 즉, 총수입을 판매량으로 나눈 값이다. 즉, 평균수입은 식(7 · 2)로 정의된다.

$$AR = \frac{TR}{Q} = \frac{P \times Q}{Q} = P \quad \cdots\cdots (7 \cdot 2)$$

하지만 식 (7 · 2)를 통해서 알 수 있듯이 평균수입은 곧 가격과 같다. 그리고 수요곡선의 높이가 가격을 나타내기 때문에 결국 기업의 입장에서 볼 때 시장수요곡선은 평균수입곡선을 의미함을 알 수 있다. 이는 [그림 7-1]에서 총수입을 수요량(판매량)으로 나누면 (1)란의 가격의 값을 다시 얻을 수 있음을 확인할 수 있다.

2. 한계수입곡선의 도출

기업의 수입은 기업이 생산한 상품이 시장에서 팔릴 때 발생한다. 만약 X재를 생산하여 단위당 10만원의 가격을 받고 판매한다면 수입은 생산량에 따라 그 크기가 달라진다. 예를 들어, 10단위를 생산하여 단위당 10만원의 가격을 받았다면, 100만원의 수입을 얻게 된다. 그러나 생산량이 없으면 수입액은 0이다. 이처럼 총수입액은 단위당 가격(P)을 판매량(Q)에 곱하여 구하게 된다. 그런데 단위당 가격은 상품시장이 완전경쟁적이라면 후술하게 되는 바와 같이 일정한 값으로 주어지게 된다. 따라서 총수입(total revenue : TR)곡선은 제8장에서 설명될 [그림 8-2]에서 알 수 있듯이 원점을 지나는 직선이 되고 직선의 기울기는 곧 상품의 단위당 시장가격(P)이 된다. 즉, $TR=P \cdot Q$인데 P가 상수라면 Q의 크기에 따라 TR의 크기가 결정된다.

한편, 총수입(TR)곡선이 도출되면 한계수입(marginal revenue : MR)곡선이 도출될 수 있다. 한계수입은 상품 1단위가 더 팔릴 때 생기는 추가적 수입인데 이를 한계수입(MR)을 정의하면 다음과 같다. 단, 일반적으로 우하향하는 시장수요곡선을 고려하여 가격도 수요량의 함수로 가정한다.

$$MR=\frac{\Delta TR}{\Delta Q}=\frac{dTR}{dQ}=\frac{\Delta P(Q)\cdot Q}{\Delta Q}=\underset{(+)}{P(Q)}+\underset{(-)}{Q\frac{\Delta P(Q)}{\Delta Q}} \quad \cdots\cdots\cdots\cdots(7 \cdot 3)$$

위의 식에서 수요곡선이 수평선일 경우, 즉 시장이 완전경쟁적이라면 가격은 시장에서 결정된 가격으로 고정되어 있기 때문에 기업의 판매량과 관계없이 동일한 가격으로 유지된다 따라서 경쟁적 시장에서 기업의 추가적인 수입(한계수입)은 시장에서 설정된 상품의 단위당 가격(P)이다 즉, $MR=\frac{\Delta TR}{\Delta Q}=P(Q)\frac{\Delta Q}{\Delta Q}=P$가 되고 따라서 $MR=P$가 된다. 따라서 수요곡선이 수평선인 경우 수요곡선은 평균수입곡선이면서 한계수입곡선이 된다. 즉, $D=AR=MR=P$이다.

하지만 수요곡선이 우하향하는 경우, 식 (7 · 3)에서 마지막 항의 부호가 (-)이기 때문에 $MR < P(Q)$이다. 따라서 한계수입곡선은 수요곡선 아래에 위치한다. 식 (7 · 3)에서 마지막 항의 부호가 (-)인 이유는 우하향하는 수요곡선의 경우에 기업이 상품을 추가적으로 더 판매하려면 가격을 낮춰야 하는데 그 경우에 가격 인하 이전에 판매한 상품에 대해서도 가격을 낮춰야 하기 때문이다. 일반적

으로 합리적인 소비자라면 동질의 상품을 더 비싼 가격에 구입하려고 하지 않을 것이다.

이제 구체적인 수요곡선의 식을 이용하여 한계수입곡선을 도출하면 다음과 같다. 수요곡선이 식 (7・4)로 주어졌다고 가정하자.[1]

$$P = -a \times Q + b \quad \cdots\cdots (7 \cdot 4)$$

위의 식에서 P는 가격, Q는 수요량이며, a 〉0이고 b 〉0인 상수이다. 단, a앞에 음(-)의 부호가 있는 이유는 수요곡선에서 가격과 수요량간에 서로 역(-)의 관계가 존재하기 때문이다. 그러면 총수입(TR)과 한계수입곡선(MR)은 아래와 같이 도출할 수 있다.

$$TR = P \times Q = -aQ^2 + bQ \quad \cdots\cdots (7 \cdot 5)$$

$$MR = \frac{\Delta TR}{\Delta Q} = -2aQ + b \quad \cdots\cdots (7 \cdot 6)$$

이제 시장수요곡선과 한계수입곡선간의 관계는 어떻게 되는지 식 (7・4)와 식(7・6)을 비교하여 살펴보자. 식(7・4)에서 수요함수의 기울기는 a이고 식 (7・6)에서 한계수입곡선의 기울기는 $2a$임을 알 수 있다. 즉, 절대값으로 비교할 때, 한계수입곡선의 기울기는 수요곡선의 기울기보다 두 배 더 가파르다는 것을 알 수 있다. 한편, 두 곡선의 절편은 b로 동일하다. 따라서 직선의 수요곡선이 주어지면 한계수입곡선은 다음과 같이 도출할 수 있다. 시장수요곡선은 식 (7・4)에 의해서 수직축의 절편이 b이고 수평축의 절편이 b/a인 우하향하는 직선을 [그림 7-2]에 그릴 수 있고, 한계수입곡선도 수직축의 절편이 b이고 수평축의 절편이 $b/2a$인 우하향의 직선을 그을 수 있다. 이처럼 한계수입곡선은 수요곡선(평균수입곡선) 아래에 위치함을 알 수 있다.

한편 구체적인 수요곡선의 형태를 알 수 없더라도 직선의 우하향하는 수요곡선이 주어지면, 수요곡선 상의 한 점 A에 해당하는 한계수입은 다음과 같이 도출할 수 있다. 점 A에서 수직축에 있는 점 B까지 왼쪽으로 수평선을 그은 다음, 점 B에서 점 b까지 해당하는 거리만큼 점 A에서 아래로 수직선을 그은 다음에

1) 원칙적으로 수요곡선은 $Q=f(P)$의 형태로 정의되는데, 이러한 수요곡선에 역함수(inverse function)가 존재한다면 그 역함수는 $P=g(Q)$로 표현할 수 있다.

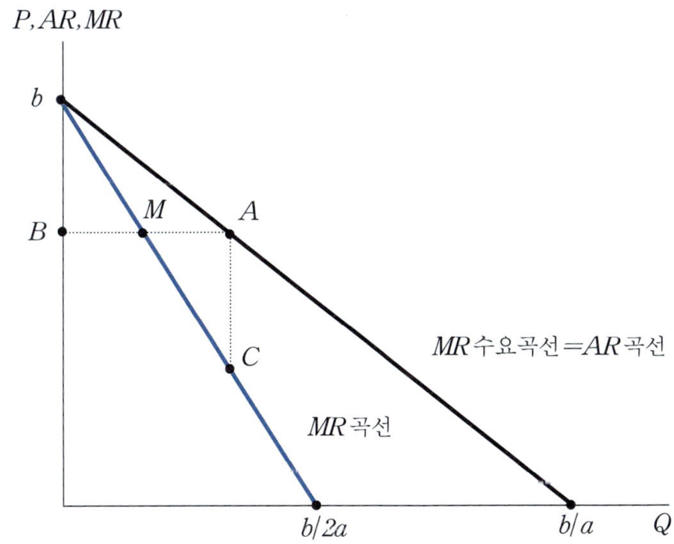

[그림 7-2] 한계수입곡선의 도출

그 점을 C라고 하자. 이제 한계수입곡선은 점 b와 점 C를 서로 연결하면 구할 수 있게 된다. 이는 정확히 한계수입곡선의 절대값의 기울기는 수요곡선의 기울기의 두 배가 된다.

이제 한계수입곡선과 수요의 가격탄력성간의 관계를 살펴보기로 하자. 식 (7 · 3)을 수요의 가격탄력성 공식을 활용하여 표현하면 다음과 같다.

$$MR = P(Q)\left(1 + \frac{\Delta P(Q)}{\Delta Q}\frac{Q}{P(Q)}\right) = P(Q)\left(1 - \frac{1}{\eta_p}\right) \quad \cdots\cdots(7 \cdot 7)$$

위 식에서 수요의 가격탄력성 η_p 값이 1이면 MR = 0이며, η_p 값이 1보다 크면 MR 〉 0이다. 하지만 η_p 값이 1보다 작으면 MR 〈 0이 된다. 이러한 특성은 [그림 7-2]에서 쉽게 확인할 수 있다. 왜냐하면 우하향하는 직선의 수요곡선 상의 중간점에서 수요의 가격탄력성은 단위 탄력적이고, 수요곡선 상의 중간점 윗부분은 탄력적, 그리고 그 아랫 부분은 비탄력적이기 때문이다([그림 3-10] 참조).

제 2 절 이윤극대화의 조건

1. 이 윤

이윤은 기업의 판매수입에서 생산비용을 뺀 것으로 정의된다. 기업의 수입(기업으로의 현금흐름)을 측정하는 방법에 대해서는 광범위한 일치가 존재한다. 그러나 기업의 비용에 대해서는 두 가지 다른 개념이 있는데 하나는 회계학적 관점에서 본 개념이다. 회계사들이 사용하는 비용개념으로서 현금이 실제로 지불된 명시적 비용만을 고려의 대상이 된다. 따라서 총수입에서 명시적 비용만 뺀다면 회계학적 이윤은 아래와 같이 정의할 수 있다.

> 회계적 이윤 = 총수입 − 명시적 비용

그러나 이미 배운 바와 같이 경제학에서는 비용을 광범위한 개념으로 기회비용을 포함한다. 기업의 소유주에게 기회비용이란 제품을 생산하기 위하여 희생된 모든 것의 총가치를 말한다. 기회비용은 회계사에 의해 인정된 명시적 비용(임금과 봉급과 원자재에 대한 지출과 같은 비용)뿐만 아니라 어떤 것을 포기하였지만 현금의 변화는 없는 암묵적 비용(implicit costs)까지도 포함한다. 비용에 대한 경제학적 개념을 사용하면 이윤은 아래와 같다.

> 경제적 이윤 = 총수입 − 모든 생산비용
> = 총수입 − (명시적 비용 + 암묵적 비용)

경제적 이윤과 회계적 이윤의 차이는 중요한 의미를 갖는다. 경제적 관점에서 이익이 나지 않아도 회계적 관점에서는 이익을 얻고 있는 것으로 나타난다. 그러나 회계적 개념과 달리 생산의 모든 기회비용(암묵적 비용)과 명시적 비용을 모두 다 포함한 경제적 개념의 이윤으로 기업의 경제행동을 이해하고 예측하는 것이 보다 더 적합한 이윤의 개념이 된다. 즉, 이윤은 경제학적 관점에서 본 이윤의 개념으로 기업의 행동을 이해해야 기업활동을 제대로 알 수 있는 것이다.

2. 이윤극대화의 조건

지금까지의 고찰에서 볼 때, 상품의 생산행위는 한편으로는 상품의 판매를 통해 수입을 낳으며 다른 한편으로는 생산비용의 형태로 그 대가를 지불하게 된다. 이러한 과정에서 기업은 이윤극대화의 방향으로 행동하게 된다. 그러면 기업은 어떻게 이윤극대화를 이루도록 생산활동을 하는가에 대해 살펴보기로 한다.

이윤 $\pi = TR - TC$로 계산되므로 [그림 7-3]에서 볼 때 TR과 TC 사이의 수직거리로 나타난다. 이때 최대의 이윤(이윤극대)은 TR곡선과 TC곡선의 수직거리 차이가 가장 크게 되는 상품의 양이 생산될 때 얻어지게 된다. 이것은 TR곡선과 평행한 선을 그어 그것이 TC곡선과 접선을 갖는 평행선을 그으면 두 평행선간의 수직거리는 최대가 될 것이다. [그림 7-3]의 a, b간의 거리가 곧 최대의 수직거리가 된다. 그런데 TR곡선의 a점에서의 접선의 기울기는 MR이고, TC곡선의 b점에서의 접선의 기울기는 MC이므로 $MC = MR$이면, 두 접선의 기울기가 같다는 것을 의미한다. 따라서 이윤극대화를 위해서는 그 접점($MC = MR$이 되는 점)에 해당하는 양을 생산하여야 한다.(따라서 이윤극대화조건은 $MC = MR$이 된다.)

한편, 경쟁적 시장에서는 $MR = P$가 되므로(p. 163에서 설명함) 경쟁적 시장에서의 이윤극대화조건은 $MC = P$가 된다.

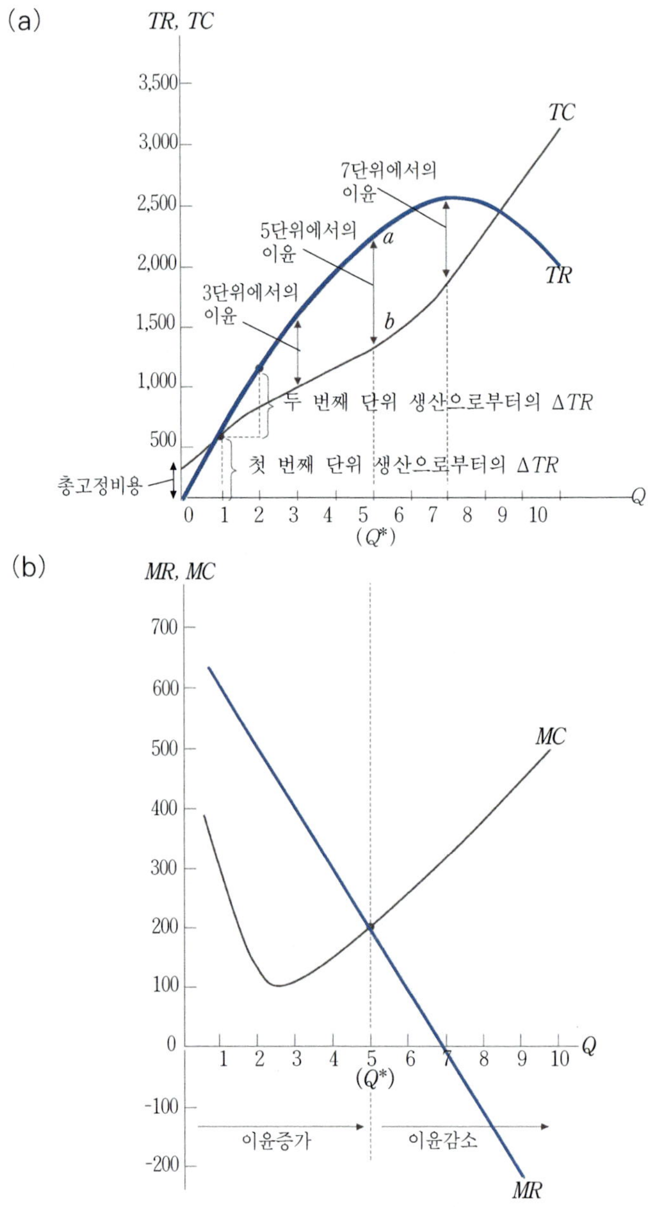

(a)에서 가장 큰 이윤은 *TR*과 *TC*의 차이가 가장 큰 a・b간의 거리에서의 산출량 Q_5^*이다.
(b)에서 *TA*－*TC*간의 차이가 가장 클 때 *MR*=*MC*되는 점이다.

[그림 7-3] 이윤극대화의 조건

제 8 장 완전경쟁시장에서 기업의 가격과 산출량결정

1. 경쟁기업의 개별수요곡선과 이윤극대화 산출량

완전경쟁기업은 수평인 수요곡선에 직면하게 된다. 즉, 시장가격에 완전 탄력적이다. 이것은 기업이 생산품가격의 변화없이 판매량을 배가적으로 늘릴 수 있음을 의미한다. 다수의 경쟁기업은 시장규모에 비해 상대적으로 중요성이 적으므로 시장지배력이 없다. 따라서 가격에 대해 전혀 영향을 미칠 수 없다. 그러므로 어느 한 경쟁기업은 시장에서 이미 성립된 시장가격에 순응할 수밖에 없다. 즉, 가격순응자(price-taker)로서 행동할 수밖에 없다.

다시 말해서 완전경쟁시장에서 한 기업의 산출량의 크기는 전체 산업의 산출량에 매우 적은 부분을 차지하므로 그것은 그 상품의 시장가격에 영향을 미칠 수 없다. 따라서 가격수취자로서 완전경쟁기업이 직면하게 되는 수요곡선은 [그림 8-1]에서와 같이 수평선이다.

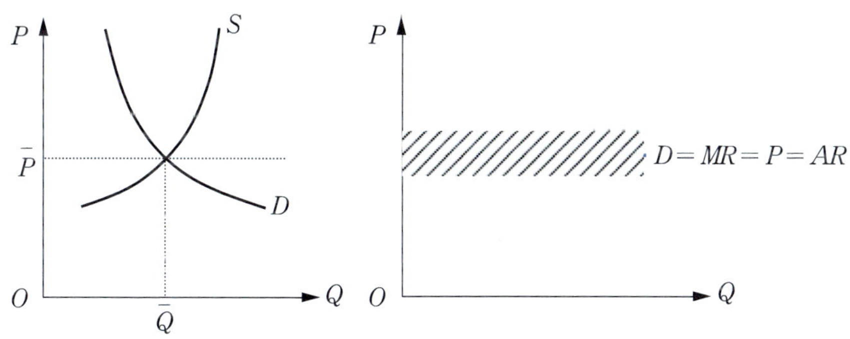

[그림 8-1] 완전경쟁하에서 한 기업이 직면하게 되는 수요곡선

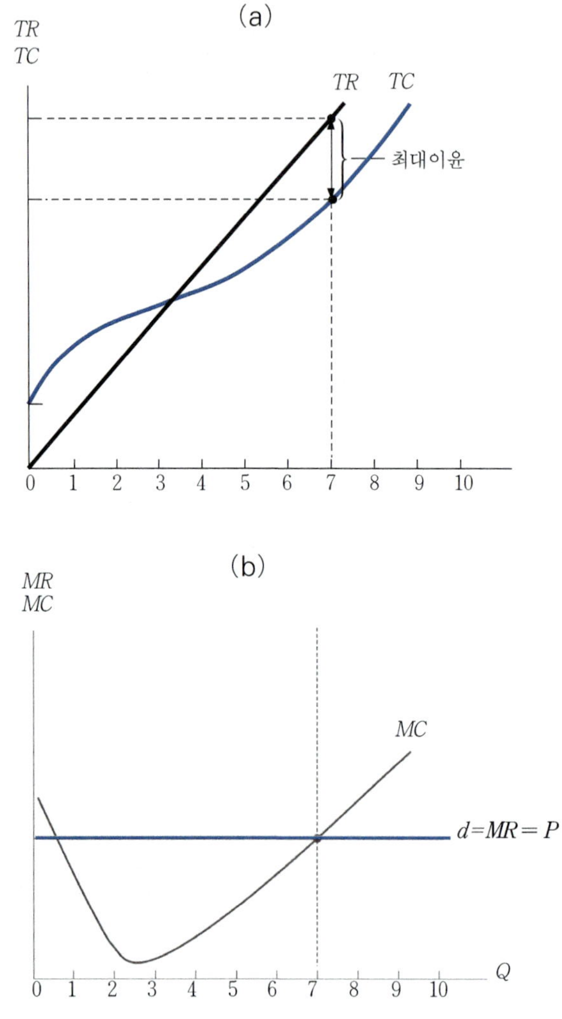

[그림 8-2] 경쟁기업의 이윤극대화 산출량

이제 경쟁기업이 어떻게 산출량 수준을 결정하는 것이 이윤극대화를 가져오게 하는가를 설명하여 보기로 한다. 만약 가격이 기업의 판매량에 영향을 받지 않는다면(수평인 수요곡선이 의미하는 것), 한 단위를 추가적으로 판매할 때마다 시장가격과 똑같은 양의 수입을 가져온다(한계수입). 그래서 완전경쟁 하에 한계수입은 가격과 같다. 또한 수요곡선과 *MR*곡선은 일치한다.[1] 즉, 경쟁기업의 수요곡선이

---

1) $TR=P \cdot Q$, $AR=TR/Q=P \cdot Q/Q=P$, $MR=\Delta TR/\Delta Q=\Delta(P \cdot Q)/\Delta Q=P$와 같다. 따라서 $AR=P=MR$이 된다.

수평이기 때문에 기업의 한계수입곡선은 기업의 수요곡선과 일치하는 수평적인 직선이다. 그래서 $MR=P$가 된다.

[그림 8-2(b)]에서 수평선을 "$d=MR=P$"로 나타낸 것은 수평선이 기업의 수요곡선(d)인 동시에 한계수입곡선(MR)이기 때문이다. 한계비용(MC)곡선은 전형적인 모양대로 처음에는 하락하고 그 다음에 상승한다. 그러므로 총비용곡선은 처음에는 체감비율로 상승하다가 나중에는 체증비율로 상승한다.

[그림 8-2]에서 (a)는 한 경쟁기업의 총수입(TR)곡선과 총비용(TC)곡선을 나타내고 있다. TR곡선은 시장가격과 같은 기울기를 가진 직선이다. 이윤은 TR과 TC간의 수직거리가 가장 큰 Q_i에서 극대화된다. 그림 (b)는 한계비용(MC)곡선이 수평수요곡선(d), 즉 한계수입(MR)곡선과 교차하는데서 이윤이 극대화된다는 것을 보이고 있다.

2. 경쟁기업의 가격과 산출량 결정; 단기균형

기업의 한계수입곡선의 형태와 위치를 안다면 [그림 8-3]에서 보여주는 것처럼, MR곡선과 MC곡선을 사용하여 최적산출량과 이윤을 결정할 수 있다. 이윤극대 산출량은 $MR=MC$(점 B)인 산출수준이다. 다시 말해서 완전경쟁시장에 있어서 이윤극대화기업의 단기균형은 한계비용이 가격과 같은 산출수준, 즉 $MC=P$인 수준에서 실현된다. 이때 기업은 이윤을 얻고 있는가 아니면 손실을 입고 있는가를 알기 위해서 AC곡선을 이 그림에 도입하여, 비용을 나타내 주는 AC곡선이 가격을 나타내 주는 수요곡선 D보다 낮으면 판매되는 각 단위는 그 만큼 이윤을 얻게 될 것이다.

초기에 초과이윤을 얻게 되면 [그림 8-3]에서와 같이 B점에서 설명될 수 있으나 초과이윤에 따른 다른 기업의 진입에 의해 초과이윤이 소멸되고 궁극적으로는 시장가격이 낮아서 P_0가 P_1과 같아지는 A점에서 균형이 이루어진다. 이때 AC에 포함된 정상이윤만 얻게된다. 그러나 AC곡선이 수요곡선에 비해 높을 수도 있는데 그런 경우에는 그 만큼 손실(AB)을 입게 된다. 이런 경우들 [그림 8-4]에서 설명할 수 있다.

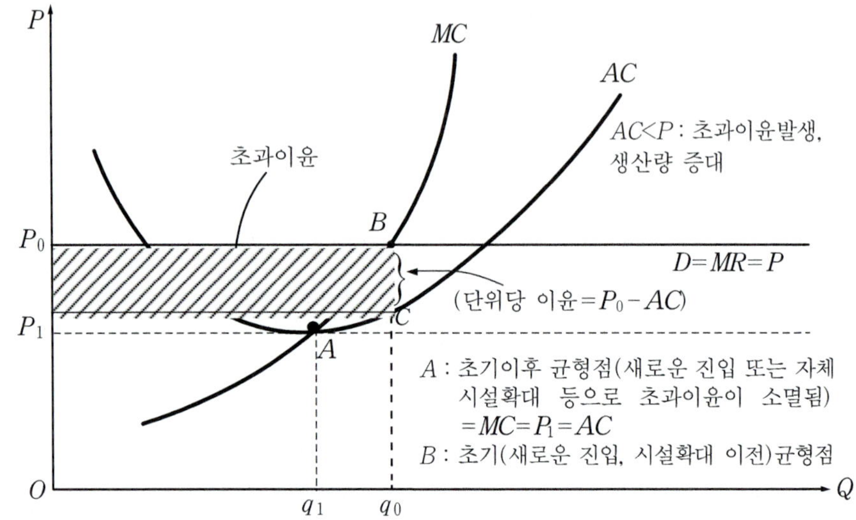

[그림 8-3] 경쟁기업의 단기균형

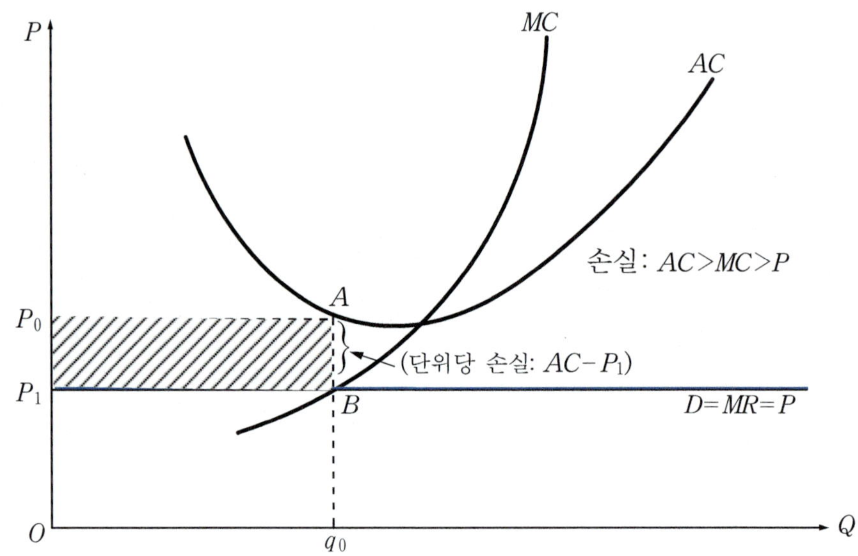

[그림 8-4] 보다 낮은 가격하에서 경쟁기업의 단기균형 : 손실

[그림 8-4]에서 AC곡선은 [그림 8-3]에서와 같으나, 수요곡선은 [그림 8-3]에서 보다 낮은 시장가격(P_0에서 P_1)으로 하향 이동했다. 기업은 여전히 $MC=P$인 B에서 그 기업의 최선을 다하고 있다. 그러나 현재의 생산에 대한 평균비용이 단위당 OP_0이므로 P_0ABP_1만큼의 손실을 보고 있다.

3. 조업중단점과 단기공급곡선

기업이 손실을 입게 될 때, 어느 정도까지 손실을 발생시킨다면 이 기업은 생산을 중단시켜야 할 것인가를 알아보기 위해서는 AVC곡선을 [그림 8-4]에 도입하여 [그림 8-5]에서와 같이 알 수 있다.

만약 기업이 생산을 전혀 하지 않는다면 총가변비용(TVC)은 0이 되고 총수입도 0이 될 것이다. 그 기업의 손실은 단지 고정비용뿐이다. 만약 대신에 생산을 하여 기업이 얼마의 산출량을 판매한다면 그 기업은 약간의 수입을 얻게 되고

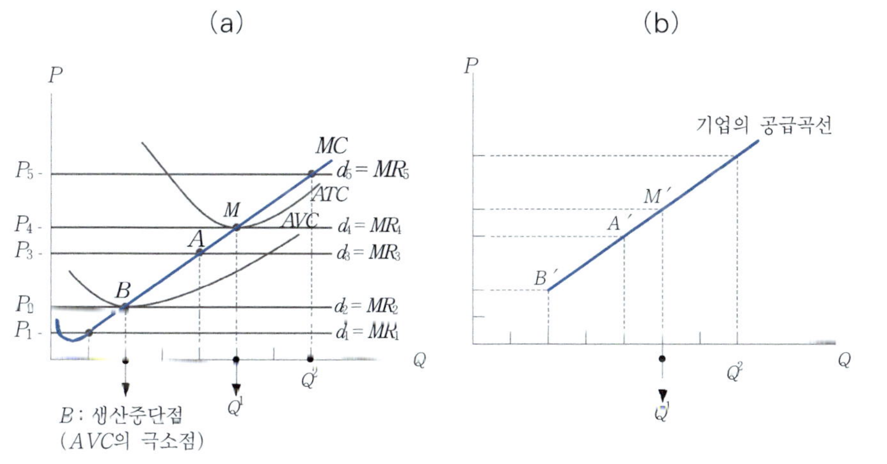

그림 (a)는 여러 가지 시장가격에 직면한 전형적인 경쟁기업을 보여주고 있다. 단위당 P_2과 P_5 사이의 가격에서 MC 곡선을 따라 이동함으로써 이윤극대화 산출량이 발견된다. 단위당 P_2 아래에서 기업은 생산을 중단하는 것이 바람직하다. 왜냐하면, $P < AVC$이므로 $TR < TVC$이기 때문이다.
그림 (b)는 기업의 공급곡선이 두 부분으로 구성되어 있음을 보인다. 조업중단가격인 단위당 P_2 이상에서 기업은 MC 곡선을 따르고, 그 가격 아래에서는 수직축과 일치한다.

[그림 8-5] 기업의 조업중단점(B)과 단기공급곡선

또 얼마의 비용을 부담하게 될 것이다. 생산하기로 결심한 의사결정은 총수입(TR)이 총비용(TC)보다는 적지만 총가변비용(TVC)을 초과하기만($TR>TVC$) 하면 고정비용 일부를 충당, 손실을 극소화할 수 있을 것이다.

한계비용MC가 가격P와 똑같이 정해졌을 때, TR이 TVC를 초과하기만 한다면, 그것은 기업으로 하여금 무엇인가를 생산하게 할 것이다. TR과 TVC를 Q(산출량)로 나누면 $TR/Q=P$와 $TVC/Q=AVC$가 되므로 $MC=P$의 조건은 가격 P가 AVC를 초과해야 한다는 조건을 만족시킨다고 말할 수 있다.

주어진 산출량 Q^*에서 $TC>TVC>TR$가 될 경우 TR과 TVC의 차이 만큼의 운영손실(operation loss)을 겪는다. 즉, 운영비조차 충당할 수 없게 된다. 다시 말해서, 만약 가격(P)이 AVC곡선의 최하점 이하에 위치한다면 기업은 아무것도 생산하지 않는 것이 손실을 극소화하는 것이 된다. [그림 8-5]에서 가격 P_1은 최소 평균가변비용보다 낮고 이 가격에서 기업은 가변비용조차 충당하지 못하므로 조업을 중단하여 생산을 하지 않는 것이 더 현명하다. 가격 P_3는 평균가변비용보다 좀 더 높다. 점 A에서 $MC=P$(가격)라고 하면 여전히 손실을 보고 있지만, AC가 P_3를 초과하므로 적어도 가변비용을 커버할 수 있다. P_2는 평균가변비용(AVC)곡선의 최하점에 해당된다. 만약 가격이 P_2라고 하면, 기업은 폐쇄하든 아니면, 그 사업을 계속해서 $MC=P$인 산출량 수준(B점)을 생산하든 무차별하다. 그래서 가격 P_2는 경계선의 경우이다.

〈표 8-1〉 이윤, 손실 그리고 장·단기 기업의 의사결정(요약)

단기여건	단기의사결정	장기의사결정
·이윤발생 할 때: ($P>AC$)	$P=MC$: 생산 (총이윤극대)	확장, 새로운 기업진입
·운영이윤이 있을 때:* ($P<AC$, $P>AVC$)	$P=MC$: 생산 (총손실 극소)	축소, 기업퇴출
·운영손실이 발생할 때: ($P<AVC$)	생산중단 : 손실=고정비용	기업퇴출

* 고정비용을 제외하고 운영비용(가변비용)은 커버할 수 있는 이윤 : 운영·경영할 수밖에 없는 경우의 이윤

요컨대 P_1만큼 낮은 가격에서 기업은 평균가변비용 조차 충당할 수 없다. 그래서 완전히 공장문을 닫는 것이 더 낫다. P_1 보다 높은 P_3가격에서는 P_3가 AVC를 초과함으로써 평균가변비용(AVC)보다 높다. 그래서 기업은 생산을 계속한다. 가격 P_2는 경계선의 경우이다. 이 가격에서 기업은 B점을 선택하고 조

업을 중단하든 생산을 계속하든 무차별하다. 이상의 설명에서 두 가지 특징을 발견할 수 있다.

첫째, 만약 가격이 AVC를 초과한다면 단기에 있어서 그것은 경쟁적 기업으로 하여금 MC와 P를 균등화시키는 산출수준을 생산하게 한다. 그래서 B점 이상의 어떤 가격에서 기업의 MC곡선으로부터 공급되어지는 공급량을 알 수 있다. 즉, [그림 8-5](b)에서와 같이 [그림 8-5](a)의 P_2 B, A, M점에 상응하는 B' 이상의 B', A', M'로 이어지는 MC곡선이 단기공급곡선이 된다.

둘째, 만약 가격이 AVC의 최소 이하로 하락한다면, 그것은 기업으로 하여금 아무것도 생산하지 않게 한다. 공급량이 0으로 떨어지게 된다.

이상의 관찰을 통해서 다음과 같은 결론을 얻을 수 있다. 즉, 완전경쟁기업의 단기공급곡선은 평균가변비용곡선과 교차하는 점 위의 한계비용곡선이다. 즉, AVC의 최하수준위의 MC곡선이 된다. 만약 가격이 이 수준 이하로 하락한다면 기업의 공급량은 0으로 떨어진다.

한편 장기에 있어서는 새로운 기업진입이 충분히 이루어지고 모든 투입물이 변화할 만큼 충분히 긴 기간이므로 모든 비용은 가변비용이 된다. 따라서 평균비용(AC)과 평균가변비용(AVC) 사이에 구별이 필요없다. 결과적으로 경쟁적 기업의 장기공급곡선은 장기평균비용곡선과 교차하는 점 이상의 MC곡선이 된다.

제 9 장

완전경쟁요소시장에서 가계와 기업: 생산요소가격의 결정
- 자원(생산요소)시장의 개요 -

노동시장은 우리가 이제까지 다루어 왔던 생산물시장과는 많이 다르다. TV, 농산물, 의복, 케이블TV 서비스, 자동차 등의 시장을 분석할 때, 생산물시장(product markets)에서 기업들은 가계와 다른 기업들에게 재화와 서비스를 판매한다. 물론 기업은 재화와 서비스를 생산하기 위해 노동, 자본, 토지, 그리고 경영능력 등 자원(resources)을 필요로 한다. 기업은 자원시장에서 그들을 구매한다.

[그림 9-1]은 생산물시장과 자원시장의 차이를 보여주고 있다. 생산물시장에서 가계는 재화와 서비스를 수요하고, 기업은 그들을 공급한다. 자원시장에서 이들 역할은 반대이다. 즉, 기업은 자원을 수요하고 가계(자원을 소유하고 있는)는 공급자가 된다.

일반적으로 자원시장을 세 가지 범주로 분류할 수 있다. 기업은 공장건물, 사무실, 컴퓨터, 기타 다른 설비를 자본시장에서 구입하며, 토지시장에서 부동산을 구매하거나 임차한다. 그리고 기업이 노동자를 고용하고자 할 때, 노동시장에서 구매한다.

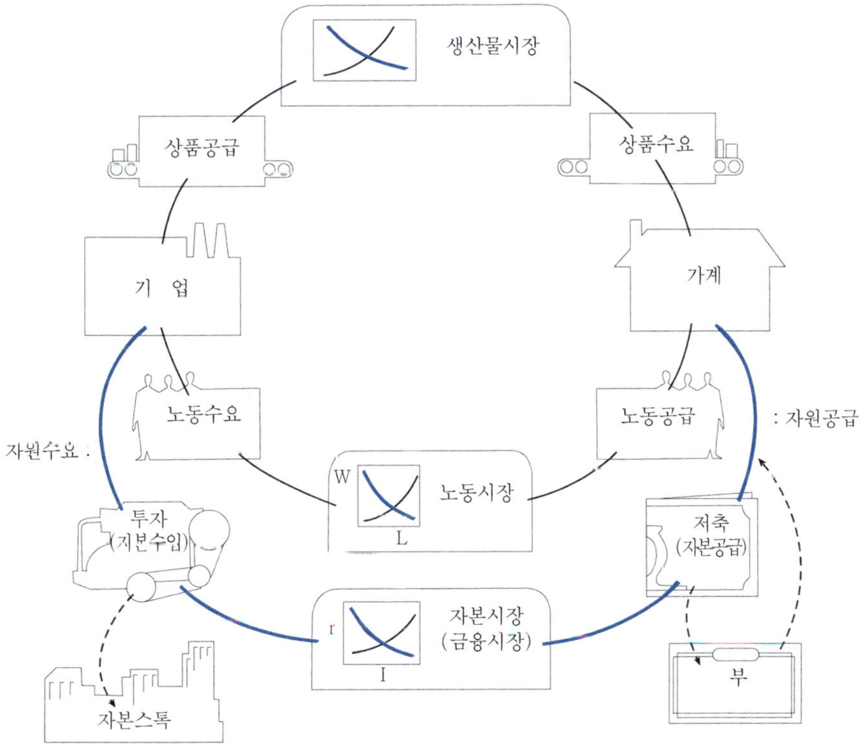

생산물시장에서는 가계가 재화·서비스를 수요하고 기업은 그 둘을 공급한다. 반면 자원시장에서는 기업이 노동·자본, 토지 등의 자원을 수요하고 가계는 그것을 공급한다.

[그림 9-1] 자원시장과 생산물시장

→ 제1절 노동시장에서 가계와 기업의 의사결정과 임금

1. 노동시장과 임금

1) 노동시장의 분류

노동시장에서는 노동을 사고파는 하나의 상품과 같이 취급한다. 그리고 노동

상품의 가격을 임금률(노동시간에 대한 대가)로 간주한다. 다시 말해서 상품시장에서 상품의 가격과 수요공급이 어떻게 결정되는가를 설명하는 것과 같은 방법으로 임금률이 결정되는 것을 설명한다.

노동의 공급자인 가계, 즉 노동의 판매자는 그가 시간을 들여 일한 대가를 받는 가격(임금률) 이외 여가 및 기타 조건에 관심을 가지고 일할 시간을 결정한다. 또한 노동자들의 일생동안 버는 수입의 대부분은 노동의 판매대가로 얻는다. 따라서 노동자들은 그들의 임금률에 따라서 잘살고 못살고를 결정하게 된다. 이와 같이 그들이 받는 임금의 차이가 빈부의 차이를 가져오게 하며 공평성과 형평성이라는 사회적 문제를 제기한다.

노동시장은 그 범위를 어떻게 정의하는가에 따라 여러 가지로 나누어 볼 수 있다. 예컨대 노동자를 학력차이에 따라 대졸자와 고졸자의 노동시장으로 이분화 할 수 있다. 대졸자 시장에서 대졸자 개인은 수백만명의 노동공급자(노동판매자) 중의 하나일 것이고 고용주(기업)는 수백 또는 수천명 중의 한 고용주일 것이다. 또한 노동의 어떤 특징적 특성에 따라 직종별로 나누어 본다면 중등교원시장, 대학교원시장 등과 같이 공급자(노동의 판매자)들은 이에 상응하는 자격요건, 즉 중등교사는 교원자격증을 대학교수는 전공분야의 박사학위를 취득해야 한다. 범위를 보다 더 좁혀서 특정지역에서 그 지역에 거주하는 혹은 일정시간 내에 그 지역으로 이사올 수 있는 자격요건을 가진 사람들만 고려해본다면 매우 좁은 범위의 노동시장이 될 것이다.

한편 노동시장에서도 경쟁적 시장(노동의 수요공급자가 많은)이 있을 수 있고 수요자(기업)가 하나이고 공급자(근로자)는 많은 경우의 독점시장이 있을 수 있다. 이 장에서는 생산물시장과 노동시장이 모두 완전경쟁이라고 가정한다. 완전경쟁시장이란 생산물을 생산·공급하는 기업도 많고 이런 기업에 일하고자 하는 의사를 가진 노동자도 많고 그외 다음의 조건을 만족시킬 때 완전경쟁노동시장이라고 한다. 즉, ① 다수의 구매자(기업)와 판매자(가계)가 존재하며, 각 개별기업과 가계는 단지 노동시장의 작은 일부에 불과하다. ② 노동시장의 모든 근로자는 동질적이다. ③ 근로자들은 노동시장에 쉽게 진입할 수 있고 혹은 이탈할 수도 있다. 따라서 다수의 동질적 노동공급자들과 구매자들이 존재하며 근로자의 진입과 탈퇴가 자유로운 시장을 완전경쟁노동시장이라고 할 수 있다.

2) 임 금

(1) 임금의 특질

임금(wages)은 노동대가에 대하여 지불되는 보수이다. 소비주체인 개인은 그의 노동용역을 기업에 제공하여 그 대가로 노동용역의 가격인 임금을 받으며, 이때 노동용역을 노동력의 작용으로 보면 임금은 노동력의 가격이라고 할 수 있다. 노동자 자신이 생산을 계획하고 실행하여 그 생산물을 시장에 판매하는 이른바 독립노동자(independent worker)인 경우에는 그에 대한 보수는 생산물의 가격 자체에서 성립되며, 임금의 형태를 취하지 않는다. 노동용역에 대한 보수가 임금 형태를 취하는 것은 노동자가 생산수단을 소유하지 않고 노동용역을 직접 판매할 수밖에 없는 경우이다.

한 단위의 노동용역에 대한 가격으로서의 의미를 분명히 하려 할 경우에는 특히 임금률(wage rate)이라고 하며, 노동자가 취득하는 총액으로서의 임금소득 또는 임금수입과는 구별된다. 자본주의 경제 하에서는 노동용역도 또한 일종의 상품이지만 그것은 여러 가지 점에서 보통상품과 상이한 특질을 가지고 있다. 먼저 노동용역은 그것을 소유하는 노동자의 인격과 불가분하게 연결되어 있으며, 그 노동공급자의 인격에서 유리되어 존재할 수는 없다. 또한 노동용역의 산출은 노동자의 생활과 분리할 수 없는 관계가 있으며, 경제적 목적을 위하여 생산되는 것이 아니라 인간의 사회적 생활의 일면으로서 산출되는 것이다. 임금은 실제적으로 무엇을 기준으로 하여 지불되는가에 따라 여러 가지 형태로 구분된다.

(2) 임금의 형태

① 시간급과 업적급

시간급과 업적급의 구별이다. 시간급(hourly wages)은 시간급, 일급, 주급, 년급 등과 같이 노동시간을 기준으로 하여 지불되는 것이다. 이에 대해 업적급 또는 성과급(price wages)은 노동자의 능률을 기준으로 하여 지불하는 임금이다.

이 두 가지 임금형태 중 근대적 산업조직 하에 있어서 더 일반적인 것은 시간급이다. 시간급의 장점은 노동에 의하여 한 사람이 얼마만큼의 일을 하였는가 하는 것이 분명하지 않을 때에 계산이 간단하며, 임금이 안정되어 있으므로 특히 상용 고용에 있어서는 안심하고 노동에 종사할 수 있다는 사실이다. 이에 반하여 노동 의욕이 없고 적당 무사안일 주의에 빠져서 노동능률이 오르지 못하는 경향이 있다는 단점을 지적할 수 있다. 다분히 봉건제도적인 색채가 있으며 중간착취의 기회가 많다고 주장되고 있는 업적급은 노동의욕이 왕성하여 그 능률을 올릴 수 있으나 협동에 대하여서는 한 사람 한 사람의 임금을 계산할 수 없고, 또 임금총액을 올리기 위하여서는 제품을 조잡하게 하고 지나친 의욕이 건강을 해칠 우려가 있다. 이 양자의 폐해를 방지하고 그 장점을 살리기 위한 프리미엄제(premium system)가 있다. 이 제도는 임금의 최저한을 정해두고 노동의 능률증대에 대하여서는 어느 정도의 증액을 인정하는 방식인데, 이것은 노동자에게 최저임금을 확보해 주면서 다른 한편으로 능률의 향상을 기하려고 하는 것이다.

② 명목임금과 실질임금

임금은 또한 명목임금(norminal wages)과 실질임금(real wages)으로 구분된다. 실질임금은 임금의 실질적 구매력을 측정하기 위하여 명목임금을 물가지수, 소비자가격지수 또는 생계비지수로 나누어 계산한다. 명목임금이 일정하더라도 실질임금은 물가수준의 등락으로 증감된다. 때로는 임금수준을 생산물의 가격 내지 생계비지수를 기준으로 하여 조절코자 하는 이른바 슬라이딩 임금제도(sliding system of wages)가 채용되는 경우가 있다. 이것은 명목임금의 고정성에 따르는 실질임금의 변동을 완화하고 제거하는데 그 목적이 있다.

2. 경쟁노동시장에서 기업의 노동의 수요: 노동의 수요곡선

경쟁노동시장에서 노동가격인 임금률은 어떻게 결정되는가는 상품 경쟁시장에서 결정되는 가격처럼 공급과 수요의 힘에 의해 결정된다. [그림 9-2]의 왼쪽, 오른쪽은 가계와 기업이 어떻게 해서 각자의 이익극대화를 가져오게 하는가를 설명해 주고 있다. 기업은 이윤극대화를 위해서는 임금(노동 1단위 더 고용할 때 노동의 한계비용)과 그 노동의 한계생산물의 시장가치($MP_L \cdot P_X$)와 같게 해야한다([그림 9-2]의 왼쪽).

즉, 기업의 이윤극대화(maximization profit)를 위한 노동의 수요는 노동의 한계생산력가치(value of the marginal product labor : $\mathrm{VMP_L}$)와 화폐임금률(W)이 일치할 때까지 이루어진다.

$$\underset{(MP_L \cdot P_X)}{VMP_L} = W \qquad \cdots\cdots (9 \cdot 1)$$

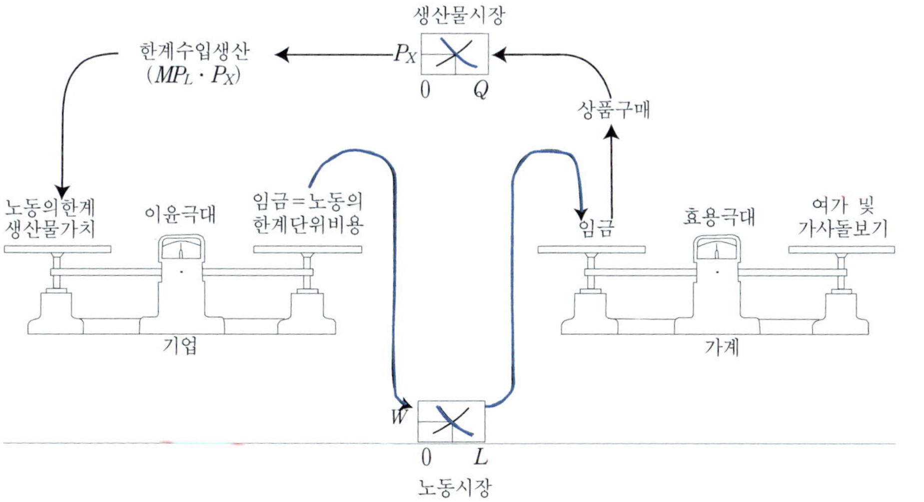

[그림 9-2] 가계와 기업을 만족시키는 노동의 수요·공급과 효율적인 순환

식 (9-1)에서 P_X는 생산물의 가격, $VMP_L = MP_L \cdot P_X = MRP_X$(한계수입생산물), W는 곧 MFC_L(노동의 한계비용)을 말한다. 따라서 식 (9·1)은 기업의 이윤극대화 요소고용조건을 나타내주며, 임금(W)은 기업의 한계생산비가 되므로 임금상승은 한 기업의 (생산의) 한계비용을 상승시킨다(왜냐하면 임금이 낮을 때보다 높을 때 추가단위의 산출량 생산에 더 많은 비용이 들기 때문이다). 기업의 한계비용곡선의 상향 이동은 이윤극대화 산출량 수준을 감소시킨다. 산출량이 감소함에 따라 이번에는 근로자의 수가 감소한다. 다시 말해서 기업이 이윤극대화를 충족시키려면 노동의 고용량이 많아질수록 노동의 한계생산량이 떨어지므로 그만큼 임금도 떨어져야 한다. 높은 임금은 한계비용, 낮은 수준의 산출량 및 노동 수요량의 감소를 유도할 것이다. 즉, 여타 조건이 불변이라면 임금의 상승은 기업들로 하여금 근로자를 더 적게 고용하도록 유인할 것이다. 다시 말해서 식 (9-1)에서 자본은 일정한 노동고용(L)을 늘리면 노동의 한계생산물(MPP_L)이 체감하므로 기업은 MPP_L이 적어지는 만큼 임금도 줄일 것이므로 고용량을 증가시키려면 그만큼 임금을 낮추어야 기업의 이윤성립조건이 충족된다. 따라서 [그림 9-3]에서와 같이 개별기업의 노동수요곡선은 우하향의 기울기를 갖는다.

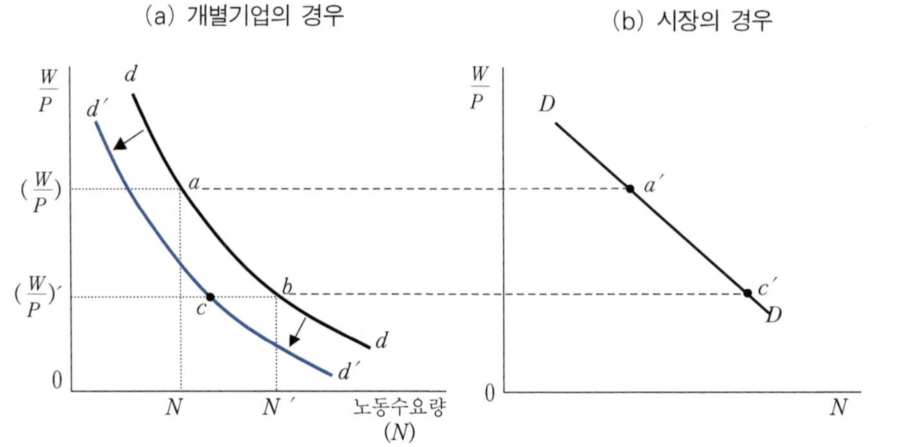

노동수요량이 노동의 한계생산력(VMP_L)과 실질임금률($\frac{W}{P}$)과 같을 때 기업의 「비용=수입」조건이 성립한다. 노동의 수요곡선이 우하향한다는 것은 노동의 한계생산력이 체감하는 것을 보여주고 있다. 이에 따라 실질임금률도($\frac{W}{P}$)에서 $(\frac{W}{P})'$로 감소한다.

[그림 9-3] 노동시장의 수요곡선

또한, 근로자들의 임금상승은 노동의 가격을 다른 생산요소에 비해 상대적으로 올리는 것이다. 이때 기업들은 투입물을 가격이 오른 노동 대신에 가격이 오르지 않는 다른 요소로 대체하고 싶어 할 것이다. 예를 들어, 셔츠공장에서 임금이 오른 노동대신에 컴퓨터제어 재봉틀을 구입할지 모른다. 이와 같이 기업들은 공장근로자 대신 자본(새로운 재봉틀)과 다른 형태의 노동(컴퓨터 프로그래머)을 구입할 것이다.

요컨대 대부분의 노동시장에서 노동수요곡선은 우하향 기울기를 가진다. 왜냐하면 임금률의 상승은 (1) 기업의 비용을 상승시켜 생산량을 줄이고 고용을 감소시키기 때문이며, 또 (2) 노동의 상대적 비용을 상승시켜 기업들로 하여금 노동 대신 자본이나 다른 형태의 노동 등과 같은 다른 생산요소로 대체하도록 유도하기 때문이다.

한편 개별기업의 노동수요곡선으로부터 노동에 대한 산업의 수요곡선을 도출하는 과정을 살펴보자. 개별기업이 임금률이 낮을 때 노동자를 더 많이 고용한다면, 산업 전체의 노동에 대한 수요도 마찬가지로 본다. 임금률이 낮은 가격에서는 노동수요량이 증가하며, 산업 전체의 노동수요곡선 또한 우하향하는 기울기를 가질 수 있다고 추론할 수 있다. 즉, 개별 기업의 노동수요이론에 따라 노동시장의 수요곡선을 도출할 수가 있다.

그러나 우리는 여기서 유의할 점이 하나있다. 소비자이론에서 한 소비재에 대한 시장수요는 각 개인수요의 횡적(horizontal)합이라고 했는데, 생산요소의 수요는 위에서 언급한 각 기업수요의 횡적 합이라고 할 수 없다. 그 이유는 $(\frac{W}{P})$이 하락하여 모든 기업들이 고용량(노동의 수요량)을 증가시키면 고용량 증가로 인해 생산물 공급이 증가하고 이에 따라 생산물가격 P_X이 하락하기 때문이다. P_X가 하락하면 개별기업들의 VMP_L곡선이 왼쪽으로 이동하여 [그림 9-3]에서와 같이 d가 d'로 이동한다. 이때 개별기업들은 고용량 b에서 c로 고용량을 줄인다. 따라서 노동에 대한 시장수요량은 각 기업의 수요량을 합계함으로서 얻어진다. 즉, [그림 9-3]에서 c점에 대응하는 c'점과 a점에 대응하는 a'점으로 나타나는 시장수요곡선이 도출될 수 있다. 이처럼 생산요소 수요는 생산물시장에서 파생된 파생수요(derived demand)이기 때문에 각 기업의 생산요소수요는 한계생산력가치($VMP=MP_f \cdot P_X$)와 관계되어 있고, VMP는 생산물가격(P_X)에 관계되어 있기 때문이다.

3. 경쟁노동시장에서 가계의 노동공급: 노동의 공급곡선

노동의 공급곡선(supply curve of labor)은 임금수준에 대응하여 노동자가 매기에 공급하고자 하는 노동의 수량을 표시한다. [그림 9-2]의 오른쪽에서 보듯이 노동자는 매기당 노동공급량을 결정함에 있어서 노동의 한계비효용과 임금의 효용을 비교한다. 임금의 효용 혹은 소득의 한계효용이 노동의 한계비효용보다 크면 노동의 공급량을 늘리고, 반대의 경우에는 공급량을 줄인다. 그러므로 소득의 한계효용과 노동의 한계비효용이 동일한 경우에 공급량이 결정된다. 이제 K와는 개인이 임금률이 상승한다면 노동시간과 여가시간을 얼마큼으로 조정하여 결정할 것인가를 [그림 9-4, 9-5]에서 설명해보자.

최초에 8시간노동(8×W=소득)에 16시간의 여가시간을 즐기고 있었다고 가정하자. 그러면 그의 예산제약(임금수준×노동시간)에서 여가의 '8시간×W_0 임금수준'만큼의 소득 $C_0(8 \cdot W_0)$에 대응하는 무차별곡선 I_1과의 접점 E_0에서 그의 최적효용을 찾을 수 있다. 그런데 임금률이 $W_0 \rightarrow W_1$으로 상승했다고 하면, 이때 K는

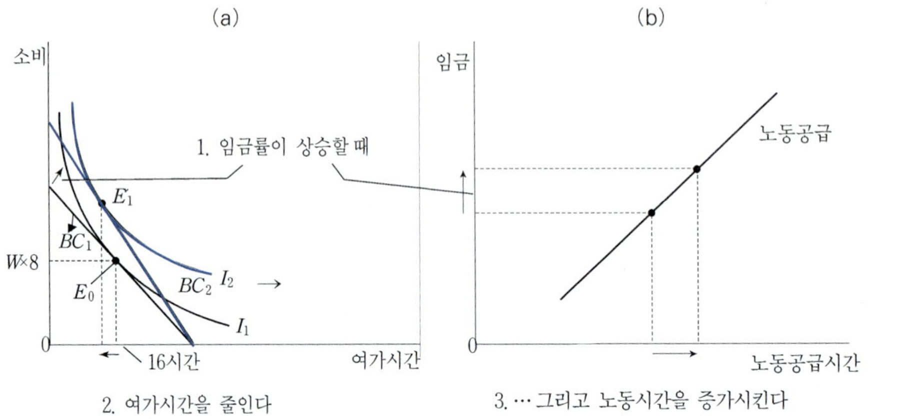

[그림 9-4]

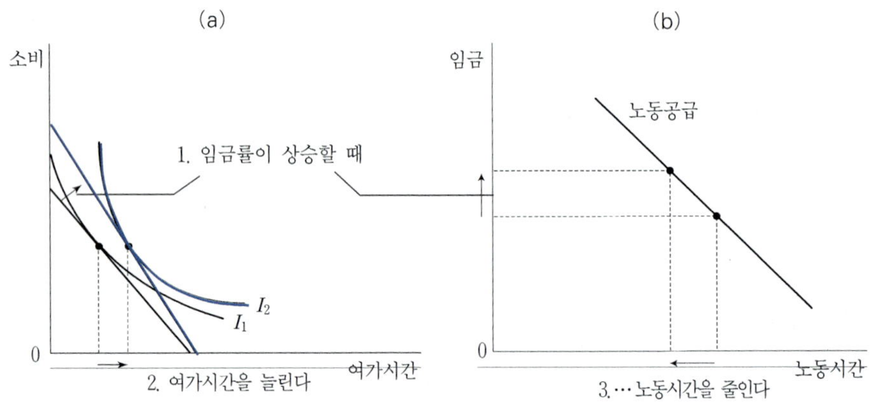

[그림 9-5]

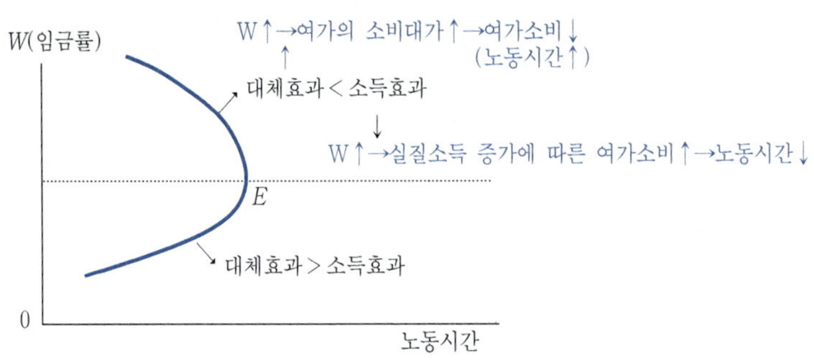

[그림 9-6]

임금률상승에 따른 보다 많은 소득을 얻고자 노동시간을 증가시키고 여가시간을 줄였다고 하자. 그러면 K의 예산제약선은 $BC_1 \rightarrow BC_2$로 이동되고 이에 대응하는 무차별곡선 I_2와의 접점 E_1에서 그의 최적효용을 찾을 수 있다. 이에 대응하는 K의 노동공급곡선은 'W↑→노동시간↑'의 우상향의 곡선이 된다. [그림 9-4]의 (a)와 (b)는 이런 사항을 보여주고 있다.

그러나 [그림 9-5]의 (a)와 (b)에서 보듯이 J라는 K와는 반대의 선호를 가진 사람이라면, 즉 임금률이 상승하였으나 노동시간의 증가에 따른 소득증가 보다는 여가를 더 선호하는 경우라면 K와는 달리 J는 "임금률 증가에 의한 소득증가→레저수요 증가→노동공급의 감소"라는 선택을 했을 것이다. 따라서 J의 노동공급곡선은 'W↑→노동시간↓'의 우하향의 곡선이 된다.

[그림 9-6]은 [그림 9-4], [그림 9-5]를 종합하여 그린 그림으로써 노동의 공급곡선을 나타내준다. [그림 9-6]에서 임금률의 상승이 여가의 소비에 미치는효과를 **대체효과**(substitution effect)와 **소득효과**(income effect)의 두 부분으로 나누어 생각해 볼 수 있다. 임금률의 상승은 노동공급자의 실질소득을 증가시키고, 그에 따라 소비자들은 여가의 소비를 더 늘리는데 이러한 효과를 소득효과라고 한다. 한편 임금률이 상승했을 때 여가의 소비는 상대적으로 비싸고, 그에 따라 소비자들은 여가의 소비를 줄이는데 이러한 효과를 대체효과라고 한다. [그림 9-6]에서 볼 수 있듯이 임금률이 상승함에 따라 노동의 공급량이 증가하는 것은 노동시간을 줄이려는 소득효과보다 대체효과가 크기 때문이다. 반면에 대체효과가 소득효과보다 작을 때 소비자는 여가를 늘리고 노동의 공급을 줄이는 반응을 보이게 된다.

[그림 9-6]에서 임금률과 노동시간이 만나는 지점인 E지점보다 임금률이 높아지면 오히려 노동의 공급량이 감소하는 것이다. 이러한 형태를 가진 공급곡선을 **후방굴절형공급곡선**(backward bending supply curve)이라고 한다. 임금률이 증가함에 따라 처음에는 여가(leisure)를 줄이고 노동시간을 늘린다. 따라서 소득이 증가한다. 그러나 E지점부터 노동의 공급량은 오히려 감소한다는 노동공급자의 행동을 그림으로 표시하면 [그림 9-6]에서 보듯이 후방굴절형공급곡선을 도출할 수 있다. 이와 같은 후방굴절(backward bending)하는 노동의 개인공급곡선은 일반적인 현상이라고 생각된다. 선진국에서는 과거 수십년 동안의 매주당 평균노동시간이 꾸준히 감소해온 사실은 그를 반영하는 결과라고 할 수 있다.

후방굴절형공급곡선과 관련하여 어떠한 개인 노동자를 놓고 고려해 볼 때, 임금률이 아주 높은 수준에 다다르면 노동자는 더 이상 열심히 일하지 않아도 충분한 소득을 얻을 수 있다는 생각을 하게되는 것이 당연하다고 말할 수 있다. 따라서 노동공급곡선이 어느 시점에선 가는 왼쪽으로 굴절되어지는 현상이 나타나리라고 생각된다.

한편, 노동공급곡선의 후방굴절현상은 소득세율이 근로의욕에 미치는 효과로 자주 제기되는 정책과정 중의 하나이다. 소득세의 세율인하는 과세후의 임금률을 실질적으로 인상시키지만 노동시간에 대해서는 의도된 영향을 미치지 않음을 볼 수 있다. 즉, 여가의 기회비용 상승으로 인한 대체효과는 여가를 감소시키지만, 더 부유해진 결과로 나타나는 소득효과는 여가소비를 증가시킨다. 이와 같은 그 순효과가 여가를 증대 또는 감소시킬 것인가라는 것은 경험적인 문제이다.

4. 임금결정

1) 경쟁시장에서 임금결정

이상에서 우리는 노동에 대한 수요와 공급을 살펴보았다. 이제 이들을 결합하여 노동에 대한 가격, 즉 임금의 결정을 분석하여 보기로 한다.

지금 특정한 비숙련노동자와 숙련노동자를 필요로 하는 기업이 다수 있다고 가정하자. 이 노동에 대한 총수요 혹은 시장수요는 [그림 9-7] b에서 보는 바와

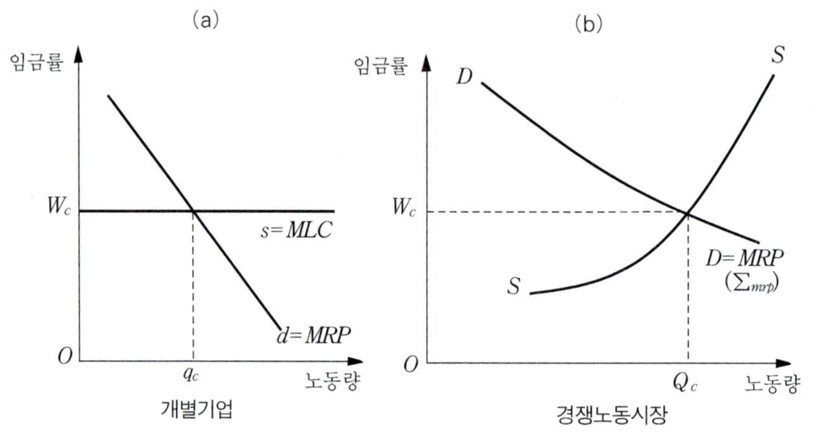

[그림 9-7] 경쟁노동시장에서의 임금 및 고용

같이 개별기업들의 노동수요곡선($d=MRP$ 곡선 : marginal revenue product of labor)을 수평으로 집계하여 나타내고 있다. 한편, 노동의 공급측면에서는 경쟁시장을 가정하고 있으므로 실업이 존재하지 않는 한, 더 많은 노동자를 고용하기 위해서는 더 높은 임금을 지불하여야만 한다. 따라서 특정한 노동의 공급곡선은 [그림 9-7]의 (b)에서와 같이 우상향의 형태를 취한다. [그림 9-7]의 (b)에서 노동수요곡선과 노동공급곡선이 교차하는 점에서 균형임금률은 W_c, 균형고용량은 Q_c가 결정된다.

일단 균형임금률이 결정되면 개별기업은 현행임금률 W_c를 주어진 것으로 감수할 수밖에 없다. 왜냐하면 특정 개별기업이 고용하는 노동량은 총노동공급량의 극히 일부분에 지나지 않으므로 어느 기업도 시장에서 결정된 임금률에 영향력을 행사할 수 없기 때문이다. 그러므로 개별기업의 노동공급곡선은 [그림 9-7]의 (a)에서 보는 것처럼 W_c의 임금률에서 완전탄력적으로 나타난다. 이와 같은 조건하에서 개별기업은 현행 임금률이 노동의 한계수입생산물과 같아지는 점까지 노동의 고용을 늘림으로써 이윤을 극대화시킬 수 있다. 결국 [그림 9-7]의 (a)에서 개별기업의 이윤극대화 노동고용량은 q_c가 되는데, 이는 q_c보다 노동을 더 많이 고용하면 노동의 한계비용(marginal labor cost : MLC), 즉 임금이 한계수입을 초과하며, q_c보다 노동을 덜 고용하면 그 반대가 되기 때문이다.

2) 노동시장이 수요독점인 경우 단체교섭의 결과

[그림 9-8]에서 단체교섭의 결과로 임금이 OW_1으로부터 OW로 증가하여 고용주는 고용량과 관계없이 그 임금률을 지급하여야 한다고 하자. 그러면 노동의 공급곡선은 [그림 9-8]에서 WES가 된다. 이 기업은 노동의 한계수입생산이 한계노동비용(이 경우에는 평균노동비용과 같으며 수평선 WE로 표시된다)과 같아질 때까지 고용을 증가시키므로 고용량은 ON이 된다. 즉, 단체교섭의 결과로 [그림 9-8]에서 보듯이 노동시장이 수요독점에 의하여 지배되고 임금이 상승하였는데도 불구하고 고용량은 오히려 ON에서 ON으로 증가한 것이다.

만일 임금이 OW_2의 수준으로 더욱 높이 책정된다면 노동의 공급곡선은 W_2E CS가 될 것이며, 고용량은 다시 ON로 떨어질 것이다. 임금이 OW_2보다 더 높게 책정된다면 고용량은 ON보다 더 떨어진다. ON은 노동의 한계비용과 생산물의 한계수입이 같아지는 경우의 고용량이기 때문에 수요독점기업에서 최대한의 고용량이 될 것이다.

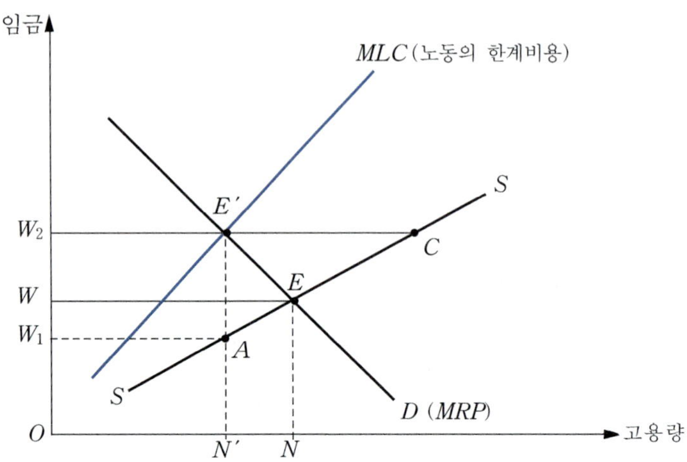

[그림 9-8] 노동시장이 수요독점에 의하여 지배되고 있는 경우의 단체교섭의 효과

물론 노동시장에서 노동의 수요자가 하나 밖에 없는 수요독점의 경우는 드물 것이다. 그러나 후진국에서는 여러 가지 생산자들의 조합이 노동을 구매하는 데 상당한 노동시장 지배력을 갖고 있는 경우가 많으며, 이런 경우에는 위에서 설명한 이론이 어느 정도 타당하게 될 여지가 있다.

→ 제 2 절 임금격차와 그 요인 : 왜 임금이 서로 다른가?

동일노동 · 동일임금의 원칙에 따라 지금까지는 한 가지의 임금수준을 구명하였다. 그러나 실제에 있어서 노동시장을 정확히 분석하면 여러 층의 임금수준이 형성되고 있음을 알 수 있다. 예를 들면 지역별, 산업별, 성별, 직종별에 따라서 임금률에 차이가 생긴다. 이것을 임금격차(wage differentials)라고 한다. 이 임금격차는 특히 국제간에 큼을 발견할 수 있다.

임금격차의 원인을 알아보기 위해 다음과 같이 가정해보자. 즉, 노동시장에서 아래의 3가지 가정조건을 만족한다고 하여보자.

첫째, 임금의 차이를 제외하고, 근로자들은 모든 직업을 똑같이 좋아한다. 즉, 모든 직업은 모든 근로자들에게 똑같이 선호된다.

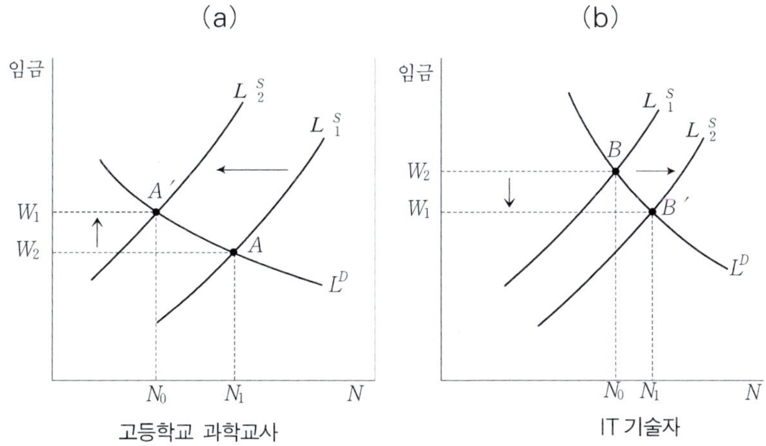

[그림 9-9] 임금격차의 소멸

둘째, 모든 근로자들은 같은 능력을 가지고 있다. 즉, 어떠한 일도 똑같이 할 수 있다.

셋째, 모든 노동시장은 완전경쟁시장이다.

위의 가정조건이 성립한다면 임금격차는 소멸되고 상이한 직종의 임금이 똑같아 질 것이다. 이를 [그림 9-9]에서 살펴보기로 한다. [그림 9-9]의 (a)에 나타나는 고등학교 교사들의 공급과 수요곡선은 최초에 점 A에서 시간당 W_2의 균형임금을, [그림 9-9]의 (b)는 IT기술자들이 최초 균형임금이 시간당 W_2임을 나타내고 있다. 이들 시장이 경쟁적이고 두 작업이 똑같이 매력적이며 또 모든 근로자들이 그 두 일을 동등하게 다 할 수 있다면 그 임금격차는 오래 지속될 수 없다. 일부 교사들은 자신의 직업을 포기하고 IT기술자가 될 것이다. 그렇게 되면 그림 (a)에서 보듯이 교사(노동)의 공급이 감소(N_0-N_1)하여 임금이 상승하게 되고($W_2 \rightarrow W_1$), 반면 그림 (b)에서와 같이 IT기술자의 공급이 증가($N_0 \rightarrow N_1$)되어 임금이 하락($W_2 \rightarrow W_1$)하게 된다. 이러한 이동은 두 시장의 임금이 W_1가 될 때까지 계속될 것이다.

하지만 앞서 제시한 조건들이 현실적으로 모두 만족되지 않고 여러 가지 이유로 인해 임금의 차이가 발생된다.

1. 직종간의 직업의 속성이 다른 비금액격차

하나의 직종이 본질적으로 다른 직종에 비해 더 매력적이거나 혹은 덜 매력적일 때, 덜 매력적인 것으로 인식되는 직종은 여타조건이 불변일 때 매력적인 직업에 비해 높은 임금을 받게 된다. 이러한 직종간의 임금의 차이는 비금전적인 직업속성의 차이를 보상해주기 위한 임금의 차이, 즉 보상적 임금격차(compensating wage differential)에 의해 다르다고 할 수 있다.

비금전적 직업속성[1](nonmonetary job characteristic)의 한 예로 사망이나 부상에 대한 위험을 들 수 있다. 그것은 직업이 좋든 나쁘든 화폐단위로 쉽게 측정되지 않는 직업의 한 측면인 것이다. 또한 수많은 비금전적 속성(근무환경의 쾌적한 정도, 지역사회 내에서 기대할 수 있는 위신, 육체적 노력의 요구량, 지적자극의 정도, 승진가능성 등등)이나 직장의 지리적 위치와 거주하고 일할 지역사회의 속성(날씨, 범죄율, 오염 정도, 교통체계, 문화적 분위기 등) 등 서로 다른 직업의 비금전적 직업속성은 임금의 보상적 격차를 발생시킨다.

이처럼 두 종류의 직업이 근로자에게 똑같이 매력을 줄 수 있도록 해주는 임금률의 차이를 보상적 임금격차라고 말한다. 노동이 비록 동질적(homogenous)이라 하더라도 노동에는 사회적 명예, 즐거움, 불쾌 및 노고의 정도 등에 있어서 차이가 있기 때문에 그 차이를 보상하기 위하여 차액이 지불되는 것이다. 이것을 보상적 임금격차(compensating wage differentials)라고 하다. 이와 같은 임금의 격차는 직종에 따른 비금액적 직업의 속성에 따른 격차(non-pecuniary wage differentials)를 보상하기 위하여 지불되는 까닭에 '균등화 격차'라고도 부르는데, 우리가 흔히 볼 수 있는 격차의 예로는 비행수당, 벽지수당, 야간수당, 현장수당 등이 있다.

2. 인적 자본형성의 조건차이

다음으로 노동이 이질적이기 때문에 임금격차가 생기는 것이다. 즉, 인적자본형성에 필요한 조건의 차이에 따른 노동의 이질성에 따른 임금격차가 발생한다. 만일 노동이 동질적이고 각 직업, 지역간의 노동이동이 자유스럽다고 하면 동일, 노동·동일임금의 원칙이 적용되어 격차는 성립할 여지가 없다. 그러나 현실적

---

1) 비금전적 직업속성 : 잠재적인 혹은 현재의 피고용인에게 중요하게 생각되는 임금 이외의 다른 직업적 특성

으로 노동의 질적(quality) 차이가 있다. 예를 들어 교육의 정도, 경험의 차이, 업무에 대한 적응성 등에 따라 임금격차가 발생한다. 고도의 기술, 재능, 훈련을 필요로 하는 업무에 종사하는 노동자에게는 높은 임금을 지불해야 된다. 특히 민서(J. Mincer), 슐츠(T. Schultz) 등이 주장하고 있는 인적자본이론(human capital theory)에서는 학교교육(formal education)과 직업교육(vocational training)의 차이는 개인별 생산성의 차이로 나타나 임금의 차이가 일어난다고 한다.

이처럼 인적 자본형성에 필요한 조건의 차이는 보상적 임금격차를 발생시킬 수 있다. 여타 조건이 불변일 때, 훈련에 많은 비용이 요구되는 직업은 그렇지 않은 직업에 비해 높은 임금을 받아야 한다는 것이다. 예를 들면 대졸취업자가 전문대졸 취업자보다 높은 임금을 받는 다든지 기업에서 필요로 하는 전문 기술 자격증을 취득한 사람이 그렇지 못한 사람보다 높은 임금을 받는다는 것이다.

3. 능력의 차이

사람의 능력의 차이에 따라 임금의 격차가 발생된다. 즉, 일반적으로 자신의 재능, 지능, 성취동기 혹은 인내력 등에 기초하여 어떤 일을 잘 수행할 능력이 있는 사람은 기업에게 매우 귀중한 자산이다. 따라서 기업은 그의 인적 자본투자에 대한 어떤 보상적 임금격차 이상으로 더 높은 임금을 그에게 기꺼이 지불할 것이다.

예를 들어, 두 명의 광고 매니저가 동일한 교육과 훈련을 받았다고 하자. 그런데 A라는 매니저는 재능이 더 많아서 매니저 B보다 광고 캠페인을 보다 잘 설계할 수 있고 또 고지불능력의 고객을 2배 더 끌어 올 수 있다고 하면 경쟁 노동시장에서 기업은 B의 임금의 2배를 A에게 지불해도 손해볼 것이 없다.

4. 노동시장의 불완전성

또한 노동시장의 불완전한 유용으로 인하여 임금의 격차가 발생한다. 노동의 주체는 인간인 까닭에 노동자가 과거의 교육, 관습, 가정 및 지역적 연대의식과 관련됨으로써 직장이나 직장을 바꾸는 데는 상당한 제약을 받기 마련이다. 너구나 노동자가 이동할 수 있는 기회를 완전히 알고 있지도 못할뿐더러, 직업선택의 기회가 누구에게나 공평하게 주어지는 것은 아니다.

뿐만 아니라 사회적 편견 및 차별과 제도적 장벽도 임금격차를 발생시킨다. 사회적으로 성(性)이나 인종에 따른 편견이나 차별을 비우호적인 근로집단에게 진입장벽을 형성한다. 근로자나 고객의 편견은 차별을 조장하고 임금격차를 가져오게 할 수 있다.

제도적 장벽으로는 교육대학교 졸업생이 아니면 초등학교 교사를 할 수 없도록 제도적 조치를 취한 것은 노동의 기동성을 제약하는 것으로 임금격차를 가져올 수 있다. 또한 노동조합의 임금설정이나 클로우즈드숍[2] 등도 임금격차를 형성한다. 노조의 임금설정은 비노조원과의 임금격차를 발생시킨다.

노동조합은 그 회원들의 집합적 이익을 대변한다. 조합들은 더 좋고 안전한 근무조건을 위한 압력, 수련프로그램의 운용, 그리고 연금프로그램의 시행/관리 등 많은 기능을 수행한다. 그러나 노조의 주요목적은 회원들의 임금을 높이는 것이다.

→ 제 3 절 지대, 이자, 이윤

1. 지 대

1) 지대의 결정

토지사용에 대한 임대료를 지대(rent on land)라고 하며, 토지용역에 대한 수요와 공급에 의해서 지대가 결정되는 생산요소의 가격결정방식이다.

토지가 모두 동질성이라고 한다면 [그림 9-10]에 있어서 D곡선은 토지의 한계생산력을 나타낸다고 한다. 다른 생산요소를 일정하게 하고 토지를 한 단위씩 증가시켜 가면 그 한계생산력은 체감한다. 토지용역에 대한 수요는 토지의 한계생산력과 지대의 관계에서 결정된다. 이제 지대가 Or일 때 사람들은 토지를 OL만큼 이용하려고 할 것이며, 지대가 Or'인 경우에는 OL'만큼 수요하려고 하게 된다. D선은 토지용역에 대한 수요곡선이다. 다음에 토지의 공급곡선은 어떻게 될 것인가? 토지는 그 양에 있어서 제한되어 있으며 지대에 관계없이 공급된다고 생각하자. 따라서 토지용역의 공급은 지대에 관하여 완전히 비탄력적으로 된다. 이제 토지의 양이 OL로 한정되었다고 하면 토지용역의 공급곡선은 L점

---

2) '클로우즈드 숍'이란 고용주가 이미 노동조합에 가입되어 있는 자만을 고용하고, 노동조합이 제명 또는 탈퇴시킨 자를 해고하도록 규정한 노사간 약정을 말한다.

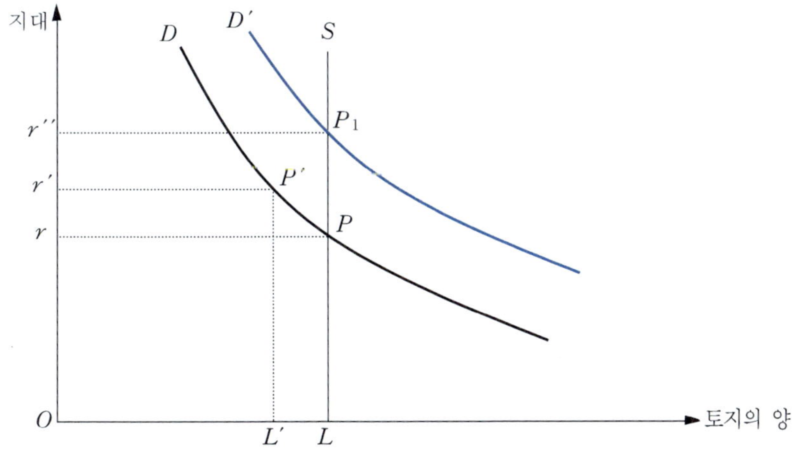

[그림 9-10] 지대의 결정(토지용역의 수요와 공급)

으로부터 종축으로 세운 수직선 S와 같게 된다. 그리고 지대는 D선과 S선의 교차점 P에서 결정된다. 만일 지대가 Or보다 높게 되면 공급량이 수요량을 초과하여 지대는 하락하게 될 것이며, 또 지대가 Or보다 낮게 되면 수요량이 공급량을 초과하여 지대는 상승하게 될 것이다. 그러므로 지대는 수요량과 공급량이 일치하는 높이인 Or에서 결정된다. 만일 토지의 한계생산력이 높아져 수요곡선이 우상으로 이동하면 지대는 r''로 높아진다.

이상은 모든 토지를 동질인 것으로 가정하여 분석한 것이지만 토지는 그 질이나 위치의 편리 등에 의하여 등급의 차가 있다. 이 경우에는 앞서의 [그림 9-10]의 횡축에는 특정등급의 토지량을 나타내고, 종축에는 그 등급의 토지의 지대를 나타낸다. 따라서 D선은 그 등급의 토지의 수요곡선, S선은 그 등급의 토지의 공급곡선으로 되며, 지대는 양곡선의 교차점에서 결정된다. 이렇게 하여 각각의 등급에 관하여 수요공급의 관계로부터 지대를 설명할 수 있다. 상급지는 그 한계생산력이 높고 그 존재량도 적기 때문에 지대가 하급지보다 더 높게 되는 것은 당연하다고 본다.

2) 전용수입과 렌트

고전학파 경제학자들이 활동하던 시기에는 토지의 사용에 대한 대가를 지대

(rent)로 보았으나 오늘날에는 어떤 생산요소를 현재의 용도에 머물게 하기 위해 필요한 지급액, 즉 전용수입을 초과하는 지급액이라는 의미로 쓰이고 있다. 다시 말해서 '전용수입'(transfer earnings)이란 어떤 생산요소가 다른 용도로 전용되지 않도록 하기 위하여 현재의 용도에서 지급되어야 하는 지급액을 말하며, 경제적 렌트(economic rent)란 그 생산요소가 실제로 얻고 있는 수입과 전용수입과의 차액을 말한다.

예를 들어 설명해 보자. 어떤 유명한 가수의 월수입이 200만원이었다. 그런데 월수입이 줄어서 150만원이 되어도, 아니 훨씬 줄어서 70만원이 되어도 가수라는 직업을 버리지 않는다고 하자. 왜냐하면 가수로써의 자긍심도 가지고 있고, 또한 어떤 다른 직업으로 전직한다 하여도 70만원의 월수입은 기대할 수 없는 상항이라고 하자. 그러나 그것이 50만원 이하로 되어 이 가수는 어떤 다른 직업, 예컨대 나이트클럽의 가수 등으로 전출한다고 하자. 이때 수입이 180만원이라 하면 50만원은 이 가수로 하여금 은막을 떠나지 않게 하기 위하여 필요한 보수가 되므로 이것은 이 가수의 전용수입이 되며, 나머지 130만원은 가수의 실수입과 전용수입과의 차액이므로 렌트가 된다.

렌트에 대한 의미를 구체적으로 살펴보면, 첫째, 오늘날의 지대라는 말은 비단 토지의 사용료에 대한 전용수입 이상의 초과지급뿐만 아니라, 지대 이외의 모든 생산요소의 사용료에 대해서도 전용수입을 초과하는 지급분에 대해서 쓰이는 표현으로 되었다. 둘째, 지대의 사용료라는 의미에 있어서 조차도 어떤 특정한 용도(이를테면 보리를 생산하는 용도)의 입장에서 보면 토지의 사용료로 지급되는 금액, 즉 지대 중에서 적어도 렌트가 아닌 부분, 즉 전용수입의 부분이 있다. 다시 말하면 지대에는 그 토지를 현재의 용도(즉, 보리 생산을 위하여 쓰는 것)에 머물러 있게 하기 위하여 필요한 부분이 있을 것이다. 이와 같이 '지대'는 '렌트'와는 전연 다른 것이 되고 말았다.

한편, 어떤 생산요소의 사용료에는 보통 전용수입과 렌트의 두 가지 측면이 공존하고 있다. 그러나 경우에 따라서는 그 가격이 오로지 전용수입만인 경우도 있고, 또는 렌트만으로 구성되는 경우도 있다. [그림 9-11](a)에서와 같이 어떤 요소의 공급곡선이 수평적일 경우(탄력치가무한대일 경우) 요소시장에서 결정된 그 가격으로 고용할 수밖에 없으며, 고용할 경우 다른 용도로 전용되지 않도록 하기 위해 현재의 용도에서 지급해야 하는 전액은 전용수입이므로 이 요소고용의 전액은 전용수입이 된다. 따라서 오로지 전용수입만으로 구성된다. [그림 9-11](b)에서와 같이 요소의 공급곡선이 수직적일 경우(탄성치가 0일 경우)에는

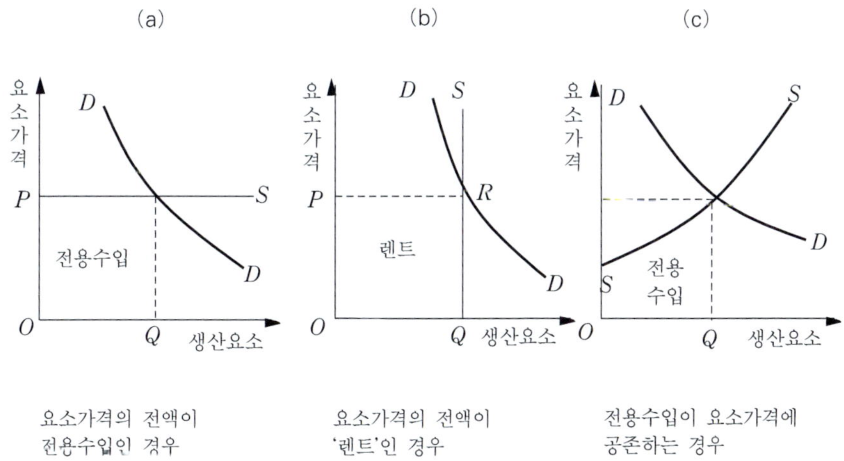

[그림 9-11] 전용수입과 렌트

요소가격이 수요의 크기에 의해서만 그 가격이 결정되며 이렇게 결정된 요소가격에서는 다른 용도로 전용되지 못하게 하기 위한 지불액은 전혀 없다. 따라서 오로지 렌트만으로 구성되어 있다. 그리고 [그림 9-11](c)에서와 같이 공급곡선이 우상향일 경우에는 전용수입과 요소가격이 공존하는 경우이다. 공급곡선이 수평일 때 전액 전용수입이 되고 수직일 때 전액 렌트이므로 우상향일 때는 렌트와 전용수입이 공존하며, 탄력치가 크면 클수록 전용수입이 크고 렌트는 적다. 반면 탄성치가 작으면 작을수록 전용수입은 작고 렌트는 커진다.

2. 사본의 수요 · 공급과 이자율의 결정

자본(capital)이 노동력의 질을 향상시키는 데 투자되면 인석 자본(human capital)이 되고, 자본재를 구입하는 데 사용되면 물적 자본(physical capital)이 된다. 자본이 인적 자본형성에 사용되었을 때는 임금(wages)에 반영되어 소득의 근원이 되며, 자본이 물적 자본의 형태로 소유되었을 때 소득의 원천은 이자(interest)가 된다. 따라서 이자는 자본용역의 대가로서 그 수준은 자본재에 대한 수익률에 대하여 결정된다.

자본을 실물자본으로 본다면 이자율은 실물자본의 수요와 공급과의 관계에서

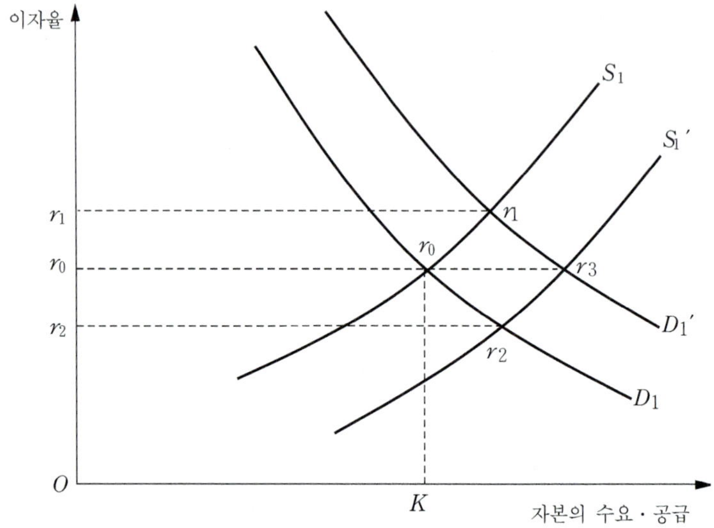

[그림 9-12] 자본의 수요, 공급과 이자율

결정된다. 실물자본의 수요는 투자에 대한 수요를, 그리고 그 공급은 저축의 의향을 의미하는 것이며, 이자율은 투자의 크기와 저축의 의향이 균형되는 점에서 결정된다. 이자율은 투자와 저축을 균등화하는 실질자본용역의 가격이라고 할 수 있다. 이것을 [그림 9-12]를 이용하여 설명하기로 한다.

곡선 D_1은 이자율과 투자의 부(-)의 관계를 나타내는 자본수요곡선이며, 곡선 S_1은 이자율과 저축에 대한 정(+)의 관계를 나타내는 자본공급곡선이다. 자본에 대한 수요는 이자율이 높아지면 그만큼 수요를 줄이고 공급은 이자율이 높아지면 그만큼 저축이 증대되어 공급을 높인다는 가설에 근거하여 자본의 수요곡선은 우상향으로 공급곡선은 우하향으로 나타내고 있다. 이자율은 양곡선의 교차점 r_0에서 결정된다. 이자율이 Or_0보다 높으면 저축(자본공급)이 투자(자본수요)를 초과하여 이자율은 하락하고, 이자율이 Or_0보다 낮으면 투자가 저축을 초과하여 이자율은 상승한다. 그리하여 이자율은 저축과 투자가 같게 되는 점에서 결정된다. 자본수요곡선이 D_1에서 D_1'로 옮겨지면 이자율은 r_1로 상승하며, 자본공급곡선이 S_1부터 S_1'로 옮겨지면 이자율은 r_2로 하락하고, 양자가 다 변화하면 이자율은 r_3로 결정된다. 이러한 이자율 결정이론은 소득을 불변이라고 가정하고 있다.

3. 이 윤

1) 이윤의 정의

임금, 지대, 그리고 이자는 생산의 3요소인 노동, 자연, 자본이라는 생산요소를 장기간에 걸쳐 공급하는 데 대한 대가로 지불되는 가격이다. 이윤(profit)이란 기업의 총수입에서 총비용을 공제한 나머지이며, 잔여소득(residual income)이라고 할 수 있다.

한 기업의 비용에는 명시적 비용(explicit cost), 즉 임금, 지대 또는 타 자원비용, 자본재임대료, 중간재비용과 기회비용(opportunity cost)과 같은 잠재비용(implicit cost)도 포함된다.

이렇게 정의되는 이윤은 무엇에 의해 결정하는가에 대하여 정설은 없다. 그러나 기업이윤은 소득의 중요한 원천이며 오늘날 자본주의 경제를 추진하는 주요한 원동력은 역시 기업이윤이 존재하기 때문이라는 것은 주지의 사실이다.

2) 이윤의 종류 및 학설

(1) 이윤의 종류

우리는 이윤을 정상이윤, 초과이윤 및 독점이윤 세 가지의 형태로 분류할 수 있다.

정상이윤(normal profit)은 완전경쟁의 장기균형 하에 있어서는 기업가의 활동에 대한 보수(payoff)와 자기자본에 대한 이자(interest)를 지불할 수 있을 정도의 이윤액을 말한다. 초과이윤(excess profit) 또는 경제적 이윤(economic profit)은 정상이윤을 초과하는 이윤을 말하고, 독점이윤(monopoly profit)은 독점기업이 정상이윤을 초과하여 취득하는 이윤이다.

(2) 이윤에 대한 학설

완전경쟁 하에서는 모든 기업들이 정상이윤만을 얻고 있고 초과이윤은 단기에만 존재 가능하다. 그러나 독점이윤은 인위적인 것으로 장기에도 소멸하지 않을 수 있다. 이러한 성격을 가진 기업이윤이 발생하는 원인에 대해서는 여러 가지 학설이 있는데 이에 대하여 간추려 보면 다음과 같다.

① 혁신설(이윤동태설)

기업가들의 창의력 또는 혁신(innovation)에 대한 보수라는 것이다. 기업가들이 이윤의 발생가능성을 포착한다든지 또한 새로운 생산기술로 인한 원가절감이나 새로운 상품의 개발로 이윤을 발생시킨다면, 이것은 기업가의 끊임없는 혁신적 활동에 의한 것이라고 할 수 있다.

슘페터(J.A. Schumpeter)에 의하여 주창된 학설로 기업가에 의하여 혁신(innovation)이 이루어지면 새로운 상품이 개발되고 여기에서 이윤이 발생한다. 실질경제에 있어서 시간이 경과함에 따라 다른 경쟁기업이 진입해 들어오게 되어서 이윤은 없어지게 되는데 이러한 경우를 정태(static)라고 하였다. 따라서 신제품의 개발과 같은 혁신에 의하여 동태(dynamic)인 상태가 되면 이윤이 발생하므로 이윤이란, 기업가의 혁신(innovation)의 대가라고 할 수 있으며, 이를 이윤동태설이라고 한다.

실생활에 다양한 종류의 혁신이 이루어진다. 예를 들면, 듀퐁회사는 나이론과 같은 새로운 상품을 개발하였으며 헨리포드 자동차회사는 조립식 라인을 혁신적으로 만들었다.

슘페터에 따르면 이윤은 기업가의 혁신에 대한 대가로 얻어진다. 혁신이란 새로운 제품의 생산, 새로운 생산방법 및 기술, 새로운 판로개척과 새로운 자원의 발견 등을 말한다.

② 위험부담설

우리들의 일상생활에는 불확실성(uncertainty)이 존재한다. 기업에서도 영업활동에 대해서는 장래의 위험(risk)이 언제나 수반된다. 특히 자본주의 경제는 그의 무정부적 생산이라는 성격때문에 끊임없이 경제변동에 당면하게 되고 그 때문에 기업경영은 언제나 많은 위험이 따른다. 나이트(F. Knight) 교수에 따르면, 모든 경제적 이윤은 불확실성에 기인한다는 것이다. 즉, 예상할 수도 없고 불확실한 위험성을 택하는 데 대한 보수라는 것이다. 이것이 나이트(Knight)의 위험부담설이다.

③ 착취설

착취설(theory of exploitation)은 마르크스(K. Marx)가 주장한 이론으로 근로자에 의해 생산된 것을 모두 근로자에게 분배하지 않고 자본가가 그것을 착취한 부분이 이윤이라고 본다.

즉, 자본주의 경제 하에서 근로자는 임금근로자로 일반화하게 되는데 자본가는 고용근로자에게 잉여노동을 강요함으로써 잉여가치를 이윤이라는 형식으로 착취한다는 것이 착취설이다.

④ 독점설

경쟁(competition)에 의한 정태적 균형(static equilibrium)으로서의 수렴을 방해하는 독점의 존재에서 이윤이 발생한다고 하는 이론으로서 챔벌린(E.H. Chamberlin), 파레토(V. Pareto)에 의해 주장되었다.

⑤ 잔여설

리카도(D. Ricardo)가 주장한 이론으로 이윤의 크기는 기업이 생산한 생산물의 가치에서 임금, 지대, 재료비, 감가상각비 등과 같은 비용을 공제한 나머지라고 보는 견해이다.

리카도의 잔여설은 자본이윤(총수입에서 이자 이외의 비용을 뺀 이윤)이라고 말하고 있다. 왜냐하면 잔여설에서는 이자비용을 생각하지 않고 있기 때문이다.

•관련인물• 슘페터는 20세기를 이끈 경제학자

Joseph Alois Schumpeter (1883~1950)

슘페터(Joseph A. Schumpeter)는 케인즈(J. M. Keynes) 못지 않은 경제학계의 거물이다. 슘페터는 케인즈와 같은 해인 1883년 오스트리아 헝가리 제국에서 직물제조업자인 부친 아래에서 외아들로 태어났다. 4세 때 아버지를 여의고 10세 때 어머니는 그라쯔로 이사하여 퇴역 장군과 재혼했다.

의붓아버지 덕분에 슘페터는 최상급 학교에 다닐 수 있었고 1901년 비인대학에 입학하여 오스트리아학파 경제학자에게서 경제학을 배웠다. 졸업 후 체르노비츠, 그라쯔 대학에서 강의했다. 1919년 그는 오스트리아 재무상을 지냈고 1920년에는 민간은행장도 역임했다. 1924년부터 독일 본 대학의 교수로 있다가 히틀러가 등장하자 1932년에 미국으로 이민했다. 슘페터는 하버드대학에서 경제이론을 가르치며 계량경제학 회장과 미국 경제학 회장 등을 역임했다. 경제변동론, 경제발전론, 경제체제론, 경제학설사 등 광범한 분야에서 그는 많은 연구업적을 남겼다. 그렇지만 생전에는 케인즈의 업적이 널리 받아들여짐에 따라 슘페터의 업적은 각광받지 못했다.

슘페터의 경제사상은 세 가지 측면에서 음미할 수 있다. 첫째, 매번 똑같은 경제행위가 반복되는 정태적 측면이다. 정태적인 상태에서는 경제발전이 일어나지 않고 이윤도 발생하지 않는다. 둘째, 동태적 측면에서는 창의적인 기업가가 기술혁신(innovation)에 의하여 순환적 흐름을 깨는 창조적 파괴가 발생한다. 생산방법의 혁신, 신상품 개발, 신원료 개발, 신시장 개척, 새로운 경영조직의 출현 등 기술혁신에 의해 기업이윤이 발생하고 경제가 발전하게 되므로 기술혁신을 자본주의 발전의 원동력이라고 간주했다. 셋째, 슘페터의 업적은 경제영역을 넘어서 정치, 사회부문에 걸쳐 있다. 그는 기업가의 창의성이 사라져 자본주의에 대한 비판이 거세지면 자본주의는 서서히 사회주의로 대체될 것이라고 예견했다. 다행히 기업가정신(entrepre- neurship)은 날로 중요해져 자본주의는 발전하고 있는 반면, 사회주의는 몰락의 길을 걷고 있다.

정부개입에 의한 수요관리라는 케인즈의 정책처방이 빛을 바랜 후 기업가의 혁신정신을 강조한 슘페터의 사상은 특이하다.

제 3 편

형평성, 독과점문제와 정부

제10장 소득분배, 빈곤문제 그리고 형평성
제11장 독점시장에서 생산량과 가격
제12장 과점, 독점적 경쟁시장
제13장 시장경제와 정부

제 10 장
소득분배, 빈곤문제 그리고 형평성

제1절 불평등발생의 원인구명과 측정

1. 소득분배의 두 가지 기준

소득의 분배문제에 접근하는 방법은 크게 두 가지로 나누어 볼 수 있다. 그 하나는 기능적 분배이론(functional distribution)이고 또 다른 하나는 인적 분배이론(personal distribution)이다.

기능적 분배란 각자가 소유하고 있는 생산요소의 경제적 기능을 기준으로 소득이 분배되어야 한다는 것이다. 따라서 노동용역, 토지용역, 자본용역, 기업경영 등 각 생산요소의 생산적 기능을 중심으로 하여 분배문제를 다루는 것이다. 이러한 기능적 분배이론은 리카도(D. Ricardo), 마르크스(K. Marx) 등이 관심을 보였다. 이들은 계급간의 소득분배의 구명에 중점을 두고 있다.

그러나 생산요소로서의 기능을 기준으로 하는 기능적 소득분배에는 다음과 같은 문제가 따른다.[1)]

(1) 한계생산력에 따라 소득을 분배하게 되면 사회적으로 볼 때 노인, 불치의 질환자, 정신박약자 등 생산능력이 없는 계층은 소득의 분배를 받지 못하므로 이들의 생존이 불가능하게 될 수 있다.

(2) 기업에서 생산되는 상품의 수가 많고 또한 국내외에서 이루어지는 경우 생산요소(노동, 토지, 자본 등)간의 상호긴밀한 연관관계로 인해 각 생산요소의 한계생산성을 정확하게 계산하는 것이 기술적으로 거의 불가능하다.

1) 송병락, 經濟成長과 分配(서울 : 박영사, 1983), pp. 176～177.

(3) 개개인의 생산성보다는 국가적인 차원에서 임금수준이 결정되는 경우(예를 들면 공무원, 군인, 국영기업체 직원 등)에 분배는 한계생산력에 따라 결정되지 않는 경우도 많다.

(4) 현대경제사회에서는 주택, 부동산, 주식 등에서 발생하는 재산소득을 근로자들도 얻을 수 있고 자영업주 등의 경우에서처럼 자본가들도 소득의 상당부분이 스스로의 노동에 대한 대가인 근로소득으로 얻어질 수도 있다. 이렇게 볼 때 개인 및 가계소득은 근로소득과 재산소득이 분리된 것이 아니라 혼합된 경우가 많다.

(5) 한계생산력은 기업가가 생산요소를 어떻게 고용하는가는 잘 설명하나 요소공급자가 소득을 얼마나 분배받는가는 잘 설명한다고 볼 수 없다.

이상과 같은 이유에서 소득을 생산요소의 기능중심이 아니라 사람중심, 가계중심 또는 소득계층중심으로 파악하는 것이 기능적 분배보다는 실용적이라고 할 수 있다.

일반적으로 분배문제를 거론할 때 많은 사람들의 직접적인 관심은 개인의 가계에 지속되는 이른바 현실의 생활수준을 좌우하는 소득의 크기에 있으며, 이러한 소득분배의 문제를 앞에서 언급한 바와 같이 소득의 인적 분배 또는 계층별 분배라고 한다. 이는 개인 또는 가계가 실제로 받은 소득의 크기를 문제삼는 것이며, 흔히 소득의 불평등(income inequality) 문제를 거론할 때 분배의 개념은 바로 이 인적 분배를 의미한다. 즉, 소득의 불균등 문제, 빈부의 문제를 논의할 때 분배문제란 바로 인적 분배문제를 말한다. 그러므로 소득분배의 문제를 거론할 때, 인적 소득분배와 기능적 소득분배의 문제를 구별해야 한다.

한편, 소득분배(distribution of income)이론은 계층별 소득분포상태에 관하여 관찰하는 **인적 소득분배**(personal income distribution)[2]이론과 기업의 고용이론에 대한 **기능적 소득분배**(functional income distribution)[3]이론으로 구분할 수 있다.

기능적 소득분배(functional distribution of income)이론은 생산요소시장에서의 수요와 공급에 의해 요소가격(임금, 이자, 지대, 이윤)이 결정되고, 이에 따라 생산요소 소유자인 각 개인의 소득이 아울러 결정되는 것이다. 이와 같이 생산에

---

2) 인적 소득분배이론은 한 가계 소득결정요인과 계층간의 분배를 연구대상으로 하는 것이라고 할 수 있다. 그런 의미에서 계층별 소득분배이론이라고 한다.

3) 기능적 분배이론은 생산요소를 어떤 원리에 의하여 고용하는가 하는 기업의 고용이론이며 주로 노동가치설을 중심으로 요소에 대한 고용이론이 전개된다. 왜냐하면 고전학파들의 노동가치설을 밑바탕으로 하기 때문이다.

참여하는 생산요소 사이에 어떻게 분배가 이루어지는가로 접근하는 것이 기능적 소득분배이론이다.

인적 소득분배이론은 계층간의 소득분포상태에 대하여 살펴보는 것인데 한 사회의 소득분배의 불평등도(inequality)를 하나의 수치로 나타냄으로써 현실의 분배상태가 어떠한가를 알 수 있다. 그런 의미에서 계층별 소득분배이론이라고도 부른다.

2. 계층별 소득분배의 측정방법

계층별 소득분배에 관한 연구는 과연 고도성장의 결실에 참여한 각 계층에 얼마나 골고루 배분되었는가, 즉 소득분배의 평등 또는 불평등도가 어떻게 달라졌는가를 실증적으로 밝혀 준다는 점에서 한국경제의 현단계에서 중요한 의미를 가질 뿐만 아니라 앞으로의 복지정책을 제시하는데 있어 기초적인 자료가 되는 것이다.

계층별 소득분배가 어느 정도 불평등한가를 측정하는 방법에는 여러 가지가 있으나 여기서는 대표적인 몇 가지 방법에 의해서 소득분배의 불평등도를 나타내는 지표에 대해 살펴보기로 한다.4)

1) 로렌쯔곡선에 의한 측정

로렌쯔곡선(Lorenz curve)은 한 사회의 구성원을 소득이 가장 낮은 사람으로부터 높아지는 순서대로 배열한다고 할 때, 하위 몇 %에 해당하는 사람들이 차지하는 전체소득 중의 비율을 나타내는 점들의 궤적을 곡선으로 나타낸 것이다. 예를 들어 [그림 10-1]에서 로렌쯔곡선상의 점인 a는 이 곡선이 대표하고 있는 사회의 하위소득층 30%가 차지하고 있는 비중이 사회 전체 소득의 12% 라는 사실을 나타내고 있다. 만일 이렇게 구해진 로렌쯔곡선이 그림에서 보여주고 있는 대각선 $0A$와 일치한다면 이는 완전히 평등한 분배가 이루어져 있음을 의미한다.

4) 이에 대해서는 李俊九, 소득분배의 이론과 현실(다산출판사, 1989), pp. 153~206에 자세히 설명되어 있으니 참고바람.

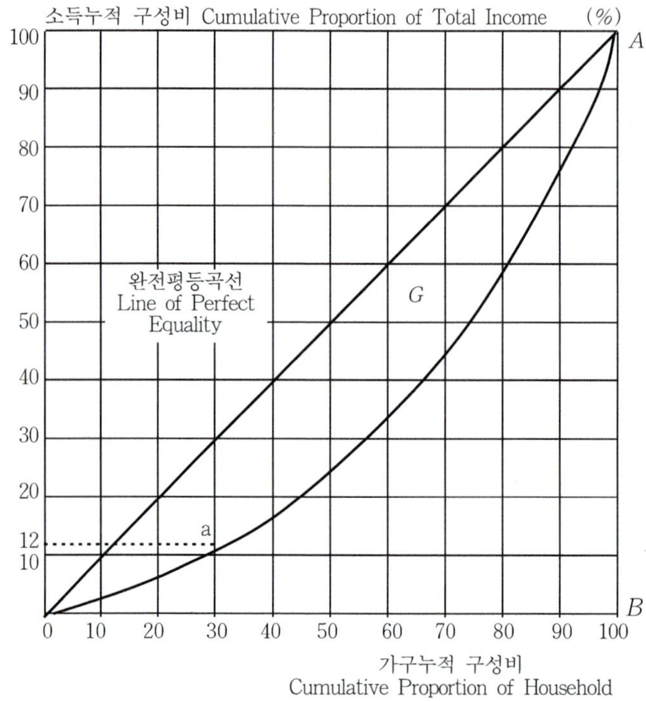

[그림 10-1] 로렌쯔 곡선

주 : 완전 평등선과 로렌쯔 곡선에 의해 이루어진 면적이 클수록 소득분포의 불평등도도 크며 불평등도를 측정하는 Gini 계수는 완전평등인 0에서부터 완전불평등인 1까지의 수치를 갖는다.

2) 지니계수에 의한 측정

로렌쯔곡선이 소득분배상태를 그림으로는 잘 나타내나 불평등도나 그 곡선이 변할 때 그 차이를 하나의 수치로 나타낼 수 없는 단점을 보완하기 위해 고안된 것이 지니계수(Gini coefficient) 이다. 만일 어떤 사회에 있어서 모든 소득이 한 사람에게 집중되어 있다라면, 이는 가장 완전한 불평등분배를 의미하게 된다. 지니계수는 0에서 1까지의 값을 가지며 1에 가까울수록 불평등도가 커지게 된다. 이로 하여금 지니계수가 상대적인 평균소득격차(relative mean difference) 로써 불평등도를 나타내고 있다는 사실을 알 수 있다.

또한 이 지니계수는 앞서 보았던 로렌쯔곡선과 아주 밀접한 관계를 갖고 있다. 지니계수는 앞에서 본 [그림 10-1]에서의 완전히 평등한 분배를 나타내는 대각선 $0A$ 와 로렌쯔곡선 사이의 면적(G) 과 대각선 밑부분의 전체 면적 ($\Delta 0AB$)과의 비율 ($\frac{G}{\Delta 0AB}$) 로 나타날 수도 있다.

우리나라의 지니계수는 경제개발기를 거치면서 유사한 성장과정을 겪었던 다른 개발도상국가들에 비해서는 낮은 수준을 보여 왔다. 그러나 외환위기 이후에는 지니계수가 점차 증가하고 있는 추세를 보이고 있어 소득불균등의 정도가 높아지고 있는 것으로 파악되고 있다.

1993년 0.281에 머물던 도시근로자의 지니계수는 외환위기 이후인 1998년 처음 0.30을 상회한 이후 1999년에는 0.320까지 상승하였다. 그 후 상승세는 멈추었으나 2010년도에도 0.310을 기록하여 여전히 0.30을 상회하고 있다.

우리나라 지니계수 추이

1993	1998	1999	2006	2007	2008	2009	2010
0.281	0.30	0.320	0.306	0.312	0.314	0.314	0.310

자료 : 통계청, 「도시가계조사」

지니계수

지니계수는 이탈리아의 인구통계학자인 코라도 지니(Corrado Gini)가 개발한 경제지표로서 특정 국가 또는 사회의 소득 불평등정도를 나타내는 대표적 지표이다. 지니계수는 0부터 1까지의 수치로 표시되는데, 계수가 0인 경우 완전 평등상태를 의미하며 1에 가까울수록 불평등 정도가 심해짐을 의미한다. 지니계수는 주로 한 사회의 소득이 어느 정도 균등하게 분배되고 있는가를 평가하는 데 이용되고 있으나, 이 밖에도 근로소득, 사업소득과 같이 소득의 세부항목별 불균등 정도의 측정 또는 부동산과 금융자산간의 분배정도를 파악하는 데에도 광범위하게 이용되고 있다.

- 지니계수의 계산방법

지니계수를 계산하기 위해서는 한 사회의 소득분포도를 먼저 만들어야 한다. 가로축에는 인구의 누적백분율을 표시하고 세로축에는 인구누적구간에 해당하는 총소득액의 누적백분율을 표시한다. 이러한 소득분포도에 의해 도출되는 곡선이 바로 한 사회의 실질적인 소득배분곡선을 나타내는 로렌츠곡선이다. 지니계수를 산출하기 위해서는 이 소득분포도 위에 가상의 완전평등분배선(45° 선)을 긋는다. 그 후 소득분배균등선과 가로, 세로축이 이루는 삼각형의 면적과 소득분배균등선과 로렌츠곡선 사이의 면적비율을 구하면 그 비율이 지니계수이다. 지니계수가 어느 정도여야 한 사회의 소득이 불균등한지에 대한 엄밀한 기준은 없으나 일반적으로 0.4를 상회할 경우 소득이 불균등한 것으로 간주한다.

3) 십분위분배율에 의한 측정

지니계수는 한 나라의 전부문의 소득분배상태를 하나의 수치로 나타내는 장점이 있으나 저소득층, 중산층 및 고소득층 등의 소득계층별 분배상태를 나타내지 못한다는 단점을 지니고 있다. 즉, 저소득층에 소득이 많이 분배되고 고소득층에는 적게 분배되거나, 그 반대가 되더라도 [그림 10-1]에서의 완전히 평등한 분배를 나타내는 대각선 $0A$ 와 로렌쯔곡선 사이의 면적(G)이 같은 경우에는 지니계수의 값은 같게 되는 단점이 있다.

현실적으로 중요한 것은 저소득층 등의 소득계층별 분배상태인데 지니계수로서는 이를 측정할 수 없다는 것이다. 이러한 지니계수의 단점을 보완하기 위해서 고안된 것이 십분위분배율(deciles distribution ratio)이라고 할 수 있다.

십분위분배율은 전가구를 소득수준이 낮은 순서대로 10％씩 나누어, 그들이 총소득 중에서 얼마나 점유하고 있는가를 비율로 나타내는 방법이다. 십분위분배율지수는 하위 40％에 해당하는 소득계층이 점유하는 소득의 비율을 상위 20％에 해당하는 소득계층이 점유하는 소득의 비율로 나눈 수치이다. 따라서 십분위분배율이 높을수록 하위 40％에 해당하는 소득계층의 상대적 소득이 증가하는 것이므로 분배상태가 개선됨을(평등한 분배) 의미하는 것이라고 할 수 있다. 소득이 완전히 평등하게 분배되었다면 십분위분배율이 2가 된다. 반대로 소득이 완전히 평등하게 분배되었다면 십분위분배율이 0이 된다. 그러나 현실적으로는 보통 0에서 1 사이의 값으로 나타난다.

〈우리나라 십분위분배율〉

2006년	2007년	2008년	2009년	2010년
0.286	0.273	0.271	0.278	0.290

3. 계층별 소득분배가 왜 불평등한가?[5)] : 개인적인 특성에서 차이를 찾으려는 시도

1) 능력설(ability theory)

능력설의 요지는 노동자의 생산성 및 소득차이는 개인의 능력에 기인한다는 것이다. 즉, 소득격차요인이 개인의 능력에 의해 이루어진다는 것이다. 그리고 개인의 능력이란 정신적, 육체적 능력을 의미하며 이것은 정규분포(normal distribution)에 따른다고 본다.

그러나 소득을 결정짓는 능력이 정규분포에 따르는 것이 아니라 대수정규분포에 따른다는 주장이 제시되고 있다. 멘델보트(B. Mandelbort)에 의하면, 능력이란 각 속성을 가지고 있으며 이것이 승수적으로 결합되어 직업별소득은 대수정규분포(log normal distribution)에 따른다고 지적되고 있다. 즉, 능력이란 것은 체력·지력·결단력 등 여러 가지 차원에 의해 좌우된다고 본다. 또한 개인의 속성은 승수적으로 결합하여 여러 가지 능력을 창출시킨다. 그 결과로 직업별 소득은 대수정규분포에 따르게 된다는 것이다.

능력설은 경제주체의 효용극대화를 상정했다는 점에서 단순한 확률적 과정모형보다는 우수한 측면이 있다고 하겠으나, 한계생산력이 생산과정에서 협동(결합)하는 타생산요소의 양적·질적인 면에 따라 결정되어진다는 점이 무시되고 있다. 또한 그 가치는 생산물가격에 의존하고 그 가격은 수요측면 특히 타 경제주체의 소득수준에 크게 좌우된다는 점이 간과되고 있다. 이러한 점에서 소득이 단순히 개개인의 능력발휘에만 의존한다는 주장은 소득불평등과 빈곤의 원인 및 내책에 유용한 짐을 주지 못하고 있다는 것으로 지적되고 있다. 다시 말해서 개인에 귀속되는 한계가치생산물(VMP)을 고립된 개인의 능력발휘에 의한 공헌만으로 간주할 수 없으며, 능력은 모두 선천적으로 타고난 것으로 보아 불변이라고 산정한 것도 비현실적이라 하지 않을 수 없다. 가정환경, 교육제도, 사내훈련 등 능력을 규정하는 것에는 여러 가지 요인을 생각할 수 있기 때문이다. 따라서 능력설의 근거는 매우 단순하고 기계론적이라고 할 수 있다.[6)]

---

5) G. S. Sohota, "Theories of Personal Income Distribution", A. Survey The Jour. of Econ. Liter, vol.16, No.1, (March 1978), pp.1~55에 의거하고 있음.

6) 능력설에 관하여 오늘날 주목을 집중시키고 있는 것은 리달(H.F. Lydall)에 의한 "'D' 요소"(the 'D' factor)이다. 리달에 의하면 인식능력(cognitive ability)은 단지 지력(intelligence)

요컨대 능력설은 현실적 소득불평등에 관한 설명이론으로서 일면의 현실성을 갖고 있지만 사회경제적 구조의 소득분배에 미치는 영향을 고려하지 않았다는 점에서 큰 결함을 가지고 있다고 할 수 있다.

2) 확률이론(stochastic theory)

확률이론은 소득분포가 순수히 확률적 요인에 의해서 결정된다는 것이다. 따라서 경제순환의 메카니즘이라든지 혹은 제도적 요인과는 전혀 관계 없는 것으로 보고 있다. 이 이론에 의하면, 소득분배의 비대칭의 형태는 주로 찬스, 행운, 우연적 발생 등에 의존한다는 것이다. 즉, 확률의 통계적 법칙에 근거를 두어 소득분포가 순수 확률적 요인만으로 결정된다는 것이다. 우연하게 온천수를 발견하여 부자가 될 수도 있다. 그러나 소득불평등의 기본적 원인을 우연과 행운의 작용으로 또는 확률적 요인 등에서 찾는다는 것은 설득력이 적다.

요컨대 확률이론은 소득불평등과 빈부격차의 요인을 인간의 힘으로 어찌할 수 없는 자연적인 과정으로서의 우연과 운명에서 찾고 있는 것이라 할 수 있다.

3) 개인선택이론(individual choice theory)

개인석택이론에 의하면, 시간경과에 따라 현금소득(cash income) 및 비금전적 이익을 가져오는 서로 다른 기회의 선택에 의해 소득차이가 발생한다는 것이다. 그리고 이러한 선택은 선택행위로부터 얻어지는 효용(utility) 의 실질적인 기대에 근거를 두고 있다. 즉, 일정시점에서 측정된 소득의 분포는 효용극대화 준칙에 따라 현재와 장래에 있어서 상이한 현금소득과 비금전상의 이익을 가져오는 여러 기회들 간의 개인의 선택에 의해 크게 좌우된다고 보는, 말하자면 소득격차에 관한 효용극대화 모형이라고 할 수 있다.

이 이론은 확실성 하에서 이루어지는 선택의 경우에도 적용되지만, 프리드만(M. Friedman) 은 이를 불확실성 하의 선택에까지 발전시켰다. 프리드만 모형에 의하면, 위험선호(risk-preference) 는 어느 정도 소득 자체의 함수이고 위험

의 한 유형에 불과하고 이것은 정규분포에 따른다는 것이다. 그러나 다른 능력, 즉 가장 중요한 능력의 하나는 "the 'D'factor"라는 것이다. 여기서 "'D' factor" 란 Drive(정력), Dynamism(추진력), Deggedness(근기 또는 기력), Determination(판단력) 등을 나타내고 있다.

회피(risk-averter) 는 그렇지 않다는 것이다. 예를 들면, 저축(축적된 부)을 통화(Money)와 채권(Bonds)으로 보유할 경우 채권을 보유할 때 보다 큰 소득을 가져다 줄 것이다.

4) 유산상속설(inheritance theory)

소득의 기능적 분배이론에 따르면, 자본가들은 더 많은 자본(또는 재산)을 가질수록 더 많이 투자하고 축적할 수 있고 더 많은 이윤을 벌 수 있다는 것을 알 수 있다. 여기서 설명하게 되는 유산상속설은 이러한 기능적 분배이론에서와 같이 재산수단으로서의 자본의 소유와 상속이 소득분배에 미치는 영향을 중시하고 있다.

이 이론에 따르면, 자본가는 자본의 소유에 의해 그들 및 그들의 후손까지 경제적 지위(위치)를 영속시킨다는 것이다. 즉, 보다 많이 갖고 있으면 보다 많이 축적하고 투자하며 이로써 보다 많은 이윤을 얻게 되고, 따라서 보다 많은 저축과 재투자를 할 수 있고 보다 많은 자본취득(capital gains)을 할 수 있다. 이와 같이 자본소유에 의해 자본가들의 부가 증대하여 이 부가 후손에게 상속됨(상속재산)으로써 자식들의 부도 같은 메카니즘을 통해 증대된다는 것이다. 반면 상속받은 재산없이 노동소득만을 얻고 저축할 여력이 없는 노동자계층은 부를 축적할 수 없고 따라서 후손에게까지 상속해줄 부가 없다. 그래서 노동자계층과 자본가계층간에 부와 빈곤이 세대적으로 재생산된다. 이처럼 재산상속설은 재산의 소유와 상속 · 증여(inheritance, donation)를 소득불평등의 기본요인으로 보고 자본가계층과 노동자계층간의 소득불평등을 자산격차에서 찾고 있다.

요컨대 유산상속설은 자본 또는 재산의 소유와 상속의 중요성을 지적하여 주고 있지만 현실의 사회에서 부가 증대(증식)되어가는 구체적 메카니즘에 대한 분석이 결여되어 있다는 점이 지적되고 있다.

5) 인직자본설(human capital theory) : 교육투자의 이론

인적자본설은 개인의 소득차이를 개인의 소득가득능력을 좌우하는 요인에서 찾고 있다. 그리고 소득가득능력을 좌우하는 요인으로 학교교육(schooling), 현장교육(on-the-job training), 건강유지(human health), 이주(human migration),

구직행위(job search), 정보(information evalution) 등으로 보고 있다. 즉, 노동소득결정의 기본요소를 위해서 열거한 요인들로 보고 있으며 노동소득불평등의 원인을 이들 요인의 개인별 차이에서 찾고 있다.

특히 베커(G.S. Becker) 및 민서(J. Mincer) 등에 의하면, 각 개인은 교육(사내교육, 현지교육 등을 포함)을 하나의 투자로 생각하여 투자의 한계효율이 그 기회비용과 같아지도록 교육의 기간을 결정한다. 개인의 가득수입은 개인의 교육수준과 보수율에 의해 결정된다. 이것이 베이커의 교육투자이론의 요지이다.

교육투자의 이론은 교육수준결정에 관한 개인의 주체적 균형이론 및 사내훈련의 수준결정에 관한 기업의 주체적 균형이론으로서는 그 나름대로 유용한 분석도구가 될 수 있다. 그러나 교육의 보수율이 어떻게 결정되어지는가에 대해서 이 이론은 설명해 주고 있지 못하다. 또 투자수익의 예상이 정확하다는 것을 전제로 하고 있으나 이러한 가정의 상정은 비현실적이다. 또한 졸업할 때의 능력을 고정적으로 보아 사내교육을 받지 않는 한 불변이라고 하는 생각도 설득력을 갖지 못한다. 왜냐하면 학교교육 이전의 가정교육 및 학교교육과는 별개의 가정교육의 두 요인도 학교교육과 병행하여 개인의 능력에 큰 기능을 발휘하게 한다고 볼 수 있다. 따라서 교육기간이 동일하여도 생산능력에 따른 소득의 차이도 다르게 나타나는 것이 일반적인 경향이라 할 수 있다. 또한 경험이든 학습이든 이것들이 생산성을 높일 수도 있다.

4. 재분배정책과 그 한계

1) 재분배정책

재분배정책은 개인의 경제활동결과로 나타나는 부의 불평등을 다시 해소하려는 것에 대한 접근이라 할 수 있다. 따라서 분배이론과 재분배이론은 사실상 엄격하게 구별되는 개념이다. 분배이론은 요소투입과 요소소득 사이의 상호관계를 규명하는 것, 즉 소득결정의 미시적 이론이다. 반면 재분배이론은 1차적인 소득분배가 결정된 후 2차적인 분배에 해당되는 것으로 1차적 분배와는 시차를 수반하는 개념이다. 정책수단으로는 조세를 통한 재분배로서 소득세의 누진제도라든가 소비세의 면세제도 등이 있고, 재정지출을 통한 재분배로서는 주택·교육·보건 등의 공공재의 공급, 빈곤층에 공적 부조, 사회보장제도, 가격지지

제도, 그리고 각종 정부보조금 등을 들 수 있다.

그런데 이때 우리가 다시 한번 강조하여야 할 점은 소득의 재분배를 위한 정책수단이 좋은 것이라 할지라도 그것은 경제적 효율성을 크게 저해하지 않는 범위 내에서 그 정책이 시행되어야 한다는 것이다. 순수하게 경제효율만을 추구한다면 분배상태가 악화일로에 있게 되며, 분배의 형평만을 너무 추구하다 보면 경제효율이 저하되기 마련이다. 따라서 분배의 형평성과 경제적 효율성과의 관계를 어떻게 조화롭게 하느냐가 재분배정책의 수단설정에 있어서 중요한 과제라 할 수 있다.

2) 재분배정책의 한계

재분배는 고소득층으로부터 저소득층으로 소득의 일부가 이전됨으로써 이루어진다. 그러므로 소득의 불균등을 완화시키기 위해서는 재분배가 필요불가결하게 된다.[7] 그런데 재분배를 통해서 사회구성원 모두의 후생수준(효용수준)을 개선시킬 수 있느냐 하는 것이 재분배의 문제점으로 제기된다. 또한 소득재분배정책은 소득불평등과 빈곤문제를 사후적으로 어느 정도 완화시키고자 하는 국가의 정책이다. 그런데 소득불평등 및 빈곤은 시장기능을 통해서 창출되는, 즉 자본주의 경제의 결함에서 비롯되는 것이다. 따라서 자본주의 사회의 불평등한 사회경제구조는 그대로 두고 거기에서 비롯되는 문제점은 사후적으로 어느 정도 완화시키고자 하는데에는 근본적으로 한계성을 가지게 된다.

그리고 그동안 주요 선진국가에서 실시되고 있는 소득재분배정책은 사후적으로도 충분히 소득불평등과 빈곤을 완화시키지는 못하였다. 현실적으로 볼 때 누진세제의 경우 실효세율에 있어서 고소득층에 대해 높은 누진세율이 적용되고 있지 않으며 경우에 따라서는 오히려 고소득층일수록 세율이 낮은 경우조차 있어 누진세제의 참뜻이 실현되지 못하고 있는 경우도 있다. 또한 역사적인 경험에 의하면 소득재분배정책의 소득불평등분배와 빈곤을 크게 완화할 수 있는 정책으로서는 어떤 한계가 있으며, 자본주의 경제발전과 소득불평등 및 빈곤의 실질적인 완화가 양립하기 어렵다는 사실을 알 수 있다.

---

7) 일반적으로 경제학에서 분배이론은 결제활동과정에서 나타나는 유량(flow)변수인 소득이 분석대상이며, flow에서 분배를 다룬다. 반면 재분배론은 경제활동의 결과로 나타나는 저량(stock)변수인 부가 분석대상이며 경제체제 내의 stock에서의 분배를 다루는 것이다.

제 2 절 빈곤의 개념:정의 및 계측

1. 절대적 빈곤과 상대적 빈곤

빈곤문제는 어느 시대, 어느 국가에서도 존재한다. 그러나 빈곤(poverty) 이란 시대에 따라 또한 나라간의 문화·사회적 환경 등의 요인에 따라 달리 정의될 수 있다. 예컨대, 스미스(A. Smith)는 18세기 말 영국에서는 가난한 노동자들도 린넨셔츠(a linen shirt)를 입었으나 그리스·로마인이 살던 시대에는 귀족들도 린넨셔츠를 입지 않고도 수치심을 느끼지 않았을 것이라는 점을 들면서, 빈곤이 시대에 따라 달라짐을 예시하고 있다. 마르크스(K. Marx)는 노동자들에게 꼭 필요한 욕구는 역사적 발전의 산업물 그 자체이며 또한 이것은 문화정도에 크게 의존한다고 봤다. 이는 곧 빈곤은 단순히 노동자들이 생계유지에 필요한 최소한의 생물학적 의미의 물적 부 뿐만 아니라 역사적·문화적 요인에 따라서 달라진다는 점을 나타내고 있다.

이처럼 빈곤에 대한 개념은 시대적, 국가간의 차이를 보이고 있으며 또한 빈곤의 개념은 단순히 부나 자원의 결핍상태 이상의 심리적·사회적·문화적 의미를 내포하고 있다. 때문에 빈곤문제 및 이에 대한 대책은 해당 국가나 사회의 사회적·경제적 구조 내에서 취급되어진다. 그래서 국가간에 유사점이 있는 반면 경우에 따라서는 많은 차이가 있을 수도 있다.

요컨대 빈곤이란 무엇이고, 누가 빈자냐 하는 문제에 대한 해답은 간단한 것 같지만 결코 용이하지 않다. 빈곤에 대한 정의는 지역적·심리적·시대적 특성 때문에 모든 사회적 상황에 일률적으로 적용시킬 수 있는 빈곤의 측정기준이 없으므로 빈곤문제를 지니고 있는 해당 사회나 국가의 사회적·경제적 구조의 테두리 내에서 가능하다는 것이다.

학자들은 빈곤의 개념을, 첫째 개인의 사회적 존엄성을 유지하는 물질생활을 영위하기 위해 필요로 하는 최소한의 물질적 자원이 결핍된 상태와, 둘째 상위계층과의 비교에서 오는 상대적 격차에 의해서 발생하는 상대적 빈곤의 개념을 모두 포함하는 개념으로 이해하고 있다. 전자를 절대적 빈곤(subsistence definition of poverty)이라 하는데 이는 한 국가가 가정의 최저생활을 보장하기 위해 설정한 최소한의 소득수준에 따라 빈곤을 개념화한 것이다.

기본적 욕구방법은 빈곤을 기본적 욕구를 해결하지 못하는 상태로 보고 빈곤선은 이러한 욕구를 해결하는데 드는 비용에서 결정한다. 무엇을 기본욕구로 여기느냐 하는 것이 빈곤의 결정 유무를 짓는다. 어떤 특정시기의 특정사회의 생존에 필요한 최소한의 기본적 욕구가 무엇이냐에 대하여서는 결국 음식, 주거, 그리고 의복에의 욕구들이고 그 중에서도 특히 음식에의 욕구를 가장 기본으로 삼는 경향이 있다. 음식비 비율 방법은 음식비가 소득에서 차지하는 일정한 비율이 빈곤선이 된다. 따라서 이러한 비율보다 높은 비율의 음식비를 사용하는 가구는 빈곤가구가 된다.

절대적 빈곤에 있어서는 전문가가 어떤 절대적인 기준을 정하는가에 그 중요성이 있으며, 소득 불평등의 정도보다는 생존의 수준에 더 초점을 둔다. 따라서 이 개념 하에서는 빈곤을 정의하는데 있어 사회구성원의 전반적인 생활수준이나 사람들의 취향 혹은 가치관 등은 고려하지 않는다. 말하자면 최저생계비가 보장되지 않을 정도의 가난(빈곤)을 절대빈곤의 개념으로 파악하는 것이다.

한편 '최저생계보장'소득(minimum-subsistence income)을 계산하는데 있어서는 최저생계유지소득을 생계비용(가계비용)의 측면에서 계산하고 있다. 즉, 소득 중 약 1/3을 식품비용으로 지출하는 가정을 가난한 가정으로 보아 생계유지 식생활에 필요한 경비(즉, 최저생계비)에 3배하여 최저생계 유지소득(또는 최저생활소득)을 계산한다. 오늘날 '빈곤선' 소득 또는 '빈곤선' 은 이러한 기준에 의해서 결정하는 것이 일반적이다. 다시 말해서 오늘날 빈곤선 소득 또는 빈곤선은 가계비 중 식료품비의 몇 배(예컨대 3배)에 해당하는 금액으로 정하는 것이 일반적이다. 이때 물론 부유한 가구가 아니라 저축이 거의 불가능할 뿐만 아니라 오락 등 여유있는 생활을 거의 할 수 없는 저소득층가계의 생활비를 기준으로 해야 한다.

그리고 후자를 상대적 빈곤이라 하며 주어진 사회의 다른 사람들보다 적게 가질 때의 빈곤이라고 말할 수 있다. 절대적 빈곤의 개념이 빈곤을 일반 사회구성원의 생활수준과는 별개의 생존개념으로 본 반면에 상대적 빈곤은 특정사회의 전반적인 생활수준과 밀접한 관련 하에 상대적 박탈감과 불평등의 개념을 중시한다. 따라서 이 개념 하에서의 빈곤선은 특정사회의 구성원 대다수가 누리는 생활수준에 못 미치는 수준이기 때문에 특정사회의 생활수준과 사회적 관습에 따라 크게 달라진다. 이는 한 사회의 소득분배에 있어서 하위계층과 상위계층(비교적 윤택한 위치의 계층) 의 수입을 비교함으로써 빈곤을 개념화시키는 것이다. 그리고 상대적 빈곤을 측정하는 방법으로 소득수준이 하위에 있는 일정비율

(예컨대 하위 20 %, 또는 30 % 등)의 계층을 빈곤선 또는 빈곤계층으로 파악하는 경우와, 전체 평균소득 또한 평균소비의 일정비율로 빈곤선을 계측하는 방법으로 구분한다. 소득순으로 일정비율을 빈곤선으로 계측하는 경우 언제나 전 인구의 일정비율을 빈곤층에 속하게 되므로 평균소득수준 및 소득분포의 변화가 빈곤의 추계에 아무런 영향을 주지 못한다. 반면 평균소득의 일정비율로 계측하는 방법은 소득수준의 변화에 영향받지 않으나 소득분배의 변화와 밀접한 관계를 갖게 된다. 세계은행에서는 개발도상국가의 상대빈곤선을 평균소득의 1/3로 정의하여 사용하고 있으며 선진국의 그것은 평균소득의 50 % 를 빈곤선으로 하여 그 이하에 속하는 계층을 상대적 빈곤층으로 보고 있다.

2. 한국의 절대빈곤 현실과 모습

빈곤선 이하의 가계를 절대빈곤가계라고 한다면 전체인구 중 빈곤소득선 이하의 소득으로 생활하는 사람들의 비중이 1975년 28.9 %, 1980년 25.3 %, 1985년 20.4 %, 1990년 7.1 %, 1992년 4.6 %로 하락하였다. 빈곤선 이하의 가구는 주로 생활무능력자로서 무의무탁한 노인가구, 가장이 직장을 갖지 못한 여자가구, 그리고 가장이 불치의 병중에 있는 가구, 정신박약아동과 같이 스스로의 힘으로는 빈곤의 둘레를 벗어날 수 없는 가구 등이다.[8)]

이들 절대빈곤계층을 또 다른 유형으로 구분하여 보면 다음과 같이 다섯 가지로 구분할 수 있다.

(1) 부랑성 절대빈곤층 : 가정이 없고 주민등록지와 생활지역이 다르며, 일정한 주거지가 없는 데다가 계절적으로 생활근거지가 다른 절대빈곤층을 지칭한다.

(2) 도시 밀집성 절대빈곤층 : 도심지역의 낡고 큰 건물에 수십 세대가 일세 또는 월세를 지불하면서 혼거하는 창녀, 매춘소개업자, 포주, 맹인, 심신폐질자 등으로 구성되는 절대빈곤층을 의미한다.

(3) 노약성 절대빈곤층 : 경제활동능력이 없는 무의탁 노인이나 경제활동능력

---

8) 생활무능력자란 생활보호법 시행령 제6조 제1항의 규정에 의하여 생활보호법 시행령에 규정된 거택보호대상자를 말함.

· 거택보호대상자란 부양의무자가 없거나 부양대상자가 있어도 부양능력이 없는 자로서 1) 65세 이상의 노쇠자, 2) 18세 미만의 아동, 3) 임산부, 4) 폐질 또는 심신장애로 인하여 근로능력이 없는 자에 속하는 자로서 그 주거에서 1) 생계보호, 2) 의료보호, 3) 자활보호, 4) 해산보호, 5) 장제보호를 행할 자를 말한다.

이 있더라도 유아자녀 때문에 활동할 수 없는 여가장 가구로 구성되며 전국적으로 산재하고 있는 절대빈곤층을 의미한다.

(4) 전래성 절대빈곤층 : 평균거주기간이 10년이 넘는 안정적인 가구로 구성되고 있기는 하나, 농토, 자본금이 없어 빈곤상태가 정체적으로 지속되고 있는 농어촌지역의 절대빈곤층을 의미한다.

(5) 미정착 절대빈곤층 : 이농 등으로 광산, 농촌, 도시주변의 신개발지에 산재하는 미정착, 미안정상태의 비교적 희망적인 절대빈곤층을 의미한다.

한편, 최근 우리나라의 최저생계비 및 빈곤율추이를 보면 다음과 같다.

◆ 최저생계비(2011년)	◆ 빈곤율(2009년)
2인가구 : 906천원	절대빈곤율 : 11.5%
4인가구 : 1,439천원	상대적 빈곤율 15.1%

제 3 절 빈곤퇴치 프로그램

1. 빈곤층을 위한 사회보장

한 개인이나 가정이 빈민계층에 속하게 된 원인은 개인적인 원인과 사회적인 원인으로 나누어 볼 수 있을 것이다. 개인적인 원인은 다시 ① 개인의 동기부족 · 낮은 열망수준 · 무절제 · 나태 · 의타심 · 과다한 출산 · 부적응 등과 같은 개인적 결함에 기초한 자발적 원인과, ② 가구주의 사망 · 질병 · 불구 · 노령 · 가구원의 질병 · 저교육 수준과 같은 비자발적 원인으로 나눌 수 있다.[9)]

사회적 원인은 사회변화적, 사회제도적, 사회이동적 관점에서 찾아 볼 수 있다. 우리나라에 있어서 빈곤의 사회적 원인으로서는 ① 영세농출신 도시이입자의 취업기회세한과 불안정성, ② 농촌에 있어서의 경작규모의 영세성, ③ 사회보장제도의 미발달, ④ 저소득층 자녀의 교육기회제한으로 인한 빈곤의 세습화 등이 지적되고 있다. 또한 역사적인 원인으로서는 ① 조선사회에 있어서의 양반

9) J. N. Morgan et al, *Income and Welfare in the United States* (New York : McGraw-Hill, 1962), pp. 191～217. 崔日燮, "貧困階層의 實態와 社會政策的 課題" 政策과 思想, 제1권 2호 (1984), 경향신문사, p. 68 에서 재인용

관료층에 의한 농민착취, ② 일제 하에 있어서의 일제에 의한 식민지착취경제정책, ③ 해방 후 해외로부터의 귀환동포와 북한으로부터의 월남난민의 발생, ④ 6.25 동란 중의 난민발생, ⑤ 60년대 이후의 급속한 도시화 과정에서 도시로 이주해 온 영세이농민에 의한 도시빈곤층 형성 등이 지적되고 있다.[10)]

한편 빈곤층에 대한 구빈정책(정부시책)은 사회보장제도를 통해서 이루어지고 있다. 사회보장은 여러 가지 관점에서 분류될 수 있으나 대체적으로 〈표 10-1〉 에서 볼 수 있듯이 공적 부조, 사회보험 및 사회복지서비스 등으로 구분된다. 여기서 빈곤대책으로서의 공적 부조는 일반 생활곤궁자의 생활보조를 의해서 실시되고 있으며 수직적 재배분적 효과가 크게 나타난다. 공적 부조는 생활보호가 주이며 빈곤자의 상황에 따라 일정생활보장기준에 달하도록 1종 혹은 여러 종의 부조를 동시에 받을 수 있다. 그리고 공적 부조의 재원은 전액 국고부담이다. 즉, 납세자의 부담으로 면세자에게 무상 급부하는 것이다. 다시 말해서 부유한 자로부터 빈곤한 자에게로 수직적 재배분 효과가 크게 작용하는 것이다.

공적 부조는 생활부조(food stamps) 와 의료부조(medicaid) 가 그 대부분을 차지하고 있다. 우리나라에서 공적 부조는 생활무능력자에 대한 거택보호로서 생활보호법 제7조 제1항에 규정된 ① 생계보호, ② 의료보호, ③ 자활보호, ④ 해산보호 및 ⑤ 장제보호 등이 있다. 그리고 근로능력이 있으나 저소득자로서 시장·군수가 보호의 필요성이 있다고 인정한 영세민을 위한 생활보호법에 따른 자활보호 등이 있다. 이를 좀 더 자세히 살펴보면 다음과 같다.

1) 생활보호

우선 행정적 차원에서 이루어지는 생활보호대상자에 대한 혜택은 생계보호, 자활보호, 교육보호, 해산보호, 장제보호, 그리고 의료보호 등 크게 여섯 가지로 구분할 수 있다. 생계보호는 그 대상자로 하여금 주·부식비, 연료비 및 기타의 일상생활을 영위하는데 드는 비용을 지급하는 것을 말한다. 자활보호는 혼자 스스로 살아갈 수 없는 사람으로 하여금 혼자 살아갈 수 있는 기술이나 교육 등의 훈련을 실시하는 것을 말한다. 교육보호는 이러한 생활보호대상자들의 자녀들에게 수업료나 입학금의 혜택을 주는 것을 말하며, 해산보호는 보호대상자의 조산, 분만 전·후의 각종 조치를 취하여 주는 것을 말한다. 또한 장제보호는 보호

10) 林熺燮, "韓國에 있어서의 貧困問題", 洪承稷 外, 韓國社會開發硏究, 제1권, 高大 亞細亞問題硏究所, 1979, pp. 71~87.

〈표 10-1〉 현행 한국 사회보장제도의 체계와 종류

	제 도	명칭 혹은 내용	적용대상	소관부처	실시 연도
사회보험법	연금보험	· 공무원연금	· 공무원	· 총무처	· 1960
		· 군인연금	· 군인	· 국방부	· 1963
		· 사립학교 교원연금	· 교원 및 직원	· 교육부	· 1975
		· 국민연금	· 사업장근로자	· 복지부	· 1988
	의료보험	· 공무원 및 사립학교 교직원 의료보험	· 공무원, 군인, 교원 및 직원	· 복지부	· 1979
		· 직장의료보험	· 사업장 근로자	· 복지부	· 1977
		· 지역의료보험	· 농어민, 자영업자	· 복지부	· 1988
	산재보험	· 산업재해보상 보험	· 사업장 근로자	· 노동부	· 1964
	고용보험	· 고용보험법	· 사업장 근로자	· 노동부	· 1995
공적부조		· 생활보호	· 생보자, 영세민	· 복지부	· 1962
		· 의료보호	· 생보자, 영세민	· 복지부	· 1977
		· 장학지원	· 생보자, 영세민	· 복지부	· 1979
		· 연료지원	· 생보자, 영세민	· 복지부	· 1982
		· 국가보훈사업	· 국가유공자 및 유족	· 국가보훈처	· 1961
		· 재해구호	· 이재민	· 복지부	· 1962
복지서비스	· 아동복지	· 아동복리법	· 아동	· 복지부	· 1961
	· 노인복지	· 노인복지법	· 노인	· 복지부	· 1982
	· 장애인복지	· 심신장애자복지법	· 심신장애자	· 복지부	· 1981
	· 부녀복지	· 보호사업	· 보호대상부녀	· 복지부	· 1961
	· 모자복지	· 생활보호	· 보호대상모자	· 복지부	· 1961

대상자가 사망하는 경우에 이들 시체를 검안, 운반, 화장 또는 매장 등의 각종 장제조치를 취하여 주는 것을 말하며, 의료보험은 보호대상자가 질병이나 불의의 사고로 병원에 입원하는 경우에 치료를 하여 주는 등의 각종 조치를 취하는 것을 의미한다.

생활보호는 그 보호대상자를 크게 세 가지로 나누어 구분하고 있다. 거택보호대상자, 시설보호대상자, 자활보호대상자가 그것이다. 이러한 대상자의 선정은 매년 9월에 전국적인 조사를 실시하여 재정규모 및 해당 년도의 경제성장률, 물가상승률, 연구기관의 연구조사에 토대를 두어서 이루어지고 있다.

거택보호대상자가 되기 위한 요건은 생활보호법 시행령 제6조 제1항에 규정되어 있다. 위에서 선정된 생활보호대상자로 65세 이상의 쇠약자, 18세 미만의 아동, 임산부, 질병 또는 심신장애자로 근로의욕을 상실한 사람, 또는 이런 사람들과 50세 이상의 부녀자로만 이루어진 가정은 바로 이러한 요건에 속하는 사람들이다. 이러한 사람들이 받을 수 있는 혜택은 생계보호, 자활보호, 교육보호, 해산보호, 장제보호, 그리고 의료보호이다.

시설보호대상자가 되기 위한 조건도 생활보호법시행령 제6조 제2항에 규정되어 있다. 이 역시 선정된 생활보호대상자로 주거가 없거나 주거가 있어도 그곳에서 보호를 행할 수 없어 보호시설에 수용된 자가 이에 속하는 사람들이다. 이런 사람들은 거택보호대상자들과 꼭 같은 혜택이 주어진다.

마지막으로 자활보호대상자가 되기 위한 요건도 생활보호법시행령 제6조 제2항에 규정되어 있다. 이 역시 선정된 생활보호대상자 중 거택보호나 시설보호대상자가 아닌 사람들로 실직 기타의 사유로 생활이 어렵기 때문에 보호를 요하는 사람이면 자활보호대상자가 될 수 있다. 이러한 사람이 받을 수 있는 혜택은 자활보호, 교육보호, 의료보호이다.

2) 의료보호

의료보호는 생활보호대상자와 일정소득 미만의 저소득자를 대상으로 그들이 자력으로 의료문제를 해결할 수 없는 경우에 국가재정으로 의료혜택을 주는 공적 부조제도의 한 방법이다. 의료보호대상자는 그 구분을 1종 대상자와 2종 대상자로 하고 있다.

1종 대상자는 생활보호대상자 중 거택보호자와 시설보호자를 포함하고 있으며 그 외에도 귀순북한동포, 국가유공자 및 인간문화재, 성병감염자, 의사상자가 포함된다. 이들은 외래진료를 받는 경우와 입원하였을 때의 입원비 전액을 의료보호기금을 통해서 받을 수 있다.

2종 대상자는 생활보호대상자 중 자활보호대상자를 일컫는다. 이들은 외래진료를 받는 경우에 자신이 진료를 받을 때 1,000원만을 부담하면 되며, 입원하였을 경우에는 의료보험수준에 해당하는 금액만을 지불하면 된다.

3) 재해구호

재해구호법의 규정에 의하면 불의의 재난을 당한 이재민에게 응급적인 구호로서 사망자, 실종자에 대하여서는 위로금을 지급하고 생계보호, 생활보조비 및 주택복구비 등을 지원하여 이재민의 조속한 생활안정을 도모케 하고 있다. 또한 구호의 성격상 재해구호의 혜택을 받는 사람들은 일정한 요건을 법적으로 규정할 수도 없을 뿐더러, 이들에게 돌아가는 혜택도 일일이 규정할 수 없다. 결국 매해 발생하는 재해의 규모와 정도에 따라서 그 대상자와 혜택의 규모가 달라지는 것이다.

그러나 예년에 이루어졌던 구호를 살펴보면 다음과 같이 구분될 수 있다. 첫째는 사망자와 실종자에 대한 구호로, 이들에 대한 위로의 표시로 제공되는 위로금이다. 둘째는 응급생계구호이다. 이는 재해로 생계가 막막한 사람들에 대한 구호로 극히 단기일간에 이루어지며, 재해가 발생한 뒤 7일 동안 식량과 부식비를 제공하여 준다. 셋째는 장기생계구호이다. 이는 응급생계구호와 비슷한 것으로 그 수혜기간이 1~3 개월간으로 응급생계구호보다 더 길다. 넷째로 생계보조비는 재해로, 어느 가구의 가장이 사망 또는 실종하여 그 가구의 수입원이 더 이상 발생할 수 없는 경우에 취하여 지는 조치이다. 다섯째로 세입주자 보조비는 대개의 경우 세입주자의 경제여력이 낮은 것을 감안하여 재해가 발생하는 경우 이들에게 어느 정도의 보상을 하여 주는 것을 의미한다. 이러한 조치 말고도 기타로 취하여졌던 조치는 주택복구비지원, 무상양곡지급, 침수주택수리비지원 등이 있다.

4) 사회복지서비스

사회복지서비스는 불구자 · 아동 · 노인 · 모자 등과 같이 보호를 필요로 하는 자가 자활할 수 있도록 국가가 여러 가지 원조 및 지도를 하는 것이다. 이에는 신체장애자 복지, 아동복지, 노인복지, 교육 및 위생서비스, 주택대책, 직업훈련 및 최저 임금제도 등이 있다. 사회복지서비스는 재원이 조세에 의한 국고부담이면서 그 급부는 소득(현금)으로 지출되는 것이 아니라 소비서비스이다. 이것은 수급자의 가득능력을 회복하고 가동기회를 얻게 하는데 목표가 있으므로 소득의 재분배가 아니라 소득기회의 균등화 기능을 갖는 것이라고 할 수 있다. 이러한 성질은 교육 · 주택과 같이 협의의 사회보장에 속하지 않는 일반 정부활동에 속하는 사회서비스에도 속하는 것들이 있기도 하다.

우리나라에서는 사회복지시설은 다음과 같다.

- 양로시설 : 65세 이상 생활보호대상자를 위한 시설
- 성인불구시설 : 18세 이상 신체장애자 재활원

- 모자보호시설 : 3년간 영세미망인의 보호, 재활을 위한 모자원
- 부녀직업보도시설 : 가출여성, 윤락여성, 미혼모의 보호, 재활시설
- 영·육아수용시설 : 부모가 없거나 부모의 양육능력이 없는 18세 미만자의 보호시설
- 심신장애자 수용시설 : 18세 미만의 심신장애자 보호시설
- 부랑아 수용시설 : 가출 청소년을 위한 일시적 보호시설

2. 부의 소득세

지금까지의 논의에 따르면, 빈곤층을 위한 사회복지정책은 소득증대 및 성장이라는 측면에서의 효율성 저하를 극소화하는 동시에 소득분배의 불평등을 완화시키는 형평성을 구현할 수 있는 방향에서 고안되어지고 실시되어져야 바람직하다는 것을 시사해 주고 있다. 이와 같은 시사점이 지향하는 바에 부합되는 정책 프로그램의 하나로 제시되고 있는 것이 부의 소득세(negative income tax) 및 이와 유사한 형태의 정책수단이다.

공적부조(생활보호) 제도는 최저생활수준을 보장하기 위한 수단으로서 정부지출 측면의 수직적 소득재분배기능 효과를 발휘하는 수단 중의 하나이다. 그러나 이 제도는 경제학적으로 말하자면, 필요도와 수입에 맞추어 결정되는 생활보호급부의 전통적인 구빈정책의 한 형태이다. 그런데 이것은 자유경제와 충돌하게 되며 또한 '의욕을 꺾는' 비자극적인 효과를 가져오는 것으로 인식되고 있다. 즉, 빈곤과 경제적 불평등을 없애는 일은 바람직하다고 본다. 그러나 이를 완화시키기 위한 생활보호대책의 경제적 비능률을 인식한 경제학자들은 이러한 대책의 개혁이 필요하다는 점에 의견의 일치를 보이고 있다. 특히 뉴 프론티어(New Frontier) 경제학자인 토빈(J. Tobin) 교수(예일대)와 전 닉슨대통령의 경제고문이었던 프리드만(M. Friedman) 교수(시카고대)는 생활보호원조라고 불리우는 현행의 불합리한 시책 대신에 조세구조의 효율적인 기구를 사용하여 소득과 필요를 조화시키는 정부계획으로 대체시키는 것이 저비용적이고, 의도적이라는 점에 뜻을 같이 하고 있다.

프리드만 교수에 의하면, 빈곤자에게 정부가 설정한 어느 특정의 빈곤수준의 금액을 전액 보조하면 빈곤자로 하여금 노동의욕을 저하시키므로 효율성의 견지에서 바람직하지 못하다는 것이다. 다시 말해서 현행 생활보호와 같은 소득이

전방식은 이전소득 취득자가 일정의 소득을 취득하게 되면 이전소득의 지급액 중 일부 또는 전부가 정지되어, 말하자면 100 % 의 한계세율이 적용되는 것과 같다. 그래서 노동의욕이 크게 저하한다는 결점을 가지고 있다.

이상과 같은 관점에서 현행의 공적부조제도와 누진소득세를 결합하여 빈곤계층의 소득수준을 증가시킬 수 있는 새로운 복지세제의 구상이 바로 부의 소득세(negative income tax)의 제안이며, 이에는 프리드만 교수의 제안과 토빈 교수의 제안이 대표적이다. 한편, 사뮤엘슨(P. A. Samuelson) 교수 역시 이 제도가 흠잡을 데는 거의 없으나 부의 소득세라는 그 명칭이 부정적으로 들린다는 점에서 '자극유인보장소득계획'(incentive-guaranted-income plan)이라고 부르는 것이 더 좋겠다고 본다.

프리드만 교수는 공적 부조 등의 이전소득은 비용이 들게 되며 비효율적이고 피원조자의 자존심 · 사립심 · 자극을 파괴하여 경제의 효율적인 운영을 저해한다고 보고, 모든 사회보장제도를 폐지하고 이에 대신하여 부의 소득세를 제안했다. 이 제도에서는 일정한 기준소득액을 설정하여 그 이하의 소득계층에 대하여 기준액과 가득액의 차액에 50%의 부의 세율을 곱한 금액을 지불하는 것이다. 한편 기준소득액을 초과하는 가계에 대하여는 재원조달을 위하여 세부담을 높이자는 것이다.[11]

〈표 10-2〉는 전형적인 부의 소득세가 어떻게 작용하는가를 나타낸다. 이 표에서 두 자녀를 가진 부부에게 면세점이 $9,000이라 하자. 즉, 빈곤선(poverty line)을 년 $9,000로 설정하기로 하자. 그리고 빈곤선의 50 % 를 정부가 보조해 준다고 하면, 어느 가계의 소득수준이 년 $4,000이면 이 가계의 소득은 $6,500 [4,000 + 2,500 = (9,000 - 4,000) 의 50 %] 이 된다.[12] 그러므로 이 가계의 면세점 이하의 소득수준이므로 열심히 일하고자 할 것이다. 한편, 면세점 보다 높은 $10,000의 소득을 갖는 가계에서는 빈곤선 보다 많은 $1,000의 50 % 를 과세하면, $500을 취득하기 위해 열심히 일하게 될 것이라는 것이다. 이와 같은 방법을 통해서 빈곤을 제거하면 비용도 덜 들고 오늘날 이루어지고 있는 기존 복지정책보다 정부간섭이 적어서 바람직하다는 것이다. 다시 말해서 수입수준이 높

11) M. Friedman, "The Cause of the Negative Income Tax," in M. R. Liard(ed.), *Republican Papers* (New York : Doutleday & Co. Inc., 1968).

12) 면세점(빈곤선) 또는 수지분기점과 과세전 소득과의 차액을 일정비율로 보상해 가는 방법으로서 빈곤갭을 보상하는데 중점을 두고 있다. 그리고 면세점에 미달되는 소득계층은 가계의 과세전소득이 증가할 때 증가액의 50 % 에 해당하는 이전수취가 감소하므로 증가되는 소득에 대해서는 50 % 의 한계세율이 적용되는 것과 같게 된다.

아감에 따라 총 소득 역시 증가함으로써 노동의욕을 자극할 것이며, 그리고 면세점을 지나는 수입에서는 정(+)의 세율과 직결되고 있다.

〈표 10-2〉 부의 소득세표

개인소득	세금(과세 : +, 보조 : -)	과세후소득
$0	-$ 4,500	$ 4,500
4,000	- 2,500	6,500
7,000	- 1,000	8,000
8,000	- 500	8,500
9,000	0	9,000
10,000	+ 500	9,500

3. 형평의 대가 : 형평과 효율

형평과 총 산출량을 모두 증대시킬 수도 있는 유아보호 및 의무교육 등과 같은 공적 프로그램이 있는가 하면, 다른 한편으로는 형평과 효율간의 상충적 관계를 증대시키는 경우가 많다. 누진적 소득세와 같은 재분배적 수단은 실질소득을 어느 정도 감소시킨다. 이렇게 볼 때 재분배의 최적량은 국민총생산의 크기를 변화시킬 수 있는 정도에 의해 영향받게 될 것이다.

구빈대책으로서 사회보장은 그 재원을 조세에 의해 충당한다. 일반적으로 조세정책은 세금을 고소득층에는 많이, 저소득층에는 적게 부과하는 것을 그 골자로 한다. 이때 소득이 많은 사람일수록 많은 세금을 내게 하여 빈곤층을 돕고 소득분배의 불평등을 완화(감소)시키는 것이 도덕적으로 선이라면 그것은 고소득층을 희생시킬 만한 가치가 있다. 이에 대하여 오쿤(A. Okun) 은 "분배의 불평등을 해소 또는 완화시키는 것이 보다 더 높은 가치가 있다면 부자의 바켓(bucket)에서 1달러를 꺼내어 빈자에게 줄 때 우리는 찬성할 것이다."라고 서술하였다.[13] 정부가 소득분배의 불평등을 줄이기 위해 부유한 자로부터 보다 많은 세금을 징수하여 빈곤한 사람들에게 도움을 준다면, 재분배를 할 수 있는 조세의 크기는 조세를 부담한 사람들의 소득을 누출시킨다. 이때 부유한 사람들이 부담한 세금 $1 중 얼마만큼, 예컨대 2/3 정도를 가난한 사람들이 얻는다고 해

13) Samuelson & Nordhaus, Economics, 7판, p. 749.

보자. 그러면 부유한 자는 $1/3을 누출하게 된다. 따라서 형평의 이름 하에 재분배는 또 다른 경제정책 목표인 효율성을 해친다. 즉, 사회전체의 성과(생산물)의 크기를 결정하는 능률 또는 효율은 공정을 위한 재분배 때문에 저하될 수밖에 없다는 이견이 있다. 이러한 형평과 효율성 문제에 관한 기본적인 딜레마를 [그림 10-2]에서와 같이 소득가능성 곡선을 가지고 오쿤이 지적한 효율과 형평의 상충관계로 설명해 보자.[14)]

재분배 이전의 순수 자유방임 하의 산출량을 나타내는 *A* 점에서 시작하자. *A* 점은 고소득층에게 유리하게 분배되어진 점을 나타낸다. 반면 *E* 점은 GNP 가 두 계층간에 완전히 평등하게 분배되어 있음을 나타낸다. *A* 점을 *E* 점을 향해 이동시킴으로써 형평을 증대시키고자 한다고 하자. 즉, *AE* 의 직선 상의 어떤 점은 소득재분배가 아무런 희생(비용)도 수반하지 않는 경우를 뜻한다. 다시 말하면, 그 선의 기울기가 -45% 이므로 상위계층으로부터 전가되는 1$는 하위계층의 소득을 1$ 증가시킨다는 것을 의미한다.

만약 누진적 소득세를 부과시킨다면, 상위계층의 의욕(노력)을 저하시키거나 상실케 할 것이다. 그래서 그들은 세무사(tax lawyers) 에게 보다 많은 돈을 쓰면서 세금을 적게 내려고 스위스 은행계좌에 돈을 보내거나 또는 은퇴를 위한 저축을 감소시키고자 하는 등의 행동을 하게 될 것이다. 반면, 가난한 자들은 직업을 구하고자 하는 관심을 보다 덜 갖게 되고 사회후생복지 프로그램에 안주할지도 모른다. 재분배상의 이러한 모든 반작용은 국민전체의 실질 총 소득을 감소시킬 것이다.

[그림 10-2]에서 *ABZ*는 조세와 이전지불 등이 사중적(死重的) 효율성 손실을 포함하기 때문에 -45%로부터 안으로 굽는 실질소득의 가상적 가능성 곡선이다. 그래서 *A* 에서 *E* 로 재분배할 것이 아니라 실제로 가능한 *ABZ* 곡선을 따라서 재분배가 이루어지게 될 것이다. 따라서 *AE* 와 *ABZ* 사이의 비효율성에서 오는 손실을 최소화할 수 있는 조세정책 및 기타 정책을 사용하는 것이 바람직하다. GNP와 누진적 소득세 후의 소득과의 차이가 매우 적은 경우는 *A* 에 가까울 때이고, 재분배적 기금이 실제로 기여한 *Z*의 경우에는 누출(GNP와 누진적 소득세 후의 소득과의 차이)이 얼마나 클 것인가 하는 것은 고율의 세율과 그리고 여러 가지 소득보장 프로그램에 따른 행정관리 비용, 노동 및 근로의 저해, 저축유인 저해 및 사회·경제적 비용 등이 얼마나 비효율성을 유발시키는가를 관찰해 보면 알 수 있을 것이다.

---

14) 앞에서 인용한 책, pp. 749~751.

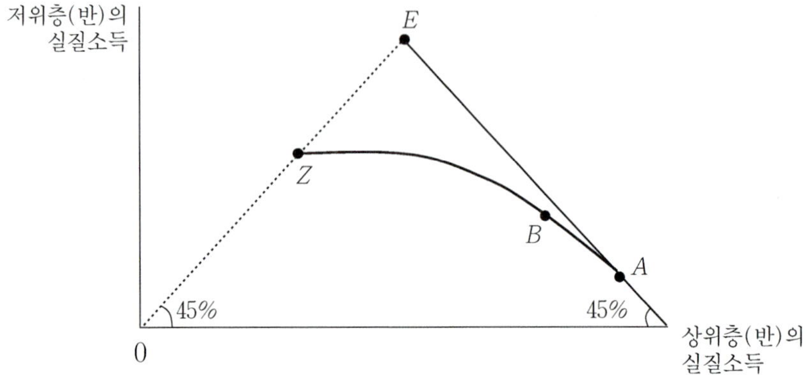

[그림 10-2] 효율의 희생에 따른 재분배

요컨대 [그림 10-2]에서 AE와 ABZ 사이의 비효율성에서 오는 손실을 최소화할 수 있는 조세정책과 소득보조정책을 사용하는 것이 바람직하다.

•관련인물• 폴 사무엘슨(P. A. Samuelson)

1915년 인디애나 주 개리에서 태어난 사무엘슨은 시카고 대를 졸업하고 하버드대에서 석·박사를 땄다. 사무엘슨은 1940년부터 MIT 공대에서 교수로 재직했다. 강의를 시작한지 6년만에 정교수가 되었고, 그가 대학원에서 가르쳤던 학생 중 로런스 클라인, 조지애컬로프, 조지프 스티글러츠 등 3명이 노벨경제학상을 수상하기도 했다.

사무엘슨은 경제학에 미적분 등 수학을 도입해 동태분석, 정태분석 등을 체계화한 공로로 미국인 최초로 1970년 제2회 노벨경제학상을 수상했다. 그는 고전학파의 미시적 시장균형이론과 케인즈의 거시경제정책론을 접목시킨 케인즈 경제학과 신고전파 경제학을 종합한 신고전파 종합이론을 확립했다. 그는 경제의 완전고용을 위해서는 정부의 개입이 필요하지만, 일단 완전고용이 달성되면 정부는 개입하지 말고 시장의 메커니즘에 맡겨야 한다고 봤다. 또 공공재의 경우 이른바 '비배타성'과 '비배제성'이 있으므로 민간이 아닌 정부가 생산해야 한다라는 것을 수학적으로 증명하기도 했다.

사무엘슨은 J. F. 케네디 대통령의 경제고문으로 활동하기도 했고, Newsweek지에 경제칼럼을 오래동안 기고했다. 특히 사무엘슨이 1948년 출간한 저서 『경제학』은 지금까지도 전세계에서 가장 많이 사용되는 저서로서 40개국 언어로 번역되어 400만부 이상 팔렸다.

그는 2009년 12월 13일 별세하였는데, 사무엘슨의 별세를 발표한 MIT공대는 이날 성명을 통해 "그는 경제학 분야의 이론적 초석을 다쳤으며 세계에 경제학이 뭔지를 가르쳤다"고 애도했다.

제 4 절 분배문제의 규범성 : 분배적 정의관[15)]

소득의 분배가 어떠한 상태로 이루어지는 것이 공평한가에 대한 문제는 본질상 '가치판단'과 관련되어 있다. 다시 말해서 어떤 것이 공평한 분배인가에 대한 생각, 즉 '분배적 정의'(distributive justice)의 개념이 모든 사람에게 각기 받아들여지고 있다. 이러한 점에서 경제학자들이 분배문제를 소홀히 다루어 왔다고 볼 수 있다.

일반적으로 볼 때 공평하다는 것은 능력(ability), 노력(efforts), 그리고 필요(needs) 등에 관한 고려까지 결합될 때 올바르게 규정될 수 있는 개념이라 할 수 있으므로 균등(equality)하다는 것 하나만으로도 규정짓기 어렵다. 결국 어떠한 상태가 공평한가에 대한 물음은 도덕철학의 문제이며 순수한 경제학의 영역을 넘어서는 문제라 할 수 있다.

분배적 정의에 관해 지금까지 제기된 의견 중 크게 구별하여 보면 3가지의 사상적 줄기가 있다고 할 수 있다. 우선 첫 번째의 범주는 '공리주의 철학' 또는 '사회후생의 철학'에 근거하는 것이며, 또 다른 하나의 범주는 '절대적 권리의 철학'에 근거를 두고 있으며, 나머지 하나는 롤즈(J. Rawls)의 정의론에 입각한 분배적 정의관이다.

공리주의 분배적 정의론에서 분배의 대상은 인간에게 가장 중요하고 긍정적으로 우리의 행동을 지배하는 것이며, 이를 행복(즉, 사회후생)이란 개념으로 표현하고 있다. '공리주의 철학'에서는 주관적으로 체험하는 것, 즉 정신적 행복 및 만족감, 육체적 쾌락, 선호의 논리적 체계지수 등 여러 가지 주관적 체험의 총체적 개념으로 행복을 파악하고 있으며 개개인의 행복(즉, 사회후생)의 총화를 극대화할 수 있는 사회가 바로 최선의 사회라고 본다. 이는 곧 "최대다수의 최대행복"이란 명제에 귀착되는 것이다. 그리고 "최대다수의 최대행복"이란이념은 사회후생의 극대화(즉, 총효용이 극대화)를 의미한다.

이러한 공리주의 입장은 사회현상의 좋고 나쁨의 판단기준을 "최대다수의 최대행복"으로 표현하고 있다. 그리고 어떤 상태의 정당성 평가를 사회후생 혹은 복지에 기준을 두고 있으며 사회후생의 증대행위는 곧 정당한 행의로 간주한다.

15) 4절의 내용은 박유영, 생활의 질 향상과 경제정책(삼영사, 2000), 7장 3절에서 요약·보완한 것임.

다시 말해서 공리주의자들이 주장하는 정의란 "최대다수의 최대행복"을 실현하는 것이며, 이것이 곧 정의의 기준이 된다. 그리고 사회후생의 증대를 위해서 절차나 과정에 관계없이 결과만 좋으면 옳다는 결과주의를 표방한다. 이는 자유를 제한하고 그것을 불평등하게 분배하며 정치적 권리를 제약하는 정책이 보다 큰 전체적 복리(최대다수의 최대 행복)를 보장할 경우 그에 대해서 반대할 근거가 없다는 것이다(이에 반해서 롤즈는 그의 제1원리에서 인간이 어떤 사회제도도 침해할 수 없다는 것이다.

반면 롤즈의 경우 분배의 대상이 되는 것은 기본적 가치(primary good), 즉 소득·부·자유·기회 등과 같이 사회적으로 분배될 수 있고 공적으로 확인될 수 있는 가치로 규정짓는다. 그리고 롤즈가 제시한 정의의 문제는 원초적으로 평등한 상태에서 어떤 원칙에 따라야 하는가를 묻는 것으로, 원초적 상황(모든 정보가 차단된 무지의 베일에 싸인 상황을 말함)을 전제로 하여 두 원칙(제1원칙: 평등자유의 원칙과 2원칙: 차등의 원리)을 제시했다. 이 두 원칙(제1원칙: 평등자유의 원칙과 2원칙: 차등의 원리)은 제한적이나마 평등주의의 색채를 띄고 있다.

롤즈의 제1원리(평등자유의 원칙)는 인간이 어떤 사회제도도 침해할 수 없다는 것이다. 즉, 기본적 자유가 모든 사람에게 평등하게 향유되어야 한다는 것이다. 이는 롤즈의 첫 번째 원리에서 사람 하나하나에 대해서 자유의 불평등한 격차를 인정하지 않고 1인 1표 원칙과 같이 자유적 인간의 기본권에 대해서는 평등주의를 적용했다는 것이다. 롤즈의 제1원리는 인간이 어떤 사회제도도 침해할 수 없는, 정의에 입각한 어떤 권리를 갖는다는 것을 함축한다. 시민의 권리와 정치적 참여의 권리는 전체의 복리의 수준을 고양하기 위해서도 희생될 수 없다는 것이다. 그리고 자유 및 평등의 이념을 사회·경제적 영역에까지 확장시키려는 의도를 차등의 원칙(2의 원칙)에서 찾아볼 수 있다. 즉, 차등의 원리가 제시하고 있는 분배의 이념은 출생, 자연부존, 사회제도, 사회·경제 등에 기인하는 부당한 불평등을 제거함으로써 동등한 출발점에 서게 함(평등의 노력)으로써 공정성을 기하면서도 유리한(부유한) 처지의 사람들이 보다 불리한(가난한) 처지의 사람들이 누리는 불평등 향유의 대가를 지불해야 한다는 것을 함축하고 있다. 다시 말해서 사회·경제적 불평등은 오직 최소수혜자의 이익 증진을 위해서만 정당화되며, 그렇지 않을 경우에는 사회·경제적 가치가 평등하게 배분되어야 한다는 것을 내포하고 있다. 따라서 차등의 원리에 의한 분배이념은 개인의 능력 및 능동적 노력을 약화시킴이 없는 불평등을 용인하면서도 신축성있는 평등이념을 담고 있다고 볼 수 있다.

이렇게 볼 때 롤즈가 주장하는 정의사회(justice society)란 것은 개인의 자유와 자존에 대해 절대적 우월성을 인정하는 자유사회이면서도, 결과로서 생기는 특권에 대해 균형을 잡기 위해 보다 유능한 사람들의 재능을 포함해서 그 사회의 자원은 보다 불행한 사람들의 처지를 개선하는데 바치는데서 배분적 정의가 실현되는 복지사회를 말한다고 볼 수 있다.

이상에서 볼 때 사회가 일정한 정치·경제적 발전단계에 이르게 되면 롤즈의 정의의 두 원칙을 만족시키는 것이 전체사회의 복지(social welfare)를 극대화하는 좋은 방도가 될 수 있다고 볼 수 있으며, 이런 점에서 보면 롤즈의 분배정의의 원칙이 공리주의적 요소를 내포하고 있다고 볼 수 있다.

한편, 칸트(I. Kant)적인 절대권리의 철학에 의하면 개인은 몇 가지 권리를 가지고 있다는 것이다. 그리고 이것은 사회적 후생이라는 용어로써 이용될 수 없다는 것이다. 절대적 권리의 정의는 사람마다 제각기 다르게 나타나기 때문에 경제적 정의의 의미도 각각 다르게 된다. 절대적 권리의 철학으로부터 도출되는 분배적 정의의 개념은 '권리의 원칙'(entitlement principle)이 그 중심을 이루고 있다. 이 원칙에 따르면 정당한 방법으로 취득한 부는 그가 소유할 정당한 권리를 갖고 있다는 것이다. 따라서 사회구성원 모두가 정당한 방법으로 취득한 부는 그 결과로 나타난 분배상태 역시 공정한 것이라 할 수 있다. 결국 분배상태를 평가함에 있어서는 불평등에 상관하지 않고 절차상의 정당성에 초점을 맞추고 있다.

절대적 권리의 철학이 사람들의 권리를 어떤 경우이든지간에 절대적인 것으로 인식하고 있는 반면에 공리주의적 철학은 권리란 절대적인 것이 아니라 오로지 사회적 후생에 공헌하는 경우에만 정당화될 수 있다고 본다. 다시 말해서 공리주의적인 분배적 정의관은 사회적 후생을 증진시키는 경우라면 어떤 사람의 재산권을 침해하는 경우가 있더라도 당연히 재분배가 시행되어야 한다는 것이다. 결국 이 둘의 상이한 정의관은 어느 것이 바람직하고 그렇지 않느냐는 것이 아니라 판단을 내리는 사람이 어느 쪽에 더 크게 공감하느냐에 따라 그 중 하나를 취하게 되는 것이다.이를테면 가난한 사람에게로의 재분배에 긍정적인 태도를 취하는 진보적인 사람들이 사회후생의 철학에 기반을 둔 경우가 많은 반면에 재분배에 부정적인 사람들은 절대적 권리의 철학에 기반을 두는 경우가 많음을 볼 수 있다.

절대적 권리의 원칙을 대표하는 철학자라고 할 수 있는 노직(R. Nozick)은 과거에 있었던 부조리의 결과로써 생긴 문제점을 시정하려는 의도 이외의 목적으로 정부가 재분배문제에 개입하려는 것을 신랄하게 비난하였다. 그는 사회가 부유한 사람으로부터 가난한 사람에게 부를 재분배하려 한다면 이는 부유한 사람의 정당한 권리를 침해하는 것이기 때문에 결코 허용될 수 없다고 주장하고 있다. 그러므로 권리를 침해할 수밖에 없다면 그 동기야 어떻든 일체의 재분배정책이 부정될 수밖에 없는 것이다.사회의 구성원 중 어느 누구라도 최소한의 인간다운 생활을 할 자격이 있다는 등의 주장은 절대적 권리란 대명제 아래서 퇴색되고 있다.

홉스(T. Hobbs)와 로크(J. Locke)와 같은 자연법 철학자들에 의하면 개인의 노력의 결실에 대한 천부적 권리를 인정함으로써 경쟁적 시장에서 자신의 능력으로 획득한 소득에 대해 도덕적 차원에서 받아들이고자 하였다. 이러한 견해에 따르면 공평한 분배 또는 적정한 분배의 기준으로써 사람들의 자질에 기초를 둔 부존자원기준(endowment-based creteria)이 제시될 수 있다는 것이다.

제 11 장 독점시장에서 생산량과 가격

→ 제 1 절 독점(시장)의 발생요인

독점시장이라 함은 다음의 성립요인이 갖추어진, 즉 ① 어느 산업에 하나의 기업만이 존재하고, ② 가까운 내체재가 존재하지 않는 시장형태를 말한다. 그리고 독점시장이 발생하려면 미래에 경쟁자가 될 수 있는 잠재적 경쟁자가 진입할 수 없는 몇 가지 이유(원인)가 있어야 한다. 독점발생의 원인을 몇 가지 요약해 보면 다음과 같다.

1. 규모의 경제에 의한 비용감소 : 자연독점

한 산업에 규모의 경제가 작용하여 생산규모가 확대됨에 따라 장기 평균비용(LAC)이 우하향으로 나타나게 되면 AC보다 MC가 낮게된다($AC>MC$) 이때 최저 평균비용(AC의 최저)보다 높은 비용으로 생산하는 기업은 손실을 보게 된다. 따라서 비용인하와 함께 가격인하 경쟁이 치열하게 되고 이 경쟁에서 마지막으로 살아남는 기업이 독점기업이 된다. 즉, 한 기업이 규모의 경제로 인해 다른 기업보다 더 낮은 생산비(단위당 낮은 생산비)로 생산할 수 있을 때 자연독점이 된다. 이처럼 한 기업이 시장 전체를 커버하는 수준까지 생산에서 규모의 경제가 지속된다면 이런 시장을 자연독점(시장)이라 한다. 예로서, 우편, 전기, 철도, 수도시설, 도시철도 등 정부개입의 공공산업이 자연독점이다.

2. 정부의 법적 규제 또는 권한을 특정인에게 부여할 때

우편, 상하수도, 전기 등과 같은 전매산업에서 보듯이 정부가 특정재화의 공급을 독점하는 경우, 또는 어떤 재화의 생산에 대해 정부가 특정인에게 생산할 수 있는 권한을 부여하게 되면 그 기업은 독점기업이 된다. 이처럼 정부가 부여하는 배타적 권한(이를 정부의 프랜차이즈 : government franchise라고 함)[1]에 의해 정부가 인정하는 기업 이외에 다른 기업은 제제를 받게 되어 진입장벽이 생긴다.

3. 지적재산권 등에 의한 진입장벽이 형성될 때

지적재산의 경우 가장 중요한 두 가지 종류의 법적 보호는 특허권(patents)과 저작권(copyrights)이다. 새로운 과학적 발견과 그것에 의해 결과되어 지는 제품은 중앙정부로부터 주어지는 특허권[2]에 의해 보호받는다. 특허권은 약 20년 동안 다른 누군가가 똑같은 발견이나 생산품을 판매하지 못하도록 한다.

문학, 음악, 미술 작품들은 저작권[3]에 의해 보호받는데 그것은 적어도 50년간 작품들에 대해 배타적인 권리를 부여한다. 책의 저작권은 저자에 의해 소유된다. 어떤 다른 회사나 개인도 복사하거나 이 책들을 출판하여 판매할 수 없고, 아무도 저자의 승인 없이 책으로부터 인용할 수 없다.

4. 투입물의 통제 및 투입원료의 독점

원료의 공급을 독점하는 기업이 다른 기업에 원료를 판매하기를 거절하면 그 기업은 독점기업이 된다.

---

1) 정부의 프랜차이즈란 재화 및 용역의 유일한 공급자가 되도록 정부가 부여하는 권한을 말한다.
2) 특허 : 새로운 제품이나 혹은 과학적 발견물에 대한 독점권의 일시적 부여
3) 저작권 : 문학, 음악, 혹은 예술작품 등의 판매에 대하여 부여하는 배타적인 공급권

제 2 절 독점기업의 가격과 산출량 결정

1. 독점기업의 수요곡선

독점시장이란 공급자가 한 기업인 경우의 시장을 말하며, 공급자가 하나이므로 시장지배력을 갖게된다. 따라서 시장가격에 영향을 미칠 수 있다. 즉, 시장에서의 가격은 생산자에 의해 임의적으로 결정될 수 있다. 이것은 총수입(TR)에서 총비용(TC)을 뺀 이윤을 최대한 크게 만들어 주는 가격을 생산자 자신이 결정할 수 있다는 것을 뜻하며, 이러한 점에서 독과점시장은 경쟁시장과 다르다.

이미 설명한 바와 같이 완전경쟁의 경우 많은 기업 중 어느 한 기업도 시장지배력을 갖지 못하므로 시장에서 결정된 시장가격(P)을 그대로 받아들일 수밖에 없으므로 가격수취자(price taker)가 된다. 그러므로 개개의 기업들이 당면하는 시장의 수요곡선은 수평선으로 나타나게 된다. 따라서 시장가격(P)과 한계수입(MR) 및 평균수입(AR)이 같아지게 된다. 즉, $P=MR=AR$의 관계가 성립한다. 이에 따라 개개 기업은 시장가격(P)에 맞추어 이윤을 최대로 할 수 있는 수량을 시장에 공급한다. 그러나 독점기업은 시장지배력(market power)을 가지므로 시장가격에 영향을 미쳐서 가격설정자(price marker)가 될 수 있다. 즉, 총수입($TR=P \cdot Q$)과 총비용(TC)간의 차액인 이윤의 극대화를 가져오는 시장가격과 공급량을 조작할 수 있다. 따라서 독점기업에 대한 수요곡선은 우하향의 형태를 취하게 된다. 그리고 독점기업의 시장지배력의 정도(독점도)에 따라 그 형태가 다르게 나타나게 되는데 그 정도가 높을수록 우하향의 정도(곡선의 경사도)가 크게 나타난다. 즉, 독점도가 높을수록 수요곡선의 경사도가 가파르게 우하향하게 된다. 그리고 수요곡선(즉, 평균수입곡선)이 우하향의 형태를 취하게 되므로 평균수입이 떨어질 때 한계수입은 보다 더 빨리 떨어지게 된다. 즉, 한계수입곡선(MR)은 평균수입곡선(AR)보다 밑에 있게 된다([그림 11-1, 11-2] 참조).

한편, 독점기업에 관한 수요곡선은 그 산업의 시장수요곡선이 되며, 시장수요곡선은 소비자입장에서 보면 소비자가 직면하게 되는 시장가격(P)이 되고 기업측면에서 보면 "가격=평균수입곡선($P=AR$)"이 된다.

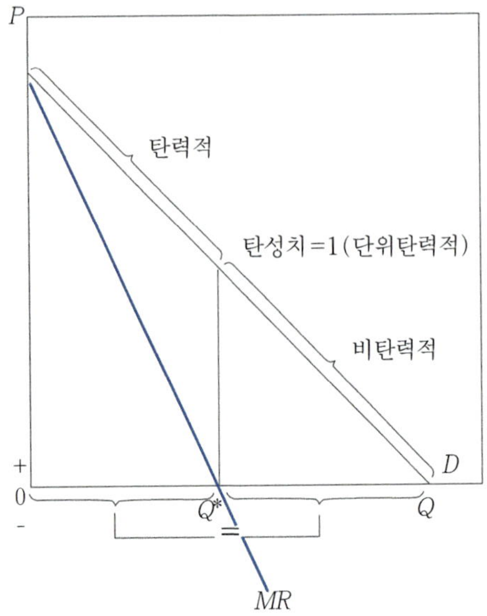

[그림 11-1] 한계수입과 수요탄성치

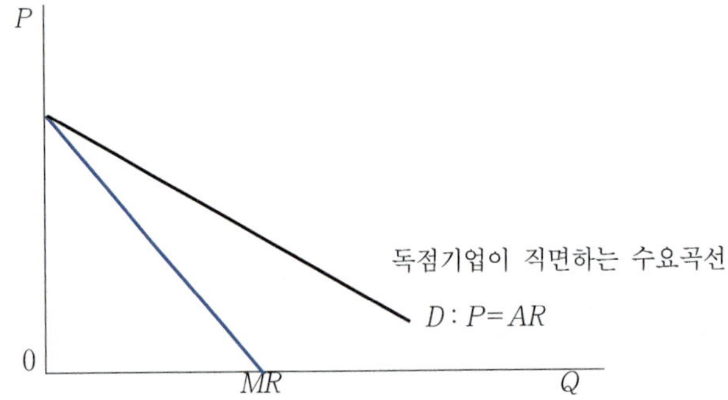

[그림 11-2] 독점기업이 직면하는 수요곡선

2. 산출량과 가격결정

어떤 독점기업이 직면하는 시장의 수요곡선이 [그림 11-3(a)]에서 DD와 같이 주어져 있다고 하자. 시장수요곡선(평균수입곡선)이 주어지면, 앞의 설명에 따라 한계수입곡선이 [그림 11-3(a)]에서 수요곡선보다 밑으로 그려져 있다. 한편, 독점기업의 경우에도 비용조건은 완전경쟁의 경우와 같이 U자형의 평균비용곡선(AC)과 한계비용곡선(MC)으로 나타낼 수 있다. 그리고 독점기업도 완전경쟁하의 한 기업의 경우와 마찬가지로 $MC=MR$가 되는 점에서 생산량을 시장에서 공급할 때 이윤극대화가 이루어진다. E점이 이윤극대화의 조건($MR=MC$)이 성립되는 균형점이 된다. 또한 이윤극대화를 가져오는 공급량은 Q^*이고 이때의 가격은 P_0가 된다. 즉, 한계수입(MR)이 생산량을 추가적으로 생산하는데 필요로 되는 비용증가분인 한계비용(MC)보다 높게 되면 생산을 증가시킴으로써 이윤을 증가시킬 수 있으며, 그 반대의 경우(즉, MR이 MC보다 작게 되는 경우)에는 생산을 감소시킴으로써 이윤을 증가시킬 수 있으므로 $MR=MC$에서 이윤극대화를 가져오는 생산량 Q^*와 그때의 가격 P_0가 결정된다. 그리고 한 개당 비용은 AC이고 한 개당 가격은 P_0이므로 P_0와 P_1간의 차이가 한 개당 독점이윤이 된다. 따라서 독점이윤(monopoly profit)은 사각형의 사선부분 P_0ECP_1*에 해당된다.

이상의 설명에서 알 수 있듯이 생산물 한 단위를 더 생산하는데 드는 추가적 비용(한계비용)과 그 생산물을 시장에서 한 단위 더 판매함으로써 얻은 추가적인

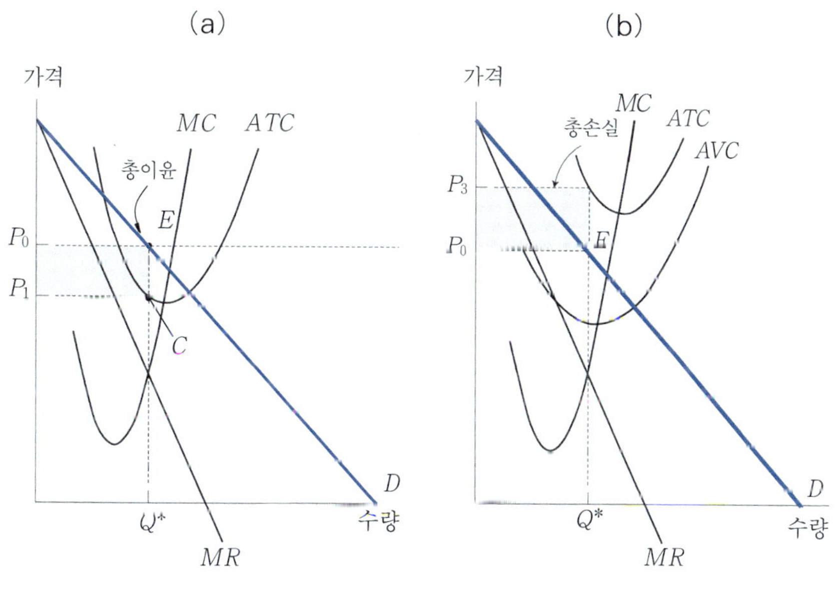

[그림 11-3] 독점기업의 이윤과 손실

수입(한계수입)이 일치할 때까지 생산하는 것이 독점기업에게 가장 유리하며, 이 생산량에 대응하는 수요곡선 상의 가격이 바로 시장가격이 된다. 이러한 점에서 독점시장에서의 가격의 움직임은 수요의 변동요인과 독점기업의 가격책정에 의해서 시장에 반영한다.

독점시장과 경쟁시장이 다른 점은 경쟁시장에서는 이윤이 있으면 다른 기업이 진입하여 그 결과 공급량을 증가시키고 가격은 하락하게 되지만, 독점시장에서는 진입이 허용되지 않기 때문에 그 가격이 계속 유지된다는 것이 다르다. 독점시장에서는 생산비와 수요의 요건이 변했을 때만 가격이 변화한다는 점이다.

3. 독점기업과 가격차별화

독점시장에서 독점기업은 구매자에 따라 가격을 달리 매기는 가격차별화를 실시할 수도 있다. 가격에 차별(가격차별화)을 두어 탄력성이 작은 수요자층에는 가격을 높게, 탄력성이 큰 수요자층에는 싸게 팔려고 할 것이다. 가격차별화의 예를 보면, 영화관람의 조조상영과 오후, 저녁상영 시간별로 관람료가 다르게 책정하거나, 평일과 공휴, 주말에 기차요금이 다른 경우 등이다. 탄력성이 큰 수요자층(조조상영, 평일 기차이용자 등)에는 가격을 낮게, 탄력성이 작은 수요자층(저녁상영, 기차의 주말이용자 등)에는 높게 팔고자 할 것이다. 또 독점이 이루어지고 있는 국내시장에는 비싸게, 독점력을 행사하지 못하고 있는 국제시장에서는 싸게 팔아 소위 덤핑(dumping)을 할 수도 있다.

한편, 가격차별화가 성립되기 위해서는 시장을 2개 이상으로 분리가능하고, 각 시장에서 사려고 하는 사람들의 '지불용의가격'이 달라야 한다. 즉, 2개 이상 다른 시장과 다른 수요자군이 있어야 한다.

4. 독점이윤을 항상 얻을 수 있는가?

[그림 11-3(a)에서와 같이 독점기업이 항상 독점이윤을 획득할 수 있는 것은 아니다. 시장수요와 비용조건에 따라서는 (단기적인)손실을 볼 수도 있다. [그림 11-3(b)]는 독점기업이 손실을 보고 있는 경우를 예시하고 있다([그림 11-3(b)]에서 사각형의 사선부분). 여기서 비용은 [그림 11-3(a)]보다 높다. 따라서 *ATC*

곡선이 수요곡선 위의 어느 곳인가에 있게 되어(어떠한 산출량의 수준에서도) 손실을 겪게 된다. 그리고 가격이 AC에 미치지 못하더라도 AVC보다 높을 때는 생산을 계속하여 손실을 극소화할 수 있다. 그러나 기업의 단위당 가격이 MR=MC를 만족시키는 최적의 산출량에서 가변비용(AVC)(즉 운영비용: operating cost)을 커버할 수 없을 때는 조업을 중단해야 한다.

우리나라의 독점기업, 즉 철도, 고속도로 등 운송이나 통신 등과 같은 중요한 서비스를 생산하는 독점기업은 정부의 규제 하에 운영되고 있다. 이런 독점기업의 경우 가변요소의 가격상승으로 AVC가 상향이동 되었다거나, 아니면 가계소득의 감소 때문에 독점기업의 수요곡선이 좌측이동했다고 하면 $P>AVC$가 된다. 이때 정부는 독점기업이 조업을 중단하도록 허락하지 않고 대신 조세수입으로 기업의 손실을 보전해준다(예, 철도, 고속도록, 항망 등...).

5. 장기에서의 독점[4)]

1) 장기의 이윤

단기에서 독점기업은 경제적 이윤을 얻거나 혹은 경제적 손실을 볼지 모른다. 그러나 장기에는 어떤가? 앞 장에서 설명한 바와 같이, 완전경쟁기업이 장기균형에서 (초과)이윤을 얻을 수 없다. 이윤은 새로운 기업들을 시장으로 유인시켜 시장의 생산을 증가시키고, 공급증가는 시장가격을 하락시켜 완전경쟁기업이 얻은 단기 (초과)이윤을 소멸시킨다.

그러나 진입장벽이 있어 여타 기업들이 시장으로 들어오지 못하는 독점시장에서는 그러한 과정이 작동하지 않는다. 잠재적인 경쟁자들은 독점기업이 경제적 이윤 이상을 획득할 때 시장진입을 원하지만 시장진입이 이루어질 수가 없다. 따라서 시장은 독점이윤을 제거하는 어떠한 메커니즘도 갖고 있지 않다.

2) 장기의 손실

장기적 손실은 어떠한가? 독점기업이 정부의 배타적 권한으로부터 비롯된 것

4) M. Lieberman & R. E. Hall, *Intorduction to Economics*, 김인철 외 2 번역, 경제학원론(경기 : 생능출판사, 2006), p. 267을 보완정리.

이고 또 그 기업이 장기적으로 손실을 입을 것이 예상된다면, 정부는 독점기업이 계속 존속하도록 보조금 지급을 결정할 수 있다. 특히 독점기업이 대중교통, 우편배달과 같은 매우 중요한 서비스를 제공하고 있다면 더욱 그렇다.

그러나 독점기업이 개인소유이고 개인통제 하에 있다면 그 기업은 장기적인 손실을 견디지 못할 것이다. 독점기업이 무기한으로 계속될 것으로 예상되는 경제적 손실을 겪고 있다면, 그 기업은 다른 기업들처럼 산업에서 퇴출될 것이다. 즉, 장기적으로 경제적 손실을 겪고 있는 사적 소유의 독점기업은 여타 기업들처럼 시장(산업)에서 퇴출될 것이다.

독점의 공급곡선?

한 가지 질문이 있을 수 있다. "독점의 공급곡선은 무엇인가?" 그 질문에 대한 대답은 "독점에는 공급곡선이 존재하지 않는다"는 것이다. 기업의 공급곡선이란 기업이 상이한 가격수준에서 얼마만큼의 생산물을 생산하여 판매하고 싶은가를 알려주는 곡선이다. 이 정의는 시장가격을 주어진 것으로 받아들여 얼마나 생산할 것인가를 결정함으로써 반응하는 완전경쟁기업에게는 의미가 있다. 그러나 독점은 가격수용자가 아니다. 오히려 가격을 선택한다. 독점기업이 자신이 원하는 가격을 자유롭게 선택 - 항상 이윤극대화 가격을 선택 - 할 수 있기 때문에 공급곡선의 개념이 독점에게는 적용되지 않는다.

〈김인철 외, 상게서, p. 265〉

→ 제 3 절 경쟁시장가격과 독점시장가격의 비교 : 독점기업의 경제적 효과

경쟁시장에서 시장가격이 주어져 있으므로 소비자와 생산자는 이 가격을 기준으로 하여 소비 · 생산활동을 한다. 소비자는 한 상품가격이 주어지면 이 가격과 다른 상품가격을 비교하여 소비할 것인지를 결정한다. 왜냐하면 상품을 구입하여 소비할 수 있는 경제적 능력, 즉 소득은 한정되어 있으므로 이 소득의 범위 내에서 소비해야 하기 때문이다. 한편, 기업들은 주어진 가격과 그 상품의 생산비를 비교하여 그 상품을 생산할 것인지의 여부를 결정한다. 따라서 가격이 소비와 생산활동의 지표가 된다.

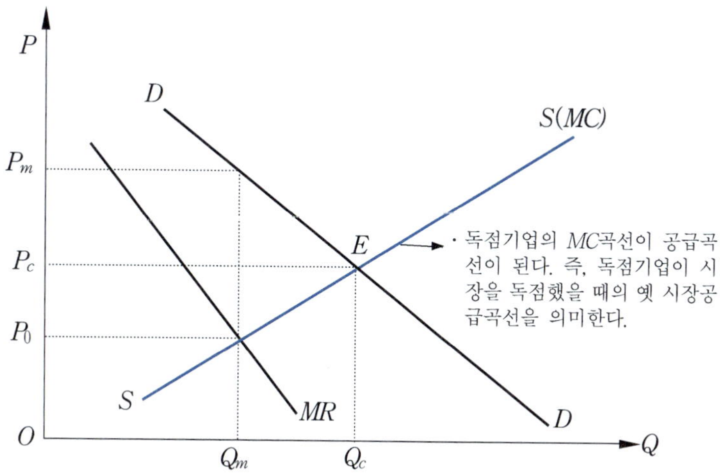

MR=*MC*의 조건을 만족시킨 생산량 OQ_m에서 완전경쟁가격(OP_c)에 비해 높은 가격인 OP_m에서 가격을 결정한다.

[그림 11-4] 독점과 경쟁기업의 비교

앞에서 살펴본 바와 같이, 시장가격이 기업의 생산비보다 높게 되면, 새로운 기업이 진입하게 되므로 공급이 증가되어 가격이 하락하게 된다. 장기적으로 경쟁시장가격은 기업의 생산비(생산비에는 요소비용 뿐만 아니라 기업활동의 보수에 해당하는 정상이윤도 포함되어 있음)와 일치되는 수준에서 결정된다. 이 점이 바로 시장수요와 공급이 일치하는 점이다. 이에 반하여 독점시장에서는 기업의 이윤이 극대가 되는 점에서 가격이 결정되면 그것으로 그만이다. 그림을 이용하여 경쟁시장과 독점시장을 서로 비교하여 보자(독과점시장을 독점시장으로 대신 표현함).

이러한 그림을 현실가격이 꼭 이러한 점에서 결정된다기 보다는 두 가격의 차이와 그것의 경제적 의미를 이해하기 위하여 그려진 것이다.

[그림 11-4]에서 *DD*는 시장수요곡선이고 *MR*은 그에 따른 한계수입곡선이다. 경쟁시장가격은 *Pc*이며 시장에서 거래되는 수량은 *Qc*이다(이러한 것을 시장의 균형가격, 균형수량이라고 함). 그리고 독점시장가격은 *Pm*이며 공급량은 *Qm*이다. 즉, 독점시장에서의 가격 *Pm*은 경쟁시장의 가격 *Pc*보다 항상 높게 되며, 또한 거래량은 *Qm*이 *Qc*보다 항상 적음을 알 수 있다. 이와 같은 현상은 다음과 같이 해석될 수 있다. 즉, 경쟁시장에서는 그 상품의 진정한 가치(즉, 가격)와 그 상품생산에 필요한 비용이 일치되는 점에서 가격과 수량이 결정되는 반면, 독점시장에서 결정

되는 가격은 비용보다 항상 높게 책정된다는 사실이다. 다시 말해서 시장에서 가격과 비용이 일치되는 점까지 생산하여 공급하는 것이 소비자, 더 나아가서 국민경제를 위해 바람직하며, 또한 자원을 효율적으로 배분할 수가 있는데, 독점기업은 이윤을 극대화하려는 목적 아래 산출량은 항상 경쟁시장에서의 산출량보다 낮은 수준에서 결정된다는 사실이다.

요약하면, 독점기업은 경쟁기업보다 더 높은 가격에서 정상이윤(0의 경제이윤) 이상의 많은 이윤(초과이윤)을 획득할 수 있다. 가격과 생산량에 미치는 효과 및 기타 등을 중심으로 하여 볼 때 ① 생산량은 적고 가격은 높으며, ② 소비자가 비용 이상의 가격을 지불하고 또한 상품이 하나이므로 소비자의 선택이 침해된다. 그리고 ③ 광고의 낭비와 이것이 소비자에게 전가된다(독점의 경우 외생적인 통제 · 제재가 불가능하여 조직내부에 비효율성이 나타날 수 있는 'X-비효율성'이 있다는 주장).

그러나 완전경쟁과 독점을 비교할 경우, 독점 아래에서 가격은 높고 산출량은 적다는 사실은 여타조건이 불변이라는 조건이 전제된다. 특히 시장이 독점화된 후 생산기술은 이전의 각 개별 경쟁기업에서의 기술과 동일하다는 것이 전제되고 있다. 하지만 독점기업이 초과이윤으로 기술혁신 및 기술진보를 통한 생산방법(기술)의 근대화를 촉진시켜 생산기술을 변화시킬 수 있다는 주장도 있다(X-효율성이 있다는 주장). 즉 독점 하에서 얻은 초과이윤으로 실현가능한 생산기술을 변화시켜 낮은 가격(비용감소)과 많은 생산량을 가져오게 할 수 있다는 것이다. 따라서 가격과 산출량에 대한 최종적인 효과는 이 두 효과의 상대적 크기에 달려 있다고 볼 수 있다.

제 12 장
과점, 독점적 경쟁시장

→ 제 1 절 과점시장

1. 과점시장의 구조와 특징 및 진입장벽

과점(oligopoly)이란 몇몇 기업간의 경쟁(competition among a few)을 말한다. 여기에서 몇몇 기업이라는 것은 엄밀하게 정의될 수 있는 것은 아니지만, 두 개의 기업이 공급하는 경우를 복점(duopoly)이라고 하고 적어도 셋 이상의 소수 기업에 의해 공급되는 시장형태를 과점이라고 한다. 다시 말해서 동일, 혹은 동종의 재화를 생산하는 공급자가 소수인 시장형태를 말한다.

과점시장에서는 몇 개의 기업에서 생산되는 상품이 공급되고 있는데 상품들 간에 서로 대체될 수 있는 경우와 동질적인 경우로 구분할 수 있다. 예컨대 철강, 시멘트 등과 같이 동질적인 재화를 몇몇 기업에 의해 생산ㆍ공급되는 경우 순수 과점이라고 하고, 상품들이 서로 대체될 수 있는 소수의 상품이 생산ㆍ공급되고 있는 경우, 화장품, 자동차 등과 같이 이질적이나 같은 종류에 속하는 재화가 생산ㆍ공급되는 경우 이질적 과점이라고 한다.

과점시장에서는 단지 몇 개의 큰 기업들이 시장을 지배하여 각 기업의 행동이 다른 기업들에게 중요한 영향을 미칠 때, 어느 기업이라도 경쟁상대의 반응을 무시하는 것은 어리석은 일인 것이다. 오히려 그런 시장에서 각 기업은 다른 기업들과의 전략적 상호 의존성(strategic interdependence)을 인식한다. 이처럼 과점은 전략적으로 상호 의존관계를 갖는 소수 큰 기업들에 의해 지배되는 시장이다.[1] 그리고 과점기업이 정상이윤 이상의 경제적 이윤을 얻고 있는데도(경제적 이윤을 항상 얻는 것은 아닐 수도 있지만) 이윤에 의해 유인되는 시장진입은 매우 어렵다.

한편, 소수 몇몇 기업이 시장을 지배하게 하는 과점시장에서 새로운 진입은 규모의 경제, 평판, 법적 장벽 및 전략적 장벽 등에 의해 저지된다. 다시 말해서 진입장벽은 앞에서 언급한 몇 가지 측면에서 살펴볼 수 있다.

우선, 규모의 경제는 시장에서 생존할 수 있는 기업의 수를 제한한다는 점은 독점의 원인을 설명하는 과정에서 설명된 바 있다. 시장의 공급량의 상당부분을 차지하는 큰 기업은 소규모 기업에 비해 단위당 낮은 비용으로 생산하므로 그렇지 못한 소규모 기업이 살아남기 어렵다. 따라서 몇 개의 대기업만이 살아남아 시장은 과점이 된다. 이러한 상황은 자연독점과 유사하다.

둘째, 과점시장에 새로 진입하려면 기존의 과점기업들의 유리한 평판에 대응하여야 하며, 이를 위해(평판을 얻기 위해) 광고지출이나 브랜드 로열티를 만드는데(특히 초기에) 엄청난 비용이 들어간다. 따라서 상당기간동안 광고비 등 엄청난 비용을 감수하고 적은 수입을 감내해야 한다.

셋째, 이외에도 독점의 원인이 될 수 있는 특허권, 저작권 역시 과점을 낳게하는 원인이다. 또한 기존 기업들의 정부 로비 등으로 영업제한 등의 법적인 장벽을 만들어 새로운 진입을 막고 소수기업들의 과점적 지위를 유지할 수 있다.

2. 과점기업의 행동 : 과점 하의 가격결정

과점기업이 가격을 결정할 때에도 몇 개의 기업들간에 어떤 기업이 어떤 가격을 결정하느냐에 민감하게 반응을 보인다. 이처럼 과점시장에서 기업들이 상대방의 반응을 중요시하므로 과점행위에 관한 일반적인 이론을 도출한다는 것은 매우 어려운 일이다. 다만, 기업들의 반응에 여러 가지로 나타낼 수 있기 때문에 각각의 반응양상에 따라서 서로 다른 과점이론이 전개될 수 있을 것이다. 따라서 과점이론은 우리가 배운 완전경쟁이나 독점시장 등에서와 같은 일원화된 이론체계는 존재하지 않는다. 즉, 과점산업에 대한 단순한 가격결정이론은 존재하지

1) 과점시장에는 다른 기업에 비해 훨씬 큰 시장점유율을 가진 지배적인 기업이 존재할 수도 있다. 예컨대 나이키(Nike)는 2002년에 모든 스포츠 운동화의 39%를 생산했으며 이는 두 번째로 큰 기업인 리복(Reebok)의 생산량의 3배 이상이다. 또한 과점시장에는 대략 유사한 크기의 두 개 이상의 큰 기업들이 존재할 수 있다. 세계시장을 상대로 대형항공기를 놓고 경쟁하는 보잉(Boeing)과 에어버스(Airbus)가 대표적이다.

않는다. 모든 것이 경쟁자들이 택하는 전략적 상호 의존성에 달려있기 때문이다. 그러므로 과점의 특징 및 유형을 설명하는 이론이 몇 가지 있을 뿐이다.

과점기업들은 기업간의 상호 의존관계를 인정하게 되므로 다른 기업들이 어떻게 행동할 것인가를 항상 염두에 두고 있다. 따라서 각 기업들은 적극적으로 서로 협조하거나 또는 암암리에 서로 협조하여 각 기업들의 이익극대화를 꾀하고자 할 것이다. 과점에서 협조적 행동은 명시적 담합과 묵시적 담합이 있다. 이런 경우의 예로서 첫째, 소수의 기업들이 암암리에 담합에 의한 기업결합을 형성하여 전체가 마치 한 명의 독점가처럼 행동하는 방법이다. 이때 가격은 전체의 이윤이 최대가 되는 점에서 책정된다. 둘째, 소수기업이 이윤을 향유하면서 소수를 그대로 유지하기 위하여 새로운 기업의 진입을 방해하는 수준에 가격을 책정하는 방법이다. 즉, 새로운 기업이 진입해 들어오면 이 기업이 이윤보다는 손해를 보도록 가격을 하향책정하는 방법이다. 셋째, 소수의 기업 중에서 규모가 크고 시장점유율이 높은 기업이 자신의 이윤이 최대가 되는 가격을 결정함으로써 다른 기업들이 이 가격을 따르도록 하는 방법이다.

1) 명시적 담합(카르텔)

과점기업들이 서로 협조하는 방법에는 여러 가지 있겠으나 가장 단순한 형태의 협조는 명시적 담합(explicit collusion)이며, 가장 극단적인 형태의 명시적 담합은 카르텔(cartel)2)이다. 이것은 집단 전체의 총이윤을 극대화하기 위해 모인 기업들의 전체를 말한다. 카르텔이 형성되면 기업들의 집단은 자신이 마치 독점기업인 것처럼 행동하므로 시장 수요곡선은 독점의 수요곡선처럼 나타난다. 이때 카르텔은 이윤의 극대화를 가져오는 수요곡선상의 한 점(그 가격의 산출량)을 결정한다([그림 12-1] 참조). 이때 카르텔 회원기업은 합의된 가격을 부과해야 하고 또 카르텔의 총생산량 중 일정 몫을 할당 받는다.

만약 어떤 회원이 할당받은 몫보다 더 많이 생산 · 공급한다면 카르텔의 총생산량이 증가하고 가격은 합의된 이윤극대화가격보다 낮아질 것이다(대표적인 예 : OPEC).

---

2) 카르텔 : 산업의 총이윤을 극대화하고자 공동가격을 추구하는 기업들의 집단
최근에 가장 유명한 카르텔은 석유수출기구인 OPEC이다. 회원국들은 정기적으로 만나 각 회원국이 생산할 수 있는 석유량을 결정함으로써 석유가격에 영향을 주고 있다. 1970년대 중반 단지 2년 동안 OPEC의 석유 배럴당 가격이 4배로 올랐고 그것은 카르텔 회원국들에게 막대한 이윤을 안겨주었다. 1990년대 후반 OPEC는 다시 한번 그의 힘을 보여주었는데 18개월 동안 석유가격을 두 배로 올렸다.

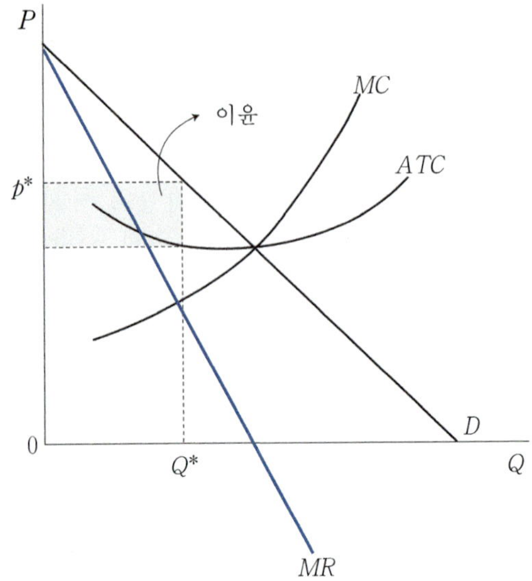

[그림 12-1] 명시적 담합 : 카르텔

2) 가격리더십(가격선도모형)

명시적인 담합이 과점기업들에게 가격을 올리기에 좋은 방법이기는 하나 위법이기 때문에 실현되기 어렵다. 기업들이 협력하는 다른 방법으로 이면에서 그들 간의 암묵적인 담합[3]이 있다. 예컨대 내가 높은 가격을 부과할 경우 만약 경쟁상대도 또한 높은 가격을 부과한다면, 나는 계속해 높은 가격을 책정할 것이다. 하지만 경쟁상대가 이번에 낮은 가격을 정하면 나는 다음 번에 낮은 가격을 부과함으로써 그에게 보복하려고 할 것이다.

두 기업이 이런 전략을 고수한다면 그들 모두 높은 가격을 부과할 것이라는 것을 알 수 있다. 각자는 상대방이 먼저 낮은 가격을 결정하는 것을 기다린다. 따라서 그런 상황이 결코 일어나지 않는다. 이러한 형태의 전략을 종종 맞대응보복(tit-for-tat)이라고 하며 그것은 상대방이 하는 대로 그와 똑같이 한다는 의미이다.[4]

---

3) 암묵적 담합 : 명시적인 합의와 관련되지 않는 과점적 협력의 형태
4) 맞대응보복(tit-for-tat) : 이전기간에 상대가 당신에게 했던 것을 이번 기간에 당신이 상대에게 그대로 행하는 게임이론적 상황

암묵적으로 담합이 있되 불안전한 경우를 설명하는 모형으로 가격리더십(price leadership)이 있다. 가격리더십은 가격선도모형이라고도 하는데, 이는 가격선도자인 한 기업이 자신의 가격을 먼저 올리면 다른 기업들이 그 가격을 따라 올리는 그런 형태의 암묵적 담합이다. 다시 말해서 과점산업 내에 어느 한 기업이 묵시적 합의에 의해 주도적으로 가격을 결정하고 그 외의 기업들은 같은 가격으로 가격결정을 따르게 되는 현상을 가격리더십 또는 가격선도모형이라고 한다.

과점산업 내에서 가격을 먼저 올리는 선도기업은 그 산업 내에서 지배적인 기업으로 보통 여타기업에 비해 유리한 생산조건과 시장점유율이 가장 높은 기업이 대부분이나 선도자의 역할이 과점기업간에 이 기업에서 저 기업으로 그 위치가 변할 수도 있다.

[그림 12-2]에서 시장가격(*DD*에 상응하는 가격)에서 *dd*곡선에 상응하는 가격으로 변경시켰을 경우 선도기업은 그 기업의 수요곡선 *dd*에 상응하는 *MR*곡선과 *MC*곡선이 만나는 점에서 산출(공급)량을 $0g_D$만큼 정하고 가격은 P^*(시장가격)에

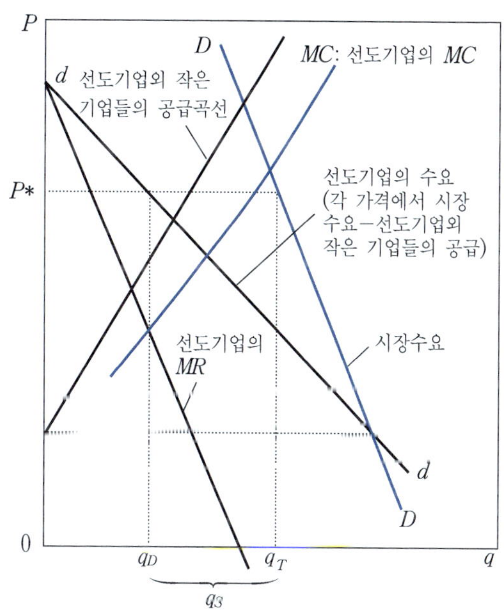

$0q_T$ = 시장가격 P^*에서 수요량(시장수요)
소규모 기업의 공급 : q_s
선도기업의 공급 : q_D

[그림 12-2] 가격선도 모형

서 결정한다. 그리고 소규모기업들은 선도기업의 수요곡선 dd에 의존하는 가격(P^*)에 산출량($q_s = q_D - q_T$)을 정하고 이윤극대화를 추구한다.

3) 굴절수요곡선 모형

기업간의 상호 의존성을 인정하면서 제품의 차별화(분화)가 있어 담합없이 각자 행동하는 경우를 설명해주는 과점이론으로 굴절수요곡선모형(kinked demand curve oligopoly model)이 있다. 이 모형의 요지는 다음과 같다.

제품의 차별화에 따라 각 기업이 어느 정도 시장지배력(독점력)을 행사할 수 있어 가격은 어느 정도 조정할 수 있으며 경쟁기업이 가격하락에는 동조하나 가격상승에는 동조하지 않는다고 가정한다. 따라서 만약 한 기업이 가격을 올리면 경쟁기업은 가격을 올리지 않는다. 그러면 가격을 올리지 않는 경쟁기업의 수요량이 하락할 것이다. 반면 한 기업이 가격을 낮추면 다른 기업도 그렇게 할 것이다. 그렇게 되면 가격을 올린 기업은 가격하락시킨 만큼에 따른 시장수요를 더 많이 증가시킬 수 없다. 반대의 경우 위와 반대의 상황이 발생할 것이다. 이런 경우 과점기업들로 하여금 현재의 가격을 변화시키기 어렵게 하는 요인으로 작용하므로 가격이 매우 경직적으로 된다. 따라서 가격을 낮춘 기업의 수요곡선은 현재의 가격과 산출량에서 수요곡선이 굴절하게 되고 그 사이에 MC가 지나면 MC가 다소 변해도 가격이 변하지 않는다.

위의 설명을 그림으로 보면 [그림 12-3]과 같다. 어떤 한 기업(H기업)이 p^*가격에서 q^*를 생산했다고 하자. 그런데 이 기업이 가격을 상승시키면(이때 H기업은 d_0d_1 수요곡선에 직면하게 됨) H기업 이외 다른 기업(B 또는 C기업)은 종래의 가격을 유지시키고자 할 것이다(이때 이들 B · C기업이 직면하는 수요곡선은 d_1d_2). 이럴 경우 H기업의 수요는 하락할 것이고 이를 만회하기 위해 가격을 내리면 다른 기업 B, C 등이 뒤따라 내릴 것이다. 때문에 H기업은 시장점유율을 더 많이 증가시킬 수 없다. 이런 경우 가격인상을 시도하는 기업 H는 현재의 가격 p^*를 변화시키기 어렵고 그 기업의 수요곡선은 현재의 가격 p^*에서 q^* 수요량을 나타내는 d_1에서 굴절하게 된다. 즉, H기업의 수요곡선이 $d_1(q^*, p^*)$에서 굴절되어 있다. 따라서 H기업의 $p^*d_1d_2$에 대한 MR곡선은 d_0ABMR_2가 되어 d_1에서 굴절되고 결과적으로 불연속적으로 나타난다. 그리고 그 사이를 MC가 지나가면 MC가 다소 변동한다 하더라도 가격이 변하지 않는다.

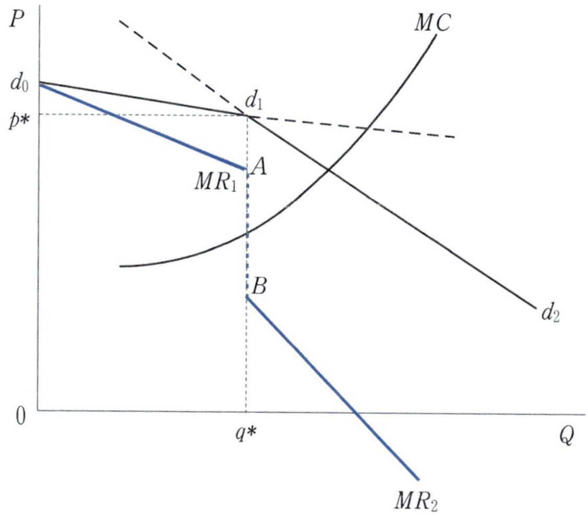

· 수요곡선 : d_0d_1 커브는 가격을 올리는 H기업(p^*에서 q^*생산 · 공급)이 직면하는 수요곡선

· d_1d_2 커브는 다른 기업(B, C)들이 P↑에 대응하지 않고 P↓에만 대응한다는 가정에서 나타난 B, C 등이 직면하는 수요곡선(즉, 시장수요곡선을 나타냄) →d_1에서 굴절한다.

· d_0d_1의 탄성치 〉 d_1d_2의 탄성치

[그림 12-3] 굴절수요곡선모형

3. 과점의 경제적 효과

(1) 완전담합의 경우는 독점의 경우와 비슷하므로 가격은 MC보다 높고 생산량도 완전경쟁의 경우에 비해서 적어질 것이다. 이는 불완전 담합의 경우에도 마찬가지 결과이다. 왜냐하면, 수요곡선이 우하향의 형태를 취하게 되므로 MR곡선이 AR곡선인 수요곡선 밑에 위치하기 때문이다.

(2) 과점기업은 초과생산능력이 존재한다 : 자원배분의 비효율성 존재

(3) 독점의 경우처럼 비가격경쟁 수단에 의한 판매경쟁은 광고비 등 판매촉진비의 과대한 지출을 유발함으로써 생산비를 증대시키며, 자원의 낭비를 초래하고 이는 소비자가 결국 부담하게 되는 사회적 손실이라고 할 수 있다.

제 2 절 독점적 경쟁시장

1. 독점적 경쟁이란?

동종이지만 이질적(heterogeneous) 재화를 생산하는 공급자가 다수인 시장형태를 말한다. 독점적 경쟁은 독점의 특성과 경쟁의 속성이 공존하고 있는 시장형태로서 '제품의 차별' → '수요자군' 형성 → '시장지배력'이 어느 정도 있다. 독점적 경쟁은 우리 주변에서 볼 때 서로 가까운 곳에 인접해 있는 병원, 변호사 사무소, 이발소, 주유소, 식품점, 주점(술집) 등을 들 수 있다.

독점적 경쟁시장의 특징은 '제품의 차별' 때문에 ① 집계가 곤란하다. 따라서 완전경쟁과 같이 집합적인 시장수요곡선과 공급곡선을 도출할 수 없다. 또한 ② 재화마다 가격이 다르게 결정되므로 하나의 균형가격이 아니라 일군의 가격이 형성된다. 이와 같은 이유 때문에 독점적 경쟁시장의 분석은 대표적인 한 개별기업에 국한해서 가능하게 된다.

2. 독점적 경쟁시장의 장·단기 균형

독점적 경쟁시장의 장·단기 균형은 [그림 12-4]와 〈표 12-1〉과 같이 요약할 수 있다.

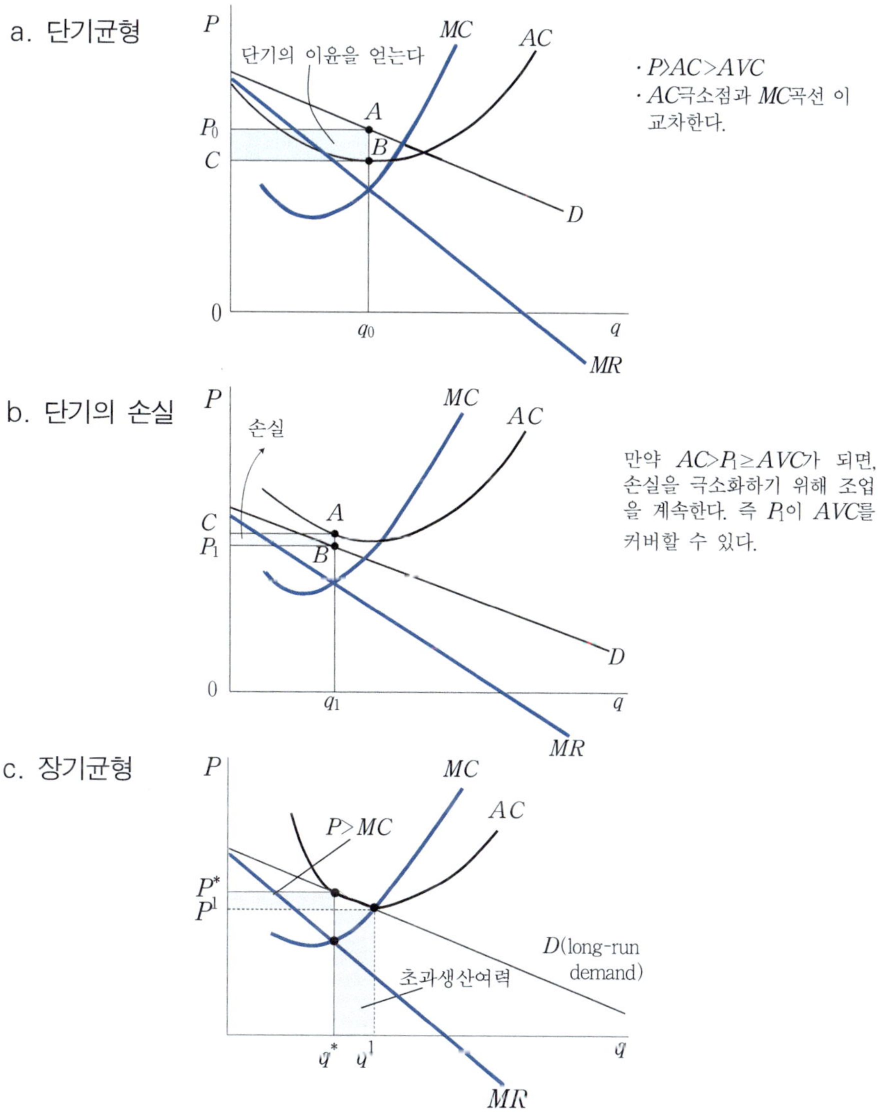

새로운 기업의 진입, 독점적 이윤이 소멸될 것이다. 그래서 q를 AC와 $D=AR$이 접하는 점에서 결정한다. 그러나 수요곡선(장기) D가 우하향하므로 독점적 이윤을 얻을 수 있는 산출량 수준($0q^*$)은 AC 극소점에서 산출량보다($0q^1$) 적다: $P>MC$, 초과생산 여력이 존재

[그림 12-4] 독점적 경쟁시장의 장·단기 균형

〈표 12-1〉 독점적 경쟁과 독점 및 완전 경쟁의 비교

시장 / 비교점	(농수사물, 소매시장) 완전경쟁	(담배·철도·전기·수도) 독점	(소매업, 이발소, 식당, 병원) 독점적 경쟁	(시멘트, 철강, 자동차, 가전제품) 과점
1) 기업의 수 및 가격경쟁	기업의 수가 매우 많다. 가격수취자 (price-taker)	하나 가격결정자 (price-maker)	다수 가격결정(조정)자	소수(몇개기업) 가격결정(조정)자
2) 개별기업이 직면하게 되는 수요곡선	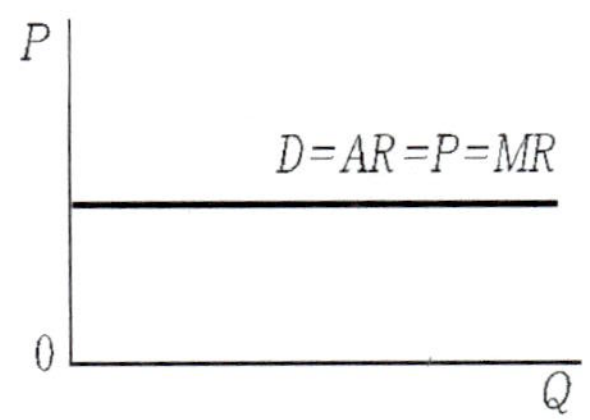	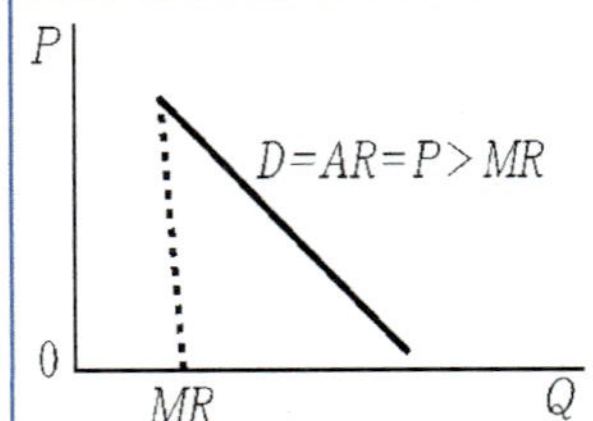	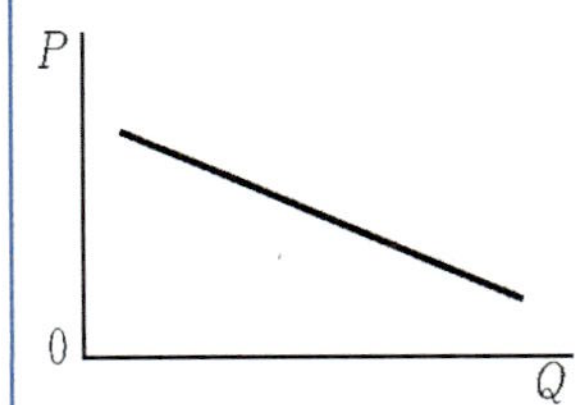	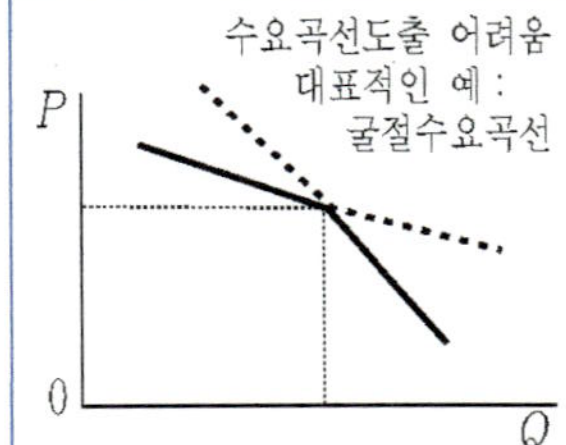
3) 상품의 성질, 진입장벽, 전략적 상호의존관계	동일상품 진입장벽 없음 전략적 상호의존관계없이 독자행동	독특함(유사 상품이 없음) 진입장벽이 매우 높음 독자행동	차별화된 상품 진입장벽 없음 (다소있을 수 있음) 독자행동	동일상품 또는 차별화된 상품, 진입장벽이 높음(독점보다는 다소 약함) 전략적 상호의존관계 있음
4) 가격과 산출량 결정	$MR=MC$에서 P와 Q 결정	$MC=MR$	$MC=MR$	전략적 상호의존성을 통해서 Q와 P 결정 : 게임이론(선도모형,굴절수요)
5) 이윤 단기 장기	(초과이윤) (초가이윤소멸) (손실가능성) +, 0, - 0	 +, 0, - +, 0	 +, 0, - 0	 +, 0, - +, 0
6) 광고	하지않음	가끔	광고 많이함	광고 많이함 (차별된 제품의 경우)

→ 제 3 절 기업의 의사결정과 game theory 접근법

기업의 의사결정과 관련하여, 특히 과점행동을 설명하는데 풍부한 통찰력을 주는 것이 게임이론 접근방법이다. 게임에서 경기자들이 그들의 전략을 수립하는데 있어서 상대방의 전략을 참고하는 것이 도움이 된다. 이것은 마치 과점의 상황과 비슷하다고 볼 수 있으며 따라서 게임이론의 분석방법을 이용해 과점의 의사결정을 분석하여 볼 수 있다.

게임이론(game theory)은 1944년 오스트리아학파의 모르겐슈텐(O. Morgenstern)과 헝가리 수학자 노이만(J. Von Neumann)에 의하여 게임이론과 경제행위(*theory of games and economic behavior*)란 책을 발간함으로써 게임이론의 확립과 그 후 내쉬(J. Nash), 젤턴(R. Selten) 및 하자니(J. Harsanyi) 등에 의하여 이론의 발전을 이루었다.

게임에서처럼 각 기업의 과점에서는 기업자신의 행동에 상대방의 상호작용을 고려하여야 한다. 즉, 2 또는 2 이상의 몇 기업의 상대방의 반응을 고려하여 자기의 전략을 선택하는 과정은 이 시장에 있는 기업들이 게임하는 것과 같다. 이와 같은 이유들 때문에 과점의 성격을 가진 기업들은 만일 경쟁 상대자들이 어떻게 변화에 대응할지를 모른다면 산출물의 변화에 대한 영향이 산출물의 가격과 이윤에 대하여 논의할 수 없다. 따라서 게임이론을 적용시켜 과점시장에서 일어나는 결과를 설명할 수 있다.

1. 게임이론의 개념과 특성

경제학에서 게임이란 의사결정자의 목표함수의 값이 자기자신의 행동은 물론 다른 사람의 행동에도 의존하는 전략적인 상황을 의미한다. 즉, 게임은 두 명 이상의 선수들(players)이 상호 연관관계를 통해 자기자신의 이익을 추구하고 있으나 어느 선수도 그 결과를 마음대로 좌지우지할 수 없는 경쟁적 상황의 분석을 주요한 내용으로 한다.

게임은 선수(player), 전략(strategy), 보상함수(payoff function) 등의 요소로

구성된다. 선수(player)를 더욱 더 자세히 살펴보면, 개인이든 조직이든 적절한 의사결정을 하는 개체(unit)이며, 자신의 행동과 상대방 사람들의 행동에 의해 결정되는 대가를 받는 참여자를 말한다. 각 선수는 어떤 자원들(resources)의 양을 가지며 어떻게 자원들이 사용될 수 있는지를 서술한 게임의 규칙들(rules of game)을 알고 있다. 전략(strategy)이란 선수들이 선택할 수 있는 대안(alternative)을 총칭한다. 그러나 전략은 단순히 대안을 나열하는 것이 아니라 주어진 게임에서 어떤 것이 전략을 구성하는지를 이해하는 것이 게임이론(game theory)을 이해하는데 필수적이다. 전략은 선수가 게임을 진행하는 동안에 각 발생 가능한 상황 하에서 무엇을 할 것인가에 대한 완전히 개별화(specification)한 것이다. 즉, 과점기업의 전략은 생산량이나 가격 등을 결정하는 것이다. 상대방의 생산량을 알게되는 경우에는 상대방의 생산량에 따라 자신의 생산량을 결정하도록 정해 놓을 수 있는 것이다. 보상함수(payoff function)란 각 선수의 목표함수를 말한다. 게임은 각 선수가 자기자신의 보상함수를 극대화시키는 전략을 선택하여 행동하는 방식으로 진행된다.

한편 게임은 선수의 수, 협상의 성격, 전략의 수, 시간의 차원, 보상함수(payoff function)의 성격, 정보의 완료성, 표현하는 형식 등에서의 차이에 따라 여러 가지 유형의 게임으로 분류할 수 있다. 여기서는 참가선수의 수에 따른 분류와 보상함수의 성격에 따른 분류에 의해 몇 가지로 분류해 보기로 한다.

1) 참가선수의 수에 따른 분류

게임을 참가하는 선수의 수에 따라 2인 게임, 3인 게임, 그리고 게임에 참가하는 선수의 수가 n일 때, 이 게임을 n인 게임(n-person game)이라고 한다. 3인 이상의 게임에서는 2인 이상이 결탁할 가능성이 나타나기 때문에 게임의 분석이 더욱 복잡해진다.

2) 보상함수(payoff function)의 성격에 따른 분류

게임은 보상함수의 성격에 따라 제로화 게임(zero-sum game), 상수차 게임(constant difference game), 비제로화 게임(non-zero-sum game)으로 구분한다. 게임이 끝나면 각 선수의 득점이 계산된다. 이때 각 선수들의 이익(profit)과 손실(loss)의 합이 0(zero)인 게임이 제로화 게임인 것이다. 상수차 게임은 선수들이 함께 이득을 보거나 손실을 보는 게임이다. 비제로화 게임(non-zero-sum game)은 선수들의 이득이 함께 0이 아닌 게임이다.

2. 간단한 2인 게임(복점게임)과 내쉬균형의 달성

기존의 전략이 다른 전략으로 대체되지 않고 그대로 유지되는 균형전략이 되기 위해서는 각 선수가 다른 선수가 채택하리라고 예상하는 전략과 실제로 채택한 전략이 일치하는 것이 게임의 균형으로 만족해야 하는 최소한의 요건이다. 두 경쟁선수의 전략이 일치하기 때문에 전략변동이 없는(전략적 선택을 더 이상 바꿀 유인이 없는 상황) 균형상태가 성립하는데, 이러한 상태를 흔히 내쉬균형(Nash equilibrium)이라고 하며, 각 선수가 다른 선수들의 전략을 주어진 것으로 보고 상대방 선수의 최적전략(optimal strategy)에 대해서만 최적정의 전략을 찾아내어 균형을 달성할 때 내쉬균형이 달성된다고 본다.

한편 내쉬균형은 현실적으로 대부분 비협조적 게임의 균형에 많이 쓰이고 있다. 이제 간단한 2인 게임의 예를 통해서 내쉬균형이 달성하는 것을 설명해 보기로 한다.

선수가 둘, 즉 기업 A와 기업 B가 선택할 수 있는 전략의 수가 둘인 가장 간단한 게임의 보수행렬은 어떤 게임의 결과로서 나타나는 모든 수의 수치를 하나의 표에 체계적으로 정리해 놓은 것을 말한다. [그림 12-5]는 두 기업의 각자 전략들의 각 조합(combination)이 선택되었을 때 각 기업에 어떠한 이윤(profit)이

	A社의 선택 광고비 증가	A社의 선택 광고비 증가 않함
B사의 선택 광고비 증가	A사 이윤 5,500 B사 이윤 5,500	A사 이윤 2,000 B사 이윤 8,000
B사의 선택 광고비 증가 않함	A사 이윤 8,000 B사 이윤 2,000	A사 이윤 6,000 B사 이윤 6,000

[그림 12-5] A사와 B사의 광고게임에 대한 보수행렬

발생할 것인가를 나타낸 것이다. 즉, 두 기업의 광고비 증가여부에 따라 각 회사가 얻을 수 있는 가상적 보수행렬을 보여주고 있다.

만일 기업 A, B 모두가 광고비를 증가시키는 전략을 선택한다면 기업 A와 기업 B는 하나의 기준보수(benchmark)로써 각각 5,500억원의 이윤을 얻을 것이다. 만일 A기업은 광고비를 증가시키고 B기업은 광고비를 증가시키지 않는다면 A기업의 이윤은 증가되어 8000억원을 B기업은 2000억원의 이윤을 얻을 것이다(좌 하단부). 만일 B기업이 광고비를 증가시키고 A기업은 광고비를 증가시키지않는다면 A기업은 이윤이 종전보다 적은 2000억원의 이윤을 만들 것이다(우 상단부).

이제 A기업의 가능전략들을 고려해 보자. 만일 B기업이 광고비를 증가시키려 한다면 A기업의 최선의 방법은 역시 광고비를 증가시키는 것이다. 반대로 만일 B기업이 광고비를 증가시키지 않는다해도 A기업의 최선의 전략은 여전히 광고비를 증가시키는 것이다. 그렇게 함으로써 A기업은 우월전략을 가지게 된다. 즉, B기업에 의하여 선택된 전략에 관계없이 A기업은 광고에 기업의 최선을 다할 것이다. 이와 같이 우월적 전략(dominant strategy)이란 상대방선수가 어떤 전략을 선택하는지에 관계없이 자신의 보수(payoff)를 더 많게 만드는 전략을 말한다. 한편, B기업의 관점에서 볼 때 만일 A기업이 광고에 전력을 다하면 B기업 역시 똑같은 우월전략, 즉 광고를 한다는 전략을 가진다. 이처럼 두 회사가 독자적으로 행동(우월전략)할 때 이 게임의 결과는 좌측 상단부문과 같이 두 회사 모두 각각 5500억원의 이윤을 만들 것이다.

만일 A기업과 B기업이 반복게임 후 협조적인 결과로서 광고비 증가를 중단한다면, 두 기업 다 같이 중간정도의 이윤을 얻을 것이다. 이와 같이 협조적인 도달점(균형점)에 이르는 경우를 내쉬균형이라고 한다.

3. 용의자의 딜레마 게임

경쟁적 관계에 있는 선수들이 왜 협동을 하는가에 대해서는 게임이론가들에 의하여 연구되고 있으며 그 가운데 가장 대표적인 연구가 용의자 딜레마게임(prisoner's dilemma game)이다. 용의자 딜레마는 게임이론의 틀 안에서 이루어진 것이기 때문에 보수행렬(payoff matrix)의 존재를 가정한다. 용의자 딜레마가 발생하는 조건을 가정해보면 다음과 같다.

		B	
		자백	함구
A	자백	2년 / 2년	1년 / 20년
	함구	20년 / 1년	10년 / 10년

[그림 12-6] 용의자 딜레마 보수행렬

첫째, 게임에 참여하는 선수들 사이에 의사전달이 이루어지면 불확실성이 없어지기 때문에 두 용의자를 독방에 감금해야 한다.

둘째, 반복게임(repeated game)이 존재하지 않고 게임이 단 한번에 이루어지는 단일게임(single stage game)이 존재하고 있다. 만일 게임이 되풀이되면 게임자들은 학습력을 발휘하게 될 것이고, 이것은 협동을 생성시켜서 용의자의 딜레마 상황을 파괴할 것이다. 즉, 게임이 여러번에 걸쳐 반복하게 될 때 '눈에는 눈, 이에는 이'(tit for tat)와 같은 형태의 전략이 이용될 수 있을 것이다.

두 사람의 공범이 범행 후 경찰에 의하여 체포되었다고 하자. 공범자 A, B 두 사람은 독방에 감금 · 격리되어 정보가 차단되어 있다. 만약 한 용의자가 자백을 하고 다른 한 용의자가 묵비권 행사를 하여 함구한다면, 자백을 한 용의자에게 (1년)형을 구형하고, 묵비권을 행사(함구)하는 용의자에게는 20년의 중형을 구형한다고 가정해 보자. 그런데 만약 용의자 A, B 가 다같이 묵비권을 행사(함구)하게 되면, 각각 10년씩 형량이 구형되고, 만약 두 피의자 A, B가 다같이 자백을 하게 되면, 각각 2년씩 형량이 구형된다고 가정하자. 이를 그림으로 보면 [그림 12-6]과 같다. 이 그림은 두 용의자가 갖는 보수행렬을 보여주며 각 용의자가 받게 될 구형량은 숫자로 표시되었다.

용의자들은 구형량을 생각하여 자백할 것인가, 묵비권을 행사할 것인가 각자의 전략선택에 의존하게 된다. 용의자 A가 이기적인 입장에서 자백을 택하게 되면 용의자 B가 무엇을 선택하든간에 용의자 A는 유리한 입장에 처하게 된다. 용의자 B도 마찬가지로 이기적인 입장에서 자백을 선택하게 되면 용의자 A가 무엇을 선택하든간에 용의자 B는 유리한 입장에 놓이게 된다. 그러나 용의자들의 이해관계는 상호 연관되어 있어서 두 용의자 모두 자백을 한다면 각각 2년씩의 구형을 받게 된다. 다시 말해서 두 용의자 모두가 자백하는 우월전략(dominant strategy)을 사용할 것이기 때문에 범행을 부인(함구)함으로써 자신에게 이득이 될 수 있는 결과(1년구형)를 얻지 못한다는 특징을 가지고 있다.

이와 같이 두 용의자 개별적인 견해에서는 분명히 효과적인 전략과 효용이 존재하는 데도 불구하고, 상대방이 어떤 선택을 할지 모르는 불확실성 때문에(이해관계의 상호 연관성 때문에) 현실적으로는 상대적으로 적은 효용을 주는 전략을 선택할 수밖에 없는 상황이 존재할 수 있다. 이와 같은 상황을 용의자 딜레마 상황이라고 한다.

다시 말해서 용의자를 각각 격리시켜 정보교환을 차단시켰을 때 용의자 A, B가 각각 합리적 선택을 했을지라도 그 선택이 나쁜 선택이 되어버리는 상황을 용의자 딜레마 상황이라고 한다. 즉, 개인적인 견해에 있어서 합리적인 행동이 전체적인 관점에서는 비합리적인 결과를 초래하는 게임상황을 말한다.

≫ 읽을거리 ≪ 게임이론으로 보는 환율전쟁 종식 가능성

환율전쟁은 한마디로 '속이 보이는 자국통화 가치 내리기' 경쟁이다. 글로벌 금융위기 이후 세계 각국은 경기회복을 겨냥해 적극적인 금융완화 정책을 실시하고 있다. 즉 통화량을 늘려 통화가치를 하락시키고, 가격 경쟁력을 확보하고자 하는 것이다.

현재 실업률 상승으로 고통 받는 미국은 저평가된 위안화로 막대한 무역흑자를 내고 있는 중국에 대해 통화절상을 강력하게 요구하고 있다. 중국이 이에 강하게 반발하고 있지만 작년 9월 미국 하원은 '위안 환율이 실질적인 수출 보조금이 되고 있다'며 사실상 위안화 절상을 강제로 요구하는 법안을 통과시켰다. 이것이 '자국통화 할인'이라는 '무기'를 들고 수출경쟁력 저하를 방지하려는 미·중 환율전쟁의 서곡이라 볼 수 있다. 이후 G20 회의에서 국제협력을 통해 이러한 환율갈등을 완화하려는 논의가 있었음에도 불구하고 최근 또 다시 미·중의 인위적 환율 개입과 서로에 대한 견제로 인한 갈등이 심화되고 있는 상황이다.

이렇게 볼 때 환율은 단순한 통화가치평가 문제가 아니라, 경제적 역학관계, 국제 통화·금융질서 등과 맞물린 정치경제학적 쟁점으로 볼 수 있다. 환율조정 과정에서는 상승하는 통화와 그렇지 않은 통화가 있을 수밖에 없다. 또 이에 따른 자원배분, 혹은 부의 재조정은 어떻게 보면 자연스러운 일이다. 하지만 세계경제가 밀접히 연관되어 있는 현실에서 자국의 이익만 생각하는 인위적인 정책개입은 국제협력을 통해 전 세계가 겪고 있는 경기침체를 다함께 극복해나가는 것을 어렵게 한다.

국제협력을 이룬다는 것은 상당히 어려운 일이다. 서로 협력하여 정책을 선택할 경우 좀 더 나은 경제상황에 이를 수 있는 것을 알면서도 각국은 협력에 적극적 모습을 보이지 않는다. 게임이론(편집자 주: 자신의 행동이 다른 사람에게 영향을 미치고, 자신도 다른 사람의 행동에 영향을 받는 상호의존적 상황에서 어떤 전략이 최선인지를 연구하는 경제학의 한 분야)의 '용의자의 딜레마' 모형은 국제통화·금융협력이 이루어지기 어려운 이유를 설명한다. 다음과 같은 정책 선택에 대한 간단한 보수행렬(편집자 주: 게임에서 각 경기자가 얻는 이익을 나타낸 표)을 보며 생각해보자.

〈미국〉

〈중국〉	(상대적으로) 소극적 금융완화 정책		적극적 금융완화 정책	
(상대적으로) 소극적 금융완화 정책	(+1, +1)	I	(−10, +8)	II
적극적 금융완화 정책	(+8, −10)	III	(−5, −5)	IV

주 : 각 칸에서 첫 번째 항은 중국의 이익을, 두 번째 항은 미국의 이익을 표힌다.

상대국의 정책선택이 주어질 때, 당연히 양국은 그들의 이익을 극대화하는 정책을 선택한다. 중국 입장에서는 미국이 소극적 금융완화를 펼칠 때 적극적 금융완화를 하는 것이 더 유리하고, 미국이 적극적 금융완화를 펼칠 때도 적극적 금융완화를 하는 것이 더 유리하다. 이것은 미국도 마찬가지다. 결국 양국 모두 적극적 금융완화 정책을 선택하기 때문에 서로 경제적 손실을 입는 결과를 초래한다(IV). 환율전쟁 상황인 '용의자의 딜레마'에 빠지게 되는 것이다.

만약 양국이 이러한 상황을 우려하여 협조적으로 환율정책을 조정해 나간다면 최소한 모두가 손실을 입는 결과는 피할 수 있다(I). 그럼에도 불구하고 양국이 모두 지속적인 금융완화 정책을 택하는 이유는 무엇일까? 그것은 바로 통화 약세를 '무기'로 상대방의 희생을 통해 큰 보수를 얻을 수 있는 유인(II 또는 III의 상황)이 있기 때문이다. 이런 유인에 끌려 환율전쟁 상황이 계속되면 최악의 경우 본격적인 무역분쟁으로 이어질 가능성도 있다. 하지만 모두가 원하는 해피엔딩, 즉 전쟁의 종식을 향한 희망적인 협력 가능성도 동시에 존재한다. 앞으로 전개될 국제협력 과정을 기대해 볼 만하다.

<작성자: 윤혜선/KDI 경영지원본부, 2011. 12. 1>

제 13 장
시장경제와 정부

→ 제 1 절 시장기구와 효율적 자원배분

1. 상호의존적 가격결정과정

지금까지 우리가 배워온 소비자이론, 생산자이론, 생산물시장 및 생산요소시장에서의 가격결정이론은 "다른 모든 것은 일정하다"는 가정 하에 다른 경제부문을 무시하였다. 즉, 우리가 관심을 가지는 시장이 다른 시장으로부터 영향을 받기도 하고 또한 영향을 미치게 하는 경제활동의 상호 의존상의 원리를 무시하고 특정부문만을 따로 떼어 분석하였다. 이러한 분석을 흔히 부분균형분석[1]이라고 한다.

그러나 현실에 있어서는 각 시장마다 서로 영향을 주고 받는 과정이 연속적으로 이루어지고 있다. 예컨대 요소시장에서의 요소가격의 변화는 소비자의 소득을 변화시키며, 소득의 변화는 재화시장에서의 소비자의 수요를 변화시킨다. 또한 재화시장에서의 소비자수요의 변동은 요소시장에서의 요소가격 및 투입량결정에 영향을 미친다. 이처럼 여러 시장간의 상호 의존성(inter-dependence)이 존재한다. 이와 같이 여러 시장의 상호의존성을 고려하여 경제주체의 균형 및 시장의 균형을 다루는 분석방법을 일반균형분석이라 한다.[2]

---

1) 부분균형분석(partial equilibrium analysis)이란 (1) 개별경제주체(개별소비자와 개별생산자 및 자원소유자)들의 균형과 (2) 개별시장(재화시장과 생산요소시장)의 균형을 모두 독립적으로 다루는 분석방법을 말한다.

2) 일반균형분석(general equilibrium analysis)이란 모든 개별경제주체들의 균형 및 모든 개별시장들의 균형을 동시에 다루는 분석방법을 말한다.

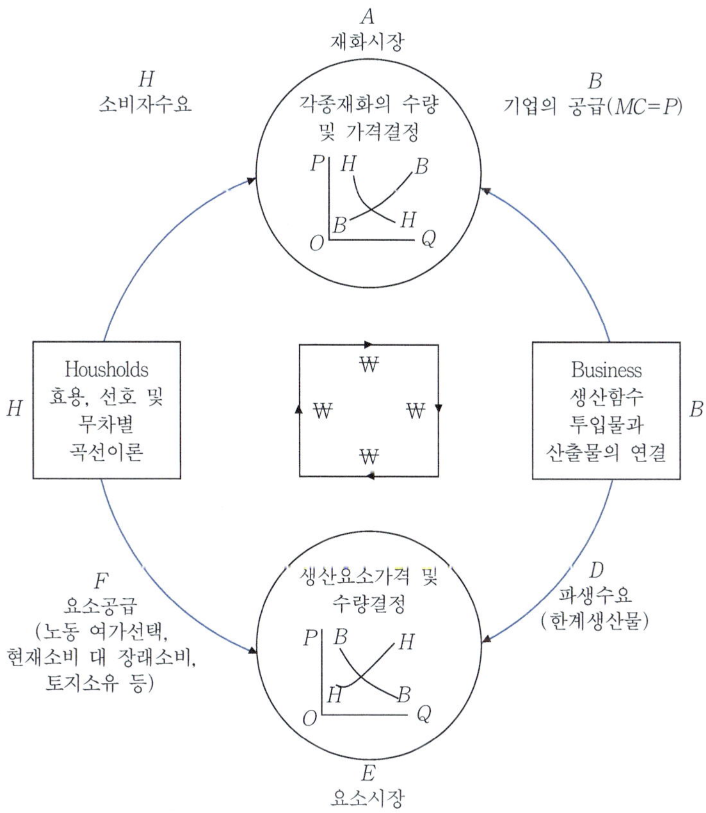

[그림 13-1] 상호의존적 가격결정과정

[그림 13-1]에서 시계방향으로의 화폐(₩)의 흐름은 개개재화의 균형가격과 수량을 결정하기 위해 재화시장에서 소비자수요와 기업의 공급이 만나는 것을 보여주고 있다. 마찬가지로 기업의 파생수요는 가계의 요소공급과 요소시장에서 만나서 요소가격과 그 양이 결정된다.

이제 경제활동의 상호 의존성의 원리를 순환적 '흐름'(circular flow)의 그림을 통하여 살펴보기로 한다. [그림 13-1]은 투입물과 생산물 두 시장간의 상호 의존성과 각 경제변수들 상호간의 의존성을 나타내주고 있다. 이 그림은 흔히 경제학자들이 '일반균형'이라고 부르는 상호 의존적 체계를 요약하는 그림표의 형태를 나타내고 있다. 그리고 이 그림에서의 상호 의존성은 미시적 접근에 의해서 논의된다.

[그림 13-1]의 하반부에서는 개개의 생산요소의 수요와 공급의 '양쪽'을 표시하고 있다. 그리고 상반부에서는 각 재화에 대한 수요와 공급의 '양쪽'을 고찰할 수 있다. [그림 13-1]의 관찰을 통해 개개의 산출물이나 투입물에 대한 '수요·공급조건'의 '양쪽'을 고찰해보면 다음과 같다. 즉, 생산요소를 공급하고 이로부터 얻는 소득으로 선호에 따라 생산물(재화)을 소비(수요)하는 가계와 이윤극대화의 욕망에 인도되어 가계로부터 사들인 요소를 가지고 가계에 팔 생산물(재화)을 만들어내는 기업과 상호일치(interact with)한다. 이렇게 하여 "일반균형체계의 구조"가 완성된다.

2. 완전경쟁시장과 후생증대

이상에서와 같이 시장기구를 통한 자원배분이 "일반균형체계의 구조" 내에서 효율적으로 달성된다. 여기서 효율성(efficiency)이란 시장기구를 통해서 자원이 배분되는 과정에서 다른 누구에게도 피해를 주지 않고 누군가의 후생(만족)을 증대시킬 때 달성된다. 좀더 구체적으로 살펴보면 재화의 생산이나 분배를 재조정하지 않고 시장의 가격기능(교환)을 통해서 다른 사람의 후생(만족)을 감소시키지 않고 한 사람의 후생을 증가시킬 때 경제적 후생은 달성된다. 이러한 개념의 후생은 파레토(riefredo pareto : 1848~1923, 이탈리아 경제학자)가 제시했다고 해서 파레토최적상태(Pareto optimality)라고도 한다. 피레토최적상태가 달성되기 위한 조치(파레토개선)는 누구에게도 피해를 주지 않고 적어도 한 사람의 후생을 증대시키는 것이며 경제의 효율성은 모든 가능한 파레토개선이 이루어질 때 달성된다.

완전경쟁시장은 경제적 효율성이 달성되게, 적어도 효율성에 근접하게 작동한다. 완전경쟁시장에서 파레토최적상태가 어떻게 달성되는지, 즉 완전경쟁시장의 시장에 참여하는 소비자, 생산자에게 어떻게 후생을 증대시키는지에 대해 간단히 살펴보기로 한다.

완전경쟁시장에서 형성된 수요와 공급함수의 균형점에서 결정되는 수요·공급량은 소비자잉여와 생산자잉여를 동시에 만족시킨다. [그림 13-2]에서 보듯이 E(균형점)에서 소비자의 잉여와 생산자의 잉여가 동시에 만족되었다. 즉, 시장의 효율성(균형수량의 효율성)이 달성되었다.

[그림 13-3]에서와 같이 균형점 E 외의 다른 영역에서는 생산자와 소비자간의 잉여가 동시에 만족되지 않는다. 만약 E점 왼쪽의 경우와 같다면, 생산자(기업)부담비용(cost to sellers)보다 소비자 지불가격(value to buyers)이 높다. 반면

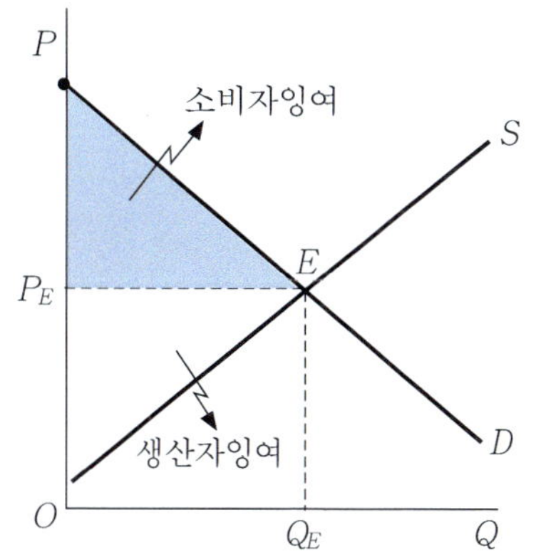

[그림 13-2] 시장균형 내에서 소비자잉여, 생산자잉여

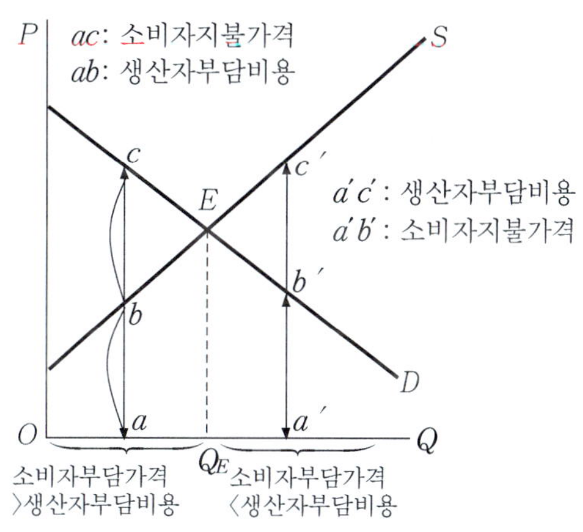

[그림 13-3] 균형점 밖의 생산자 · 소비자 이해관계

*E*점 오른쪽의 경우 생산자부담비용의 소비자 지불가격보다 높다. 따라서 *E*점 이외의 다른 영역에서는 소비자와 생산자의 만족을 동시에 충족시켜주지 못한다. 균형점 *E*에서만 소비자 · 생산자 모두가 소비자잉여와 생산자잉여를 모두 만족시켜 극대화를 달성할 수 있다. 즉, 완전경쟁시장을 통해 가계(소비자)와 기업(공급자) 모두가 이익(후생)극대화를 달성할 수 있다.

제 2 절 시장의 실패 및 결점과 정부의 개입

1. 시장의 실패요인

아담 스미스(A Smith)에 따르면, 보이지 않는 손(invisible hand)에 인도되어 외부의 간섭이나 명령 없이도 경쟁시장의 기능, 즉 가격기구(price mechanism)의 자원배분기능을 통해 자원이 효율적으로 배분된다고 보았다. 어느 사회에 있어서 다른 사람의 효용을 감소시키지 않고서는 어느 개인의 효용도 증가시킬 수 없게 되었을 때, 사회적으로 가장 효용이 극대화된 것을 파레토최적(Pareto optimality)이라고 한다. 그러나 이러한 가격기구에 의해서 자원의 최적배분이 이루어지지 못하는 경우가 나타날 수 있다. 이런 경우를 흔히 시장의 실패(market failure)라고 부른다. 즉, 시장이 파레토최적의 자원배분을 가져오지 못할 때 시장의 실패가 있다고 할 수 있다.

시장의 실패가 일어나는 이유는 ① 독과점의 존재로 자유경쟁의 제한 및 비용이 감소한 경우(규모의 경제의 존재), ② 외부성의 존재, ③ 공공재의 존재, ④ 정보의 비대칭성 및 시장기구체제의 문제점 등에 기인한다.

1) 독과점의 존재로 자유경쟁의 제한

완전경쟁에서 기업과 소비자의 만족을 충족시켜 주는 조건은 P=MC이다.[3] 그런데 독점이나 과점에서는 기업이 시장가격에 영향을 미칠 수 있으므로, $P>MC$가 된다. 따라서 자원배분의 효율이 달성되지 못한다.

한편, 규모의 경제가 작용하는 경우 생산규모를 확대해 감에 따라 평균비용이 체감한다. 이렇게 되면 평균비용(average cost)보다 한계비용(marginal cost)이 낮게 되어 손실이 발생한다. 따라서 여러 기업이 소멸되고 손실을 감수할 수 있는 기업만이 살아남게 된다. 이런 경우를 자연독점(natural monopoly)이라고 부른다. 이런 경우 경쟁시장은 성립할 수 없고 독점이 나타난다. 다시 말해서 비용

---

3) $P=MC$의 조건은 소비자의 한계대출($MRSxy$)이 생산자의 한계변환율($MRTxy$)과 같아지도록 하는 것이다. 그러나 $P>MC$일 때에는 $MRSxy$와 $MRTxy$가 일치되지 않는다. 따라서 자원배분의 비효율성이 나타나게 된다.

감소와 경쟁시장과는 양립할 수 없다.

2) 외부성의 존재

소비자나 기업의 경쟁행위, 즉 소비자의 효용함수나 생산함수가 다른 경제주체의 소비활동 및 생산활동에 의하여 시장을 통하지 않고 무상으로 유리한 영향 혹은 불리한 영향을 받게 될 때 외부효과(external effect)가 있다고 한다. 이때 유리한 영향을 받게 될 때 외부경제(external economies)가 있다고 하고, 불리한 영향을 받을 때 외부불경제(external diseconomies)가 있다고 한다.

외부불경제의 대표적인 예가 최근 사회문제로 등장한 환경파괴 및 공해(pollution) 등이다. 즉, 어떤 공장에서 나오는 폐수나 매연은 수질 및 공기를 오염시킴으로써 그 공장과 아무런 거래행위가 없는 제3자에게 손해를 끼친다. 한편, 갑과 을 두 사람이 서로 이웃에 살고 있는데, 갑이 상당한 자금을 투자하여 정원의 화초를 잘 가꾸는 경우, 갑 자신이 즐기기 위해서 아름답게 가꾸는 정원의 화초를 을이 쳐다봄으로 해서 아름다운 정원의 혜택을 받을 수 있는데, 을은 가격기구를 통해서 갑에게 어떤 대가도 지불하지 않는 경우이므로 외부경제가 발생하였다.

시토프스키(T. Scitovsky)는 소비자의 소비활동이나 기업의 생산활동이 시장(가격)을 통하여 다른 소비자의 가계예산이나 다른 기업의 이윤(또는 비용)에 영향을 주는 금전적 외부효과(pecunialry externalities)와 시장을 경유하지 않고 직접적으로 다른 소비자의 효용함수나 다른 기업의 생산함수에 영향을 주는 기술적 외부효과(technological externalities)로 분류하고 있다.

외부효과가 발생할 때 시장기구는 적절한 자원배분기능을 수행하지 못한다(자세한 것은 3절 3에서 다룬다).

3) 공공재의 존재

빵, 우유 등과 같이 가격이나 비용을 지불한 사람만이 향유할 수 있으며 어느 한 사람이 사용하면 다른 사람이 사용할 수 없는 재화를 사적재화(private goods)라고 한다. 그러나 국방, 소방, 공원, 도로 등과 같이 서비스가 무료로 공급되고 그 비용이 세금으로 충당되는, 즉 수익자부담의 원칙이 잘 적용되지 않는 특징을 갖는 재화를 공공재(public goods)라고 한다. 공공재는 전적으로 정부에 의하여 제공되는데, 순수한 의미의 공공재는 다음과 같은 두 가지 특성을 갖는다.

첫 번째 특성은 배제성(excludability)이 없다(비배제성). 국방, 치안유지 등과 같은 재화와 용역은 특정집단의 사람들을 재화의 소비에서 얻는 혜택으로서부터 배제할 수 없는 것을 의미한다. 공공재는 소비자가 그 재화에 대하여 가격을 지불하든 않든간에 소비혜택에서 배제되지 않는다.

두 번째 특성은 소비에 있어서의 공동소비성이다. 소비의 공동소비성(비경합성)이란 많은 사람이 동일한 재화를 동시에 사용할 수 있으며 한 개인의 소비가 다른 사람들의 소비를 감소시키지 않는다는 것을 말한다. 이를 흔히 비경합성이라고 한다.

이와 같이 비배제성(non-excludability)과 비경합성(non-rivalry)의 두 가지 특성을 모두 충족시켜 주는 재화를 순수공공재(pure public goods)라고 한다. 이처럼 공공재는 비경합성, 비배제성의 특징이 있기 때문에 시장에서 수요·공급의 원리에 따라 거래할 수 없는 것이다. 사적재화의 경우에는 주어진 공급량에 한 사람의 소비가 증가하면 다른 사람의 소비는 그만큼 감소한다. 즉, 사적 재화의 경우에는 소비의 경합성이 존재한다. 한편, 재화의 유형별 배제성과 경합성을 요약하여 보면 〈표 13-1〉과 같다.

〈표 13-1〉 재화의 유형별 배제성과 경합성

		경합성	
		있음	없음
배제성	있음	사적재화 아이스크림 옷 막히는 유료도로	자연독점 소방서비스 케이블TV 막히지 않는 유료도로
	없음	공유자원 바다 속의 물고리 환경 막히는 무료도로	공공재 태풍경보 국방 막히지 않는 무료도로

출처 : 맨큐, 경제학원론(3판), p. 224.

공공재(public goods)는 일반적으로 사용재(private goods)에 대응되는 개념으로, 사용재가 경합성 및 배제성을 갖는 데 반해 비경합성, 비배제성을 갖는 특성이 있다. 다시 말해, 어떤 재화를 얻기 위해 경쟁을 할 필요가 없다거나, 내가 어떤 재화를 사용한다고 해서 다른 사람이 그 재화를 사용할 수 없다거나 하지 않는 특성이다. 대표적인 예로 도로 같은 것을 들 수 있다. 도로의 경우 한 번 공급이 되면 그 재화를 이용하기 위해 경합할 필요가 없고, 내가 도로를 이용한다고 해서 다른 사람의 이용이 배제되지 않는다. 이러한 특성을 갖는 재화를 공공재라고 하는데, 따라서 공공재는 남이 만들어 놓으면 그냥 이용하려는 사람들이 많다. 이를 무임승차자의 문제(free rider's problem)라고 한다. 결국 공공재는 아무도 돈을 들여서 공급하려 하지 않고 서로 무임승차만 하려는 경향을 보이기 때문에 시장에서 수요·공급의 원리에 따라 거래될 수 없는 것이다.

4) 정보의 비대칭성과 시장기구체계의 문제점

시장기구는 신속하게, 그리고 신축적으로 움직여야 자원의 효율적 배분에 실패하지 않게 된다. 예를 들면, 고전학파에서 제시하는 바와 같이 시장에서 여러 가지 지식과 정부가 아무런 마찰없이 또한 아무런 비용없이 소비자나 기업 모두에게 전달되어 수요·공급변화에 따라서 가격이 즉시 탄력적으로 변화한다면 수요·공급이론이 잘 적용될 것이다.

그러나 현실적으로는 우리가 배운 완전경쟁이론에서와 같이 가격기구가 아무런 잘못없이 잘 수행되지 않는다. 특히 도덕적 해이나 역선택 등에 의한 정보의 비대칭성은 시장의 가격기구 역할을 훨씬 더 불확실하고 비신축적으로 작용하게 한다고 할 수 있다. 도덕적 해이란 어느 당사자의 행동이 다른 쪽에서 관찰하지 못하는 경우의 상황, 즉 감추어진 변경가능한 행동을 상대방이 알지못할 경우 자신만의 이익을 추구할 때 발생된다. 그로 인해 상대방은 손해를 입게된다. 역선택이란 거래가 이루어지기 이전의 감추어진 특성에 의해 나타나는, 즉 거래상대자나 거래상품의 특성을 한쪽만 알고 있는 경우의 상황에 의해 나타나는 정보의 비대칭성, 예컨대 상대방이 어떤 사람인지 모르는데서 발생하는 잘못된 선택이다. 이처럼 도덕적 해이나 역선택 등에 의한 정보의 비대칭성이 발생할 경우 가격기구가 주는 신호작용 역시 불확실하며 자원의 효율적 배분에 실패하는 경우가 된다. 현실경제에서는 이러한 경우가 많다고 할 수 있다.

역선택과 도덕적 해이

(1. 역선택)

경제행위의 당사자간에 비대칭(Asymmetric)정보가 있을 때, 즉 한쪽은 객관적 사실이나 상대방의 행동을 파악할 수 있는 반면, 다른 한쪽은 이에 대한 정보가 없을 때, 정보를 가진 측이 상대방을 착취하는 현상이 발생하고, 이는 시장실패로 이어진다. 비대칭정보 중 감추어진 유형(hidden type), 즉 한쪽만이 상품의 특성,

유형, 현재 시장상황 등을 알고 다른 당사자는 알지 못하는 불완전(Incomplete)정보가 존재하는 상황에서 정보 보유자가 정보를 보유하지 않은 상대방을 착취하는 현상이 발생한다. 이러한 현상을 역선택(adverse selection)이라고 하며, 이러한 상황 하에서 정보를 가지지 못한 측은 자기선택에 의해 바람직하지 못한 상대와 거래를 할 가능성이 높아져, 결국 사장실패 내지는 극단적으로 시장이 존재하지 않는 상황으로 이어지게 된다. 역선택의 대표적인 해결방법으로는 신호(Signal)와 선별(Screening) 등이 있다.

- 역선택의 사례

역선택의 대표적인 예는 애컬로프(George Akerlof)의 중고차시장 모형을 통해 볼 수 있다. 중고차 판매자는 자신이 내놓은 중고차의 상태나 품질을 알고 있지만 구매자는 이를 잘 알지 못하므로 중고차는 평균적인 품질의 중고차 가격 수준으로 매매된다. 이때 평균 이상의 품질을 가지고 있는 중고차주인은 제 값을 받지 못하기 때문에 시장에 자신의 차를 내놓을 이유가 없다. 따라서 중고차시장에는 평균 이하의 품질을 가진 중고차만 거래되고 중고차 가격을 더 하락하게 된다. 구매자는 평균적인 품질의 중고차 값 이상을 지불할 이유가 없기 때문에 이와 같은 과정이 반복되면서 중고차시장에는 상태가 나쁜 자동차만 매우 낮은 가격에 거래되는 시장의 실패가 발생한다. 결국 양질의 중고차를 가진 사람이나 구매하려는 사람들은 중고차시장을 외면하게 된다. 이와 같은 현상은 일반적인 중고품 매매시장이나, 소비자가 겉만 보아서는 상품의 상태를 정확히 파악할 수 없는 상품의 매매에서 쉽게 나타난다.

보험시장에서도 역선택의 사례를 쉽게 찾아볼 수 있다. 보험회사는 보험가입자가 사고를 많이 낼 유형인지 적게 낼 유형인지 사전에 파악하기 어렵다. 평균 수준 이상으로 사고를 내는 사람들이 보다 적극적으로 보험에 가입하려 할 것이고 따라서 보험회사는 손해를 입을 가능성이 크다. 보험회사가 손실을 줄이기 위해 보험료를 올리면 올릴수록 사고를 낼 가능성이 높은 사람만이 보험에 가입하려 할 뿐이다.

- 신호와 선별을 통한 역선택의 해결

역선택의 해결방법으로 신호와 선별이 있다. 중고차시장에서 양질의 중고차를 제 값에 판매하려는 사람은, 이를 테면 몇 만 킬로까지 이상이 있으면 환불 또는 이상부품 교체 등의 품질보증을 통해 차량의 양호함을 적극적으로 홍보할 수 있다. 고용시장에서도 구직자는 자신의 생산성, 업무능력을 보여주기 위해 각종 자격증, 학위 등을 취득했음을 회사에 제시한다. 이와 같이 스스로 숨겨진 유형을 드러내는 것을 신호라고 한다. 선별은 감추어진 유형을 파악하는 것으로, 생명보험회사가 보험가입자에게 신체검사를 요구하여 사망의 위험성이 큰 사람을 미리 걸러 내거나 상대적인 위험성에 따라 보험료를 차등하는 것이 대표적인 사례이다.

(2. 도덕적 해이)

경제행위의 당사자간에 비대칭정보, 즉 한쪽은 객관적 사실이나 상대방의 행동을 파악할 수 있는 반면, 다른 한쪽은 이에 대한 정보가 없을 때, 정보를 가진 측이

상대방을 착취하는 현상이 발생하고, 이는 시장실패로 이어진다. 비대칭정보 중 감추어진 행동(hidden action), 즉 한쪽의 행동을 상대방이 관찰할 수 없는 불완전(imperfect)정보가 존재하는 상황에서 정보를 가진 측은 그 사실을 이용해 자신의 이익을 추구할 유인을 가진다. 이러한 행동이 나타나는 것을 도덕적 해이(moral hazard)라 일컫는데, 도덕적 해이가 발생하면 거래 상대방은 효용의 감소 또는 금전적 손실 등을 입게 되며 사회적으로도 비효율성이 발생한다. 도덕적 해이가 나타나는 이유는 거래당사자의 도덕심 내지는 윤리의식의 결여라기보다는 거래당사자가 주어진 상황에서 자기 자신만의 효용과 이득을 추구한 결과로, 적절한 유인계약을 통해 도덕적 해이의 문제를 해결할 수 있다.

- 도덕적 해이의 사례

일반적으로 주인(Principal)-대리인(Agent)관계에서 도덕적 해이의 사례를 쉽게 찾아볼 수 있다. 소유와 경영이 분리된 기업에서 경영에 대한 전문지식이나 회사 내부사정에 대한 이해가 부족한 주주는 주인으로서 대리인인 전문경영인에게 경영을 맡기게 된다. 전문경영인은 열심히 일하지 않고 회사가 제공하는 임금, 사택, 복지 등 각종 혜택만 누리려하거나, 자신의 몸값을 높이고 주주에게 자신의 능력을 보여주기 위해 R&D, 신규설비투자, 경영혁신과 같이 그 성과가 천천히 나타나고 리스크가 큰 사업보다는 단기적으로 가시적인 성과를 가져올 수 있는 사업에 치중할 유인이 있다. 이러한 전문경영인의 행동은 종국에 주주에게 피해를 줄 수 있다.

보험시장 또한 도덕적 해이가 나타나는 대표적인 예이다. 자동차보험을 예로 들면, 보험가입자는 사고방지를 위한 차량관리나 안전운전을 소홀히 한다거나 심지어 고의로 가벼운 사고를 일으키거나 사고발생시 불필요하게 장기간 입원하여 보험금을 받으려는 유인이 존재한다. 보험사가 보험가입자의 행동을 일일이 관찰할 수 없는 상황에서 사고발생시 보험사의 조사마저 부실하면, 이는 보험가입자의 도덕적 해이를 유발하는 결과를 낳는다. 의료보험, 사회보장보험에서도 이러한 도덕적 해이가 나타나기 쉽다.

이러한 도덕적 해이는 의뢰인과 변호사, 환자와 의사, 국민과 공무원, 고용인과 피고용인 사이 등 감추어진 행동이 문제가 되는 상황이면 어디에서든 나타날 수 있다.

- 유인계약을 통한 도덕적 해이의 해결

도덕적 해이를 해결하는 대표적인 방법은 피고용자는 고정급체계 하에서 열심히 일해서 높은 성과를 낼 필요성을 별로 느끼지 못한다. 이때 고용주는 피고용인의 보수를 성과에 연동시킴으로서 피고용인이 열심히 일하도록 유인할 수 있다. 또 자동차사고 발생시 보상금에 대해 일정부분 보험가입자가 자기부담금을 지불하거나 보험요율이 올라가도록 함으로써 보험가입자가 스스로 조심하도록 유인할 수 있다.

•관련인물• 아담 스미스(Adam Smith, 1723~1790)

아담스미스(Adam Smith, 1723~1790)

스코틀랜드 커콜디 출생의 고전경제학의 창시자이다. 글래스고 대학을 졸업한 후 옥스포드대학에 유학하여 귀향한 후 한동안 모교인 글래스고 대학에서 교편을 잡는다. 교직에 몸담고 있는 한편 연구에 힘써 1759년에는 홉스(Thomas Hobbes)에 대한 비판의 서인 『도덕감정론』을 집필한다. 그 후 3년간 프랑스 여행길에 올라 케네(François Quesnay) 등 중농주의자들이나 계몽시대를 장식한 대륙의 사상가들과 개인적으로 친분을 맺는다. 귀국 후 고향 커콜디로 돌아와 『국부론』(國富論 ; An Inquiry into the Nature and Causes of the Wealth of Nations)을 집필한다. 이 책은 1776년에 출판되어 그를 세계적으로 유명하게 하였다. 그는 소작자로 생전에 『도덕 감정론』과 『국부론』이라는 2개 저서를 출판하고 사후에 『철학 논문집』을 유고로 남긴 것에 불과하다.

(1) 경험론 철학의 계승 : 스미스는 과학자가 대상 속에서 발견하였다고 하는 질서는 객관적으로 문자 그대로 대상 속에 존재하는 것이 아니라 그것은 인간정신의 움직임의 주관적 성과에 불과하다고 생각한다. 그가 뷔퐁(Georges Louis Leclerc, comte de Buffon) 등의 박물지(博物誌)의 영향을 받으면서 획득한 지식에 대한 이러한 견해는 지각표상설(知覺表象說)로 불려지고 있는 로크(John Locke)의 인식론에 그 출발점을 두고 있으며 버클리(George Berkeley)에 의해 그 아이디얼리즘의 경향이 철저화되어 흄(David Hume)의 회의론의 전제를 구성한 것이다. 『철학 논문집』 등의 스미스의 논의가 지적 상대주의를 표방하는 현대 과학사가들의 논의와 상당히 유사하다고 지적되고 있는 것은 이들 과학사가들의 일이 경험론 철학의 모작에 불과한 것이기 때문이라고 하면 놀랄만한 것은 아니다. 또한 경험론자가 이러한 이론적 귀결에 이른 것은 그들이 경험적 소재를 조직하는 수단과 형식을 경험이 구비하고 있다는 것을 증명할 수 없었기 때문이라고 칸트(Immanuel Kant)는 비판하고 있다.

애덤 스미스가 [국부론]을 집필한 저택 자리를 기념하는 동판. 다음과 같은 문구가 새겨져 있다. "이 자리에 그의 어머니의 집이 서 있었고, 그 안에서 애덤 스미스가 1767~1776년까지 거주하면서 [국부론]을 완성했다."

(2) 사회계약론 비판 : 공감적 사회 형성론으로서 성격을 부여할 수 있는 『도덕감정론』 에서의 스미스의 사회철학은 이성에 의한 자기보존을 기본 논점으로 한 홉스나 로크의 사회계약론의 비판적 극복을 사상과제로 한 것으로 그것은 사회존립의 '중심'인 정의의 성립 근거를 관행적인 인간 상호의 감정적 교섭 속에 확인하고자 한 것이다. 그는 인간 상호의 감정적 교섭을 '공감'(sympathy)이라는 개념을 이용하여 분석하고 피해자의 분개(복수감정)에 대한 '관찰자'의 공감적 의분(義憤)에 정의의 감정적 기초를 찾고 이 관찰자 입장이 사회화된 것이 항쟁을 극복하기 위한 사회 내재적 계기로서의 '공평한 관찰자'(impartial spectator)라고 하였다. 그리고 이 '공평한 관찰자'가 정의나 양심의 기초를 구성하게 됨과 동시에 사람들은 공감행위로 형성된 사회적 규범에 무자각적으로 따라하는 행위를 통하여 자기의 이기심을 극복할 수 있게 된다.

(3) 중상주의 비판 : 스미스는 『국부론』에서 계급적 불평등이 존재하는 문명사회에서도 하층계급의 사람들이 풍요로움을 누릴 수 있는 것은 '교환・분업 시스템'의 사회적 제도화에 의한 생산력의 비약적 상승 때문이라고 하였지만 이 제도화는 인간의 예지의 소산이 아니라 '보이지 않는 손'(invisible hand)에 의한 인간활동의 의도하지 않은 결과라고 하였다. 그리고 그는 이 시스템이 사회적으로 제도화되어

상품생산이 전면 개화한 사회를 '상업사회'라고 하고, 상업사회의 제도화를 저해하고 있던 중상주의를 비판한다. 그에 의하면 중상주의는 '국부'의 근간을 이루는 '생산과 소비의 균형' 대신에 특정계급만의 이익에 관한 '무역상의 균형'을 추구하여 빈곤자와 소비자의 이익을 무시하고 부자와 생산자의 이익만을 옹호하는 것이었다. 그는 중상주의에 대해 경제적 자유주의를 대치하고 '사회의 일반적 후생'의 실현에 저촉되지 않는 한 '평등·자유·정의'라는 원칙에 기초하여 모든 사람이 자신의 이익을 추구할 수 있는 사회가 국민의 부유화를 실현할 수 있는 사회라고 하였다. 이러한 견해가 '작은 정부', '야경(夜警)국가론', '자유방임'이라는 말에 지적되어 있는 스미스의 경제사상이다.

(4) '보이지 않는 손', 자기 이익의 추구가 사회 전체의 이익을 낳는다 : 스미스는 고향 커콜디로 돌아와 10년 간 대작 『국부론』의 완성에 힘썼다. 1776년 출간된 『국부론』은 초판이 다 팔리는 데 6개월이 걸렸고, 이는 당시로서는 대단한 성공이었다. 『국부론』은 오늘날 거시경제학의 밑바탕에 깔려 있는 다음과 같은 명제로 시작된다. "한 나라 국민의 연간노동은 그들이 연간소비하는 생활필수품과 편의품 전부를 공급하는 원천이며, 이 생활필수품과 편의품은 언제나 이 연간노동의 직접생산물로 구성되고 있거나, 이 생산물과의 교환으로 다른 나라로부터 구입해 온 생산물로 구성되고 있다."

스미스에 따르면 자기이익을 추구하는 열정과 행위는 사회 전체의 이익과 조화를 이루는 방향으로 나아가며, 그런 방향을 이끄는 것이 이른바 '보이지 않는 손'이다('보이지 않는 손'은 스미스의 모든 저작에서 세 차례, 그것도 『국부론』에서는 한 차례만 나온다).

'보이지 않는 손'은 가장 적절한 재화의 양과 종류를 생산할 수 있게 해준다. 이것을 시장과정의 측면에서 풀이하면, 다수의 수요자와 다수의 생산자가 자기이익을 극대화시키려 노력한 결과로 가격이 형성되고, 그렇게 형성된 가격이 시장 참여자들을 고루 만족시키는 것은 물론 사회 전체의 이익도 극대화시킨다는 것이다. 스미스는 시장경제야말로 사는 사람과 파는 사람 모두에게 만족스런 결과를 낳으며, 사회의 자원을 적절하게 배분할 수 있다고 보았다. 그는 이렇게 말했다.

"우리가 저녁 식사를 기대할 수 있는 건 푸줏간 주인, 술도가 주인, 빵집 주인의 자비심 덕분이 아니라, 그들이 자기이익을 챙기려는 생각 덕분이다. 우리는 그들의 박애심이 아니라 자기애에 호소하며, 우리의 필요가 아니라 그들의 이익만을 그들에게 이야기할 뿐이다."

<NAVER지식백과에서>

2. 시장기구체계의 결점에서 오는 제한성 : 소득분배의 불평등

사회주의적 계획경제체제에서는 기본적으로 모든 생산수단이 국가소유이므로 생산수단을 개인이 소유할 수 없다. 그러나 자본주의적 시장경제체제에서는 사적소유가 인정되어 이자·지대·배당 등의 자산소유를 개인이 취득할 수 있다.

시장경제체제에서 노동의 대가인 근로소득은 사회주의적 계획경제체제의 근로소득과 상대적으로 볼 때 큰 차이가 나지 않는다고 볼 수 있으나, 노동 이외의 다른 생산요소에서 취득되는 소득, 즉 이자, 배당, 지대 등 재산소득에서는 엄청난 차이가 나고 있다고 볼 수 있다. 이와 같이 시장경제체제에서는 재산소득이 인정되고 있기 때문에 부자는 더 많이 가지게 되는 현상이 나타남으로써 소득분배의 불균형 문제가 발생하게 된다. 따라서 시장경제체제에서는 소득의 불공평의 문제가 부각되고, 이러한 불균형이 심화될 우려가 있으므로 사회의 분배적 정의(distributional justice)를 저해시킨다.

3. 정부개입의 당위성과 정부의 실패

1) 시장의 실패와 정부개입

어떤 일정의 조건 하에서 제시되는 경쟁적 시장경제에서 그러한 가정이 파기될 때 그것이 비최적행위(non-optimal behavior)의 원인이 될 수 있고 정부개입의 근거를 제공한다. 이러한 논의는 물론 정부개입의 비용을 고려하지 않기 때문에 단지 정책의 규범적 근거로만 간과되어야 한다.

현대의 자유주의 경제체제 하에서는 경쟁적 균형의 최적성 원리가 성립하기 위한 몇 가지 가정조건이 충족되면 시장기구에 의해 자원배분이 최적으로 된다는 것을 이미 살펴보았다. 그러나 이러한 조건 중 어느 하나라도 충족되지 못할 때 가격기구에 의한 최적배분이 이루어지지 못하고 이런 경우는 정부개입에 의한 정책이 필요하게 된다. 다시 말해서 어떤 부분에 있어서는 가격기구가 자원배분을 이상적으로 실현하지 못한다는 것은 미시적 · 거시적 두 측면에서 바람직하지 못한 현상들이 나타나게 될 것이다. 즉, 한편으로는 거시적으로 경제활동수준이 너무 저위에 머물러 있어 실업이 발생한다든지 또는 그것이 지나치게 과열한 나머지 인플레이션이 야기된다든지 하는 현상이 나타날 수 있다. 또 다른 한편으로는 미시적으로 자원이 여러 가지 용도에 사용될 경우에 그 배분이 비효율적으로 된다든지 또는 효율적이기는 하나 불공평하게 된다든지 하는 현상으로 나타날 것이다. 이처럼 시장기구에 의해 자원배분이 이상적으로 실현되지 못 할 경우(시장의 실패) 정부에 의한 경제정책이 필요하게 된다.

다시 말해서 시장경제체제에 있어서 시장의 실패가 발생하게 되면 재화를 생산하는 기업은 결과적으로 생산요소인 자본과 노동력을 비효율적으로 사용하게 되어 국민후생을 손상시키게 된다. 또한 시장경제체제의 결점으로부터 나타나게 되는 소득분배의 불평등의 문제가 제기된다. 이러한 시장경제의 제한성이 정부의 개입으로 시정 · 완화될 수 있다면 이를 위한 정책적 개입은 정당화될 것이다.

2) 정부의 실패

정부는 공정한 경쟁이 이루어지게 하고, 공공재 공급 부족과 외부성 등에서 오는 시장실패의 문제점 들을 해결하기 위해 시장에 개입한다. 그러나 시장실패의 해결을 위한 노력이 항상 성공하는 것은 아니다. 오히려 정부의 지나친 간섭과 규제 등으로 시장실패의 문제점들을 해결하기 보다는 비효율적인 결과를 초래하는 경우가 많다. 이런 현상을 정부의 실패라고 한다. 그렇다면 정부의 실패가 왜 발생하는지 그 원인을 몇 가지 측면에서 살펴보기로 하자.

우선, 국가 전체에는 피해가 되지만 특정집단이나 특정기업 및 소비자에게 유리한 정책을 편다면, 또는 특정집단이나 특정기업 및 소비자에게 유리한 정책을 편 후 그 이익을 나누어 가진다면 자원의 비효율적인 배분을 초래할 수 있다.

둘째로, 정부(규제자)의 불완전한 지식과 정보에 기인한다. 정부는 단일 의사결정 주체가 아니고 정당과 관료 등의 복수체제의 집합체이다. 각 주체별로 이해관계가 다르고 이에 따라 행동한다. 따라서 행동성과를 정확하게 판단하는 기준도 없다. 그리고 각 주체들이 정책기준의 설정이나 규제수단의 불완전성(비효율성), 정책효과의 측정 등에 대한 완전한 지식이나 정보를 갖지 못하는 경우 정부의 실패원인이 된다.

셋째로, 관료조직의 경직성과 비능률성에 기인한다. 정부조직의 독점성 때문에 경쟁이 없으므로 국민에 대한 자발적 서비스가 부족하고 경비를 자발적으로 절약하고자 하지 않는 경우, 또한 관료들이 각종 규제를 까다롭게 하고 절차와 규칙을 중시하는 유연성 없는 경직성 등 때문에 정부기구의 불실한 운영과 필요이상의(공공부문의 비스) 비용이 발생할 경우 정부의 실패를 초래할 수 있다.

넷째, 그밖에도 정치적 제약성 때문에, 즉 정부의 의사결정이 정치적 타협의 결과로 변질될 수도 있다. 또한 정책의도와는 다르게 시장에서 반응이 나타날 경우, 예컨대 주택경기를 활성화하고자 취득세나 양도소득세를 인하하였으나 주택시장에서 별로 반응이 나타나지 않을 경우 정부 주택정책의 실패원인이 될 수 있다.

→ 제 3 절 독과점, 외부효과와 정부의 역할

1. 독과점시장과 독점금지정책

독과점시장에서 자원배분이 경쟁시장과 비교하여 문제가 있는 것은 이미 살펴본 바와 같다. 즉, 독과점시장에서는 시장지배력을 이용하여 생산비보다 높은 가격을 책정하여 소비자에게 불이익을 주게 된다. 또한 독과점기업은 시장지배력을 이용하여 가격조작, 출고조절, 부당한 거래조건 적용, 새로운 기업진입의 방해 등으로 독과점지위를 유지하여 비정상적인 이윤을 추구하고 경제질서를 파괴한다. 또한 독과점기업들이 가격을 높게 책정함으로써 이것을 투입물로 생산하는 다른 기업 또는 산업의 생산비가 상승하는 결과가 초래한다. 그리고 이 시장에서는 호경기 때는 가격인상이 쉽게 이루어지지만 불경기 때에는 가격이 인하되지 않는 가격의 하방경직성 때문에 소득분배에도 문제가 있다. 이러한 여러 가지 독과점시장의 폐단을 제거하기 위하여 정부는 여러 가지 형태의 규제를 법으로 규정하고 있다.

규제의 형태는 다음과 같은 크게 두 가지로 나뉜다. 첫째는 독과점 규제정책으로서 원칙적으로 독과점을 금지시키기 위한 조치로 기업의 과도한 집중화 및 기업간의 결합을 사전에 방지하는 것이다. 둘째는 직접규제정책으로서 독과점을 허용하면서 그것으로부터 발생할 수 있는 폐해를 사후적으로 규제하는 것이다. 이러한 형태는 주로 후진국 또는 개발도상국에서 볼 수 있는 것으로, 사후적인 규제조치를 하게 되는 것은 국내시장이 협소하거나 투자를 위한 자본이 부족하여 새로운 산업에 기업이 많이 존재할 수 없기 때문이다. 직접규제로는 최고가격 설정, 가격신고에 의한 관리가격제도, 출고량지시, 거래제한 및 부당한 거래 관행금지 등이 있다.

독점금지정책은 개별 생산물의 가격 또는 판매량을 규제하는 것이 아니라 독점 또는 과점적인 시장구조 및 기업의 경쟁제한적 행위를 제거하여 시장의 경쟁적 여건을 유지함으로써 독과점의 폐해를 막으려는 정책이다.

제한된 자원, 높은 인구밀도, 자본 및 기술축적의 빈곤, 국내시장의 협소 등의 많은 제약때문에 그동안 경제성장이 부진하던 우리나라 경제는 60년대 이후 정부주도 하의 수출지향적인 경제성장정책에 의하여 경제규모가 급속도로 팽창하였다. 이러한 경제성장과 더불어 산업구조 또한 크게 변하여 2차산업의 비중이 크게 높아졌다. 이와 더불어 중소기업과 대기업, 내수산업과 수출산업, 농업과 공업의 구조적인 이중격차가 확대되었으며, 부문별 불균형이 심화되어 갔다.

이러한 과정에서 시장구조는 역시 변화되었다. 즉, 경제발전의 초기단계에서는 많은 독과점기업들이 등장하였는데, 그것은 선진국에서와 같이 거대한 독점자본에 의한 것이 아니고, 거의 대부분이 소규모 자본으로 출발한 것이다. 이러하던 것이 정부가 수입대체산업과 수출주도산업을 육성 및 보호하는 정책을 주도하게 됨에 따라 기업이 대규모화 되었으며, 이러한 기업들이 협소한 국내시장에서 독과점적 지위를 더욱 굳히면서 산업집중도가 심화되어 왔다. 특히, 새로운 기업의 진출이 비교적 쉬운 산업에서도 자본조달의 어려움 때문에 새로운 기업의 진입이 이루어지지 못했으며, 외자와 함께 도입된 기술의 독점, 경제구조의 단순성에 의한 대체산업의 부재 등으로 인하여 산업집중도가 더욱 심화된 것이다. 이렇게 시장구조가 대규모 기업화하게 됨에 따라 경제적 혜택, 즉 규모의 경제성, 기술향상 등에 의한 비용감소의 혜택을 국내소비자와 중소기업이 누리지 못하고 대규모 기업이 차지했으며, 그러한 제품의 고가격수준을 계속 유지해 왔을 뿐만 아니라 특히, 수출산업에서는 수출가격과 국내소비가격이 큰 격차를 이루면서 가격차별이 지속되어 왔다.

이렇게 독과점기업에 의한 경제적 폐해가 점차 심해짐에 따라 정부가 드디어 규제에 나서게 되었다. 즉, 독과점의 긍정적인 측면을 고려하여 사후적 폐해규제를 위한 독과점규제법안이 1975년 12월 제정되었으며, "물가안정 및 공정거래에 관한 법률"을 1976년 3월 시행령을 마련하여 127개 품목에 204개 업체가 독과점사업으로, 다시 그 해 5월에 20개 품목 39개 업체가 추가 신고되어 모두 규제대상이 되었다.

"물가안정 및 공정거래에 관한 법률"에서는 ① 국민경제의 안정에 중요하다고 생각되는 물품, 부동산, 용역에 정부가 최고가격을 지정 또는 폐지할 수 있도록 했으며, ② 소비자 보호와 공정거래를 위한 가격표시를 명령할 수 있고, ③ 정부가 하는 독점사업(전력, 상·하수도, 철도, 체신 등)의 공공요금을 결정하며, ④ 독과점사업의 가격을 신고하게 하여 관리할 수 있게 했다. 이외에도 동법률에서는 출고조정명령, 부정거래를 제한하는 행위금지, 경쟁제한행위금지 등의 내용이 포함되어 있다.

"물가안정 및 공정거래에 관한 법률"이 조정되어 사후적인 폐해규제보다는 사전적으로 독과점을 방지하고 또한 경쟁을 촉신시키기 위해서 1980년 12월에 새로운 규제법안인 "독점규제 및 공정거래에 관한 법률"이 공포됨으로써 독과점규제에 대한 기반이 마련되고 1981년 4월부터 본격적으로 시행되기에 이르렀다.

동법은 공정하고 자유로운 경쟁의 촉진을 직접적인 목적으로 하고, ① 창의적인 기업활동의 조장, ② 소비자 보호, ③ 국민경제의 균형적 발전을 궁극적 목적으로 하며, 사업자의 시장지배력 지위의 남용금지, 과도한 경쟁력 집중의 방지, 부당한 공동행위의 규제, 불공정 거래행위의 금지를 규정하고 있다.

즉, "독점규제 및 공정거래에 관한 법률"은 사업자가 시장지배력을 남용하거나 과도한 경제력을 집중시키는 것을 방지하고 있으며, 사업자간의 공동행위, 부정거래행위를 규제하여 경쟁을 촉진시키고, 소비자를 보호하는데 목적을 두고 있다. 이 법안은 전자에 비하여 좀 더 사전적 독점규제의 방향으로 전환된 것이며, 독점력에 의한 고가격 폐해를 사후적으로 제거하도록 하는 가격규제 부분을 수정하였다. 또한 기업결합에 의한 부당한 독점가격형성 및 유지행위를 규제한다는 내용도 포함되어 있다.

2. 자연독점과 정부의 역할

한 개의 기업이 전체 시장을 대상으로 생산함으로써 단위당 비용을 절감하는 규모의 경제가 있을 때 자연독점이 존재한다는 것을 논의하였다. 만일, 정부가 개입하지 않더라도 그런 시장은 자연적으로 독점으로 진화한다.

[그림 14-5]는 우리나라의 철도산업에 의한 자연독점을 나타내고 있다고 하자. *MC*곡선이 항상 *LRATC*곡선 아래에 있다는 것을 알게 될 것이다. 이것은 규모의 경제 때문에 자연독점의 경우에만 나타나는 것이다. 이것이 의미하는 것은 *LRATC*곡선이 하향 기울기를 갖기 때문에 한계비용이 평균비용보다 작을 때에만 나타나는 것이다(여기서, 한계비용과 평균비용은 장기적인 관점이며, P_1으로 주어져 있다고 가정한다). 따라서 *MC*가 *LATC* 최하점 *C* 이하에 있게 되며, 그만큼 손실을 보게 된다. 이 손실은 정부의 보조금으로 충당된다. 그래서 철도산업이 자연독점으로 생존할 수 있다. 만약 정부가 보조하지 않는다면 자연독점의 존재가 어렵다. 정부의 보조금이 없다면 일반 독점기업과 같이 $MR=MC$에서 Q_0를 정하고 이때 가격 P_0으로 정해서 이윤극대화를 추구한다면 소비자부담가격(소비자의 가격)은 한계비용보다 높기 때문에 비효율적이다. 이러한 이유 때문에 일반적으로 민간기업이 자연독점으로 생존하기가 어렵다.

만약 정부가 규제하면서 *MC*를 P_1으로 정해놓고 $MC=P_1$에서 생산케 한다면 *LATC*와 $P(=MC)$만큼의 보조금을 지불해야 한다. 그리고 이 수준에서의 산출량 Q_1은 효율적인 수량이 될 것이다. 그러나 *LATC*의 최저점에 해당하는 가장 낮은 평균비용 P_2로 가격을 정하면 이 가격에는 정상적인 이율(경제적 이윤=0)이 포함되며 이 가격에서 산출량은 Q_2이다. 이것은 정부규제 하의 통제가격 P_1에서의 산출량 Q_1, 즉 효율적 산출량은 아니지만 규제가 없는 경우보다는 효율적인 수량이다. 다시 말해서 효율적인 수량 Q_1은 아니지만 규제가 없는 경우에 비해 효율적인 수량에 접근하게 된다.

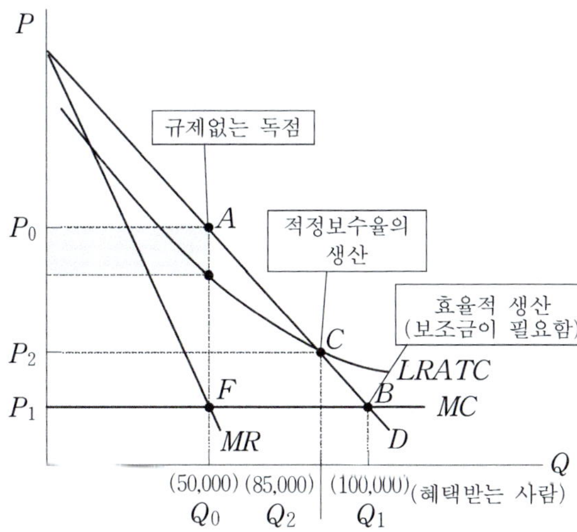

[그림 13-4] 자연독점과 규제

정부가 규제나 독점금지법 등 반독점법을 이용하여 자연독점을 몇 개의 경쟁기업으로 분할하는 것은 합리적일까? 예를 들어 정부가 작은 지역에서 케이블사업자를 몇 개의 경쟁기업으로 분할하는 경우를 살펴보자. 각 기업이 시장의 일부에만 서비스를 제공하는 몇 개의 기업이 있을 때 각각의 기업의 단가는 오히려 독점단가보다 높아질 것이다. 그러므로 보다 경쟁적인 시장의 가격은 *MC*와 *D*가 만나는 점(*LATC*보다 *MC*가 밑에 있음)에서 효율적인 가격이 될 수 없다. 단가상승에 의한 경쟁은 독점 하에서 보다 오히려 높은 가격이 되어 비효율성을 초래한다.

3. 외부효과와 정부의 역할

사적인 행동이 다른 사람에게 중요한 방법으로 부가효과를 만들어 낼 때 이 문제를 외부효과라고 한다.

예를 들면, 여러분의 이웃이 스테레오를 크게 틀어서 소음을 만드는 부산물은 그 소음이 여러분의 방으로 전달된다. 우리는 이것을 부정적 외부효과라고 한다. 왜냐하면, 이 부산물은 피해를 끼치기 때문이다. 부산물이 제3자에게 편익을 만들어 낼 때 이것은 긍정적인 외부효과이다.

이와 같이 재화나 누군가가 거래에 즉각적으로 참여토록 하지 않는 행동으로부터 발생하는 부산물은 외부효과라고 한다.

코즈의 정리(Coase Theorm)[4]에 의하면 외부경제와 부정적인 영향은 그 해결을 위한 비용부담없이 부가지불(몇 가지 가정조건을 실현시키는데 드는 비용)을 하면 시장이 스스로 해결하여, 스스로 효율적 결과를 만들어낸다고 한다.

그러나 경제시장은 수많은 수요자, 공급자가 있어 외부효과의 부정적 영향이 시장에 미칠 때 코즈의 정리에 의한 사전적 해법은 효과를 볼 수 없게 된다.

이제 외부효과의 대표적인 예인 공해(환경오염)가 시장의 비효율성을 가져온다는 것과 그 해결책에 대해 설명해 보자.

1) 환경오염과 시장실패 : 공해발생의 경제적 원인

환경오염에 대한 시장경제적 관점에서 공해발생의 원인을 규명하여 보기로 하자. 환경오염 및 공해는 환경자원의 공유에 따른 시장실패와 공해방지의 공공재적 성격에서 오는 시장실패의 결과라고 할 수 있다. 따라서 환경오염과 시장실패의 관점에서 공해발생의 원인을 ① 환경자원의 공유와 시장실패의 관점과, ② 환경오염의 공공재적 성격과 시장실패의 관점에서 찾아 볼 수 있다.[5]

첫째, 환경자원의 공유와 시장실패의 관점에서 환경오염 발생의 원인은 재산권과 환경공유의 문제에서 찾을 수 있다. 경쟁시장경제에서 이루어지고 있는 매매거래(교환)는 대가지불에 대한 재산권에 근거해서만이 가능하다. 즉, 모든 자원에 대한 사유재산권이 인정되고 그것의 집행이 가능할 때 시장기구에 의해서 자원이 효율적으로 분배된다. 그러나 환경자원은 공유재산으로서 공공재의 성격을 갖는다. 따라서 아무런 제재나 감독없이 공유재로부터 각종 혜택을 받으면서 이에 대한 비용이 무료일 경우, 즉 아무런 대가없이 사용되어질 때 오용, 남용, 과용 등이 이루어지고 이렇게 되면 자연환경이 파괴되고 환경오염(공해)이 발생하게 된다.

둘째, 오염발생의 원인을 공공재의 성격과 시장실패와 관련해서 볼 때 환경공해에 대한 부의 공공재적 성격에서 찾아 볼 수 있다. 앞에서 언급한 바와 같이 환경의 이용은 공공재 개념으로서 여러 사람들이 공동으로 이용하게 되는 비배

4) 코즈의 정리(coase theorem)는 추가지불이 협상이 가능하고 비용없이 조정될 수 있을 때 사적인 시장은 외부효과의 문제를 스스로 해결할 수 있고 항상 효율적인 결과를 얻을 수 있다는 것을 말한다. 처음의 법적인 권한의 배분이 쌍방간의 이익과 손해의 분배를 결정하지만 실제 조치를 취하는 데는 영향을 미치지 못한다.

5) 환경을 공유자원으로 볼 수 있지만 여기서는 공공재로 간주한다.

제성(non-excludability)을 지닌다. 즉, 한 사람의 환경이용(소비)이 다른 사람의 환경이용(소비)을 방해하지 않는다. 또한 환경의 이용(소비)은 소비의 비경합성(nonrivalry in consumption)이 성립되는 재화로서의 성격을 갖는다. 따라서 공공재와 마찬가지로 공동소비의 특징을 지니며 무임승차(free-rider)의 문제가 발생하게 된다. 반면 환경의 이용에서 발생하게 되는 환경공해는 부의 공공재의 성격을 가지게 되며 그로 인해 부의 공공재 공급으로부터 스스로 철수하지 않으려는 경향이 나타난다. 즉, 공해방지비용을 부담(지불)하려 하지 않는다. 이처럼 환경이용에 따른 공해방지비용을 지불하지 않고 환경이용의 서비스를 취득할 수 있을 때 개인의 공해방지에 대한 비용을 들여서 공해를 방지하지 않고 다른 사람들이 공해를 방지해 주기를 기다린다. 즉, 시장기구를 통해서 공해방지가 해결되지 않게 된다.

다시 말해서 환경공해와 같은 외부비경제가 발생할 때는 앞에서 설명한 바와 같이 완전경쟁시장은 적절한 자원배분기능을 수행하지 못한다. 시장가격이 효율적인 자원배분을 하기 위해서는 자원사용에 대한 모든 비용을 자원사용자가 전적으로 부담해야 한다. 만약 자원사용자가 그 비용을 부담하지 않거나 또는 일부만 부담할 경우 가격기구가 자원사용을 적정수준으로 사용되도록 하는 조절기능을 다하지 못하게 된다.[6]

예를 들어 A라는 재화를 생산하는 기업이 공기를 오염시키고 있다 하자. 이때 A재를 생산하는 과정에서 공기를 오염시키고 이에 대한 대가를 지불하지 않는다면 A재 생산자가 실제로 부담하는 사적 비용(private cost)과 사회적 비용(social cost)이 같지 않다.[7] 사적 비용에는 타기업이나 소비자들에게 야기시키는 비용은 포함되지 않는다. 이에 비해 사회적 비용은 기업이 지불하든 안 하든 모든 비용을 다 포함시킨다. 비록 개인의 입장에서 보면 비용이 적은 경우에도 사회 전체의 관점에서 볼 때는 상당한 비용이 지불되는 예가 허다하다. 그래서 일반적으로 외부비경제가 존재하는 경우에는 사적 비용보다 사회적 비용이 더 크게 된다. 즉, 생산자의 사적 한계비용(private marginal cost : PMC) 보다 사회적 한계비용(social marginal cost : SMC)이 높다.

---

6) 스미스(A. Smith) 이래의 전통적인 가격이론에서는 시장메카니즘을 통하지 않는 외부경제 및 외부불경제는 거의 무시되어 왔다. 그러나 현실 사회에 있어서는 외부경제와 외부비경제의 영향이 적지 않아 이를 가볍게 취급할 수 없게 되어 있다.

7) 개인기업이 공기를 마치 자유재인 것처럼 사용하여 매연을 내뿜는다면 이때 공기의 오염은 하등의 사적 비용이 되지 않는다. 그러나 이것이 사회 전체적으로 볼 때는 결코 자유재가 될 수 없다. 즉, 그 기업의 공기 사용비용을 사회에게 전가시키는 결과가 초래된다.

[그림 13-5] 에서 SMC는 사회적 한계비용을 나타내며, 이것은 대기를 오염시켜 사회에 불편을 가져오는 비용까지 포함하고 있는 것이다. 반면 *PMC*는 사적 한계비용을 나타내며 이는 대기를 오염시키는 비용은 포함되어 있지 않다. 따라서 *SMC*곡선이 *PMC*곡선의 좌상방향으로 나타난다(*SMC*>*PMC*).

이렇게 외부비경제성이 발생할 때 아무런 규제도 하지 않고 시장기능에 맡기면 *PMC*곡선과 수요곡선(*DD*)이 만나는 점(a)에서 생산량이 결정된다. 즉, 생산량 X_1이 생산된다. 이는 개별생산자의 입장에서는 *PMC*와 가격이 일치하는 데서 생산량을 결정해야 이윤극대화를 이룰 수 있기 때문이다. 그러나 개별기업의 이윤극대화를 충족시켜주는 X_1에서의 *SMC*는 P_1(사회적 한계이득) 보다 *ab*만큼 더 높다. 따라서 사회적 잉여를 최대화하기 위해서는, 즉 사회적으로 보았을 때 바람직한 결정을 위해서는 X_1에서 X_2로 줄여서 환경오염 비용을 추가시킨 *SMC*와 가격이 같아지도록 해야 한다. 따라서 소비자의 수요곡선 *DD* 상에 머문다면 경쟁시장에서 소비지가 지불해야 하는 가격 P_1보다 비용이 높은 P_2가격을 지불해야 하므로 외부비경제성이 존재하는 경우는 시장기능에 의한 자원배분이 가장 바람직한 또는 효율적인 자원배분이라고 할 수 없다.

이를 해결하려면 외부비경제를 제거하여 사회적 비용이 발생하지 않도록 함으로써 [그림 13-5] 에서 *PMC*가 *SMC*와 같게 되어(*PMC* = *SMC*) 시장기능에 의한 해결이 되도록 하면 될 것이다. 해결방법으로는 조세에 의한 것, 규제・규정, 기타의 방법이 있을 수 있다.

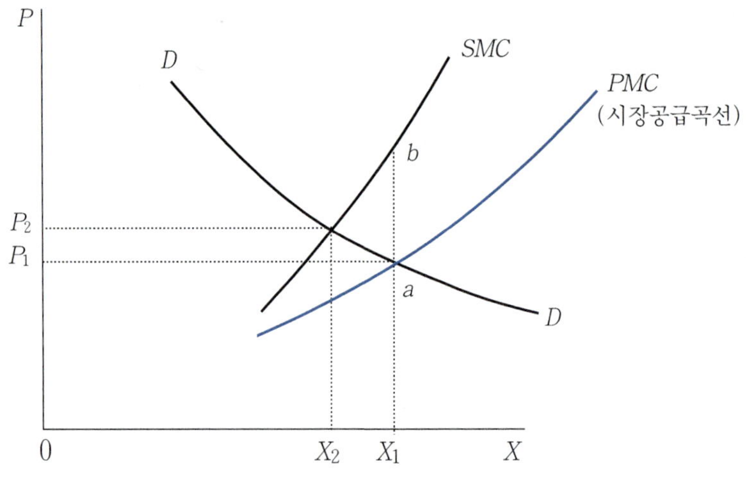

[그림 13-5] 외부비경제와 자원배분의 비효율성

2) 해결방안 : 대책

공해대책을 강구해야 할 때 주의해야 할 점은 그러한 대책이 시장의 효율적인 기능을 저해하지 않아야 한다는 것이다. 그렇게 하기 위해서는 오염배출기업으로 하여금 스스로 오염배출의 정도를 줄일 수 있게끔 동기를 부여하는 방향으로 대책이 수립되어야 할 것이다. 이제 이러한 방안에는 어떤 것들이 있을 수 있는가에 대해 살펴보기로 한다.

(1) 공해세부과 또는 공해비용의 책정

공해발생자에 대해 정부가 조세를 부과하여 사적 비용(*PMC*)과 사회적 비용(*SMC*)이 같아지도록 하는 방법이라든지, 또는 그 비용을 계산하여 거두어 들이는 방법 등이다. 즉, [그림 13-6]에서 *PMC*와 *SMC*의 차액 만큼 조세를 부과시키거나, 또는 그 차액 만큼을 비용으로 계산하여 일종의 공해가격을 책정하는 방법이다. 그렇게 하면 *PMC*와 *SMC*가 같아져서 산출량은 X_2에서 결정되고 가격은 P_1에서 P_2로 상승한다. 이때 P_1과 P_2 만큼의 차이중 일부는 기업이 부담하고 일부는 소비자가 부담하게 될 것이다.[8] 결국 이 경우에는 정부가 자유재로 취급하였던 자원의 사용료를 받는 결과가 된다. 예컨대 맑은 공기를 오염시키는 공장에 이상과 같은 조치를 취한다면 공기에 대한 비용을 부과시키는 것과 같다.

한편, 생산량에 따라 부과해야 하는 조세부과는 자원배분에 있어서는 바람직하게 할지 모르지만 공해제거는 정부가 해야 하는 부담이 발생한다. 그리고 생산량 증가에 따른 공해비용은 공해발생자로 하여금 공해에 따른 사회적 비용을 자신의 사적 비용으로 간주하게 하는 것이므로 실제 시행에 있어서는 많은 어려움이 뒤따르는 난점이 있다.

(2) 직접규제

공해방지를 위한 가장 쉬운 방안의 하나로 정부가 공해를 방출하는 행위에 대한 법으로 직접규제하는 방법이 있다. 즉, 법으로 폐수처리시설이나 매연제거장치를 의무화하여 직접규제하는 방법이다. 예를 들면 정부당국이 하천에 폐수를 버리는 행위 등을 법으로 금지시키는 것이나, DDT와 같은 유해한 약품의 사용을 금지시키거나, 배출가스의 정화장치를 부착하지 않는 승용차의 운행을 통제

---

8) 이 경우 소비자 부담의 크기와 기업부담의 크기는 *SMC*와 *DD*곡선의 기울기가 어떠한가에 따라 달라질 것이다.

한다든가 등의 조치이다.

또한 생산자에게 폐수처리시설이나 매연제거장치 등의 공해방지시설을 의무화시키는 방법도 있다. 이렇게 하면 생산자의 한계비용이 상승하여 사적 한계비용(*PMC*) 과 사회적 한계비용(*SMC*) 이 같아지며, 자원배분도 조세부과와 같이 효율적으로 해결되고 생활환경의 파괴도 방지할 수 있다. 그러나 설치한 시설을 계속 가동하지 않을 경우 고정비용만 증가하고 한계비용은 변하지 않아 목적달성이 어렵게 된다는 문제점이 제기된다.

(3) 공해방지시설의 지원

정부의 공해문제에 대한 해결방안 중의 또 하나는 공해방지시설이나 장치를 설치하는 기업에 대해서 조세감면이나 보조금지원 등의 혜택을 주도록 하는 것이다. 즉, 방지시설이나 장치의 설치에 따른 비용이 과중하게 될 경우 생산비는 시장의 실패가 존재하는 경우보다 월등히 높아 그 만큼 가격이 비싸게 되므로 수요량이 감소되어 이에 따라 생산량도 감소하게 된다. 따라서 기업의 생산활동은 그만큼 축소되어 최악의 경우에는 도산까지 하게 된다. 이런 경우 해당 생산자에게 세금을 감면한다든지 보조금을 지급하는 등의 공해대책이 논의될 수 있다.

예컨대, 자동차 배기가스를 정화시키는 장치를 부착하는 자동차제조회사나 먼지나 연기를 집적하는 장비를 설치하는 공장에 대해서 시설 및 설비에 필요한 비용을 절감하여 주기 위해 일정의 조세감면을 해주거나 보조금을 지불하는 방법이다. 우리나라에서는 1984년 공해방지사업기금을 신설하여 공해방지시설을 설치하는 기업에 대해 장기의 융자를 하여 주고 있다. 그러나 이러한 공해대책으로서의 각종 지원에도 공해생산자의 무책임한 행위를 억제하기 어렵다는 것이 문제시 된다.

3) 실현가능한 범위: 적정공해수준

공해문제에 적절히 대처하기 위해서 강구할 수 있는 방안을 마련하는데 있어서 우선 주의할 점이 있는데 이는 공해의 완전제거는 어렵다는 점이다. 즉, 완전한 공해방지(zero-pollution)는 실현 불가능한 것이다. 왜냐하면 완전한 오염배제로 인해 결과되는 손실은 오염없는 생활환경에 따른 이익을 상회하게 되기 때문이다.[9] 그러므로 진정한 공해문제는 완전해결이라기 보다 어느 정도 '적정한' 수

9) 가령 전국의 모든 자동차를 폐차해 버리고, 산업폐기물을 배출해 내는 공장을 전부 폐쇄한다

준에서 해결해 낼 수 있는가의 문제이다. 여기서 '적정한' 수준이란 환경오염(공해)을 감소시킴으로써 발생하는 이득과 환경오염(공해)을 감소시키기 위해서 포기해야 하는 다른 재화 및 용역의 크기 또는 성장의 둔화 정도가 균형이 이루어지는 수준이라고 할 수 있다.

산업을 발전시키면서도 공해를 철저히 방지하는 것이 가장 이상적이라고 생각할 수 있다. 그러나 산업을 발전시키면 이에 따라 공해가 발생하기 마련이고, 또 이 공해를 줄이고자 하면 비용이 들게 된다. 그러므로 공해로 인한 손실과 공해방지를 위한 비용을 고려해서 적당한 공해수준을 감수해야 할 것이다.

[그림 13-6] 에서는 이와 같은 점들을 설명해 주고 있다.[10] [그림 13-6] 의 횡축에 공해량을 표시하고 종축에는 공해비용과 그리고 공해방지비용을 표시하면, *OA* 선은 공해비용을 나타낸다. 이 공해비용곡선은 공해방출량이 증가하면 공해비용도 증가한다는 것을 나타내주고 있다.

공해방지비용은 공해방지를 위해 설치하는 공해방지기 및 그 가동에 따른 비용을 말하며, 공해방지를 철저히 하여 공해방출량을 적게 하려면 공해방지비용이 그 만큼 더 많이 들고 공해방지를 허술하게 하면 공해방지비용이 적게 들 것이다.

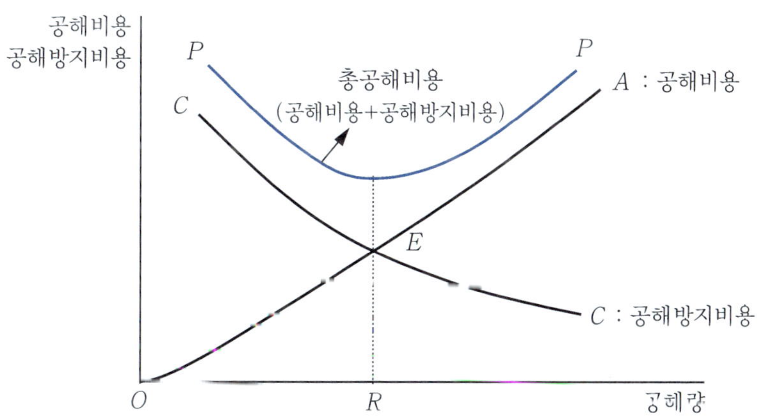

[그림 13-6] 저정공해수준

고 하자. 그러나 이런 경우 우리가 지금 향유하고 있는 것과 같은 종류의 산업이나 공업의 생산성과 그에 따른 소비수준은 불가능한 것이 되겠고, 결국 우리들의 대부분은 몹시 낮은 생활수준으로 떨어지게 될 것임을 쉽게 상상할 수 있을 것이다. 즉, 완전한 오염배제로 인해 발생하는 손해는 오염없는 생활환경에 따른 이익을 상회하게 되는 것이다.

10) 그림에 의한 설명은 박홍립, 미시경제학 (서울 : 박영사, 1987), pp. 527~529 와 E. Mansfield, *Microeconomics* (N.Y. : Norton company, 1979), pp. 475~479 를 참고바람.

방출량을 *OR* 이하로 축소하더라도 총공해비용이 증가하고 *OR* 이상으로 증가한다. 그래서 공해방지비용곡선 *CC*는 우하향의 형태를 취하게 된다. 한편 공해비용과 공해방지비용을 합한 것이 공해에 따른 총비용이 되며, 이것은 [그림 13-6]에서 *PP*곡선으로 나타나고 있다.

공해비용곡선과 공해방지비용곡선이 교차하는 *E*점에 대응하여 총공해비용곡선 *PP*의 최저점이 있게 된다. 이때 이와 같은 공해총비용곡선이 최저점에 대응하는 공해방출량수준 *OR*을 적정공해수준으로 받아들이게 된다. 왜냐하면 공해량을 축소시켜도 총공해비용이 증가하게 되기 때문이다.

→ 제 4 절 정부의 경제활동

1. 재정과 세입 · 세출

1) 재정의 개념과 범위

정부의 수입과 지출에 관련된 정부의 모든 경제활동을 재정이라 하는데, 정부는 재정을 꾸려 나가기 위해 매년 예산을 편성하여 그 해의 수입(세입)과 지출(세출)에 관한 계획을 세운다. 예산은 원칙적으로 1월 1일부터 12월 31일까지 한 회계연도의 모든 수입과 지출을 망라하여 빠짐없이 작성되는 것이므로 한 해에 한 번의 본예산 편성으로 그쳐야 하나, 회계연도 도중에 국내외 정세의 변화나 천재지변과 같은 돌발사태 등으로 예산을 변경할 필요가 있을 경우에는 추가경정예산을 편성하기도 한다.

한편, 예산을 집행한 결과를 결산이라 한다. 결산은 예산에 준하여 이루어져야 하지만, 회계연도에 예산과 결산이 반드시 일치한다는 보장은 없다. 호황이나 불황에 따라 조세수입이 예산과 달라질 수도 있고, 계획하였던 사업에 차질이 생길 수도 있기 때문이다.

아무튼 국민들로부터 징수한 세금이 대부분인 정부세입을 근거로 재정활동이 이루어지며, 재정활동은 국민경제에 엄청난 영향을 미치기 때문에 예산의 확정과 결산에는 엄격한 통제장치가 마련되어 있다. 즉, 예산은 정부가 편성하지만 국회의 의결을 거쳐야 확정되며, 그 결산도 국회에 보고되어야 한다. 예산의 집행에 대해서도 감사원의 감사가 뒤따르게 된다.

세입과 세출의 차이를 재정수지라 하는데, 세입이 세출보다 커서 재정수지가 양(+)이면 재정흑자(budget surplus)라 하며, 반대로 세출이 세입보다 커서 재정수지가 음(-)이면 재정적자(budget deficit)라 한다. 세입과 세출이 같아 재정수지가 0이면 균형재정이라고 한다.

우리나라 재정에 관한 통계는 중앙정부, 지방정부, 비금융공기업, 공공금융부문의 4개 부문으로 나뉘어 집계되고 있다. 중앙정부 재정에는 일반회계와 기타 특별회계, 기금 등이 있는데, 일반회계는 일반행정 · 국방 · 교육 · 공공사업 등 일반적인 중앙정부의 활동에 관련된 세출과 이를 충당하는 세입을 나타내는 회계이다. 이 일반회계를 지칭하여 일반적으로 예산이라고 말한다. 특별회계는 ① 나라가 특정한 사업을 운영할 때, ② 특정한 자금을 보유하여 운용할 때, ③ 특정한 세입으로 특정한 세출에 충당함으로써 일반회계와 달리하여 계리할 필요가 있을 때 특별히 설치운영되는 회계이다. 흔히 일반회계와 특별회계를 합쳐 넓은 의미의 정부예산이라고 부른다. 특별회계는 크게 기업특별회계와 기타특별회계로 나누어 진다. 기업특별회계는 국가의 비금융공기업활동에 속하는 특별회계로서, 기업예산회계법에 의거 국가에서 특정한 목적의 사업을 운영하기 위하여 설치운영하는 예산이다. 현재 ① 철도사업 운용을 위한 철도사업특별회계, ② 우정

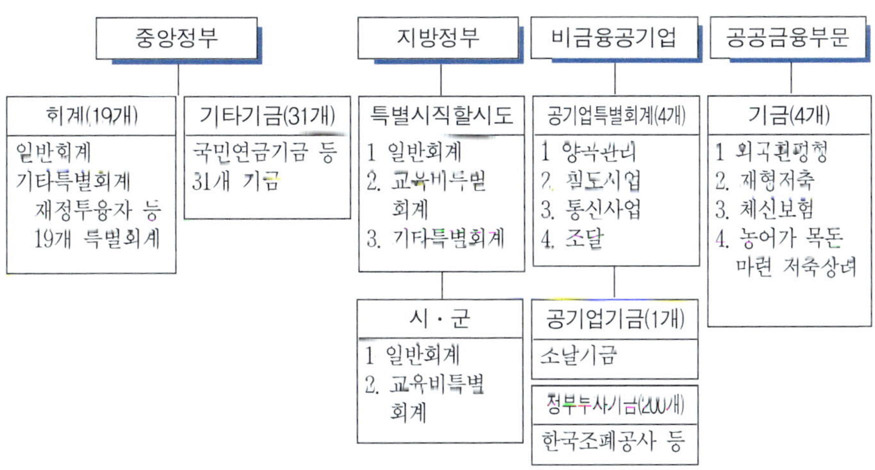

[그림 13-7] 우리나라의 재정범위

사업과 그 부대사업의 경영을 위한 통신사업특별회계, ③ 정부양곡의 관리를 위한 양곡관리특별회계, ④ 정부수급물자 등의 구매관리를 위한 조달특별회계의 4개가 설치운영되고 있다. 기타특별회계는 4개 기업특별회계 외에 특별한 정부기능의 수행을 목적으로 하는 특별회계로 중앙정부에 포함된다.

※ 1970년대와 1980년대에 언론에 심심찮게 등장하던 용어 가운데 양특적자라는 게 있었다. 이는 바로 양곡관리 특별회계 상의 적자를 의미한다. 즉, 정부가 쌀 등의 농산물을 수매할 때, 대체로 비싸게 사서 싸게 방출함으로써 발생하는 적자를 말한다. 그러나 WTO의 농산물관련 협상에서 농업에 대한 예외 없는 관세화 조치의 일환으로 국내보조가 금지되면서 추곡수매가 2005년부터 폐지되었다.

일반회계와 특별회계 외에도 정부가 사업운용상 필요한 경우 설치하여 예산과는 독립적으로 운용하는 것이 기금(fund)이다. 기금은 예산원칙의 일반적인 제약으로부터 벗어나 좀더 탄력적으로 운용할 수 있도록 특정사업을 위해 보유운용하는 특정자금이라고 할 수 있다. 기금의 재원은 일반회계로부터의 지원, 한국은행 차입, 국채발행 등에 의하여 조달되고 있는데, 예산은 매년 계획을 세워 국회의 심의를 받아 의결된 다음에야 집행할 수 있는 반면에, 기금은 이러한 까다로운 과정을 흔히 거치지 않고 융통성 있게 운용된다. 공기업기금으로 분류되는 조달기금과 공공금융부문으로 분류되는 네 기금([그림 13-7] 금융부문 참조)을 제외한 나머지 정부기금을 중앙정부의 기타기금으로 분류한다.

지방정부 재정에는 지방자치단체의 일반회계와 특별회계가, 비금융공기업 재정에는 앞에서 설명한 4개 기업특별회계와 1개의 공기업기금인 조달기금이 각각 포함된다. 공공금융부문 재정에는 정부의 소유관리 하에 금융서비스를 제공하는 기능을 가진 외국환평형기금 · 재형저축기금 · 체신보험기금 · 농어가목돈마련저축장려기금의 4개 기금이 포함된다.

중앙정부와 지방정부를 합하여 일반정부라 하고, 일반정부와 비금융공기업을 합하면 비금융공공부문이 된다. 마지막으로 비금융공공부문과 공공금융부문을 합하면 공공부문이 된다.

2) 세입과 세출

세입(총수입)은 크게 경상수입과 자본수입으로 나누어지는데, 경상수입은 다시 조세수입과 세외수입으로 나뉜다. 조세수입은 국민으로부터의 세금징수액이며,

세외수입은 조세 이외의 수입으로서 수수료·입장료·벌과금 등으로 얻는 수입을 말한다. 자본수입은 정부가 소유하는 토지건물 등을 팔았을 때 얻는 수입이다. 세입 중 조세수입이 절대적으로 큰 비중을 차지한다.

우리나라의 조세는 과세대상에 따라 크게 소득세 및 이익세, 재산세, 재화 및 서비스세, 관세, 기타 등으로 분류할 수 있다. 소득세 및 이익세는 개인소득세, 법인세와 같이 개인의 소득이나 법인의 이윤에 부과되는 세금이며, 재산세는 토지세·상속세·증여세와 같이 재산의 보유·이전에 대하여 부과하는 세금이다. 재화 및 서비스세는 부가가치세·특별소비세·주세와 같이 재화와 서비스의 매매소비에 대하여 부과하는 세금이며, 관세는 수입품에 부과되는 세금이다. 방위세·교육세와 같이 특정목적을 위해 부과되는 세금이 기타 항목에 포함된다. 이 중 재화 및 서비스세가 가장 큰 비중을 차지하고 있다.

정부는 세입의 대종을 이루는 조세를 이용하여 국민경제에 여러 가지로 바람직한 영향을 미치고자 한다. 거시적으로는 경기가 과열되었을 때 세금을 더 많이 거두어들임으로써 경제가 안정될 수 있도록 한다. 반면, 경제가 침체되어 실업자가 늘어나고 기업의 생산이 부진할 때에는 세금을 적게 거두어들임으로써 가계나 기업이 더 많은 돈을 소비나 투자에 쓰도록 하여 경기회복을 꾀한다. 이를 안정화 정책이라 한다. 미시적으로도 영향을 미치는데, 소득수준이 낮은 사람에게는 세금부담을 줄이기도 하며, 특정산업을 지원육성할 필요가 있을 때에는 그 산업의 세금부담을 면제하거나 경감해 줌으로써 투자를 촉진시키기도 한다. 또 사치품의 소비를 억제할 필요가 있을 때에는 세금을 무겁게 부과하는 반면, 생활필수품에 대해서는 세금부담을 경감하여 서민생활을 보호하고 국민들의 건전한 소비를 유도하기도 한다.

세출을 경제적 성격에 따라 분류하면 경상지출·자본지출·순대출로 나눌 수 있다. 경상지출은 공무원 봉급지급과 사무용품 구입 등을 포함한 정부소비지출, 정부가 차입한 채무에 대한 이자지급 및 이전지출 등으로 구성된다. 자본지출은 정부가 토지와 각종 자본재 등을 취득하는데 따른 지출로서, 공기업의 기계설비·차량·건축물 등 각종 자본재를 구입하기 위한 자본지출은 정부투자지출이 된다. 순대출은 정부가 각종 기관에 빌려 준 융자금에서 회수금을 뺀 것이다.

한편, 세출을 기능적 성격에 따라 분류하면 일반행정비, 국방비, 교육비, 사회개발비, 경제개발비 등의 항목으로 나누어진다. 정부가 기본적인 행정활동과 관련하여 지출하는 경비를 일반행정비라고 하는데, 국민들을 각종 범죄와 화재로부터 보호하여 평안한 생활을 할 수 있도록 하기 위한 경찰서·소방서 등의 설치・운영, 행정업무 처리를 위한 공무원의 고용 등과 관련된 비용이 여기에 속한다. 국방비는 국민들의 생명과 재산을 보호하기 위해 국군을 유지하고 방위산업을 육성하는 등의 일에 지출되는 경비이며, 교육비는 교육환경의 개선을 위하여 지출되는 경비이다. 사회개발비는 상하수도 시설확충, 환경오염 방지사업의 강화, 사회보장 및 복지, 주택 및 지역사회 개발 등을 위하여 지출되는 경비를 말하며, 도로와 항만, 공항과 같은 사회간접자본을 건설하고 자원을 개발하며 경제발전에 필요한 사업을 지원・육성하기 위한 각종 투자지출을 경제개발비라 한다. 이 밖에도 정부는 나라 전체의 균형적인 발전을 꾀하기 위하여 재정이 넉넉하지 못한 지방자치단체에 교부금을 지원하고 있다.

우리나라는 1960년대 이래 경제개발비・사회개발비・교육비 등의 증대가 주축이 되어 명목GDP의 증가세와 비슷하게 재정이 팽창되어 왔다.

3) 정부지출

세출에서 가장 큰 비중을 차지하고 생산・고용・소득에 직접영향을 미치는 것은 정부소비지출과 투자지출인데, 정부소비지출과 투자지출이 합쳐져 정부지출을 구성한다.

2. 조세의 분류와 기능

1) 조세의 기능과 용도

세금을 왜 납부하느냐는 비단 국가가 법질서나 국방을 하기 위해서만은 아니다. 그 외에도 국가는 경제정책 또는 사회정책을 통해 국민의 후생과 복지를 두텁게 하기 위해서도 세금을 걷어들여야 하는 것이다.

이를 간략히 보면,

첫째, 조세는 정부가 필요로 하는 세금을 적절하게 걷어 들여 이를 국방, 치안, 행정에 쓸 뿐 아니라 국민생활에 필수적인 상・하수도, 전기, 철도 등의 분야에도 투자한다. 이렇게 해서 정부는 주어진 자원을 적절하게 배분하는 기능을 담당하게 된다.

둘째, 정부는 세금을 걷을 때 여유가 있는 고속득층으로부터 많은 세금을 걷으며 또 빈곤한 저소득층으로부터는 면세 또는 가볍게 세금을 부담시킴으로써 소득분배의 적정화를 도모하여 빈부격차를 줄이게 된다. 이렇게 해서 세금은 소득의 재분배기능도 하고 있다.

셋째, 앞에서 이미 설명한 바와 같이 정부는 경기가 나빠 경제가 침제했을 때 기업이나 가계로부터 세금을 덜걷어 불황의 어려움을 극복할 수 있도록 민간경제에 힘을 불어넣어줄 수도 있으며, 한편 경기가 좋은 호황기에는 세금을 좀 많이 걷어 과열경기에서 비롯되는 인플레이션을 미리 막을 수도 있는 것이다. 이렇게 해서 세금의 적절한 조정을 통해 나라경제를 안정적으로 운용할 수 있는 안정기능을 담당하고 있는 것이다.

한편 경제발전을 도모하기 위해 특정전략산업을 세제면에서 우대조치를 강구할 수도 있으며, 또 지나치게 비대화된 독점기업에 대해서는 무거운 세금을 부과하여 기업들 사이에 공평한 경쟁여건을 마련할 수 있는 기능도 담당하고 있는 것이다.

이상에서 볼 때 우리 국민의 경제생활과 매우 밀접한 관계를 갖고 있는 것이 세금이다.

2) 조세의 개념과 분류

(1) 조세의 개념

조세의 의미는 여러 가지로 표현할 수 있지만 일반적으로 국가가 수입을 조달할 목적 하에 특정한 개별적 보상을 급부하지 않고 사경제(국민)로부터 강제적으로 징수하는 화폐나 재화를 뜻한다.

(2) 조세의 분류

조세는 세무행정상의 편의 또는 조세작용의 분석을 위한 기준에 의해 여러 가지로 분류하고 있다. 조세는 과세권자를 기준으로 하여 분류하면 국세, 관세, 지방세로 나눌 수 있다.

① 국 세

조세는 과세권사(과세주체)를 기준으로 국세와 지방세로 구별하는데 중앙정부가 과징하는 조세를 국세라 하며 이에는 소득세, 법인세, 상속세, 증여세, 재평가세, 부당이득세, 부가가치세, 특별소비세, 주세, 전화세, 인지세, 증권거래세, 교육세, 교통세, 농어촌특별세가 있다.

② 관　세

관세는 관세와 임시수입관세로 구분한다.

③ 지방세

지방자치단체가 과징하는 조세를 지방세라 하며 이에는 취득세, 등록세, 경주마권세, 면허세, 주민세, 재산세, 자동차세, 주행세, 농지세, 담배소비세, 도축세, 종합토지세, 도시계획세, 공동시설세, 사업소세, 지역개발세 등이 있다.

(3) 조세의 체계와 관련세법

조세의 체계와 그 관련세법을 알기 쉽게 요약하면 다음 〈표 13-1〉과 같이 나타낼 수 있다.

〈표 13-1〉 조세체계와 관련세법

<table>
<tr><th colspan="4">구　분</th><th>세목</th><th>개별세법</th><th>일반세법</th></tr>
<tr><td rowspan="17">국세</td><td rowspan="15">내국세</td><td rowspan="12">보통세</td><td rowspan="6">직접세</td><td>소득세</td><td>소득세법</td><td rowspan="15">국세기본법,
국세징수법,
조세법처벌법,
조세법처벌절차법</td></tr>
<tr><td>법인세</td><td>법인세법</td></tr>
<tr><td>상속세</td><td rowspan="2">상속세 및
증여세법</td></tr>
<tr><td>증여세</td></tr>
<tr><td>재평가세</td><td>자산재평가법</td></tr>
<tr><td>부당이득세</td><td>부당이득세법</td></tr>
<tr><td rowspan="6">간접세</td><td>부가가치세</td><td>부가가치세법</td></tr>
<tr><td>특별소비세</td><td>특별소비세법</td></tr>
<tr><td>주세</td><td>주세법</td></tr>
<tr><td>전화세</td><td>전화세법</td></tr>
<tr><td>인지세</td><td>인지세법</td></tr>
<tr><td>증권거래세</td><td>증권거래세법</td></tr>
<tr><td colspan="2" rowspan="3">목적세</td><td>교육세</td><td>교육세법</td></tr>
<tr><td>교통세</td><td>교통세법</td></tr>
<tr><td>농어촌특별세</td><td>농어촌특별세법</td></tr>
<tr><td rowspan="2">관세</td><td colspan="3">관　세</td><td colspan="2">관세법</td></tr>
<tr><td colspan="3">임시수입부가세</td><td>임시수입부가세법</td><td>관세법</td></tr>
<tr><td rowspan="2">지방세</td><td>보통세</td><td colspan="3">취득세, 등록세, 경주・마권세, 농지세, 담배소비세, 도축세, 종합토지세, 면허세, 주민세, 재산세, 자동차세, 주행세</td><td colspan="3" rowspan="2">지방세법</td></tr>
<tr><td>목적세</td><td colspan="3">도시계획세, 공동시설세, 사업소세, 지역개발세</td></tr>
</table>

부록 보건의료문제에 대한 경제적 관점

1. 보건의료(health care)서비스의 경제적 특성

1) 보건의료서비스에 대한 경제학적 의의

오늘날 많은 사람들이 의료서비스는 음식과 주택처럼 필수재인 것으로 생각하고 있다. 즉, 의료서비스는 인간생활에 필수적이고, 우선순위가 높은 생산품(서비스생산)인 것이다. 인간은 생애에 있어서 좋은 건강상태를 누리고자 하는 권리를 부여받았다고 생각한다. 다시 말해서 의료서비스에 대한 본질은 자연스럽게 기본적인 권리의 문제로 접근된다.

사람들은 의료서비스를 재산으로서 혹은 경제적 필요물로서 보장받은 권리로 주장한다. 따라서 사회가 이러한 주장을 경제적 자원이나 혹은 생산의 결실로서 수용할 때 사회는 보건의료 자원을 이용가능한 것으로 확립하고자 할 것이다.

비록 우리가 의료서비스를 권리로서 만족하게 되고 그것이 무료로 제공되는 극단적인 상황일지라도 그것이 사회적으로 아무런 비용이 지불되지 않는 것은 아니다. 모든 것은 어떤 비용을 치룬다. 자원의 양에 있어서도 사회는 기회비용을 치르게 된다. 만약 가격이 0이라면 사람들은 기꺼이 보다 많은 의료서비스의 혜택을 증가시키겠지만 이것은 타 재화의 희생을 강요하게 될 것이다. 그럼으로써 의료서비스는 경제문제를 야기시킨다. 아마도 경제의 다른 분야보다 더 분배된 부족한 자원에 관계된 재정적 어려움을 드러낼 것이다. 의료서비스의 보장과 그 비용 그리고 그것의 지불문제는 점점 거대해지는 경제적인 안건으로 대두될 것이다.

2) 사회재로서의 보건의료서비스 : 공공재적 성격

의료서비스는 잠재적으로 두 가지 성질을 소유하고 있다. 사적 재화로서의 그것과 공공재 혹은 사회재로서의 그것이다. 공공재・사회재는 그것의 비배제성, 비경합적 소비 때문에 시장기구를 통해서 자원배분을 실현시키기 어렵다. 비배제성(nonexcludability)이란 개개인 소비자들이 재화 및 용역의 사용에서 실제로 배제되지 않는다는 것을 의미한다.

공공재는 비경합적 소비를 실현시킨다. 다시 말해서 재화로부터 얻은 한 소비자의 이익(효용)이 다른 소비자에 의해 얻게되는(경험하게 되는) 이익을 감소시키지 않는다.

3) 불확실성, 정보의 편재 및 참가자의 장벽

의료서비스의 불확실성이란 질병의 발생과 그의 치료 및 효과가 불확실하다는 것을 의미한다. 따라서 진료비도 예상하기 어렵다. 또한 의료의 질과 양이, 다시 말해서 제공된 의료행위가 과연 질병의 치유에 적절했으며, 불가피하였는가에 대해 판단하기 어렵다. 의료서비스는 그것의 효용에 관해서 객관적으로 판단하기 어렵기 때문에 과연 어느 정도까지가 적정한 의료수준인지 판단하기 어렵다.

한편 의료서비스와 관련하여 볼 때 의료·의학 정보가 어느 한편에 편재되어 있고 진입의 장벽이 두텁다. 의료서비스의 수요자는 환자이고 공급자는 의사인데, 수요자(환자)가 공급자(의사)보다 의료·의학지식이 부족하고, 공급자는 전문적인 지식과 정보를 가지고 있으며 취득하기도 쉽다. 또한 의사는 일정 수준의 의료전문지식을 가지고 의료행위를 할 수 있도록 면허제도를 통해 보증되고 있어 진입장벽이 생기게 된다.

이상에서 논의된 의료서비스의 특성을 요약하여 보면 다음과 같다.

a) 불확실성 b) 공공재적 성격 c) 정보의 편재, 진입장벽 d) 의료의 질·양의 측정곤란 e) 인간의 기본적인 니드 (needs)	시장 메카니즘에 의해 해결하기 어려움	⟹	계획화 원리 및 사회 화원리에 의해 보완 및 부분적 매체의 필요성이 생김

[그림 13-8] 의료서비스의 특성

2. 보건·의료서비스의 수요·공급시장*

1) 공급측면 : 의료의 인적·물적 자원

공급측면은 민간부문이든 공공부문이든간에 의료의 인적·물적 자원이라는 공급요건이 갖추어져야 한다. 즉, 공급시장은 ① 독립적인 의사의 서비스, ② 병원치료, ③ 건강유지(관리)조직체, ④ 기타의 건강치료기관들로 구성된다. 그 중 병원치료를 제외한 나머지 3가지에 대해서 살펴보자.

---

* Robert & Carson and Wade L. Thomas, *The American Economy* (New York : Macmillan, Publishing Co.,), 1991, pp. 182~187에서 요약 정리한 것임.

(1) 독립적인 의사의 서비스시장

독립적인 사설 의료기관을 설립한 의사들은 독립적인 치료자의 서비스시장의 핵심이 된다. 이 시장의 판매자측의 구성은 일반개업의사(내과, 외과를 겸함), 전문의, 그리고 간호원, 치료기사, 보조자들로 형성되는 기술지원인력으로 이루어진다.

의사들은 특유한 지위를 갖게 되므로 건강치료의 공급행위가 전통적인 상품시장에서의 공급행태와는 다르다. 특히 의사들은 환자들의 치료유형을 결정하고 처방한다. 이러한 처방에 의해 유인되는 수요는 소비자가격지수의 의료서비스 구성분의 급속한 증가를 가져온다. 의사들은 의료서비스의 수요량과 유형을 결정할 수 있으며, 개인보험회사와 의료보험과 의료보장제를 실시하는 국가기관(공공기관)과 같은 제3자 지불인이 의료서비스지출에 대한 적합성을 제시한다.

(2) 건강관리소직의 시징

건강관리조직체(HMOs)들은 여러 가지 형태를 취하는 조직체들로서 선불의 건강계획들이라 할 수 있다. 이 조직체는 개별병원이나 병원의 네트워크(network)를 연결 또는 통합되어질 수 있다. 건강관리조직은 일상의 외래환자에 대한 건강관리서비스를 제공하는 것과 입원환자체류와 관련된 서비스제공 등에 대한 어떤 계약을 맺고 그 대가로 일정의 금액을 지불하는 참가자들이 회원이 된다.

건강관리의 목표는 예방에 있으며 정기적인 검진과 그에 따른 의료수속절차 등도 HMOs가 제공한다. 그리고 HMOs는 비용이 비싼 장기입원을 필요로 하는 주요한 건강문제를 해결해주는 일도 한다. 최근 미국에서는 의료공급체계상 최신의 제도개혁(혁신)으로 인해 HMOs가 의료보험수가는 낮은 가격으로 책정되게 하고 의료서비스의 수준높은 선호를 만족시켜 주고 있다. 또한 HMOs는 그들의 재생산기능을 통해서 의료산업에 경쟁을 촉진시켰고 종전의 선지불 건강관리의 개념을 '서비스에 대한 보수'라는 접근에서 탈피하여 건강관리조직의 경영관리접근으로 대체되어지고 있다.

(3) 기타의 의료공급자

또 다른 건강의료서비스 공급자들은 정신병원, 자선병원, 사설요양소, 그리고 생활보호시설 등과 같은 특수목적을 위한(또는 전문적인) 시설들을 포함한다. 이들 기타의 의료공급자들 중 가장 특징적인 것은 노인의 장기의료와 관련되는 시설들이다. 65세 이상 노인들이 상당수에 달하고 2010년에 예상되는 노인인구는 급증할 것으로 전망된다. 이들 노인들의 수명연장과 관련해서 장기적인 의료서비스의 수요측면 인플레이션을 촉발시킬 것이다. 그리고 희소한 의료자원은 장기의료의 비용을 상승시키는 요인이 될 것이다.

2) 수요측면 : 인구구성 · 질병구조 등

건강의료시장의 수요측면은 형식적인 방법론으로 평가되는 것이 아니라 독특한 특징을 보여준다. 건강의료의 소비자와 지불자는 동일인이기도 하지만 같지 않을 수도 있다. 개인의료보험, 대중치료소(저소득층이 이용할 수 있는 의료기관), 의료보장제도(돈을 벌 능력이 없는 노인들을 위한), 그리고 기타의 정부프로그램들은 제3자 지불인이다. 수요측면의 또다른 주체자는 보험가입자와 같이 행동하는 HMOs, 고용주, 보험에 가입하지 않은 사람들이다.

(1) 제3자 지불인

개인의료보험, 대중치료, 의료보장제, 그리고 기타의 정부프로그램 등은 건강의료를 위한 지출액 중 많은 비중을 차지하고 있다. 대중치료, 의료보장제도는 정부프로그램과 유사한 제3자 지불인이다. 개인의료보험의 경우 고용주 보증보험의 증가와 인구증가에 따라 성장세를 보이고 있다.

(2) 의료보험조합과 같은 HMOs

제3자 지불인시스템의 또 하나의 변형은 의료보험조합과 같은 건강관리조직(HMOs)이다. 선지불된 건강관리조직의 의료계획에 따라 건강관리조직이 입원과 병의 치료에 따른 비용을 지불하도록 되어 있다. HMOs가 병원과 결합하여 운영되어지건 아니건 간에 아플지도 모를 건강의료참가자들의 입원과 치료를 위해 자금을 조달해야 하는 위험을 떠맡고 있으며, 이런 의미에서 건강관리조직은 의료보험조합과 같은 효과적인 역할을 한다.

(3) 고용주

건강의료비용의 상승과 피고용자들이 건강보험특별급여를 요구하므로 고용주는 제3자 지불인의 대표적인 위치에 있다. 고용주는 규정된 보험의 내용에 따라 건강의료를 위해 피고용인을 대신하여 지불한다. 어떤 고용주들은 비용을 충당하기 위한 노력으로 자기보험수가의 다양화를 시도하고 있으며 또한 협상을 통해서 건강의료공급자들에게 피고용인들에 대한 보증을 실제적으로 보장하는 대신에 의사들의 집단의료행위 및 병원들로부터의 특혜를 확보하기도 한다.

(4) 비보험가입자들

수요측면의 시장은 건강보험에 가입하지 않은 사람들, 즉 그들 자신의 건강관리를 위한 재정상의 모든 책임과 위험을 감수해야 하는 자가 피보험자라고 부르는 사람들로 구성된다. 보험에 가입하지 않은 사람들에게는 소비자와 지불자는 동일인이고 그들은 직접적으로 서비스를 위한 요금을 지불한다. 그리고 역시 그들은 제3자 지불자시스템에 의한 재정적 이익을 즐겨하지 않는다.

3) 건강의료시장의 동태적인 측면

건강의료시장은 동태적 측면을 나타내고 있다. 독립적인 의사들의 서비스 시장은 외래환자 서비스와 병원입원환자 서비스와 연결되어 있다. 의사들의 서비스에 있어서 의사들과 병원들이 독립적으로 외래환자 서비스를 공급함에 반하여 병원의 입원환자 서비스의 공급에서는 의사들의 서비스는 하나의 투입물이다(e.g., 의사들의 사무실이나 병원에서 심전도를 가지는 것이 가능하다). 병원 등의 건강의료조직들은 또한 다양한 종류의 외래환자 서비스를 공급하기 위해 참모의사들과 기술직원을 활용할 수 있다. 병원들과 독립적인 의사들과 건강의료조직들은 많은 부분에서 똑같은 외래환자 서비스를 모두가 제공할 수 있기 때문에, 건강의료공급자들 그들 사이에서는 대부분이 경쟁을 해야하는 활동공간을 가지게 된다. 전문관리시설들은 입원환자를 근거로 하여 운영된다. 그들의 전문성(혹은 전문관리 시설)은 병원과 직접적인 경쟁위치에 놓여 있지 않다. 전문관리시설들이 가정건강의료로부터 경쟁관계에 놓여 있음에도 불구하고 그들은 집에서는 손발을 못쓰는 사람들을 위한 건강관리 공급시스템이다. 그것은 공공단체화보다 덜 비용을 들게하는 것으로 증명되었다. 사적 보험업자들과 의료보장제도는 전문관리시설에서 장기간 체류하는 대안으로의 그것을 증진시킨다. '시장의 수요측면'에서 건강관리 서비스의 구매자들은 모두 전문시설의 서비스, 병원의 입원환자 서비스, 그리고 외래환자 서비스를 위한 잠재적 지불자들이다. 건강의료조직은 외래환자 서비스의 공급자로서 시장의 공급적 측면과 보험사와 같은 지불자로서 시장의 수요측면을 구성할 수 있음으로 인해 건강의료조직의 특징을 보여 주고 있다.

3. 의료서비스 비용 및 지출증가요인*

대체적으로 의료서비스 항목들의 비용증가는 소비자 물가지수보다 더 빠른 율로 증가하는 경향이 있다. 즉, 의료서비스 항목들이 일반적으로 소비자 물가지수의 모든 항목보다 더 빠르게 상승한다는 것이다. 특히 간호사가정의료(nurshing home care), 가정의료(home health care), 정부의 공공의료사업 부문들이 더 빠른 증가율로 비용이 상승한다. 이처럼 의료비용에 있어서 비용상승현상, 즉 의료

* R.B. Carson and W.L. Thomas, 상게서, pp. 188~192.

비용에 있어서 인플레이션을 설명해주는 이론은 우리가 다 아는 바와 같이 수요견인설과 비용인상설을 적용시켜 설명할 수 있다. 그러나 그러한 적용이 완전하지 못한 점이 있다. 그것은 건강의료시장의 구성요인들이 항상 수요와 공급의 뚜렷한 구분이나 독립성을 띠지 않기 때문이다.

1) 수요견인설(demand-pull theory)

의료비용의 증가에 대한 수요견인설적인 해설은 건강의료비 지출의 팽창이 의료수가를 끌어올렸다는 것이다. 미국경제에서 경험한 의료비의 다양한 항목들에 대한 지출의 연간변화율은 수요견인설을 뒷받침하는 것이다. 제3자 지불자들의 비용증가는 의료비 인플레이션의 강력한 수요측요인을 보여주는 것이다. 특히 많이 이용되는 자발적인 개인의료보험, 의료보조(Medicaid), 그리고 국민의료보장(Medicare) 등에 대한 높은 의존도는 수요를 증가시키는 요인으로서 의료서비스의 비용을 증가시키고 있다.

환자들이 의료서비스 비용지출시 총비용에서 본인이 직접 지불하는 현금지출은 적은 편이다. 이런 점을 근거로 해서 어떤 연구가는 수요상승을 설명하는데 있어서 제3자 지불자와 관련된 도덕적 해이(moral hazard)의 문제를 강조하고 있다. 즉, 일단 보험료를 납부하면 진료를 제한없이 받도록 하는 사회보험의 원칙이 의료보험에도 적용되므로 환자는 많은 진료를 받고자 하고 의사는 의료의 양을 늘려 소득을 증가시키고자 할 것이다. 따라서 도덕적 해이문제가 대두된다는 것이다.

"공급은 스스로의 수요를 창출한다."는 것이 상품시장에 대한 세이의 법칙(Say' law)의 핵심이다. 일부 경제학자들은 세이의 법칙을 엄중한 경제법칙으로라기 보다는 유서깊은 격언 이상으로 간주하기를 선호하는 것 같다. 그럼에도 불구하고, 그것은 건강의료보호를 위한 시장에 적용될 수 있을 것 같다. 특히 기술적 진보(발전)에 있어서 더욱 사실이다. 만약 새롭고 진보된 기술이 존재한다면, 의사들은 그 진보된 기술을 사용하고자 하는 동기와 욕구를 갖게 될 것이다. 물론 소비자들은 질적으로 우수하고 값비싼 건강의료서비스를 기대한다. 결과적으로, 새로운 기술들은 수요의 증가를 촉진시킨다. 그것에 대한 욕망은 값비싼 기술집약적 치료분야에 대해 지불하는 제3지불자의 유용성과 이용을 증가시킨다.

2) 비용인상설(Cost-Push Explanation)

수요측면을 공급측 영향으로부터 분리한다는 것은 쉽지 않다. 그렇지만 비용인상적 설명의 핵심은 요소가격의 증가는 최종 재화와 서비스의 가격을 상승시킨다는 것이다. 즉, 비용인상 인플레이션은 재화시장에서 요소가격 상승이 재화의 가격을 밀어올리는 것을 말한다.

건강의료부문에서 수요와 공급간에 상호의존성이 높으므로 아마도 시장의 공급측면에서 발생하는 순수한 비용인상요인을 구분해내는 것이 쉽지 않을 것이다. 그럼에도 불구하고 시장효과, 기술, 의료과오, 시장지배력, 그리고 위험 등의 5가지 복합적(overlapping) 요인에 의해 요소가격이 증가하는 것을 설명할 수 있을 것이다.

(1) 시장효과(market effect)

시장효과에 의하면 의료재화와 서비스의 가격은 앞에서 언급했던 수요견인적 요인으로부터 발생된다는 것이다. 즉, 제3자 지불제도가 건강의료서비스에 대한 수요를 증가시키면 수요의 증가는 의료서비스를 생산하는데 사용되는 요소의 가격을 상승시키는데 커다란 영향을 미친다. 그 과정은 높은 가격을 수반하는 더 큰 지출을 요하는 '의료재화 및 서비스'의 가격이 상승하는 과정에서 요소비용의 증가로 이어짐으로써 보다 높은 가격을 수반하는 비용지출이 더 많아지는 식으로 순환된다. 따라서 수요견인, 비용순환의 결과물이라고 할 수 있다.

(2) 기술(technology)

기술진보는 건강의료서비스 공급형태를 재구성시키고 이렇게 재구성된 공급형태에 대한 소비자의 기호 재구성과 생산자의 선호의 재구성을 통해 수요측 인플레이션의 양상을 나타낸다. 이러한 수요패턴은 더 나은 서비스를 추구한다. 한편 기술진보는 전형적인 자본집약적이다. 그 예로 태아탐지기(fetal monitors), CAT scanner, 초음파심장진단도(echocardiography), 자기공명영상(magnetic resinance image) 그리고 레이저수술(laser surgery) 등이 있다. 더욱 많은 장비와 병원침실이 계속 요구되어지며, 더 많은 자본비용은 더 높은 건강의료비용을 요구하게 된다. 공급측면에서 비용증가는 이러한 자본비용증가에 의한 것이다.

(3) 의료과오(malpractice)

의료과오 소송의 발생은 두 가지 중요한 영향을 발생시킨다. 방어적인 의료행위(defensive medicine)와 의료과오에 따른 높은 보험할증료이다. '방어적인 의료'는 환자의 입원(hospitalization), 동료 개업의들의 충분한 진찰의 이용, 바람직하지 못한 의료과오판결을 피하기 위해 지나친 기록의 유지 및 이를 위해 요구되는 광범위하고 이중적인 검사, 그리고 고도기술진단법(high-technology)의 채택 등에 의해 발생되는 비용을 증가시키게 된다. 의료과오 소송은 또한 의료과오보험의 비용을 증가시킨다.

(4) 시장지배력(market power)

의료시장에 있어서 의사의 힘(시장지배력)은 비용인플레이션의 중요한 요인이라고 볼 수 있다. 첫째로, 의사들은 건강의료서비스에 대한 수요를 창출하는 어느 정도의 힘(지배력)을 소유하고 있으며, 둘째 의사회 등의 의료단체는 의사들이 높은 임금을 유지하기 위해 숙련된 개업의사의 공급을 제한하고자 할 것이다. 예컨대 의사자격증억제, 의과대학 설립인가 제한, 시민단체가 요구하는 의료작업에 대해 반하는 치료 등으로 시장지배력이 형성된다.

의사들은 그들의 의료서비스에 대한 제한된 경쟁, 그리고 비탄력인 수요환경에서 치료상의 권한(regimen)을 결정하기 때문에 요금을 설정하는데 있어서 적절하게 지위(위치)를 확보하고 있다. 의사들의 의료서비스에 대한 비탄력적인 수요의 특징은 가격의 변화에 대한 수요의 반응도를 낮게 한다. 예를 들면 정형외과 의사의 치료비가 너무 비싸서 노출된 다리 골절의 치료를 미루는 사람이 있다는 얘기를 들어본적이 없다는 것이다. 이처럼 병원치료는 수요의 가격탄력성이 매우 낮다는 것을 보여주는 예이다. 규제도 없고 경쟁도 없다고 하면, 의사·병원들은 의료비용을 증가시킬 수 있는 상당한 정도의 힘을 가지고 있으며 보다 많은 수입을 즐길 것이다.

(5) 위험(risk)

풍요한 조건, 백신과 항생제들의 개발 그리고 의료절차의 개선은 의료개선 실무자들의 직업적인 병의 위협을 현저히 감소시켰다. 그러나 각종 약품의 취급과 혈액의 노출에 대한 예방과 잠재적으로 감염된 피하주사 주사기를 피한다는 것은 어렵고 또 비용 역시 많이 든다. 외과에 관계된 사람들은 외과적인 접촉을 피하기 위해 우주복을 입고 장화(부츠)를 신는다. 외과의사들은 심지어 가장 작은 (감염)경로조차 피하기 위해 자신의 눈 위에 플라스틱 투구(눈가리개)를 착용하기도 한다.

경제적 분석에서는 이러한 위험, 즉 작업(노동)에 대한 위험의 대가(보상)로 임금을 올려 줄 것을 제시한다.

제4편

국민경제 실물부문의 작동원리

제14장 거시경제학의 개요

→ 제1절 국민경제의 거시적 접근과 거시경제의 목표

1. 국민경제의 거시적 접근

미시경제학이 개인과 가계와 같은 소비단위 및 기업과 같은 생산단위의 상호작용과 시장의 작동에 초점을 둔다면 거시경제학은 경제 전체가 어떻게 작동하는지에 초점을 둔다. 즉, 경제 전체가 어떻게 작동하는지에 초점을 둔다. 그러므로 노동시장, 재화·서비스시장 등의 실물부문 뿐만 아니라 통화와 채권·주식과 같은 금융시장을 포함한 화폐부문까지 포괄적으로 다루게 된다. 즉, 상품과 생산요소뿐만 아니라 화폐·주식·채권 등의 금융자산을 포함한 모든 시장에서의 균형원리를 한꺼번에 적용시킨다. 따라서 미시경제학에서 다루던 개별 상품시장의 경제지표도 하나의 큰 틀로 모은 총합(aggregation)의 과정을 통해 거시경제지표들로 원용하여 사용하게 된다. 예컨대 어떤 상품 X의 가격과 그 수요량 대신에 실물부문 상품 전체의 가격과 수요량을 나타내주는 총합된(서로 다른 것을 하나의 범주로 모으고 그것들을 전체로 다루는 과정) 지표로써 물가와 총수요량 등을 사용한다.

이와 같이 거시경제학은 경제 전체에 대한 연구이다. 그러므로 거시경제학은 거시경제의 목표인 ① 경제성장(산출량의 증대), ② 완전고용(실업), 그리고 ③ 물가안정(인플레이션) 등과 또한 ④ 국제수지안정(해외부문) 등과 함께 , ⑤ 경제활동 전반에 영향을 미칠 수 있는 정부의 정책들을 다룬다.

2. 거시경제학의 목표와 수단

거시경제학의 중요한 목표 중 첫째는 경제성장이다. 실질 국민총생산이 인구보다 더 빠른 속도로 증가하면, 일반적으로 국민은 향상된 삶의 질을 즐길 수 있다. 고용확대 또한 중요한 목표이다. 시장경제에서 가계수입의 주 원천은 임금이다. 실업률이 높을 때 많은 사람들이 직장을 잃게 되고 재화와 서비스의 구매를 줄여야 한다. 거시경제학의 세 번째 목표는 물가안정이다. 인플레이션은 사회에 손실을 입힌다. 물가를 안정시킴으로써 인플레이션의 사회적 비용을 줄일 수 있도록 도와준다.

또한 대외적으로 수출 · 입 균형(수출과 수입이 같아지도록 하는 것)을 이루고 환율을 안정시키는 것도 거시경제학의 목표 중의 하나이다.

〈표 14-1〉 목표와 수단

목표	수단
○ 산출량(Output)증대	○ **재정정책**(Fiscal policy) 정부지출 조세
○ 고용(Employment)확대	○ **통화정책**(Monetary policy) 통화량 이자율
○ 물가안정	○ **소득정책**(Incomes policy) 임금-가격 가이드라인
○ 국제수지(Foreign balance)안정	○ **대외경제정책** 무역정책 환율개입

이러한 요소들을 종합적으로 고려하여 거시경제학의 목표와 그 필요한 정책도구(수단)를 함께 나타내면 〈표 14-1〉과 같다. 그리고 〈표 14-1〉에나타난 거시경제의 목표와 수단간의 관계가 거시경제 내에서 어떻게 연결되는가를 그림으로 나타내면 [그림 14-1]과 같이 요약할 수 있다. [그림 14-1]은 투입변수인 정책수단, 외부변수와 함께 거시경제구조를 통해 종속변수(정책에 의해 유인되는 변수)들을 이끌어낸다는 것을 보여주고 있다.

[그림 14 1] 거시경제정책의 투입변수와 산출변수

3. 거시경제 시스템의 개요

거시경제 시스템을 간단히 그림으로 보면 [그림 14-2]와 같다.

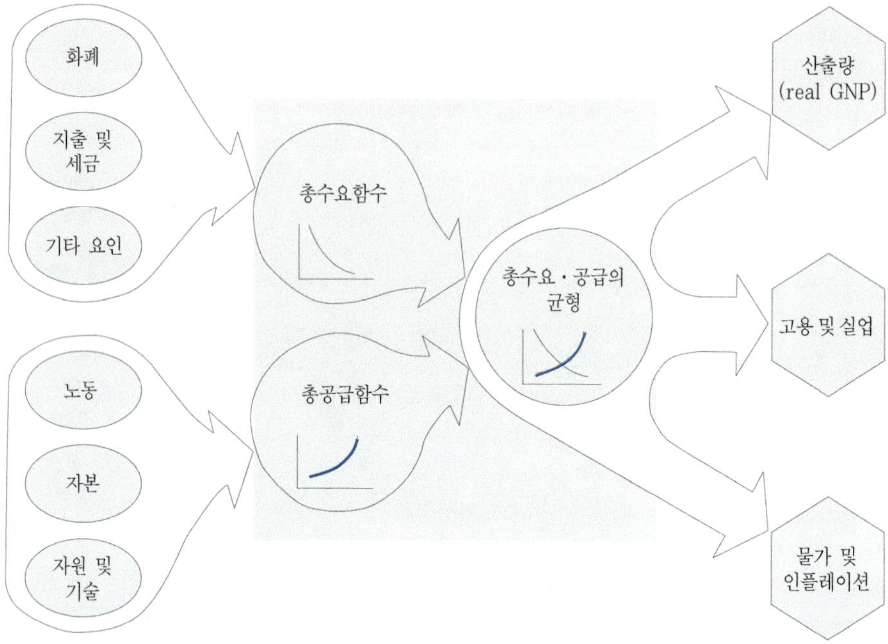

[그림 14-2] 거시경제시스템

제2절 거시경제의 작동과 국민소득의 순환

1. 거시경제 내 각 단위별 상호연결

자본주의 경제에서 생산의 주체는 기업이며, 기업은 이윤을 목표로 하여 재화와 용역을 생산한다. 이러한 기업의 생산물은 소비자에게 판매되며 여기에서 기업은 수입을 얻게 되는데, 이 수입은 기업의 생산과정에 생산요소를 제공한 가계에 대한 반대 급부로 지출된다. 이는 곧 가계의 소득이 되며, 가계는 이 소득으로 기업이 생산한 물건을 구입한다. 그리고 기업은 이 가계의 수요를 기반으로 하여 다시 생산활동을 수행한다.

[그림 14-3]은 이와 같은 거시경제 내의 개별경제단위의 행동을 개관하고 그들이 어떻게 총합적으로 합쳐지는지를 보여준다. 각 경제단위들은 서로간에

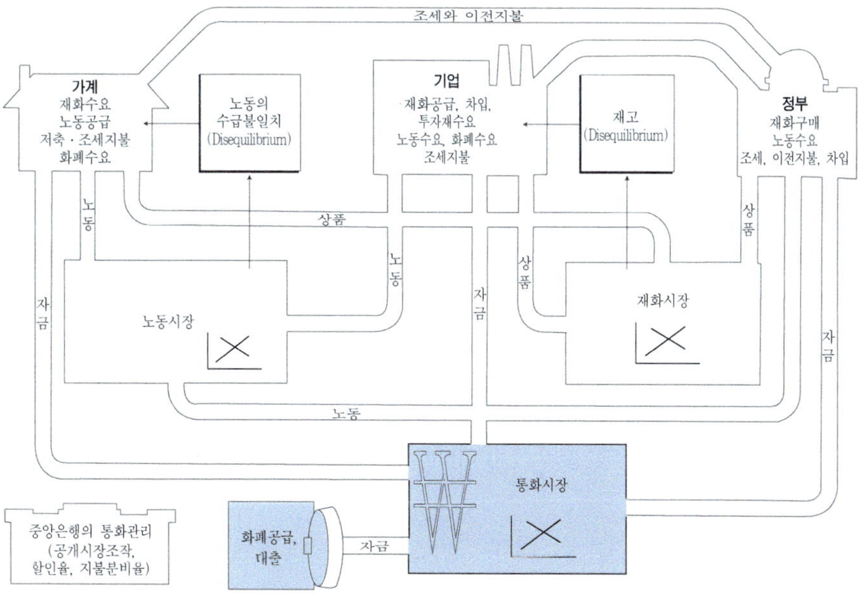

[그림 14-3] 국민경제 내 각 단위별 상호연결

분리된 또는 작은 그룹들로 그들의 경제행위가 상호 연관되어 통합적으로 작동되고 있음을 보여준다.

[그림 14-3]은 가계(household), 기업(business), 정부부문만이 존재하고 해외부문(foreign sector)은 존재하지 않는 경우의 연결과정을 나타내 주고 있다. 요소시장(factor market)은 생산요소가 거래되는 시장을 말하며 생산요소시장이라고 한다. 요소에 대한 수요는 기업(또는 생산자)과 정부가 담당하고 공급은 가계가 담당한다.

생산물시장(product market)은 총국민생산을 형성하는 생산물이 공급되고 수요되는 시장을 말한다. 생산물시장에서 생산물에 대한 수요는 가계(또는 소비자와 정부)가 담당하고, 공급은 기업(또는 생산자)이 담당한다. 가계는 기업과 정부에 노동력 등 생산요소를 제공한 대가로 소득을 얻고, 이 소득을 기초로 해서 소비와 저축을 한다. 기업은 가계가 제공하는 생산요소를 기초로 해서 생산물을 만들어 시장에 판매한다.

저축은 소득 가운데 소비되지 않는 부문이다. 즉, 생산물에 대한 구매수요로 지출되지 않으므로 그 만큼 다음 단계의 생산요소 구매를 감소시키게 된다. 저축 가운데 일부는 투자로 전환되어 결국 소득순환으로 되돌아 오지만 다른 일부는 장롱 속에 퇴장(hoarding)되어 소득순환으로 되돌아 오지 않을 수도 있다. 기업도 이윤을 모두 배당하지 않고 그 일부를 기업내부에 유보함으로써 저축을 한다.

투자(investment)는 현재의 소비가 아니라 장래의 소비(즉, 장래의 소비재 생산)를 위한 지출이며, 설비, 건설 및 기업재고와 같은 재화에 대한 지출이라는 행태를 통하여 나타난다. 투자의 주체는 기업이며, 기업의 투자결정은 저축정보와는 별 관계없이 이윤에 대한 기대 내지 예상에 의해 이루어진다. 기업의 투자지출의 자금원천은 주로 기업내부의 저축이나 가계저축 또는 금융기관으로부터의 차입에 의존한다.

정부부문 경제활동의 대중을 이루는 것은 조세(tax)와 그것을 기초로 한 여러가지의 정부지출(government expenditure)로 구성된다.

조세는 저축과 마찬가지로 소득에 의하여 결정된다. 정부는 가계나 기업에 대해 과세하며 조세수입 가운데 대부분은 정부가 기업으로부터 상품을 구매하거나 또는 기업의 요소용역을 직접 고용하는데 지출한다. 만약 정부가 그 가운데 예비비로 저축해 둔다면 그만큼은 순환, 흐름으로 되돌아 올 수 없게 될 수도 있다.

조세(tax)수입은 가계부문으로부터 정부부문으로 흘러들어가는 반면 이전지출(transfer payment)은 정부부문으로부터 가계부문으로 이동한다. 이전지출은 실업수당, 재해보상금, 사회보장금 등과 같이 정부가 당기의 생산활동과 관계없는 사람들에게 반대급부없이 지급하는 보조금(subsidy)을 말한다.

2. 국민소득의 순환과 균형

1) 국민소득 순환의 개요

국민소득의 순환이란 경제 전체가 어떤 흐름으로 돌아가는가를 보여주는 일종의 개념도로 생각할 수 있다. 이는 마치 우리 몸에서 피돌기를 순환계라고 부르는 것을 떠올리면 좀 더 쉽게 이해될 수 있다. 심장에서 흐르기 시작한 피는 동맥을 거쳐 온몸 구석구석을 돌아다니다가 정맥을 거쳐 다시 심장으로 돌아온다. 경제에서도 돈과 상품 및 서비스, 생산요소가 생산자, 소비자, 정부를 돌아다니면서 하나의 순환적 흐름을 형성하고 있는데, 이것을 도식화한 것이 바로 국민소득의 순환이다.

[그림 14-3]에서 거시경제 내의 개별경제단위의 행동을 개관하고 그들이 어떻게 총합적으로 합쳐져 작동한는지를 설명하였다. 이와 관련해서 가계(households), 기업(producers), 그리고 정부(government) 등 경제주체가 각각 어떤 경제활동을 하는지 알아보는 것으로부터 국민소득의 순환을 설명하고자 한다.

가계는 생산에 필요한 생산요소를 제공하고 그 대가로 소득을 얻으며, 이렇게 해서 얻어진 소득을 지출함으로써 상품과 서비스를 소비한다. 가계가 제공하는 생산요소는 노동과 자본이다. 생산요소로서의 노동을 제공한다는 것은 매우 '경제학적'으로 들릴지 모르겠으나, 어떤 곳이든 직장에 나가 일을 하는 것을 말한다. 생산요소로서의 자본을 제공한다는 것은 번 돈 가운데 일정 부분을 저축하는 것을 의미한다. 여기서 저축이란 꼭 은행과 같은 금융기관에 돈을 맡기는 것만을 뜻하지 않는다. 주식시장에 투자를 한다든지, 채권을 구입한다든지, 개인적으로 아는 사람에게 돈을 빌려 주는 것까지를 포함하는 것이다. 이러한 경제행위에는 그 대가가 따라오게 된다. 즉, 직장에 나가서 일을 하게 되면 월급을 받게 되고, 남에게 돈을 빌려 주거나 금융기관에 저축을 하면 이자를 받게 되고, 주식이나 채권에 투자를 하게 되면 투자수익을 얻는다. 따라서 가계가 생산요소시장에 생산요소를 공급한다는 말은 결국 우리가 돈을 벌기 위해서 하는 경제적 행위를 말하는 것이다. 이렇게 돈을 벌면, 가계는 구성원들의 생활을 유지하고 만족감을 높이기 위해 물건이나 서비스를 구입하여 소비하게 되는 것이다. 이를 소비지출이라고 한다. 결국 가계는 생산요소시장에서는 공급자가 되고, 생산물시장에서는 수요자가 된다.

기업은 가계로부터 생산요소를 구입하고, 이를 이용해 상품과 서비스를 생산하여 판매함으로써 수입을 얻게 된다. 앞에서 설명한 가계의 경제행위를 생각하면서 대칭적으로 이해하면 쉽다. 즉, 기업은 사람을 고용하고 금융기관이나 주식, 채권시장에서 가계가 맡겨 놓은 돈을 빌려다 쓴다. 이들 생산요소를 잘 활용하여 재화와 서비스를 생산하고, 이를 생산물시장에 내다 팔아 수입을 얻게 되는 것이다. 따라서 기업은 생산요소시장에서는 수요자이고, 생산물시장에서는 공급자가 된다.

이들 두 경제주체를 묶어서 민간부문이라고 한다. 가계가 생산요소를 제공하고, 기업은 이를 이용해 상품 및 서비스를 생산하고, 다시 가계는 생산요소를 제공한 대가로 얻은 소득으로 생산된 상품 및 서비스를 구입해서 소비함으로써 경제생활을 누리는 것이다. 이것이 민간부문만을 고려한 가장 단순한 국민소득의 순환이다. 이 과정에서 상품 및 서비스는 생산물시장에서, 그리고 생산요소는 생산요소시장에서 거래가 이루어진다.

그런데 이러한 거래가 시장에서 항상 부드럽게 작동하는 것은 아니다. 여러 가지 이유로 시장이 제대로 작동하지 않는 경우가 있는데 이를 시장실패(market failure)라고 부른다. 시장이 실패하면 제3의 경제주체인 정부가 개입을 하게 된다. 시장실패에 따라 정부가 개입하게 되는 가장 대표적인 경우는 공공재의 공급이다.

공공재의 공급 외에도 정부는 경제의 방향을 조절하는 정책을 시행하는 역할을 한다. 그런데 공공재를 공급하거나 정책을 수행하는 경제활동을 위해서는 정부 역시 일정한 수입을 확보하고 이를 지출하는 것이 필요하다. 즉, 정부는 세금을 걷어 이를 가지고 물건을 구입함으로써 정부지출을 하게 된다. 세금은 앞서 설명한 민간부문의 소득순환에서 빠져 나오는 것이고, 정부지출을 통해 다시 소득순환의 흐름으로 돌아가게 된다. 정부가 재정균형을 이루게 되면, 즉 걷는 세금만큼 지출을 하게 되면 소득순환의 흐름에서 빠져 나오는 부문과 다시 되돌아가는 부문이 같아지기 때문에 전체 소득순환의 흐름은 계속 유지된다고 할 수 있다.

소득순환의 흐름과 관련하여 경제의 3주체 이외에 해외부문도 고려해야 한다. 우리가 쓰는 물건은 우리가 생산한 것만이 아니고, 또한 우리가 만든 물건이라고 모두 우리가 쓰는 것은 아니다. 외국에서 생산된 재화나 용역은 수입을 통해 우리 시장에 공급되고, 우리가 생산한 재화나 용역은 또한 외국에 수출됨으로써 소비된다. 따라서 수출은 재화와 서비스로 표시된 소득순환의 흐름에서 빠져 나가고, 수입은 소득순환의 흐름으로 들어온다(재화 및 서비스의 흐름에 반대로 움직이는 돈의 흐름을 기준으로 하면 수출은 소득순환의 흐름으로 들어오는 것이고, 수입은 빠져 나가는 것이다). 역시 대외균형이 이루어진다면 소득순환에서 빠져 나가는 것과 소득순환으로 들어오는 것이 같아지므로 국민소득의 순환은 여전히 균형을 이루게 된다.

이상과 같은 논의를 기초로 하여 경제 전체의 균형이라는 개념을 하나의 그림과 식으로 표현해 보자. 다음에서는 소득순환의 흐름을 그림으로 설명하고, 이것으로부터 국민소득의 균형식을 만들어 본다.

2) 국민소득 순환도

이제 이러한 내용을 알기 쉽게 나타낸 그림을 가지고 설명해 보자. 국민소득순환의 흐름을 나타낸 것이 [그림 14-4]이다.

앞서 설명한 대로 가계와 기업은 생산요소시장과 생산물시장을 매개로 생산요소와 생산물을 거래한다. 시계방향으로 흘러가는 것은 재화와 서비스, 그리고 생산요소들이다. 이러한 재화와 서비스, 생산요소의 흐름은 그 반대급부의 흐름을 동반해야 한다. 바로 돈이다. 생산요소에서 가계로 흘러들어 오는 돈은 가계에서 제공한 생산요소에 대한 대가이다. 노동에 대한 대가는 임금이고, 자본에 대한 대가는 이자, 배당금, 자본이득 등의 자본수익이다. 이들을 합하여 가계의 소득으로 생각할 수 있다. 이는 소득이 생산요소들 사이에 어떻게 배분되는가 하는 측면에서도 볼 수 있다. 가계는 이러한 소득을 생산물시장에서 재화와 서비스를 구입하는 데 쓴다. 바로 지출인 것이다. 기업은 재화와 서비스를 생산하여 생산물시장에 공급하고 수입을 얻는다. 이렇게 얻은 돈이 바로 금액으로 표시한 생산이다. 기업은 이 수입을 가지고 가계로부터 생산요소를 구입하는 데 쓴다.

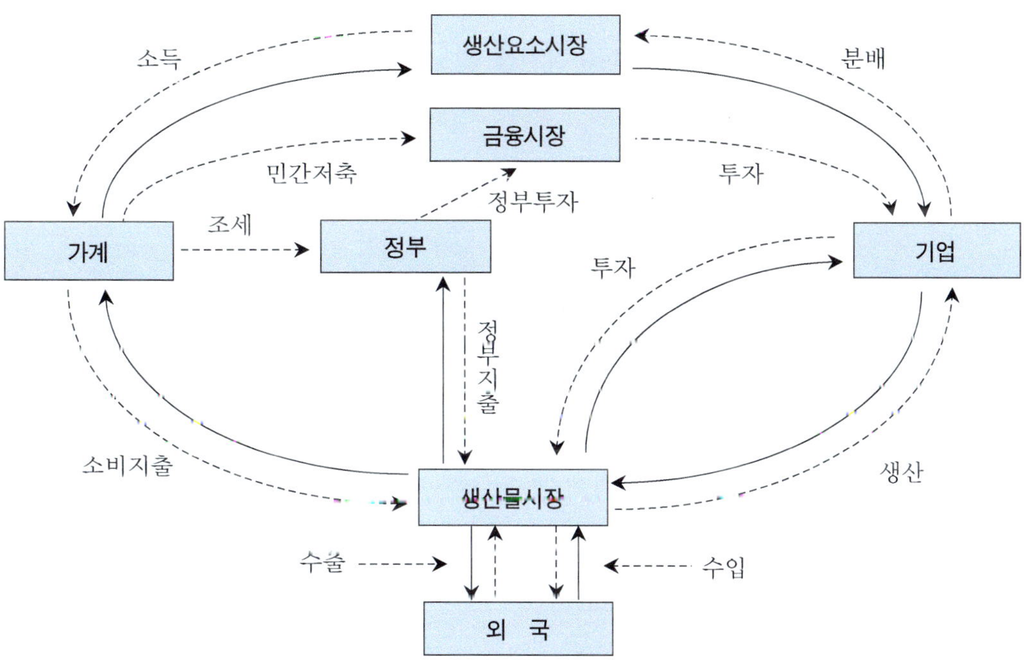

[그림 14-4] 국민소득 순환도

이러한 국민소득이 순환적인 형태로 흐름을 형성하고 있다면 그 균형은 어떤 것일까. 그것은 어떤 방향으로든 화살표로 나타낸 것의 크기가 같다는 것이다. 재화 및 서비스, 생산요소의 흐름을 나타내는 화살표는 재화마다 단위가 다르기 때문에 이를 돈으로 환산한 반대쪽(반시계방향)의 흐름, 즉 돈의 흐름을 기준으로 생각해 보자. 그 화살표 가운데 어느 하나가 크다면 순환적 흐름을 통해 소득의 흐름은 마치 원이 나선형으로 점차 커져 가는 형태가 될 것이다(이는 경제규모가 커지는 것으로서의 성장과는 구별되어야 한다. 경제규모가 커지고 생산능력이 향상되는 경제성장을 굳이 국민소득의 순환도와 연결지어 설명한다면, 화살표의 크기는 다 같되 원의 지름이 커지는 것으로 이해할 수 있다). 반대로 화살표 가운데 어느 하나가 작다면 안으로 파고드는 나선형태가 되어 경제는 어느 경우든 균형상태를 유지하지 못하게 된다. 즉, 균형이라면 모든 화살표의 크기가 같아야 되는 것이다.

이러한 균형은 앞서 반시계방향의 화살표에다 이름을 붙였던 것을 떠올려 보면 다음과 같은 상태를 의미한다. 즉, 지출과 생산과 요소에 대한 분배로서의 소득의 크기가 같다는 것이다. 위의 그림이 국민소득의 순환을 나타내는 그림이므로, 다시 말하면 지출국민소득=생산국민소득=분배국민소득이 되는 것이다. 그림에서 가계와 생산요소시장 사이(또는 기업과 생산요소시장 사이)를 자르면 분배국민소득이 되고, 가계와 생산물시장 사이의 화살표를 자르면 지출국민소득이 되고, 기업과 생산물시장 사이의 화살표를 자르면 생산국민소득이 된다. 따라서 이들 세 가지 측면에서 파악한 화살표 단면의 크기가 같아야 국민경제는 균형이 된다. 이것이 이른바 '국민소득 3면 등가의 원칙'이라고 부르는 것이다. 이것은 어떻게 보면 같은 경제적 행위를 다른 입장에서 살펴본 것으로 생각할 수 있기 때문에, 3면 등가의 원칙은 당연한 것일 수밖에 없다.

이제 정부와 대외부문을 국민소득 순환의 흐름에 연결시켜 보자. 정부는 가계와 기업으로부터 세금을 거두어 이를 다시 지출함으로써 경제활동을 한다. 따라서 세금은 소득순환의 흐름에서 빠져 나오게 되고, 이는 정부지출은 통해 다시 소득순환의 흐름으로 되돌아간다. 정부의 수입과 지출이 균형을 이루면, 즉 정부가 균형재정을 이루면 전체 소득순환의 흐름은 여전히 균형상태를 유지하게 된다.

여기에 다시 대외부문을 연결시켜 보자. 수입은 소득순환의 흐름으로 들어오는 것이고, 수출은 소득순환에서 빠져 나가는 것이다. 물론 돈의 흐름은 반대이니 수출을 통해 소득은 늘어나고 수입을 통해 소득은 감소한다. 역시 대외부문도 균형을 이루면 전체 소득순환의 균형은 여전히 유지된다.

[그림 14-4]의 순환과정에서 일단 빠져나가는 것은 누출이라고 하고 반면 순환과정에서 외부로부터 도입되어 새로운 소득을 창출(생산창출)하는 것을 주입이라 한다. 누출은 저축, 조세로 이루어지며, 주입은 투자, 정부지출로 이루어진다. 누출과 주입은 순환과정에서 소득순환을 감소시키거나 증가시키는 요인으로 작용할 수 있다. 여기서 해외부문을 도입하면 수출(export)이라는 주입과 수입(import)이라는 누출이 새로이 부각되게 된다. 수입은 국내가계가 그들의 소득으로 외국에서 생산한 재화를 구매하는 것이므로 소득순환에 누출이 되며, 그 반대로 수출은 외국의 가계가 국내생산물을 구매한 것이므로 주입이 된다. 이때 만약 누출의 합계가 주입의 합계보다 크다면 소득순환은 감소할 것이며, 반대로 누출의 합계가 주입의 합계보다 적다면 순환은 증가할 것이다. 이 둘의 합이 동일하다면 주어진 수준에서의 소득순환은 변하지 않고 그대로 유지될 것이며 이 경우 국민소득이 균형상태에 있다고 말한다. 여기서 누출과 주입의 대응항목, 즉 저축과 투자, 조세와 정부지출, 수입과 수출이 각각 동일할 필요는 없고 합계만 같으면 국민소득의 균형이 달성된다.[1)]

※ 민간부문만의 소득순환에서 빠져 나오는 것과 들어가는 것을 누출(leakage)과 주입(injection)으로 표현하기도 한다. 먼저 저축은 소득순환의 흐름에서 빠져 나가므로 누출이 되고, 금융시장을 거쳐 다시 기업에 의해 투자되는 돈은 소득순환의 흐름으로 돌아오므로 주입이 된다. 조세는 누출이 되고 정부지출은 주입이 된다. 외국에서 수입하는 재화 및 서비스에 대한 지출은 누출이 되고, 수출은 소득순환에 기여하므로 주입이 된다. 저축, 조세, 수입 등의 누출과 투자, 정부지출, 수출 등의 주입이 같아질 때 국민소득은 균형을 이루게 되는 것이다.

3) 소득순환에서 수요와 공급측면의 균형

위에서 설명된 모든 부문을 고려하였을 때 균형은 어떻게 될까? 소득순환의

---

1) 저축을 S, 투자를 I, 정부지출을 G, 수입을 M, 수출을 X로 표현하면 그리고 가계와 기업만이 있는 2부문 경제를 상정한다면 이때의 국민소득 균형조건은

$$S=I$$

가 되고, 여기에 정부부문을 도입하면 균형조건은

$$S+T=I+G$$

가 된다. 또한 해외부문을 포함한 4부문 경제를 가정하면 그 때의 국민소득균형조건은

$$S+T+M=I+G+X$$

가 된다.

흐름이 전체적으로 균형을 이룬다는 것은 앞서 살펴보았던 화살표의 크기가 같다는 것을 의미한다고 하였고, 따라서 균형을 말하기 위해서는 특정 부분만을 떼어서 분석할 수도 있다. 경제학에서 가장 중요하게 생각하는 것이 생산이므로 생산물시장만을 떼어서 균형을 살펴보자.

생산물시장에서의 균형은 생산물 시장에 공급된 재화 및 서비스의 크기와 생산물시장에서 가져다 쓴 재화 및 서비스의 크기가 같다는 말이다. 생산된 GDP **를 Y라 하고.** 가계의 소비지출(C)과 정부의 정부지출(G), 그리고 기업들이 생산을 위해 구입한 재화 및 서비스, 즉 투자(I), 외국에서의 수요, 즉 수출(X)로 구성되는 소득을 지출국민소득(지출측면에서 본 소득)이라고 하면 Y=C+I+G+X가 된다. 여기서 {C+I+G+X}는 국내에서 지출되는 것과 외국에서 지출되는 것을 나타내는 총수요인 셈이다. 따라서 총수요는 가계의 소비지출(C)과 정부의 정부지출(G), 그리고 기업들이 생산을 위해 구입한 재화 및 서비스, 즉 투자(I), 외국에서의 수요, 즉 수출(X)로 구성된다 그리고 총공급은 생산(Y)과 수입(M)으로 구성된다. 그러므로 생산물시장에서의 균형을 식으로 표현하면 $Y+M=C+I+G+X$가 되고, 좌변의 M을 우변으로 보내면 다음의 방정식을 얻을 수 있다.

$$Y=C+I+G+X-M$$

이 방정식이 의미하는 바는 한 경제의 총생산은 가계의 소비지출, 기업의 투자지출, 정부의 정부지출, 그리고 순수출로 지출된다는 것이다. 여기서 기업의 투자지출은 가계부문의 소득 중 저축으로 충당되고, 정부의 정부지출은 가계 및 민간부문이 지불한 세금으로 충당 된다. 그렇게 보면 생산(Y)을 총공급측면에서 볼 때 $Y=C+S+T+M$이라 할 수 있다.

다음과 같이 요약 정리해보자.

총공급측면 : $Y=C+S+T+M$ 총수요측면 : $C+I+G+X$,

여기서 ㄱ) $Y=C+I+G+X-M$, 즉 총수요=총공급이다

ㄴ) Y를 구성하는 $C, M,$ 그리고T는 Y의 크기에 의존한다.
그리고 I, G는 저축과 세금으로 충당된다. 수출은 외국의 소득 수준에 의존한다.

ㄷ) 투자는 저축과 항상 일치하는 건 아니다. 정부지출 역시 세금과 언제나 일치 하는 것은 아니다.

ㄹ) 총공급측면{$Y=C+S+T+M$}과 총수요측면{$C+I+G+X$} 이 일치할 때 균형국민소득이 된다.

케인즈와 《일반이론》

케인즈(John Maynard Keynes, 1883~1946)가 어떤 인물이며 케인즈가 명저『일반이론』(*The Theory of Empolyment, Interest, and Money* 1936)을 어떤 배경에서 쓰게 되었는지 그리고 그 주요 내용이 무엇인지를 간략하게 살펴보기로 하겠다. 존 메이너드 케인즈는 1883년 6월 대학의 도시 캠브리지 하비가(Harvy Road)에서 캠브리지의 유명한 경제학자였던 존 네빌 케인즈(John Neville Keynes, 1852~1949)를 부친으로 치안판사, 시장 등을 역임한 플로렌스 케인즈(Florence Keynes)를 모친으로 하여 장남으로 태어났다. 그는 명문 이튼(Eton)고교와 캠브리지 대학을 졸업하고 공무원, 이코노믹 저널(Economic Journl)의 편집장, 캠브리지 대학의 교수 등 다채로운 경력을 갖고 있다.

케인즈는 천성적으로 진보적이었고 사회개량주의자였으며, 자본주의에 대해 여러 가지 문제점이 있다고 보고 이를 개신한다면 개인의 사유를 보장하고 창의성을 살리는데 다른 경제체제보다 좋을 것이라고 생각했다. 그래서 그는 개혁을 통해 자본주의를 구제하고자 한 것이다.

1920년 당시 영국 경제는 유효수요가 부족하여 디플레이션이 발생한다고 보고 이를 방지하기 위해서는 정부지출을 증가시켜야 한다고 제안 하였다.

이러한 생각은 〈국가〉지를 통하여 대규모 공공사업정책의 필요성에 대한 역설로 나타났다. 이 같은 정책적 주장은 새로운 이론에 입각한 것이라기보다는 거의 그의 직관에 의존한 것이다. 그는 직관만으로는 새로운 정책방향을 뒷받침하기 어렵다는 생각을 하게 되어『화폐론』을 출간했으나 이 저서로서는 그의 관심사였던 실업문제와 이에 대한 정책방향을 설명하는데 미흡하다고 판단하여『일반이론』을 저술하게 되었다.

『일반이론』의 초고는 1934년에 완성되었고 1936년에 비로소 출간되었다. 케인즈는 이『일반이론』에서 새로운 경제관을 제시하고, 고전파 경제학에 노선하여 고전학파의 이론을 부정하고 새로운 이론체계를 세시함으로써 혁명적인 대변혁을 일으켰다.

이 책은 새로운 거시경제 분석방법 및 이론모델, 유효수요원리, 유동성선호설, 재정·금융정책의 총수요 관리정책의 효과 등 다채로운 패러다임을 제시하고 있다.

한마디로 요약해서『일반이론』은 국민경제 전체의 시각에서 '유효수요'라는 새로운 개념을 이용하여 실업문제를 분석하고 정책을 입안하는 기본 틀을 제공한는 데 성공한 책이라고 할 수 있다.

제 15 장
거시경제활동의 측정지표:국민소득, 실업, 물가

→ 제 1 절 국민소득의 개념과 측정

국민소득은 가계, 기업, 정부 등 한 나라의 모든 경제주체가 일정기간 중에 새로이 생산한 재화와 서비스의 가치를 금액으로 평가하여 합산한 것으로 한 나라의 경제수준을 종합적으로 나타내는 대표적인 지표라고 할 수 있다. 이러한 국민소득은 포괄범위나 평가방법 등에 따라 국내총생산(GDP), 국민총생산(GNP), 국민총소득(GNI), 가처분소득(NDI), 국민소득(NI), 개인가처분소득(PDI) 등으로 구분할 수 있다.

1. GDP(국내총생산)

한 나라의 경제수준을 나타내주는 국민소득의 대표적 지표로써 GNP와 GDP가 있다. 이 중에서 경제 전체의 흐름을 가장 잘 파악할 수 있는 대표적인 국민소득의 개념이 바로 국내총생산(gross domestic products: GDP)이다.

GNP(gross national product)란 일국의 국민들이 생산해낸 일정기간동안(보통 1년간)의 모든 최종생산물의 화폐가치를 합계한 것이다. 이에 비하여, 일정기간동안 한 나라 안에서 생산된 모든 최종생산물의 시장가치를 국내총생산(gross domestic product : GDP)이라고 한다. 즉, *GDP*는 국내에서 생산된 최종생산물이며 이것은 내국인에 또는 외국인에 귀속하든간에 관계없이 그 모두를 포함한다.

국내총생산(GDP)의 경제학적 정의는 다음과 같다.

일정한 기간 동안 한 나라 안에서 생산된
최종 생산물의 시장가치의 합

일정한 기간 동안 - 대체로 회계연도를 가리킨다. 경우에 따라서는 분기 또는 반기를 가리키기도 한다. 물론 GDP에 대한 추계는 대체로 분기별로 이루어진다.

한 나라 안에서 - 국가의 영토적 개념을 기준으로 그 안에서 생산된 것을 추계의 대상으로 한다. 이는 아래에서 설명하게 될 국민총생산(gross national products: GNP)과 구별되는 개념으로 GNP가 생산의 주체를 중심으로 그 나라의 국민이 생산한 것인지를 기준으로 하는 것과 차이가 있는 것이다.

생산된 최종 생산물 - GDP 계산에서 최종생산물이란 말이 들어간 것은 중복계산을 피하기 위한 것이다. 최종생산물의 가치는 생산단계를 생산물의 총가치(총비용)에서 중간생산물의 총가치(중간재 투입 비용)를 제외시킨 것이다. 최종생산물(final product)이란 1년간 생산된 재화와 용역 가운데 다른 재화나 용역을 생산하는데 투입물로써 사용되지 않은 것을 말한다. 한편, 다른 재화나 용역의 생산에 투입물로써 사용된 생산물을 중간생산물(intermediate product)이라고 말한다. 국민생산을 측정할 때에 이중계산(double counting)을 회피하기 위하여 중간생산물을 제외하고 최종생산물만을 포함시킨다.

일반적으로 최종생산물을 생산하기 위해서는 여러 단계의 생산과정을 거치게 된다. 이때 각 생산단계에서 추가로 창출된 가치를 부가가치(value added)라고 부른다. 부가가치는 각 기업이 생산한 산출량의 가치에서 중간생산물의 가치를 뺀 것과 같다. 각 생산단계에서 발생한 부가가치를 모두 합계하면 최종생산물의 가치와 같게 된다.

최종생산물의 가치(또는 최종생산액)은 최종생산물의 수량(q)에 가치(p)를 곱한 것이다.[1] 이제 P_i는 i기업이 생산하는 제품의 단위가격이고, q_i는 부가가치에 해당하는 최종생산량이라 하자. 그러면 최종생산물의 시장가치의 합은 모든 기업들의 부가가치를 합한 것과 같게 된다. 따라서 GDP는 다음과 같은 식으로 나타낼 수 있다. 즉,

---

1) 생산단계별로 생산물의 가치를 합계한 것을 사회적 총생산물이라고 한다. 이것을 비용측면에서 보면 총비용이 된다. 그리고 중간생산물의 총가치는 중간재 투입비용이 된다.

$$GDP = p_1q_1 + p_2q_2 + p_3q_3 + \ \dots \ + p_nq_n = \sum_{i=1}^{n} p_iq_i \cdots\cdots\cdots\cdots (15 \cdot 1)$$

여기서 주의하여야 할 점은, ① 국민소득의 실체가 생산물의 유량(flow)이란 사실이며, ② 국민소득은 총량적 개념, 즉 집계개념(aggregate concept)이며, ③ 국민소득을 총량으로서 통일적으로 표현하기 위하여 시장가격으로 평가하는 것이다. 다시 말하면, GDP는 생산액 총계(total output)에서 기업간에 매매된 중간생산자재의 금액을 뺀 금액을 말하며, 이는 곧 각 기업의 부가가치를 모든 기업에 대하여 집계한 것과 같다. 결국, GDP는 각 기업의 부가가치를 모든 기업에 대하여 집계한 것이다.

1) 중복계산을 피하는 기술적 방법

한편, 이중계산이나 중복계산을 피하는 기술적 방법에는 다음과 같은 두 가지가 있다.

첫째, 생산물의 최종가치(the final value of product)만을 계산에 넣는 것이다.

둘째, 생산과정의 각 단계에 있어서 부가되는 부가가치(value added)만을 포함시켜 계산하는 방법이다. 즉, 생산단계에서 발생한 부가가치를 모두 합계하면 최종생산물의 가치와 같게 된다. 이것을 빵의 예를 들어 설명하여 보면 다음과 같다.

최종생산물인 빵이 생산되는 단계와 각 생산단계에서 발생하는 부가가치가 〈표 15-1〉에서와 같이 주어진다면, 이 표에서 볼 수 있는 바와 같이 각 생산단계에서 발생한 부가가치의 합계는 90이다. 이것은 최종생산단계에서 생산된 빵의 가치 90과 같다. 그런데 각 생산단계에서 발생한 부가가치는 임금, 이자, 지대 및 이윤으로 분배된다. 따라서 한 나라의 경제 전체로 볼 때, GDP와 부가가치는 항상 일치하게 된다.

〈표 15-1〉 생산단계별 부가가치

생산단계	(1) 생산물의 가치	(2) 중간생산물의 가치	(3)=(1)−(2) 부가가치
밀	24	0	24
밀가루	60	24	36
빵	(90)	60	30
합계	174	84	(90)

15-1 : GDP통계의 의의 및 평가

"새로이 생산한 가치"는 각 생산단계에서 추가된 가치로 공장에서 만든 물건을 모두 판매하였을 때의 수입액과는 차이가 있다. 공장에서 물건을 만들기 위해서는 원재료가 있어야 할 것이다. 그런데 원재료는 이미 다른데서 생산해 낸 것으로서 이 공장에서 만들어 낸 새로운 가치는 아니므로 물건의 값에서 이 원재료 투입비를 뺀 나머지만이 이 공장에서 새로이 생산한 가치라 볼 수 있다. 국민계정체계의 용어로 표시하면, 이때 물건의 판매수입을 산출액(Output)이라 하고 원재료비를 중간투입액(Intermediate Input)이라 하며 새로이 생산한 가치를 부가가치(Value Added)라고 한다. 국민소득지표에서의 생산액은 이와 같이 산출액에서 중간투입액을 공제한 부가가치를 뜻한다.

생산액(부가가치) = 산출액 - 중간투입액

어떤 자동차공장에서 1,000만원짜리 승용차 1대를 만드는 데 원재료비가 500만원 들었다고 하면 이 공장의 대당 산출액은 1,000만원, 중간투입액은 500만원 그리고 부가가치는 산출액(1,000만원)에서 중간투입액(500만원)을 뺀 나머지 500만원이 된다.

또한 "시장가격으로 평가하여 합산한 것"이란 각 생산물에 해당 시장가격을 곱해서 화폐가치액으로 환산한 다음 이들 생산액을 합계한다는 의미이다. 그렇게 하는 이유는 국민경제 내에서 산출되는 생산물의 종류가 다양하고 각각의 물리적 단위 또한 달라 단순 합계가 불가능하기 때문이다. 예를 들어 쌀 10가마와 옷 10벌을 단순히 합산할 수는 없다. 그러나 쌀 1가마 값이 15만원이고 옷 1벌이 10만원이라 한다면 쌀 10가마와 옷 10벌의 가치합계는 150만원과 100만원을 더한 250만원이라고 할 수 있다.

2. GDP와 GNP의 차이

국민총생산(gross national product : *GNP*)을 우리는 일정기간 동안 한 국가의 국민들에 의해 생산된 최종생산물의 시장가치로 정의한다. 따라서 *GNP*는 한 나라의 국경 안에서 생산되든, 국경 밖에서 생산되든 그 나라 국민이 생산해 낸 최종생산물 모두를 포함한다. 이에 비하여, 일정기간동안 한 나라 안에서 생산된 모든 최종생산물의 시장가치를 국내총생산(gross domestic product : *GDP*)이라고 한다. 즉, *GDP*는 국내에서 생산된 최종생산물이며 이것은 내국인이 또는 외국인이 생산하든간에 관계없이 그 모두를 포함한다.

대외거래가 없는 폐쇄경제(closed economy)에서는 *GNP*와 *GDP*가 꼭 같아진다. 그러나 개방경제(open economy)에서 *GNP*는 *GDP*와 차이가 있다. 이것을 수식으로 나타내면, 다음과 같다.

$$GDP = GNP - \text{해외수취요소소득} + \text{해외지불요소소득} \quad \cdots\cdots(15 \cdot 2)$$

위 식 (15・2)를 *GNP*에 관하여 정리하면 다음과 같이 나타낼 수 있다.

$$\begin{aligned} GNP &= GDP + \text{해외수취요소소득} - \text{해외지불요소소} \\ &= GDP + \text{해외순요소소득} \quad \cdots\cdots(15 \cdot 3) \end{aligned}$$

식 (15・3)에서 볼 때 우리나라(자국) 국민에 의해서 외국에서 생산된 최종생산물의 가치는 *GNP*에 포함되나, *GDP*의 계산에서는 공제된다. 이 몫은 우리나라가 해외로부터 수취하는 요소소득이다. 반면 국내에서 외국인에 의해 생산된 최종생산물의 가치는 *GNP*에 포함되지 않지만 *GDP*에는 포함된다. 이 몫은 외국인이 자기 나라(외국)로 송금하기 때문에 해외로 지불되는 요소소득이다. 따라서 외국인 투자가 많이 들어와 있는 나라에서는 *GDP*가 *GNP*보다는 큰 반면, 해외투자가 많은 나라에서는 *GNP*가 *GDP*보다 크게 될 것이다. 우리나라는 1994년부터 공식적인 국민소득지표로 GDP를 사용하고 있다.

3. 국민총소득(*GNI*)

한 나라의 총구매력은 수출입가격변동에 따라 증감하는데 *GNP*는 이같은 무역상의 손실을 정확히 반영하지 못하는 약점이 있다. 따라서 이러한 약점을 보완하여 한 나라의 실질구매력을 알아보기 위해 국민총소득(*GNI*)이란 지표를 이용한다.

GNI를 설명하기 위해서는 우선 GDI(gross domestic income, 국내총소득)를 설명할 필요가 있다. GDI는 GDP로 표시한 국내총생산이 대외교역조건을 고려하였을 때 어느 정도의 소득으로 환산될 수 있는지를 계산한 것이다. 예를 들어, 원유가 배럴당 50달러이고, 냉장고가 1대에 1,000달러라고 하자. 만일 우리 경제가 냉장고를 1,000대 생산할 수 있는 능력이 있다면 우리의 생산능력은 100만 달러이고, 이는 원유 2만 배럴을 살 수 있는 소득이라고 할 수 있다. 그런데 다른 조건은 다 같은데 원유가격이 배럴당 60달러로 상승하였다면 같은 수의 냉장고를 생산 · 판매해서 구입할 수 있는 원유의 수는 1만6,666배럴로 줄어들게 된다. 결국 수출물가는 그대로인데 수입물가가 상승함으로써 우리의 대외교역조건은 악화되었고, 따라서 이를 고려한 우리의 GDI는 감소하게 되는 것이다.

이렇게 GDP에 교역조건의 변화를 반영하여 만들어진 GDI에 실질 대외순수취요소소득을 합한 것이 바로 GNI가 된다. 그 동안 소득지표로서 이용하였던 실질GNP는 생산물량 변화를 반영하는 GDP와 소득을 반영하는 대외순수취요소소득이 혼합되어 개념상 혼란의 소지가 있었다. 이에 따라 소득을 나타내는 GNI를 작성함으로써 실질GNP를 대체하도록 권장하고 있으며, 우리나라에서도 1995년 기준 국민소득 통계로부터 GNI가 작성되고 있다.

요약정리: GDP, GNP, GNI의 차이

GDP와 GNP는 모두 한 경제의 총생산을 나타내는 지표이다. 앞서 언급한 바와 같이 그 차이는 한 나라의 영토 안에서 생산된 것과 한 나라의 국민에 의해 생산된 것이다.

GDP에는 우리나라 사람이, 또는 우리나라 사람의 돈이 외국에 나가서 벌어들인 소득은 제외하고, 외국사람 또는 외국자본이 우리나라 안에서 창출한 부가가치는 포함한다. 사람 또는 자본의 국적에는 관계없이 생산활동이 이루어진 장소를 기준으로 총생산을 계산하는 것이다.

그러나 GNP는 영토와 관계없이 생산에 참여한 사람 또는 생산에 투입된 자본의 국적이 중요하다. 우리나라 사람이 외국에 나가서 벌어들인 돈과 우리 자본이 외국에서 올린 수익은 포함하고, 외국사람 또는 외국자본이 우리나라에서 창출한 부가가치는 제외한다.

국민소득 순환의 개념에 의하면, 생산은 소득과 같다(3면 등가의 법칙). 이때 소득이라 하면 분배국민소득을 말하는 것으로, 이는 생산요소로 제공된 노동과 자본에 대한 대가를 의미한다. 따라서 이 개념을 활용한다면 GDP는 생산요소를 제공한 사람의 국적에 관계없이, 우리나라 안에서 이루어진 생산활동에 제공된 생산요소에 대한 소득은 포함하되, 외국에서 이루어진 생산활동에 제공된 생산요소에 대한 소득은 제외한다. 반대로 GNP에서는 우리나라 사람이 생산활동에 제공한 생산요소에 대한 소득은 생산이 이루어진 장소에 관계없이 포함하되, 외국사람이 제공한 생산요소에 대한 소득은 제외한다.

GNP = GDP + 국외순수취요소소득
GDI = GDP + 교역조건을 반영한 실질무역손실
GNI = GDI + 국외순수취요소소득

그런데 GNP를 이처럼 국내총생산에 국외순수취요소소득을 합한 것으로 정의하면 하나의 개념 안에 생산과 소득의 측면에서 본 국민소득이 혼재되어 다소 개념상의 혼란이 일어날 수 있다. 이에 따라 1993년에 제정된 국민계정체계(system of national account: SNA)에서는 국민총소득(gross national income: GNI)이라는 개념을 도입하고 있다. 국민총소득(GNI)은 GNP에 "교역조건변화에 따른 무역손익"을 더하여 산출하며, GDI는 GDP 에 "교역조건변화에 따른 무역손익"을 더하여 산출한다.그리고 GNI는 GDI에 국외순수취요소소득을 합한것이다.

15-2 : ※ 왜 GDP인가?

우스갯소리로 신세대와 구세대의 차이는, 신세대가 연필로 써서 계산하고 계산기로 검산을 하는 반면, 구세대는 계산기로 계산하고 연필로 써서 검산한다는 말이 있다. 경제문제를 이야기하면서도 GNP라는 말이 입에 붙어 있으면 구세대, GNP는 왠지 낯설고 GDP가 입에 붙으면 신세대이다. 1970~1980년대만 해도 모두가 GNP를 경제지표의 중심으로 생각하였고, 따라서 교과서에서부터 뉴스에 이르기까지 모든 국민소득의 지표는 GNP가 대표하였다. 그러다가 대표선수가 GDP로 바뀌었다.

GDP와 GNP의 차이에서 설명하였지만, 생산요소의 소속과는 관계없이 GDP는 국내에서 이우러진 경제활동을 계산하는 것이다. 그런데 경제활동이 어떤 특정영역에서 특정인에 의해서 분리 되어 독립적으로 이루어지는 것은 아니며 모든 것이 서로 얽혀서 돌아가기 마련이다. 따라서 경제활동과 관련한 제반 변수들 역시 서로 밀접한 관계를 가지고 움직인다. 생산, 소비, 투자, 통화의 공급, 고용, 물가, 이자율 등등 대다수의 경제변수들은 국내에서 이루어진 경제활동의 원인이자 결과라고 할 수 있다. 그런데 외국인, 외국자본에 의해 국내에서 이루어진 경제활동을 국민소득에서 제외한다면 다른 변수들과 국민소득의 관계를 정확하게 연관지어 설명할 수 있을까? 상품뿐 아니라 생산요소의 국제거래가 점차 활발해져 국가의 경계를 넘어선 노동 및 자본의 이동이 많아지는 상항이 되면서 이러한 문제는 더 이상 무시할 수 없는 현실이 된 것이다. 물론 GDP와 GNP는 그 차이가 크지 않다고 하였다. 그러나 고도의 통계적 기법을 써서 거시경제를 분석하는데 있어서는 그 정도의 차이도 무시할 수 없는 것이다.

위에서 설명한 사정이 있고, 그 차이도 크지 않다면 또 GDP를 쓰지 않을 이유는 무엇이란 말인가! 어쨌거나 이런 이유로 미국에서는 1991년부터, 우리나라는 1994년부터 공식적인 경제의 중심지표로 GDP를 사용하고 있다. 그러나 생산지표의 경우에는 GDP를 소득의 지표로는 GNP(GNI)를 사용하는 것이 바람직하다는 주장도 있다.

15-3 : GDP

GDP(Gross Domestic Product)는 내국인이 생산했던 외국인이 생산했던 간 한 나라 안에서 생산한 것을 모두 합친 것을 말한다. GNP(Gross National Product)가 국내든 국외든 내국민이 생산한 것을 모두 합친 것과는 다른 개념이다. 예컨대 국내기업이 외국에 나가서 생산활동을 한 후 번돈은 GDP에는 포함되지 않고 GNP에는 포함된다. 국내에 들어와 있는 외국회사가 생산한 것은 GDP에만 계산된다.

두 가지 지표 중 한 나라의 경제력을 볼 때는 대부분의 선진국이 GDP를 사용한다. 우리나라도 94년부터 중요 지표로 GDP를 사용했다. 한 국가 내의 경제활동을 훨씬 잘 설명해주기 때문이다. 반면 1인당 국민소득을 말할 때는 1인당 GNP로 계산한다. 1인당 GNP는 개인마다 소비할 수 있는 소득규모를 뜻하기 때문이다. 우리나라는 통상 GDP가 GNP보다 많다. 이처럼 격차가 나는 것은 국내생산액 중 외채이자와 외국인에 대한 임금지급 등으로 나가는 돈이 점차 늘고 있기 때문이다.

그러나 경제규모를 감안하면 GDP와 GNP의 격차는 그리 크다고 보기 힘들다. 국내기업의 해외진출이나 외국기업의 국내 직접투자간 격차가 크지 않기 때문이다. 정부가 추진중인 외국인 직접투자유치가 제 성과를 내면 GDP와 GNP간 격차는 더욱 늘어나게 된다. 그렇지만 GDP의 증가 못지 않게 GNP의 크기 자체도 커지므로 국내경제에 유익한 결과를 가져온다. 총투자액 중에서 외국인투자가 차지하는 비중을 외국 선진국과 비교해보면 우리나라는 상대적으로 외국인투자유치가 부족하다.

15-4 : GDP통계의 의의 및 평가

미국 상무부 장관인 William M. Daley는 1999년 12월 7일 미국 연방준비위원회(FRB)의 의장인 Alan Greenspan 및 대통령 경제자문위원회 의장인 Martin Baily와 함께 GDP 통계편제를 미 상무부의 20세기 최대의 업적으로 평가하였다.

GDP통계는 1930년대 초 Dr.Simon Kuznets(GDP통계 개발에 대한 공로로 노벨 경제학상 수상)에 의해 도입된 이래 정부와 기업들이 경제정책 수립의 기준이 되어 왔다. GDP통계가 제공하는 경제상황에 대한 큰 그림이 없었다면 정책입안자들이 경제현상을 이해하는데 필요한 정보가 없었을 것이며 적절한 정책을 취할 수도 없었을 것이다.

대공황(Great Depression) 당시 Franklin Roosevelt와 그의 참모들은

철도 운송량이 줄어들고 철강 생산량이 크게 감소하여 수백만의 사람들이 직업을 잃었다는 사실은 알았으나 경제상황에 대한 큰 그림(GDP통계)이 없어 전체 경제에 대한 정보부족으로 무엇을 해야 할지 몰라 당황하였다. 의사가 모든 진단결과를 분석한 후에 처방을 실시하는 것처럼 경제정책입안자들도 GDP계정에서 중요한 정책결정을 위한 도구(tools)를 얻게 된다.

미국 경제의 흐름을 보면 GDP통계가 완전하게 개발되어 널리 이용된 이후 경제의 호황과 불황의 폭이 훨씬 작아졌음을 알 수 있다. 미국 GDP의 가장 큰 추락은 1932년의 13%감소인데 지난 50년 중 가장 큰 폭의 하락은 '81~'82년의 1.9%감소였다. 즉, GDP통계가 개발되어 경제정책에 이용된 이래 과거와 같은 큰 폭의 경기순환(business cycle)은 사라졌으며 예금대량 인출(bank run), 금융공황, 깊고 장기적인 경기침체, 장기실업 등도 발생하지 않았다. 이와 같이 상무부는 GDP통계라는 매우 유용한 경제지표를 제공함으로써 미국경제의 건실화에 매우 긍정적인 영향을 미쳤다.

4. 국민순생산(*NNP*), 국민소득(*NI*), 가처분소득(*DI*)

1) 국민순생산(*NNP*)

앞서 설명한 바와 같이 최종생산물이 생산되는 과정에서 중간생산물(원재료 및 반제품)은 그 형태가 완전히 없어지는 가운데 그 시장가치가 최종생산물의 시장가치 속에 포함되나, 자본재(건물, 공장, 생산재, 내구재 등 생산설비)는 생산과정에서 서서히 마모되어 간다. 이처럼 자본재가 서서히 마모되는 몫을 감가상각(depreciation)이라 하는데 일정 기간동안 생산활동의 순효과를 파악하기 위해서 감가상각은 공제되어야 한다. 따라서 감가상각을 제외하지 않고 파악한 총체적 개념인 *GDP*에서 감가상각을 공제하면 순개념인 국민순생산(net national product : NNP)을 얻을 수 있다. 즉, *NNP*=*GDP*-감가상각=부가가치의 순합계가 된다.

*GDP*를 지출측면에서 볼 때 소비(C), 총투자(I_g), 정부지출(G), 순수출($X-M$)로 표시할 수 있으므로 여기에서 감가상각(즉, 재투자)을 공제하면, 다음과 같이 나타낼 수 있다.

$$NNP = GDP - \text{감가상각}$$
$$= C + I_g + G + (X - M) - \text{감가상각}$$
$$= C + I_n + G + (X - M) \quad \cdots\cdots (15 \cdot 4)$$

단, I_n : 순투자(I_g −감가상각), X : 수출, M : 수입.

2) 국민소득(NI)

생산물과 소득의 순환적인 흐름에서 소득의 흐름을 파악하여 생산요소의 소유자들이 그 기간의 생산활동에 참여한 대가로 받는 임금, 지대, 이자, 이윤을 합계한 요소소득을 국민소득이라 한다. 이는 기업의 입장에서 볼 때 그 기간의 생산활동을 위해 생산요소의 소유자들에게 지불해야 하는 요소비용과 같다. 이 요소소득(또는 요소비용)은 정부부문이 없는 민간경제만을 상정하면, 곧 국민소득(National Income : NI)이 된다. 그러나 정부부문이 존재하는 경우는 정부가 간접세를 부과함으로써 그 기간의 순생산물의 시장가치는 간접세만큼 높아진 것이다. 즉, 요소비용과 이윤에 더하여 간접세가 가산되어 순국민생산을 이루고 있다. 따라서 NNP에서 간접세를 공제해야 그 기간의 순부가가치가 계산될 것이다. 그런데 정부는 간접세를 징수하는 대신 기업에게 보조금을 지급한다. 이 보조금은 기업의 생산비를 그 만큼 낮게 하는 효과를 갖는다. 그러므로 그 기간에 있어서 정부부문이 포함되는 경우에 순부가가치를 나타내는 국민소득(NI)을 계산하기 위해서는 NNP에서 간접세를 공제하고 정부의 보조금을 가산하면 될 것이다.[2] 즉,

$$\text{NI} = \text{NNP} - (\text{간접세} - \text{정부의 기업에대한 보조금})$$
$$= \text{NNP} - \text{순간접세} \quad \cdots\cdots (15 \cdot 5)$$

가 된다.

2) 간접세와 정부의 보조금과의 차이를 순간접세(net indirect business tax)라고 부른다.

3) 개인소득(*PI*)

개인소득(Personal Income : PI)이란 개인 또는 가계 부분에 귀속되는 소득을 말한다. 즉, 일정기간에 국민들이 실제로 받아들이는 수입을 전체로서 합계한 것이다. 앞에서 본 국민소득(*NI*)은 요소소득인데 이것은 한 나라 전체에 있어서 개인이 실제로 받은 소득이 아니므로 *NI*가 모두 개인소득이 되지는 않는다. 그 이유는 요소소득에는 개인에게 지불되지 않는 것이 있으며, 개인은 비요소소득(non-factor income)을 받기 때문이다. 그러므로 한 나라 전체에 있어서 개인이 받는 요소소득과 비요소소득의 합계를 개인소득이라고 한다. 즉, 사적 국민소득에서 법인기업의 이윤 중 개인에게 지불되지 아니하는 사내유보이윤과 법인세 및 개인의 사회보장부담금을 공제하고, 한편 개인이 정부에서 받는 사회보장급부금(은금, 연금, 퇴직금, 보조금) 및 공채이자 등의 이전소득(transferred income)을 가산한다. 이를 요약하면,

$$PI = NI - \text{사내유보이윤} - \text{법인세} - \text{사회보장부담금} + \text{이전소득} \quad \cdots\cdots\cdots (15 \cdot 6)$$

4) 가처분소득(*DI*): 개인처분가능소득

가처분소득(Disposable Income : DI))이란 개인이 자유로이 처분할 수 있는 소득을 말하는 것으로서 개인소득에서 개인소득세를 공제하여 얻어진다. 이 가처분소득은 소비하거나 저축함으로써 처분한다.

가계의 소비는 민간소비지출(C)을 말하며, 가계의 저축은 가계의 가처분소득에서 소비를 공제한 나머지 소득으로 정의된다. 따라서,

$$DI = PI - \text{개인소득세} = \text{민간소비지출}(C) + \text{개인저축}(S) \quad \cdots\cdots\cdots\cdots\cdots (15 \cdot 7)$$

가 된다.

이상에서 살펴본 국민소득의 여러 개념은 폐쇄경제를 상정할 때, [그림 15-1]과 같이 나타낼 수 있다.

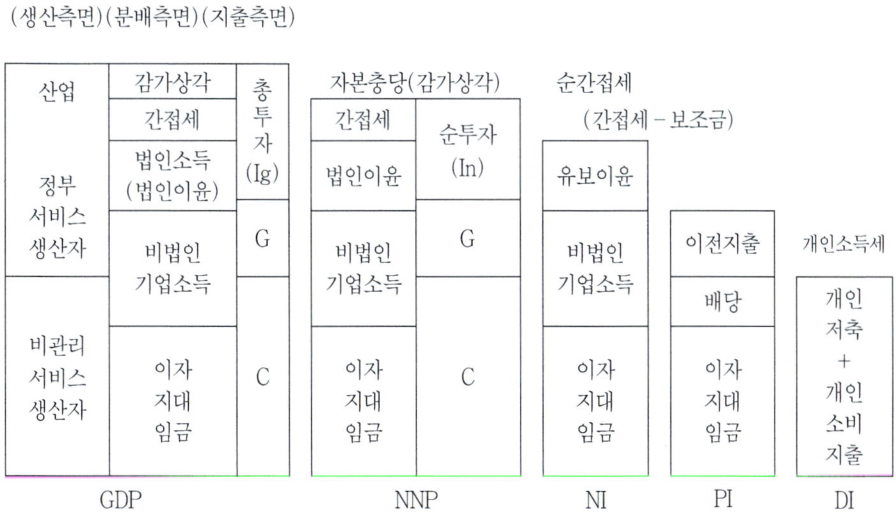

[그림 15-1] 국민소득의 여러 개념

5. GDP의 측정의 3측면

1) GDP의 지출접근: 총수요의 구성요인

GDP의 지출접근에 의한 측정은 여러 최종 지출주체에 의해 구매되는 모든 재화 및 용역의 가치를 합한 것이다. 즉, $GDP = C + I + G + NX$이다.

(1) 소 비

소비(C)는 1년간 가계에 판매된 재화와 용역의 총액을 의미한다. 다만 주택의 경우는 투자로 간주되기 때문에 제외한다. 소비항목 속에 포함되는 것은 이발비, 의료비, 법률상담료와 같은 용역비와 음식물비, 담배, 신문대금과 같은 비내구성 소비재비, 그리고 자동차, 냉장고, 에어콘, 세탁기와 같은 내구성 소비재비가 있다. 근래에는 민간부문의 소비지출에서 내구성 소비재에 대한 지출이 점차 늘어가고 있는 추세이다.

(2) 투 자

경제발전의 근본목적은 국민을 더 잘 살 수 있도록 하자는 것인데, 이를 위해서는 무엇보다도 국민이 소비를 더 많이 할 수 있도록 하여야 한다. 즉, 민간소비가 증대되도록 하는 것이다. 소비는 전국민의 생활 및 복지에 직결되는 것이고 수요항목 중에서 가장 중요한 것이기 때문이다. 그러나 현재의 소비를 중시한 나머지 모든 자원을 지금 다 써버린다면 미래의 후손들은 궁핍한 생활을 면치 못할 것이다. 따라서 미래 소비를 위해서는 현재 소비의 일부를 유보하여 공장을 건설하고 생산설비를 확장하는 등의 투자(investment)를 행하지 않으면 안 된다. 이런 점에서 볼 때 생산된 재화를 현재의 소비와 장래의 소비증대를 위한 투자에 어떻게 적절히 배분하여 사용하느냐는 중대한 문제가 아닐 수 없다.

그러나 개인이 일상생활에서 말하는 투자라는 용어와 국민경제에서 투자라는 개념은 구분해야 한다. 예를 들어 사람들은 자기가 가지고 있는 돈을 주식이나 토지의 구입에 쓰면서 투자한다고 이야기한다. 이것은 개인으로서는 미래의 수익을 기대한 투자가 될지 모르나 국민경제의 입장에서는 이 돈이 미래의 생산을 위해서 하등 쓰여진 것이 없기 때문에 투자가 되지 못한다. 국민소득계정에서 투자지출이라고 하는 것은 국민경제의 내부에 미래의 생산(소비)을 위한 실물자산의 증가가 있었을 때만 측정된다.

실물자산의 증가를 위한 투자는 크게 두 가지로 나뉘어 지는데 **대체투자**(replacement investment)와 **순투자**(net investment)가 그것이다. 또 양자를 합하여 **총투자**라고 한다. **대체투자**라 함은 기존의 자본재가 노후화함에 따라 발생하는 감가상각분에 해당하는 투자를 말하며 이것은 현재의 자본량을 유지하기 위해 필요한 것이다. 이에 대해 **순투자**는 자본량의 순증가를 의미하는 것으로 총투자에서 대체투자를 뺀 것이다. **투자지출**에는 기업의 고정투자(기계, 공장, 구조물 등), 주택건설(아파트, 개인주택 등), 재고증가(소비자 또는 생산자로부터 주문에 응하기 위해 기업이 현재 보유하고 있는 제품, 반제품, 원료 등의 재고량의 증가) 등이 있다.

이상을 정리하면 다음과 같이 요약할 수 있다.

> 국내총투자 = 대체투자 + 신투자
> 신투자 = 국내총투자 − 대체투자
> 신투자 > 0 → 총자본 증가
> 신투자 = 0 → 총자본 불변
> 신투자 < 0 → 총자본 감소

(3) 정부지출

정부가 개인이 필요로 하는 여러 가지 재화나 용역의 생산-예를 들어 도로나 공장, 항공관제 등-에 참가하는 경우에는 정부지출(government expenditure)의 경제적 성격이 명확하다. 그것은 트럭이나 비행기와 마찬가지로 국민에게 대단히 필요하며 유용한 것이다. 그러나 정부지출의 많은 부분은 과연 *GDP*에 계상될 만큼 생산적인가와 같은 의문을 자아내는 경우도 많다. 그러나 *GDP*의 계산에 있어서는 정부의 어떤 지출이 가치가 있는 것인가를 따지지 않고, 생산요소를 사용하여 생산해 낸 모든 재화와 용역을 포함한다.

정부지출 중에서 *GDP*에 포함되지 않는 주요 예외항목들이 있다. 만약 정부가 수재민이나 원호대상자들에 보조금을 지불하였다면 이는 생산요소를 고용한 대가나 정부의 직접적 구매행위가 아니기 때문에 *GDP*에 포함시키지 않는다. 이러한 종류의 정부지출을 이전지출(transfer payment)이라고 한다.

(4) 순수출

외국과의 무역에 참여하고 있는 경제를 일컬어 개방경제(open economy)라고 한다. 이 경우에는 폐쇄경제(closed economy)에 비해 보다 복잡한 문제가 발생한다. 즉, 개방경제 하에서는 어떤 사람이 우리나라의 자동차회사에서 생산한 승용차를 구입하는데 500만원을 썼다고 해서 그것이 모두 우리나라의 *GDP*에 포함되지 않는다. 자동차의 부품 중에는 우리나라에서 생산되지 않는 것이 있기 때문에 이들은 외국으로부터 수입하여 써야만 한다. 자동차 타이어의 고무는 분명히 동남아 어느 나라로부터 수입한 것이며 고무가격에 해당하는 만큼은 *GDP*에서 빼지 않으면 안 된다. 마찬가지로 가정주부가 백화점에서 독일제 후라이팬을 사는데 2만원을 지출하였다면 여기에서 우리나라 *GDP*에 포함되는 부분은 크지 않을 것이다. 얼마간의 유통마진, 백화점의 판매서비스에 대한 댓가, 우리나라의 선박회사가 받은 운임료를 제하고는 대부분 독일회사에 대한 지불이 된다. 또한 우리나라가 생산하여 수출한 상품 중에서도 외국원료에 의존하는 부분만큼은 국내 소득창출효과에서 제외된다. 그러므로 해외부문과의 거래를 고려하여 GDP를 계산할 때는 우리의 총수출액에서 총수입액을 공제한 순수출(net export)만을 우리나라의 *GDP*에 포함시켜야 한다.

(5) GDP의 총지출산정

총지출의 산정은 GDP의 지출구성요인들의 합계를 통해 가능하다. GDP의 지출구성요인은 가계의 소비지출, 기업의 투자지출, 정부지출, 그리고 해외부문을 고려하면 외국인(해외)에 의한 구매이다. 여기서 가계의 소비지출은 가계가 기업이 생산한 재화·용역을 구매한 것이고, 투자지출이란 기업이 시설 및 장비, 신규 공장 등을 위해 지출한 것으로써 재고를 포함하지 않는 투자지출로서 계획된 투자(I^P)지출을 말한다. 정부구매는 주어진 해당년도에 정부 및 공공기관에서 구입하는 모든 재화 및 용역에 대한 지출로서 외부에서 결정된 것으로 취급한다. 끝으로 외국인(해외)에 의한 구매지출은 수출에서 수입을 뺀 순수출(순수출=총수출-총수입)을 GDP총지출의 측정단위로 삼는다. 결국 총지출은 한 국가에서 생산한 최종재화와 용역에 대한 가계, 기업, 정부, 그리고 해외부문의 지출의 합계이다. 이제 C는 가계소비지출, I^P는 기업의 투자지출, G는 정부의 지출, 그리고 NX는 순수출이라고 하면 총지출(Aggregate Expendture: AE)은 가계, 기업, 정부, 그리고 해외부문에서 지출한 최종 재화와 용역의 합계, 즉

$$\text{총지출}(AE) = C + I^P + G + NX \quad \cdots\cdots (15 \cdot 8)$$

가 된다.

2) GDP측정의 부가가치 접근과 요소소득 접근

GDP를 $(C+I+G+NX)$로 계산하는 지출접근 이외에도 각 생산단계에서 추가로 창출되는 부가가치를 생산과정의 끝에서 측정하는 부가가치 접근과 생산에 사용되는 자원(생산요소)의 소유자(제공자)에게 지불되는 요소소득을 측정하는 요소소득 접근이 있다.

부가가치 접근은 이미 GDP의 정의에서 설명한 바와 같이 경제의 모든 기업들이 창출한 부가가치를 합하여 GDP를 측정하는 방법이다. 즉, 각 기업의 부가가치를 모든 기업에 대하여 집계한 크기로 GDP를 측정하는 것이다.

요소소득 접근은 생산에 사용된 생산요소를 제공한 사람들에게 생산에 참여하여 기여한 정도에 따라 몫으로 지불되는 분배측면에서 측정하는 접근으로써, 자원의 소유자에게 지불되는 요소소득을 합하여 측정하는 방법이다. 자본의 소유

자(기업의 건물 혹은 기계의 소유자, 혹은 기업이 건물이나 기계를 살 수 있도록 자금을 빌려주는 자)는 이자소득을 받는다. 토지의 소유자들은 임대료를 받는다. 그리고 기업에 노동을 제공하는 자들은 임금을 받는다. 또한 기업을 창업하고 생산이 이루어질 수 있도록 다른 자원을 동원하고 조정하고, 위험을 감수하면서 기업가 정신을 발휘하여 기업을 성공적으로 운영하는 기업가들(기업의 소유자들)은 이윤이라는 요소소득을 받는다.

3) 세 가지의 서로 다른 측정방법의 요약

지출 접근 : GDP = $C+I+G+NX$

부가가치 접근 : GDP = 모든 기업이 창출한 부가가치의 합

요소소득 접근 : GDP = 모든 가계가 얻은 요소소득의 합

= 임금+ 이자 + 지대 + 이윤

= 총 가계수입

〈표 15-2〉 국민계정의 개관

생산접근: 지출접근	소득접근: 요소비용 접근
GDP의 구성요소 : 소비 국내총투자 정부 지출 순수출 Y=C+I+G+NX	GDP의 원천으로 비용, 즉 소득 임금 이자 및 지대 간접세 감가상각 이윤
GDP-감가상각 = 순국민생산(NNP)	GDP - 감가상각 =NNP

6. 잠재 GDP

실제 *GDP*란 실제로 가동되는 생산시설이나 고용된 노동력을 통해 얻어지는 *GDP*이다. 그러나 실제에 있어서는 생산시설이나 노동력이 항상 완전히 가동되는 것은 아니다. 모든 생산시설과 노동력이 완전히 가동되었을 때의 *GDP*를 완전고용 또는 잠재 *GDP*(potential *GDP*)라고 한다. 여기서 잠재적 *GDP*란 한 경

제가 자연실업률(natural rate of unemployment)하에서 생산할 수 있는 최대의 산출고, 즉 잠재적 산출고를 말한다. 다시 말해서 잠재 GDP는 국민경제의 포괄적인 생산능력을 의미하며 노동과 자본 등의 생산요소를 완전히 고용하여 달성할 수 있는 최대 GDP를 의미한다. 또한 잠재 GDP는 자연실업률 상태 하의 GDP를 뜻하기도 하며 추가적인 인플레이션 압력을 유발하지 않고 달성할 수 있는 GDP를 의미하기도 한다.

그리고 자연실업률(natural rate of unemployment)이란 정보부족에 따른 직장이동의 어려움, 전문직업의 불일치, 실업보장제도, 최저임금제도, 계절적 실업 등으로 인해 완전고용 하에서도 존재하는 일정의 실업률을 의미한다. 이 자연실업률은 보통 3~4%로 추정되고 있다. 따라서 생산능력이 있어도 그것이 모두 활용되지 않는다면 소득발생은 그 만큼 줄어든다.

예를 들어, 실제 GDP에서 잠재 GDP를 뺀 GDP갭이 음(-)이면 한 경제가 최대한 생산할 수 있는 수준 이하에서 조업하고 있으므로 현재의 인플레이션을 가속화시키지 않으면서 유효수요를 증대시켜 실업률을 낮추는 것이 가능해진다. 반대로, GDP갭이 양(+)이면 실제 GDP가 잠재 GDP를 초과한 것이므로 현재의 경기가 과열되어 인플레이션을 가속화할 수 있으므로 총수요를 억제해야 한다.

잠재 GDP는 단기적으로 달성해야 할 최적의 GDP라기보다는 경제상황에 따라 실제 GDP를 조정할 때 기준이 되는 지표로서의 의미가 있다.

7. GDP 개념의 유용성과 한계

1) GDP 개념의 유용성

*GDP*는 한 나라 경제활동의 수준을 나타내는 지표로 널리 이용되고 있다. 한 나라 경제활동의 수준은 생산, 고용, 물가 등에 의하여 측정되는데 이들은 모두 *GDP*와 밀접한 관련이 있다. *GDP*가 증가한다는 것은 생산과 고용, 공장조업도 등이 증가한다는 것을 의미한다. 오늘날 대부분의 국가에서 실질 *GDP*는 그 나라의 경제활동수준을 나타내는 지표로서 유용하게 활용된다. 또한 국가간 경제력과 생활수준을 비교하는 데에도 널리 이용되는 지표가 바로 *GDP* 개념이다.

2) GDP 추계의 한계

국민경제의 활동을 가장 대표적으로 나타내는 지표가 GDP이지만 또한 나름대로 한계도 가지고 있다. 따라서 GDP 개념을 활용할 때 한계를 제대로 파악하여야 한다.

(1) 시장에서 거래되지 않는 것은 GDP에 포함시킬 수 있는 방법이 없다

GDP 개념의 한계는 측정의 어려움에서 발생한다. 측정의 어려움에서 가장 먼저 꼽을 수 있는 것은 시장에서 거래가 이루어지지 않는 부분이다. 앞서 GDP의 정의에서 살펴보았듯이 GDP는 최종생산물의 시장가치이다. 따라서 시장에서 거래되지 않는 것은 GDP에 포함시킬 수 있는 방법이 없다. 예를 들어, 주부의 가사노동 같은 경우에, 그러한 활동을 경제적 가치가 없다고 말할 사람은 없다. 그러나 이러한 가사노동에 대해서는 명확하게 지불되는 대가를 측정할 수 없으므로 GDP에 포함시킬 수 없다. 맞벌이 부부가 파출부를 고용하여 가사 일을 맡기고 임금을 지불한다면 이는 똑같은 가사노동이라고 하더라도 당연히 GDP에 포함된다. 자신이 쓰기 위해 물건을 만드는 경우에도 시장에서 거래가 이루어지지 않기 때문에 당연히 GDP에 포함되지 않는다. 또한 지하경제(underground economy)의 규모를 전혀 반영하지 못한다. 지하경제는 대체로 불법적으로 이루어지는 생산 및 거래를 말 하는데 사채, 부동산투기, 밀수, 마약이나 탈세를 전제로 한 거래 등이 그것이다. 바로 위에서 든 예에서도 파출부가 임금을 받고도 소득신고를 하지 않는 경우(물론 탈세를 목적으로 신고를 하지 않았다기보다는 관행에 의해 그렇게 되고 있기는 하지만) GDP에 계상되지 않는다.

(2) 국민들의 복지수준을 나타내지 못한다

GDP 추계의 두 번째 한계는 GDP가 국민들의 복지수준을 나타내지 못한다는 것이다. 경제성장에 따른 환경문제의 악화라든가, 혼잡화 등은 국민들의 복지수준을 크게 떨어뜨리는 것이지만 GDP에 반영되지 못한다. 경우에 따라서는 단순히 GDP에 반영되지 못하는 것이 아니라 오히려 GDP를 과대계상하게 만든다. 즉, 환경오염이 발생하면, 이를 제거하기 위한 경제활동이 GDP에 계상됨으로써 부정적인 요인이 GDP를 크게 만드는 결과를 가져오게 되는 것이다. 물질적 생산만을 계산하고 생산의 과정에서 파생되는 대기 및 수질오염, 소음 등의 공해는 도외시하고 있다. 물질의 풍요 못지 않게 생활의 질(quality of life)을 중요시하는 오늘날 외부불경제효과를 감안하지 않는 *GDP*는 만족할만한 복지지표라고 할 수 없다. 또한 질적인 측정치라기보다는 양적인 측정치이다. 상품 질의 향상은 양의 증가에 못지 않게 경제적 후생에 영향을 주는 것이지만 *GDP*는 이러한 상품 질의 향상을 정확하게 반영하지 못한다.

반면, 여가(leisure)는 계상되지 않는다. 여가는 인간후생의 중요한 부분이다. 소득수준이 높아가면 소득의 증대보다는 여가의 증대를 바라게 된다. 다른 조건이 일정할 때 주당 근무시간을 줄이고 여가를 증가시키면 *GDP*는 감소할 것이지만 국민들의 후생은 증가할지도 모른다. 그러한 경우 *GDP*는 국민들의 후생을 잘 반영한다고 볼 수 없다.

(3) 소득의 분배를 파악하는 것이 불가능하다.

세 번째로 GDP는 총량개념이기 때문에 소득의 분배를 파악하는 것이 불가능하다. 즉, 생산 또는 소득을 그냥 모두 합한 것이기 때문에 사회의 경제적 후생에 영향을 미치는 생산물의 구성과 분배의 변화를 반영하지 못한다.

GDP 지표로서는 전체 소득 가운데 누가 얼마의 비중을 차지하는지 알 수가 없다. GDP라는 개념만으로는 소득분배의 구조를 파악할 수 없는 한계가 있으니 소득분배의 불평등한 정도를 측정하기 위해서는 지니계수라는 다른 도구를 사용해야 한다.

GDP는 또한 재화나 서비스의 품질의 변화를 반영하기 어렵다. 예를 들어, 컴퓨터는 급속한 기술발전에 힘입어 그 연산속도가 엄청나게 빨라지고 있지만 가격은 오히려 낮아지는 추세이다. 이러한 경우 GDP는 변함이 없겠지만 컴퓨터 이용자들이 느끼는 편익은 향상되었을 것이다. 산업혁명기 영국에서도 면직물의 대량생산이 가능해지면서 전체적으로 가격이 낮아진 반면, 면직물의 품질은 향상되었다. 따라서 면직물의 생산이 늘어난 만큼 GDP에 반영되지는 않았겠지만 사람들의 생활수준은 더 나아졌다고 볼 수 있다.

15-5 : 생산범위

국민소득은 국민경제 내에서 일정기간 동안 생산한 모든 재화와 서비스를 화폐가치로 환산한 것인데 이를 실제로 측정하기란 쉬운 일이 아니다. 왜냐하면 국민경제는 수많은 이질적 경제주체들로 결합되어 있으며 이들 간에는 매우 복잡하고 다양한 거래가 이루어지고 있기 때문이다. 따라서 이와 같은 복잡한 거래관계에서 생산되고 처분된 각양각색의 재화와 서비스를 평가·집계하기 위해서는 우선 생산의 포괄범위에 관한 엄밀한 정의가 필요하다.

'국민계정체계'에서는 이와 같은 필요성에 따라 생산의 범위를 규정하고 있는데 그 내용을 보면 ① 재화(goods)는 판매를 목적으로 하지 않아도 모두 생산의 범위에 포함된다. 따라서 시장에서 거래되는 재화는 물론 생산자가 자신의 최종소비나 자본형성을 위해 생산한 재화도 생산의 범위에 포함된다. ② 서비스는 소비자에게 제공되는 모든 서비스가 생산의 범위에 포함된다. 서비스 가운데 가계의 가사 및 개인서비스 활동과 관련해서는 타인이 대신 수행할 수 없는 기본적인 활동(식사, 음주, 수면, 운동 등)은 생산의 범주에 포함되지 않으나 타인에 의해 제공 가능한 활동(음식의 준비, 아이돌보기, 환자간호 등)은 타인에게 제공된 경우에 한하여 생산의 범위에 포함한다. 따라서 자가소비를 위한 전업주부의 음식준비, 아이돌보기 등은 생산의 범위에서 제외하고 있다.

전업주부의 가사노동 등 자가소비를 위해 생산한 가사서비스를 생산으로 인정하지 않는 것은 ① 가사서비스의 생산이 타 경제부문에 거의 영향을 주지 않는 독립적인 활동이며, ② 시장판매를 위한 생산이 아니므로 가치를 평가하는데 적절한 가격이 존재하지 않으며, ③ 또한 가사서비스는 보수를 받고 다른 가계를 위해 제공한 경우와는 경제적 가치가 동일하지 않고, 생산에 포함할 경우 거의 모든 성인인구가 경제활동인구 및 취업자로 되어 고용통계에 왜곡을 야기하기 때문이다. 이에 따라 현재 전업주부 등이 생산한 가사서비스를 국민소득통계에 반영하는 나라는 없다. 그러나 전업주부 등이 생산한 가사서비스에 대한 적절한 가치평가가 이루어지면 국민계정의 부속계정 등으로 편제할 수는 있을 것이다.

3) 국민후생 측정수단으로서의 경제후생지표(또는 순경제후생)

이상과 같이 *GDP*는 국민들의 경제적 후생을 측정하는데 한계를 갖고 있다. 그래서 미국의 경제학자 노드하우스(W.D. Nordhaus)와 토빈(J. Tobin)은 국민들의 경제적 후생을 표시하는 지표로서 *MEW*(measure of economic welfare)를 제안하였다.

노드하우스-토빈은 앞에서 지적한 *GDP*의 결함을 제거하기 위하여 *GDP*에서 공해비용 등을 공제하고, 여가나 주부의 서비스를 첨가해서 *MEW*를 구성하고 있다.[3] 한편, 사무엘슨(P.A Samuelson)은 노드하우스-토빈의 *MEW*를 경제적

3) 노드하우스-토빈이 1900~1965년간의 미국의 *MEW*를 계산하였는데, 그것은 *GNP*의 증가율보

후생이라는 의미에서 *NEW*(net economic welfare)라고 불렀다. *NEW*를 식으로 요약하여 나타내면, "순경제후생 = *GDP* + 여가가치 + 가정주부서비스가치 – 공해비용"으로 표시할 수 있다.

MEW 또는 *NEW*가 *GDP*보다 경제복지를 나타내는데 더 나은 지표라는 것에는 이론이 없다. 문제는 *MEW*나 *NEW*를 측정하는데 객관적인 수량화가 어렵다는 점이다. 객관적인 평가문제는 여가나 공해의 경우에 아주 심각할 것임은 쉽게 짐작할 수 있을 것이다.

15-6 : GNP와 체감경기

경기불황의 정도를 피부로 느낄 수 있는 보다 적절한 지표는 GDP(국내총생산)보다 GNP(국민총생산)이다. 만일 GDP가 GNP보다 많으면 외국인 또는 외국기업이 한국에서 벌어들인 임금과 배당, 이자 등의 소득이 한국기업이나 개인이 해외에서 벌어들인 것보다 많다는 것을 의미한다. 그럴 경우 한국 국민의 가처분소득은 줄어든다. 한국은 1990년대 들어 외채이자 등 소위 대외지급 요소소득이 대외수취 요소소득보다 많아지면서 GDP와 GNP의 차이가 점차 크게 벌어졌다. 특히 불황이 오면 아무리 국내생산이 늘어도 호전된 느낌은 없다. 따라서 국민이 실제로 피부로 느끼는 체감경기를 파악하기 위해서는 GDP 증감률보다 GNP 증감률이 더 유용하다.

15-7 : GNP 대신 GNH를 쓰자?

GNP의 허구성에 대한 비판은 예부터 끊이지 않았다. 이 개념 속에 이른바 '非 시장거래'가 반영되어 있지 않다는 반론은 대표적이다. 예컨대 가사노동의 가치를 GNP에 합산하려는 UN의 시도도 여기에 포함될 수 있다. 사실 GNP를 '손쉽게' 늘리는 방법은 얼마든지 있다. 스트레스나 과로로 병을 앓는 사람이 많을수록 그 수치는 쑥쑥 올라간다. 병을 치료하느라 우리 주머니에서 나간 돈이 의료서비스를 제공하는 쪽에서 보자면 엄연히 수입(생산)이기 때문이다. 도시가 온통 공해로 찌들어 공해방지 시설을 늘리거나, 심지어 교통사고나 범죄가 늘어나 '관련산업'이 번창해도 GNP를 올리는 데는 큰 도움이 된다. 이런 한계에도 불구하고 GNP를 대체할 만한 이렇다 할

다 훨씬 느린 증가율이었다. 즉, *GNP*의 연성장률은 1.7%인데 대해서 *MEW*의 연성장률은 1.1%였다.

지표를 만들어내긴 쉽지 않은 게 사실이다.

그렇다면 최종생산물의 가치가 아니라 사회구성원들이 느끼는 '행복'을 잣대로 삼을 수는 없을까? 히말라야 산맥에 위치한 부탄왕국은 이와 관련해 늘 관심의 대상이다. 한 사회의 후생수준을 판가름하는 잣대로 GNP 대신 GNH(Gross National Happiness)를 사용해야 한다고 주장하고 나선 탓이다. 노벨경제학 수상자 조지프 스티글리츠 교수도 방한하여 행한 한 강연에서 이 개념을 들고 나와 관심을 끌기도 했다. 물론 아직껏 GNH가 정교한 틀을 갖춘 것은 아니다. 단순히 주관적인 만족수준만을 나타내는 게 아니라, 이를 계량화해 비교분석에 쓸 수 있는 지표를 만들어내기란 쉽지 않다. 기존의 GNP에서 허구적인 측면을 덜어내고, 새로 추가할 부분을 보태는 작업이 필요하다.

물론 '행복'이라는 문제를 경제분석 영역에 끌어들이려는 움직임은 점점 활기를 띤다. 지난 3월말 이탈리아 밀라노에서는 '행복경제학'에 관한 첫 국제학술대회가 열려 관심을 끌기도 했다. 이 자리에서는 행복이라는 변수를 바라보는 철학적 방법론에서부터 실제 비교분석에 도움이 되는 계량화 방법까지 골고루 논의가 된 것으로 알려진다. 모름지기 GNP를 뛰어넘으려는 발걸음이 더욱 빨라지고 있는 셈이다.

〈Economy 21, 2003. 5. 13일자, p.25〉

→ 제 2 절 실질 GDP와 물가지수

1. 실질 GDP와 GDP 디플레이터

1) 명목소득과 실질소득

국민소득은 각 생산물의 단위당 부가가치를 화폐금액으로 표시한 다음 이들 화폐금액을 합계하여 추계하고 있다. 이때 적용되는 가격에 따라 국민소득은 경상(명목)국민소득(nominal national income)과 불변(실질)국민소득(constant national income)으로 분류된다.

경상국민소득은 그 해의 생산물에 그 해의 가격(경상가격)을 곱하여 산출하기 때문에 매년 가격에 따라 생산량이 바뀌게 되며 생산물 수량과 물가의 변동이 혼합되어 나타나게 된다.

불변국민소득은 생산량으로 나타낸 소득을 말하는데, 각 생산물마다 거래단위가 서로 달라 이를 합산하여 나타내는데 어려움이 있으므로 실제로는 그 해의 생산물에 특정 기준시점(기준년도)의 가격(불변가격)을 매년 똑같이 곱하여 산출한다. 따라서 불변국민소득은 물가변동에는 영향을 받지 않고 생산물 수량의 변동만을 나타내 준다. 결국 생산물의 수량이 늘어나지 않는 경우에도 경상국민소득은 물가가 오르면 그만큼 커지나 불변국민소득은 물가가 올라도 물가상승분이 반영되지 않기 때문에 커지지 않는다.

만약, 한 경제가 다른 두 연도에 동일한 실질산출량을 생산하였다고 가정하고, 이 두 연도간의 모든 가격이 두배로 상승되었다고 하면, 실질 *GDP*는 전혀 변하지 않았음에도 불구하고 명목 *GDP*는 두배로 상승하게 된다. 이처럼 실질 *GDP*는 두 기간 동안에 생산된 모든 재화 및 용역을 동일한 가격 또는 불변가격으로 평가함으로써 국민경제가 두 기간에 생산한 실질산출량의 변화를 측정하고자 하는 것이다.

2) 실질 GDP와 명목 GDP 그리고 GDP 디플레이터

(1) 실질 GDP와 명목 GDP

우리가 GDP를 추계하고 그 크기에 지대한 관심을 갖는 것은 GDP가 전체 경제의 상황을 나타내는 대표선수이기 때문이라고 하였다. 그런데 GDP는 국내총생산이고, 따라서 약간의 범위를 좁혀서 생각하면 이것은 곧 한 경제의 생산능력을 나타낸다고 할 수 있다. 따라서 우리는 해마다 달라지는 GDP의 크기에 따라 우리의 경제적 능력이 좋아졌는지 그렇지 않은지를 가늠해 보기도 한다. 경제적 능력이 좋아졌다면 더욱 좋아지도록, 나빠졌다면 무엇이 문제인지를 찾아 여러 가지 정책적 처방을 통해 상황을 개선해야 하기 때문이다.

그런데 시간의 흐름에 따라 변하는 것은 생산능력뿐이 아니다. 시장에서 재화와 서비스가 거래되는 가격 또한 변한다. GDP가 생산능력을 금액으로 환산해서 표시한 것(시장가치의 합이라는 정의를 생각해 보라)이므로 생산능력과 물가가 동시에 변하였다면, 얼마가 생산능력의 변화이고 얼마가 물가의 변화인지 구별하기란 쉽지 않다. 그래서 정확하게 생산능력의 변화를 알아보기 위해서는 "가격은 변하지 않았다"는 가정을 하고 GDP를 계산하여 보는 방법이 있을 수 있다. 이처럼 가격이 변하지 않았다는 가정 하에 계산한 GDP가 실질 GDP이다.

실질 GDP(real GDP) : 기준연도를 정해 놓고, 기준연도의 가격을 시장가치로 계산한 GDP이다.

명목 GDP(nominal GDP) : 해당 연도의 가격을 시장가치로 하여 계산한 GDP이다.

이것을 간단한 수식으로 표현해보면 다음과 같다.

$$실질GDP = \sum_i Q_{ti}P_{0i}$$

여기서, i : 재화 및 서비스의 종류
Q_t : t기의 생산량
P_0 : 기준연도의 가격

$$명목GDP = \sum_i Q_{ti}P_{ti}$$

여기서, i : 재화 및 서비스의 종류
Q_t : t기의 생산량
P_t : 당해 연도의 가격

이들 수식을 아래 첨자가 들어가고 합산기호도 있어서 일견 복잡해 보이지만, 전혀 그렇지 않다. 풀어서 설명하면 앞의 설명 그대로이다. 생산된 각각의 재화 및 서비스를 시장가격으로 곱해서 다 더해 주되, 실질 GDP의 경우 기준연도의 가격을 곱해 주고, 명목 GDP의 경우 비교연도 또는 당해 연도의 가격을 곱한다는 말이다.

이제 왜 실질 GDP의 개념을 소개하였는지가 명확해졌다. 이는 GDP 크기가 변한 것 가운데 가격의 변화를 분리해 냄으로써 순수하게 경제능력의 크기가 어떻게 변하였는가를 살펴보기 위한 것이다. GDP가 증가하였는데, 알고 보니 생산량은 줄었지만 가격이 대폭 상승한 것이었다면 이를 경제성장이라고 부를 수는 없지 않은가?

보통 경제성장이라고 하면 GDP가 얼마나 증가하였는가를 근기로 이야기한다. 이때의 경제성장이 경제적 능력이 향상되었는지를 보는 것이라면 경제성장은 당연히 실질 GDP의 개념을 가지고 설명해야 할 것이다. 따라서 성장을 이야기할 때 제시되는 통계는 특별한 언급이 없으면 모두 실질 GDP의 개념이라고 생각하면 된다. 그러나 일반적으로 통계 그 자체를 제시할 경우에는 실질과 명목을 잘 구별해서 파악해야 한다.

(2) GDP 디플레이터

이제 실질 및 명목 GDP의 개념은 비교적 명확해졌을 텐데, 이들 두 개념 사이에는 어떤 특별한 개념으로 설명할 수 있는 '관계'가 있을 것처럼 보인다. 특히, 두 개념을 식으로 표현한 것을 잘 살펴보면 생산규모는 같고 가격만 기준연도와 비교연도로 다르니, 둘 사이에는 물가로 연결된 어떤 특별한 관계가 있을 것으로 짐작된다. 그것이 바로 GDP 디플레이터라고 하는 물가지수다. GDP 디플레이터는 명목 GDP를 실질 GDP로 나눈 것이다.

$$\text{GDP디플레이터} = \frac{\text{명목}\,GDP}{\text{실질}\,GDP} = \frac{\sum_i Q_{ti}P_{ti}}{\sum_i Q_{ti}P_{0i}}$$

이때 특정상품의 생산규모는 마치 가격에 대한 일종의 가중치처럼 작용한다. 자동차와 같이 고가품인 경우에는 생산대수가 적을 것이고, 볼펜처럼 값이 싼 제품은 생산량이 많을 것이다. 위 식에서 생산규모는 같은 크기이므로 결국 위의 식은 생산규모를 가중치로 한 기준연도와 비교연도의 물가를 비교한 것이 된다. 즉, 기준연도에 비해 물가수준이 어떻다는 것을 보여주는 지수가 된다. 위의 식에서 분모의 실질 GDP를 좌변으로 보내고, 좌변의 GDP 디플레이터를 우변의 분모로 보내면 이러한 해석이 식으로도 분명해진다.

$$\text{명목}GDP = \text{실질}GDP \times GDP\ \text{deflator}$$

보통은 물가가 아주 적게라도 오르기 때문에 대체로 명목 GDP가 실질 GDP보다 크고, 따라서 이런 식의 이름이 붙여진 것이 아닌가 한다.

GDP 디플레이터는 한 경제가 생산한 모든 재화 및 용역을 포함하는 광범위한 가격지수인데 비하여, 인플레이션 측정에 쓰이는 다른 물가지수인 소비자 물가지수 및 도매물가지수는 일정의 상품 바스켓만을 대상으로 한다.

3) 실질 GDI와 실질 GNI

이제 앞에서 언급한 국민총소득(GNI)에 대해 명목과 실질을 구분하여 자세히 알아보자. GNI를 설명하기 위해서는 우선 GDI(gross domestic income, 국내총소득)를 설명할 필요가 있다. GDI는 GDP로 표시한 국내총생산이 대외교역조건을 고려하였을 때 어느 정도의 소득으로 환산될 수 있는지를 계산한 것이다. 예를 들어, 원유가 배럴당 50달러이고, 냉장고가 1대에 1,000달러라고 하자. 만일 우리 경제가 냉장고를 1,000대 생산할 수 있는 능력이 있다면 우리의 생산능력은 100만 달러이고, 이는 원유 2만 배럴을 살 수 있는 소득이라고 할 수 있다. 그런데 다른 조건은 다 같은데 원유가격이 배럴당 60달러로 상승하였다면 같은 수의 냉장고를 생산·판매해서 구입할 수 있는 원유의 수는 1만6,666배럴로 줄어들게 된다. 결국 수출물가는 그대로인데 수입물가가 상승함으로써 우리의 대외교역조건은 악화되었으므로 이를 고려한 우리의 GDI는 감소하게 되는 것이다.

이렇게 GDP에 교역조건의 변화를 반영하여 만들어진 GDI에 실질 대외순수취요소소득을 합한 것이 바로 GNI가 되는 것이다. 그 동안 소득지표로서 이용하였던 실질 GNP는 생산물량 변화를 반영하는 GDP와 소득을 반영하는 대외순수취요소소득이 혼합되어 개념상 혼란의 소지가 있었다. 이에 따라 93SNA에서는 소득을 나타내는 GNI를 작성함으로써 실질 GNP를 대체하도록 권장하고 있으며, 우리나라에서는 1995년 기준 국민소득통계로부터 GNI가 작성되고 있다. 그러나 명목 GNP는 생산물량뿐만 아니라 임금, 기업채산성, 교역조건 등이 포함되어 있는 소득지표이므로 현행 명목 GNP를 명칭만 명목 GNI로 변경하여 사용하고 있는 것이다. 이를 요약하여 식으로 표현하면 다음과 같다.

실질 GDI = 실질 GDP + 교역조건을 반영한 실질무역손실
실질 GNI = 실질 GDI + 실질국외순수취요소소득
명목 GNI = 명목 GNP

2. 물가지수

1) 개별가격과 물가지수

물가(prices)란 각종 상품의 평균적인 가격수준을 뜻한다. 즉, 주택, 쇠고기, 쌀 등의 재화와 이발이나 목욕 등과 같은 용역이 거래될 때 형성되는 개별가격을 종합 평균하여 나타낸 것이 물가이다. 따라서 어느 개별상품의 가격이 올랐다고 해서 반드시 물가가 상승하는 것은 아니다. 왜냐하면 물가를 계산하는데 포함되는 품목 중에서 가격이 오른 상품도 있는 반면에 가격이 하락한 품목도 있는 경우에는 평균가격수준이 변하지 않을 수도 있기 때문이다. 물가 또는 물가수준의 변화를 나타내 주는 지표인 물가지수(price index)란 특정시점의 물가수준을 어떤 기준시점의 물가수준과 비교하여 상대적 수치로 나타낸 것이다. 즉, 물가지수는 수많은 개별상품가격을 특수한 방식으로 평균하여 작성한 경제지표로서 어떤 기준시점의 물가를 100으로 놓고 비교되는 다른 시점의 물가를 나타내는 지수형태를 갖는다. 따라서 우리는 기준이 되는 시점과 비교되는 어느 시점의 물가지수를 비교함으로써 물가수준변동의 크기를 파악한다.

그러면 이제는 물가지수는 어떻게 계산되며 또한 개별상품가격의 변동과 물가지수와는 어떤 관계가 있는지를 살펴보자. 분석을 간단히 하기 위해서 두 가지 상품, 즉 쌀과 옷만이 존재하며, 경제는 각 시기의 총수입을 이 두 가지 상품에 전부 지출한다고 가정해 보자. 각 시기에 있어서 쌀과 옷에 대한 가격 및 거래량은 〈표 15-3〉과 같이 나타났다고 할 때, 이것을 이용하여 각 시기의 물가지수를 구한 결과, 〈표 15-3〉의 하단에 나타나 있다. 즉, 이 물가지수는 상대가격지수[4]를 각 품목의 상대적 중요성에 따라 가중평균하여 구한 것으로서 가중물가지수라고 불리운다.

〈표 15-3〉 가중물가지수

품목 \ 시기 / 가격·수량	0		1		2	
	가격	수량	가격	수량	가격	수량
쌀	100	10	120	12	150	10
옷	200	2	250	2	200	3
총지출	1,400		1,940		2,100	

4) 상대가격지수는 비교시기의 가격을 기준시기의 가격으로 나눈 것으로 다음과 같이 구한다

$$상대가격지수 = \frac{비교시기의\ 물가지수}{기준시기의\ 물가지수} \times 100$$

물가지수

$$0시기 = \left(\frac{100}{100} \times \frac{10^*}{14} + \frac{200}{200} \times \frac{4^{**}}{14}\right) \times 100 = 100$$

$$1시기 = \left(\frac{120}{100} \times \frac{10}{14} + \frac{250}{200} \times \frac{4}{14}\right) \times 100 = 121.43$$

$$2시기 = \left(\frac{150}{100} \times \frac{10}{14} + \frac{200}{200} \times \frac{4}{14}\right) \times 100 = 135.71$$

* 기준년도(0)에서 본 쌀생산액의 총생산액에 대한 비중(쌀의 가중치) : $\frac{100 \times 10}{1400} = \frac{10}{14}$

** 옷의 가중치 = $\frac{\text{옷가격}200 \times \text{수량}2}{\text{총생산액}} = \frac{400}{1400} = \frac{4}{14}$

물가지수를 계산하는데 있어서 위의 경우에는 두 품목만이 고려되었지만, 원칙적으로는 *GDP*를 구성하는 모든 품목이 고려되어야 한다. 그러나 모든 품목을 고려대상으로 포함하게 되면 계산상 번거로울 뿐만 아니라 통계상의 문제점이 발생하므로 현실적으로 국민경제와 가장 밀접한 관계가 있는 품목만을 선정해서 물가지수를 계산하는 것이 통례이다. 이렇게 고려대상이 되는 품목을 통틀어 상품바스켓이라고 부른다. 따라서, 비교시기에 있어서 각 품목에 대한 지출액이 상품바스켓에 대한 총지출액에서 차지하는 비중을 가중치로 하여 각 비교시기의 물가지수를 구하게 되는데 이것을 앞에서도 설명한 바와 같이 각종 물가지수, 또는 라스파이레스물가지수(Laspeyres price index)라고 부른다.[5] 이 물가지수는 기준시기의 소비자들의 소비형태가 변하지 않는다는 가정 하에서 작성된 것인데, 현실에 있어서 소비형태는 시간이 지남에 따라 변하게 되므로 이것을 반영하기 위하여 몇년마다 상품바스켓을 변경하는 것이 바람직하다.

2) 물가지수는 경제안정을 진단하는 체온계

우리는 매일매일 생활에 필요한 재화와 서비스의 대부분을 구입하여 쓰고 있는데 이때 지급하는 돈의 액수를 가격이라고 한다. 그런데 시장에서 거래되는 상품은 매우 다양하여 같은 시간에도 어떤 것은 오르고 어떤 것은 내리는 현상이 발생하며 그 정도 또한 각각 다른 것이 보통이다. 우리는 개별상품의 가격변화보다 전반적인 상품가격의 변화를 알아야 할 필요성이 종종 발생하는데 이러

---

5) 일반화시켜 공식화 하면, $\sum_{\epsilon=1}^{n}\left[\frac{p_{io}\, q_{io}}{\Sigma p_{io}\, q_{io}}\right] \times (\frac{p_{i5}}{p_{io}}) \times 100$

i = 품목수, 0 = 0시기(기준년도), t = 1, 2, 3 ⋯ (비교년도)

한 필요에 의해서 만들어진 개념이 '물가'와 '물가지수'이다. 즉, 물가란 시장에서 거래되는 개별상품의 가격을 경제생활에서 차지하는 중요도 등을 고려하여 평균한 종합적인 가격수준을 말하며 물가지수는 이러한 물가의 움직임을 알기 쉽게 지수화한 경제지표를 일컫는다. 지수란 통상 시계열자료에 대하여 기준이 되는 수치를 100으로 해서 비교시점의 수치를 나타내는데, 이를테면 어느 특정 시점의 물가지수가 115라면 이는 기준시점보다 물가수준이 15%높은 것을 의미한다.

그러면 이러한 물가지수가 우리 생활에 왜 필요한가 알아보자. 흔히 물가지수를 우리 몸의 체온을 재는 체온계에 비유하기도 한다. 이는 마치 우리 몸이 불편하면 먼저 체온계로 몸의 체온을 재어본 후 열이 높으면 일단 건강에 이상이 있다고 판단하고 그 원인을 찾아보는 것처럼 물가지수가 갑자기 큰 폭으로 오르기 시작한다면 생산, 소비, 투자 등 국민경제의 안전성에 어떤 문제가 생겼다고 보고 그 원인을 분석하기 때문이다.

3) 생산자물가지수와 소비자물가지수

(1) 물가지수의 개념

물가는 전반적인 상품들의 가격수준을 뜻하는 말로 개별상품들의 가격을 경제생활에서 차지하는 중요도를 감안하여 평균한 종합적인 가격수준을 의미한다. 물가지수는 물가수준을 쉽게 비교 및 관찰할 수 있도록 수치화한 것이다. 통상 기준시점과 비교시점의 물가수준을 측정하여 기준시점의 물가지수를 100으로 놓고 시점간 물가수준의 변화에 비례하여 비교시점의 물가지수를 나타낸다. 예를 들어 t년도의 물가지수가 100이고 $t+1$년도의 물가지수가 120이라면 1년 동안 물가는 20% 오른 것이다. 현재 우리나라에서 작성되고 있는 물가지수는 소비자물가지수, 생산자물가지수, 수출입물가지수, GDP 디플레이터 등이 있다.

(2) 생산자물가지수

생산자물가지수(PPI: Producer Price Index)는 국내상품의 생산자 출하단계에서 기업 상호간에 거래되는 모든 재화와 일부 서비스의 평균적인 가격수준 변동을 측정하는 지수이다. 동 지수는 소비자물가의 변화를 사전에 감지할 수 있게 해주는 선행지표로서 의미가 있으며, 생산자가격의 동향을 측정하는 동시에 국민경제계산의 디플레이터로서도 이용된다. 한국은행에서 작성하여 공표하고 있는 생산자물가지수는 한국에서 가장 오래된 경제통계 중 하나로서, 1910년에 처음으로 작성된 이래 5년마다 경제구조 변화를 반영하여 총 12차례에 걸쳐 개편되었다. 특히 1990년 개편시에는 지수의 명칭을 종전의 도매물가지수에서 생산자물가지수로 변경한 바 있다.

생산자물가지수는 상품과 서비스의 2개 부문으로 나뉘어지며 농림수산품, 광산품, 공산품, 전력 · 수도 · 도시가스, 운수, 통신, 금융, 부동산, 리스 · 임대, 광고, 전문서비스, 기타서비스 등 12개 대분류로 편성된다. 상품과 서비스는 월 1회, 농림수산품은 월 3회 조사하며, 지수작성에 이용되는 가격은 생산자판매가격(공장도가격)을 기준으로 한다.

15-8 : 생산자 물가지수의 조사대상품목

생산자물가지수의 조사대상품목은 현재 923개(상품부문 846개, 서비스부문 77개)이다. 조사의 표본이 되는 품목은 구내거래액과 대표성을 기준으로 선정된다. 상품의 경우 품목의 국내거래액이 모집단거래액의 1/10,000(459억원), 서비스의 경우 국내거래액이 1/2,000(956억원) 이상이고, 동종품목의 가격변동을 대표할 수 있는 품목을 선정하고 있다. 조사대상품목은 경제적 중요도에 따라 가중치를 두고 있으며, 세부사항은 아래와 같다.

〈표 15-4〉 품목수 및 가중치(2000년=100, 연평균기준 2005년)

총지수		품목수	가중치	지수
		923	1000.0	109.9
기본분류	상 품	846	705.8	109.8
	-농림수산품	55	49.0	121.4
	-광산품	8	2.5	127.1
	-공산품	775	613.4	108.8
	-전력, 수도 및 도시가스	8	40.9	110.3
	서비스	77	294.2	109.9
특수분류	식료품	133	89.7	117.6
	식료품 이외	790	910.3	109.1
	신선식품	35	18.9	139.1
	신선식품 이외	888	981.1	109.3
	에너지	18	92.7	133.4
	에너지 이외	905	907.3	107.4
	IT	82	160.0	66.2
	IT 이외	841	840.0	118.2
	신선식품 에너지 이외	870	888.4	106.8

자료: 한국은행 물가총람 자료 재작성

▶ **통계자료 이용시의 유의사항**

생산자물가지수는 기업간의 중간거래액을 포함한 총 거래액을 모집단으로 하여 조사대상품목을 선정하기 때문에 원재료, 중간재, 최종재에 해당되는 품목의 혼재로 인한 물가변동의 중복계상 가능성이 크다.

또한 물가지수 통계는 가격의 변동추이 측정이 목적이기 때문에 가격의 절대수준을 나타내지 않는다. 따라서 생산자물가지수는 소비자물가지수와 지수수준의 비교는 가능하나 생산자판매단계와 소매단계의 마진을 측정하는 데 이용될 수는 없다.

(3) 소비자물가지수

소비자물가지수는 소비자가 일상생활을 영위하기 위해 구입하는 재화 및 서비스의 가격변동을 조사하여 소비자의 평균적인 구매력의 변동을 측정하는 지수로서, 대표적인 인플레이션지표이다. 현재 통계청은 전국 38개 도시의 489개 상품 및 서비스 품목에 대한 물가동향을 조사하여 매월 소비자물가지수를 발표하고 있다. 소비자물가지수의 기준년도는 2005년으로 2005년 현재 도시가계가 소비하는 상품 및 서비스 수량을 고정시켜 라스파이레스 산식에 따라 소비자물가지수가 산출되며, 보통 기준년도 및 구성품목은 5년마다 개정된다. 통계청은 소비자물가지수를 기초로 활용도를 높이고 다양한 정보를 제공하기 위해 생활물가지수, 농산물 및 석유류제외지수 등의 보조지표를 함께 발표하고 있다.

소비자물가지수는 라스파이레스 산식에 따라 다음과 같이 계산된다.

$$L_t = \frac{\sum(P_t \times Q_0)}{\sum(P_0 \times Q_0)} \times 100$$

이때 0은 기준시점 t는 비교시점을 나타내며, L, Q, P는 각각 소비자물가지수, 가격, 수량을 나타낸다.

한편, 정부가 2011년12월부터 소비자물가지수를 개편하기로 했는데 기존의 전국 38개 도시의 489개 상품 및 서비스 품목을 481품목으로 바뀐다.

(4) 생활물가지수

소비자물가지수는 광범위한 품목을 포괄하기 때문에 일반 소비자가 일상생활에서 체감하는 물가수준과 다를 수 있다. 생활물가지수는 이러한 괴리감을 줄이기 위한 보조지표로, 체감물가를 설명하기 위해 구입빈도와 지출비중이 높은 152개 품목으로 작성한 지표이다. 일반적으로 생활물가지수는 소비자물가지수보다 높게 나타난다.

(5) 농수산물 및 석유류제외지수

농수산물 및 석유류제외지수는 근원물가지수 또는 핵심물가지수라고도 하며, 소비자물가지수에서 농수산물 및 석유류를 제외한 보조지표이다. 농산물과 석유류는 일시적인 충격에 의한 변동폭이 높아, 이를 제거하면 경제의 기초여건에 따른 물가의 추세적 변동이 잘 나타난다는 장점이 있으나, 소비자의 체감물가와 괴리가 크다. 농산물 및 석유류제외지수는 소비자물가지수보다 낮게 나타나며 변동성도 작게 나타난다.

15-9 : 지수물가는 왜 피부로 느끼는 물가와 다를까?

우리는 일상생활 속에서 물가가 오르고 내리는 것을 피부로 느끼며 살고 있다. 주부는 가계부를 쓸 때, 직장인은 점심 값과 교통비에서, 학생들은 책과 학용품을 살 때 물가의 움직임을 피부로 느끼게 된다. 그런데 우리는 일상생활에서 피부로 느끼는 물가의 상승률보다 물가지수 작성기관에서 발표하는 물가지수의 상승률이 낮다는 느낌을 자주 갖게 된다. 이러한 현상은 일종의 착시현상인 경우가 대부분이다. 그러면 지수물가와 피부물가가 차이 나는 원인에 대하여 보다 자세히 알아보자.

첫째로 개인마다 소비하는 재화와 서비스들이 다르기 때문이다. 지수물가가 여러 가지 상품가격을 일정한 기준에 따라 종합한 평균적인 물가수준인데 비해 피부물가는 개인이 상품을 구입하는 과정에서 주관적으로 느끼는 물가이므로 자주 구입하는 몇몇 품목의 가격변동에 민감하게 움직이는 특징을 보인다. 예를 들어 어떤 시점에서 대학등록금이 많이 올랐지만 기술발전으로 냉장고, TV 등 전자제품 가격이 하락하여 품목들의 평균가격, 즉 지수물가는 변동하지 않았다고 하자. 그러나 이때에도 피부물가를 기준으로 보면 대학생 자녀를 둔 가정에서는 교육비 부담의 증가로 물가가 상당히 올랐다고 느끼는 반면, 전자제품을 구입하는 가정에서는 물가가 내렸다고 느낄 것이다. 즉, 지수물가가 숲

전체를 본 것이라면 피부로 느끼는 물가는 숲속의 나무 몇 개를 본 것이라고 비유할 수 있다.

둘째로 생활수준의 향상이나 가족구성원의 변동에 따른 소비지출 증가를 물가상승으로 착각하기도 한다. 소득이 늘어나서 TV나 냉장고를 대형으로 바꾸고 에어컨과 자동차도 새로 구입하였는데, 이때 전자제품 구입비, 전기료, 자동차 보험료, 기름값 등의 지출이 늘어난 것을 물가가 오른 것으로 혼동할 수 있다.

셋째로 소비자의 자기중심적 심리도 주요한 요인이 된다. 소비자는 가격이 떨어지거나 적게 오른 상품보다는 가격이 많이 오른 상품을 중심으로 물가를 미감하게 느끼는 경향이 있으며, 가격의 비교시점도 기준년도의 개념이 없이 개인의 과거 기억에 의존하여 가장 낮았던 시점의 가격으로 물가를 비교하기 때문에 지수물가와 차이가 날 수 있다. 또한 물가가 안정되어 있는 경우라도 증권이나 아파트, 토지 등 자산가격이 급격히 상승하는 시기에는 심리적으로 상당한 물가상승을 느끼는 경우가 많다.

마지막으로 물가지수 작성방법의 한계도 지수물가와 피부로 느끼는 물가의 차이를 발생시키는 요인이 될 수 있다. 현행 물가지수는 5년마다 기준년을 개편하고 조사대상품목과 이들 품목의 가중치를 조정하고 있다. 이에 따라 기준년에서 멀어질수록 소비지출구조가 바뀔 가능성이 높기 때문에 지수물가와 피부물가 사이에 차이가 확대될 수 있다. 예를 들어 과거에는 통신비의 비중이 작았으나 근년 들어서는 휴대폰의 보급 확대 등으로 그 비중이 확대되고 있는 추세이다.

→ 제 3 절 실 업

1. 실업의 정의와 측정

실업(unemployment)이라 함은 노동할 능력과 의사를 가지고 있음에도 불구하고 취업의 기회가 없으므로 부득이 고용되지 못한 상태이다. 실업이라는 현상은 근대 자본주의 사회에 있어서 보편화된 새로운 현상이라고 볼 수 있다. 현재는 완전고용이라든가 불완전고용이라는 말이 많이 사용되고 있다. 완전고용(full employment)은 한 국가에 있어서 그 가능노동인구의 전부가 취업하고 있는 것을 뜻한다. 한 국가의 가능노동인구란 총인구 중에서 만 14세 미만을 제하고 또 학생과 주부를 제외한 것이며, 불완전고용(less than full employment)은 가능노동인구가 완전히 취업의 기회를 얻지 못하고 그 중 일부가 실업상태에 놓이는 것을 의미한다.

15세 이상 노동가능인구 중에서 주부, 학생 등 원래부터 직장을 가질 수 없거나 또는 직장을 가지려고 하지 않는 사람들인 비경제활동 인구를 제외한 나머지를 경제활동인구(economically active population) 또는 노동력(labor force)이라고 부르며 실제로 고용될 수 있는 노동자의 수를 말한다. 여기서 경제활동인구를 노동가능인구로 나눈 값을 경제활동참가율이라 한다. 한편, 경제활동인구 또는 노동력 중 취업되지 않은 인구를 실업자로 간주한다. 취업자란 고용에 관한 조사가 실시되는 매월 15일이 속한 1주일동안 1시간 이상에 수입이 있는 일에 종사한 사람이라고 규정되며 실업자란 매월 15일이 속한 1주일 동안에 적극적으로 일자리를 구해봤으나, 수입이 있는 일에 전혀 종사하지 못한 사람으로서 일이 있으면 즉시 취업이 가능한 자로 정의된다. 따라서 현재 직장이 없다하더라도 일할 의욕이 없는 사람은 경제활동인구에 포함되지 않으며 따라서 실업자로 분류되지도 않는다. 이때 실업률은 실업자수를 경제활동인구로 나눈 값이 되며 일하기를 원하면서도 일할 자리를 찾지 못한 비율을 의미한다.

$$\text{실업률} = \frac{\text{실업자수}}{\text{경제활동인구(노동인구)}} = \frac{\text{실업자수}}{\text{(취업자+실업자)}}$$

15-10 : 우리나라의 실업률추이와 체감실업률과의 차이

우리가 피부로 느끼는 그리고 상식적으로 생각하는 바와는 다소 거리감이 있다. 왜 그런지를 살펴보기로 하자

실업률은 통계청에서 매월 약 3만2,000여 표본가구를 대상으로 하는 경제활동인구조사를 기초로 하여 측정되는데, 통계청은 대한민국에 상주하는 인구 중 만15세 이상인 사람들을 조사대상으로 하되 현역군인 및 공익근무요원, 전투경찰, 형이 확정된 교도소 수감자, 외국인은 조사대상에서 제외하고 있다. 매월 15일이 포함된 1주간을 조사대상 기간으로 하고 있다.

실제로 실업자 수를 추정하는 방식은 경제활동인구 가운데 조사대상 기간인 1주일 동안 일을 해서 소득을 얻었는지를 물어 '예'라고 대답하면 취업자가 되고, '아니요'라고 대답하면 다시 구직활동 여부를 질문한다. 구직활동 여부는 지난 4주간 구직을 위해 노력을 하였는지 미루어 보는 것으로, '예'라고 대답하면 일할 의사가 있음에도 취업을 하지 못한 것이기 때문에 실업자로 분류되고, '아니요'라고 대답하면 일할 의사가 없는 것으로

간주하여 비경제활동인구로 분류됨으로써 실업률을 계산하는 통계에서 빠지게 된다.

실업률의 해석과 관련하여서는, 첫째로 앞에서 설명한 것처럼 비경제활동인구로 분류되어 경제활동인구조사에서 제외되는 사람들의 수가 실업률에 영향을 미칠 수 있음이 고려되어야 한다. 또한 조사대상 기간이 매월 15일을 기준으로 한 1주일이기 때문에 이 기간에만 취업상태에 있는 사람이 있다면 실업률이 감소할 수 있음도 고려되어야 한다.

둘째, 일시적으로 고용되거나 파트타임으로 일하면서 정식고용을 원하는 사람이 취업자로 분류되어 실업통계에서 제외된다. 조사대상 1주일에 한 시간이라도 수입이 있는 일에 종사한 근로자는 나머지 시간을 대부분 구직활동에 할애하더라도 실업자가 아니라 취업자인 것이다. 임금을 받고 고용된 자로서 고용계약기간이 1개월 미만이면 일용근로자, 1개월 이상 1년 미만이면 임시근로자, 고용계약기간이 정해지지 않았거나 1년 이상이면 상용종사자로 분류하고 있기 때문에, 상용종사자 중에서도 일시적으로 고용된 불완전 취업자들이 많을 것이다. 같은 취업자라 하더라도 고용주, 자영자, 무급가족종사자, 상용근로자, 임시근로자 등과 같이 취업자가 실제로 일하고 있는 신분 내지 지위상태를 말하는 종사상의 지위(status of workers)를 파악해야만 진정한 의미의 취업자와 실업자를 구분할 수 있다.

셋째, 오랫동안 일자리를 찾지 못해 당분간 구직활동을 포기한 실망노동자 또는 구직단념자는 일할 의사가 없는 사람으로 간주되어 경제활동인구에서 제외된다. 경지침체기에 취업가능성이 낮아 구지활동을 당분간 포기하면 실업자가 아니라 비경제활동인구로 분류되는 것이다. 실제로 실망노동자 또는 구직단념자는 비경제활동인구 중 취업의사와 일할 능력은 있으나 적당한 일거리가 없을 것 같아서, 또는 조사대상 주간 이전에 구직하여 보았지만 일거리를 찾을 수 없어서, 또는 자격이 부족해서 등의 이유로 조사대상주간에 구직활동을 하지 않은 자 중 지난 1년 내 구직경험이 있었던 사람을 말한다. 그러므로 이들은 향후 노동시장에 유입될 가능성이 있는 잠재인력이란 점에서 중요한 의미를 가진다. 일자리를 성공적으로 탐색하지 못하여 탐색을 포기한 사람들이 실업자로 분류되지 않아 실업률을 떨어트리는 실망노동자효과는 앞에서 설명한 것처럼 경기침체기에 주로 나타나는 것으로 알려지고 있다.

이러한 세 가지 문제점 때문에 ILO기준에 의한 실업통계는 실제 실업률을 낮게 측정하는 경향이 있음을 유념하여야 한다. 위에서 설명하였던 부가노동자효과는 경기침체기에 실업률을 증가시키게 되는데, 일반적으로 이 효과는 실망노동자효과보다 그 크기가 크지 않은 것으로 알려져 있어 실업통계가 실제 실업률을 낮게 측정하는 경향이 있다는 사실을 변화시키지는 못한다.

실업률의 다른 측면에서의 한계를 살펴본다면, 실업통계가 취업자들의 근로소득수준에 대해 아무것도 알려 주지 않는다는 점을 우선 꼽을 수 있다. 근로소득이 빈곤수준을 초과하는지도 여기에 포함된다. 둘째, 실업자의 상당 부분이 가족 중 다른 구성원들의 근로소득이 있음을 나타난다. 예를 들면 실업자들 가운데 10대의 비중이 높다. 이는 실업자가 종종 가족들을 부양하는 주소득원이 아니라는 것이다. 셋째, 실업자의 상당수가 실업상태에 있는 동안 정부로부터 실업급여의 형태로 약간의 소득지원을 받는다.

마지막으로 실업률 통계가 경제활동인구 중에 일을 하지 않는 사람들의 비율에 대해서는 아무런 정보도 제공하지 않는다. 이런 문제점을 보완하기 위해 최근에는 취업자수가 생산가능인구에서 차지하는 비율을 나타내는 고용률(employment ratio)이 측정되고 있다. 앞서 지적한 대로 실업률을 해석할 때 경제활동참가율을 고려하여야 노동시장의 실업상태를 바르게 해석할 수 있다는 점을 고려할 때, 경제활동참가율의 개념이 포함된 고용률 통계가 실업률 통계보다 유용한 개념일 수 있다. 그럼에도 불구하고 실업률은 노동시장주건을 나타내는 유용한 지표임에는 틀림없다.

2. 실업의 분류

실업은 취업할 의사의 유무를 기준으로 하여 비자발적 실업과 자발적 실업으로 구분되며, 실업은 그것이 표면에 나타나는 형태에 따라서 현재적 실업과 잠재적 실업으로 구분된다. 실업은 또 그 발생의 원인이 경제의 내부에 있는가, 외부에 있는가에 따라 내재적 실업과 외생적 실업으로 나눌 수 있다.

1) 취업의사 유무에 따른 분류

자발적 실업(voluntary unemployment)이란 현재의 임금수준에서 취업하기를 자발적 의사로 거부함으로써 발생하는 실업이다. 이것은 노동자 스스로의 자유의사에 의한 실업이기 때문에 자발적 실업이라고 한다. 그러나 현재의 자본주의 사회에 있어서 노동의 효용은 보통 노동의 불효용보다도 크기 때문에 자발적 실업은 예외적 현상에 속한다. 이러한 실업이 발생하는 이유로는 일반적으로 노동조건에 대한 단체협약, 사회적 관습, 실업보험법 등을 지적하고 있으나 궁극적으로는 노동의 보수보다 노동의 고통이 더 크기 때문에 노동하는 것을 거절한다. 자발적 실업은 개인의 의사와 책임에 따르는 실업이므로 경제학과 경제정책의 연구대상이 될 수 없다.

비자발적 실업(involuntary unemployment)이란 현행의 임금률로는 고용될 의사를 가지고는 있으나 유효수요의 부족으로 말미암아 취업의 기회를 얻지 못하여 발생하는 실업이다. 케인즈는 비자발적 실업을 임금재의 가격이 화폐임금에 비하여 다소 등귀하였을 때에 현재의 화폐임금으로 일하려고 하는 노동의 총공급과 그 임금으로 고용하려는 총노동수요가 다같이 현재의 고용량보다 클 때에 존재하는 실업이라고 표현한다.

2) 표면에 나타난 형태에 따른 분류

현재적 실업(visible unemployment)은 실업현황이 분명히 표면화된 것을 의미하는데, 일반적으로 실업이라고 할 때는 이것을 의미한다. 반대로 잠재적 실업(invisible unemployment)은 표면적으로 보아서는 실업이 아니지만 노동자가 자기가 가지고 있는 생산력을 충분히 발휘하지 못함으로써 그가 받는 임금으로는 자기생활의 일부를 충족시키는 데 불과한 반실업상태를 의미한다. 엄밀한 의미에서 이것은 근대적인 개념의 실업의 범주에는 속하지 않는다. 로빈슨(John V. Robinson) 교수는 잠재적 실업을 위장실업(disguised unemployment)이라고 불렀다.

3) 경제구조의 특성과 경제외부 원인에 따른 분류

내재적 실업(endogenous unemployment)은 경제구조의 특수한 성격에 의하여 발생하는 것으로 이것에는 경기적 실업, 기술적 실업 및 좁은 의미의 구조적 실업이 있다. 외생적 실업(exogenous unemployment)의 발생원인은 경제외부에 있으며, 이 범주에는 계절적 실업과 마찰적 실업 등이 속한다.

3. 경제학 및 경제정책의 대상이 되는 실업

1) 마찰적 실업

마찰적 실업(frictional unemployment)은 노동의 수요와 공급이 일시적으로

부조정되어 일어나는 단기간 실업이며, 노동의 지역적 이동이나 전업의 부여, 시장사정의 불확실, 수요의 계절적인 변동 등에 의한 단기간 실업은 모두 이에 속한다. 이 마찰적 실업은 강제적으로 노동력의 배치를 일방적으로 결정하는 완전한 계획경제가 아니면 경제의 정상적 균형 하에서도 일어난다. 자본주의 체제 하에서는 개인의 경제적 자유, 즉 소비선택의 자유와 직업선택의 자유를 인정하여야 되는 것이므로 일시적인 소수의 마찰적 실업은 불가피하다고 본다. 즉, 사람들이 더 좋은 직장을 찾기 위하여 잠시 쉬고 있다든가, 새로운 지역으로 이사하여 새 직장을 찾는 중이라든가 또는 학교를 졸업하고 직장을 찾는 동안 발생한다. 따라서 마찰적 실업은 경제가 완전고용상태에 있을지라도 존재하는 것이다.

2) 경기적 실업(순환적 실업)

경기적 실업(cyclical unemployment)은 경기순환에 수반되는 것이며 불경기에 생산이 감축되는 데 따라서 발생하는 실업이다. 이 실업이 발생하는 원인은 경제 전체에 걸쳐 재화 및 용역에 대한 총수요가 부족한 데에 있다. 마찰적 실업은 대체로 자연적·기술적 원인에 따라 규칙적으로 발생하고 부분적·일시적인 성질을 띠고 있는 반면 경기(순환)적 실업은 경제적 원인에 따라 대체적으로 불규칙적으로 발생하고 일반적·장기적인 성질을 띠고 있다.

3) 구조적 실업

구조적 실업(structural unemployment)은 경기적 실업과는 달리 전체 노동에 대한 수요가 부족하여 발생하는 것이 아니라 어떤 특수한 종류의 노동에 대한 수요가 부족하여 발생하는 경우이다. 예컨대 IT 전문기술자나 건설업체에서 설계기술전문가를 요구하는데 이에 상응하는 기술을 갖고 있는 사람은 없고 이런 기술을 갖지 않은 사람들이 일을 하겠다고 할 경우 이런 불일치로 인한 실업이 발생된다. 이처럼 노동에 대한 총체적인 수요의 크기가 아니라 수요의 구조적 변화(경제적 변화)에 의해서 발생되기 때문에 구조적 실업이라 불리운다. 즉, 노동수급의 총량이 문제가 아니라 그 구조가 문제인 것이다.

소비자기호의 변화, 기술변동, 새로운 산업의 등장, 경제발전의 지역적 격차 등은 그 나라의 경제구조를 변화시키고 일자리의 형태나 직장소재지도 변화시킨다. 따라서 새로운 직장은 옛날 직장과는 전혀 다른 기술과 훈련이나 주거지의 이전을 요구하게 되는데 노동자들이 이에 신속하게 적응할 수 없을 때 구조적 실업은 불가피하다. 이와 같은 종류의 실업은 노동자들이 새로운 기술을 습득하고 새로운 환경에 적응하는 법을 배울 때까지 쉽게 해결되지 않으며 앞서 보았던 마찰적 실업이나 경기적 실업보다 장기간 지속되는 성향을 띠고 있다.

4) 계절적 실업

날씨, 관광객 패턴, 그리고 다른 계절적인 요인과 관련되어 있는 실업을 계절적 실업이라고 불린다. 예를 들어, 스키장의 강사들은 여름철 일자리를 잃고, 건설노동자들은 주로 겨울철에 일자리를 잃게 되는 경우가 많다. 계절적 실업은 마찰적 실업처럼 다소 덜 고통스럽다. 단기간이며, 어느 정도 예측 가능하므로 노동자들은 비시즌에 다른 일거리를 찾을 수 있다.

4. 실업의 비용

우리 사회에서 실업의 비용은 무엇일까? 두 가지 종류의 비용을 생각할 수 있다. 먼저 쉽게 화폐 단위로 측정될 수 있는 경제적 비용, 그리고 화폐로 측정하기 어렵거나 불가능하지만 우리에게 중요한 측면에서 영향을 미치는 비경제적 비용으로 나눠 생각해 볼 수 있다.

1) 경제적 비용

실업의 주요 경제적 비용은 생산손실의 기회비용이다. 실직자들이 일을 찾을 수 없기 때문에 생산하고 있지 않지만 일을 하고 있으면 생산하였을 재화와 서비스의 기회비용은 일반적으로 우리 사회가 감수해야 한다.

한 국가 전체적인 관점에서 볼 때 실업이 존재함으로써 잠재적 산출량 수준 때보다 삶의 질이 낮다고 할 수 있다. 즉, 잠재적 산출수준에서 경제가 작동했을 때 우리가 가질 수 있는(잠재적 산출수준에서 삶의 질) 것보다 더 낮은 삶의 질이 있게 한다.

2) 사회적 비용

실업은 개인적인 관점에서 경제적, 심리적, 그리고 육체적 손상을 가져온다. 특히 실업이 수개월이나 수년간 지속될 때 심각한 심리적 그리고 육체적 영향을 미칠 수 있다. 실업의 증가가 심장마비로 인한 사망, 자살, 그리고 범죄자와 정신병원 환자를 크게 증가시킬 수도 있다. 또한 실직자들은 높은 혈압, 심장병, 불면증, 그리고 기타 다양한 종류의 건강상의 문제들을 겪을 가능성이 더 높다. 가정폭력, 우울증, 그리고 알코올 중독과 같은 문제들이 있을 수도 있다. 그리고 직장을 잃고 오랜 기간 동안 실직하고 있는 대부분의 사람들은 그들의 의료보험 혜택을 받을 수 없으므로 건강상 심각한 결과를 초래할 가능성을 높인다.

제16장 소비, 투자, 정부지출과 승수모형

제1절 소비지출과 저축

1. 소비함수

한 나라의 경제가 유지할 수 있는 국민소득(국민총생산)수준은 단기에 있어서는 그 경제가 생산하는 여러 가지 소비재에 대한 소비자의 지출(소비수요)과 기계, 건물, 공장설비 및 재고 등에 추가되는 투자재에 대한 기업의 투자지출(투자수요)의 크기에 달려 있다고 볼 수 있다. 개인 및 가계부문의 소비지출, 즉 소비수요에 영향을 미치는 요인들은 매우 많다. 예를 들면, 여성의 의상 및 의류 등에 대한 소비자의 수요는 유행의 변화에 매우 민감하며 광고선전에도 매우 민감다. 그리고 광고는 소비자의 구매습관과 기호에 커다란 영향을 미쳐 소비수요에 큰 영향을 미치기도 한다.

경제학자들은 대체적으로 다음과 같은 몇 가지를 소비지출의 중요한 결정요인으로 제시하고 있다.

첫째, 가장 중요한 요인으로서 실질소득수준을 꼽는다. 어느 한 가계에서 소비지출이 얼마인가 하는 것은 그 가계의 실질소득이 얼마인가에 크게 의존한다. 마찬가지로 한 국민경제의 총소비지출의 수준은 그 경제의 국민소득수준에 크게 의존한다. 경험적 가설에 따르면, 한 경제의 소비수준은 소득수준이 높아질수록 높아진다는 것이다. 이와 같이 소득과 소비의 관계는 매우 밀접한 정(+)의 관계에 있다.

둘째, 부(wealth) 또는 자산(assets)을 들 수 있다. 경험적 가설에 따르면, 소비자의 실질소득이 일정할 때 그가 보유하고 있는 부 또는 자산이 많을수록 소비지출수준은 높아진다는 것이다.

셋째, 소득분배의 상태에 의해서도 소비지출이 영향을 받는다고 보는 학자들도 있다. 일반적으로 가계의 소득이 균등하게 분배될수록 소비지출수준은 더 높아진다고 알려져 있다.

넷째, 소비자의 기호, 인구의 연령구조, 사회보장제도 등도 소비지출에 영향을 주는 요인으로 작용한다고 볼 수 있다.

이상을 요약해 보면, 소비지출은 다음과 같은 요인들에 의해 영향을 받는다고 할 수 있다. 즉, 소비지출은 소득수준(Y), 부 또는 자산(W), 소득분배상태(d), 이자율(r) 및 기타 요인들에 의해 영향을 받는다고 볼 수 있다. 이러한 소비지출에 영향을 주는 요인들과 소비지출과의 관계를 함수로 나타낸 것을 소비함수(consumption function : C)라 하고 다음과 같이 나타낸다.

$$C=(Y,\ W,\ d,\ r\ \cdots\cdots) \qquad (16 \cdot 1)$$

위 식에서 소득 이외의 다른 요인들은 주어진 것으로 가정하고 다만 소비지출의 수준을 여러 가지 가처분소득(Y_d)에서 파악한다면 소비함수는,

$$C=f(Y_d) \text{ 또는} \qquad (16 \cdot 2)$$

$$C=a^0+bY_d \qquad (16 \cdot 3)$$

로 나타낼 수 있다.

이와 같이 소득 이외의 모든 요인을 주어진 것으로 가정하고 소비지출액(C)과 가처분소득(Y_d) 사이의 관계를 〈표 16-1〉과 같다고 가정하고, 이를 그림으로 나타내면 [그림 16-1]이다. 이를 소비성향곡선(consumer propensity curve)이라고 부른다

한편, 케인즈(J. Keynes)에 의하면, 소비함수식 (16 · 3) $C=a^0+bY_d$에서 a^0는 장기적으로 소비수요에 영향을 미칠 가능성이 있는 비소득결정요이며, 이것은 사람들의 심리적 신호 등에 따른 주관적 요소(단기에 쉽게 변하지 않음)와 가계의 소비능력에 영향을 미치는 Y_d에 영향받지 않는 객관적 요소(비소득변수로서 단기적으로 쉽게 변할 수 있음으로서 음), 이자율, 자산의 크기, 소득분배, 소비자 신용 등에 의해 영향을 받는다.[1)]

---

1) Keynes는 b는 Y_d에 의존한다고 봤으며, b가 Y_d에 절대적으로 의존한다는 의미에서 절대소

〈표 16-1〉 가계의 저축과 소비

(1) 가처분소득 (Y_d)	(2)=(1)−(3) 순처분(+) 또는 부의 저축(−)S	(3) 소 비 (C)	(4) (소득.소비)좌표
12,000	-110	12,110	A
13,000	0	13,000	B
14,000	150	13,850	C
15,000	400	14,600	D
16,000	760	15,240	E
17,000	1,170	15,830	F
18,000	1,640	16,360	G

2. 저축함수

저축은 가처분소득에서 소비를 뺀 것($Y_d - C$)이므로 소비함수가 주어지면 저축함수(saving function)는 자동적으로 구해진다. 즉, 저축함수란 여러 가지 가처분소득의 수준에서 가계가 계획하는 저축의 수준을 보여주는데, [그림 16-1](b)에서 S곡선은 저축곡선이 된다. 가처분소득과 저축도 정(+)의 관계에 있다. 이를 함수식으로 나타낸 것을 저축함수라 하고,

$$S=f(Y_d) \quad \cdots\cdots (16 \cdot 4)$$

로 나타낼 수 있다. 즉, 가처분소득이 증가하면 저축도 증가한다. 그러나 가처분소득이 꼭 필요한 소비수준보다 낮으면 저축은 부(−)가 된다. [그림 16-1](a)에서 가처분소득인 45°선과 소비곡선이 만나는 점 또는 (b)에서 저축곡선이 횡축과 만나는 점보다 낮은 수준에서 부(−)의 저축이 발생하고 있음을 알 수 있다.

득가설이라고 부른다. 그러나 듀젠베리는 상대적소득가설을, 모딜리아니는 생애주기설을, 프리드만은 항상소득가설을 주장한다.

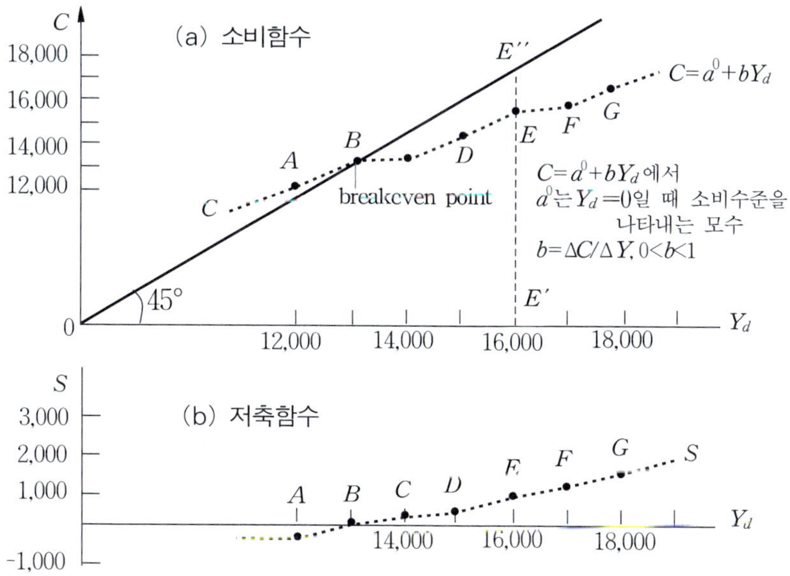

[그림 16-1] 소비곡선과 저축곡선

3. 소비곡선과 저축곡선의 이동

소비곡선과 저축곡선은 가처분소득(Y_d) 이외에 영향을 주는 요인이 변화하면 이동하게 된다. 예를 들어, 가계가 보유하고 있는 자산(금융자산)이 증가하면 소비곡선은 [그림 16-2](a)에서 C_0에서부터 C_1으로, 즉 상방으로 이동하고 저축곡선은 [그림 16-2](b)에서 S_0에서부터 S_1으로, 즉 하방으로 이동한다. 또한 장래에 소득이 감소되리라고 예상되면, 소비곡선은 하방으로 이동하고 저축곡선은 상방으로 이동하게 된다. 이와 같이 소비곡선 및 저축곡선의 이동을 각각 소비성향의 변화(change of propensity to consume)와 저축성향의 변화(change of propensity to save)라고 하는데 [그림 16-2](a)와 (b)에서 볼 수 있다.

반면, 단순히 소득변화(증가)에 따라 소비가 변화(증가)하는 경우를 소비의 유발적 변화라고 한다. 이는 주어진 소비곡선을 따라 나타나는 것으로 소득변화에 의해 유발되었다고 본다.

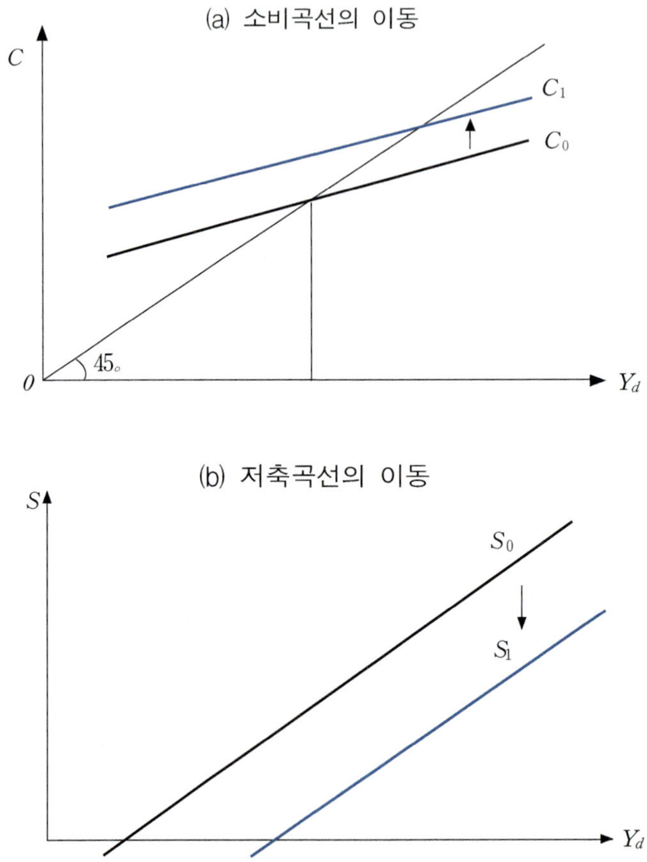

[그림 16-2] 소비곡선과 저축곡선의 이동

4. 소비성향과 저축성향

가처분소득 가운데 소비되는 비율을 평균소비성향(average propensity to consume : APC)이라고 부르고, 가처분소득 가운데 저축되는 비율은 평균저축성향(average propensity to save : APS)이라고 부른다. 즉, 평균소비성향(APC)과 평균저축성향(APS)은,

$$APC = C/Y_d \quad \cdots\cdots (16 \cdot 5)$$

$$APS = S/Y_d \quad \cdots\cdots (16 \cdot 6)$$

로 정의된다. 그런데 $Y_d = C + S$이므로 $APC + APS = 1$이 된다.

한편, 소득수준이 추가적으로 증가할 때 소비지출이 얼마나 추가적으로 증가하는가를 나타내 주는 개념은 한계소비성향이라 부른다. 즉, 한계소비성향(marginal propensity to consuming : MPC)이란 다른 모든 요인이 불변인데 소득이 한 단위 변화할 때 나타나는 소비지출의 변화를 말한다. 그리고 이것은 소비성향곡선(또는 소비곡선)의 기울기($\Delta C/\Delta Y_d$)가 된다. 마찬가지로 한계저축성향(marginal propensity to save : MPS)이란 다른 요인들이 변하지 않고 소득이 한 단위 변할 때 나타나는 저축의 변화를 말하며, 이는 저축성향곡선의 기울기($\Delta S/\Delta Y_d$)가 된다. 〈표 16-2〉는 한계소비성향과 한계저축성향의 계산을 보여주고 있다. [그림 16-2](a)에서 소비곡선의 기울기($\Delta C/\Delta Y_d$)는 그 소득수준에서의 한계소비성향의 값을 나타내 주고 있다. 마찬가지로 [그림 16-2](b)의 저축곡선의 기울기($\Delta S/\Delta Y_d$)는 그 소득수준에서의 한계저축성향의 값을 나타낸다.

한편, 〈표 16-2〉에서 보는 바와 같이 $MPC + MPS = 1$, 또는 $MPC = 1 - MPS$의 관계가 성립한다는 것을 알 수 있다.

지금까지 우리는 대표적인 가계의 소비지출이 가계의 소득수준이 달라짐에 따라 어떻게 달라지는가를 가상적인 가계지출자료를 사용하여 살펴보았다. 한 국민경제 전체의 총소비지출과 가처분개인소득을 연결하는 국민소비곡선(nations consumption schedule)도 개인 및 가계의 소비지출에서와 같이 설명할 수 있다. 다른 요인들은 일정하다고 가정하면, 한 국민경제 전체의 총소비지출(C)과 총가처분소득(Y_d)간에는 정(+)의 관계가 있다고 본다.

〈표 16-2〉 한계소비성향과 한계저축성향

(단위 : 백만원)

(1) 가처분소득(Y_d)	(2) 소비지출(C)	(3) $MPC=\Delta C/\Delta Y_d$	(4) 순저축(S)	(5) $MPS=\Delta S/\Delta Y_d$	
12,000	12,110	0.89	-110	0.11	A
13,000	13,000	0.85	0	0.15	B
14,000	13,850	0.75	150	0.25	C
15,000	14,600	0.64	400	0.36	D
16,000	14,240	0.59	760	0.41	E
17,000	15,830	0.53	1,170	0.47	F
18,000	16,360		1,640		G

제2절 기업의 투자수요와 이자율

1. 투자수요와 이자율

투자란 기업의 생산설비 등 자본재(capital goods)를 마련하기 위한 지출(수요)을 발한다. 기업이 설비 및 자본재를 마련하는 목적은 ① 소모된 자본설비를 보충하려는 것과 ② 자본설비를 확충하려는 것이다. 소모된 자본설비를 보충하기 위한 투자지출을 대체투자 또는 재투자, 자본설비를 확충하기 위한 지출을 신투자라고 한다. 따라서 투자란 자본재의 증가 또는 유지를 위하여 행하여 지는 지출을 말한다. 즉, 기존 자본재의 대체를 위한 지출(재투자)이건 새로운 설비를 위한 지출(신투자)이건, 그 모두의 지출을 총투자지출(총투자)이라 한다. 그리고 그 지배적인 동기는 이윤추구에 있다.

투자지출의 결정요인들은 가계의 소비지출의 결정요인들보다 복잡하고 유동적이다. 앞에서 설명한 바와 같이, 소비지출은 소득수준에 크게 영향을 받으며, 그리고 주어진 소득수준에서 비교적 안정적인 데에 비하여 투자지출은 국민소득의 증가에 영향을 받는 것보다 기업가의 장래에 대한 이득, 이자율 등에 의해 보다 더 큰 영향을 받게 되므로 변동성이 크다. 또한 투자지출의 변화는 경제의 변동이나 성장에 있어서 큰 영향을 미치는 중요한 요인이 된다.

기업이 투자지출을 행하는 주된 동기는 이윤의 추구에 있으며, 이윤을 얻기 위하여 투자를 결정하는데 있어서 기본적으로 고려해야 할 가장 기본적인 요인은 ① 예상수익률과 ② 이자율이다. 즉, 기업이 새로운 자본재(공장, 설비)를 구매하는 것은 이로부터 이윤을 얻을 수 있으리라고 기대하기 때문이다. 이와 같이 기업이 어떤 자본재의 구매로부터 얻을 수 있으리라고 예상하는 수익률을 예상수익률이라고 한다.

예를 들어, 1,000만원에 해당하는 기계가 있고 이 기계는 1년 사용 후 폐기처분을 한다고 하자. 그리고 이 기계를 사용하여 상품을 생산하여 팔면 2,000만원의 수익을 올릴 수 있을 것으로 예상된다. 단, 이 기계를 작동하는데 인건비 및 원료비가 900만원이 소요된다고 가정하자. 그러면 이 기계를 구입(투자)하였을 때 수익률(예상되는 수익률)은 얼마나 되는가를 계산해 보자.

1,000만원짜리 기계를 구입해서 제품을 생산하여 2,000만원 상당의 판매수입

을 가지고 인건비와 원료비 900만원을 공제하면 1,100만원이 남는다. 여기서 수명이 다해서 사용불가능한 기계값 1,000만원을 공제하면 100만원의 수익이 남는다. 즉, 1,000만원의 비용으로 1년 고생해서 그 비용(원금) 1,000만원을 빼고, 100만원의 수익을 올린 셈이다. 즉, 수익률은 10%이다. 이것을 수식으로 나타내면 다음과 같이 쓸 수 있다.

$$\text{예상수익률} = \frac{(\text{판매수익} - \text{운영비}) - \text{기계구입비(투자지출)}}{\text{기계구입비}}$$

$$= \frac{(2{,}000 - 900) - 1{,}000}{1{,}000} = 10\%$$

즉, 예상수익률은 10%이다. 이상의 예를 일반화시키면, 식 (16・7)과 같이 나타낼 수 있다.

$$r_e = \frac{(R - C) - S}{S} \quad \cdots\cdots (16 \cdot 7)$$

r_e : 예상수익률
R : 판매수입
C : 운영비(인건비, 원료비 등)
S : 기계구입비[공급가격(supply price)이라고도 함]

기업이 이 기계(자본재)를 구입하기 위한 자금은 자기자본, 즉 유보된 이윤(내부금융)으로, 또는 은행으로부터의 차입(외부금융)으로 충당할 수 있다. 은행에서 차입했다면 이에 대한 이자율을 지불해야 하고 자기자본으로 구매하였다면 은행에 예금하는 경우에 얻을 수 있는 이자, 즉 기회비용을 포기하지 않으면 안된다. 따라서 내부금융이든 외부금융이든 어느 경우에 있어서든 투자에 따른 비용은 이자율이 나타내 주고 있다고 볼 수 있다. 그러므로 기업은 이자율보다 예상수익률이 높으면 이 기계를 구입할 것이고 이자율이 예상수익률보다 높다면 이 기계를 구입하지 않을 것이다. 이와 같이 투자를 결정하는 요인은 예상수익률과 이자율이다. 개별기업의 투자에 따른 예상수익률을 케인즈는 투자의 한계효율(marginal efficiency of investment : MEI)이라고 불렀다. 투자의 한계효율은 기계를 운영하여 얻는 순수익($R-C$)과 기계구입비용(S)을 일치시키는 할인율(discount rate)과 동일하다. 식 (16・7)의 양변에 S를 곱하여 우변의 S를 좌변으로 이동하여 정리하면

$$S + r_e \cdot S = R - C$$
$$(1 + r_e) = R - C$$
$$S = (R - C)/(1 + r_e) \quad \cdots\cdots (16 \cdot 8)$$

이 된다.

식 (16・8)은 기계의 내구년수가 1년이라고 했을 경우에 *MEI*를 구하는 공식을 나타내고 있다. 그러나 이제 기계의 수명이 1년이 아니고 n년동안 내구성이 있다고 할 때 예상수익률을 구하는 공식은 다음과 같다.

$$S = \frac{(R_1 - C_1)}{(1 + r_e)} + \frac{(R_2 - C_2)}{(1 + r_e)^2} + \ldots + \frac{(R_n - C_n)}{(1 + r_e)^n}$$
$$= \frac{A_1}{(1 + r_e)} + \frac{A_2}{(1 + r_e)^2} + \ldots + \frac{A_n)}{(1 + r_e)^n} \quad \cdots\cdots (16 \cdot 9)$$

R_i : i년도 예상판매수입비(i=1, 2,⋯, n)
C_i : i년도 예상운영비(i=1, 2,⋯, n)
S : 기계구입비(공급가격), 투자액
n : 기계의 내용년수
A_i : $(R_i - C_i)$, 즉 기업의 i년도의 예상수익

이상에서 볼 때, 이자율이 주어지면 기업이 계획하는 투자규모를 알 수 있다. 예를 들면, 이자율이 10%라면 예상수익률이 10%보다 높은 모든 투자계획을 실행할 것이다. 또한 이자율이 8%라면 기업은 예상수익률이 8%보다 높은 모든 투자계획을 실행할 것이다. 즉, 기업은 자금을 차입할 때 투자의 한계효율이 이자율보다 높으면 기업이 생각하기에 자금차입비용이 낮다고 생각하므로 투자를 자극하게 될 것이다(r_e〉i이면 투자를 확대시키고, $r_e = i$일 때 투자를 중지시키고, $r_e < i$이면 투자를 취소시킬 것이다). 이러한 사항을 그림으로 나타내면 [그림 16-3](a)와 같이 투자의 한계효율곡선이 도출된다. [그림 16-3] (a)에서 투자의 한계효율곡선이 우하향의 형태를 취하는 이유는 기업의 투획이 예상수익률(r_e)이 이자율(i)을 상회하는 한 예상수익률이 높은 것부터 실행할 것이기 때문이다. 그 결과 [그림 16-3](b)와 같은 투자수요곡선이 도출된다. [그림 16-3](b)의 투자수요곡선은 다음과 같이 투자함수(I)로도 표시할 수 있다.

$$I = 10억 - 0.5i \quad \cdots\cdots (16 \cdot 10)$$

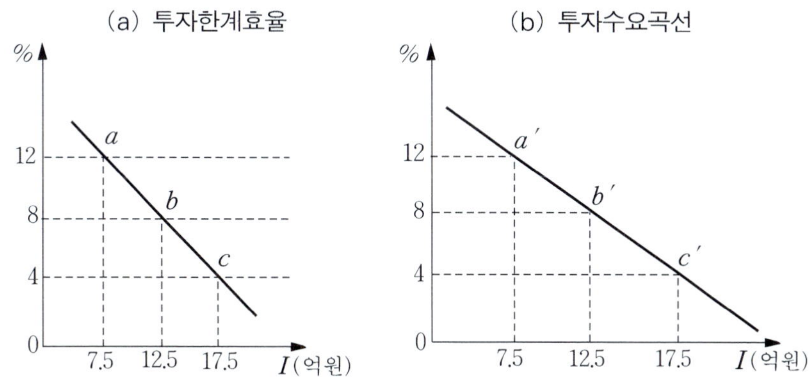

[그림 16-3] 투자한계효율

앞의 식 (16・10)은 투자함수는 투자가 이자율에 관계없이 기업가의 장래 예상 등에 의하여 결정되는 독립투자(10억)와 이자율(i)에 영향받는 투자($0.5i$)로 구선되어 있음을 보여주고 있다.

앞의 예를 일반화시켜 보면,

$$I=I^0-d_i \quad \cdots\cdots (16 \cdot 11)$$

가 된다.

요컨대, 개별기업은 각 투자계획별로 예상수익률을 계산하여 투자의 한계효율(MEI)이 높은 것부터 낮은 것으로 배열한 후 이자율의 크기에 따라 투자규모를 결정할 것이다. 즉, 개별기업은 높은 예상수익률(높은 자본의 한계효율)의 투자계획부터 집행하게 될 것이다. 그러므로 개별기업의 투자결정을 자본의 한계효율곡선으로 설명할 수 있다. 여기서 주의할 것은 만약 기업가의 자신감이나 기대가 증대한다고 하면 [그림 16-4]에서와 같이 투자의 한계효율곡선은 MEI_2와 같이 우상방으로 이동할 것이고, 따라서 동일한 이자율 $(i=r)_1$에서도 투자는 증가한다. 물론 이러한 논리는 그러한 이자율 조건에서 투자자금의 공급이 얼마든지 있을 수 있다는 가정 하에서 성립한다.

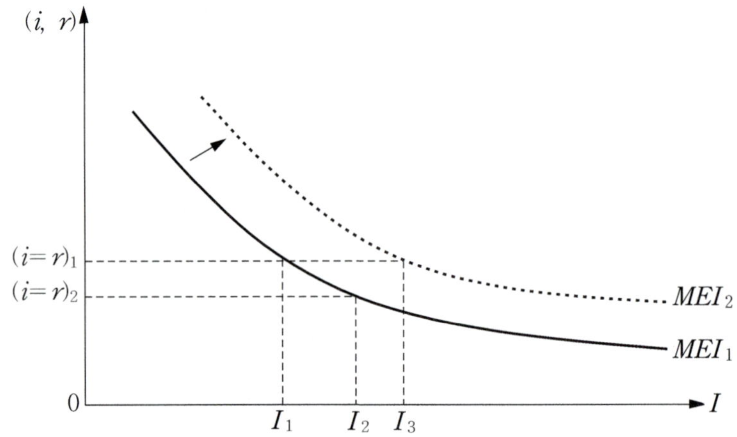

[그림 16-4] 투자결정과 *MEI*

2. 독립투자와 유발투자

[그림 16-3](b)에서 이자율이 8%라면, 12.5억원의 투자가 행하여질 것이다. 이 12.5억원의 투자는 국민소득수준과 관계없이 항상 동일하다. 이처럼 국민소득과 무관한 투자를 독립투자(autonomous investment)라고 부르며 그림으로 나타내면 [그림 16-5]에서 수평으로나타나고 있다.

이처럼 소득수준과 관계없이 일정한 수준(I^0=12.5억원)을 유지하게 되므로 투자함수는

$$I=I^0 \quad \cdots\cdots (16 \cdot 12)$$

가 된다.

한편, 국민의 소비지출이 증가하면, 재화 및 용역의 판매(수요)가 증가하여 기업의 이윤이 증가하게 되고, 이것이 기업의 장래에 대한 기대를 자극 하여 투자를 증가시킨다. 이처럼소비의 증가는 투자를 유발하는데 이러한 투자를 유발투자(induced investment: I_i)라고 부른다. 그런데 소비의 증가는 소득의 증가에 영향을 받으므로 결국 유발투자(I_i)는 소득증가에 의해 유발된 투자라 할 수 있으며, 유발투자는 소득의 함수로 나타낼 수 있다. 즉,

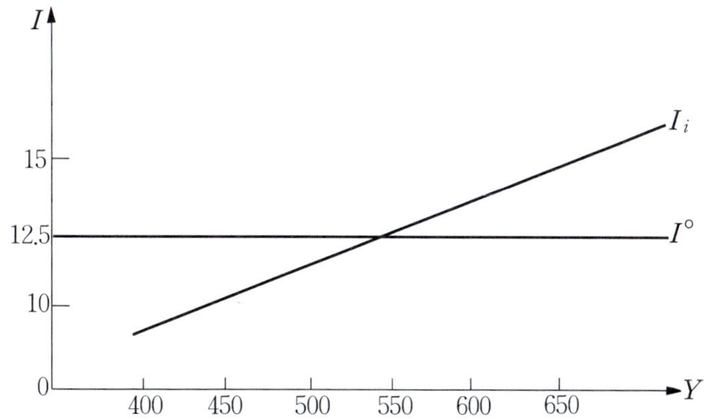

[그림 16-5] 유발투자와 독립투자

$$I_i = f(Y) \quad \cdots\cdots (16 \cdot 13)$$

가 된다. 그리고 이를 그림으로 나타내면 [그림 16-5]에서와 같이 소득수준의 크기에 따라 상향하는 곡선으로 나타나게 그린다.

요컨대, 자발적 투자(autonomous investment) 또는 독립적 투자(independent investment)란 국민소득과 아무 관계없이 경제외적 요인에 의하여 결정되는 것이며, 유발적 투자(induced investment)란 국민소득수준의 크기에 의하여 결정되는 투자이다. 자발적 투자는 장래의 시장에 대한 기업가의 기대, 신기술의 도입 등과 같은 경제외적 요인에 의하여 국민소득의 수준과는 하등의 관계 없이 결정되는 투자이다. 오늘날 선진 자본주의 국가에서는 자발적 투자가 더 중요한 의의를 가지고 있다.

→ 제 3 절 정부의 지출과 재정정책

1. 정부지출의 종류

정부지출의 중요한 사항을 지출대상기준으로 분류하면 크게 4가지로 구분할 수 있다. ① 당해기간, 다시 말하면 그 지급이 행하여지고 있는 기간동안에 생산되는 재화 및 용역을 구입하기 위한 지출, ② 어떤 특정한 개인이나 단체에 대하여 지출하는 보조금(subsidy), ③ 그 기간 동안에 생산된 것이 아니라 전부터 존재하고 있는 재화를 구입하기 위한 지출, 그리고 ④ 직접 및 간접적으로 국민에 대여하는 것 등이 있다.

위의 ①항에 해당하는 지출 중 대표적인 것은 정부투자이다. 정부의 투자는 도로, 항만, 통신, 운수 등의 공공사업에 대한 투자나 교육투자 이외에 유형·무형의 모든 사회간접자본을 구축하기 위한 지출이다. 이러한 지출은 경제성장에 기여하는 것은 물론이고 또한 공공수요의 충족을 만족시켜 주기도 한다. 또 어떤 공공지출은 소득재분배의 성격을 갖고 있는 경우도 있다.

②에 해당하는 보조금에는 개인에 대한 이전지출과 기업이나 단체에 대한 이전지출로 나누어진다. 개인에 대한 이전지출은 실업자에 대한 수당, 노령자 및 질병자 등에게 대한 이전지출을 들 수 있다. 기업 및 단체에 대한 것은 수출보조금, 특정산업에 대한 투자보조금 등이 있다. 개인에 대한 이전지출은 주로 소득재분배적 의미가 크다. 기업에 대한 선별적 이전지출은 특정산업 또는 특정경제활동에 대한 보호 또는 우선육성정책으로 이용된다.

③항, 즉 기존재화에 대한 지출은 국민소득에 직접적으로 어떤 영향을 미치지는 않지만, 자원배분에는 어느 정도 영향을 미칠 것이다. 마지막으로 ④항, 즉 개인이나 단체에 대한 정부의 대여 역시 특정부문에 대한 우선육성책의 한 방법으로 이용되는 정책수단이다. 그런데 이러한 특수금융의 비중이 커지면 일반금융기관의 창구를 통해서 대출되는 일반금융이 상대적으로 위축되기 마련이다.

2. 재정정책

재정정책은 정부예산의 지출(G) 및 세입(T)의 양과 구조를 통해 총수요를 관리하는 정책이다. 양적인 측면에서 볼 때 재정정책은 지출 및 세입의 차이에 의해 그 효과가 나타난다. 즉, 재정지출은 그 자체로서 총수요의 일부가 되어 경기를 상승시키는 반면 조세수입은 국민들의 가처분소득을 감소시켜 경기를 하강시킨다. 따라서 재정적자가 될 경우 총수요는 증가하게 되며 재정흑자의 경우에는 총수요가 감소하게 된다. 다만 주의할 것은 지출과 세입이 동일한 규모로 이루어지는 경우, 즉 균형예산의 경우에도 약간의 총수요증가가 이루어진다는 것이다. 왜냐하면 재정지출은 그 전량이 총수요증가로 나타나지 않고 세입의 증가로 인한 소비지출의 감소만큼은 총수요감소로 나타나기 때문이다.

양적인 측면뿐 아니라 지출 및 세입의 구조도 총수요에 영향을 미친다. 지출의 경우 그것이 투자적 성격의 지출인가 또는 인건비, 국방비, 사회보장비 등 소비적 성격의 것인가에 따라 총수요 및 총공급곡선은 장기적으로 다른 영향을 받게 된다. 일반적으로 모든 재정지출은 총수요를 증가시키지만 투자적 성격의 지출의 경우 장기적으로는 총공급 역시 증가하게 된다. 한편, 세입의 경우에는 간접세와 직접세의 구별이 중요하며 또한 직접세 중에서도 소득세와 법인세는 각각 그 효과가 다르게 나타난다. 간접세는 상품가격의 일정비율을 세금으로 거두는 제도로서 조세의 최종부담자는 기업이 아니라 결국 그 상품의 구매자가 된다. 이러한 조세방식은 직접적으로 물가를 상승시키며 또한 소득에 관계없이 소비의 일정비율로 세금이 매겨짐으로써 소비성향이 높은 저소득층에 상대적으로 높은 비율의 세금이 부과되어 소득역진적인 성격을 가진다. 반면, 직접세는 발생된 소득의 일정비율을 조세로 거두어 들이는 방식으로서 간접세와 달리 세율을 소득에 따라 차등부과함으로써 누진적인 성격을 가질 수 있으며 조세의 납부자와 실제부담자가 일치하는 등의 합리성이 있으나 반대로 간접세에 비해 징수비용이 많이 들고 세원을 정확히 포착하기 어려운 점 등의 단점도 있다. 직접세는 그 대상이 무엇인가에 따라 소득세와 법인세로 나뉘는데 가계의 근로소득에 부과하는 소득세는 소비지출에만 영향을 미치고, 법인세는 기업의 투자지출에 영향을 주게 되어 총수요뿐만 아니라 총공급도 변화하게 된다. 이와 같이 재정지출과 세입을 구성하는 여러 항목이 각기 다른 효과를 가지기 때문에 그 각각의 구성비도 재정정책의 주요 대상이 된다.

한편, 재정정책의 실시에 따른 예산의 과부족이 발생할 경우 이러한 재정적자를 충당하거나 재정흑자를 처리하는 과정은 통화공급을 수반하게 되므로 이것은 곧 통화금융정책을 수행하는 것과 다를 바 없어 경제 전체에 영향을 주게 된다. 다시 말해서 재정정책은 그 예산과부족을 처리하는 과정에서 반드시 통화금융정책과 필연적으로 조합될 수밖에 없다는 문제가 제기된다. 재정적자를 처리하는 방법에는 두 가지가 있는데 그 하나는 중앙은행으로부터 자금을 차입하는 것이다. 이 경우 중앙은행은 그만큼의 현금통화를 창조하여 정부의 요구에 응하게 되고 이와 같이 증가된 현금통화는 앞에서 설명한 예금통화의 공급과정을 통해 더 많은 통화팽창을 가져와 인플레이션의 위험이 뒤따르게 된다.

또 다른 재정적자의 처리방법은 공채를 발행하고 이를 민간에게 판매하여 민간으로부터 직접 자금을 빌리는 것이다. 이 경우 통화량은 변화가 없으므로 물가불안의 문제는 비교적 적다. 그대신 자금시장에서의 자금공급은 일정한데 정부차입에 따라 대출수요가 늘게 되므로 이자율이 상승하게 되어 민간기업의 투자를 위한 대출수요는 그만큼 감소하게 된다는 문제가 발생한다. 다시 말해서 공채발행에 의한 적자보전의 경우 정부의 재정지출이 민간의 투자지출을 감소시키는 효과를 가진다. 이것을 구축효과(crowding-out effect)라고 한다.

요약하자면 정부의 재정정책은 그 재원을 전량 조세에 의해 마련하지 않는 한 중앙은행차입이든 공채발행이든 통화금융체계에 일정한 부작용을 미치게 마련이어서 재정정책은 적절한 통화금융정책과의 조합에 의해 보완되어야 할 것이다.

제 4 절 지출충격과 승수효과 -단순소득결정모델-

한 경제의 총수요측면을 구성하는 $\{C+I+G+X\}$이 모두 지출되었다면 모든 경제주체의 집계적 지출액과 같은 총지출(Aggregate Expendture : AE)은 $\{C+I+G+X\}$의 지출액과 같다. 그리고 생산된 $GDP(Y)$는 모든 기업의 총판매액(총생산)과 동일하다. 따라서 총지출이 $GDP(Y)$보다 작을 때, 일반적으로 기업은 생산을 줄이고 $GDP(Y)$는 감소할 것이고, 총지출이 $GDP(Y)$ 보다 클 때 기업은 생산을 늘리고 $GDP(Y)$는 증가할 것이다. 총지출이 $GDP(Y)$와 같을 때는 기업은 동일한 비율로 $GDP(Y)$를 생산할 것이므로 불변일 것이다.

결국 한 경제에서 총지출과 총산출량이 같아질 때 $GDP(Y)$균형수준이 된다. 즉,

$$C+I+G+NX > \text{GDP} \Rightarrow \text{GDP}\uparrow$$
$$C+I+G+NX < \text{GDP} \Rightarrow \text{GDP}\downarrow$$
$$C+I+G+NX = \text{GDP} \Rightarrow \text{No}\triangle. \qquad NX = \text{순수출}(X-M)$$

여기서 한 경제의 균형 산출량이 잠재 산출량은 아니며 기업이 경제자원을 완전하게 고용하여 생산한 산출량을 판매하기에 충분한 지출이 있을 때 GDP는 잠재 GDP와 같아진다.

한편, 총지출의 구성요소 중 I, G 등의 자발적 지출이 변동하는 경우 이때

어떤 변화가 있을지에 대해 설명하여 보기로 하자. 총수요 구성요인 중 정부지출 및 기업의 계획투자의 자발적 지출이 변화되면 국민소득수준이 어떻게 변화되는가에 대해서 승수효과(multiplier effect)를 통해서 알아보기로 하자.

승수효과란 이론모형에서 외생변수(exogenous variable)로 취급되어 온 경제변수의 한 단위 증감분이 이에 대응하는 균형 GDP의 증감분을 말한다. 다시 말하면, 승수(k)란 각종 자발적 지출(투자수요, 정부지출, 정액세 등)의 증가분(ΔA)과 이것이 가져오는 균형 GDP의 증가분의 비율이다.[2)]

$$\text{즉, 승수}(k) = \frac{\text{균형국민소득증가분}(\Delta Y)}{\text{자발적 지출의증가분}(\Delta A)}$$

여기서 $\Delta Y = \Delta \text{GDP}$

$\Delta A = \Delta I,\ \Delta G$ 등 모든 자발적 지출의 변화

이처럼 승수(multiplier)란 모든 종류의 자동적(자발적) 지출에 적용되는 일반적인 분석도구이며, 케인즈의 소득이론에서 가장 핵심적인 부분의 하나이다.

1. 투자승수효과

우선 기업의 자발적 투자가 증가할 때 소득이 어떻게 변화하는가를 투자승수(investment multiplier)를 통해서 살펴보기로 한다. 투자승수(investment multiplier)란 자발적(독립) 투자의 증가분(ΔI)이 국민소득을 증가시키는(ΔY) 배수를 말한다

$$\text{즉, 투자승수}(k) = \frac{\text{소득의 증가분}(\Delta Y)}{\text{투자의 증가분}(\Delta I)}\text{이다.}$$

투자승수(investment multiplier)를 k_i로 표현한다면 위의 공식은 다음과 같이 쓸 수 있다.

---

2) 소비지출은 소득의 함수이므로 유발적 지출이다. 조세 역시 비례세는 유발적이지만 정액세의 경우는 자발적(자동적) 지출이 된다. 정부지출 및 계획투자는 자발적 지출이다. 그러므로 ΔA는 ΔI, ΔG, ΔT(정액세) 등을 말한다.

$$k_i = \frac{\Delta Y}{\Delta I} \quad \cdots\cdots (16 \cdot 14)$$

한편, 균형국민소득조건의 식 (10・6) $Y=C+I$에서 증가분 형태로 나타나면,

$$\Delta Y = \Delta C + \Delta I \quad \cdots\cdots (16 \cdot 15)$$

가 된다. 이를 변형하면

$$\Delta I = \Delta Y - \Delta C \quad \cdots\cdots (16 \cdot 16)$$

가 되므로, 식 (6-14)에 대입하면,

$$k_i = \frac{\Delta Y}{\Delta I} = \frac{\Delta Y}{\Delta Y - \Delta C} = \frac{1}{1 - \frac{\Delta C}{\Delta Y}} = \frac{1}{1-b}, \quad \text{또는 } k = \frac{1}{s} \quad \cdots\cdots (16 \cdot 17)$$

단, b=MPC, s=MPS

가 된다. 그러므로 *MPC*(한계소비성향)또는 *MPS*(한계저축성향)가 일정한 값으로 주어질 때, 투자증가(ΔI)가 가져오는 국민소득증가의 효과(투자승수효과)를 알 수 있다.

$$\Delta Y = \frac{1}{1-b}\Delta I \quad \text{또는} \quad \Delta Y = \frac{1}{S}\Delta I \quad \cdots\cdots (16 \cdot 18)$$

투자증대가 소득에 미치는 승수효과는 [그림 16-6]에서도 설명될 수 있다. [그림 16-6]에서 투자가 ΔI만큼 증가하면 $(C+I)$선은 상방향으로 이동하여 $(C+I+\Delta I)$선이 된다. 그러면 이 곡선과 공급곡선인 45°선의 교차점 (A')에서 소득수준 Y'이 결정된다. A'점은 ΔI가 있기 이전 A점에서 이동한 점이고, A점에서의 소득수준 Y에서 Y'으로 증가하였다. 즉, 투자가 ΔI만큼 증가함으로써 소득은 $OY' - OY = \Delta Y$만큼 증가하였다.

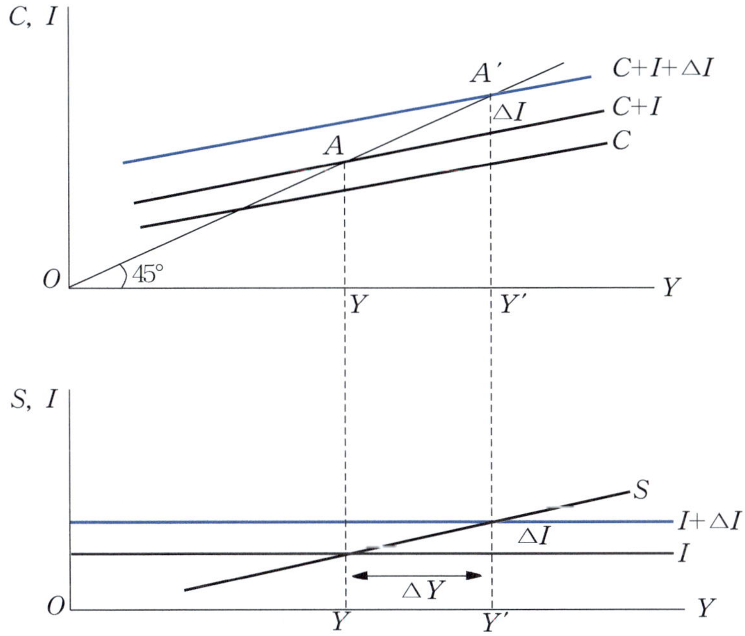

[그림 16-6] 투자승수효과

 # 실제적인 수치의 예

소비함수 $(C)=500+0.8Y$이고, 투자$(I)=200$일 때 균형국민소득과 승수를 구하여 보자.

$Y=C+I$ ………………… (1)을 이용하면

$Y=500+0.8Y+200$

$Y(1-0.8)=700$

$Y=\dfrac{700}{0.2}=3500$ (균형국민소득)

투자가 200에서 300으로 증가, 즉 $\Delta I=100$이라면, 투자증가로 인하여 어떻게 균형국민소득이 변화할까.

다시 식 (1)을 이용하면

$Y=500+0.8Y+300$

$Y(1-0.8Y)=800$

$$Y=\frac{800}{0.2}=4000\text{(새로운 균형국민소득)}$$

균형국민소득증감분(ΔY)=500과 투자증감분(ΔI)=100이 된다. 따라서 승수는 다음과 같다.

$$(k)=\frac{\Delta Y}{\Delta I}=\frac{500}{100}=5\text{(승수)},$$

균형국민소득증감분(ΔY)=500=5×100

2. 정부지출 및 조세의 승수효과

1) 정부지출 및 조세승수

투자승수에서 살펴본 바와 같이, 정부의 지출 및 조세의 증가가 국민소득의 변화에 어떠한 영향을 미치는가에 대해서 정부지출승수효과(government expenditure multiplier) 및 조세승수효과(tax multiplier effect)를 통해서 알아볼 수 있다.

정부지출승수는 정부지출의 증가(ΔG)가 국민소득을 증가(ΔY)시키는 배수이다. 즉, 정부지출승수를 k_g라면, $k_g=\Delta Y/\Delta G$이다. 그리고 조세(정액세)의 증가(ΔT)가 국민소득변화(ΔY)에 미치는 배수를 조세승수(tax multiplier)라 하고 이를 k_t이라면, $k_t=\Delta Y/\Delta T$이다. 즉, 정액조세승수(lump-sum tax multiplier)란 조세 한 단위의 증가가 변화시키는 국민소득의 증가분을 말한다.

이제 정부지출 및 조세(정액세)승수의 크기는 어떻게 유도되는가를 설명하여 보자. 먼저 정부지출승수의 크기는 앞 절에서 설명한 투자승수의 크기에 대한 설명에서와 같은 방법으로 유도해 볼 수 있다. 즉,

$$k_g=\Delta Y/\Delta G=1/(1-b) \quad \cdots\cdots (16 \cdot 19)$$

가 된다.[3]

3) 정부부문과 가계부문만이 있다고 할 때, $Y=C+G$가 되고, $\Delta Y=\Delta C+\Delta G$가 된다. 이의 양변을 ΔY로 나누어 정리하면,

조세승수효과는 정부지출승수효과와 비대칭적이다. 즉, 소비 중 얼마의 정액세를 부과한 후 소비곡선은 그 만큼 하방 평행이동한다. 이때 조세가 소비에 미치는 영향의 크기는 순조세액 중 한계소비성향만큼($b \times T$)을 감소시킨다. 다시 말해서 조세지불 후 소비함수의 이동의 수직거리(소비함수의 하향이동의 폭)는 소비함수의 기울기(즉, $MPC = \Delta C / \Delta Y$)에 달려있으므로, 조세가 소비의 감소에 영향을 미치는 크기는 [그림 16-7]에서 (소비곡선 C의 기울기)×(pn)의 크기 만큼이다. 즉, '조세액(T)×한계소비성향(MPC)'만큼이다. 따라서 조세징수(T)가 총지출(총수요)에 미치는 감소효과는 MPC(소비곡선 기울기)에 달려 있다. 이는 정부지출효과의 크기 중 MPC만큼의 부(－)의 크기로 나타난다고 할 수 있다.

$$k_t = -b/(1-b) \quad \cdots\cdots \quad (16 \cdot 20)$$

로 나타낼 수 있다.

요컨대, $b<1$이라고 한다면, 정부지출(G)의 단위당 증가는 순조세수입(T)의 단위당 감소에 비하여 소득 Y에 대하여 보다 큰 팽창적인 효과를 갖게 된다. 예를 들어, 정부지출과정에서 1원의 증가는 그래도 1원의 총지출 증가를 가져오는 반면, 1원의 순조세수입감소는 총지출 b원의 증가만을 가져온다. 그 이유는 가처분소득 1원의 증가분에서 $(1-b)$원 만큼은 저축으로 누출되기 때문이다.

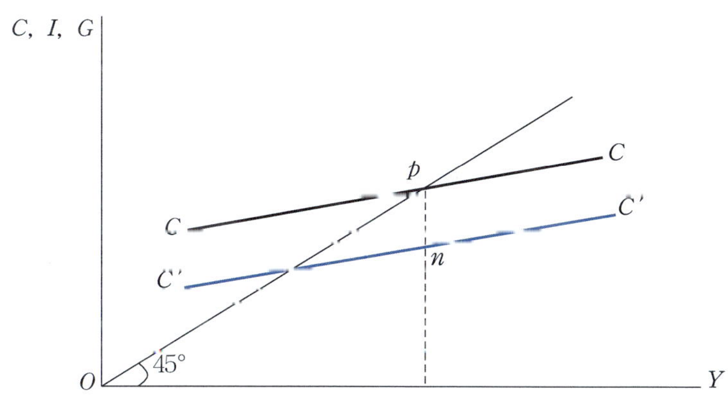

[그림 16-7] 조세의 효과

$$1 = \frac{\Delta C}{\Delta Y} + \frac{\Delta G}{\Delta Y} = \frac{1}{k_g} + b,$$

따라서, $k_g = \frac{1}{1-b}$가 된다.

이러한 현상 때문에 조세수입승수효과는 정부지출승수효과의 크기 중 한계소비성향(b) 만큼의 부의 크기로 나타난다. 만약, $\Delta I = \Delta G = \Delta T \cdot b$이라면 모든 승수는 공통된 값 $1/(1-b)$을 갖게 될 것이다.

2) 정부지출(G)과 조세(T)의 결합에 대한 승수효과의 분석

정부지출과 조세수입(정액세)을 여러 가지 비율로 결합함으로써 정부는 각기 다른 재정정책의 효과를 통해 경제안정을 도모할 수 있다. [그림 16-8](a), (b), (c)는 각기 다른 재정정책이 균형소득수준에 미치는 효과에 대해서 설명해 주고 있다. [그림 16-8](a)는 정부부문이 존재하지 않는 민간경제, 즉 $T_0=0$, $G=0$인 경우를 나타낸다. [그림 16-8](b)는 정부부문이 도입되나, $T_0=0$, $G=3$조원인 경우이다. 그러나 [그림 16-8](c)는 $G=T=3$조원인 경우, 즉 균형예산의 경우이다.

[그림 16-8](b)의 경우, $G=3$조원이 새로 추가되고 $b=2/3$라고 하면, 정부지출승수효과는 $\Delta Y=1/(1-b) \cdot \Delta G$에서 $\Delta Y=1/(1-(2/3)) \cdot 30$조$=9$조원이 된다. 새로이 추가된, 즉 증가된 정부지출은 균형국민소득을 9조원만큼 증가시켰다. 그러나 이런 경우 흔히 정부부문의 부채를 수반하여 소득을 증가시킨 것이므로 이에 대한 정책적인 평가는 학자들의 견해에 따라 각기 다르게 나타나고 있다.

[그림 16-8](c)의 경우는 정부지출과 조세수입을 같은 규모인 3조원을 증대시킨 경우인데, 국민총생산은 3조원만큼 증가하였다. 이와 같이 $\Delta G=\Delta T$의 규모로 증대하면 국민소득이 ΔG만큼 상승하는 원리를 균형예산승수의 원리(theorem of balanced-budget multiplier)라고 한다. 이것은 앞에서 설명한 조세승수효과와 정부지출승수효과의 결합에 의해서 알아볼 수 있다.

즉, $\left(\Delta G \cdot \dfrac{1}{1-b}\right)$과 $\left(\dfrac{-b}{1-b} \cdot \Delta T\right)$를 합하면,

$$\Delta Y = \frac{\Delta G}{1-b} + \frac{-b}{1-b} \cdot \Delta T$$

$$= \frac{\Delta G - b \cdot \Delta T}{1-b} \text{ (균형예산이므로 } \Delta G = \Delta T\text{임, 그러므로)}$$

$$= \Delta G\left(\frac{1-b}{1-b}\right) \quad \cdots\cdots (16 \cdot 21)$$

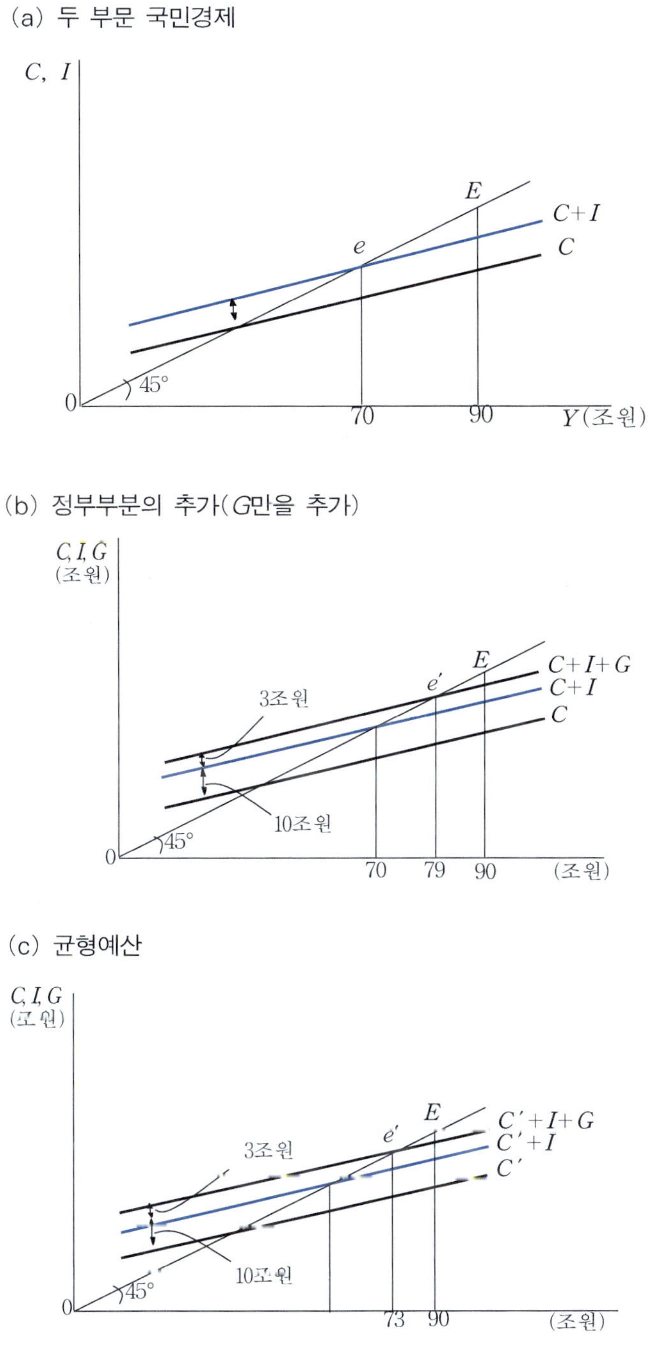

[그림 16-8] 완전고용의 국민소득수준보다 낮은 경우, 국민소득을 증가시키는 정책수단

가 된다. 그러므로 $\Delta Y = \Delta G$ 또는 $\Delta Y / \Delta G = 1$이 된다. 다시 말해서 $\Delta G = \Delta T$ 규모로 증대시키면 $\Delta Y = \Delta G$와 같게 됨을 알 수 있다.

그림(a)는 민간경제가 정부의 개입 없이는 완전고용수준의 국민소득을 달성하기에 충분한 총수요를 창출할 수 없을 수도 있다는 것을 보여준다.

그림(b)에서 G의 증가(3조원)는 국민소득을 9조원만큼 증가시킨다.

그림(c)를 보면, 정부지출(G)과 조세수입(T)을 같은 규모(3조원)로 증가하면 국민소득도 같은 규모(3조원)로 증가한다.

조세삭감의 정책수단은 그림(b)와 그림(c)를 비교하여 설명할 수 있다. 그림(c)에서 3조원의 조세를 빼면, 그림(b)를 얻는다. 3조원의 조세삭감은 국민소득을 73조원에서 79조원으로 6조원만큼 증가시킨다(MPC=2/3).

16-1 : 재정지출확대 효과

정부가 재정적자를 17조5000억원으로 확대하기로 하면서 경기가 다시 살아날 것인지에 관심이 쏠리고 있다. 최근 발표한 재정지출 확대방안의 골자는 8조원을 새로 지출한다는 것. 일반회계와 특별회계 세출을 6조원 늘리고 공공기금에서 2조원을 추가로 쓴다는 복안이다. 정부는 이를 위해 2차 추가경정예산안을 곧 있을 임시국회에 제출할 계획이다.

재정적자를 늘리기로 한 것은 기업·금융 구조조정 과정에서 빠른 속도로 늘어나는 실업과 기업도산 때문이다. 이같은 계획은 일단 고실업에 따른 정치적 부담을 어느 정도 줄여줄 것으로 예상된다. 그렇다면 정부가 돈을 풀 때 그 경제적인 효과는 구체적으로 얼마나 될까. 사용처에 따라 효과가 달리 나타날 것이기 때문에 예단하긴 어렵다. 현재 우리나라 재정규모는 국내총생산(GDP)의 20% 가량이다.

GDP를 400조원으로 잡으면 대략 80조원이다. 여기서 기존 재정의 10%에 이르는 8조원을 늘리면 이는 단순계산할 때 GDP를 2% 가량 증가시키는 셈이다. 물론 정부지출이 늘더라도 GDP에 고스란히 반영되진 않는다. 민간투자를 위축시키는 구축효과(Crowding-out Effect)가 생기기 때문이다. 하지만 구축효과가 있더라도 GDP는 어느 정도 증가하기 마련이고 절반만 잡더라도 1%의 GDP증가효과를 생각할 수 있다. GDP가 늘어난다는 것은 뒤집으면 경기가 조금이나마 살아나는 것을 말한다. 중요한 것은 정부가 적자를 어떤 형태로 만들어나가느냐에 달려있다. 또 어디에 어떻게 쓰느냐가 관건이다.

SOC투자에 사용하는 경우엔 민간부문 투자를 위축시키는 효과가 다른 방법보다 좀 클 것이다. 또 세금감면 등의 방법을 동시에 쓰면 민간수요를 진작시켜 경기에 좀 더 긍정적인 효과를 낼 것이 분명하다. 물론 지금같이 자금난으로 기업이 어려움을 겪고 있는 때는 자금난을 해소하는데 쓰이는 게 효과가 가장 클 것으로 기대된다. 어쨌든 아무런 조치를 취하지 않으면 경제성장률은 마이너스 4%대로 떨어진다는게 일반적인 지적이다.

하지만 재정적자를 이같이 늘리면 마이너스 2%대를 유지할 수 있을 것이란 전망이다. 경기를 반전시키진 못하겠지만 더 이상 고꾸라지는 것은 막을 수 있다는 계산인 셈이다.

물론 재정을 일회성 사업에 지출하면 경기를 떠받치기는 커녕 오히려 침체를 오래 끌면서 만성적인 재정적자에 허덕일 염려가 있다. 또 8조원을 정부가 채권을 발행해 조달한다는 계획이어서 금리상승 효과도 적지 않을 것이란 지적도 있다.

〈1998-07-06(케이스경제학)〉

16-2 : 적자재정의 의미 : 경기활성화모색

재정은 자원을 효율적으로 배분하고 소득분배의 형평성을 도모하며 경기조절을 하는 세 가지 기능을 갖는다. 재정의 지출측면만을 보면 경기조절을 위해 정부는 불황기에 재정지출을 늘리고 호황기에 재정지출을 줄여주어야 할 것이다. 경기변동의 흐름을 바람직한 방향으로 바꾸기 위하여 위에서 언급한 대로 재정지출을 조절할 수도 있지만 재정지출 증가율을 일정하게 유지해도 경기흐름에 따라 세입이 변해주기 때문에 자동적으로 경기조절의 기능이 나타날 수 있다. 이를 재정의 자동안정화 장치라고 한다. 재정의 자동안정화란 경기가 과열될 때는 세입의 증대로 경기를 진정시키고 경기가 침체에 빠질 때는 세입의 감소로 경기를 활성화시키는 기능을 재정이 보유하고 있는 것을 말한다. 따라서 재정은 자동적으로 경기조절역할을 하는 자동안정화 기능과 정부가 의도적으로 경기조절하는 재량적 기능의 두 가지 기능이 혼재되어 있다는 것을 알 수 있다. 최종적인 재정수지차에는 자동안정화 장치에 따른 부분 외에도 재정활동의 재량적 변화에 따른 부분이 혼재되어 있게 마련이다. 재정수지치에서부터 자동안정화 장치에 의한 부분을 제거하면 재량적 재정활동에 의한 재정수지차가 남게 되는데 이 변화를 살펴보면 재량적 재정기조를 파악할 수 있게 된다.

IMF가 재량적 재정기조의 측정을 위해 개발한 지표가 재정팽창지수(Fiscal Impulse Indicator)인데 재정기조가 팽창으로 선회할 때에는 플러스 값을 나타내는 한편 긴축으로 선회할 때에는 마이너스 값을 나타내도록 정의되어 있다. 이를 경기변동을 나타내는 국민총생산(GNP) 갭과 비교해 과연 정부의 재정운용이 경기조절에 제기능을 했는가를 평가할 수 있다. GNP 갭의 경우 부호가 플러스이면 경기과열을 의미하고 마이너스이면 경기위축을 의미한다. GNP 갭과 재정팽창지수는 서로 반대방향의 부호를 나타내는 것이 바람직하다. 이를테면 GNP 갭이 플러스이면 경기가 과열되었음을 의미하므로 재정기조는 긴축적이 되는 것이 좋다. 그러기 위해선 재정팽창지수의 부호가 마이너스가 돼야 한다. 즉, 경기역행적 재정운용이 바람직하다는 것이다. 경기역행적 재정운용은 경기가 과열일 때 재정을 긴축해주고 경기가 위축일 때 재정을 팽창해 주는 것이다. 우리 재정의 경우 경기동행적이었다고 그 동안의 연구를 통해 밝혀졌다. 즉, 경기침체기에는 긴축재정을, 경기과열기에는 팽창재정을 운용함으로써 경기조절기능을 발휘하지 못했다는 것이다. 그동안 건전재정을 유지한 것에 대해서만 높이 평가하고 만족해 온 것이 큰 의미가 없다는 점을 깨닫게 하는 것이다. 지금과 같은 극심한 경기침체기에는 더 적극적인 팽창재정을 시도하여 적자재정의 운용을 감수하는 것이 바람직하다는 것도 이 때문이다.

3. 절약의 역설

개인의 입장에서 보면 절약은 소득을 증가시키는 가장 중요한 방법이다. 그러나 사회 전체로서는 절약을 통하여 저축이 증가하면 국민소득이 감소하고 실제 저축액은 증가하지 않거나 오히려 감소하게 되는데 이를 케인즈모형에서 절약의 역설(paradox of thrift)이라고 부른다.

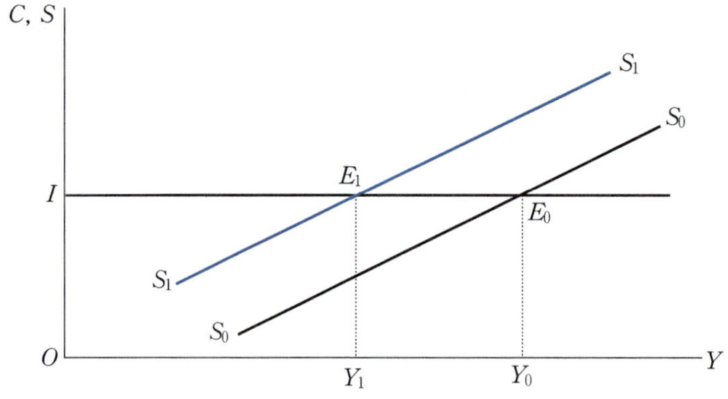

[그림 16-9] 절약의 역설

[그림 16-9]에서 원래의 저축곡선이 S_0S_0이라면, 균형국민소득은 E_0점의 Y_0이고 저축액은 투자의 크기인 OI만큼이다. 이제 사회 전체의 저축성향이 증가하여 저축곡선이 S_1S_1으로 상방이동하였다고 가정하자. 그러면 투자곡선이 불변인 이상 소득은 Y_0에서 Y_1으로 감소하고 저축액은 종전과 동일하나, 감소된 소득에서 차지하는 저축의 비중(평균저축성향)이 증가한 것 뿐이다. 이와 같이 절약의 역설은 저축계획과 투자계획이 독립적으로 이루어져 저축(누출)의 증가가 자동적으로 투자(주입)의 증가를 가져오지 않기 때문에 발생한다. 그러나 저축의 증가가 투자의 증가를 가져온다면 저축성향의 증가는 그 만큼 저축액을 증가시키게 된다.

위에서 설명한 '절약의 역설'은 주로 선진국에 있어서 국민경제가 불경기일 때에 타당성을 지니는 것이라고 볼 수 있다. 일반적으로 경기가 침체할 때 사람들이 저축을 더 많이 하고자 하는 경향이 나타난다. 그런데 이때 사람들이 저축을 많이 하고자 하면 할수록 불경기로 인하여 총수요가 적어서 곤란을 받고 있는 경제에 대하여 총수요를 감소시켜 불경기를 더욱 심화시키는 결과를 초래하게 될 것이라는 것이 이 이론의 내용이다. 이로부터 우리는 절약의 역설이 불황시에는 '소비가 미덕'이며, 절약은 '사회의 악'이 된다는 사실을 알게 된다.

제5편

국민경제와 화폐

제17장
화폐의 공급과 통화관리

→ 제1절 화폐의 기능과 통화지표

1. 화폐발달과 화폐의 종류

화폐의 종류는 인류역사와 더불어 변천되어 왔으며 그 발달의 경로에 따라서 물품화폐(commodity money)→금속화폐(metallic money)→지폐(paper money)→신용화폐(credit money)로 변해 왔다.

과거에는 쌀, 베 등 다양한 상품이 화폐로 사용되었으나 점차 금 또는 은으로 통일되었다. 이러한 화폐들을 상품화폐라고 부르며 그 가치가 상품 고유의 가치에 의해 결정되었다. 물품화폐는 물물교환에 의한 수단보다 상당히 진보한 것이기는 하지만, 운반이나 저장이 힘들고 작은 단위로 분할하기가 곤란한 것이 있으며, 물질이 불균등하기 때문에 동질성에 문제가 있다.

이러한 여러 가지 상품 중에서 내구성이 강하고 동질적이며, 또한 분할과 휴대성을 비교적 고루 갖춘 금속, 특히 귀금속이 화폐로 선택되었는데 이것이 금속화폐이다. 귀금속은 화폐로 사용하기 시작한 초기에는 교환할 때만 무게를 달아 사용했기 때문에 이때의 금속화폐를 평량화폐(money by weight)라고 한다.

금속화폐는 유통되는 과정에서 마손될 뿐 아니라 큰 거래를 위해서는 수송이 불편하였다. 이에 따라 금속화폐 대신에 지폐(paper money)를 정부가 중앙은행으로 하여금 중앙은행권을 발행케 하여 화폐로 사용하게 되었다.

경제가 더욱 발달하여 교환관계가 복잡해지고 거래량이 막대해짐에 따라 지폐와 주조화폐만으로는 거래관계를 충분히 뒷받침할 수 없게 되었다. 따라서 수표, 어음 등이 추가로 일반적인 지불수단으로 사용되었다. 이와 같은 수표나 어음은 현금을 대신하는 문서로서, 거래자 상호간의 신용을 기초로 하여 유통되기 때문에 신용화폐라고 한다. 신용화폐는 화폐의 신용가치와 소재가치가 완전히 괴리되어 있으므로 화폐로 쓰이는 지폐는 하나의 증표(token)에 불과한 것이어서 이러한 화폐를 명목화폐(token money)라고도 한다. 오늘날 우리가 현금통화라고 부르는 주화 및 지폐는 바로 중앙은행이 독점적으로 발행할 수 있는 신용화폐의 일종이다.

신용화폐의 일종인 수표거래의 불편은 은행을 통해서 대금을 회수하는데 시간이 걸리고, 부도수표위험과 통용지역의 제한, 그리고 추심에 따른 불편과 비용의 문제였다.

최근 컴퓨터와 통신기술의 혁신으로 지급제도에 일대혁신이 일어나서, 수표거래에 따른 불편들이 제거되었다. 이에 따라 새로이 등장한 것이 전자화폐(electronic money)이다. 이 새로운 지급제도는 결제대금을 거래 쌍방의 은행계좌 사이에 직접 이체하는 전자자금 이체제도(electronic fund transfer system: EFTS)이다.

전자자금 이체제도는 여러 가지 형태를 취하는데 우리가 일상생활에서 흔하게 사용하는 것이 은행의 온라인체제(on-line system)이다. 현재 우리나라에서는 동일은행 금융기관의 점포 사이의 온라인뿐만 아니라 다른 은행 점포들 사이에서도 온라인 시스템이 작동하는 제3세대로 바뀌어졌다.

지로(GIRO)제도도 전자자금 이체제도이다. 이는 각기 다른 금융기관과 거래하고 있는 여러 사람으로부터 회비, 구독료 등과 같은 자금을 한 금융기관에 집중하고자 할 때 이용된다.

또한 무인은행제도(automatic teller machine: ATM)는 현금의 예입, 예금의 인출, 계좌간의 이체, 예금잔고확인 등의 서비스를 제공하는 EFTS의 하나이다.

ATM은 은행원을 통하지 않고 예금, 출금, 자금이체 등의 서비스를 이용하려는 고객들이 직접 자기 암호 또는 비밀번호(personal identification number: PIN)를 통하여 사용할 수 있다.

현재 우리나라에서도 공동 ATM망(shared ATM network)이 전국적으로 구축되어 있어, ATM이 설치된 금융기관이면 전국 어디에 가더라도 고객이 거래하는 금융기관의 예금인출 서비스를 받을 수 있게 되어 있다.

2. 화폐의 기능

화폐(money)를 어떻게 정의하느냐에 대한 문제는 그리 간단하지 않아 화폐는 화폐가 하는 실질적인 기능을 수행하는 모든 것(money is what money does)이라고 말할 수 있을 정도이다.

화폐의 기능은 본원적 기능과 파생적 기능으로 구분되는데 학자들에 따라 다소 다른 견해를 가지고 있지만 일반적인 기능을 요약하면 다음과 같다.

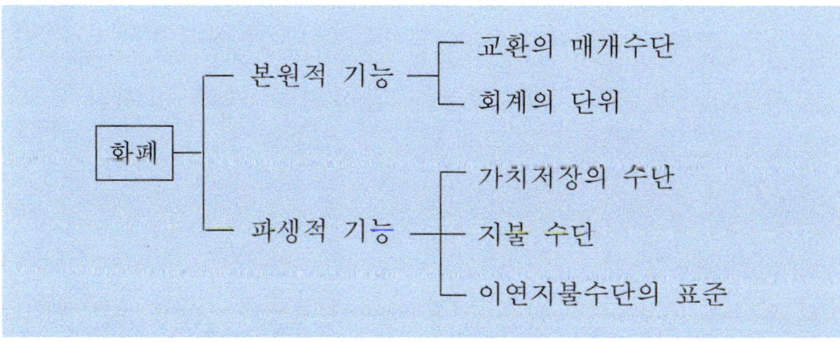

1) 교환의 매개수단(medium of exchange)

시장경제체제에 있어서는 모든 재화의 교환이 화폐를 매개로 하여 이루어진다. 즉, 재화를 판매한 사람은 그 대가로 화폐를 받고 그는 그 화폐로 다른 재화를 구입하게 된다. 그러므로 재화의 교환은 화폐를 매개로 하여 이루어진다.

2) 가치의 척도 또는 회계의 단위

화폐는 교환의 매개수단이 되며 화폐는 모든 재화의 가치를 표현하는 공통의 척도로 쓰여지게 된다. 즉, 화폐는 가치의 척도 또는 회계의 단위(unit of account)의 기능을 한다. 이와 같은 기능을 화폐의 본원적 기능(primary function)이라고 한다.

한편, 화폐는 본원적 기능 외에 거기에서 파생한 여러 가지 부수적인 기능이 있다. 이러한 파생적인 기능(derivative function) 중에서 가장 중요한 것은 가치저장수단(means of store of value), 지불수단(means of payment), 그리고 이연지불의 표준(standard deferred payment)으로서의 수단 등이다.

3) 가치저장수단

가치저장수단은 화폐가 일반적인 경제가치를 보장하는 수단으로 사용됨을 말하는 것이다. 즉, 교환의 매개수단으로 화폐를 받은 후 다른 물품을 매입할 때까지 보유하고 있는 동안 화폐는 자연스럽게 가치의 저장기능을 수행한다.

가치의 저장수단으로 화폐가 좋은 점은 화폐의 유동성(liquidity), 즉 필요한 경우에 필요한 재화와 교환할 수 있는 성질이 있으며, 보존에 소요되는 비용이 적게 들기 때문이다. 그러나 화폐가 이 가치저장의 기능을 잘 발휘하자면 화폐의 가치가 심하게 변하지 않아야 하며, 일반물가가 대폭적으로 상승되는 경우에는 화폐의 가치저장수단으로서의 기능은 완전하지 못할 것이다.

4) 지불수단

지불수단으로서의 기능이라 함은 신용거래에 있어서 발생하는 채무를 청산하기 위하여 사후적으로 외상대금인 상품가격을 지불한다든지 또는 납세·증여 등에 있어서와 같이 일반적으로 통용되는 지불수단(generally acceptable means of payments)을 말한다. 즉, 우리들의 일상생활에서 상품을 매매하고 채권·채무를 청산하는 일반적으로 통용되는 지불방법의 수단이다.

5) 이연지불의 표준

이연지불의 표준으로서의 기능이란 화폐가 일반적 지불수단과 회계단위로서 널리 사용되게 되면서, 화폐는 미래로 이연된 지폐를 표시하고 그것을 이해하는 수단으로서의 기능도 가지게 된다. 예를 들자면 임대계약서, 건설공사계약, 부동산임대차계약 등과 같이 장래의 지불을 약속하는 계약(연지불계약)으로 사용되는 것을 말한다.

3. 화폐와 통화지표

화폐는 시장경제에서 상품의 가치를 측정하는 척도이면서 동시에 상품의 교환을 매개해 주는 기능을 할 수 있도록 특정한 성질을 지닌 수단을 가리킨다.

돈은 경제활동에서 자금과 결제의 수단, 물건값을 쉽게 알 수 있는 가치의 척도, 예금을 할 수 있는 가치저장의 수단으로 활용되고 있다.

1) 통화와 통화지표

돈(화폐)은 시중에 필요 이상으로 많이 풀려 있어도 경제에 나쁜 영향을 주고 반대로 너무 적게 풀려 있어도 경제에 어려움을 주게 된다. 각 나라의 중앙은행들이 경제 내에 유통되는 돈, 즉 통화의 총량을 적정한 수준으로 유지할 수 있도록 최선의 노력을 기울이고 있는 것도 이 때문이다.

통화의 총량을 효과적으로 조절하기 위해서는 먼저 유통되는 돈의 총량을 파악하여야 하는데 이를 가늠하는 척도가 바로 통화지표이다. 여기서 돈이라고 할 때는 흔히 현금을 떠올리게 되나 현금화가 용이한 은행예금 등도 포함되어 그 포괄범위가 다양하게 정의되고 있다. 따라서 한 가지 지표만으로는 돈의 양을 제대로 파악하기가 어렵기 때문에 각국은 여러 종류의 통화지표를 편제하여 활용하고 있다.

우리나라에서는 1951년부터 통화지표를 공식 편제하기 시작하였으며 2002년부터는 변경된 IMF 통화금융 통계매뉴얼(2000년)의 권고에 따라 금융기관의 제도적 형태보다는 금융기관이 취급하는 금융상품의 유동성 정도를 기준으로 그 포괄상품을 구성한 협의통화(M1) 및 광의통화(M2)를 편제·공표하고 있다.

한편, 한국은행은 통화지표들 가운데 중심지표를 따로 선정하여 1957년부터 2002년까지 통화정책의 중간목표 등으로 활용하여 왔다. 그러나 2003년부터는 금리중시 통화정책의 운영체제가 정착됨에 따라 M1, M2 등 각종 통화지표는 모두 정책운용의 정보변수로 활용되고 있다.

통화는 한 국민경제 내에 유통되는 돈(화폐)을 말하며, 통화지표는 그 양을 재는 척도다.

우리는 매일 돈을 사용하면서 살고 있다. 노동의 대가로 임금을 받고 그 돈으로 시장에서 물건을 사고 세금을 내는 등 모든 경제활동이 돈을 사용함으로써 이루어진다. 그래서 한 나라 경제에서 돈의 역할은 흔히 인체에 있어서 혈액의 역할에 비유되기도 한다. 혈액이 인체의 각 부분을 순환하면서 영양분을 골고루 보내주듯이 돈도 수많은 생산자와 소비자 사이에서 이루어지는 모든 경제거래를 매개하고 촉진하기 때문이다.

이처럼 경제 내에 유통되는 돈을 통화(通貨)라고 부른다. 그런데 통화가 경제활동에서 중요한 기능을 수행한다 할지라도 경제의 규모나 여건에 비해 시중에 너무 많이 풀려 있는 경우 그 가치가 떨어져 물가가 지속적으로 오르는 인플레이션이 발생하고, 반대로 지나치게 적은 경우에는 금리가 상승하고 생산자금이 부족하게 되어 경제활동이 위축되기도 한다.

따라서 한 나라의 경제가 안정적으로 발전하기 위해서는 통화의 양을 적정수준으로 유지하여야 하는데, 우리나라에서는 다른 나라와 마찬가지로 중앙은행인 한국은행이 그 기능을 수행하고 있으며, 이를 재는 척도가 통화지표이다.

이와 같은 통화지표를 편제하기 위해서는 무엇을 돈이라고 볼 것인가, 즉 통화를 어떻게 정의할 것인가를 먼저 결정하여야 한다. 흔히 통화라고 하면 지폐나 동전 같은 현금만을 떠올리기 쉽다. 그러나 은행에 맡겨 놓은 예금도 필요한 경우 즉시 현금으로 인출할 수 있으므로 경우에 따라서는 통화에 포함시킬 수 있다. 따라서 통화는 현금 이외에 현금과 비슷한 기능이나 성격을 지닌 금융상품을 포괄하는 개념[1]으로 볼 수 있기 때문에 이들 중 어디까지를 통화로 볼 것이냐에 대하여 그동안 많은 연구가 진행되어 왔다. 뿐만 아니라 일단 정의된 통화지표도 새로운 금융상품이 출현하거나 금융제도가 바뀌게 되면 그 성격이 변하게 되므로 이를 반영하기 위해 통화지표의 개편이나 새로운 통화지표의 개발 등 경제 내 통화량을 정확히 파악할 수 있는 통화지표 편제를 위한 노력도 지속적으로 이루어져 왔다.

2) 통화지표는 협의통화(M1), 광의통화(M2) 등 다양

우리나라의 통화지표는 1951년부터 한국은행에서 공식 편제하기 시작하였으며 2002년부터는 변경된 IMF의 통화금융 통계매뉴얼(2000년)기준[2]에 따라 새로운 지표인 협의통화(M1) 및 광의통화(M2) 지표를 편제[3]하고 있다. 한편

1) 통화는 일반적으로 경제주체가 지출행위에 사용할 수 있는 구매력, 즉 법정화폐인 현금과 현금으로 손쉽게 전환할 수 있는 금융자산의 합으로 정의되고 있다. 금융자산을 현금으로 전환할 수 있는 정도를 유동성이라 한다.

2) 통화지표의 국제적 편제기준을 제시하고 있는 IMF는 1980년대 이후 범세계적인 금융혁신, 금융자유화 및 국제화의 진전에 따른 구조변화, 금융수단의 다양화, 금융거래 형태의 변화 등을 반영하여 기존의 「통화금융통계에 관한 지침」(1984년)을 개편한 통화금융통계 매뉴얼을 발표(2000년)하면서 화폐의 지급결제수단으로서의 기능을 중시한 협의통화(Narrow Money)와 협의통화와 대체관계가 높은 예금취급기관의 통화성부채를 포함한 광의통화(Broad Money)라는 두 가지 형태의 통화지표를 새롭게 구분·정의하였다.

3) 과거 시계열도 1951년 데이터까지 소급하였다.

2006년 6월부터는 동 매뉴얼에서 제시하고 있는 유동성지표인 L(광의유동성)지표를 새로이 편제하여 공표하고 있다. 이들 지표의 내용을 구체적으로 살펴보면 다음과 같다.

첫째, 협의통화(M1)는 화폐의 지급결제수단으로서의 기능을 중시한 지표로서, 민간이 보유하고 있는 현금에 예금취급기관의 결제성예금을 더한 것으로 정의된다. 현금은 가장 유동성이 높은 금융자산으로서 교환의 직접 매개수단으로 사용되는 지폐와 동전으로 구성된다. 결제성예금은 비록 현금은 아니지만 수표발행 등을 통해 지급결제수단으로 사용되거나 즉각적으로 현금과 교환될 수 있으며 기능면에서 현금과 거의 같기 때문에 협의통화(M1)에 포함되고 있다. 한편, 결제성예금에 저축예금 등 수시입출식예금이 포함된 것은 수시입출식예금도 각종 자동이체서비스(ATS: Automatic Transfer Service) 및 결제기능 등을 갖추고 있어 요구불예금과 마찬가지로 입출금이 자유로운 금융상품이기 때문이다. 이와 같이 협의통화(M1)는 유동성이 매우 높은 결제성 단기금융상품으로 구성되어 있어 단기금융시장의 유동성 수준을 파악하는 데 적합한 지표이다.

둘째, 광의통화(M2)는 협의통화(M1)보다 넓은 의미의 통화지표로서, 협의통화(M1)에 포함되는 현금과 결제성예금 뿐만 아니라 예금취급기관의 정기예금, 정기적금 등 기간물정기예·적금 및 부금, 거주자 외화예금 그리고 양도성예금증서, 환매조건부채권, 표지어음 등 시장형 금융상품, 금전신탁, 수익증권 등 실적배당형 금융상품, 금융채, 발행어음, 신탁형 증권저축 등을 포함한다. 다만, 유동성이 낮은 만기 2년 이상의 장기 금융상품은 제외한다.

이와 같이 광의통화(M2)에 기간물정기예·적금 및 부금 등 단기 저축성예금뿐만 아니라 시장형 금융상품, 실적배당형 금융상품 등을 포함하는 것은 이들 금융상품이 비록 거래적 수단보다는 자산을 증식하거나 미래의 지출에 대비한 일정기간 동안의 저축수단으로 보유되지만 약간의 이자소득만 포기한다면 언제든지 인출이 가능하여 결제성예금과 유동성 면에서 큰 차이가 없다고 보기 때문이다. 또한 거주자외화예금도 국내에서의 지급결제수단으로는 약간의 제약이 있지만 언제든지 원화로 바뀌어 유통될 수 있기 때문에 광의통화(M2)에 포함하고 있다. 한편, 광의통화(M2)는 금융상품의 유동성을 기준으로 편제되기에 과거 금융기관의 금융상품을 중심으로 편제되었던 총통화지표(구M2)와는 달리 금융권간 자금이동에 따른 지표왜곡 문제를 해소하면서[4] 시중의 통화량을

4) 예를 들어 예금은행의 예금이 예금은행에서 비은행금융기관으로 이동할 경우 구 통화지표인 총통화(구M2) 기준 통화량은 줄어든 것으로 나타나나, 새 통화지표인 광의통화(M2)의 통화

잘 파악할 수 있도록 해주는 지표이다.

그리고 광의유동성(L)은 한 나라의 경제가 보유하고 있는 전체 유동성의 크기를 측정하기 위한 지표로서 금융기관이 공급하고 있는 유동성만을 포괄하고 있는 금융기관 유동성(Lf)에 비해 금융자산이나 금융자산 발행부문의 포괄범위가 훨씬 더 넓은 지표이다. 이 광의유동성(L)지표에는 종전 M3의 구성상품을 그대로 가져오고 이름만 바꾼 금융기관유동성(Lf)에 기업 및 정부 등이 발행하는 기업어음, 회사채, 국공채 등의 유가증권이 추가된다. 참고로 Lf에는 광의통화(M2) 외에 ① 예금취급기관의 만기 2년 이상 정기예・적금 및 금융채, 그리고 유가증권 청약증거금, 만기 2년이상 장기금전신탁 등과 ② 생명보험회사, 증권금융회사 등 기타금융기관의 보험계약준비금, 환매조건부채권매도, 장단기 금융채, 고객예탁금 등이 포함되어 있다.

〈표 17-1〉 우리나라의 통화지표

기 호	통화량범위
협의통화(M1)	현금통화(기념화폐를 제외한 민간화폐보유액)+요구불예금 및 수시입출식 저축성예금(투신사 MMF 포함)
총통화(M2)	M1+기간물 예・적금 및 부금+시장형금융상품(양도성예금증서, 환매조건부채권매도, 표지어음 등)+실적배당형 상품(금전신탁, 수익증권 등)+금융채+기타(투신증권저축, 종합금융회사 발행어음 등) 단, 장기(만기 2년 이상)금융상품 제외
총유동성(M3)	현금통화+은행 및 비은행금융기관 예수금+금융채+상업어음매출+양도성예금증서+환매조건부채권매도+표지어음(1989년 11월부터 표지어음 포함)

* M1, M2는 예금취급기관(중앙은행, 일반은행, 특수은행, 수출입은행, 종금사, 투신사, 은행신탁, 상호저축은행, 새마을금고, 신용협동조합, 상호금융, 우체국예금)을, M3는 예금취급기관, 한국증권금융 및 생명보험회사를 각각 대상금융기관으로 함.

량은 변동하지 않은 것으로 나타나 금융기관간 자금이동이 통화량에 영향을 미치지 않는다.

→ 제 2 절 통화의 공급과 통화관리

화폐수량이 어떻게 결정되었는가에 관한 이론은 기본적으로 중앙은행이 발행하는 현금화폐(이것은 중앙은행의 부채가 된다)와 민간은행의 부채인 예금화폐 사이에는 일정한 비례관계가 있다는 인식에 기초를 두고 있다. 화폐는 화폐제도(monetary system)의 화폐적 부채(monetary liabilities)라고 할 수 있다. '화폐제도'란 중앙은행과 일반은행이다. 현금은 중앙은행의 화폐적 부채이고, 요구불예금은 일반은행의 화폐적 부채이다. 따라서 국민경제에 있어서의 화폐의 총량(즉, 통화량)이 어떻게 결정되는가를 알기 위하여는 ① 중앙은행의 화폐적 부채인 현금(이것을 본원통화라 한다)의 양이 어떻게 결정되며, ② 일반은행의 화폐적 부채인 예금화폐의 양이 어떻게 결정되는가를 알아야 한다.

이 절에서는 통화제도 하에서 통화공급이 어떤 과정을 거쳐서 이루어지고 또한 화폐의 총량(통화량)이 어떻게 결정되는가에 대해서 살펴보기로 한다.

1. 중앙은행과 본원통화의 공급

1) 중앙은행의 기능

세계의 모든 나라는 중앙은행을 갖고 있다. 중앙은행은 나라에 따라서 그 형태와 조직이 다양하지만 통화량을 규제하고 금융 및 자본시장을 조정하는 책임을 지고 있다는 점에서는 세계 어느 나라를 막론하고 공통적이다. 중앙은행의 역할을 개괄하여 보면 다음과 같다.[5]

첫째, 중앙은행은 발권은행으로서 현금통화를 발행하며, 그 현금통화량을 조정하거나 또는 그 밖의 정책수단을 이용하여 통화량을 규제한다. 중앙은행의 부채는 곧 현금통화나 마찬가지이다. 앞으로 설명하겠지만 중앙은행의 부채가 증가하면 곧 현금부채가 증가하며, 그것이 민간은행으로 환류되면 파생통화의 기

5) 조순, 화폐금융론(비봉출판사, 1985), pp. 62~64.
중앙은행의 기능과 한국은행의 기능 및 독립성 문제 등에 관한 자세한 논의는 정운찬, 금융개혁론(법문사, 1991) 제4장을 참고 바람.

초가 되는 것이다.

현금통화는 중앙은행에 의하여 독점적으로 생산된다. 중앙은행이 현금을 생산하는 데 있어 독점권을 가지고 있는 이유는 무엇인가? 그 이유는 기본적으로는 화폐생산을 위한 생산함수가 다른 재화를 생산하는 데 있어서의 생산함수와 다르다는 데 있다. 즉, 화폐를 생산하는 데 있어서는 그 한계생산액 - 예를 들어 만원권 1매를 생산하면 한계생산액은 1만원이다 -에 비하여 한계생산비가 매우 적다는 점이 그것이다. 옛날 금화와 같은 이른바 상품화폐(commodity money)의 경우는 1만원의 화폐를 생산에 있어서는 한계생산비란 거의 0에 가까울 정도이다. 따라서 화폐의 생산이 독점되지 않는다면 그 공급이 너무 많아서 화폐는 도저히 그 기능을 발휘하지 못할 것이며, 또 그 공급은 공공기관에 의해 이루어지지 않으면 독점생산자의 폭리를 막을 수 없을 것이다.

둘째, 중앙은행은 정부의 은행으로서의 역할을 수행한다. 중앙은행은 정부의 예금을 보유하고 정부에 대하여 필요한 자금을 대출한다. 이것이 마치 민간은행이 일반대중의 은행으로서 일반대중으로부터 예금을 받고 공중에게 자금을 대출하는 것과 같다. 다만 중앙은행이 정부의 은행으로서의 역할을 할 때에는 이윤을 얻기 위하여 능동적으로 행동하는 것이 아니라, 정부의 필요에 따라 피동적으로 행동할 수밖에 없다는 점이 민간은행의 경우와 다르다.

셋째, 중앙은행은 일반은행의 은행으로서의 역할을 한다. 중앙은행은 일반은행의 예금(중앙은행예치금)을 예수받고, 일반은행의 필요에 따라 일반은행에게 예금(현금)을 대출한다. 이때 중앙은행의 대출은 상업어음(commercial paper)을 재할인(rediscount)함으로써 이루어지는데 그 대출이자율을 재할인율(rddiscount rate)이라고 부른다.

일반은행의 현금이 부족할 때에는 일반은행은 은행보유의 유가증권을 매각한다거나 또는 다른 금융기관으로부터 차입할 수 있다. 그러나 일반은행이 부족한 현금을 다른 곳으로부터 조달할 수 없는 경우에 최종적으로 의존할 수 있는 곳이 중앙은행이다. 따라서 중앙은행은 일반은행에 대한 자금의 최종적 대여자(lenders of last resort)라고 부른다. 중앙은행이 일반은행에게 대출할 때에는 이윤을 극대화할 목표로 하는 것이 아니라, 민간경제의 순조로운 운행을 목표로 하는 것이기 때문에, 여기에서도 완전히 재량권이 있다고 할 수는 없다. 다만 중앙은행은 평소에 재할인율의 조정을 통하여 중앙은행의 여신에 대한 정책방향을 고시할 수는 있다.

넷째, 중앙은행은 금융시장 및 자본시장을 조정한다. 이 기능은 중앙은행이 발권은행으로써 통화량을 규제함으로써 조정되는 기능이라 할 수 있다. 또한 중앙은행은 외화를 관리하고 외국금융기관의 예금을 받고 외국기관에 대하여 대출을 시행한다. 금융시장 및 자본시장이 국제화되어 있는 나라에 있어서는 중앙은행뿐 아니라 일반은행도 외화를 보유하고 외국은행이나 외국기관의 예금을 받고 또 대여를 행한다. 따라서 이 기능은 일반적으로는 중앙은행 특유의 기능이라고 할 수는 없다.

2) 중앙은행의 주요계정과 본원통화의 공급원

(1) 본원통화의 정의와 구성

한국은행은 우리나라의 중앙은행으로서 지폐나 동전, 즉 현금을 독점적으로 발행한다. 한국은행이 찍어낸 지폐나 동전이 통화가 되기 위해서는 그것이 일단 한국은행의 창구를 통하여 시중으로 흘러 나와야만 한다. 본원통화(reserve base)란 한국은행의 창구를 통하여 시중에 나온 현금을 말한다.

한국은행의 창구를 통하여 시중에 나온 현금, 즉 본원통화는 민간의 수중으로 들어가기도 하고 일반예금은행의 수중으로 들어가기도 한다. 민간의 수중으로 들어간 본원통화는 민간의 수중에서 현금으로 남아 있거나 일반예금은행에 예치되거나 한다. 민간의 수중에 현금으로 남아 있는 본원통화를 민간보유현금 또는 현금통화라고 한다. 한편 직접 또는 간접으로 일반예금은행의 수중으로 들어간 본원통화는 일부가 법정지불준비금의 형태로 한국은행에 예치되고 나머지는 일반은행의 시재금이 된다. 따라서 본원통화는 결국 ① 현금통화, ② 예금은행의 시재금, ③ 한국은행에 예치되어 있는 지불준비금(민간은행의 예금)의 합계라고 할 수 있다. 여기서 ②와 ③의 합계는 일반은행의 실제보유지불준비금이 된다. 따라서 B^R(reserve base)의 구성을 보면 다음과 같다.

B^R = 민간보유현금 + 예금은행의 실제보유지불준비금
= 민간보유현금 + 예금은행시재금 + 한국은행에 예치된 법정지불준비금 (현금 통화)
= 한국은행의 화폐발행고 + 법정지불준비금

(2) 본원통화의 공급원천

먼저 한국은행의 주요 자산 및 부채항목들을 보여주는 한국은행의 주요계정

표를 보기로 하자. 〈표 17-2〉에서 보는 바와 같이 한국은행은 정부 및 그 대행 기관들을 상대로 대출한다는 사실과 또 예금은행들을 상대로 대출한다는 사실을 알 수 있다. 또한 각종 유가증권을 소유하고 있으며, 상당한 해외자산도 보유하고 있다. 이러한 자산항목들은 모두 다 통화공급과 관계가 있다. 부채항목들을 보면 화폐발행액이 있는데 이것은 민간부문과 예금은행들이 보유하고 있는 현금통화량이다. 그리고 예금은행 및 정부예금은 현금통화는 아니지만 언제든지 현금통화로 변할 수 있다. 또 직접 예금은행의 법정지불준비금으로 사용할 수 있다.

〈표 17-2〉에서 볼 때 본원통화의 공급원천은 크게(자산란에 기재된) 4가지로 설명할 수 있다. 첫 번째는 대정부신용, 두 번째는 대민간은행신용, 세 번째는 해외자산의 증감, 마지막으로 기타부문이다.

〈표 17-2〉 한국은행의 주요계정

자 산	부 채
○중앙은행여신 대출: 정부 및 정부대행기관(Lv) 예금은행(Lb) ○보유유가증권(S) ○고정자산 및 해외자산(F)	○중앙은행권: 화폐발행액 민간보유현금(Cp) 은행보유현금(Cb) ○예금: 예금은행예금(Db) 정부예금(Dv) 외국기관 및 기타(Df) ○자본, 해외부채 및 기타(O)

$$B^R = Cp + Cb + Db$$

① 정부부문은 정부의 재정활동을 통하여 통화를 공급하는 경우로서 정부가 물품구입대금 또는 정부공사대금을 지급하거나 공무원에게 봉급을 줄 때는 한국은행에 설치되어 있는 정부예금계정으로부터 통화가 공급된다. 반대로, 세금을 징수하게 되면 한국은행의 정부예금이 증가하면서 통화는 줄어들게 된다.

② 민간은행부문은 금융기관이 기업이나 가게 등에 대출하거나 기업이 발행한 주식・사채 등의 유가증권을 매입하는 경우 통화가 공급되고 반대로 대출금이 만기에 상환되면 통화는 줄어든다.

③ 해외부문은 수출・수입 등 외국과의 거래에 따른 통화공급거래로써 국제수지상태와 밀접한 관계가 있다. 예를 들어, 기업이 수출을 하여 벌어들인 외화

를 금융기관 창구에서 원화로 바꾸게 되면 통화는 증가하고 반대로 수입대금결제를 위하여 원화를 외화로 바꿔 해외로 지급하면 통화는 줄어든다.

④ 기타 부문은 정부나 민간부문 또는 해외부문 이외의 통화공급 경로로서 금융기관의 자본금변경, 부동산의 매매 등과 관련된 부문이다. 예를 들어, 금융기관이 건물을 매입하면 건물대금이 지급되어 통화가 공급되고 반대로 보유부동산을 매각하면 통화량은 줄어든다.

〈표 17-2〉에서 부채란의 예금 중 민간은행이 중앙은행에 예치한 예치금(Db)과 은행보유시재금(Cb) 그리고 민간보유현금(Cp)를 합한 것이 곧 본원통화이고 ($Cb+Db$)가 지불준비금이다. 따라서 본원통화

$$B^R = C_p + C_b + D_b$$

가 된다.

이상에서 볼 때 B^R의 증가는 한국은행의 순자산(자산 - 부채 > 0)의 증가(변화)가 있어야 한다. 따라서 순자산의 변화와 관련하여 볼 때 B^R의 공급원천은 ① 정부부문에 대한 자금공급, ② 예금은행에 대한 자금공급, ③ 해외자산 매입, 그리고 기타 부문이라고 할 수 있다.

2. 일반은행과 신용화폐의 공급: 예금통화의 창출

금융기관은 예금 중 지급준비금을 제외한 나머지 자금을 가지고 대출을 하는데 대출로 나간 돈은 일부가 민간의 현금으로 남고 대부분은 다시 금융기관의 예금으로 돌아온다. 따라서, 돌아온 예금 중 지급준비금을 제외한 부문은 다시 대출을 할 수 있게 된다. 이러한 예금 · 대출과정이 되풀이 되어 한국은행이 통화를 추가 공급하지 않더라도 금융기관의 예금 및 대출금은 계속 늘어나게 되는데 이렇게 늘어난 예금을 파생적 예금(derived deposit)이라 하며 이와 같이 통화가 늘어나는 과정을 신용창조(credit creation)라 한다.

예금은행들의 요구불예금이나 저축성예금이 어떻게 예금은행에 의해 예금통화가 창출되는가를 살펴보고자 한다. 어느 한 예금은행의 경우 이윤추구를 영업목적으로 하고 있는 한 이자수입을 가져오지 않은 현금이나 중앙은행에 예치금을 최소한으로 유지하고 이자수입을 가져오는 대출금이나 유가증권의 비중을

높이려 할 것이다. 즉, 각 예금은행은 법정지급준비금(required reserve)만을 현금과 중앙은행에 예치금으로 유지할 것이다. 법정지급준비금 이상의 현금과 한국은행에의 예치금을 초과준비금(excess reserve)이라고 한다. 즉, 지급준비금은 의무적으로 보유해야 하는 법정지급준비금과 은행이 선택하는 초과지급준비금으로 구성된다. 이윤을 극대화하기 위해서는 초과준비금이 있으면 그것을 모두 대출하여 이자수익을 올릴 것이다.

이제 은행제도 전체 또는 은행체계를 통한 신용창조의 과정을 알아보기로 한다. 즉, 얼마만큼의 대출과 예금을 창조할 수 있는가에 대해 살펴보자. *A*라는 예금은행이 한 고객으로부터 100만원에 해당되는 현금을 요구불예금으로 받았다고 하자. 그리고 이 은행은 이 예금을 받기 전에 초과지급준비금이 하나도 없었다고 하자. 그러면 이 100만원을 본원적 예금으로서 〈표 17-3〉에서처럼 *A*은행의 준비금이 100만원 증가한다. 그런데 법정지급준비율이 20%라고 가정하면 20만원의 법정준비금을 현금으로 보유해야 한다. 따라서 *A*은행은 80만원에 해당되는 초과지급준비금이 발생하며 그것에 해당되는 대출을 증가시킬 수 있게 된다.

어느 중소기업이 이 대출을 전액 수표로 받아 사용했는데 이 수표가 모두 *B*은행에 예금됐다고 하면 *B*은행은 예금받은 수표를 *A*은행에 제시하여 80만원의 현금이 *A*은행에서 *B*은행으로 이동된다면, 이때 80만원은 *B*은행에게는 본원적 예금이 된다. 그러면 *A*은행 계정에서 대출로 인해 대출전 준비금 80만원은 없어지게 된다.

이제 80만원의 예금을 받은 *B*은행의 대차대조표는 〈표 17-3〉(b)에서와 같이 80만원의 준비금과 80만원의 예금과 요구불예금이 발생한다. 즉, 중소기업으로부터 예금을 받기 전에는 초과지급준비금이 하나도 없었다고 하면, 현금자산이 80만원 증가하고 요구불예금이 80만원 증가한다. 그러나 법정지급준비율이 20%이므로 16만원의 현금이 지급준비금으로 필요하게 되므로, 64만 원의 초과준비금이 발생하여 64만원의 수표발행으로 대출이 가능하게 된다.

*B*은행이 64만원의 수표에 의한 대출을 창출했고, 대출받은 사람이 *C*은행에 예금하고, *C*은행이 *B*은행으로부터 64만원의 현금을 찾아간다고 하면, *B*은행계정의 대차대조표에는 초과지준금이 없어지게 되는 반면 *C*은행이 대차대조표에는 64만원의 본원적 예금과 지불준비금이 발생하게 된다. 즉, *B*은행에서 64만원 수표로 대출받은 사람이 그 대출금을 *C*은행에 모두 예금하면(이때 역시 초과준비금이 없다고 하면), *C*은행의 현금이 64만원 증가하고도 요구불예금도 그만큼 증

가한 다. 그리고 증가된 64만원의 요구불예금에 대한 법정지급준비금은 12.8만원이 되므로 51.2만원의 초과준비금이 발생하여 이를 대출하게 된다. 은행시스템에서 초과준비금이 발생하면 이를 대출하게 된다. 이러한 대출과 예금창출의 과정이 계속 일어나는 과정에서 대출금 및 요구불 예금증가의 총합은 〈표 17-4〉에서와 같이 요약할 수 있다.

그러면 은행 전체에 의한 예금(신용)창조의 규모는 얼마나 될까? 이것은 〈표 17-4〉에서 보듯이 5,000천원이 되는데 5,000천원이 되는 이유는 다음과 같다. 신용창조과정에 예금자가 예금함으로써 발생되는 총요구불예금(즉 총예금창조액)을 DD(단위: 천원)라 하면,

$$
\begin{aligned}
DD &= 1,000 + 800 + 640 + \dots \\
&= 1,000(1 + 0.8 + 0.64 + \dots) \\
&= 1,000 \times \frac{1}{1-0.8} = 5,000
\end{aligned}
$$

가 된다.

〈표 17-3〉 은행체계를 통한 신용창조과정

a) A은행의 대차대조표 (단위 : 만원)

자산(assets)	부채(liabilities)
₩ 100예금이전 지준금 0	요구불 예금 0
법적지준금 0	
초과지준금 0	
₩ 100예금이후 지준금	요구불 예금 ₩ 100
법적지준금 ₩20	(예금자가 현금으로 예금한
초과지준금 ₩80	요구불 예금)
대출금 ₩80	

b) B은행의 대차대조표

자산	부채
₩ 80예금이전 지준금 0	요구불 예금 0
₩ 80예금이후 지준금	
법적지준금 ₩16	요구불 예금 ₩ 80
초과지준금 ₩64	
대출금 ₩64	

c) C은행의 대차대조표

자산	부채
₩ 64예금이전 지준금 0	요구불 예금 0
₩ 64예금이후 지준금 법적지준금 ₩12.8 초과지준금 ₩51.2 대출금 ₩51.2	요구불 예금 ₩ 64

〈표 17-4〉 요구불예금 1,000천원의 증가 결과 (단위: 천원)

은행(1)	법정지불준비금증가(2)	투자(대출)증가(3)	요구불예금증가(4)
A	200	800	1,000
B	160	640	800
C	128	512	640
D	·	·	·
E	·	·	·
F	·	·	·
합계	1,000	4,000	5,000

〈표 17-4〉에서 제(3)란의 대출증가를 ΔL, (4)란의 요구불예금의 증가를 ΔD라고 하면 ΔL과 ΔD는 다음과 같이 일반화시킬 수 있다. 즉, A은행(최초예금을 받을 은행)에서 발생한 예금증가를 ΔD_A, 초과지불준비금을 ΔL_A라고 하자. 그리고 법정지준율을 r이라고 하면,

$$\Delta D = \Delta D_A \cdot \frac{1}{r} \quad \cdots\cdots ①$$

$$\Delta L = \Delta L_A \cdot \frac{1}{r} \quad \cdots\cdots ②$$

가 된다.

식 ①과 ②에서 보면 예금통화의 증가는 예금은행에 유입되는 현금통화량과 정(+)의 관계를 가지며 r과는 역의 관계를 갖는다. 다시 말하면 예금은행의 현금이나 한국은행의 예치금이 많아질수록 예금통화의 창출은 더 많아지며, 법정지준율이 높을수록 예금통화의 창출은 감소된다. 그리고 $1/r$을 신용승수(credit multiplier) 또는 현금승수라고 한다. 그런데 은행조직이 $1/r$배만큼의 승수적인

예금창조를 하기 위해서는 다음과 같은 가정이 충족되어야 한다.

그 첫 번째는 예금이 요구불예금으로 가지 않고 유동성이 거의 없는 저축성 예금 등으로 가게 되면 대출활동에 의한 통화창조는 없다는 것이다. 즉, 예금통화의 창조는 대출기관의 예금이 매우 높은 유동성을 가질 때만 가능한 현상이라는 것이다. 두 번째로는 만일 기업이나 가계가 전혀 현금통화를 원하지 않고 전량 예금하며 따라서 요구불예금을 불시에 인출할 가능성도 없어서 은행이 지불준비금을 가질 필요가 없게 될 경우 일반은행은 이론적으로 무한히 예금통화를 창출할 수도 있다는 사실이다.

이처럼 예금통화의 창조는 현금통화의 경우와는 달리 중앙은행에 의해 직접 관리되지 않고 복잡하고 미묘한 과정을 거치기 때문에 중앙은행은 여러 가지 방법으로 그 양이 지나치게 많거나 적어지지 않도록 관리하게 된다.

3. 통화의 공급

화폐수량(*M1*)이 어떻게 결정되는가에 관한 이론은 기본적으로 중앙은행이 발행하는 현금화폐(이것은 중앙은행의 부채가 된다)와 민간은행의 부채인 예금화폐 사이에는 일정한 비례관계가 있다는 인식에 기초를 두고 있다. 화폐는 통화제도(money system)의 화폐적 부채(monoetary liabilities)라고 할 수 있다. '통화제도'란 중앙은행과 일반은행이다. 현금은 중앙은행의 화폐적 부채이고, 요구불예금은 일반은행의 화폐적 부채이다. 따라서 국민경제에 있어서는 화폐의 총량(즉, 통화량)이 어떻게 결정되는가를 알기 위하여는 중앙은행의 화폐적 부채인 현금[이것을 본원통화(reserve base)라 한다]의 양이 어떻게 결정되며, 일반은행의 화폐적 부채인 예금화폐의 양이 어떻게 결정되는가를 알아야 한다.

중앙은행의 부채인 현금화폐는 중앙은행이 금융정책을 포함하는 그 업무를 수행하는 과정에서 창조되며, 예금통화는 일반은행이 영업을 전개하는 과정에서 창조된다.

통화량 *M1*은 중앙은행에 의하여 발행되는 본원통화 중 민간보유화폐액과 예금은행에 의한 신용창조를 통한 예금화폐, 즉 요구불예금의 합계이다. 그런데 중앙은행에 의한 1차적인 본원통화의 공급이 있어야 그것의 일정비율이 은행으로 예입되어 지불준비금이 되고, 이것이 기초가 되어 예금통화가 승수배로 증가하게 된다. 따라서 본원통화(monetary base 또는 reserve base)의 변화에 따른 요구불예금(demand deposits)과 통화량 *M1*의 변화규모를 계산해 내는 공식의 일반화 모형을 통해 국가 전체적으로 통화량 *M1*이 얼마가 공급되는가에 대해 설명할 수 있다.

가장 단순한 경우를 보기로 하자.[6] 우리가 통상적으로 통화량 *M1*은 민간보유 현금통화 C와 예금은행에 예치되어 있는 요구불예금 *D*의 합계로 정의한다. 따라서 *M1*을 *M*으로 나타내면,

$$M=C+D \quad \cdots\cdots (17 \cdot 1)$$

가 된다.

그리고 이미 언급된 바와 같이 중앙은행의 창구를 통해 최초로 흘러나온 화폐공급을 본원통화라고 하는데, 이것은 민간 보유현금과 은행의 준비금으로 보유된다. 즉

$$B=C+R,\ R=C_b+D_b \quad \cdots\cdots (17 \cdot 2)$$

단, B : 본원통화, R: 은행의준비금, C_b: 은행보유현금, D_b: 예금은행예금

식 (17-1)과 식 (17-2)의 변화관계를 보면

$$\Delta M=\Delta C+\Delta D \quad \cdots\cdots (17 \cdot 1)'$$
$$\Delta B=\Delta C+\Delta R \quad \cdots\cdots (17 \cdot 2)'$$

가 된다.

한편 앞 절에서 설명된 바와 같이 예금창조과정이 은행 A, B, C, D, …… 등을 통해서 계속되는데 그 과정이 정지할 때는 각 은행이 더 이상 초과지급준비금이 없을 때이다. 그것은 본원적 예금(즉 본원통화)을 통하여 은행권 내에 들어온 현금이 여러 은행에 의하여 모두 법정지준금(*R*)으로 보유되기 때문이다. 따라서 본원통화(*B*)와 요구불예금(*DD*)의 변화관계를 보기 위해서 *B*와 *DD*의 변화를 Δ*B*와 Δ*D*라고 하면,

$$\Delta B=\Delta R \quad \cdots\cdots (17 \cdot 3)$$

---

6) 현금인출, 저축성예금, 초과기준금이 없는 가장 단순한 경우

이 된다. 그런데

$$\Delta R = \Delta D \cdot r \quad \cdots\cdots (17 \cdot 4)$$

이므로 (17・4)를 (17・3)에 대입하면, $\Delta B = r \cdot \Delta D$가 된다. 그러므로

$$\Delta D = \frac{1}{r} \cdot \Delta B \quad \cdots\cdots (17 \cdot 5)$$

가 된다. 이 식은 예금통화(demand deposits) 증가량을 나타내는 식이며 ΔB는 본원통화의 증가량이 되므로 예금통화증가량은 (본원통화 × $1/r$)이 된다는 것을 의미한다.

예금통화가 식 (17・5)와 같이 결정되는 경우 식 (17・1)′ ($\Delta M = \Delta C + \Delta D$)에서 예금창조가 종료된 후 본원통화의 증가가 없다면 $\Delta C = 0$이 되므로 $\Delta M = \Delta D$가 된다. 그런데 $\Delta D = 1/r \cdot \Delta B$ 이므로

$$\Delta M = 1/r \cdot \Delta B \quad \cdots\cdots (17 \cdot 6)$$

가 된다. 식 (17・6)에서 $1/r = \Delta M/\Delta B$를 '통화승수'라고 부른다.

이상에서 본 바와 같이 본원통화를 근거로 하여 예금통화가 어떤 배수만큼 증가하게 된다는 점에 기초하여 통화공급 $M^s = m \cdot B$(단, m=통화승수, B=본원통화)로 쓸 수 있다.[7]

여기서 m은 이자율, 사람들의 현금선호비율, 은행의 지불준비율 등에 영향받게 되는데 m이 일정하다고 보고, 또한 B 역시 통화당국에 의해 통제될 수 있으며 정책적으로 결정할 수 있다고 보아

---

7) 식 (17・5)와 식 (17・6)에 대한 또다른 접근

M_1 = currency + demand deposits
(C) (D)

(1) ⋯ $M = C + D$, B(reserve base) = $C + R$(bank reserves)

(2) ⋯ $B = C + R$

$$B = C' \cdot D + r \cdot D = (C' + r) \cdot D \rightarrow D = \frac{1}{(C' + r)} \cdot B \text{ if } C = 0,$$

$$D = \frac{1}{r} B \quad \cdots\cdots (17 \cdot 5)'$$

$$M = C' \cdot D + D = (C' + 1) \cdot D \rightarrow M = \frac{(C' + 1)}{(C' + r)} \cdot B \text{ if } C = 0,$$

$$M = \frac{1}{r} \cdot B$$

한편 (1)/(2) : $\frac{M}{B} = \frac{C + D}{C + R}$, $\left(\frac{C + D}{C + R}\right)$을 D로 나누면

$$\frac{M}{B} = \frac{(C/D + 1)}{(C/B + R/D)} \rightarrow M = \frac{(C' + 1)}{(C' + r)} \cdot B \quad \text{if } C' = 0,\ M = \frac{1}{r} \cdot B \Rightarrow (17 \cdot 6)'$$

$$M^s = m \cdot B$$
$$= M^0 \quad \cdots\cdots (17 \cdot 7)$$

로 본다.

요컨대, 현금통화비율 및 지불준비율은 비교적 안정적이라고 할 수 있으므로 이것들의 영향을 받은 통화승수는 단기적으로 상당히 안정적이라고 볼 수 있다. 이렇게 볼 때 통화량의 변동은 본원통화의 증감에 비례하여 변동한다고 할 수 있다. 그러므로 중앙은행은 본원통화를 규제함으로써 통화량을 규제할 수 있게 되는데, 이것이 바로 본원통화에 의한 통화규제방식인 것이다.

→ 제 3 절 통화신용정책: 통화관리

1. 통화신용정책의 체계

통화의 가치를 안정화시키고 간접적으로 자금의 수급을 조절하려는 정책을 통화신용정책(monetary policy) 또는 금융정책(financial policy)이라고 한다. 즉, 금융정책이란 경제정책의 일환으로 통화(금융)당국이 통화량이나 이자율을 조절하여 국민경제의 안정적 성장을 실현하고자 하는 정책으로 통화정책, 통화금융정책이라고도 부른다. 금융정책의 체계는 일반적으로 최종목표, 운용목표, 그리고 수단의 세 가지 요소로 구성된다.

금융정책의 최종목표란 금융정책이 실현하고자 하는 국민경제상의 단기 및 장기목표로 물가안정, 완전고용, 국제수지 균형, 경제성장, 공정분배 등을 말하며, 이것들을 줄여서 흔히 국민경제의 안정적 성장이라 부른다.

금융정책의 운용목표는 금융정택의 최종목표를 달성하기 위하여 통화당국이 직접 영향을 미칠 수 있는 지표를 말하는데, 이에는 가격지표로서의 이자율, 수량지표로서의 통화량이 있다. 예를 들어, 물가안정을 금융정책의 최종목표로 설정하였을 경우 금융정책당국은 직접 물가를 조절할 수 없기 때문에 통화량을 조절함으로써 물가안정을 꾀하는데, 이 통화량이 금융정책의 운용목표가 되는 것이다.

금융정책의 수단이란 금융정책의 운용목표인 이자율과 통화량을 조절·통제하기 위하여 통화당국이 직접적으로 사용하는 정책도구를 말한다. 이에는 공개시장조작, 재할인율정책, 지급준비율정책, 대출한도제 등이 있다.

앞에서 지적한 바와 같이 금융정책이란 중앙은행이 국내자금수급의 조절에 관한 것과 국내경제의 안정과 발전을 위하여 금융시장을 통한 자금수급의 조절에 관하여 행하는 일련의 정책적 조치를 말한다. 전통적 금융정책은 양적 통제 또는 일반적 통제(general control)를 특징으로 하는데 양적 통제란 총체적 효과를 목표로 삼는 것으로써 국민경제의 전반에 대해서 영향을 미치는 정책수단을 말한다.

어떤 특정부문에 자금분배에 대해서 선택적으로 정책이 개입하는 금융정책수단은 질적 통제 혹은 선택적 통제(selective control)와는 근본적으로 다르다.

양적 통제는 제공되는 자금의 용도는 관계치 않고 다만 자금의 공급량만을 일률적으로 신축시킴으로써 소기의 목표를 달성하려는 것이다. 이러한 자금의 양적인 조절수단에는 지불준비율정책, 재할인율정책(rediscount rate policy), 그리고 공개시장조작(open market operation)의 세 가지 수단이 있다. 그리고 질적 또는 선택적인 조절수단에는 증권금융의 강화, 공무원 자녀들의 학자금융자, 기계공업이나 중화학공업에 대한 특별금융 등이 있다.

결국 금융정책을 운용한다는 것은 통화당국이 금융정책수단을 사용하여 금융정책의 운용목표를 변화시킨 다음, 이 변화를 통하여 금융정책의 최종목표를 달성하고자 하는 것을 뜻한다. 이와 같은 일련의 과정을 금융정책의 파급경로라 한다.

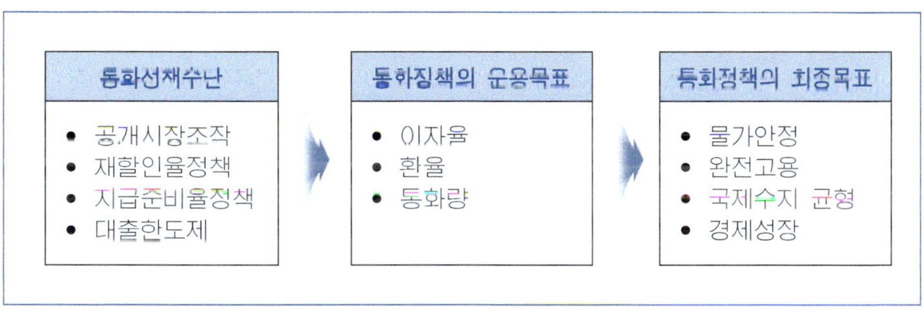

2. 양적(일반적) 통제수단과 선별적(양적) 수단

1) 지불준비율의 조정

앞에서 설명한 바와 같이, 예금통화의 창조는 예금통화의 초과준비율에 의해 결정된다. 즉, 총대출금의 증가 또는 총예금통화의 증가(L)는 법적지불준비율(r)과 역의 관계에 있다. 따라서 r을 증가시키면 L(예금통화의 창출)은 감소하고 반대로 r을 감소시키면 L은 증가하게 된다.

2) 재할인율조절

통화안정증권이나 산업은행이 발행하는 산업채권 같은 유가증권들은 만기에 가야만 현금통화가 될 수 있으며 일정한 이자지급이 보장되어 있는 특성이 있다. 이러한 유가증권들은 만기일이 되기 전에 매매가 되어 유통되기 마련이고, 예금은행은 이자수익을 위해 이것을 매입하여 보유하게 된다. 물론, 매입할 때는 액면가대로 사는 것이 아니고, 만기일을 감안하여 할인하여 사게 마련이다. 예금은행들이 이러한 유가증권을 한국은행에 매각하여 현금통화나 한국은행에 예치금으로 바꾸려면 한국은행이 재차 할인하게 된다. 이때 한국은행이 적용하는 할인율을 재할인율이라고 한다. 만약 한국은행이 이 재할인율을 아주 높여서 유가증권을 싸게 매입하려 하면, 예금은행들은 그들이 보유하고 있는 유가증권을 될 수 있으면 한국은행에 매각하려 하지 않을 것이며, 반대로 한국은행이 재할인율을 아주 낮게 책정하여 고가로 매입하려 하면 예금은행들은 그들이 보유한 유가증권들을 한국은행에 많이 팔아 초과지불준비금을 만들어 대출을 확대할 것이다. 따라서 한국은행이 재할인율을 낮추면 예금은행들의 초과지불준비금이 증가하고 그에 따라 예금통화의 창출이 증가되게 마련이고, 역으로 재할인율을 높이면 반대현상이 나타난다. 즉, 한국은행은 재할인율을 예금통화조정의 한 수단으로 사용할 수 있다는 것이다. 다시 말하면, 한국은행이 재할인율을 조정함으로써 예금은행들이 초과지불준비금을 조정할 수 있다는 것이다.

결국, 재할인율이란 예금은행들이 중앙은행으로부터 대출을 받을 때 중앙은행이 요구하는 이자율이라 하겠다. 만약, 이 이자율을 아주 낮게 하여 예금은행들이 중앙은행으로부터 대출을 받아 민간부문에 대출함이 수익성이 높다고 한다면 예금은행들은 중앙은행으로부터 대출을 많이 받게 될 것이다.

3) 공개시장조작

중앙은행이 유가증권시장에 개입하여 유가증권을 매입 또는 매각하는 행위를 공개시장조작(open market operation)이라고 한다. 자본시장이 잘 발달된 선진국에서 통화조정이 주요 수단으로 사용되는데, 정부의 지시에 따라 중앙은행이 공개시장을 통하여 정부가 발행한 유가증권(국채, 공채 등)을 매입 또는 매각함으로써 통화를 조정한다.

만일, **통화량을 확대시키려면 중앙은행은 공개시장에서 유가증권을 매입하고, 반대로 통화량을 축소시키려면, 유가증권을 매각해야 한다.** 중앙은행이 유가증권을 매각하면 민간인 및 예금은행들의 본원통화(현금)가 감소되고 이에 따라 예금통화도 축소하게 된다. 그 이유는 예금은행들의 초과준비금이 줄어들기 때문이다.

〈표 17-5〉 일반적 수단의 이용과 정책효과 요약

일반적인 수단	축소정책	확대정책
공개시장 조작	유가증권 판매 [판매→준비금(reserves)↓→Ms↓]	유가증권 구입 [구입→지준금↑→Ms↑]
할인율 메카니즘	할인율↑→은행지준금↓→대출↓	할인율↓→은행지준금↑→대출↑
지불준비율 변화	지준율↑→대출능력↓	지준율↓→대출능력↑

4) 선별적 규제수단

지금까지 살펴본 금융정책의 수단을 양적 규제수단 또는 간접적 수단이라고도 한다. 금융정책의 수단에는 이러한 3개의 양적 수단 이외 선별적 규제수단 또는 직접적인 규제수단으로서 다섯 가지가 있다. 즉, 사무엘슨(P.A. Samuelson) 교수에 따르면 3개의 양적 규제수단 이외에 다음과 같은 다섯 가지의 선별적 규제수단을 제시하고 있다.

다섯 가지 선별적 규제수단이란 ① 도덕적 설득(moral suasion), ② 증권금융 등의 선별적 통제, ③ 은행예금의 금리상한선 설정, ④ 소비자 신용규제, ⑤ 주택금융통제 등이다. 여기서 열거한 다섯 가지 선별적 규제수단에 대해서는 설명을 생략하기로 한다.

3. 기타의 선택적 수단

선택적 금융정책의 목적은 경제의 안정과 특정부문의 육성 또는 개발의 목적을 위해서 사용된다.

전자의 경우, 증권금융의 강화, 공무원자녀들의 학자금 융자라든가 하는 것이 예이다.

후자의 경우, 우리나라의 예를 들면 기계공업이나 중화학공업에 대한 특별금융, 중소기업 · 농업 · 수출에 대한 지원금융, 서민들의 주택공급을 돕기 위한 자금지원 등이 이 범주에 속한다.

우리나라에서는 선택적 금융정책을 시행하기 위하여 산업은행, 국민은행, 농업협동조합, 중소기업은행 등을 설립하였다.

제 18 장
화폐의 수요, 이자율 그리고 국민소득

제 1 절 화폐의 수요

1. 고전학파의 화폐수량설: 피셔(Fisher)의 교환방정식

화폐이론의 발전사를 보면 지금까지 대체로 몇 단계를 거치면서 진전하여 왔다고 할 수 있는데, 제1의 단계는 아담 스미스(Adam Smith) 이래 고전학파의 경제이론에서 주장되고 피셔(Irving Fisher)에 의하여 정식화된 화폐수량설(quantity theory of money)이다. 주지하는 바와 같이 피셔의 교환방정식은 다음과 같이 표시된다. 즉,

$$MV=PT \quad \cdots\cdots (18 \cdot 1)$$

여기서 M은 통화량, V는 화폐의 거래유통속도(transactions velocity of money), P는 물가수준, T는 총거래량을 표시한다. 이런 식으로 표시된 수량설은 실은 그 이론의 근거를 고전학파의 화폐관에 두고 있다고 볼 수 있다. 즉, 화폐는 오로지 지급의 수단(means of payment)으로만 그 기능을 수행하기 때문에, 수취된 화폐는 곧 지출된다고 보고 비록 수중에 화폐를 보유하고 있다고 하더라도 그것은 보유의사에 의해서라고는 볼 수 없다는 견해에 그 근거를 두고 있다. 그러나 이 식의 총거래량 T는 매우 불명확한 개념인 것으로, 실제로 측정하기 매우 어렵다는 결점을 갖고 있다. 예컨대 토지, 증권 등의 매매와 같은 자본이전이나 또는 증여 등이 거래총량에 포함되는가의 여부, 또 포함된다면 그 가격이나 수량을 어떻게 결정하는가 하는 까다로운 문제들이 제기된다. 이러한

문제들을 해결하기 위하여 국민소득계정의 발전과 더불어 수량설의 방정식을 거래의 형식으로서가 아니라 소득의 형식으로 표시하는 경향이 대두하게 되었다. 그렇게 표시할 수 있는 이론적 근거는 수량설에 의하면 다음과 같다. 즉, 어떤 기간동안의 한 나라의 총거래량은 적어도 단기에 있어서는 그 기간동안의 그 경제의 생산량과 일정한 비례적 관계에 있다고 전제한다. 그 까닭은 생산된 재화가 최종수요자의 수중에 이르기까지의 거래과정은 그 경제의 생산양식, 유통기구, 거래관습 등에 의하여 결정되는데, 이들 요인이 단기에 있어서는 고정적(상수)이라고 볼 수 있기 때문이다. 따라서 총거래량에 의거한 피셔의 교환방정식은 다음과 같이 소득개념에 따른 교환방정식으로 바꾸어 표현할 수 있다. 즉,

$$MV=PQ \quad \cdots\cdots (18 \cdot 2)$$

여기서 Q는 실질생산량, V는 화폐의 소득유통속도(income velocity of money)를 표시하고, M과 P는 각각 위와 같다. 이 식에서 소득유통속도 V는 수량설에 의하면 사회의 지급제도(payments mechanism), 지출관습(spending habits) 등에 의하여 결정되는데, 이들 요인은 단기에 있어서는 변화하지 않으므로 일정한 값을 갖는다고 본다. 한편, 산출량 Q도 단기에 있어서는 고정되어 있다고 본다. 그 이유는 무엇인가? 고전학파의 견해에 의하면 임금, 이자 및 가격 등은 상향적으로나 하향적으로나 완전히 신축성(flexibility)을 갖고 있기 때문에 경제는 항상 완전고용수준에서 균형이 성립되고, 이 완전고용수준에서 그 경제의 산출량이 결정된다고 한다. 이렇듯 완전고용상태가 실현되면 그것은 바로 그 경제의 모든 생산요소가 완전히 고용되는 상태를 의미하는 것으로, 이들 생산요소의 양은 단기에 있어서는 불변이라 볼 수 있으므로 생산량 Q도 단기에 있어서는 일정의 값을 갖는다고 볼 수 있기 때문이다.

이렇게 화폐의 소득유통속도 V와 산출량 Q의 값이 일정하다고 가정하면 이 식을 다음과 같이 변형하여 표시할 수 있다.

$$P=\frac{V}{Q}M \quad \cdots\cdots (18 \cdot 3)$$

여기서 $\frac{V}{Q}=k$라 하면 k는 상수이기 때문에 P는 M에 정비례한다는 피셔의 가설이 성립된다.

이 식은 피셔의 교환방정식보다는 좀 더 명확한 개념을 갖고 있다고 볼 수 있지만, 본질적으로 상이한 점은 없다 하겠다. 다만, 피셔의 교환방정식에서는 화폐가 이전된다는 사실이 강조되는데 반하여, 소득형식의 방정식에서는 그것이 보유된다는 사실이 강조되는 점에서 양자간의 차이가 있다 하겠다. 그런 의미에서 소득형식으로 표시된 수량설은 피셔의 교환방정식과 다음에 논할 케임브리지 학파의 현금잔액설의 중간에 놓여 있다고 할 수 있다.

그런데 문제는 이 방정식에서 유통속도 V가 일정하다고 볼 수 있느냐 하는 점이다. 다시 말하면 통화량 M의 변화에도 불구하고 V가 이에 아무런 반응을 보이지 않고 계속해서 일정한 값을 유지할 수 있는가 하는 점이다. 이에 대하여는 실증적 분석에 의거하여 거의 모든 경제에 있어서 M의 변화는 V의 변화를 야기시킨다는 것이 판명되었다. 케인즈는 V가 경우에 따라서는 매우 심각하게 변화할 수 있는 것이기 때문에 M이 증가하여도 PQ(명목국민소득)에 전혀 영향을 미치지 않는 경우도 있을 수 있다고 주장한다. 다시 말하면 화폐수요의 이자율 탄력성이 매우 큰 경우에는(최저이자율수준의 경우를 의미함) M이 증가하여도 사람들이 그 증가된 화폐량을 증권구입에 별로 지출하지 않고 거의 전액 현금으로 보유하는 이른바 유동성함정(liquidity trap)에 빠지게 된다. 그렇게 되면 V의 값은 크게 하락하여 M이 증가하여도 명목국민소득 PQ의 증가에는 별로 영향을 주지 못한다고 한다. 이것은 피셔의 견해와는 정반대의 견해로 두 견해 모두 극단론이라고 할 수 있다. 실제로 V의 값은 피셔의 견해처럼 일정한 것도 아니요, 그렇다고 하여 케인즈의 견해처럼 심하게 변화되는 것도 아니다. 즉, V는 M의 변화에 따라 변화하기는 하되 그렇게 변덕스럽게 변화하는 것은 아니다. 바꾸어 말하면 M의 변화와 PQ의 변화 사이에는 그 변화의 방향이나 폭에 있어서 서로 밀접히 관련되어 있다는 것이다. 그렇다면 V는 M의 변화에 대하여 얼마만큼의 반응을 나타내면서 변화하는 것일까? 이에 대하여 명확하게 답변할 수는 없다. 다만 한 가지 분명한 점은 경제가 완전고용상태에 가까운 경우에 M이 증가하였을 때에는 Q의 증가는 별로 없이 P만 상승할 것이고, 반대로 경제가 초과생산능력(excess capacity) 상태의 경우에는 주로 Q가 증가하고 P의 상승폭은 매우 작을 것이라는 것이다

2. 케임브리지(Cambridge) 학파의 현금잔액설

다음에 케임브리지 학파의 마샬(A. Marshall)이나 피구(A.C. Pigou)는 거래를 행하기 위하여는 화폐보유가 필요하다고 보고, 문제는 사람들이 얼마만큼의 화폐보유를 원하는가 그리고 그 원하는 화폐보유량은 무엇에 의하여 결정되는가 하는 점에 분석의 초점을 두고 있다. 이런 의미에서 그들의 주장은 화폐수요의 이론이라 할 수 있다. 이와 같은 화폐수요의 크기를 결정하는 중요한 요인으로서 그들은 부(총자산)의 크기, 소득수준, 이자율, 그리고 장래의 기대 등을 들고 있다. 또한 적어도 단기적으로는 사람들의 부의 크기, 소득수준 및 거래량 사이에는 일정한 관계가 존재하고, 다른 조건이 같다면 개인의 화폐수요량은 소득수준에 비례한다고 생각한다. 다음에 각 개인이 보유하는 화폐잔액을 사회 전체에 걸쳐서 집계하고, 그렇게 함으로써 얻은 한 경제의 화폐수요량과 명목국민소득 사이에는 다음과 같은 함수관계가 성립된다고 한다. 즉,

$$M=kY \text{ 또는 } M=kPy \quad \cdots\cdots (18 \cdot 4)$$

여기서 M은 한 경제의 화폐수요량, Y는 명목국민소득, y는 실질국민소득, k는 화폐수요량의 명목국민소득에 대한 비율(이 계수를 흔히 Marshallian k라고도 부름)을 의미한다. 이 식은 바로 케임브리지 학파의 현금잔액방정식(Cambridge cash-balance equation)이다. 이 식에서 k는 앞서의 교환방정식에서의 V의 역수와 같다. 지금 실질소득 y가 완전고용수준에서 일정하고($\bar{y}$), k도 또한 일정하다($\bar{k}$)고 가정하면, $M=\bar{k}P\bar{y}$로 되어 물가수준 P는 통화량 M과 비례적으로 변화하게 된다. 이렇게 보면, 이 현금잔액설은 피셔의 교환방정식과 전혀 다를 바가 없다. 그러나 케임브리지 학파의 사람들은 k를 상수로 보지 않은 점에서 피셔의 견해와는 다르다. 예컨대 통화당국이 화폐공급량, 즉 통화량을 증가시켜 사람들이 장차 물가상승을 예상하는 경우에는 구매충동을 느껴 화폐수요량의 소득에 대한 비율(계수)인 k의 값을 하락시키고, 반대로 통화당국이 통화량을 감소시켜 사람들이 장차 물가하락을 예상하는 경우에는 구매를 보류함으로써 k의 값을 상승시킨다. 이렇게 k에 영향을 주는 요인을 고려하면 통화량 M의 변화와 물가수준 P의 변화는 반드시 비례적이라고는 볼 수 없고, 그런 의미에서 현금잔액설은 피셔의 교환방정식보다는 일보 발전된 이론이라고 할 수 있다.

한편, 화폐의 정의에 관하여도 양자의 견해는 서로 다르다. 즉, 피셔의 경우에

는 앞서 언급한 바와 같이 화폐를 오로지 지급의 수단, 즉 교환의 매개(medium of exchange)로서만 작용한다고 해석함에 대하여, 케임브리지 학파에서는 화폐를 일반적 구매력(general purchasing power)의 일시적 저장으로서, 즉 그 가치의 저장(store of value)수단으로서의 기능을 강조하기 때문에 지급수단으로서 사용되는 화폐(M_1, 즉 현금통화+요구불예금)뿐만 아니라 저축성예금까지도 화폐에 포함해서(M_2, 즉 총통화) 해석하고 있다.

피셔의 교환방정식이나 케임브리지 학파의 현금잔액방정식은 위에서 논한 것처럼 각각 주장하는 내용에 차이가 있기는 하지만, 양자는 모두 전통적인 화폐수량설(traditional quantity theory of money)에 속한다고 볼 수 있다. 이 수량설에 의거하여 20세기 초까지는 사람들은 통화량이 물가수준 내지 명목 국민소득수준의 결정요인이라 신봉하였고, 또 사실 그 때까지의 상황은 대체로 이 설을 뒷받침하였다고 하여도 과언은 아니다. 1930년대 초 전대미문의 대불황이 도래하였을 때 화폐수량설을 포함한 고전학파의 이론은 그 타당성을 잃게 되고, 이에 따라 화폐이론도 새로운 단계를 맞이하게 되었다.

18-1 : 돈의 양은 유통속도에 비례

돈은 일정한 흐름과 속도를 갖고 순환해야 제 구실을 하게 된다. 돈이 제대로 돌고 있는지를 판별할 수 있는 기준은 다양하다. 한국은행의 통화공급량, 금융기관대출금, 한은의 유동성 규제물량, 부도업체 수 등은 돈의 유통을 재는 잣대이다. 그러나 돈이 많이 풀려도 유통이 잘 안될 수도 있기 때문에 이런 지표로는 돈이 흐르는 속도를 알 수 없다.

통화유통속도는 돈의 유통을 측정하는 대표적인 잣대이다. 통화유통속도는 통화 한 단위가 일정기간동안 각종 거래를 매개하기 위해 몇 번이나 유통되었는지를 알아보는 지표다. 예컨대 1원이란 돈이 한은에서 발행됐다고 치자. 이 논이 한은에 돌아오기까지 10번의 거래에 사용되었다면 유통속도는 10이 된다. 거래가 많을수록 유통속도는 빨라진다. 유통속도가 떨어지는 경우는 거래가 부진하거나 금리나 물가가 떨어져 돈을 가지고 있어도 별로 손해가 없어 돈을 돌리지 않고 가지고 있으려고 할 때이다. IMF(국제통화기금) 구제금융 이후 경기가 바닥을 헤매었을 때 유통속도는 뚝 떨어졌다. 실제로 1998년 2~4분기 중 M_2(총통화)의 유통속도는 전년동기대비 13.8%나 하락했다. 똑같은 돈을 풀어도 속도가 떨어지는 만큼 경제주체가 피부로 느끼는 돈의 양은 적을 수밖에 없다. 이런 이유로 피부로 체감하는 돈의 양을 똑같게 하기 위해선 유통속도 하락률 만큼 통화를 더 공급해야 한다는 주장이 나온다.

통화유통속도 하락을 통화량 확대를 통해 보충해야 한다는 논리이다. 그러나 돈의 총량은 모자라지 않는데도 자금이 소수 우량기업에 편중돼 있으면 신용경색이 풀리지 않는 문제도 생긴다. 만일 중소기업부문에 대한 신용경색이 해소되지 않는 상황에서 본원통화공급을 확대할 경우 콜금리 및 일부 대기업의 회사채 발행금리만 대폭 하락하고 유동성의 대기업 편중현상이 더욱 심화된다고 한국은행이 강조하는 것도 그런 이유이다.

〈출처: 한국경제신문, 1998년 9월 8일자〉

3. 케인즈의 유동성 선호설

기업과 가계는 왜 통화를 보유하려 하는가에 대해 설명하여 보자. 사람들이 통화잔고를 보유하는 데는 비용(기회비용)이 든다. 통화를 보유하는 대신에 '채권'(여기서는 모든 수익자산을 통틀어 말한다)을 구입하면, 이자수익을 얻는다. 따라서 화폐잔고를 보유하는데서 오는 기회비용은 화폐대신에 채권을 구입함으로써 얻을 수 있는 이자율이 된다. 사람들은 통화를 보유함으로써 얻어지는 편의 또는 서비스의 가치(또는 효용의 가치)가 통화보유의 기회비용과 같거나 더 커야만 통화를 보유하고자 할 것이다. 여기서 통화보유에서 오는 편의 또는 효용은 거래를 쉽게 하며, 현금지불과 수입간의 시차에 대한 불확실성에 대비할 수 있게 하고 다른 금융자산의 가격변동에서 오는 불확실성에 대비할 수 있게 하는 데서 찾아 볼 수 있다. 이러한 편의가 사람들로 하여금 통화를 보유케 하므로 이런 점을 고려하여 케인즈는 사람들이 화폐를 보유하는 동기를 ① 거래적 동기(transaction motive), ② 예비적 동기(precautionary motive), ③ 투기적 동기(speculative motive)로 나누어 설명하였다.

1) 거래적 및 예비적 동기에 의한 수요

가계 및 기업은 일상의 거래를 통해 통화를 보유한다. 즉, 통화자산은 타유가증권과 비교할 때, 이자소득은 발생치 않으나 일상거래의 지불수단으로서는 가장 편리하다. 수중에 화폐가 없어서 필요한 지불을 할 수 없을 때 겪게 되는 곤란을 피하기 위해 일정기간 동안 평균 얼마의 통화를 필요로 한다. 그런데 실제로 얼마나 필요한지는 그 기간의 수입과 지불의 크기, 수입과 지불간의 시차에 의존한다. 그러나 수입과 지출의 시차가 제도적으로 일정하게 주어진다면 가계 및 기업은 일정수준의 미래지출을 위한 거래잔고(transaction balance)의 최소한의 평균액을 보유할 것이다. 이 지출의 크기는 계획된 실질지출의 수준과 가격수준에 달려 있으므로 거래잔고에 대한 수요는 실질소득수준에 달려 있다고 말할 수 있다. 그런데 경험적 분석의 결과에 따르면 거래수요를 위한 통화수요 거래잔고는 실질소득과 정(正)의 관계를 갖는 것으로 알려져 있다.

한편, 수익과 지불이 언제나 확실히 예견되는 것은 아니다. 따라서 가계 및 기업은 미래의 수입과 지불에 관한 불확실성에서 오는 위험을 방지하기 위하여 최저수준의 거래잔고보다 좀 더 많은 현금잔고를 가지려 한다. 예컨대 기업의 경우 예견할 수 없던 지출이 생기거나 예기치 않은 지연으로 기대했던 수입이 들어오지 못해서 큰 손실을 보는 수가 있다. 이와 같이 예비적 잔고(precautionary balance)의 수요는 미래의 지출 및 수입의 시기와 액수에 관한 불확실성으로 말미암아 나타나는 것이다. 이러한 예비적 동기의 수요는 거래량의 변화에 따라 영향받는다. 즉, 거래량이 증가함에 따라 예비적 수요를 동일한 정도로 유지하기 위해서는 더 많은 화폐잔고를 보유하여야 한다. 따라서 예비적 수요는 실질소득수준과 정의 관계를 갖고 있고 수입, 지출간의 시차(time lag)에 관한 불확실성과는 역의 관계에 있다. 요컨대 기타 여건들이 같다면 소득수준이 높을수록 예비적 동기에 의한 화폐수요도 높아질 것이다. 그리고 수입과 지출간의 시차가 확실하다면 예비적 화폐 보유를 가능한 줄임으로써 이자가 발생하는 유가증권으로 보유하고자 할 것이다. 따라서 불확실성과는 역의 관계에 있다.

가격수준과 불확실성이 주어질 때, 거래적 수요와 예비적 수요의 합계는 국민소득의 일차적 함수로 나타낼 수 있다. 거래적 수요와 예비적 수요를 합하여 M_1^d이라고 하며, 그리고 가격수준이 불변이고 불확실성의 값이 외생적으로 주어졌다고 하면, M_1^d는 국민소득(Y)의 함수로 식 (18・5)와 같이 나타낼 수 있나. 그리고 이를 그림으로 나타내면 [그림 18-1]와 같게 된다.

$$M_1^d = m_1 \cdot Y, \quad \Delta M_1^d / \Delta Y > 0 \quad \cdots\cdots (18 \cdot 5)$$

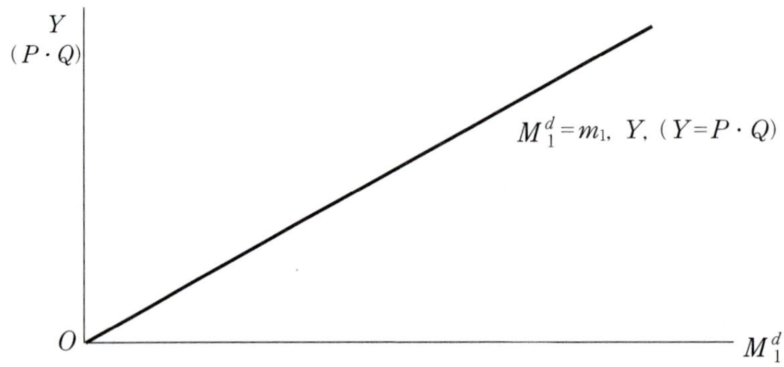

[그림 18-1] 통화에 대한 예비적·거래적 수요

2) 투기적(또는 자산적) 동기에 의한 수요

통화를 보유하려는 또 다른 동기는, 통화가 다른 금융자산과 마찬가지로 부 또는 자산의 저장수단으로서의 기능을 갖고 있기 때문이다. 이와 같은 동기에 입각한 통화수요를 투기적 수요 또는 자산적 수요라고 부른다. 자산잔고에 대한 수요는 이른바 자산투자 배합결정(portfolio decision)[1]과 관계되어 있다. 통화에 대한 자산적 수요는 축적된 저축의 일정액을 통화와 채권간에 어떻게 분배할 것인가의 의사결정(즉, 자산투자배합결정)과 밀접히 관련되어 있다. 그러면 어떠한 상황에서 개인은 그의 자산 일부를 통화의 형태로 보유하려고 하는가를 알아보기로 하자. 예컨대 채권에 대한 이자율(명목수익률과 구별되는 시장이자율)이 $r\%$라고 하고, 또한 이자율 $r\%$가 계속 유지될 것이 확실하다고 가정하자. 또한 통화를 채권으로, 채권을 화폐로 교환하는데 소용되는 시간, 정력, 중개수수료 등의 비용은 일단 고려치 않기로 하자. 그러면 통화보다 채권을 보유함으로써 개인은 아무 위험성 없이 매년 $r\%$의 이자소득을 얻을 수 있기 때문에 통화를 자산으로 갖고자 원치 않을 것이다. 즉, 미래의 이자율에 관한 불확실성이 없고 따라서 채권잔고 가격의 변화가 없는 상태에서는 누구도 채권만을 보유하는 자산투자배분을 결정할 것이다. 그러나 미래의 이자율에 대한 불확실성이 존재할 때 축적된 저축을 채권의 형태로 보유하는 것은 화폐소득을 가져오지만, 불확실성

1) 개인이 축적된 저축, 즉 부를 여러 자산간에 어떻게 배분하는가 하는 의사결정

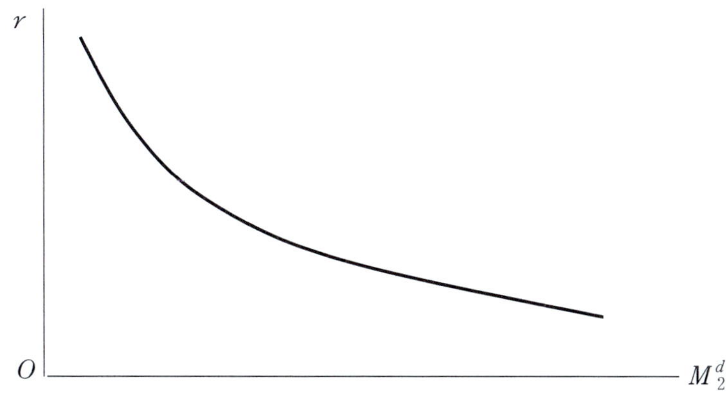

[그림 18-2] 통화에 대한 투기적 수요

으로 말미암아 자본이득 또는 손실의 위험이 따르게 된다. 사람들은 화폐소득을 추구하지만 동시에 위험도 피하려고 한다. 따라서 사람들은 그들의 부의 일부를 통화로 보유하기 때문에 그 만큼 이자소득을 얻지 못하나 위험을 감소시킴으로써 이자소득과 위험감소의 알맞은 균형을 얻게 되는 자산배합을 할 수 있을 것이다. 이처럼 통화는 불확실성에 대한 위험을 감소하기 위한 자산으로 보유한다. 즉, 통화에 대한 자산적(투기적) 수요는 가계나 기업으로 하여금 자산보유자로서의 입장에서 통화보유 증가에서 오는 위험부담의 감소라는 이득이 이 화폐보유 증가에서 오는 이자율의 손실이라는 기회비용보다 크게 되면 통화잔고를 증가시킨다. 따라서 이자율의 상승(또는 하락)은 통화잔고에 대한 자산적 수요를 감소(또는 증가)시킨다. 이와 같이 자산적 또는 투기적 수요는 이자율과 역의 관계에 있다.

이제 미래 이자율에 대한 불확실성이 일정하다고 가정하면 자산적 또는 투기적 수요는 다음과 같이 나타낼 수 있다.

$$M_2^d = m_2(r),\ \ \Delta M_2^d \,/\, \Delta r < 0 \quad \cdots\cdots (18 \cdot 6)$$

식 (18 · 6)을 그림으로 나타내면 우하향의 곡선이 된다.

식 (18-5), (18-6)에서 본 바와 같이 거래적 · 예비적 동기에 의한 화폐수요가 소득과 정(+)의 관계에 있고, 투기적 동기에 의한 화폐수요가 이자율과 역(-)의 관계에 있으므로 케인즈의 유동성 선호설에 의한 화폐의 수요는 국민소득과 정(+)의 관계에 있고 이자율과는 역(-)의 관계에 있다고 할 수 있으며, 다음과 같이 나타낼 수 있다.

$$M^d = M_1^d(\underset{+}{Y}) + M_2^d(\underset{-}{r}) \quad \cdots\cdots (18 \cdot 7)$$

4. 거시적 화폐수요함수

앞 절에서 우리는 화폐에 대한 수요가 무엇에 의해 결정되는가에 관해 케인즈이론을 중심으로 하여 고찰하였다. 그런데 케인즈나 케인즈 이후의 케인지안에 있어서나, 또는 고전학파의 관점[2]에서나 화폐에 대한 수요는 결국, 소득수준과 이자율에 의존한다는 것이 일반적인 학설로 알려져 있다.

물론, 소득(Y) 및 이자율(r) 이외도 부가 화폐의 수요에 영향을 미치는 것으로 볼 수 있다. 그러나 부는 장기적으로 또는 항상소득으로는 소득(Y)과 같은 것이 될 것으로 볼 수 있다. 따라서 국민경제 전체적으로 볼 때나 또는 미시적인, 개별적 관점에서 볼 때에도 경제주체들이 보유하고자 하는 화폐의 총량(M^d)은 Y(GNP)와 r(interest rate)에 의존한다고 볼 수 있다. 즉,

$$M^d = f(Y, r) \text{ 또는 } M^d/P = f(\underset{(+)}{y}, \underset{(-)}{r}) \quad \cdots\cdots (18 \cdot 8)$$

단, P=물가수준, $y = Y/P$이다.

→ 제 2 절 화폐시장과 이자율결정: 화폐시장의 균형

지금까지 논의된 통화수요 · 공급에 의해 균형이자율 결정이론을 살펴보기로 한다. 화폐에 대한 수요는 소득(Y)과 이자율(r)에 의존하고, 화폐의 공급은 외

2) 고전학파의 화폐수요이론은 화폐수량설에 의해 설명되어진다. 즉, $M \cdot V = P \cdot T$ (여기서 M=통화량, V=통화의 유통속도, P=물가수준, T=상품의 거래량, 즉 총생산량을 나타냄)에서 $M = P \cdot T/V$가 되고 V가 일정하다면 M(화폐보유량)은 $P \cdot T$(즉, 명목소득)에 의존한다는 것이다.

생적으로 결정된다고 하면, 다음과 같이 수요·공급함수를 나타낼 수 있다.

화폐의 공급함수: $M^s = M^0$

화폐의 수요함수: $M^d = \underset{(+)(-)}{f(Y, r)}$, r: 명목이자율

균형조건 : $M^d = M^s$ 또는 $f(Y, r) = M^s$ ································ (18·9)

식 (18·9)을 r에 대해 풀면,

$$r = h(\underset{(-)}{M^0}, \underset{(+)}{Y}) \quad \cdots\cdots (18 \cdot 10)$$

그러나 명목이자율 r은 물가수준의 예상변화에 영향을 받으므로 예상불가(P^e)의 변화율을 고려하여, 완전한 유동성 선호이론을 통한 이자율결정은 다음과 같이 나타낼 수 있을 것이다.

$$r = g(\underset{(-)}{M^0}, \underset{(+)}{Y}, \underset{(+)}{P^e}) \quad \cdots\cdots (18 \cdot 11)$$

식 (18·11)에서 Y, P^e가 일정하다면, $r = k(M^0)$가 되므로 [그림 18-3]에서와 같이 r은 M의 수요와 공급에 의해 결정된다. 식 (18·11) 또는 [그림 18-3]에서 균형이자율의 변화는 화폐의 수요·공급곡선에 영향을 미치는 요인(M_0, Y, P^e)에 의해 결정된다. 화폐수요곡선에 영향을 미치는 요소는 소득수준(Y)과 물가수준(P^e)이다. Y와 P^e의 상승은 화폐수요의 증가를 초래하고, 이에 따라 [그림 18-3]에서 화폐수요곡선을 우측으로 이동시켜 균형이자율이 상승하게 된다. 예를 들어 경기가 활성화되어 소득수준이 증가하면 화폐에 대한 수요가 증가하고, 이에 따라 수요곡선을 우측으로 이동시켜 균형이자율이 상승하게 된다. 또한 물가수준이 상승하면 화폐의 실질구매력이 떨어지므로 종전과 같은 구매력을 유지하기 위해서 사람들은 보다 많은 화폐를 보유하고자 할 것이다. 따라서 화폐의 수요곡선은 우측으로 이동하고 다른 여건이 불변이라면 균형이자율은 상승하게 된다.

한편, 중앙은행에 의해 결정된다고 보는 화폐의 공급(M^s)은 중앙은행이 화폐공급을 증가시키면 화폐의 공급곡선이 우측으로 이동하고, 이에 따라 이자율이 하락하게 된다.

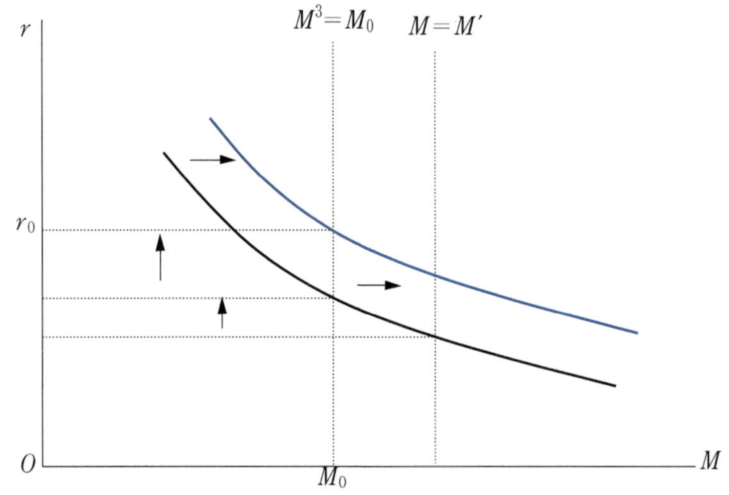

[그림 18-3] 화폐수요곡선의 이동

18-2 : 통화량과 금리

흔히 금리가 너무 높아서 한국은행은 자금방출을 확대해야 한다는 말을 자주 듣는다. 기업의 자금사정이 어려울 때일수록 더 그렇다. 한국은행이 자금방출을 늘리면 시중의 자금사정이 넉넉해져서 결국 금리가 떨어진다고 보기 때문에 하는 말이다. 이 말은 옳은가? 답은 아니다.

나무는 보고 숲은 보지 못하기 때문에 생기는 오류와 같은 이치이다. 한국은행의 자금방출 확대는 여러 가지 경로를 통해서 금리수준에 영향을 미친다. 첫째, 자금방출 증대는 시중 유동성을 증가시켜 금리를 하락시킨다. 이를 유동성효과(liquidity effect)라고 부른다. 둘째, 자금방출의 확대로 시중에 돈이 풍부해지고 이자율이 떨어지면, 사람들은 소득이 늘었다는 착각에 빠지고 소비나 투자가 늘어난다. 그만큼 화폐수요가 동시에 늘어나고 이자율은 드디어 상승한다. 이를 소득효과(income effect)라고 부른다. 마지막으로 한국은행의 자금방출 확대로 시중의 자금이 풍부해지면 물가가 상승한다. 물가수준의 상승은 금리수준에 즉시 반영되어 시중의 금리수준을 높이게 된다. 이를 물가효과(price effect)라고 한다. 자금방출 확대가 지속되면, 일반 사람들은 앞으로 그만큼 물가가 상승할 것이라는 인플레 기대심리를 확산시켜 자금거래에서 요구되는 금리의 상승을 일으킨다. 이를 기대인플레효과(expected inflation effect) 또는 피셔효과(Fisher effect)라고 부른다.

일반적으로 한국은행의 자금방출이 증대되면 당장에는 자금사정이 좋아져서 금리가 하락하는 유동성효과가 나타나게 된다고 주장할 수 있다. 그러나 시간이 지나면서 소득효과와 물가효과가 다시 금리수준을 상승시키기 시작하고 상당한 시간이 경과한 후에는 기대인플레 효과만이 남게 되어 결국 자금방출 증대는 금리를 오히려 원래 수준에서보다 더 높은 수준으로 상승시킨다. 따라서 자금방출을 증대시켜서 금리를 낮추려는 시도는 결과적으로 금리를 처음보다 더욱 높아지게 만들기 때문에 자금사정이 어려운 기업을 더욱 더 궁지에 몰아 넣을 수 있다는데 유의해야 한다.

→ 제 3 절 통화부문과 실물부문의 동시적 균형 - 완전소득결정모형

1. 통화부문과 GDP의 상호연결성

통화부문(화폐시장)과 실물부문(재화시장)을 연결시켜주는 변수는 이자율이다. 즉, 통화부문과 실물부문은 이자율을 연결변수로 해서 상호 연결될 수 있다. 다른 요인이 불변이라면, 이자율은 투자의 결정요인이 되므로 이자율이 투자에 영향을 미치게 된다. 즉, 이자율이 하락(상승)하면 투자가 증대(감소)하게 된다. 투자의 증대(감소)는 국민소득(*GDP*) 및 고용량을 증대(감소)시킨다. 그리고 통화량의 변화는 이자율에 영향을 미치게 된다. 따라서 이자율은 통화와 *GDP*간의 연결고리로 연결시키는 연결변수로 사용한다.

예를 들면, 통화부문이 균형상태에 있을 때 중앙은행이 확장적 금융정책을 실시하여 통화공급량이 증가되었다고 하자. 이때 통화공급량 변화는 다음과 같은 경로를 통해서 *GDP*에 영향을 미친다.

M^s의 변화($M\uparrow$) → 이자율의 변화($r\downarrow$) → I 및 C 등의 총수요 변화($AD\uparrow$) → GDP 변화($Y\uparrow$)

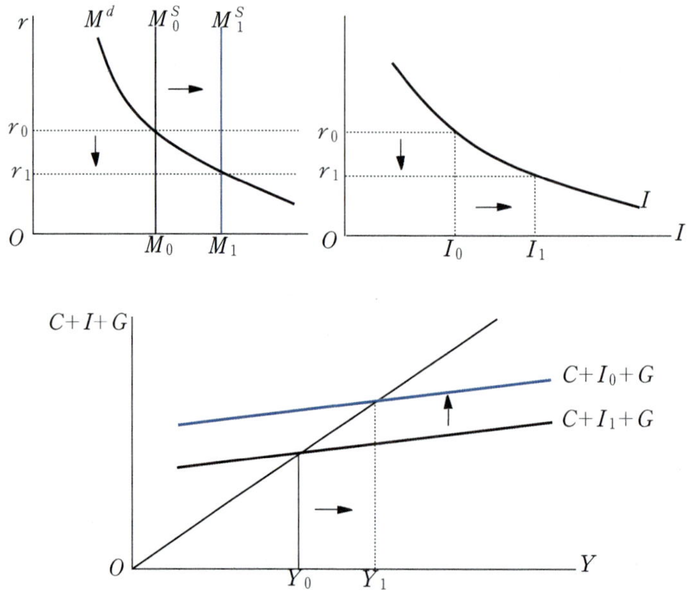

[그림 18-4] 화폐시장과 재화시장의 상호의존성

이를 그림을 통해서 보면 [그림 18-4]와 같다. r의 변화는 $M^d = M^s$가 되도록 하는 역할을 통해서 총수요에 변화를 준다. 즉, 통화공급이 M_0^s에서 M_1^s로 증가한다면 이자율은 r_0에서 r_1만큼 하락하고 투자가 증가함($I^0 \rightarrow I'$)에 따라 국민소득수준은 Y^0에서 Y^1로 증가하게 된다. 따라서 통화공급의 증가는 화폐시장에서 초과공급을 야기하여 r을 하락시킨다. 이것은 이번에는 투자수요를 증가시켜 *GDP*를 상승케 한다. 그러므로 r은 자본비용(cost of capital)으로서 실문부문과 통화부문의 주요 연결변수(key linkage variable)로 취급된다.

2. 통화시장과 재화시장의 동시적 균형

이미 설명된 재화시장과 화폐시장에 대한 각각의 모형을 간단히 표로 요약해 보고 두 시장간의 상호 연결관계 및 조정은 어떻게 이루어지고 그리고 두 부문간의 동시적 균형이 어떻게 이루어지는가에 대해 간단히 살펴보기로 한다.

1) 두 시장 모형을 요약하면 〈표 18-1〉과 같다.

〈표 18-1〉 재화시장 및 화폐시장의 균형조건

재화시장	화폐시장
(1) 균형조건 $Y=C+I+G$ (총산출량=계획된총지출) $Y>C+I+G$: 재고↑→Y↓ $Y<C+I+G$: 재고↓→Y↑	(1) 균형조건 $M^d=M^s$ $M^d>M^s$: r ↑ $M^d<M^s$: r ↓
(2) C는 Y^d(가처분소득)에 의존한다. $Y^d=Y-T$ Y^d↑ → C↑ Y^d↓ → C↓	(2) M^d는 Y와 r에 의존한다. Y↑ → M_1^d↑ Y↓ → M_1^d↓ r↑ → M_2^d↓ r↓ → M_2^d↑
(3) 계획된 투자(I)는 이자율(r)에 의존한다. r↑ → I↓ r↓ → I↑	(3) M^s는 통화당국에 의해 결정된다. $M^s=M^0$

2) 재화시장과 화폐시장의 연결조정 및 균형

재화시장과 화폐시장의 연결조정을 요약해 보면 아래와 같다.

〈표 18-2〉 재화시장과 화폐시장의 연결조정

재화시장	화폐시장
(1) 균형 : $C+I+G=Y$ Y^* (2) 총지출($C+I+G$)과 총산출량(Y)이 교차하는(일치하는) 점에서 균형$GDP(Y^*)$가 결정된다. (3) 만약 $C+I+G\neq Y$가 되어 Y가 변한다면 ΔY는 C와 M^d에 영향을 미친다.	(1) 균형 : $M^d=M^s$ r^* (2) 화폐의 수요·공급이 교차하는(일치하는) 점에서 균형이자율(r^*)이 결정된다. (3) 만약 $M^d\neq M^s$가 되어 화폐시장의 수급에 의해 결정되는 이자율이 변한다면 Δr는 M^d와 I에 영향을 미친다.

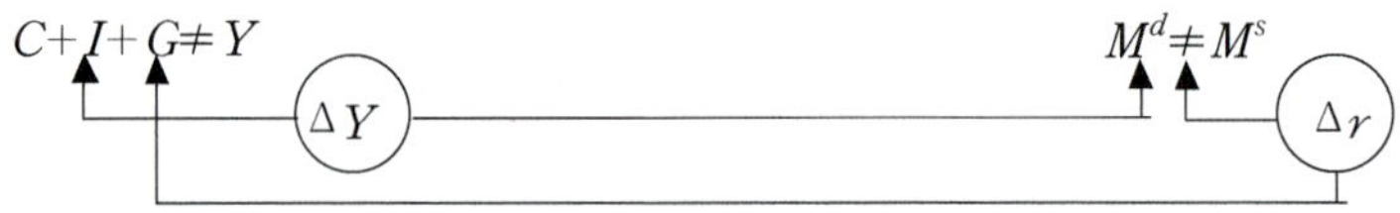

① 재화시장에서 소득의 변화(ΔY)는 M^d(화폐수요)를 변화시켜 화폐시장의 변화조정을 유발시킨다($\Delta Y \rightarrow M^d$).

② 화폐시장에서 이자율의 변화(Δ r)는 계획투자(I)를 변화시켜 상품시장의 변화조정을 유발시킨다($\Delta r \rightarrow I$).

결국

ΔY↑→Md↑→Δr↑→I↓→ΔY↓
ΔY↑←ΔI↑←Δr↓←ΔMd↓↲

의 조정과정을 거쳐 두 부문(두 시장)의 동시적 균형(Y^*, r^*)이 달성된다.

그러나 화폐시장과 재화시장이 불균형에 있을 경우 화폐시장은 매우 빠르게 조정되는 반면, 재화시장은 상대적으로 느리게 조정된다. 왜냐하면 이자율은 실물부문과 통화부문의 연결변수이지만 화폐시장의 수요·공급에 의해서 결정되는 변수이다. 그리고 이자율이 재화시장에서 투자를 결정하는 변수이지만 투자의 한계효율보다 덜 중요한 변수이고, 이자율이 투자를 잘 조정한다고 하더라도 재화시장은 생산설비 및 생산결정과정에서 시차(time lag)현상이 발생하므로 화폐시장에 비해서 상대적으로 천천히 조정된다.

3. 재정·금융정책의 효과

1) 금융정책의 효과

두 시장이 최초에 (Y_0, r_0)에서 균형이 이루어졌다고 하자. 즉,

$$\begin{bmatrix} C+I+G=Y \rightarrow Y_0 \\ M^d = M^s \rightarrow r_0 \end{bmatrix}$$

에서 최초의 균형상태가 이루어졌다고 하자.

만약, 화폐당국에 의해 확장적 금융정책을 실시하여 M^s를 증대시켰다면, M^s

증가가 재화·화폐 두 시장에 미치는 영향 및 조정과정을 〈표 18-3〉과 같이 요약할 수 있다.

최초의 균형국민소득 Y_0가 완전고용국민수준보다 낮다면, 재정정책의 변화나 통화공급의 증가에 의해 수요곡선은 우측으로 이동될 수 있다. 여기서 통화공급이 증가되었다고 하자. 최초의 균형국민소득 Y_0에서 이러한 통화공급의 증가는 화폐시장의 균형을 이루기 위해서 이자율을 그에 상응하는 만큼 하락시킨다. 그러나 이자율의 하락은 투자수요를 증대시킴으로써 재화시장에서 초과수요가 발생한다. 투자수요의 증가는 승수효과를 통하여 국민소득을 증대시킨다. 한편, 통화공급을 감소시키면 균형이자율은 상승하여 균형국민소득은 감소한다.

〈표 18-3〉 통화량 증가에 따른 재화·화폐시장의 조정과정

화폐시장 : ① $M^s\uparrow$
② $M^s > M^d$
③ $r\downarrow$ …재화시장에 연결, 투자에 영향을 줌

재화시장 : ④ $I\uparrow$
⑤ $(C+I+G)\uparrow$
⑥ $C+I+G > Y$
⑦ $Y\uparrow$ …화폐시장에 연결, M^d에 영향을 줌
$\Rightarrow M^s\uparrow\rightarrow r\downarrow\rightarrow I\uparrow\rightarrow Y\uparrow$

2) 재정정책의 효과

앞에서와 같이 두 시장의 균형이 (Y_0, r_0)에서 이루어졌다고 하자. 이때 정부가 확장적 재정정책을 실시하여 정부지출(G)이 증가했다고 하자. 단, 조세의 증가나 화폐공급의 추가적 증가없이 G만 증가했다고 하자. G증가가 화폐·재화 두 시장에 미치는 영향 및 조정과정은 〈표 18-4〉에서와 같이 요약될 수 있다. 즉, 화폐부문이 도입되지 않은 단순소득결정 모형에서 정부지출의 증대(ΔG) 효과는 $\Delta Y=\frac{1}{1-mpc}\cdot\Delta G$ 만큼으로 나타난다. 그러나 화폐부문이 도입된 후 $\Delta Y(Y\uparrow)$이 M^d의 증가에 영향을 미쳐 $M^d=M^s$상태에서 M^d증가로 $M^d > M^s$가 되어 r을 상승시킴으로써 민간부문의 투자감소를 초래하므로 그 만큼의 소득감소 $[\Delta Y\downarrow=\frac{1}{1-mpc}\cdot\Delta I\downarrow]$를 가져오게 한다. 이러한 효과를 구축효과(crowding-out effect)라고 한다.

〈표 18-4〉 정부지출 증가에 따른 재화·화폐시장의 조정과정

재화시장 : ① $G\uparrow$
② $(C+I+G)\uparrow$
③ $C+I+G > Y_0$
④ 재고감소
⑤ $Y\uparrow$ ……화폐시장으로 연결됨
$[\Delta Y=\frac{1}{1-mpc}\cdot\Delta G\uparrow]$

화폐시장 : ⑥ $M^d\uparrow$
⑦ $M^d > M^s$
⑧ $r\uparrow$
⑨ $I\downarrow$
$[\Delta Y=\frac{1}{1-mpc}\cdot\Delta I\downarrow]$

구축효과를 그림으로 나타내면 [그림 18-5]와 같이 보여진다. 즉, 정부지출(G)을 증가시키면 국민소득이 승수효과에 의해 증가되고, 국민소득이 증가한다면 가처분소득 및 소비지출은 모두 증가한다. 소득 및 소비증대에 따른 화폐의 수요가 증대되고 이에 따른 이자율의 상승에 수반하여 투자수요는 감소한다. 투자수요의 감소만큼 부분적으로 정부지출의 소득증가효과는 상쇄된다. 그러나 그 상쇄는 단지 부분적임을 알 수 있다.

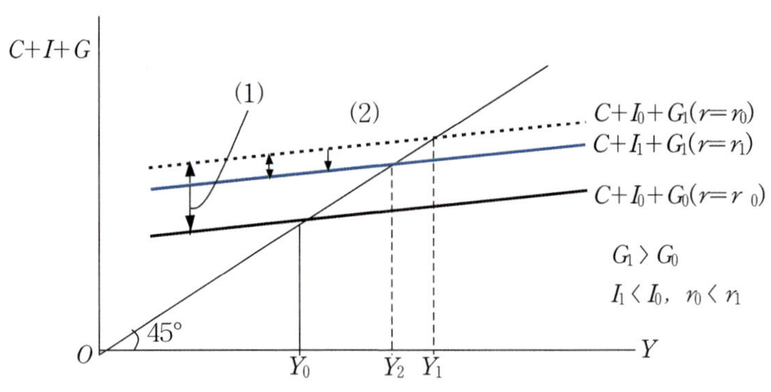

(1) $\Delta Y\uparrow(Y_0-Y_1)=\frac{1}{1-mpc}\cdot\Delta G\uparrow$

(2) $\Delta Y\downarrow(Y_1-Y_2)=\frac{1}{1-mpc}\cdot\Delta I\downarrow$

[그림 18-5] 재정정책의 구축효과

제 19 장
IS-*LM* 모형과 재정 · 금융정책의 효과

제 1 절 *IS*-*LM* 모형

[그림 19-1]에서 *IS* 곡선 상에 상품시장의 균형을 이루는 국민소득수준과 이자율의 조합점들이 무수히 존재함을 알 수 있고, *LM* 곡선을 통하여 화폐시장의 균형을 이루는 국민소득수준과 이자율의 조합점들이 무수히 많음을 알 수 있다. *IS* 곡선은 상품시장(commodity market)의 균형을 이루는 이자율과 국민소득의 조합점들을 연결한 우하향곡선이며, *LM* 곡선은 화폐시장(money market)의 균형을 성립시키는 이자율과 국민소득의 조합점들을 연결한 우상향곡선이다. 즉, *LM* 곡선의 기울기는 양(+)인데 반하여 *IS* 곡선의 기울기는 음(-)이다([그림 19-1] 및 해설부분을 참고).

그렇다면 상품시장과 화폐시장에서 동시에 균형을 이루는 국민소득수준과 이자율수준은 어느 곳(어느 점)인가? 그것은 *IS* 곡선과 *LM* 곡선이 만나게(cross)되는 점이다. 즉, *IS* 곡선과 *LM* 곡선이 만나게 되는 점에서 두 시장을 동시에 균형시키는 국민소득수준과 이자율이 결정 된다. [그림 19-1]은 국민소득수준 Y_0와 이자율 i_0가 *IS* 곡선과 *LM* 곡선이 교차되는 E_0에서 균형을 이루는 것을 보여준다.

한편, 상품시장과 화폐시장의 균형을 나타내는 각각 2개의 방정식을 통해 수학적으로 설명할 수도 있다. 이 경우 방정식 체계에서의 2개의 미지수는 국민소득수준(Y)과 이자율(i)이다.

수학적 소득모형을 이용한 *IS*-*LM* 곡선 도출식은 원론수준에서는 생략하기로 한다. 그러나 상품시장과 화폐시장의 실제 수치를 고려한 거시경제모델을 이용하여 이해를 돕고자 한다.

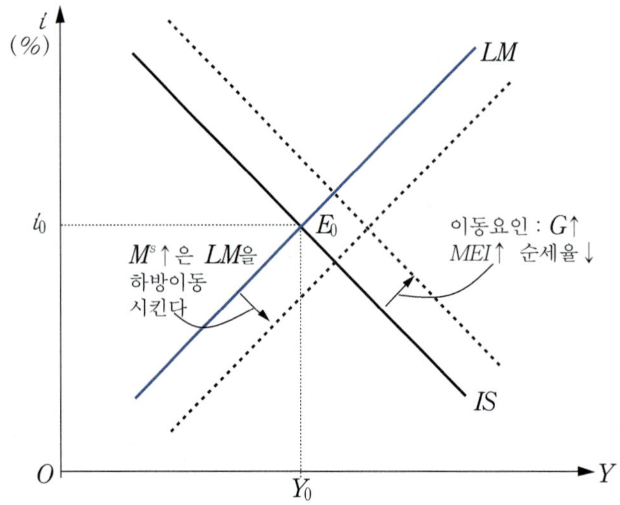

LM: 통화부문 최초의 균형 $M_o^s = M_o^d(Y_0,\ i_0)$에서, $i\uparrow \rightarrow M_s^d$(투기적 수요)↓, 그만큼 M_d를 증가시키려면 $Y\uparrow \rightarrow M_d\uparrow$로 이어져야 함$\Rightarrow(i\uparrow,\ Y\uparrow)$로 나타남(正의 기울기)

IS: 실물부문의 최초의 균형점 $S_0(Y_0) = i_0(I_0)$에서, $i\downarrow \rightarrow I\uparrow$, $I\uparrow$만큼 $S\uparrow$가 이루어져야 하며, 이는 $Y\uparrow \rightarrow i\downarrow$로 이어져야 한다. $\Rightarrow(Y\uparrow,\ i\downarrow)$로 나타남(負의 기울기).

[그림 19-1] *IS*–*LM* 곡선

상품시장	화폐시장
$Y = C + I + G$ $C = 150 + 0.8Y_d$ $T = 0.25Y$ $I = 100 - 100i$ $G = 250$	$M^d = M^s$ $M^d = 50 + 0.2Y - 200i$ $M^s = 250$

위 표의 상품시장과 화폐시장의 미지수를 이용하여 *IS*곡선과 *LM*곡선의 방정식을 계산해 보면

$$IS\text{곡선} \Rightarrow i = \frac{500 - 0.4Y}{100}$$

$$LM\text{곡선} \Rightarrow i = \frac{-100 + 0.1Y}{100}\text{이다.}$$

위의 두 곡선에서 균형국민소득과 균형이자율을 구해보면

$Y^* = 1200$
$i^* = 0.2$이다.

또한 이 두 방정식을 풀어보면

$C = 870$, $T = 300$, $I = 80$을 구할 수 있다.

→ 제 2 절 *IS*곡선을 이동시키는 요인들

이미 앞에서 배운 바와 같이 *IS* 곡선은 상품시장의 균형점을 연결한 곡선이다. *IS* 곡선은 총생산과 총수요가 일치하는 상태에서 균형 총생산량과 균형이자율이 결정됨을 나타낸다.

IS 곡선은 이자율과는 무관한 독립적인 요인(총생산과는 독립적)에 대한 변화가 발생되면 이동한다(이자율의 변화는 *IS* 곡선 자체가 이동하는 것이 아니라 *IS* 곡선상의 이동으로 나타난다). 영향을 미치는 요인은 독립적인 소비지출의 변화, 이자율과 무관한 계획된 투자지출, 정부지출, 조세, 그리고 이자율과 무관한 순수출 등 5가지로 요약할 수 있다. 이상의 5가지 요인이 각각 어떻게 *IS* 곡선에 영향을 미치는가에 대해 살펴보자.

1. 독립적인 소비지출의 변화

독립적인 소비지출의 증가는 총수요곡선을 위로 이동시켜 *IS* 곡선을 오른쪽으로 이동시킨다([그림 19-2]). 이러한 이동이 어떻게 발생되는지를 알아보자. *IS* 곡선이 [그림 19-2] (a)에 그려진 바와 같이 처음 IS_1이라 하고, 우리나라에서 사우디아라비아의 원유 총 매장량보다 더 큰 유전이 발견되었다고 가정해보자. 소비자들이 미래의 경제에 매우 낙관적이라고 하면, 독립적인 소비의 지출은 증가할 것이다. 만약 이자율이 i_A 수준에 고정되어 있는 상태에서 독립적인 소비지출이 증가하면 총생산의 균형수준에 어떠한 변화가 발생하겠는가?

IS_1 곡선에서 이자율이 i_A일 경우 균형총생산은 Y_A 수준임을 나타낸다(점 A). [그림 19-2] (b)는 이자율이 i_A 수준이고 총생산이 Y_A일 경우 총수요함수 Y_1^{ad}는 45°선 $Y = Y^{ad}$이기 때문에 Y_A일 경우 재화시장에서 균형상태임을 나타낸다.

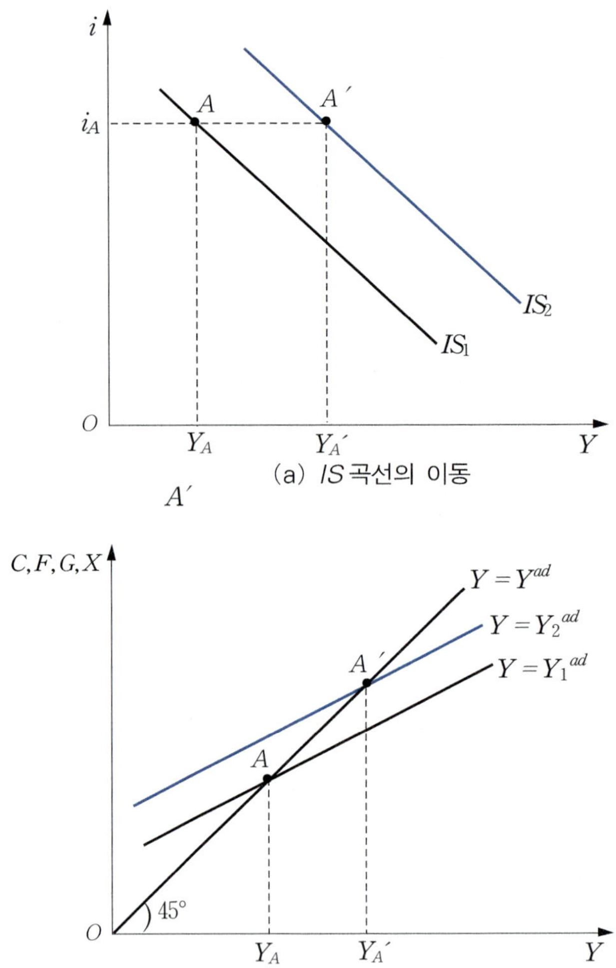

(a) IS 곡선의 이동

(b) 이자율이 i_A일 때 재화시장의 효과

[그림 19-2] IS 곡선의 이동

원유의 발견으로 독립적인 소비지출이 증가하면 총수요함수는 Y_2^{ad}수준으로 상향이동하며 균형총생산은 Y_A에서 $Y_A{'}$로 증가한다. 이자율이 i_A 수준에서 [그림 19-2] (a)의 점 A에서 점 A'로 이동하게 될 때 균형총생산이 Y_A에서 $Y_A{'}$로 증가한다. 이와 동일한 현상은 처음 IS_1곡선 상의 모든 점에서 적용된다. 그러므로 독립적인 소비지출의 증가는 [그림 19-2] (a)의 IS_1에서 IS_2로 IS곡선을 오른쪽으로 이동시킨다.

독립적인 소비지출의 감소는 이와 반대현상으로 나타나게 된다. 즉, 독립적인 소비지출이 감소하면 상이한 이자율 수준에서 총수요함수는 하향이동하며 균형총생산은 줄어든다. 이에 따라 IS 곡선은 왼쪽으로 이동한다.

2. 이자율과 무관한 투자지출의 변화

이미 앞 장에서 이자율의 변화가 계획된 투자지출에 영향을 미쳐 총생산 수준에도 변화를 가져온다는 사실을 배웠다. 그러나 계획된 투자지출의 변화는 단순히 IS곡선 상의 이동에 불과하며 IS곡선 자체가 이동하지는 않는다. 이자율과는 관계없이 계획된 투자지출의 증가는 (일례로 유전은 개발한 회사가 또 다른 거대한 유전을 발견했다면 그 기업은 투자에 대한 확실한 이윤이 보장되기 때문에) 총수요함수를 상향 이동시킨다. 주어진 이자율 수준에서 균형 총생산이 증가하면 IS곡선은 [그림 19-2] (a)에서 볼 수 있는 바와 같이 오른쪽으로 이동한다.

기업의 장래 투자에 대한 이윤획득 전망이 비관적이라면 투자지출을 줄일 것이다. 이러한 투자의 감소는 기존의 이자율 수준에서 총수요함수를 하향 이동시키게 된다. 균형상태의 총생산은 줄게 되어 IS곡선을 왼쪽으로 이동시킨다.

3. 정부지출의 변화

정부의 재정지출이 증가하면 [그림 19-2] (b)처럼 주어진 이자율의 수준에서 총수요함수가 상향 이동한다. 균형 총생산은 어느 이자율 수준에서도 증가하여 IS곡선은 오른쪽으로 이동한다. 반대로 정부지출의 감소는 총수요함수를 하향 이동시키고 균형 총생산은 감소하며 IS곡선은 왼쪽으로 이동한다.

4. 조세의 변화

조세의 변화는 다른 요인과 달리 직접적으로 총수요함수에 영향을 미친다. 조세의 감면은 어떤 이자율 수준에서도 총수요함수를 상향 이동시켜 *IS*곡선을 오른쪽으로 이동시킨다([그림 19-1]처럼). 그러나 조세의 변화는 동일한 규모의 정부지출의 변화보다 총생산에 미치는 효과가 훨씬 적다. 조세의 변화가 일어났을 경우 정부지출과 동일한 금액으로 변화하더라도 *IS*곡선의 이동폭은 적다. 조세의 인상은 총수요함수를 하향 이동시키며 각 이자율 수준에서 균형 총생산 수준을 감소시킨다. 그 결과 조세의 인상은 *IS*곡선을 왼쪽으로 이동시킨다.

5. 이자율과 무관한 순수출의 변화

계획된 투자지출에서처럼 이자율의 변화로 야기된 순수출의 변화는 *IS*곡선상의 이동을 발생시키지만 *IS*곡선 자체를 이동시키지는 않는다.

프랑스의 청바지보다 더 세련된 청바지를 우리나라에서 만들게 되어 수출이 증가하는 것처럼 이자율과 무관하게 독립적인 순수출이 증가하게 되면 [그림 19-2]처럼 총수요함수는 상향 이동하고 *IS*곡선은 오른쪽으로 이동한다. 반대로, 순수출의 감소는 총수요함수를 하향 이동시켜 균형총생산 수준이 감소하고, *IS*곡선은 왼쪽으로 이동한다.

→ 제 3 절 *LM*곡선을 이동시키는 요인들

*LM*곡선은 회폐시장의 균형점을 연결한 곡선이다. 화폐의 공급과 수요가 일치하는 상태 하에서 성립된 총생산과 이자율의 균형점을 연결한 선을 말한다. *IS*곡선의 이동을 촉진하는 요인은 5가지가 있는 것에 반하여, 2가지의 요인만의 변화로 *LM*곡선은 이동한다. 화폐수요의 변화와 화폐공급의 독립적인 변화이다. 두 가지의 요인 변화가 어떻게 *LM*곡선에 영향을 주는가?

1. 화폐공급의 변화

화폐의 공급증가는 [그림 19-3]에서 보는 바와 같이 LM곡선을 오른쪽으로 이동시킨다. 이러한 변동이 어떻게 발생되었는가를 알아보기 위하여 LM곡선이 [그림 19-3] (a)에 나타난 바와 같이 처음 LM_1이라고 가정하고 한국은행이 공개시장정책을 실시하여 화폐의 공급을 늘렸다고 가정해 보자.

처음 LM_1 곡선 상의 점 A를 보면, 총생산 Y_A가 고정되어 있을 경우 이자율은 균형수준에서 어떤 변화가 일어났는지 알아볼 수 있다.

[그림 19-3] (b)는 화폐시장에서 화폐의 수요와 공급을 나타내고 있으며 균형이자율은 처음 화폐의 공급곡선 M_1^S와 수요곡선 M^d가 교차하는 i_A 수준임을 가리키고 있다. 화폐의 증가로 고정된 총생산 Y_A에서 화폐의 공급곡선은 M_2^S로 이동하고 균형이자율은 $i_A{}'$로 떨어진다. [그림 19-3] (a)에서 균형이자율이 i_A에서 $i_A{}'$로 하락한 결과 이자율의 균형은 점 A에서 A'로 이동하였다. 이와 동일한 분석방법이 처음의 LM_1 곡선 상의 모든 점에 적용될 수 있다.

화폐의 공급이 증가하면 처음의 총생산 수준에서 균형이자율은 하락한다는 결론에 도달하게 된다. 그러므로 LM_2 곡선은 LM_1 곡선에 비해 오른쪽으로 하향

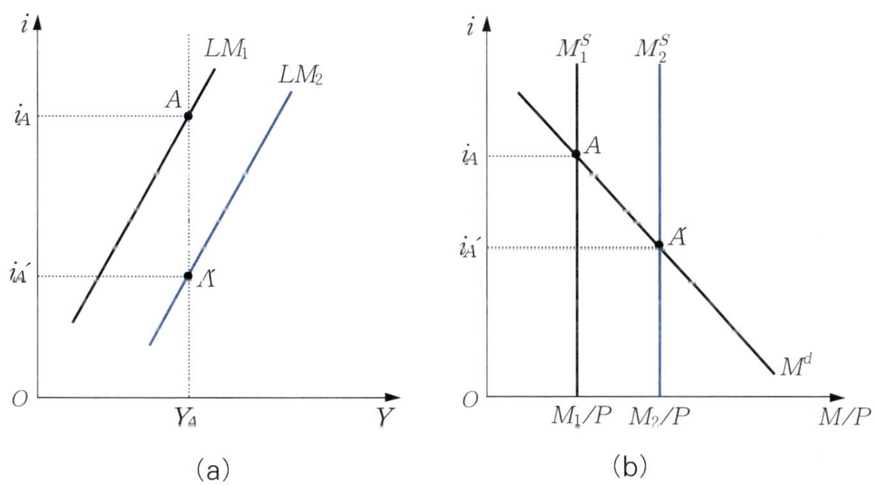

[그림 19-3] 화폐공급 증가로 인한 LM곡선의 이동

이동하게 된다. 이러한 이유를 반대로 생각해보면, 화폐공급의 감소는 *LM*곡선을 왼쪽으로 이동시킨다.

2. 화폐수요의 자발적인 변화

자산수요이론에 의하면 화폐수요의 독립적인 증가에 의해 자산수요가 증가될 수 있다(물가수준, 총생산, 이자율과는 관계없이). 예를 들면, 채권의 수익률이 변화를 거듭하여 매우 불확실하면 화폐에 비해 상대적으로 채권의 위험성이 높아진다. 이에 따라 화폐에 대한 수요는 이자율, 물가, 총생산에 대한 변화가 전혀 없는 경우에도 증가한다. [그림 19-4]에서처럼 화폐수요의 독립적인 증가로 인하여 *LM* 곡선은 왼쪽으로 이동한다.

처음의 LM_1 곡선 A점을 살펴보자. 대규모의 금융공황이 발생한다고 가정하면 많은 기업들이 파산하게 된다. 채권은 위험성이 높은 자산이기 때문에 일반 시민들은 채권을 보유하는 대신 화폐를 갖기를 원한다. 그들은 이자율 수준이나 총생산량 수준과는 상관없이 화폐를 더 많이 보유하게 된다. 화폐수요가 증가함에 따라 Y_A의 총생산량수준에서 화폐의 수요곡선은 [그림 19-4] (b)에서처럼 M_1^d 에서M_2^d로 이동한다.

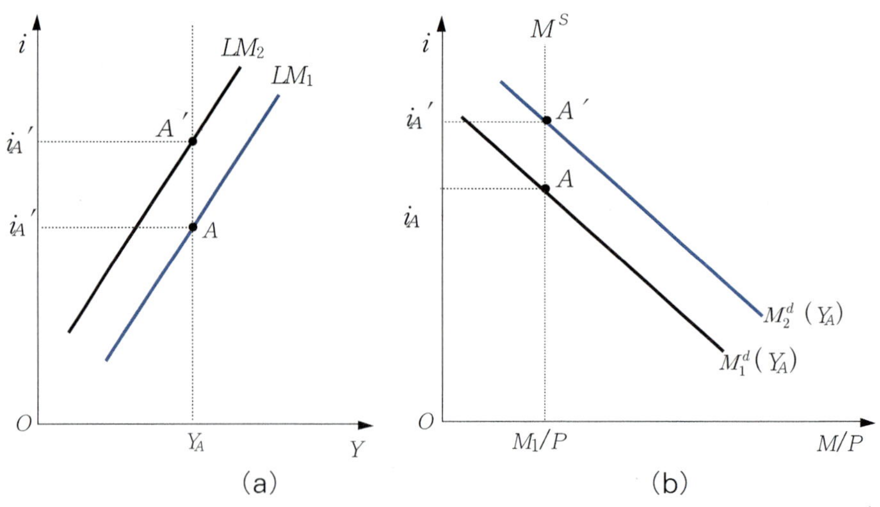

[그림 19-4] 화폐수요의 증가 시 *LM*곡선의 이동

총생산 수준이 Y_A에 고정되어 있더라도 균형이자율이 i_A'로 올라가게 되면, 화폐시장의 새로운 균형점은 점 A에서 점 A'로 이동한다.

반대로 화폐수요에 대한 독립적인 감소는 *LM*곡선을 오른쪽으로 이동시킨다. 화폐수요의 감소는 화폐의 초과공급을 초래하여, 이자율의 하락을 초해한다.

→ 제 4 절 재정 · 금융정책의 효과

1. 금융정책의 효과

[그림 19-5]는 화폐공급의 증가가 총생산과 이자율에 어떤 효과를 초래하였는지를 설명한 것이다. 처음 경제는 IS_1과 LM_1이 교차하는 점 1에서 화폐시장과 재화시장의 균형이 달성되어 있음을 나타낸다. 총생산량 Y_1 수준에서 국민경제는 실업률이 10%에 달하여 심각한 사회 경제적인 문제에 봉착해 있고 중앙은행은 화폐의 공급량을 늘려서 총생산을 증가시키고 실업자수를 줄이려는 정책을 실시하기로 하였다고 가정하자.

과연 중앙은행은 금융정책을 실시함으로써 효과를 볼 수 있을 것인가?

화폐의 공급량을 늘리면 *LM*곡선은 오른쪽으로 이동하여 LM_2의 위치에 있고 재화시장과 화폐시장에 대한 새로운 균형점은 점 2에서 성립한다(IS_1과 LM_2가 교차하는). 화폐공급을 증가시킨 결과 [그림 19-3]에서 볼 수 있듯이 이자율은 i_2 수준으로 하락하고 총생산량은 Y_2로 증가한다. 중앙은행의 정책은 경제의 건전성을 향상시키는데 성공을 거둔 것이다.

화폐의 공급증가로 인하여 총생산이 늘어남과 동시에 이자율이 하락한 이유를 명확히 이해하기 위하여 균형상태가 점 1에서 점 2로 이동함에 따라 어떤 변화가 발생되었는지 정확히 살펴보도록 하자.

경제가 점 1에 있을 때 화폐의 공급증가(*LM*곡선의 우측이동)로 화폐의 공급량이 수요량을 초과하게 되어 이자율은 하락한다. 그 결과 투자지출이 늘어남과 동시에 순수출도 늘어나며 총수요가 증대하고 총생산이 증가된다. 경제가 점 2의 상태가 되었을 때 이자율의 하락과 더불어 총생산이 늘어나면 화폐에 대한 수요량을 증가시키기 때문에 화폐의 초과공급은 제거된다.

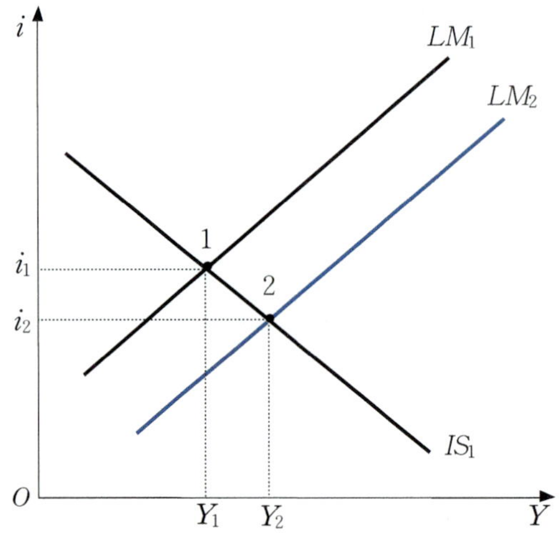

[그림 19-5] 화폐공급의 증가에 대한 총산출량과 이자율의 반응

화폐공급의 감소는 반대의 과정으로 이해할 수 있다. 화폐공급의 감소는 총생산량의 감소와 이자율의 증가로 인해 *LM* 곡선을 좌측으로 이동시킨다.

따라서, 화폐의 공급변화와 총생산은 비례한다. 화폐공급이 늘어나면 총생산은 증가하며, 화폐공급이 감소하면 총생산도 줄어든다.

2. 재정정책 변화에 대한 대응

점 1에서 실업률이 10%로 경제상황이 좋지 않을 때 중앙은행은 화폐공급을 늘리려하지 않을 것이라고 가정하자. 정부는 정부지출을 조정하고, 총산출량의 증가에 대해 세금을 부과하여 큰 실업률을 감소시킬 수 있을 것인가? *IS-LM* 모델은 그것이 가능함을 보여준다. [그림 19-6]은 확장적 재정정책에 따른 산출 및 이자율의 변화를 나타내고 있다(정부지출증가와 감세). 정부지출의 증가와 감세는 *IS* 곡선을 IS_2로 이동시킨다. 그리고 재화시장과 화폐시장의 균형점은 점 2로 이동한다(IS_2와 LM_1의 교차점). 재정정책 변화의 결과로 총산출량은 Y_2로 증가하며 이자율은 i_2로 증가한다. 이자율에 대한 확장적 재정정책과 확장적 통화정책 사이의 효과의 차이점에 대해서 주목하여 보면 확장적 재정정책의 경우

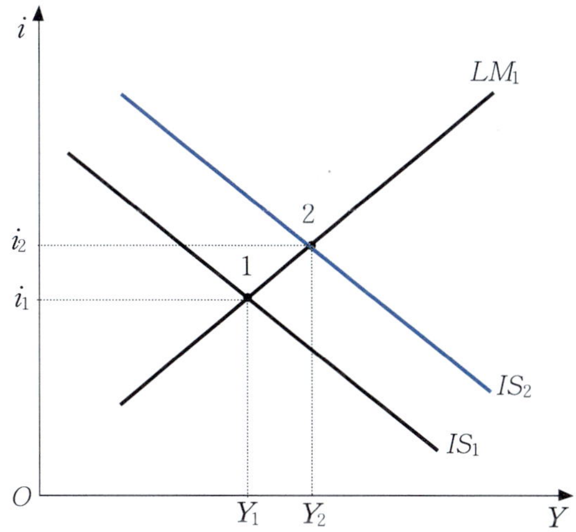

[그림 19-6] 확장정책에 대한 총산출량과 이자율의 반응

이자율은 증가하며, 확장적 통화정책의 경우 이자율은 감소한다.

그렇다면 정부지출의 증가와 감세가 왜 이자율과 총산출량을 모두 증가시키는가?(균형점 1에서 점 2로의 이동) 정부지출의 증가는 총수요를 직접적으로 증가시킨다. 감세의 경우 가처분 소득을 증가시키며, 소비지출의 증가로 인해 총수요를 증가시키고, 총수요 증가의 결과로 총산출량이 증가한다. 높은 수준의 총산출량은 화폐수요량을 증가시키고 화폐수요의 증가는 이자율을 상승시킨다. 점 2에서 총산출량의 증가에 의한 화폐에 대한 초과수요는 이자율의 상승으로 상쇄된다.

긴축적 재정정책(정부지출 감소와 증세)은 [그림 19-6]에서 설명된 것과 반대의 상황을 나타낸다. 즉, *IS* 곡선을 왼쪽으로 이동시켜서 이자율과 총산출량을 감소시켜 총수요를 떨어뜨린다. 총산출량과 이자율은 정부지출에 대해 양의 관계를 가지며, 세금에 대해서는 음의 관계를 가진다.

부록 장기 IS-LM 모델

IS-LM 분석에서는 명목가치와 실질가치를 동일하게 하는 가격수준이 고정되어 있다고 가정하였다. 이 가정은 단기 모델을 설명하는 데에 있어서는 합리적

이지만 장기에서는 가격수준이 변하므로 적절하지 못하다. 장기 *IS-LM* 모델에 대해서 알아보기 위해서이 가격수준이 증가 혹은 감소의 경향이 없는 상태에서의 산출물의 자연율 수준(Y_n)의 개념을 사용한다. 산출량이 자연율 수준 이상일 때, 호경기가 가격의 상승을 야기할 것이며 산출량이 자연율 이하일 경우 침체된 경제가 물가의 하락을 유발할 것이다.

이제 물가수준이 변화할 때 일어나는 현상에 대해서 알아보기로 하자. 장기적으로는 더 이상 명목가격과 실질가격이 같다고 가정할 수가 없다. *IS* 곡선에 영향을 미치는 지출변수들은(소비자지출, 투자지출, 정부지출, 순수출) 사람들이 구매하기를 원하는 재화의 (물리적) 수량들로 표시되는 재화와 용역에 대한 수요를 나타내며 실질개념으로 나타내야 한다. 물가수준이 변화할 때, 실질개념으로 파악된 지출변수들의 수량들은 변화하지 않기 때문에 물가수준의 변화는 실물시장 균형을 만족시키는 실질조건하에서의 이자율과 총산출량의 조합으로 표현되는 *IS* 곡선에 영향을 미치지 못한다.

[그림 19-7]은 Y_n에서 수직으로 표시된 자연율 수준 이상으로 산출량이 증가했을 때 *IS-LM* 모델에서 나타나는 현상을 보여준다. 최초에 *IS* 곡선과 *LM* 곡선이 점 1에서 교차한다고 가정하자.($Y_1 = Y_n$)

[그림 19-7(a)]는 화폐공급의 증가가 일어났을 때 산출량과 이자율이 어떻게 변하는지를 보여준다. [그림 19-7]에서 화폐공급의 증가는 *LM* 곡선을 LM_2로 이동시키고 균형점을 점 2로 이동시킨다(IS_1과 LM_2의 교차점). 이때 이자율은

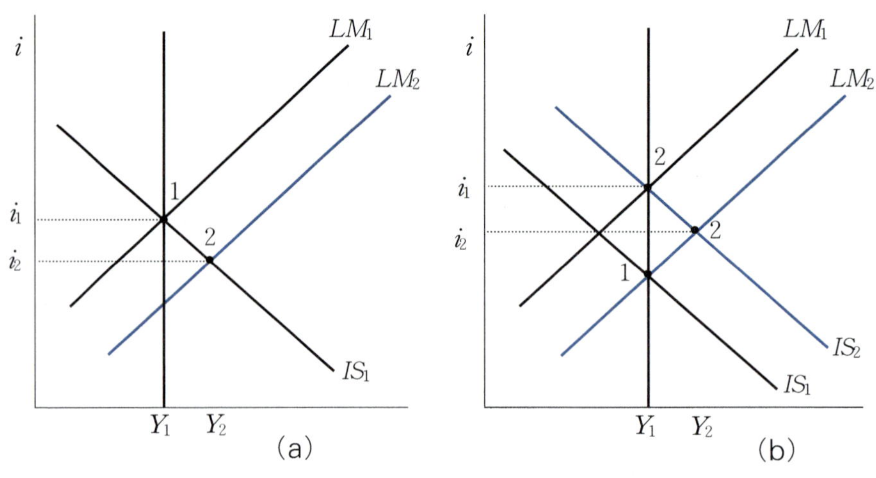

[그림 19-7]

i_2로 떨어지며 산출량은 Y_2로 증가한다. 그러나 Y_2에서의 산출량의 수준은 자연율 수준인 Y_n 이상이므로 물가수준은 상승하기 시작한다.

물가수준의 상승에 의해서 영향을 받지 않는 *IS*곡선과 대조적으로 *LM*곡선은 물가수준의 상승에 의해 영향을 받는다. 그 이유는 유동성 선호이론에 의해 설명된다. 실질조건 하의 화폐에 대한 수요는 실질소득과 이자율에 의존하는데 이는 화폐가 그 구매력에 의해 가치가 부여되기 때문이다. 그러나 우리가 신문에서 흔히 보는 화폐공급은 실질조건에서의 화폐공급이 아니다. 이것은 명목적 수량을 의미한다. 물가수준의 상승은 실질조건에서 화폐의 수량을 감소시킨다. 또한 *LM*곡선에 대한 효과는 물가수준이 고정되어 있을 때 명목화폐공급의 감소와 동일하다. 실질화폐공급의 낮은 가치는 화폐에 대한 초과수요를 창출한다. 이는 주어진 총산출량 수준에서 이자율의 상승을 야기시키며, *LM*곡선을 다시 왼쪽으로 이동시킨다. 산출량 수준이 자연율 수준을 초과하는 동안은 최종적으로 산출량이 자연율 수준 Y_n으로 돌아올 때 까지 *LM*곡선이 왼쪽으로 이동하며 물가수준은 상승으로 이어질 것이다. 이제 *LM*곡선은 LM_1으로 복귀하고, 실질화폐잔고($\frac{M}{P}$)는 원래의 수준으로 돌아가며 경제는 이전의 균형점인 점 1로 돌아온다. 이처럼 장기에 있어서 화폐공급증가의 결과는 이자율과 산출에 변화를 줄 수 없고, 화폐공급 증가에 비례적으로 증가된 높은 물가수준이다 (화폐공급 증가가 장기에서 이자율과 산출에 변화를 줄 수 없다는 사실을 우리는 흔히 (장기)통화중립성으로 인식한다.).

[그림 19-7(b)]는 정부지출 증가와 같은 확장적 재정정책을 시행했을 때, 산출량과 이자율의 변하를 나타낸다. 이전에 살펴본 바와 같이 정부지출의 증가는 *IS*곡선을 우측으로(IS_2로) 이동시킨다. 그리고 단기에서는 균형점 1이 점 2로 이동한다(IS_2와 LM_1의 접점). 이때 이자율은 상승하며 산출량은 2점에서 결정되므로 산출량은 자연율 수준 Y_n이기 때문에 물가수준만 상승하여 실질화폐잔고($\frac{M}{P}$)는 하락하게 되고. *LM*곡선은 우측으로 이동하여 LM_2로 이동했다. 단지 *LM*곡선만이 LM_2로 이동하여 균형점이 점 3으로 이동했을 때는 산출량은 다시 자연율 수준 Y_n으로 돌아오며 물가수준은 상승을 범출 것이며 *LM*곡선은 이동을 정지할 것이다. 점 3에서의 장기균형의 결과 이자율은 높아지고(i_2의 높은 이자율) 산출량은 Y_n으로 동일한 수준이 되어 실제로 장기에서는 완전한 구축효과가 나타낸다. 즉, *LM*곡선이 LM_2로 이동하고 물가수준의 상승은 이자율을 i_2로 증가시키므로 투자와 순수출을 충분히 떨어뜨려 정부지출의 증가분을 완전히 상쇄하는 것으로 나타난다. 이러한 완전한 구축효과는 단기의 *IS-LM* 모델에서는 발생하지 않고(*LM*곡선이 수직이 아닐 때) 장기에서만 나타난다는

사실을 알 수 있다.

지금까지 확장적 통화 및 재정정책에 대한 *IS-LM* 모델을 살펴본 바, 결론은 통화 및 재정정책이 단기에서는 산출량에 영향을 미칠 수는 있으나 장기에서는 그렇지 않다는 것이다. 이는 산출량 증가를 위한 통화 및 재정정책의 결정에 대해 중요한 시사점을 제공한다.

제6편

경제변동과 거시경제 논쟁

제 20 장 거시경제의 단기변동 : 총수요 · 총공급과 정책효과

미시적 경제분석에서 개별상품의 수요 · 공급에 의해 균형가격과 균형산출량의 수준이 결정되는 과정을 우리는 이미 고찰하였다. 그런데 거시적 경제분석에 있어서도 이와 유사하게 국민총산출물에 대한 수요 · 공급으로 물가수준과 균형산출량 수준, 즉 실질 GDP(Q)의 결정과정을 살펴볼 수 있다. 앞에서 다룬 케인즈적 거시분석에서 물가수준(P)이 일정한 것으로 가정하였는데 이제 P가 신축적으로 변한다고 보자. 이때 P의 변화와 총수요 및 총공급 측면의 관계를 보여주는 총수요 · 총공급곡선(AD · AS곡선)에 의해서 균형 실질국민소득수준의 결정에 대한 고전학파와 케인지안(Keynesian)의 접근을 고찰하기로 한다. 그리고 나아가서 AD · AS모형을 이용하여 인플레이션의 원인을 규명하고, 그 대책에 대해 살펴보기로 하자.

→ 제 1 절 총수요곡선

1. 국민총지출과 물가와의 관계

가계, 기업, 정부 및 해외부문 등 일국 경제주체들 모두가 그 나라에서 일정 기간동안 생산된 최종생산물(재화 및 용역)을 각각의 가격수준에서 갖고자 원하는 전체의 크기(전체의 요구량)를 총수요(aggregated demand: AD)라 한다. 즉, GDP에 대한 가계의 소비, 기업의 투자, 정부의 지출 및 순수출 등 4개 부문 모두의 집계적 지출인 국민총지출(aggregate expenditure: AE)을 각각의 가격수준으로 나타낸 개념이다.

국민총지출(AE)과 총수요(AD)는 매우 밀접하게 관련되어 있다. 그러면서도 매우 중요한 차이가 있다. 국민총지출은 최종 재화 및 용역에 대한 4부문 모두가 지출한 것으로 구성된다. 즉, $AE=C+I+G+(X-IM)$으로 구성된다. 반면 총수요는 그때그때 가격수준에 따라 최종 재화 및 용역에 대한 지출(의지)로 구성된다. 다시 말해서 총수요는 한 나라 경제의 물가수준의 변화를 고려하고 있는 개념인데 반하여, 총지출은 물가수준의 변화를 염두에 두지 않고 단지 최종생산물에 대한 총지출의 크기 자체만을 의미한다. 따라서 총지출곡선은 각 소득수준에서 원하는 총지출을 보여주고 총수요곡선은 각 물가수준에서 균형된 총지출을 보여주고 있다.

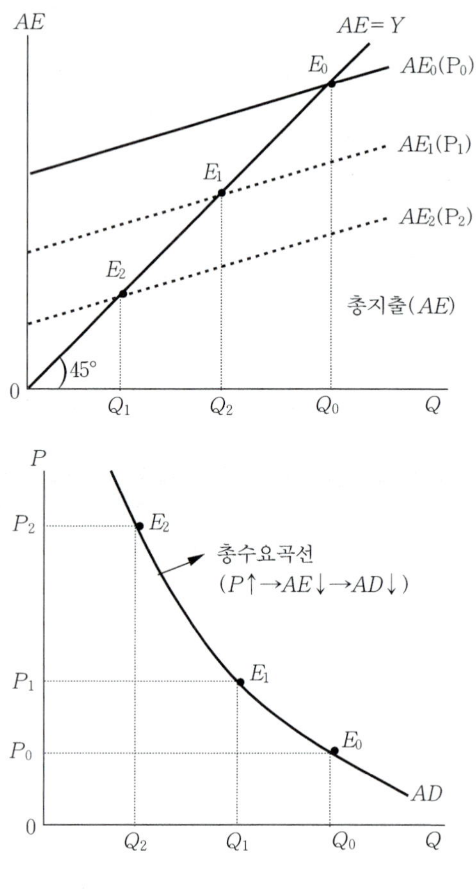

[그림 20-1] AE와 AD커브

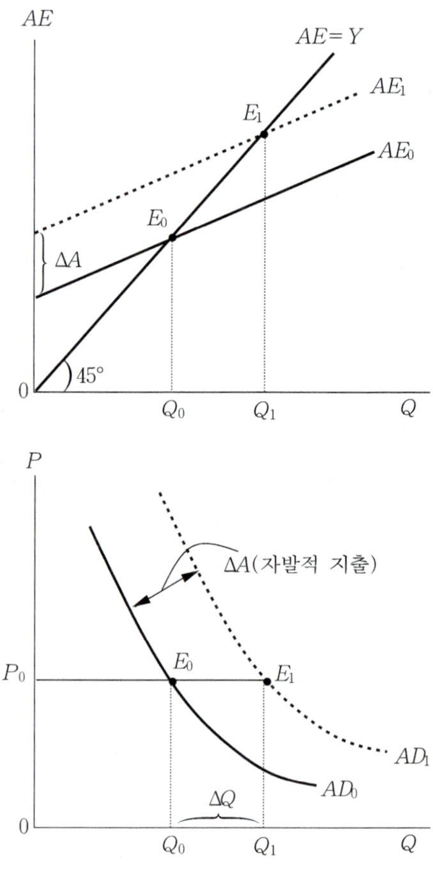

[그림 20-2] 승수모형과 AD곡선의 이동

한편, 총지출(AE)과 물가수준(P)과의 관계를 파악함으로서 [그림 20-1] 에서와 같이 총수요곡선(AD curve)을 도출해 낼 수도 있다. [그림 20-1] 에서 P가 P_0일 때 4부문[$C+I+G+(X-IM)$] 모두의 총지출, 즉 실질국민소득(real GNP: Q)은 Q_0만큼이다. 그러나 P가 $P_0 \rightarrow P_1$으로 상승하면 통화를 포함한 모든 축적된 금융적 부(financial wealth)의 가치가 하락하여 Q(real GDP)에 대한 소비지출이 감소한다. 그러므로 Q가 $Q_0 \rightarrow Q_1$으로 변화하게 된다. 즉, 물가수준이 상승할 때 경제 전체의 한정된 금융적 부가 소비지출을 제약한다(이런 결과를 실질잔고 효과(real balance effect)라고 한다). 또 물가수준이 상승함에 따라 한정된 금융적 부와 관련하여 볼 때 '$P\uparrow \rightarrow$부 및 자산의 실질가치$\downarrow$', 그리고 '그만큼 더 많은 금융자산의 필요(수요)$\rightarrow r\uparrow \rightarrow I\downarrow \rightarrow Q\downarrow$'이라는 과정을 통해서 이자율($r$)이 상승하게 되고, 이자율 상승은 기업의 총지출을 감소시킨다(이를 이자율효과(interest rate effect)라 한다). 결과적으로 물가상승은 총지출을 감소시킴으로서 각 물가수준 하락에 대응하는 각 총지출크기 감소를 반대방향으로 나타내 주는 총수요곡선이 그려진다.

2. 물가, 화폐 그리고 총산출의 관계 : 총수요곡선

1) 물가수준의 변화와 화폐의 수요

IS-LM 분석은 재화시장에서 재화의 가격이 고정되어 있는 것으로 가정하였다. 그러나 현실적으로 볼 때 가격은 매우 불안하다. 따라서 물가가 변동할 때 지금까지의 화폐시장 및 재화시장의 분석이 어떻게 달라지는가를 살펴보기로 한다.

실물부문에서 저축이나 투자 또는 정부지출이나 조세 등은 가격의 변화에 대한 직접적인 영향을 받지 않는 실질개념으로서의 수요, 즉 사람들이 실제로 구매하고자 하는 재화의 수량으로 파악하고 있다. 따라서 물가변하는 이들에 대해 전혀 영향을 주지 못한다[1] 그러나 실질화폐잔고(M/P : real cash balance)의

1) 지금까지 논의된 소득결정모형에서는 물가수준(P)이 일정하다는 가정을 전제로 했기 때문에 명목소득과 실질소득의 구분이 필요없었다. 그러나 물가수준이 변할 때 명목과 실질의 개념을 구분할 필요가 있다. 따라서 소득수준을 실질 GDP개념(Q)으로 파악하고 소비(C), 투자(I), 정부지출(G) 등도 모두 실질개념으로 파악하고 있음을 유의하기 바란다.

화폐수요(실질화폐수요)는 물가변동이나 통화량변화에 따라 변하게 된다.

예로써 화폐량은 일정한데 물가가 하락할 경우, 현재의 물가수준에서 더 많은 재화를 구입할 수 있기 때문에 실질화폐잔고(M/P)는 증가하게 된다. 따라서 명목화폐수요(M^d)는 r, Q 이외에도 P에 의해서 영향받으므로 화폐수요함수는 $M^d=f(r, Q, P)$로 나타낼 수 있다. 즉, Q가 증가하거나 또는 r이 감소하면, M^d는 증가하고 또한 P가 증가하면 M^d는 증가할 것이다. 왜냐하면, P가 증가하면 그만큼 M^d가 더 필요하게 되기 때문이다.

2) 총수요곡선의 도출

화폐 · 재화 양 시장에서 최초의 균형이 (r_0, Q_0)이라고 하자. 즉, $C+I+G=Q \rightarrow Q_0$, $M^d=M^s \rightarrow r_0$일 때, P가 상승한다면, 두 시장에서 조정과정이 어떻게 나타나게 되는가를 통해서 총수요곡선을 〈표 20-1〉과 [그림 20-3]으로 간단하게 살펴보기로 한다.

(1) 표에 의한 설명

〈표 20-1〉 물가상승에 따른 화폐 · 재화시장의 조정과정

화폐시장 :	① $P\uparrow$
	② $M^d\uparrow$
	③ $M^d>M^s$
	④ $r\uparrow$ ……재화시장으로 연결됨
재화시장 :	⑤ $I\downarrow$
	⑥ $(C+I+G)\downarrow$
	⑦ $C+I+G<Q$: 재화시장에서 불균형, 재고증가
	⑧ $Q\downarrow$ …… 총산출량 감소, 화폐시장으로 연결됨

결국, $P\uparrow\rightarrow M^d\uparrow\rightarrow r\uparrow\rightarrow I\downarrow\rightarrow Q\downarrow$을 거쳐 '$P\uparrow\rightarrow Q\downarrow$'을 가져온다.

(2) 그림에 의한 설명

화폐의 수요(명목수요)가 증대하면 이자율이 상승한다. 그리고 물가가 상승하면 사람들은 그 만큼 명목화폐수요를 증가시키게 된다. [그림 20-3]에서 물가가 상승하면 명목화폐수요가 증가함에 따라 균형이자율이 상승하여 투자수요와

총수요가 감소한다. 한편, [그림 20-4]에서 Q_0는 물가수준 P_0일 때의 재화시장과 화폐시장을 동시에 균형시켜 주는 총수요수준(AD)이다. 그러나 물가수준이 P_0에서 P_1으로 상승하면, 새로운 물가수준 P_1에서는 종전의 Q_0보다 낮은 Q_1이 재화시장과 화폐시장을 동시에 균형시켜 주는 총수요수준이다. 따라서 (P_0, Q_0)와 더불어 (P_1, Q_1) 두 점을 연결시키면 우하향의 총수요곡선을 도출할 수 있다.

결국, $P\uparrow \rightarrow M^d\uparrow \rightarrow r\uparrow \rightarrow I\downarrow \rightarrow Q\downarrow$을 거쳐 '$P\uparrow \rightarrow Q\downarrow$'을 가져온다.

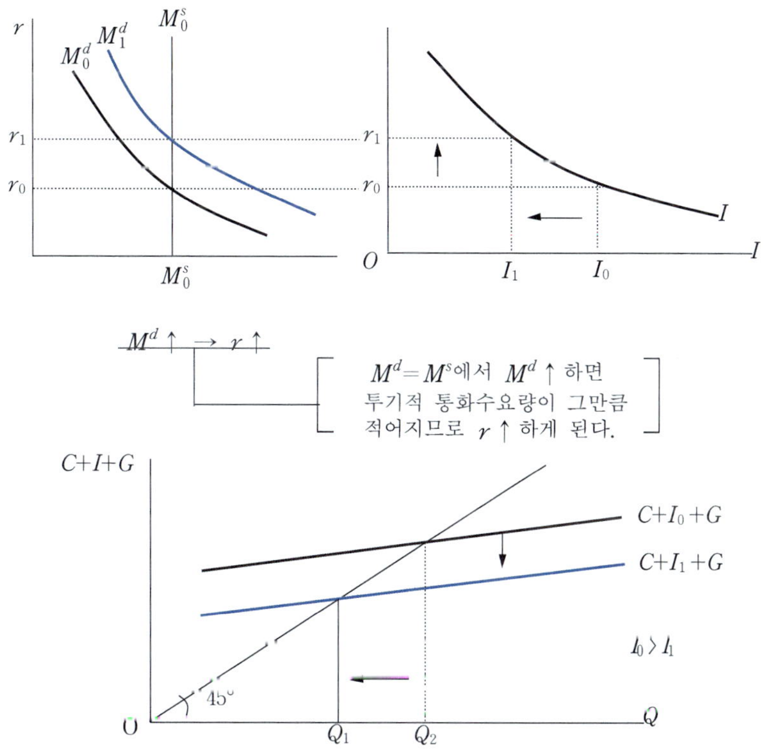

[그림 20-3] P가 상승할 경우 재화화폐시장의 균형

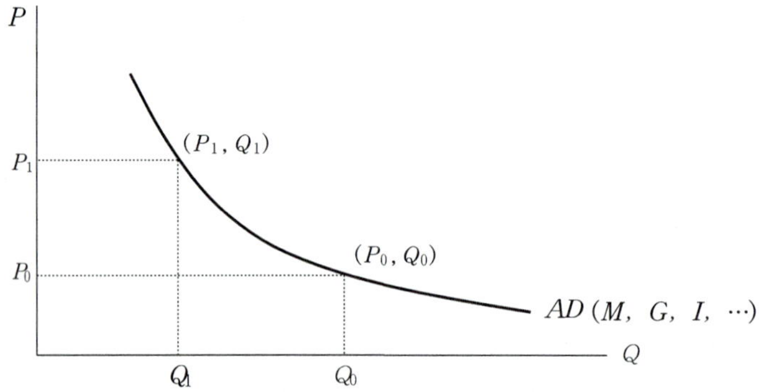

($\Rightarrow P\uparrow \rightarrow M^d\uparrow \rightarrow r\uparrow \rightarrow I\downarrow \rightarrow Q\downarrow$ 을 거쳐 $P\uparrow \rightarrow Q\downarrow$ 을 가져옴)

[그림 20-4] 총수요곡선

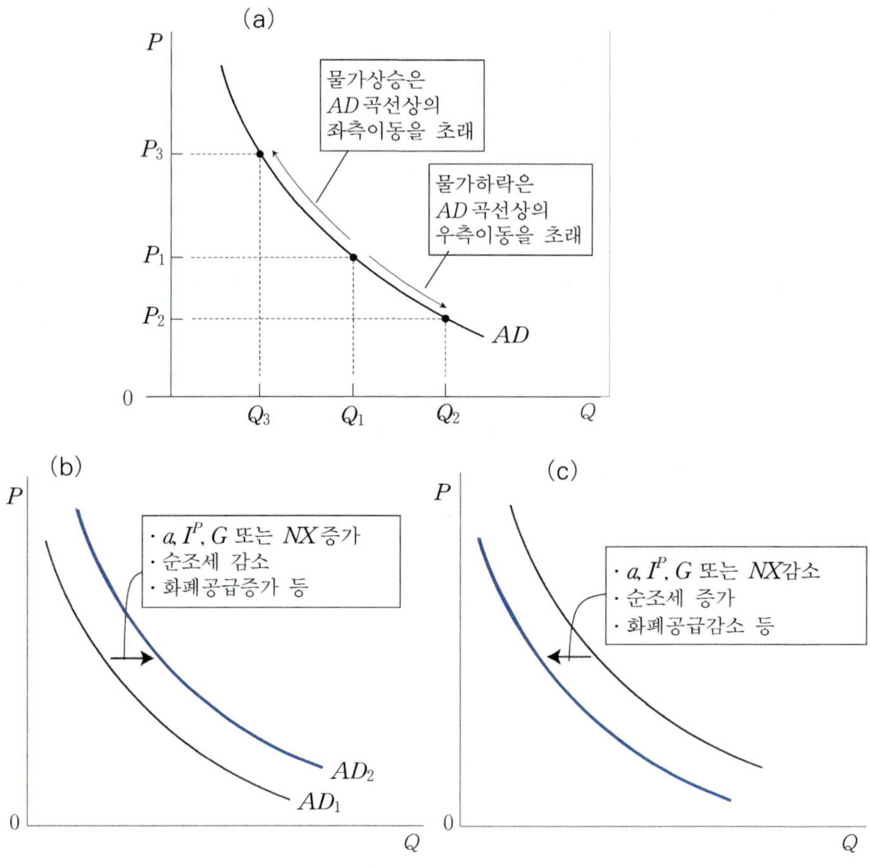

[그림 20-5] 총수요곡선에 대한 주요 변수의 효과

3. 총수요곡선의 자체 이동

한편, 물가수준이 OP_1로 일정한데 정부지출(G), 투자지출(I), 통화량(M) 등의 증가로 총지출이 증가하거나 또는 소비량의 증대로 총지출이 증가하면, 동일한 물가수준에서 보다 많은 총수요가 있게 될 것이다.[2] 그래서 OP_1 하에서 AD가 OQ_1에서 OQ_2로 증가하였다면 [그림 20-5] (b)에서와 같이 AD곡선은 AD_1에서 AD_2로 우측으로 이동한다. 반대의 경우는 [그림 20-5] (c)에서와 같이 AD곡선은 좌측으로 이동한다.

*AD*의 이동요인

$M^s \uparrow$, $G \uparrow$, $T \downarrow$	*AD*의 우측이동	$M^S \downarrow$, $G \downarrow$, $T \uparrow$	*AD*의 좌측이동

이와 같이 정부지출(G) 및 통화량(M)에 영향을 미치는 정부의 재정 · 금융정책의 실시는 총수요를 이동시킨다. 즉, 재정 · 금융정책은 총지출(AE) 수준을 변화시키는 요인이 된다.

→ 제 2 절 총공급곡선: 거시경제의 공급측면

1. 총공급곡선의 도출

총공급(aggregate supply)이란 일정 기간 동안 각 물가수준에서 생산된 한 나라 전체의 최종생산물(재화 및 용역)의 합계(실질 GNP, Q)을 의미한다. 그런데 총생산의 크기는 노동 · 자본 등 생산요소 투입량과 기술수준에 의존한다. 그리고 생산은 이윤극대화를 목적으로 하는 기업에 의해서 이루어지므로 총공급은 한 경제의 생산능력을 반영하며 물가수준의 변화에 따라 그 크기도 달라질 것

2) 통화량의 증가는 이자율을 인하시키므로 투자의 증대를 통해 총지출을 증가시킨다.

이다. 노동과 다른 생산요소 가격이 주어졌다고 할 때 물가수준이 $P_0 \rightarrow P_1$으로 증가하면 산출량(desired output)을 증가시켜 공급을 증가시키고자 할 것이다. 따라서 'P↑과 Q↑'과는 우상향 관계로 나타난다. 즉, 단기공급곡선(불완전고용상태의 공급곡선)에서 임금이 일정하다면 P↑은 $(\frac{W}{P})$↓시키고 이것은 노동수요를 증대시켜 산출량 증대(Q↑)로 이어진다. 따라서 [그림 20-6]에서와 같이 P↑과 Q↑은 같은 방향(정의 관계)으로 나타난다.

이를 좀더 자세히 살펴보기로 하자. 한 국민경제의 총공급곡선은 그의 총체적 생산함수와 노동시장의 관계에서 도출된다. 한 경제의 총생산능력은 노동력(L), 자본설비(K), 그리고 기술수준 및 기타 요인에 의존한다. 그러나 단기에 있어서는 자본설비 및 기술 등의 기타 요인은 일정하다고 볼 수 있으므로 총생산능력을 나타내 주는 총생산함수(단기의 총생산함수)는 다음과 같이 표시할 수 있다.

$$Q = F(L,\ \overline{K}) \quad \cdots\cdots (20 \cdot 1)$$

식 (20·1)은 생산가능한 최대의 산출량(output, Q)을 일정의 자본설비($\overline{K}$)

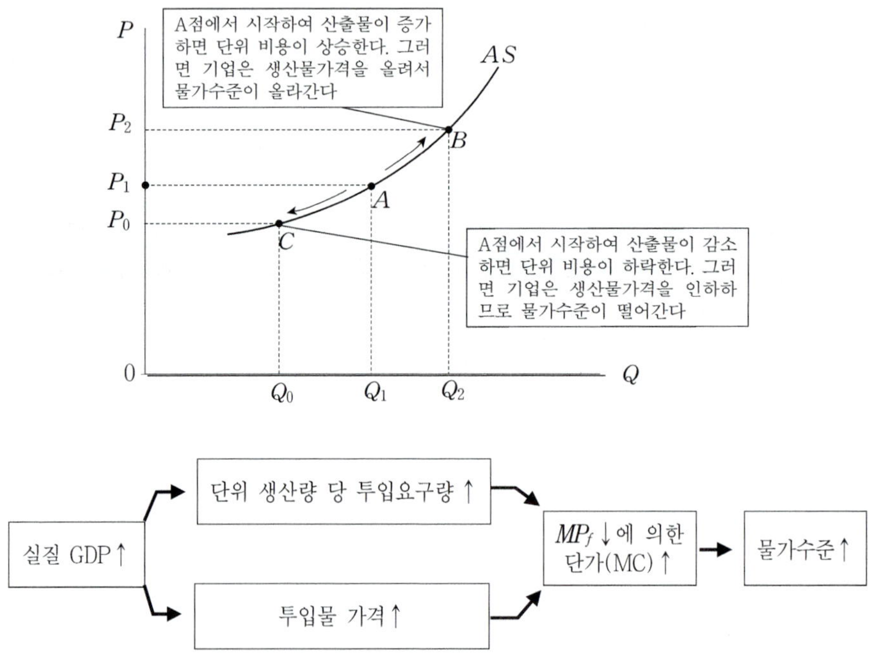

[그림 20-6] 총공급곡선

에 대해 투자되는 노동량(L)의 함수로 나타낸 것을 말한다. 여기서 K는 $\overline{K}$로 고정되어 있으므로 추가되는 노동의 증가분(ΔL)에 대한 총산출량의 증가분(ΔQ)의 비율인 노동의 한계생산력($\Delta Q/\Delta L$)이 체감한다. 즉, 한계생산력 체감의 법칙이 작용한다고 가정한다.

고용량은 완전경쟁시장을 전제로 할 때, 노동시장에서 노동의 수요 · 공급에 의해 결정된다. 특히, 노동의 수요자인 기업은 이윤극대화를 목적으로 하기 때문에, 비용최소화 조건을 만족시켜 이윤극대화를 꾀하고자 할 것이다. 그렇기 때문에 노동이라는 생산요소 하나만을 고용할 경우, 비용최소화 조건 $\frac{W}{P}=\Delta Q/\Delta L(=MPP_L)$ (실질임금과 노동의 한계생산력이 같아지는 만큼 노동을 고용할 것임), 즉

$$\frac{W}{P}=\Delta Q/\Delta L \cdots\cdots (20 \cdot 2)$$

이 충족될 때 노동을 고용(수요)할 것이다.

$\frac{W}{P}=\Delta Q/\Delta L$을

$$P=W \cdot \Delta L/\Delta Q \cdots\cdots (20 \cdot 3)$$

으로 변형시켜 놓고 식 (20 · 3)의 우변을 음미하여 보면, 이것은 산출량증가(ΔQ)에 따른 추가적 고용(고용 증가)에 대한 임금비용($W \cdot \Delta L$)이므로 생산물의 한계비용(MC)이 된다는 것을 알 수 있다. 따라서 식 (20 · 3)은 재화의 가격(P)과 재화의 한계비용(MC)이 일치하므로 기업의 이윤극대화를 충족시켜 주는 조건이 된다. 그러므로 $P=MC$일 때의 고용량(L)과 이에 상응하는(이에 의해 산출되는) 산출량(Q)이 이윤극대화를 가져다 주는 고용량 및 산출량이 된다.

한편 식 (20 · 1)에서 L을 증가시키면 노동의 한계생산물이 체감하기 때문에 이에 상응하는 한계비용은 체증하여 우상향으로 올라가게 된다. 따라서 산출량을 증가하고자 고용량을 증가시키면 $MC=P$가 상승하게 된다. 즉, Q와 P가 동시에 상승하게 된다. 그러므로 P와 Q는 정의 관계에 있고 [그림 20-6]에서 보듯이 우상향으로 올라간다.

한 경제가 생산량을 증가시킬 경우, 생산량 증가에 따른 요소사용량의 증대에 따라 생산요소의 수요가 증대하므로 요소비용이 증가할 것이다. 이때 유휴노동력 및 가용자원이 충분할 경우 단기적으로는 요소비용이 일치하거나 완만하게

증가할 것이다. 이런 경우 AS곡선은 완만하게 상향하게 될 것이다. 그러나 자원 및 가용자원이 완전고용에 가까울 경우 요소시장에서 요소에 대한 초과수요현상이 발생하게 되고, 이에 따라 요소비용이 급격하게 상승할 것이다. 이런 경우에는 AS곡선은 급격하게 우상향하게 될 것이다.

2. 총공급곡선의 이동요인

만약 기술진보가 이루어지면 동등한 생산비로 보다 많은 생산 · 공급이 가능해진다. [그림 20-7](b)에서와 같이 OP_0의 물가수준에서 기술진보(생산성증가)에 의해 총공급, 즉 실질총생산이 OQ_0에서 OQ_1으로 증가하였다면 총공급곡선은 AS_0에서 AS_1으로 이동한다. 이와 같이 기술진보가 이루어지면 AS곡선은 우하방으로 이동한다. 반면, 물가수준이 OP_0로 일정한데 임금률이 상승하였다면, 기업들의 채산성이 악화될 것이고 이로 인해 기업활동이 축소되므로 총공급이 임금률 상승 이전보다 줄어 OQ_0에서 OQ_1으로 감소될 것이다. 그렇게 되면 AS곡선은 AS_0에서 AS_1로 이동하게 된다. 이와 같이 물가수준이 일정할 때 임금률이 증가하면 AS곡선은 좌상으로 이동한다. 임금률 이외 유류 및 원료비, 조세부담 등이 증가하여 산출비가 상승하게 되면 마찬가지로 AS곡선은 좌상으로 이동한다.

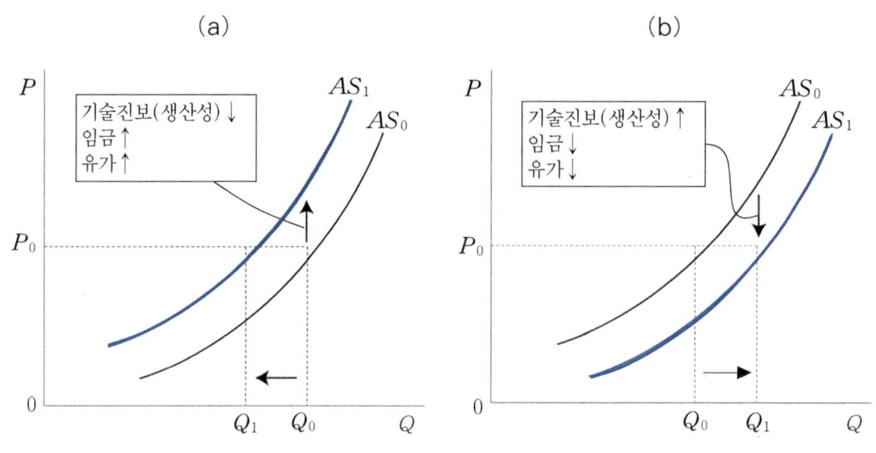

[그림 20-7] 총공급곡선의 이동

그러나 [그림 20-6]에서 보았듯이 임금, 원료비 등이 상승하였을 때 동일한 총공급을 유지하기 위해서는 물가수준이 OP_0에서 OP_1로 상승해야 할 것이다.

총공급곡선의 이동요인

임금상승 유가상승 기술진보 후퇴	좌상 이동요인	임금하락 유가하락 기술진보 향상	우하 이동요인

→ 제 3 절 거시균형과 충격효과

[그림 20-8]에서 보는 바와 같이 *AD*곡선과 *AS*곡선의 교차점에서 균형실질 국민소득수준과 균형물가수준이 결정된다. 즉, *E*점이 단기거시균형을 이루는 점이다.

단기균형점의 변동은 *AD*곡선이 이동하거나, *AS*곡선이 이동하거나, 아니면 이 두 곡선이 함께 이동할 때 나타난다. 경제에 대한 충격이 *AD*곡선을 이동시키는가 하면, 또한 *AS* 곡선을 이동시키기도 한다. *AD*곡선 이동의 원인이 되는 요인을 수요충격이라고 하고, *AS* 곡선 이동이 원인이 되는 요인을 공급충격이라

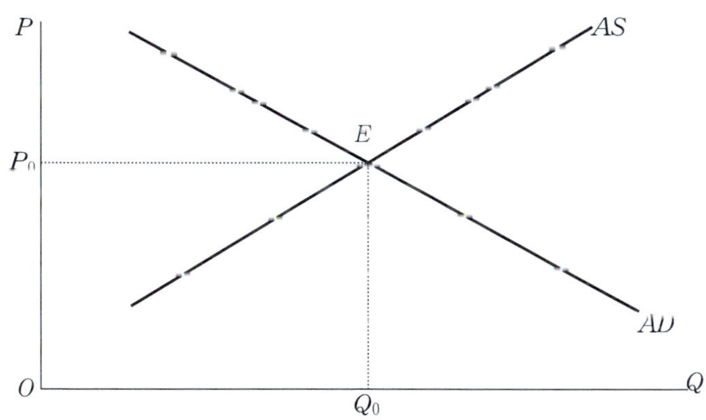

[그림 20-8] *AS*–*AD*곡선에 의한 실질 *GDP*와 *P*의 결정

고 한다. 즉, 수요충격은 *AD*곡선을 이동시키는 모든 요인을 말하고, 공급충격은 *AS*곡선을 이동시크는 모든 요인이 되다.

1. 수요충격의 효과(정부지출, 통화량변화의 효과)

1) 정부지출(*G*)증가의 효과(확장적 재정정책의 효과)

*G*의 증가는 [그림 20-9]에서 $AD_1 \rightarrow AD_2$로 우측 이동시킨다. 이때 물가수준의 변화가 없다면 $E \rightarrow J$로 이동할 것이다. 그러나 *AS*곡선을 따라 이동하게 되기 때문에, 생산량이 증가하고, 비용 및 물가수준도 상승한다. 이와 동시에 물가수준의 상승은 화폐수요를 증가시키고 이는 이자율을 상승시켜 자발적 지출 및 투자지출(a 및 $I^P\downarrow$)을 감소시키고 투자승수효과를 통해 산출량감소로 이어져 균형 *GNP*를 *J*점에서 *H*점으로 감소시킨다(이런 효과를 구축효과라고 한다). 따라서 경제는 *AS*곡선을 따라 *E*점에서 *H*점으로 이동하게 된다.

즉, 정부지출이 증가할 때, *AD*곡선의 수평이동은 물가수준이 불변일 때 실질 GDP를 *J*점으로 이동시킬 것이지만 물가수준이 상승하기 때문에, 실질 GDP는 *AD*곡선이 이동하는 것보다 작게 증가한다(순효과: *Q*가 상승(증대)하지만 물가

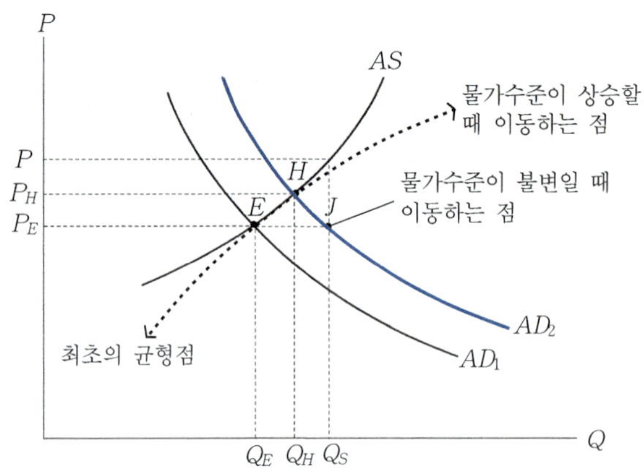

[그림 20-9] 정부지출의 증가효과

상승으로 인해 효과가 감소된다. 그 크기는 AS곡선의 기울기에 따라 다르게 나타난다).

반면 정부지출이 감소할 때 AD곡선은 좌측으로 이동할 것이고, 그것은 정부지출증대효과와 반대로 나타날 것이다(순효과: Q는 감소하지만 물가하락으로 인해 효과가 감소된다. 그 크기는 AS곡선의 기울기에 따라 다르게 나타난다).

2) M의 증가(확장적 금융정책)의 효과

통화량 증가(확장적 통화정책)는 $G\uparrow$ 와는 다른 경로를 통해 AD에 영향을 미친다. 그러나 AD-AS 곡선 상에서는 그 경로를 다르게 나타내기 어렵고 매우 유사하게 나타난다. $G\uparrow$ 때와 다른 점은 '$M\uparrow \rightarrow r\downarrow$'의 과정에서 이자율이 민감한 소비와 투자지출을 촉진시키고 이것은 GDP를 증가시켜 AD곡선을 [그림 20-9]에서와 같이 우측으로 이동시킨다. AD곡선의 우측이동은 $G\uparrow$ 효과와 동일하게 나타난다. 이를 요약하면 아래와 같다.

$M^s\uparrow \rightarrow$ 이자율$\downarrow \rightarrow I^P\uparrow \rightarrow Q\uparrow$, 그러나 이때 물가도 동시에 상승하므로 $P\uparrow \rightarrow$ 화폐수요$\uparrow \rightarrow$ 이자율$\uparrow \rightarrow I^P\downarrow$로 이어져 Q를 감소시키게 되어 순효과는 물가상승으로 인해 Q증가의 효과가 감소된다.

3) 완전고용 하의 수요충격의 효과

[그림 20-9]에서는 수요충격(통화량 변화, 정부지출의 변화 등)의 효과를 산출량 수준이 완전고용산출량(잠재 GDP 수준)의 달성 이전 단기적 관점에서 설명하였다(이때는 임금이 주어진 것으로 가정했음). 그러나 장기적으로 경제에 어떤 조정과정을 거치면서 완전고용수준에 도달되었다고 하자. 이때 수요충격은 경제에 어떤 영향을 미치는지에 대해 살펴보기로 한다.

[그림 20 10]에서 E점은 잠재 GDP수준의 산출량(Y_f)이고 이때의 물가수준은 P_1이다. 최초의 균형점 E에서 수요충격($G\uparrow$ 또는 $M\uparrow$ 등)은 AD곡선을 $AD_1 \rightarrow AD_2$로 이동시키고 산출량과 물가수준을 상승시켜 E점을 H점인 Y_2, P_2로 이동시킨다. 즉, H점에서 P는 $P_1 \rightarrow P_2$로, Y_f는 Y_f를 상회하는 $Y_f \rightarrow Y_2$로 이동시킨다. 그렇게 되면 임금률이 상승하고 임금률의 상승은 Y_2가 Y_f로 되돌아 올 때가지 계속될 것이며 이것은 $AS_1 \rightarrow AS_2$로 이동시켜 생산량은 Y_f수준에 머물고 물가만 $P_1 \rightarrow P_3$로 상승하게 된다. 결국, GDP는 잠재수준으로 되돌아오고 수요

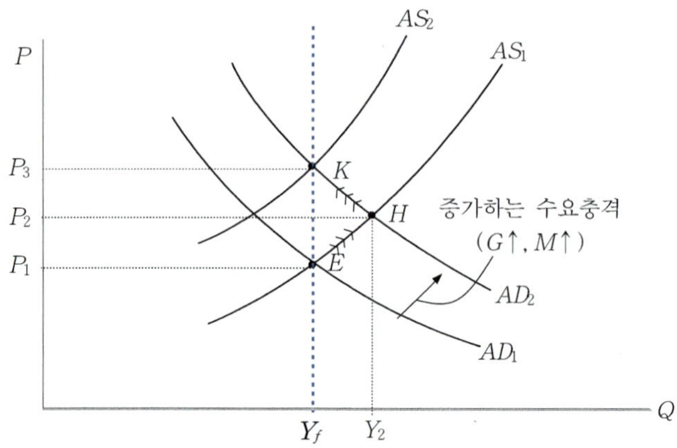

[그림 20-10] 완전고용속득하의 충격효과

충격의 장기적 결과는 물가상승뿐이다. 이것은 경제의 장기공급곡선이 잠재수준 산출량에서 수직이라는 것을 의미한다.

지금까지 설명을 요약하면 다음과 같다.

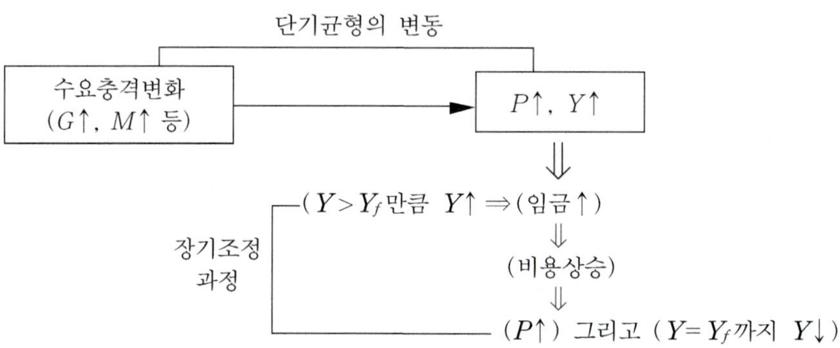

결국 장기적으로는 물가와 임금의 변동에 의한 조정과정이 나타나고 이 조정과정을 통하여 경제는 완전고용수준으로 되돌아간다는 것을 설명해주고 있다 (반면, 감소하는 수요충격 효과는 이상과 반대로 나타날 것이다).

2. 공급충격 효과

[그림 20-11]은 유가등귀, 임금인상 등 공급충격의 경우를 보여주고 있다. 유가

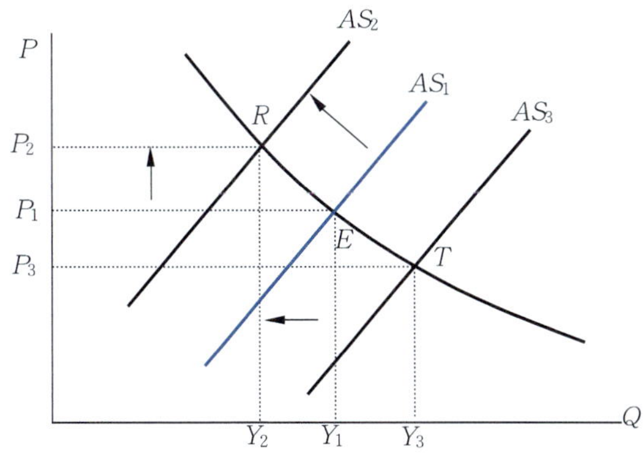

[그림 20-11] 공급충격효과

상승, 임금인상 등 증가하는 공급충격은 AS를 $AS_1 \to AS_2$로 이동시킨다. 즉, 유가(임금)인상을 평균비용인상, 물가상승을 유발시키고 따라서 P는 $P_1 \to P_2$로 이동된다. P의($P_1 \to P_2$로) 상승은 수요곡선(AD) 상에서 $E \to R$으로 이동시켜 Y를 $Y_1 \to Y_2$로 감소시킨다(유가인하, 임금하락은 반대의 효과를 가져온다).

일시적인 공급충격은 AS곡선을 일시적으로 변동시키나, 장기에 걸쳐서는 조정과정을 거치면서 완전고용수준(잠재 GDP수준)으로 도달하게 된다. 장기적으로 완전고용수준에 도달했을 때 경제가 달성할 수 있는 모든 가능한 산출량과 가격수준의 조합을 나타낸 것이 장기공급곡선이다. 장기공급곡선은 AD곡선과 상관없이 GDP가 완전고용산출량에서 일정하기 때문에 수직선이 된다.

[그림 20-12]에서와 같이 AS곡선이 수직선일 경우 AD곡선의 변동을 가져오는 수요충격은 물가만 변동시킨다. 즉, 이 그림에서 증가하는 수요충격은 AD곡선을 우측으로 이동시키고, 경제는 E점에서 K점으로 이동하게 된다. 이때 물가수준은 높아지지만 산출량 수준은 동일하다. 감소하는 지출충격은 AD곡선을 좌측으로 이동시키고, 경제는 E점에서 M점으로 이동하게 된다. 이때 물가수준은 하락하지만 산출량 수준은 동일하다. 장기적으로 수요충격인 재정정책이나 금융정책이나 모두 산출량 수준이나 고용에 어떤 영향도 미치지 못한다. 장기적으로, 이 정책들에 의해 AD곡선은 수직인 AS곡선을 따라 이동하므로 실질 GNP에는 영향을 미치지 못하고 물가수준만 변동시킨다.

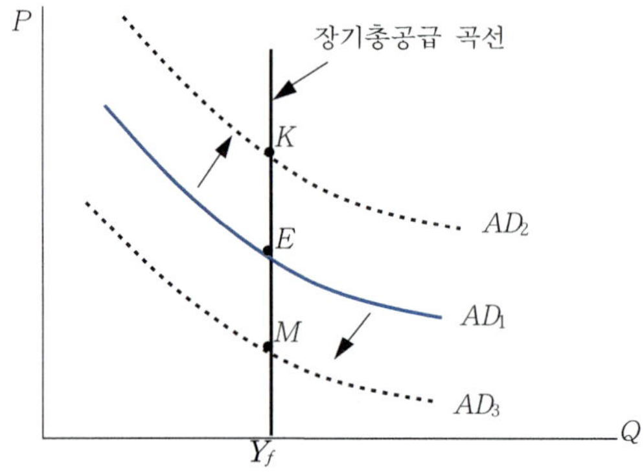

장기에서, GNP는 AD곡선의 어디에 있는가와는 무관하게 GNP는 완전고용수준에 있게 된다. 그리고 증가하는 수요충격은 AD곡선을 우측으로 이동시켜 AD_2가 된다. 따라서 경제는 E점에서 K점으로 이동하여 물가수준이 높아지게 된다. 또한, 감소하는 충격은 AD곡선을 AD_3로 이동시켜 M점에서 물가수준을 하락시킨다. 그리고 장기 AS곡선은 완전고용 산출량에서 수직이다.

[그림 20-12] 장기총공급곡선과 충격효과

부록 *IS-LM* 모형과 *AD*곡선의 유도

이제 물가수준 변화가 *IS-LM* 모델에 미치는 영향을 살펴보자. 물가수준을 변동시킴으로써 *IS-LM* 분석을 시도할 때 물가수준이 하락하면 총산출량의 수준이 증가한다는 사실을 알았다. 이와 함께 우리는 재화시장과 화폐시장이 균형을 이루는 총수요곡선이라고 불리는 물가수준과 총산출량의 관계를 살펴볼 것이다. 이러한 총수요곡선은 총산출량과 가격수준의 변화를 설명할 수 있다.

1. 총수요곡선의 도출

이제 물가수준의 변화가 *IS*곡선과 *LM*곡선에 어떻게 영향을 미치는지 이해하기 위해 *IS-LM* 모형이 물가수준이 변화했을 때 어떤 일이 일어나는지에 대해 분석하여 본다. 이 과정은 [그림 1]에서 나타난다. [그림 1(a)]는 주어진 명목화폐공급 가치에 대한 *IS-LM* 모형에 대한 설명이다. 첫 번째로 P_1의 물가수준으로 고려해보면, 이 물가수준에서의 *LM*곡선은 $LM(P_1)$이 되고, *IS*곡선과 교차하는 점 1에서 산출량 Y_1인 균형점이 된다. 이때 균형산출량 수준은 [그림 1(b)]

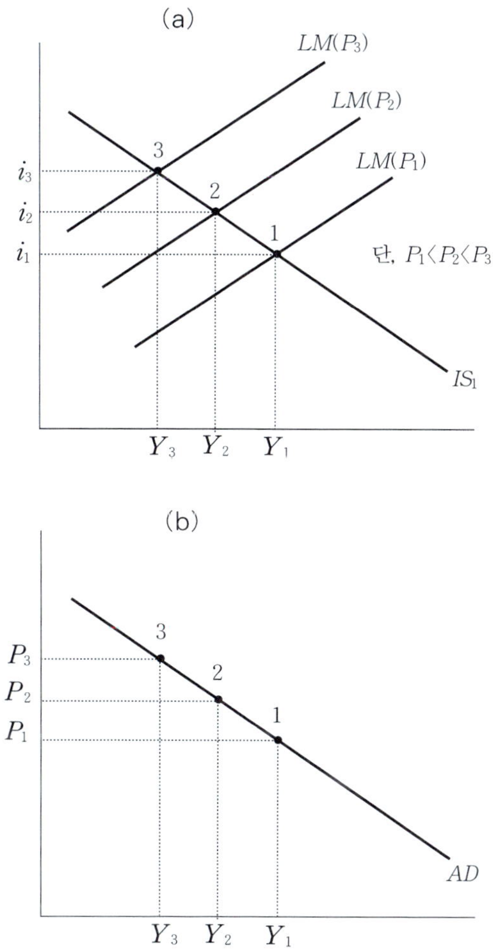

[그림 1] 총수요곡선의 도출

에 표시된 것처럼 점 1에서 물가수준 P_1인 Y_1이 된다. 만약 물가수준이 P_2로 상승한다면 실질수준에서 화폐공급은 감소하게 된다. LM곡선에 대한 효과는 물가수준이 고정되어 있을 때의 명목 화폐공급 감소와 동일하다 즉, LM곡선이 좌측으로 이동하여 $LM(P_2)$가 될 것이다. 이제 새로운 산출량의 균형수준은 Y_2로 떨어지게 된다. 왜냐하면 계획된 투자와 순수출이 이자율이 오를 때 떨어지기 때문이다. [그림 1 (b)]의 점 2는 물가수준 P_2에 대한 산출량 수준 Y_2를 나타낸다. 물가수준이 추가적으로 증가하여 P_3가 된다면 실질 화폐공급 역시 추가적인 감소를 나타낼 것이며, 계획된 투자와 순수출이 추가적으로 감소할 것이며, 산출량은 Y_3로 감소할 것이다. 이는 [그림 1(b)]의 점 3에서 P_3 물가수준에 대한 산출량 수준 Y_3로 표시된다.

이렇게 [그림 1(b)]에서 3개의 점을 연결한 선이 총수요곡선이 된다. 총수요곡선은 주어진 물가수준 하의 재화시장과 화폐시장을 균형시키는 총산출량의 수준을 알려준다. 물가수준의 상승은 실질 화폐공급을 감소시켜 이자율을 높이며, 균형산출량수준을 낮추기 때문에 일반적으로 우하향한다.

2. 총수요곡선을 이동시키는 요소들

*IS-LM*분석은 주어진 물가수준 하에서 총산출량의 균형수준이 어떻게 변하는지를 나타내준다. *IS*곡선과 *LM*곡선을 이동시키는 변수들의 변화(물가수준의 변화를 제외한)는 총수요곡선을 이동시킨다. 이런 작용이 어떻게 일어나는지 살펴보기 위해 먼저 *IS*곡선이 이동했을 때 어떤 변화가 일어나는지 알아본다.

1) *IS*곡선의 이동

*IS*곡선을 이동시키는 다섯 가지 요인: 자발적 소비자 지출의 변화, 경기신뢰와 연관된 투자지출의 변화, 정부지출의 변화, 세금의 변화, 마지막으로 순수출의 자발적 변화이다. 이 변수들이 어떻게 *IS*곡선을 이동시키는지에 대한 내용은 [그림 2]에 나타나 있다.

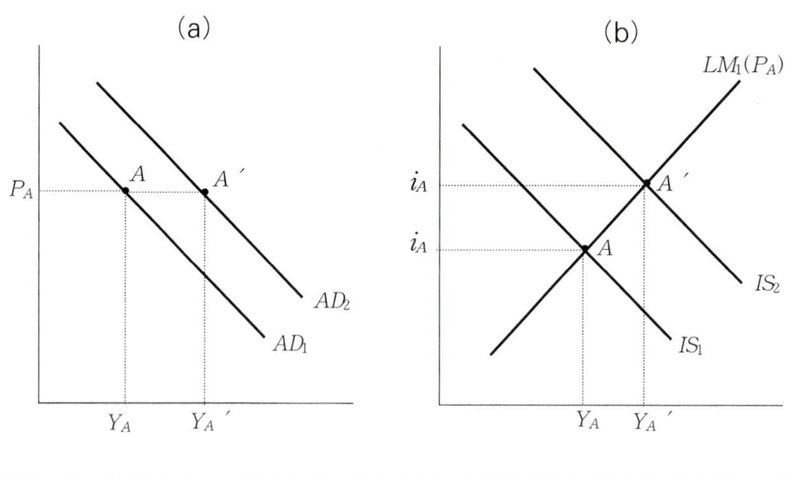

[그림 2] *IS*곡선 이동으로 인한 총수요곡선의 이동

최초에 총수요곡선이 AD_1이고 총수요가 예를 들어 정부지출에 의해 증가한다고 가정하자. [그림 2(b)]의 *IS-LM* 그래프는 일정한 물가수준 P_A에서 균형산출량이 어떻게 되는가를 보여준다. 최초에 IS_1과 LM_1과의 교차점에서 균형산출량은 Y_A이다. 일정한 물가수준 P_A에서 정부지출이 증가하면 *IS*곡선은 우측으로 이동하며 균형산출량은 Y_A'로 증가한다. [그림 2(a)]에서 이 총산출량의 증가는 *A*점에서 *A'* 점으로의 이동으로 나타나며 총수요곡선은 우측으로 이동하여 AD_2가 된다.

[그림 2]로부터의 결론을 *IS*곡선을 이동시키는 모든 요소는 총수요곡선을 같은 방향으로 이동시킨다는 것이다. 그러므로 자발적 소비자지출의 증가 또는 계획된 투자지출의 증가, 정부지출의 증가, 감세 혹은 순수출에서의 자발적 증가 등의 요소들은 *IS*곡선을 우측으로 이동시키며, 역시 총수요곡선을 우측으로 이동시킬 것이나. 반대로, 자발적 소비자지출의 감소, 계획된 투자지출의 감소, 정부지출의 감소, 증세 혹은 순수출에서의 감소는 총수요곡선을 좌측으로 이동시킬 것이다.

2) *LM*곡선의 이동

*LM*곡선의 이동은 두 가지 요인에 의해 일어난다. *P, Y, i*의 변화에서 야기되지 않은 화폐수요의 자발적 변화와 화폐공급의 변화이다. [그림 3]은 이러한 두 가지 변화가 어떻게 총수요곡선을 이동시키는지를 보여준다. 다시 최초에 총수요

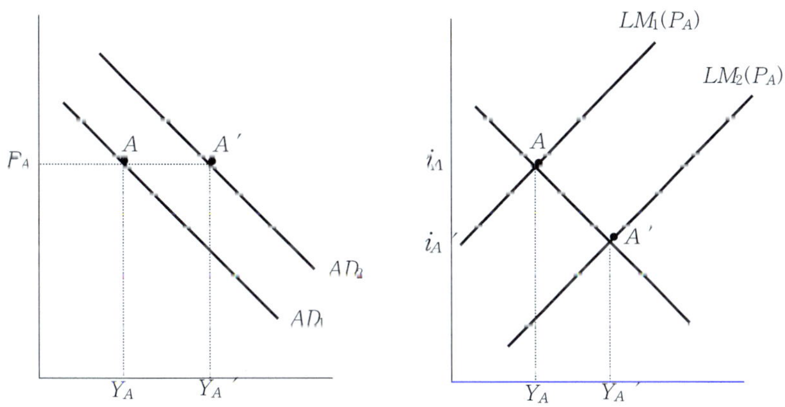

(a) *AD*의 이동　　(b) *LM*의 이동

[그림 3] *LM*곡선의 이동에 따른 총수요곡선의 이동

곡선이 AD_1이며, 물가수준이 P_A에서 일정할 때, 균형산출량 수준이 어떻게 변화하는지를 살펴보자. 화폐공급의 증가는 LM곡선을 우측으로 이동시키고 균형산출량을 Y_A'로 증가시킨다. 균형산출량의 이와 같은 증가는 [그림 3(a)]에서 A에서 A'점으로 이동됨을 나타내며, 총수요곡선은 우측으로 이동하는 것으로 나타난다.

[그림 3]의 결론은 [그림 2]의 결론과 유사하게 도출된다. LM곡선을 이동시키는 어떤 요소는 총수요곡선을 그와 같은 방향으로 이동시킨다는 것이다. 그러므로 화폐수요의 감소와 화폐공급의 증가는 LM곡선을 우측으로 이동시키며 이 두 가지는 역시 총수요곡선을 우측으로 이동시킨다. 그러나 만약 화폐공급이 감소하거나 화폐수요가 증가한다면 총수요곡선은 좌측으로 이동할 것이다.

제 21 장 인플레이션과 실업문제

제 1 절 인플레이션의 의의와 경제적 효과

1. 인플레이션의 의의와 분류

인플레이션(inflation)이란 일반물가수준이 지속적으로 상승하는 현상으로서 물가지수가 증가하는 것으로 표시되는데, 일반적으로 다음과 같은 식으로 계산된다.

$$\text{인플레이션율} = \frac{\text{이번 기의 물가지수} - \text{전기의 물가지수}}{\text{전기의 물가지수}} \times 100(\%)$$

그러나 현실적으로 인플레이션의 크기를 정확하게 알기는 어려울 때가 많다. 그 이유는 첫째, 인플레이션은 어느 물가지수를 사용하느냐에 따라 그 정도가 다르게 나타난다. 대개 국민들의 생계비와 관련해서 위 식과 같이 소비자물가지수의 증가를 인플레이션으로 간주하지만, 한 나라의 총생산과 관련해서는 GDP 디플레이터를 사용할 수도 있다.

둘째, 물가가 상승하여 겉으로는 인플레이션이 발생하더라도 물가가 상승한 것 이상으로 상품의 질이 향상되었다면 실질적으로 물가는 하락하였을 수도 있다. 앞에서 설명한 것처럼 상품가격의 상승은 많은 경우 상품품질의 향상을 동반한다는 사실이 그것이다. 이와는 반대로 상품가격이 인상되지 않았더라도 생산자들이 상품의 질을 떨어뜨리는 경우에는 물가지수가 상승하지 않아도 실제로 인플레이션이 발생하고 있는 것이다.

셋째, 통계당국이 발표하는 지수물가와 소비행위시 피부로 느끼는 감각물가 사이의 괴리를 문제로 지적할 수 있다. 지수물가와 감각물가는 일치하지 않는 것이 보통인데, 그 이유로는 여러 가지를 들 수 있다. 우선 우리나라의 경우에 토지와 주택의 가격이 물가지수의 작성에서 제외된다는 사실이 지수물가와 감각물가의 차이를 크게 하는 중요한 이유이다. 토지와 주택의 가격변동은 그 결과로 나타나는 집세의 변동에 의해서만 소비자물가에 반영될 뿐인데, 주거비의 가중치가 15.6%에 불과하기 때문에 집세가 폭등하더라도 소비자물가는 크게 오르지 않는다. 또한 개개인의 소비구조가 다르다는 점이다. 감각물가는 개개인이 자신의 생활에 직결된 품목만을 대상으로 하는 반면, 지수물가는 거래되는 전 품목을 대상으로 중요도에 따라 가중 산술평균하여 구해진다. 그러므로 예를 들어 집세가 폭등할 경우에 무주택서민의 감각물가는 크게 오를 수 있지만 부유층의 감각물가는 거의 변동이 없게 된다.

마지막으로, 정책당국이 물가상승을 억제하기 위하여 가격통제를 실시하는 경우, 공식적인 지수물가는 별로 오르지 않지만 상품의 무게와 질이 하락하고 암시장이 형성되는 등 감각물가는 크게 오를 수 있는데, 이러한 상황을 억압형 인플레이션(repressed inflation)이라고 한다. 이는 일반물가수준의 지속적인 상승현상을 말한다. 즉, 화폐가치의 하락을 의미한다. 모든 물가들이 계속 상승하면, 명목화폐단위의 구매력은 계속 하락한다.

인플레이션은 우선 가격수준의 상승속도에 따라 몇 가지로 나누어 볼 수 있다. 물가수준의 연평균상승률이 완만하게 계속 상승하는 것을 '서행적' 인플레이션(creeping inflation)이라 하고, 화폐의 유통속도가 빨라 교환의 수단으로 화폐가 그 기능을 다하지 못할 정도로 물가가 상승하는 현상을 '주마형' 인플레이션 또는 초인플레이션(galloping 또는 hyper inflation)이라 한다. 또한 주마형 인플레이션과 서행적 인플레이션의 중간 속도인 것을 '속보적' 인플레이션(trotting inflation)이라 한다.

또한, 인플레이션은 정부의 직접통제 유형에 의해 분류된다. 정부가 물가나 임금을 직접 통제하여 물가등귀를 인위적으로 억제하고 있는 상태가 억압인플레이션(repressed inflation)이고, 이것에 대하여 정부의 직접적 통제가 없어 인플레이션 요인이 그대로 현재화하여 물가등귀가 일어나는 경우가 개방인플레이션(open inflation)이다. 억압인플레이션은 인플레이션 압력은 있으나 그것이 통제에 의하여 억압되기 때문에 가격통제가 없어지면 곧 물가등귀가 나타나게 되므로 잠재인플레이션(potential inflation)이라고도 부른다.

한편 인플레이션을 그 요인에 따라 수요견인 인플레이션(demand-pull inflation), 비용인상 인플레이션(cost-push inflation), 구조적 인플레이션(structural inflation)으로 나눈다. 모든 인플레이션은 수요견인 인플레이션, 비용인상 인플레이션 및 구조적 인플레이션의 어딘가에 속한다고 할 수 있다.

인플레이션에 반대되는 개념이 디플레이션(deflation)이다. 디플레이션이란 사회의 통화공급량이 재화의 거래필요액보다 적어서 일반물가수준이 떨어지는 현상을 말한다. 다시 말해서 디플레이션이란 유효통화량의 감소와 재화에 대한 통화량의 상대적 비율이 감소함으로써 일어나는 일반물가수준의 하락현상을 의미한다. 이와 같은 디플레이션상태, 즉 재화와 용역의 상대적 공급과잉을 초래하는 원인을 디플레이션 요인이라고 한다.

2. 인플레이션의 효과: 경제적 비용

사람들은 왜 인플레이션을 걱정하는 것일까? 인플레이션은 주로 다음의 세 가지 측면에서 국민경제에 영향을 미친다. 첫째, 인플레이션은 국민경제 구성원 사이에 소득과 부를 재분배시킨다. 둘째, 인플레이션은 경제적 효율성을 떨어뜨림으로써 국민경제 전체의 후생수준을 하락시킨다. 셋째, 인플레이션은 생산과 고용에 부정적인 영향을 미친다.

이러한 인플레이션의 영향은 인플레이션의 발생을 사전에 사람들이 예상하였는가, 예상하지 못하였는가에 따라 그 강도가 다르게 나타난다. 대부분의 인플레이션은 사전에 예상되지 않거나, 또는 예상하였던 것보다 과도하게 발생하는 것이 일반적이거니, 인플레이션을 예상된 인플레이션과 예상하지 못한 인플레이션으로 분리하기는 어렵기 때문에 현실에서 인플레이션의 영향은 두 인플레이션의 영향이 합성되어 나타난다고 할 수 있다.

그러나 이를 구분하여 설명할 필요가 있다. 즉, 인플레이션이 경제에 미치는 영향은 물가의 예상이 완전한가, 아니면 불완전한가에 따라 서로 다르게 나타난다. 예상치 못한 인플레이션이 일어나면 미래의 인플레이션에 대한 경제주체들의 예상을 어렵게 만들고, 따라서 안정된 소비 및 투자계획을 세울 수 없게 된다.[1] 예상치 못한 인플레이션에 따른 불확실성이야말로 인플레이션의 경제적

1) 예상된 인플레이션(anticipated or expected inflation)은 일반인이 미래의 물가상승의 정도

비용이라 하겠다.

1) 예상하지 못한 인플레이션의 영향

예상하지 못한 인플레이션은 개인 및 국민경제에 다음과 같은 영향을 미친다.

① 경제에 화폐자산과 실물자산이라는 두 가지 형태의 자산이 있다. 화폐자산은 일정액의 화폐에 대한 청구권으로서, 예컨대 현금이나 예금과 같이 그 명목가치가 물가의 등락과는 아무런 관계없이 고정되어 있는 자산을 말한다. 반면 실물자산은 가격이 고정되어 있는 것이 아니라 집, TV, 의류 등과 같이 인플레이션이 진행됨에 따라 그 가격이 상승하게 되는 자산을 말한다.

예상하지 못한 인플레이션이 발생하면 봉급생활자와 같이 고정소득만 있는 사람, 채권자, 예금자들에게 손해를 끼친다. 봉급생활자는 화폐가치가 하락할 때 고정소득의 실질가치가 하락하므로 손실을 입게 된다. 또한 화폐가치의 하락은 채무자에게는 이득이 되지만 채권자에게는 손실을 입힌다. 예금자 역시 화폐가치의 하락으로 손실을 입기는 마찬가지이다. 이처럼 예상치 못한 인플레이션이 일어날 때 채권자는 손해를 보고, 채무자는 이익을 보게 된다. 인플레이션이 완전히 예상되어 채무자가 채권자에게 인플레이션으로 야기될 손해를 보상해 준다면 인플레이션에 따른 영향이 없겠으나(이런 경우 부나 소득의 재분배를 초래하지 않을 것이다), 그렇지 못할 경우 화폐자산을 소유하고 있는 채권자는 손해를 보고 화폐(금융)자산을 발행하는 일반 시중은행이나 정부기관 등 채무자는 이득을 보게 된다.이럴 경우 예상하지 못한 인플레이션의 영향은 부나 소득의 재분배(채권자에서 채무자로)를 초래하게 될 것이다.

한편, 민간이 보유하고 있는 현금은 원칙적으로 정부가 구매력을 보증한 정부의 채무이지만, 일반채무와는 달리 정부가 채무를 갚으려 하지 않기 때문에 인플레이션으로 인한 화폐가치의 하락은 화폐보유자의 영원한 손실이 된다. 이런 의미에서 인플레이션은 화폐에 대해 부과되는 세금이라 할 수 있으며, 이를 인플레이션 조세(inflation tax)라 부른다.

② 또한, 소득계층 중 일정한 화폐소득자(금융생활자, 연금생산자, 공무원·교원·회사원 등 봉급생활자)는 손해를 보고 재화 및 실물자산을 생산하여 이윤을 취하는 기업가계층은 이득을 보게 된다. 따라서 예상치 못한 인플레이션은 부나

와 시기를 정확히 예상하는 경우이고, 예상하지 못한 인플레이션(unexpected inflation)은 물가상승에 대한 예상이 정확하지 못하거나 과소평가하는 경우를 말한다.

소득의 재분배를 채권자 및 화폐소득자로부터 채무자 및 이윤취득자(기업)에게 유리하게 해준다.

일반적으로 봉급생활자, 채권자, 예금자는 국민경제에서 자금공급을 담당하는 가계이고, 채무자는 자금수요의 주체인 기업이기 때문에 인플레이션이 발생하면 가계는 손실을 보고 기업은 이득을 보게 되며, 특히 물가상승에 따라 가격이 올라가는 토지, 주택 등의 실물자산을 보유한 부유계층은 이득을 얻게 되어 소득불균등이 악화되는 상황이 발생한다.

③ 예상치 못한 인플레이션이 진행중일 경우 명목이자율이 예상물가상승률을 반영치 못하게 되어 실질이자율이 하락하므로 저축이 감소되어 투자재원이 감소된다. 이는 기업의 투자수요를 감소시켜 경제성장에 역효과를 초래한다.

다시 말해서, 인플레이션이 빠른 속도로 진행되어 이를 예상하기 어려워지면, 채권자이건 채무자이건 간에 대차계약, 특히 장기대차계약에 참여하기를 꺼려할 것이고, 장기차입이 불가능해지면 기업의 설비투자가 부진하게 되어 성장이 둔화되고, 자본주의 경제는 정체되고 말 것이다. 이것이 인플레이션의 해악 중 가장 큰 해악이라 할 수 있을 것이다.

한편, 인플레이션이 매년 낮은 수준으로 계속되면 생산에 별로 부정적인 영향이 나타나지 않고 오히려 이러한 서행성 인플레이션(cheeping inflation)은 생산을 촉진할 수도 있다는 주장도 있다. 그러나 높은 수준으로 지속되는 주행성 인플레이션(galloping inflation)이 발생하면 생산에 악영향이 미치고 국민경제의 효율성이 파괴된다. 기업이나 부유층은 인플레이션 조세를 회피하고 불로소득을 얻기 위하여 정상적인 생산과 투자활동을 포기하고 부동산·귀금속·골동품·외환 등의 투기에 매달린다. 자원을 생산적인 투자로부터 비생산적인 투기로 흐르도록 함으로써 인플레이션은 국민경제의 생산능력을 위축시키고 자원배분을 비효율적으로 만드는 것이다. 이러한 비효율성은 초인플레이션(hyperinflation) 하에서 두드러지게 나타난다.

2) 예상된 인플레이션의 영향

사람들이 특히 단기간에 인플레이션을 정확히 예상하기란 쉬운 일이 아니다. 그러나 장기적으로는 시행착오와 학습과정을 거쳐 인플레이션을 적어도 확률적으로 정확히 예측할 수 있다고 가정할 수 있다.

사람들이 인플레이션을 정확히 예상한다면, 채권자로부터 채무자로 소득재분배효과가 나타나지 않는다. 채권·채무관계 성립시 인플레이션을 정확히 예상하는 합리적인 채권자는 화폐가치의 하락을 보상하는 방안을 계약에 포함시킬 것이고, 채무자는 이를 수용할 수밖에 없기 때문이다. 인플레이션이 예상되면 합리적인 채권자는 명목이자율이 아니라 실질이자율에 관심을 갖기 때문에 인플레이션 몫만큼을 명목이자율에 반영시켜 일정 수준의 실질이자율을 유지하려 할 것이며, 채무자도 명목이자율을 기꺼이 부담하여야 한다. 이러한 관계는 아래와 같은 피셔(Ficher)의 방정식으로 나타낼 수 있다.

피셔가설: 명목이자율 = 실질이자율 + 예상인플레이션율

예상된 인플레이션은 경제주체들로 하여금 한 푼의 이자라도 더 받도록 되도록이면 많은 화폐를 은행에 맡기고 최소한의 화폐만을 보유하도록 만듦으로써, 경제주체들이 은행을 방문하는 횟수를 증가시키고 결과적으로 경제주체들의 시간낭비와 구두창의 마모를 초래한다. 또한 기업들은 가격이 오를 때마다 상품의 가격표를 바꾸고 고객에게 가격인상의 불가피성을 설명하여야만 한다. 이것이 이른바 구두창비용(shoeleather cost)과 차림표비용(menu cost)이라 불리는 인플레이션의 비용들이다.

인플레이션이 지속되면 일반적으로 상품과 상품 사이의 상대가격이 바뀌는데, 이런 상대가격의 왜곡은 자원의 효율적인 배분을 저해한다. 또한 인플레이션은 명목소득을 증가시켜 명목소득에 대해 누진적으로 과세되는 일반적인 조세체계 하에서 세금의 부담을 가중시킨다.

※ 이자소득에 대해 세금을 부과할 경우, 인플레이션은 금리왜곡을 초래한다. 예를 들어, 명목이자율이 5%이고 물가상승률이 3%이면 실질이자율은 2%가 된다. 이자소득에 대해 10%의 세금을 부과한다면 세금이 0.5%가 되고, 따라서 실질수익률은 1.5%가 된다. 그런데 물가가 5% 오르고 명목이자율이 7%라면 실질이자율은 똑같이 2%이지만, 이제는 7%에 대해 10%의 세금이 부과되므로 실질 수익률은 1.3%로 낮아진다.

예상된 인플레이션에서는 가계와 기업들이 인플레이션에 의해서 손해를 보는 것을 적극적으로 피하기 때문에 인플레이션의 경제적 비용이 무시할 수 있을 정도로 적다. 그러나 예상된 인플레이션 하에서도 인플레이션에 따라 사회의 제도, 법률 및 규정 등이 충분히 조정되어야 인플레이션의 경제적 비용이 무시될 수 있다. 그렇지 못할 때에는 예상된 인플레이션 하에서도 경제적 비용이 발생하게 된다. 예를 들면, 정부가 이자율을 통제하면 물가상승률을 반영치 못하므로 명목이자율이 가격상승률을 충분히 반영치 못하는 경우라든지, 인플레이션에 따라 세율을 조정하지 않는 경우 등이다.

→ 제 2 절 물가상승원인에 관한 여러 이론과 대책

인플레이션은 경제적 요인뿐만 아니라 정치적 · 사회적 요인도 함께 작용하여 나타나는 현상이므로 시대적 배경이나 각 국가의 정치 · 경제 상황 등에 따라 다르게 나타난다. 따라서 인플레이션의 발생요인에 대해 다양한 분석이 시도되어 왔다. 이들 분석방법을 크게 세 가지로 구분해 볼 수 있다. 〈표 21-1〉은 인플레이션 원인에 관한 이론체계를 요약한 것이다.

첫째, 인플레이션의 원인을 수요측면에서 찾는 것으로 소위 수요견인 인플레이션이론이며, 둘째, 공급측면에서 찾는 비용인상 인플레이션이론이다. 그런데 현실경제에서 인플레이션이 초과수요견인(demand pull)요인과 비용인상(cost push)요인이 결합되어 발생하기도 하기 때문에 이 두 요인이 함께 작용하는 혼합형 인플레이션이론이 있으며, 이외에 제도적 · 구조적으로 인플레이션을 설명하는 기타 인플레이션이론이 있다.

〈표 21-1〉 인플레이션 원인에 관한 이론 체계

- 인플레이션의 이론 체계
  - 수요견인 인플레이션
    - 고전적 화폐수량설
    - 신고전학파의 견해
    - 케인즈의 견해
  - 비용인상 인플레이션
    - 임금 및 원자재비용 인상설
    - 이윤 인상설
  - 기 타 인플레이션
    - 제도 · 구조적 인플레이션설
    - 수입인플레이션설
    - 수요이동설

1. 수요견인 인플레이션

국민경제의 총수요가 총공급을 초과함으로써 발생하는 물가상승현상을 수요견인 인플레이션(demand-pull inflation)이라 한다. 이를 그림으로 통해 살펴보기로 하자.

[그림 21-1]에서 한 나라의 국민경제의 총수요곡선(AD_0곡선)과 총공급곡선(AS_0곡선)의 교차점에서 이 경제의 균형국민소득이 OY_0에서 달성되었다고 하자. 이때 어떤 원인으로 예컨대, 통화의 팽창이나 재정지출의 증대 등으로 총수요가 증가하여 AD_0곡선이 AD_1곡선으로 이동하였다고 하자.

그러면 [그림 21-1]에서 볼 수 있듯이, 소득수준도 증가($Y_0 \rightarrow Y_1$)하고 물가수준 역시 상승($OP_0 \rightarrow OP_1$)한다. 만약, 총수요가 또 다른 어떤 요인들에 의해 증가한다면, 총수요곡선은 AD_2로 이동하게 되고, 그렇게 되면 소득수준의 증가폭보다 물가수준의 상승폭이 더 크게 된다. 이러한 과정을 통해 완전고용수준의 공급곡선과 교차하는 점 이상으로 총수요가 증가하면 물가수준만 상승시키고 소득은 증가하지 않는다.

수요견인 인플레이션의 원인은 학설에 따라 크게 두 가지로 나누어 설명해 볼 수 있는데, 그 하나는 케인즈적 소득이론이고, 다른 하나는 고전파 및 통화론자들의 화폐수량설이다. 전자는 수요가 민간소비, 투자, 정부지출 및 수출($C+I+G+X$)의 증가에 의해서 [그림 21-1]에서와 같이 AD_2에서 AD_3로 증가할 때 인플레이션은 수요견인에 의해 발생한다는 것이다. 반면, 통화주의자의 주장은 $MV=PQ$ 또는 $P=V/Q \cdot M$에서 V와 Q가 일정하다고 보면 M의 지속적 팽창이 물가수준의 지속적인 상승(인플레이션)을 유발시킨다는 것이다. 그런데 $C+I+G+X$는 지출국민소득이고, $P \cdot Q$는 명목GDP이기 때문에 다같이 인플레이션이 수요견인으로 발생한다는 것을 설명해 주고 있다(고전파의 수량설과 물가와의 관계는 부록 참조).

이와 같이 수요견인 인플레이션이론은 물가수준의 지속적 상승을 수요측면에서 설명하려는 것으로서 화폐수량설에 의한 설명방법과 국민소득분석에 의해 설명하는 방법으로 구분된다.

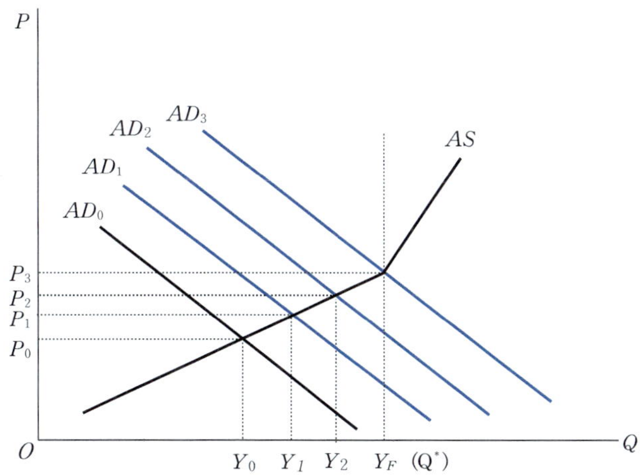

[그림 21-1] 수요견인 인플레이션

교환방정식을 변형한 아래의 항등식을 이용하면 통화공급의 증가가 인플레이션을 발생시킴을 쉽게 알 수 있다.

인플레이션율 + 경제성장율 = 통화증가율 + 화폐유통속도의 증가율
($\Delta P/P$) ($\Delta Y/Y$) ($\Delta M/M$) ($\Delta V/V$)

여기서, Δ: 변화, P: 물가수준
Y: 실질국민소득, M: 통화량
V: 화폐의 소득유통속도

부록 고전학파의 화폐수량설과 인플레이션

고전적인 화폐수량설에서는 인플레이션의 원인을 통화의 증발에 따른 화폐적 현상으로 설명한다. 즉, 통화량의 변동은 그 이유나 경로가 어떻든간에 모두 같은 방향으로 물가수준을 변경시킨다는 것이다.

이는 고전학파의 교환방정식

$$M \cdot V = P \cdot T \quad \cdots\cdots (1)$$

(여기서 M은 유통되는 통화량, V는 화폐의 유통속도, P는 상품의 거래량 단위당 평균 가격, T는 상품의 총거래량을 나타낸다)

에 의해 설명할 수 있다. 즉, 식 (1)을 변형하여 식 (2)로 나타내면,

$$P=\frac{V}{T}\cdot M \quad \text{또는} \quad P=k\cdot M(k=\frac{V}{T}) \quad \cdots\cdots (2)$$

이다. 여기서 화폐의 상품유통속도가 상거래제도나 상거래관습에 따라 일정하게 주어졌고, 상품의 거래량도 통화량 증감과는 관계없이 단기적으로 일정하다고 가정하면, 통화량과 물가수준은 비례하게 된다.

이처럼 고전학파의 화폐수량설에서는 통화공급량의 변동과 물가수준의 비례적 변동으로 통화와 물가의 관계를 설명하고 있으나 케인즈는 이 경로를 다른 차원에서 분석하였다. 케인즈는 통화공급량의 증가로 이자율이 하락하게 되고 이자율의 하락은 투자지출을 증대시켜 결국 유효수요가 증대하여 물가가 상승하게 된다고 하였다. 따라서 통화공급량의 증가는 물가수준을 상승시키더라도 비례적으로 상승시키는 것은 아니라고 주장하였다.

2. 비용인상 인플레이션

총수요가 일정하더라도 공급측 요인에 의해 인플레이션이 발생된다는 견해이다. 이것은 물가의 상승을 비용적 측면에서 강조한 이론으로서 수요견인 인플레이션과는 대조적이다.

비용인상의 요인은 여러 가지가 있을 수 있으나 이 중 임금 및 원자재값 등의 인상을 대표적으로 꼽을 수 있다. 이러한 요소비용이 오르게 되면, 종전과 똑같은 총비용으로 그만큼 생산량이 감소될 수밖에 없을 것이다. 그렇지 않고 종전과 같은 실질총생산을 유지하여 공급하기 위해서는 물가가 종전보다 상승해야 할 것이다. 따라서 총공급곡선은 좌상방으로 이동하게 될 것이다. [그림 21-2]에서 AD곡선은 일정한데 임금(W) 및 원자재가격(F) 등 생산비용의 상승이 AS곡선을 AS_0에서 AS_1으로 이동시켜 소득의 감소와 물가의 상승이 일어나는 경우를 볼 수 있다.

비용인상요인 중 임금인상이 인플레이션을 발생시키는 것은 다음과 같이 설명할 수 있다. 즉, 어떤 산업의 노동조합이 강력하게 노동생산성을 초과하는 임금상승을 요구할 때 기업은 임금을 올리되 이를 제품가격에 반영시킴으로써 인플레이션이 발생하게 된다. [그림 21-2]에서 화폐임금의 상승은 단위당 제품비용을 상승시켜 총공급곡선을 AS_0에서 AS_1으로 이동시키고 물가는 상승하게 된다. 또한 비용인상요인은 노조에 의한 임금인상이 아니라 기업가에 의한 이윤

인상(또는 제품가격의 인상)에서도 찾을 수 있다. 즉, 기업가가 돈을 많이 벌고자 제품가격을 인상하기 때문에 인플레이션이 발생한다는 것이다.

한편, 노동생산성 향상을 상회하는 임금인상이 비용상승 인플레이션의 원인이 되는 이유는 생산요소시장에서의 이윤극대화 조건을 변형시킨 아래의 식을 통해 확인할 수 있다.

노동생산성증가율 + 생산물가격의 상승률 = (명목)임금상승률
$(\Delta MP_L/MP_L)$ $(\Delta P/P)$ $(\Delta W/W)$

여기서, MP_L: 노동생산성(한계생산)
P: 생산물가격
W: 명목임금

위 식에서 임금상승률이 노동의 한계생산증가율을 상회하면 생산물가격이 상승함을 알 수 있다. 이러한 현상은 국민경제 전체적으로 볼 때 임금인상이 물가상승을 유발시키는 결과를 낳게 한다. 노동생산성 향상을 넘어선 과도한 임금인상이 물가상승을 유발시키고, 물가상승은 또 다시 노동조합으로 하여금 임금인상을 요구하도록 하는 일련의 과정이 되풀이되면 물가가 걷잡을 수 없이 오르게 되는

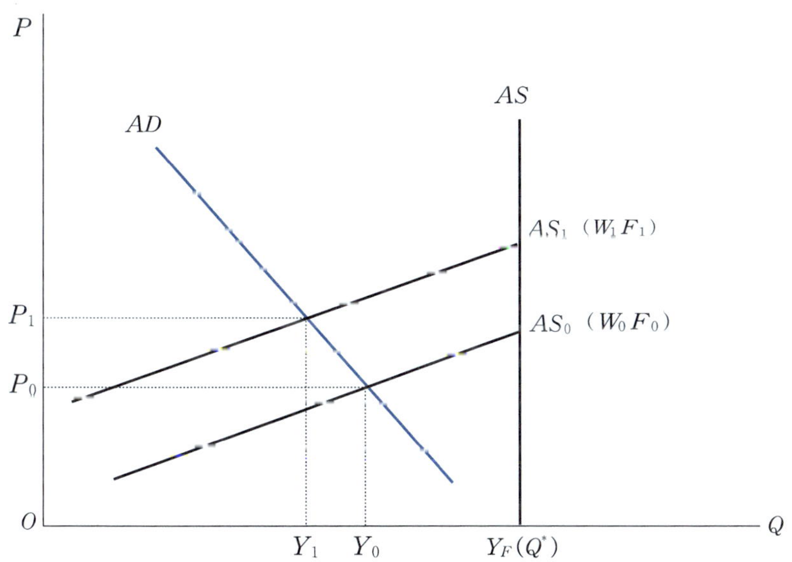

[그림 21-2] 비용인상 인플레이션

데, 이러한 현상은 임금-물가상승의 악순환(wage-price spiral)이라고 불린다.

3. 기타 인플레이션 이론

이상과 같은 수요견인 인플레이션이론이나 비용인상 인플레이션 외에 제도 및 구조적 인플레이션, 수입인플레이션, 수요이동설 등 몇 가지의 이론이 있다.

먼저, 제도 및 구조적 인플레이션설은 각국 특유의 정치・사회 및 경제 제도나 경제구조와 이에 따른 경제정책 상의 여러 가지 문제점으로부터 인플레이션이 발생한다는 이론이다. 이 중 제도적 요인은 정부의 산업정책이나 무역정책과 같은 경제정책에서 유래되는 물가상승요인을 말한다.

예를 들어, 우리나라의 경우 농수산물의 수입안정을 위한 가격지지정책과 국내산업보호육성을 위한 수입제한정책 등이다. 농수산물 가격지지정책으로 인해 쌀의 수매가격이 지속적으로 인상되어 농가소득을 증대시켰지만 개발초기에는 쌀의 가격품귀가 전체 물가상승에 상당한 영향을 미쳤다. 또 국내산업 보호를 위한 수입제한 허용은 국내시장에서 독과점적 위치를 허용해 생산성이 낮고 생산비가 높아져 가격상승의 원인이 된 것이다.

한편, 경제구조의 문제점으로 물가가 상승할 수 있다. 예를 들면 우리나라의 경우 공업에 비해 농업의 발전이 상대적으로 뒤져 농산물의 공급이 인구증가 및 소득수준 향상에 따른 수요증가를 충족시키지 못해 물가가 불안정한 때도 있다.

둘째로, 수입인플레이션은 해외의 원자재 가격상승 등 해외요인에 의해 국내물가가 상승하는 현상을 설명해 준다.

셋째로, 수요이동설은 경기가 불경기에 처해 있을 때 인플레이션을 설명하는 이론인데 총수요 증가나 생산비의 상승이 없어도 산업부문간의 수요이동만으로도 인플레이션이 발생할 수 있다는 것이다. 예를 들어 한 나라의 경제에 있어서 어떠한 산업의 제품에 대한 수요가 크게 증가하는 대신 다른 산업제품의 수요가 감소하였다면 수요가 크게 증가하는 산업의 제품가격은 상승한 반면 수요가 감소한 산업의 제품의 가격은 하방경직성으로 떨어지지 않는 것이 일반적 현상이다.

4. 인플레이션 대책

인플레이션이 낮은 속도로 진행되면, 이를 더 낮추기 위해 인위적인 정책을 쓸 필요는 없다. 물론 인플레이션이 높은 비율로 진행되면, 그 원인을 규명하여 적절한 대책을 수립하여야 할 것이다. 기본원칙은 총수요곡선이 너무 오른쪽으로 이동하지 않도록 하는 한편, 총곡급곡선은 가급적 오른쪽으로 이동하도록 하는 것이다.

1) 안정적인 총수요관리

인플레이션의 원인이 어디에 있느냐에 따라 인플레이션 대책에도 차이가 나타난다. 총수요곡선의 이동요인이 통화팽창에 있는가, 적자재정에 있는가, 사회적 불안에 있는가 등 그 원인에 따라서 그 대책도 달라질 것이다.

통화팽창이 물가상승의 주된 원인인 경우에는 통화량을 줄여야 한다. 또한 그것이 정부의 적자재정에 있다면 정부지출을 억제해야 하고, 그것이 과도한 고도성장정책에 있다면 성상성책을 나소 완화해야 한다.

지나친 통화공급의 증가가 인플레이션의 주원인이라면 안정적인 통화공급이 상력한 인플레이션 대책이다. 이와 관련하여 정부의 시장개입을 반대하는 경제학자들(통화론자)은 k%준칙을 주장한다. 우리나라와 같이 잠재성장력이 5~6% 수준이면 통화공급의 연간 증가율을 5~6%수준에서 화폐의 유통속도 변화율을 감안하여 결정하고, 경기침체·경기호황과 관계없이 일관성 있게 통화공급 목표로 삼으라는 주장이다. 재량정책에 따른 높은 인플레이션을 경험하였던 선진국들의 사례는 k%준칙이 준수할 만한 처방이라는 점을 인식시켜 주었다. 실제로 주요 선진국이 1980년대 이후 연평균 3~4% 이하의 인플레이션율을 유지하고 있는 것은 k%준칙에 가까운 보수적이고 안정적인 통화공급을 지속하였기 때문이라고 평가되고 있다.

재정적자가 누적되면 국공채발행에 따른 이자부담이 재정을 압박하게 되므로 정부는 통화공급을 증가시킬 유인을 가지게 된다. 따라서 재정을 건전하게 운용하여 재정적자가 누적되지 않도록 하는 것도 인플레이션을 억제하기 위한 대책이다.

또한 과소비풍조를 억제시키는 것도 수요견인 인플레이션에 대한 바람직한 대책이다. 과소비는 단기적으로 총생산을 증가시킬지 모르지만 저축과 투자의 감소를 통해 장기적으로는 경제성장에 부정적인 영향을 미친다.

요컨대 수요견인 인플레이션에 당면하게 될 때는 수요압력의 원인인 통화량이 팽창을 억제하고, 나아가서 민간투자·정부투자·개인소비 등 총수요를 억제하는 동시에 다른 한편으로는 공급능력을 증강시켜야 한다.

※ 재량적(discretionary) 경제정책이란 정부가 스스로의 판단에 따라 경제정책을 수립하고 시행하는 것을 말한다. 이와 같은 재량정책은 주로 경기변동에 대응하여 취해지는 경우가 많은데, 이에 대해 반대하는 사람들은 정부의 판단이 정치적 요인에 의해 좌우되기 쉽고, 또한 정책의 시차 등으로 인해 정책의 효과가 나타나기 어려운 점을 단점으로 지적하고 있다. 따라서 정부의 정책은 어떤 준칙(rule)을 세워놓고 일관성 있게 이를 지키는 방향으로 수립·시행되어야 한다는 것이다.

2) 소득정책

총공급곡선을 왼쪽으로 이동시켜 비용인상 인플레이션을 일으키는 주원인은 해외원자재가격 상승 등의 공급충격과 과도한 임금인상이다. 원자재가격 상승과 임금인상은 제품가격 상승으로 이어진다. 비용인상설을 주장하는 사람들은 인플레이션 대책으로서 긴축재정·금융정책보다 정부가 물가와 임금의 결정에 직접 관여해야 한다고 주장한다. 즉, 임금가이드라인, 임금-물가통제 등 이른바 소득정책을 주장한다.

소득정책(income policy)이란 임금과 물가의 상승을 규제하여 임금 및 기타 소득에 직접적인 영향을 미치고자 하는 정책을 말한다. 소득정책의 예로는 정부가 임금이 과도하게 상승하지 않도록 임금수준에 '가이드라인'(guideline)을 설정하는, 즉 매년 임금상승률의 상한을 정하는 임금가이드라인, 임금과 물가의 인상을 억제시키는 임금-물가통제(wage-price guidepost) 등이 있다. 소득정책은 안정적인 통화공급이 뒷받침되어야만 효과를 발휘할 수 있다.

소득정책은 각 나라에 따라 그 목적과 내용 그리고 시행방법이 각각 다르지만, 일반적으로 주요 상품의 가격결정과 임금결정 메카니즘에 정부가 개입해서 설득과 압력으로 과도한 상승을 억제하려는 정책이다.

한편 인플레이션은 실업과 밀접한 관련을 갖고 있기 때문에 실업대책과 인플레이션대책이 동시에 수립되어야 한다. 이런 점에서 소득정책이 재정·금융정책을 지원하기 위한 정책으로 제시되었다(제3절 2. 참조).

3) 기타정책

어떤 상품이 국내생산이 애로에 봉착하여 가격이 급등하면 그 상품의 관세율을 낮춤으로써 수입을 통한 가격안정을 꾀할 수 있다. 수입자유화와 관세율인하가 물가안정에 기여하는 것이다.

생산성이 낮아 관련제품의 비용증가가 유발되는 농업부문과 중소기업의 경우에는 투융자와 정부지원의 확대를 통해 장기적으로 물가상승 압력을 해소하는 것이 균형발전의 측면에서도 바람직하다.

공정거래법을 올바로 적용하여 기업간의 가격담합을 방지하고 자유로운 경쟁을 유도하는 것도 독과점가격이 물가상승의 주범이 되는 것을 방지하는 방법이다. 전기료·수도료·가스요금 등의 공공요금을 적절히 규제하고, 농수산물의 유통구조를 개선하는 것도 같은 맥락의 물가안정 대책이라 할 수 있다. 이런 측면에서 소비자주권을 확립하고 근검·절약과 건전소비를 도모하는 한편, 독과점기업의 시장지배력을 이용한 가격의 자의적인 인상을 제재하는 역할을 담당하는 소비자운동도 물가안정에 기여할 수 있다.

그러나 장기적으로 인플레이션을 억제하는 유일한 방법은 공급능력을 증가시키는 것이다. 저축 및 투자, 노동공급을 확대하고 노동생산성을 향상시키기 위한 기술혁신, 연구개발, 교육훈련이 이루어져야만 장기적으로 총공급이 증가하여 인플레이션 없는 경제성장이 가능한 것이다.

▶ 물가안정목표제

물가안정목표제란 중앙은행이 일정기간 동안 달성해야 하는 물가상승률 목표를 사전에 명시적으로 제시하고, 통화량, 금리, 환율 등 다양한 정보를 활용하여 장래 인플레이션을 예측하고, 정책금리 조정 등의 정책을 통해 실제 물가상승률이 목표수준에 수렴토록 하는 통화정책 운영방식이다. 물가가 목표를 벗어나는 경우 예상 이탈기간, 정책파급 시차, 금융·경제 여건 등을 종합적으로 감안하여 대응방향을 결정하게 되며, 정책대응시에는 중기적 시계에서 물가상승률이 점진적으로 목표에 수렴하도록 하여 실물경제 및 금융시장에 미치는 충격이 최소화되도록 한다. 물가상승률 목표는 소비자물가지수 또는 단기 변동성이 큰 품목을 제외한 근원물가지수를 대상으로 설정하는 것이 보통이다.

물가안정목표제는 1990년 뉴질랜드가 최초로 도입한 이래 캐나다, 영국 등 20여 개국에서 운용하고 있다. 물가안정목표제의 도입은 향후 물가상승률이 목표수준에 수렴될 것이라는 기대를 경제주체들에게 인식시킴으로써, 인플레이션 기대심리를 약화시키고 물가안정에 기여하는 것으로 평가받고 있다.

주요국의 물가안정 목표

	뉴질랜드	캐나다	영국	스웨덴	호주	남아공	태국
도입시기	1990년	1991년	1992년	1993년	1993년	2000년	2000년
대상지표	소비자물가	소비자물가	소비자물가	소비자물가	소비자물가	소비자물가	소비자물가
목표수준	1~3%	2±1%	2%	2±1%	2~3%	3~6%	0~3.5%

주: 영국은 중심점만 설정하나 사실상 상하 1%p의 변동을 허용
자료: 한국은행

▶ **우리나라 물가안정목표제**

우리나라는 1998년 물가안정목표제를 도입하여 운용 중에 있다. 최초 도입시 대상지표를 근원물가 상승률로 설정하고 매년 물가목표를 발표하였다. 2004년부터 대상기간을 1년 단위에서 3년 단위로 변경하였는데, 이는 통화정책의 효과가 상당한 시차를 두고 실물경제에 파급된다는 점 등을 감안한 것이다. 2004년~2006년 중 물가안정목표는 2.5~3.5%로 설정되었다.

2007년부터는 대상지표를 소비자물가 상승률로 변경하였다. 물가안정목표 대상지표를 근원물가에서 소비자물가로 바꾼 까닭은 정부의 경제운용계획상 물가지표가 소비자물가이며 소비자물가가 일반 국민들에게 가장 친숙하고 생계비의 변동을 잘 반영하기 때문이다. 또한 물가안정목표제를 도입하고 있는 국가는 태국, 남아공 등에 불과하여 국제기준으로서의 보편성도 미흡했기 때문이다. 2007~2009년 중 물가안정목표는 연평균 소비자물가 상승률 기준으로 2.5%~3.5%이다.

→ 제 3 절 인플레이션과 실업: 필립스곡선

1. 단기의 필립스곡선 : 인플레이션과 실업의 상충적 관계

실업은 인플레이션과 함께 국민경제 또는 거시경제의 가장 골치 아픈 경제현상이다. 국민경제가 지속적으로 성장하기 위해서는 어떤 형태로든 이 두 가지 현상을 다스려야만 한다. 이를 위해서는 이 현상이 발생하는 원인을 파악하여 그 대책을 마련하여야 함은 물론이다. 문제는 이 두 가지 현상이 서로 역으로 관련되어 있다는 사실이다. 즉, 실업과 인플레이션은 단기적으로 역의 관계를 가진다. 단기에 인플레이션을 진정시키려면 어느 정도의 실업은 감수해야 하며, 역으로 실업을 감소시키려면 어느 정도의 인플레이션을 용인하여야 하는 것이다. 이러한 실업과 인플레이션 사이의 단기적인 상충관계(trade-off)를 보여 주는 우하향하는 형태의 곡선을 필립스곡선이라고 한다.

[그림 21-3]은 물가안정과 완전고용의 동시적 달성이 어려움을 보여 주는 것으로 필립스곡선(Phillips curve)이 의미하는 바는 물가상승률과 실업률간의 상충적 관계(trade-off)가 있음을 보여주고 있다.[2] 즉, 실업률이 낮을수록 물가

2) 필립스곡선은 물가상승률과 실업률간에 상충적인 관계가 존재하는 것을 보여줄 뿐, 이러한

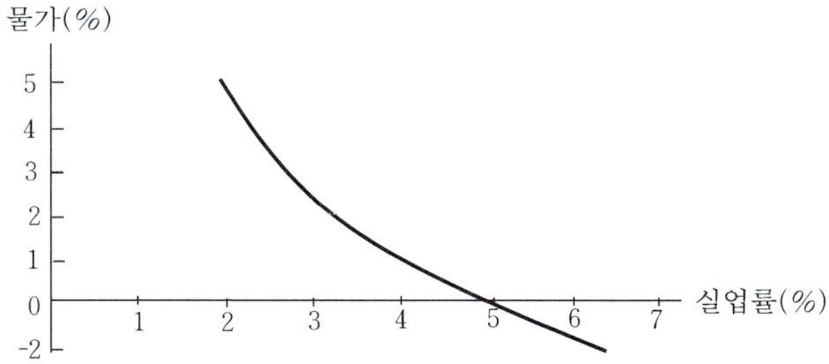

[그림 21-3] 필립스곡선

상승률이 높으며, 반대로 물가상승률이 낮을수록 실업률은 높다.

바꾸어 말하면, 실업률(μ)이 낮아지면 인플레이션(π)이 높아져야만 하고, 반대로 실업률이 높아지면 인플레이션율은 낮아져야만 한다. 이처럼 필립스곡선은 물가안정과 완전고용이란 두 가지 경제정책목표는 동시에 달성될 수 없으며 어느 한쪽을 달성하기 위해서는 다른 한쪽을 희생해야 한다는 정책적 딜레마를 함의하고 있다.

위 그림을 식으로 표시하면 아래 식과 같이 쓸 수 있다.

$$\pi = -\beta\mu \ (\text{단}, \beta > 0)$$

필립스곡선은 앞에서 설명한 수요견인 인플레이션과 밀접한 관계를 가진다. 총수요가 증가하여 생산이 증가하는 과정에서 물가가 상승하는 것이 수요견인 인플레이션인데, 생산이 증가하면 고용이 늘고 실업이 감소하기 때문에 물가상승과 실업감소가 동시에 발생하여 물가와 실업간에 음(-)의 관계가 성립한다는 것이다.

영국의 경제학자 필립스는 1861~1957년의 영국 시계열자료를 이용하여 명목임금상승률과 실업률 사이에 음(-)의 관계가 있다는 것을 보였다. 이것이 발견자의 이름을 딴 최초의 필립스곡선이다. 그 후 명목임금상승률과 인플레이션율 사이에는 양(+)의 관계가 있다는 사실에 착안하여 필립스곡선은 인플레이션과 실업 사이에 음(-)의 관계가 있는 것으로 표시된다.

관계를 이론적으로 설명해 주지는 못한다. 그러나 완전고용과 물가안정이라는 두 가지 정책목표간의 모순성을 지적해 준다.

※ 필립스는 1958년 영국의 학술지 *Economica*에 논문을 발표, 1861년부터 1957년 사이 영국의 자료를 가지고 실업률과 명목임금상승률 사이에 반비례의 관계가 있음을 밝혔다. 최초의 필립스곡선은 오늘날 우리가 알고 있는 것처럼 일반물가지수가 아니라 명목임금상승률을 가지고 만들어진 것이었다. 그 후 이와 같은 관계를 미국에서도 찾아 낸 사람은 사무엘슨(Paul Samuelson)과 솔로우(Robert Solow)였다. 필립스곡선이라는 이름을 붙인 것도 바로 이들이었다.

2. 장기필립스곡선과 자연실업률이론

거시경제학의 주류를 형성하였던 케인즈학파 경제학자들은 1960년대까지 실업과 인플레이션간에는 단기에는 물론 장기에도 역의 관계가 성립한다고 생각하였다. 그러나 1970년대 이후 집중적인 연구결과는 실업과 인플레이션간에 단기에는 역의 관계가 있지만 장기에는 아무런 관계가 없다는 것을 보여 주고 있으며, 실업과 인플레이션의 관계는 안정적이지 않다는 것이다.

단기란 물가의 변동이 완전히 이루어지지 않아 경제주체들이 인플레이션을 정확히 예측하지 못하는 기간이고, 장기는 물가의 변동이 충분히 이루어져서 경제주체들이 인플레이션을 정확히 예측하는 기간이다.

자연실업률이론에 의하면, 실업과 인플레이션 사이에 단기에는 역의 관계가 존재하지만 장기적으로는 아무런 관계가 성립하지 않는다. 즉, 단기적으로 실업률이 증가하면 인플레이션은 증가하는 경향을 보인다. 이렇게 단기적으로 존재하는 역의 관계를 활용하여 실업을 감소시키기 위해 정부가 경제활성화 정책을 자주 사용하면, 사람들의 인플레이션 기대심리가 조장되어 장기적으로 인플레이션만 발생하고 실업률은 자연실업률 이하로 감소하지 않는 현상이 나타나게 된다는 것이다. 다시 말해서 사람들의 예상인플레이션이 상승하면 필립스곡선은 예상인플레이션율만큼 오른쪽으로 이동하여 궁극적으로 장기에는 실업률이 인플레이션율과 상관없이 자연실업률 수준으로 회귀하게 되어 필립스곡선은 수직선의 형태를 띠게 된다는 것이 통화론자들의 자연실업률이론의 요지다.

한편, 필립스곡선에 예상인플레이션율(π^e)을 고려한, 그리고 자연실업률이론을 수용한 장기 필립스곡선은 기대부가 필립스곡선이라 부르고, 일반적으로 다음 식으로 표시된다.

$$\pi = -\beta(\mu - \mu_N) + \pi^e + \epsilon \quad (\text{단, beta} > 0)$$

실제실업률(μ)이 자연실업률(μ_N)보다 크게 높지 않을수록, 예상인플레이션(π^e)이 높을수록, 음(-)의 공급충격이 클수록 인플레이션이 높다는 것을 보여 주는 위 식은 자연실업률이론을 수용한 것이다. 그리고 필립스곡선에 예상인플레이션율(π^e)이 덧붙여졌기 때문에 기대부가 필립스곡선(expectation-augmented Philips curve)이라고 불린다.

※ 자연실업율이론

1970년대 들어 실업률이 높아지는데도 불구하고 인플레이션율이 낮아지지 않거나 실업률이 불변인데도 불구하고 인플레이션이 높아지는 기이한 현상이 나타나는데, 이를 스태그플레이션(stagflation)이라 한다. 즉, 경제가 침체(stagnation)하여 생산활동이 위축되고 실업률이 높은데도 불구하고 상당히 높은 수준의 인플레이션이 계속되는 상태를 스태그플레이션이라 하는데, 이는 앞에서 설명한 비용상승 인플레이션과 관련이 있다. 그러나 비용상승 인플레이션은 스태그플레이션을 만족스럽게 설명하지 못한다. 이러한 케인즈학파의 한계를 극복하고 스태그플레이션을 만족스럽게 설명하기 위해 등장한 이론이 자연실업률이론이다.

참고

우리나라의 필립스곡선

우리나라의 필립스곡선을 그려보면 아래 그림에 보이는 바와 같이 1970년대의 필립스곡선이 1960년대의 그것보다 오른쪽으로 이동해 있는데, 케인즈학파는 불리한 공급충격으로 이 이동을 설명한다. 그러나 그림을 살펴보면, 제2차 석유파동 이전부터 필립스곡선이 1960년대의 필립스곡선에서 벗어나고 있음을 알 수 있다. 1970년대 들어 1980년대 중반까지는 전형적인 스태그플레이션의 형태를 보이고 있다. 그러나 제2차 석유파동 이후 1980년대에는 석유가격이 하락하고 국제원자재가격이 안정세를 보였음에도 불구하고 최초의 필립스곡선으로 회귀하지 않고 있다.

1980년대 중반부터 물가가 안정세를 보이자 사람들의 예상인플레이션율이 낮아져 단기 필립스곡선은 다시 왼쪽으로 이동하는 경향을 보였으며, 이런 일련의 과정을 거쳐 국민경제는 인플레이션율과 관계없이 5~6%의 자연실업률 수준으로 회귀하려는 성질을 보이고 있다.

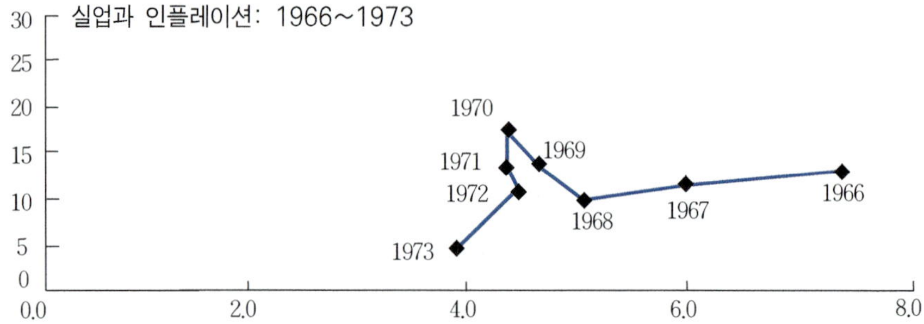
실업과 인플레이션: 1966~1973
30
25
20
15
10
5
0
0.0
2.0
4.0
6.0
8.0
1970
1969
1971
1972
1968
1967
1966
1973

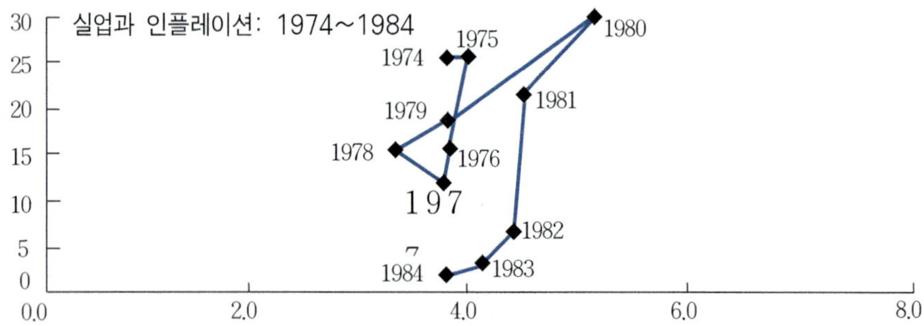
실업과 인플레이션: 1974~1984
30
25
20
15
10
5
0
0.0
2.0
4.0
6.0
8.0
1980
1975
1974
1981
1979
1978
1976
1982
1983
1984

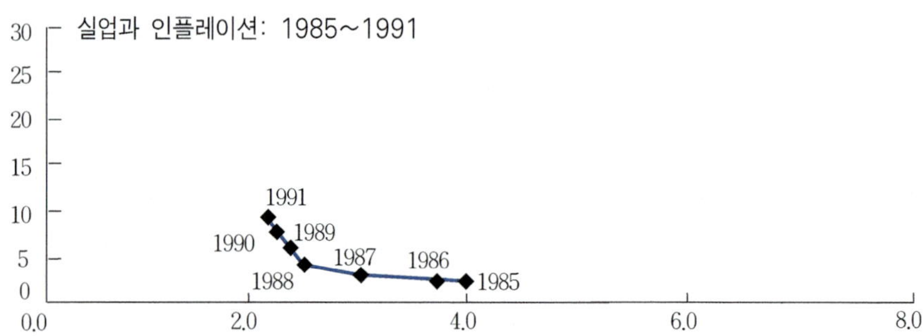
실업과 인플레이션: 1985~1991
30
25
20
15
10
5
0
0.0
2.0
4.0
6.0
8.0
1991
1989
1990
1987
1986
1985
1988

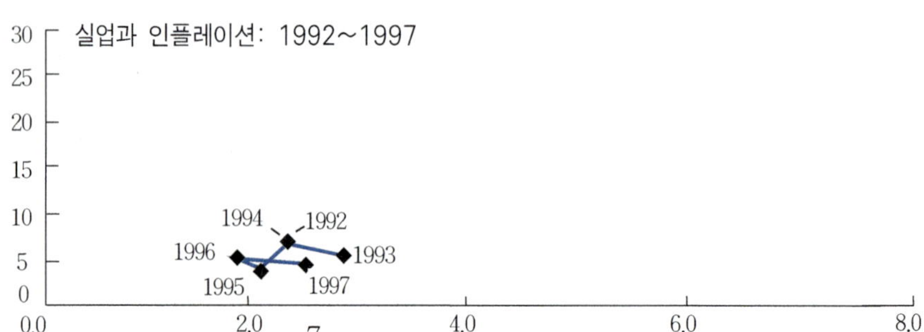
실업과 인플레이션: 1992~1997
30
25
20
15
10
5
0
0.0
2.0
4.0
6.0
8.0
1994
1992
1996
1993
1995
1997

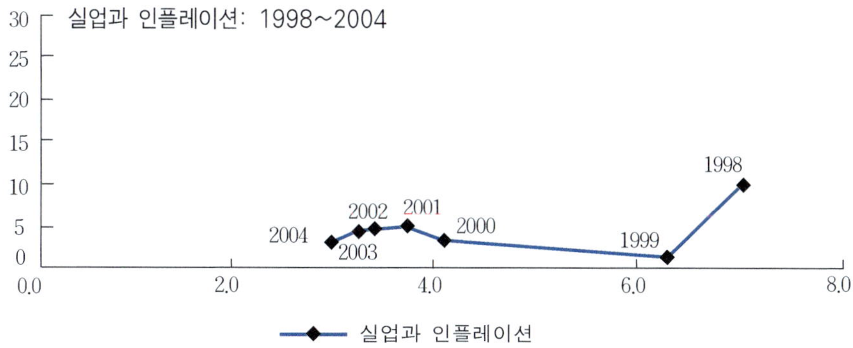

[그림 1] 우리나라의 필립스곡선(자료: 한국은행)

3. 필립스곡선과 소득정책

프리드만(M. Friedman)이 주장하는 바와 같이 장기적으로 볼 때 실업과 인플레이션간에 상충적인 관계가 없다고 해도 단기적으로는 그 관계를 인정할 수 있다.[3] 적어도 단기적으로는 실업과 인플레이션간에 상충적인 관계가 존재함을 인정한다면, 물가안정대책과 실업대책 중 어느 것을 선택해야 할 것인가는 정책당국자의 가치판단기준에 의해 결정될 것이다. 그러나 어느 한쪽을 택하고 어느 한쪽을 포기함으로써 사회의 일부계층에게 상대적으로 피해를 주게 되는 경우 사회정의 문제가 대두된다. 그래서 이러한 상충적 관계를 해소하고 실업과 물가안정을 동시에 달성하기 위한 제3의 방법으로써 전통적인 총수요관리정책(재정·금융정책과 같은 간접적 방법으로 총수요를 규제하는 것)이 보완책으로 소득정책(실업과 인플레이션을 동시에 억제하기 위해 정부가 직접 간여하는 제반 정책)이 고려되기 시작하였다. 특히 케인즈학파는 총수요관리정책을 적절히 사용함으로써 실업을 증가시키지 않으면서도 인플레이션을 억제하는 소득정책을 주장한다.

소득정책이란 재정·금융정책을 지원하기 위하여 주장된 제3의 정책이라 할 수 있다. 이 정책은 근로자들이 받는 임금소득과 기업가들이 제품가격 상승형태로 받게 되는 이윤소득 등의 인상을 규제하여 인플레이션을 억제하는 것을 주요 내용으로 한다. 다시 말해서 여러 가지 형태의 소득이 발생하는 과정에서 정

3) 프리드만은 장기적으로 필립스곡선이 수직선으로 된다는 자연실업률가설을 제시하여 필립스곡선에 대해 회의론을 제기하였다.

부 또는 공공기관이 개입하여 분배소득의 증가를 실질국민소득(생산) 증가에 알맞도록 조정함으로써 가격안정을 도모하고자 하는 정책이다.

대표적인 소득정책의 예는 자발적인 임금-물가 가이드라인(guide line)과 강제적인 임금-물가통제(mendatory wage and price controls), 그리고 조세에 근거한 소득정책(tax-based income policies, TIP)을 포함한다. 임금-물가 가이드 라인과 임금-물가통제는 단지 정도의 차이에 불과하지만 양자를 구분하여 보면 가이드라인은 노·사간의 자발적인 협력을 전제하고 있다. 그리고 TIP는 조세제도를 이용하여 기업과 노동자가 인플레이션을 증가시키는(또는 억제시키는) 행동에 대해서 처벌(또는 보상해주는)하는 정책을 말한다.

제 22 장 거시경제논쟁과 주요학파의 견해

제 1 절 AS곡선에 대한 케인지안(Keynesian)과 고전학파의 차이 및 정책효과

총공급곡선에 대한 결정요인에 관해서는 구체적인 설명이 결여되어 있으나, 고전학파 학자들은 임금-가격 경직성(wage-price stickiness)을 인정하지 않는다. 따라서 *AS*곡선의 형태가 가파른 경사를 갖는다고 가정한다. 고전학파 경제학자들은 시장의 자율적 조절기능을 신봉하므로 항상 완전고용상태(potential GNP) 가까이서 균형이 이루어진다고 가정한다. 따라서 고용상태가 불완전한 상태이면, 조만간 완전고용상태에 가까와진다고 본다. 때문에 고전파의 거시경제모형을 대변할 수 있는 화폐수량설 "$M \cdot V = P \cdot Q$(M: 통화량, V: 통화의 유통속도, P: 물가수준, Q: 산출량)"에서 물가수준(P)이 상승해도 산출량(Q)은 증가할 수 없게 된다. 그러므로 *AS*곡선의 형태는 [그림 22-1]에서와 같이 나타난다.

반면 케인지안(Keynesian)은 *AS*곡선의 형태가 단기적으로는 매우 평평(flat)하고 장기적으로는 가파른 형태가 된다고 가정한다. 즉, 케인즈학파의 체계 내에서는 자동적 조절기능을 믿지 않으므로 불완전고용상태에서 균형이 가능하다고 가정하여 실업이 많고 유휴시설이 많을 때에는 물가수준의 상승없이도 산출량을 증대시킬 수 있다는 것이다. 따라서 *AS*곡선의 형태는 [그림 22-2]와 같이 된다.

이상의 설명에서 볼 때 단기의 총공급곡선에 있어서 케인즈영역과 고전학파영역으로 구분하여 설명할 수 있다. [그림 22-3]에서 *AS*곡선이 횡축에 대해서 평행에 가까운 영역인 *AB*구간이 케인지안 영역(Keynesian range), AS곡선이

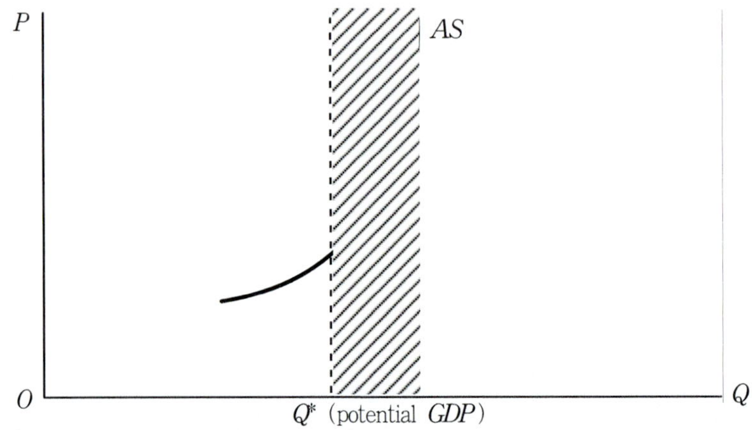

[그림 22-1] 고전학파의 *AS*곡선

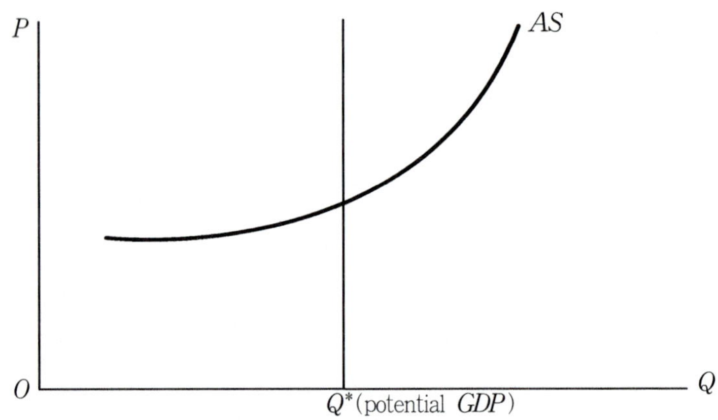

[그림 22-2] 케인지안의 *AS*곡선

잠재적 *GDP*를 상회하여 우상향의 수직에 가까운 영역인 *CD*구간이 고전학파 영역이라 할 수 있다.

만약, 총공급량과 물가수준이 일정할 때 정부가 확장적 재정 · 금융정책을 실시한다면, 총지출의 증대로 *AD*가 우상향으로 이동하게 될 것이다. 그렇게 되면 [그림 22-4]에서 *P*는 OP_0에서 OP_1으로, *Q*도 OQ_0에서 OQ_1으로 증가하게 된다.

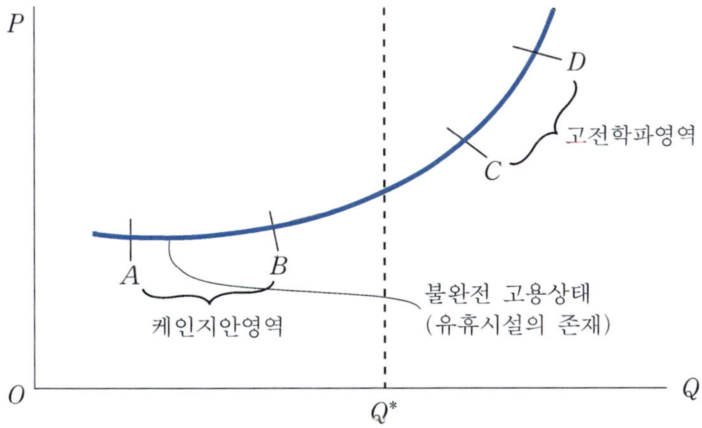

[그림 22-3] 케인즈, 고전학파의 총공급곡선

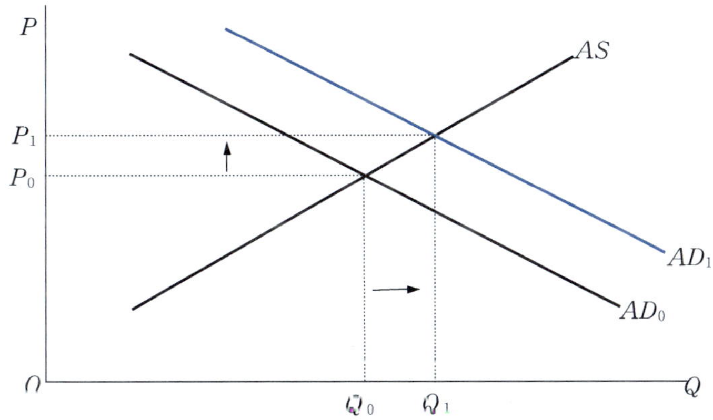

[그림 22-4] 총수요관리정책의 효과

이처럼 재정두사의 증내는 여타조긴이 일정히디면, P의 상승과 동시에 Q 및 고용 증대를 가져온다. 그러나 이러한 효과가 고전학파와 케인지안간 AS곡선의 기울기(탄력성) 차이로 인해 서로 다르게 나타나는 것으로 분석되고 있다.

고전학파 모형에 있어서는 [그림 22-5]에서와 같이 Q가 결정된다. 즉, 물가 및 임금의 자동적 조절작용을 통해 완전고용이 이루어지는 것을 전제로 하고 있으므로 AS곡선이 잠재적 GDP(Q^*)수준 근처에서 수직적이다. 다시 말해서

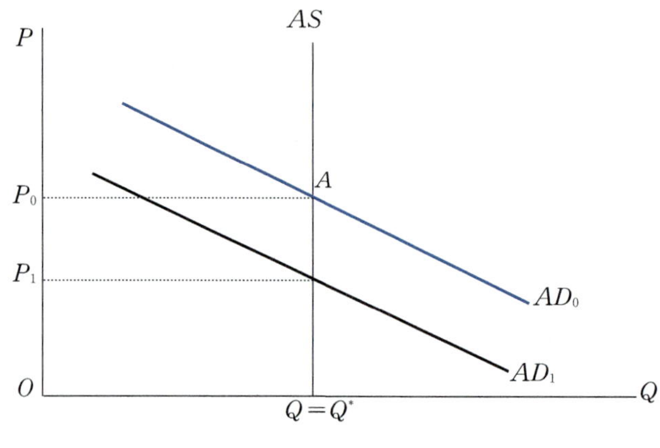

[그림 22-5] 고전학파의 거시경제모형

신축성있는 물가 및 임금의 전제하에서는 모든 시장이 쉽게 청산(clear)되기 때문에, 기업들은 물가수준과 관계없이 잠재적 산출량(potential output)을 공급하게 된다.

따라서 [그림 22-5]의 *AS*곡선과 *AD*곡선의 교차점 *A*에서 잠재적 산출량과 물가수준이 결정된다. 따라서 *AD*를 감소시키는 축소적 재정·금융정책을 실시한다면, *Q*는 불변이고($Q=Q^*=$potential GNP), 노동자들은 여전히 완전고용상태에 있게 된다. 그러나 물가수준은 AD_0에서 AD_1으로 감소하는 만큼 하락하게 된다.

그러나 케인지안에 의해 발전된 현대의 거시경제이론(주류 거시경제학)은 완전고용이 자동적으로 달성된다는 고전학파의 주장을 거부하고 완전고용보다는 불완전고용이 더욱 일반적인 상태라고 주장한다. 즉, 현대경제이론은 독과점, 노동조합, 정부의 규제 등으로 임금 및 물가가 하방경직적이기 때문에 경제가 완전고용상태로 자동적으로 조정되지 않는다고 본다. 또한, 저축계획과 투자계획이 상이한 그룹에 의해 상이한 동기로 이루어지기 때문에 이자율을 통해 계획된 저축과 투자가 일치하지 않는다고 본다.

이처럼 임금-가격이 완전히 경직적이라고 가정하면, 그리고 고용되지 않는 자원이 있다고 하면, *AS*곡선은 잠재적 *GDP*(Q^*) 이하의 영역(depression Keynesian region)에서는 완전히 수평적으로 나타난다. 이 점이 고전학파 모형과의 근본적인 차이점이다. 즉, 고전학파 모형에서는 *AS*곡선이 완전히 수직적이나

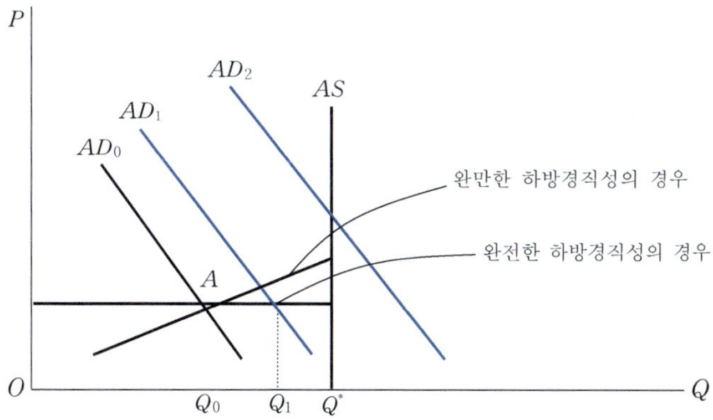

[그림 22-6] 불완전고용 하의 총수요 변동

케인지안 모형에서는 수직선이 아닌 영역이다. 특히, 임금 및 물가가 완전하방경직성을 띤다고 보는 가장 극단적인 케인즈모형은 [그림 22-6]에서 볼 수 있는 바와 같은 형태의 *AS*곡선과 *AD*곡선의 교차점 *A*에서 불완전고용상태 하의 균형산출량이 결정된다. 그리고 가격수준은 경직적이므로 완전고용이 달성될 때까지 일정수준에 머문다.

만약, 확장적 재정·금융정책에 의해 *AD*곡선이 AD_0에서 AD_1으로 이동했다면, 실질 *GDP*는 Q_0에서 Q_1으로 증가한다. 이때 *AS*곡선이 완전수평적인 형태(depression Keynesian region)이므로 *AD*가 증가한다 해도 물가수준의 변화는 없다. 그러나 *AS*곡선이 완전고용수준을 나타내는 수직적인 *AS*곡선상의 AD_2로 이동한다면 소득의 증가는 없고 인플레이션만 발생한다.

→ 제 2 절 통화주의학파

1. 신화폐수량설: 프리드만의 화폐수요함수

최근 프리드만(M. Friedman) 교수를 중심으로 하는 통화주의 경제학자들에 의해 고전학파적 화폐수량설(화폐수요의 수량이론)이 재등장하였다. 이들에 의하면 V나 K가 상수라기보다는 몇 가지 변수, 예를 들면 이자율, 주식 등의 명목수익률, 채권의 수익률, 물가변화율 등의 안정적인 함수라고 본다. 즉, V가 상수는 아니지만 장기적으로 보면 사회적 구조에 따라 예측가능하고 단기적으로도 예측가능한 변수라고 주장한다.

고전학파적 화폐수량설 $P \cdot Q = M \cdot V$에서 V가 앞에서 언급한 바와 같이 몇 가지 변수들의 영향을 받는다는 점을 고려하여 다음과 같이 변형할 수 있다. 즉,

$$M = \frac{1}{V(r, r_e, r_b, \pi \ldots)} \cdot P \cdot Q \quad \cdots\cdots (22 \cdot 1)$$

여기서, r: 이자율
r_e: 주식 등의 수익률
r_b: 채권수익률
π: 물가변화율

식 (22・1)로부터 실질개념으로 파악하기 위해 양변을 P로 나누어

$$\frac{M}{P} = \frac{1}{V(r, r_e, r_b, \pi \ldots)} \cdot Q$$

$$\text{또는, } \frac{M}{P} = f(Q \text{ 또는 } y, r, r_e, r_b, \pi \ldots) \quad \cdots\cdots (22 \cdot 2)$$

와 같이 나타낼 수 있다. 여기서 화폐보유량에 영향을 주는 몇 가지 변수들, 즉 r, r_e, r_b, π…등이 각각 화폐보유량에 미치는 영향들은 서로 상쇄되어 통화수요함수는 안정적이라는 것이 프리드만을 대표로 하는 통화주의자들의 주장이다.

이상의 관점에서 볼 때 통화주의의 기본입장을 이루는 것은 첫째, 화폐수요함수는 안정적이라는 점과 둘째, 명목GDP의 변화는 명목화폐의 외생적 변화(명목통화의 공급량 변화)에 의존한다는 점이다. 즉, V와 M이 어떻게 결정되어지는가를 설명함으로써 명목GDP 또는 물가수준과 산출량이 어떻게 결정되는가를 보여주고 있다고 할 수 있다.

2. 통화주의의 기본모형

1) 가격과 임금이 상대적으로 신축적이다.

통화주의자들은 시장기능의 자동적 조절기능을 신뢰하여 다음과 같이 주장하고 있다. 경제상태가 불완전고용(또는 불황상태)에서 완전고용상태로 자동적으로 조절될 것으로 보기 때문에 단기를 제외하고는 M이 P를 주로 움직이고 Q가 잠재 *GDP*에 가까이 머물게 된다고 주장한다. 따라서 총공급곡선(*AS*)이 단기적으로는 가파른 경사를 갖게 되고 장기적으로는 잠재 *GDP*에 접근하여 수직적으로 된다.

이에 비해 케인즈체계 또는 주류경제학은 임금-가격의 경직성을 인정하고 있다. 따라서 *AS*가 단기적으로는 매우 평평(flat)하고 장기적으로는 *GDP*에 수직적으로 된다.

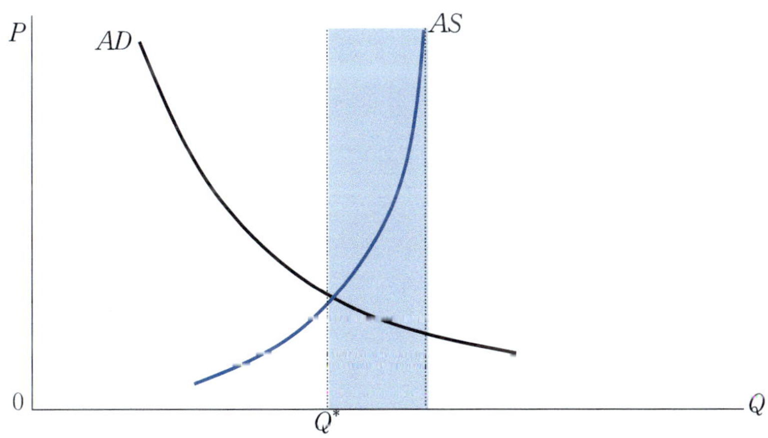

[그림 22-7] 통화주의자들의 경우

2) 통화공급(M^s)이 명목 *GDP*를 결정하는 주요한 요인이다.

통화주의자들은 앞에서 설명한 바와 같이 V가 매우 안정적이라고 보기 때문에 $GNP = k \cdot M$, $(k = 1/V)$에 따라 통화량과 명목 *GDP*는 직접적인 관계를 갖는다고 본다. 즉, 통화량이 명목 *GDP*를 결정하는 주요인이 된다. 그러므로 통화량만 조절하면 명목 *GDP*는 자동적으로 결정된다는 것이다. 이는 곧 총수요곡선(*AD*)은 통화공급(M^s)의 변동에 의해서만 영향을 받는다는 것이다. 이때 통화량의 증감을 중앙은행의 재량적 조절방법에 맡기면, 경제가 불안정하게 될 염려가 있으므로, 실질 *GDP*의 증가율에 맞추어 매년 일정비율로 통화량을 증감시키는 것이 바람직스럽다고 주장한다. 즉, 재량적인 통화정책을 쓰지 말고 통화량(*M*) 증가율이 일정하게 유지될 수 있도록 해야 한다는 통화준칙(monetary rule)을 주장하고 있다. 즉, 통화량을 경제성장의 추세에 맞추어 일정률로 증가시켜 나가면 경제의 안정이 자동적으로 보장될 수 있다는 것이다.

이와 같은 통화주의자들의 주장은 명목 *GDP*는 $C+I+G$로 구성되는 총수요에 의해 결정되며, 총수요를 구성하는 각 요소가 통화량과 직접적인 관계가 없는 여러 가지 요인들에 의해 결정된다고 보는 케인지안의 이론과 상반된다. 즉, 케인즈모형에 의하면 명목 *GDP*는 소비수요(*C*), 투자수요(*I*), 그리고 정부수요(*G*) 등의 총유효수요(effective demand)에 의해 결정된다고 본다. 그러나 통화주의자들에 의하면 명목 *GDP*는 통화량(*M*)과 통화의 거래적 유통속도(*V*)에 의해 결정되는데, *V*가 안정적이기 때문에 명목 *GDP*는 *M*에 의해 결정된다는 결론이다. 이러한 결론은 고전학파의 결론과 상통하고 있다.

이상 두 접근방법의 차이는 결국 통화론자는 명목 *GDP*의 결정에 관심을 더 두는 반면 케인즈모형은 실질 *GDP*의 결정에 더 관심을 둔다는 데 있다.

만약 불완전 고용상태(생산여력이 있어 생산이 증가해도 물가변동이 없는)에서 균형 *GDP*의 결정이 가능하다면 케인즈의 접근방법이 더 타당할 것이며, 만약 자동조절에 의해 완전고용상태가 항상 가능하다면 통화론적 접근방법이 더 타당성을 갖게 된다.

3. 재정 · 금융정책에 있어서 통화주의와 케인지안의 차이

케인즈체계 내에서는 여러 변수의 보다 복잡한 과정을 통해서 총수요곡선(*AD*)이 이동된다고 주장한다. 즉, [그림 22-8]에서와 같이 총수요는 *G*, *I*, *C* 등과 *M*, *T* 등 여러 변수에 의해 영향받는다. 예를 들면, 중앙은행이 통화량이나 이자율을 변화시키면 그것이 투자수요에 영향을 주며, 이것이 총수요에 영향을

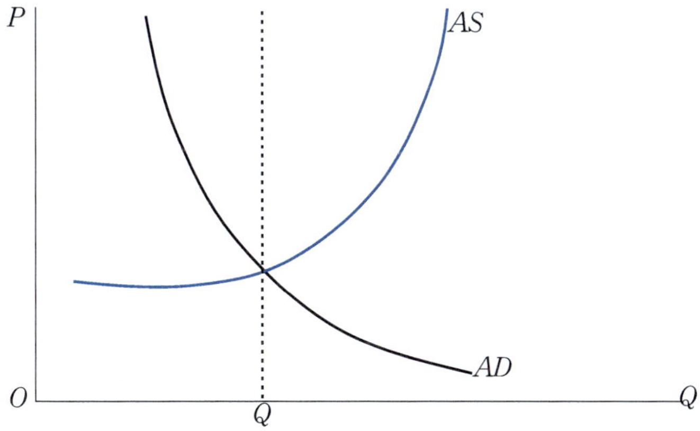

[그림 22-8] 주류경제학의 경우

미쳐서 실질 *GDP*와 물가수준에 영향을 준다. 또한 재정정책에 의해 *G*나 *T*를 조정하면 총수요의 구성요인($C+I+G$)에 영향을 끼쳐 실질 *GDP*와 물가수준에 영향을 줄 뿐만 아니라 재정정책은 이자율에도 영향을 주어 이자율변화를 통해서 총수요에 영향을 미친다.[1)]

그러나 통화주의 모형에서는 화폐의 교환방정식 $M \cdot V = P \cdot Q$에 의해 통화량 변화가 실질 *GDP*와 *P*에 직접 영향을 미친다. 또한 확대재정정책을 실시하여 이자율이 상승하면 화폐수요가 감소하고 이것은 유통속도를 증가시킨다. 따라서 $M \cdot V = Y$(명목 *GDP*, 즉 $P \cdot Q$)에서 *V*가 증가하여 결국, 명목 *GDP*에 대한 수요가 증가한다는 결과가 된다. 이때 불완전고용 하에서 유휴시설이 있으면 *Q*를 상승시킬 것이나 완전고용상태에 도달되어 실제 *GDP*에 가까우면 물가수준만 상승시킨다.

또한 유휴시설이 존재하여 *Q*를 상승시킨다 해도 통화량이 불변이고 정부지출만 증가시키면 이자율이 상승하고 이에 따라 민간투자가 감소하는 구축효과(crowding-out effect)가 나타나기 때문에 총수요는 크게 증가하지 않는다고 본다. 결국, 케인지안은 *G*와 *T*의 변화는 경기안정의 유효한 정책수단이라고 보는 반면, 통화주의자들은 재정정책이 통화량의 변화를 수반하지 않는다면 그 효과는 매우 미약하고 일시적이라고 본다.

1) 예를 들면 확대재정정책을 실시했다면, 총수요가 증가하여 실질 *GDP*와 *P*가 상승한다. *GDP*가 상승하면 화폐에 대한 거래적 수요가 증가하고, 이렇게 되면 주어진 통화공급량에 대한 화폐수요가 증가하여 이자율도 상승한다.

제 3 절 예상이 도입된 총수요 · 총공급곡선과 신생고전학파

1. 합리적 기대가설의 의의와 기본내용

1) 합리적 기대가설의 의의

1970년대 초에 합리적 기대론자(rational expectation theorist)가 등장하여 자유방임을 주장하는 '고전학파로의 복귀'를 제창하면서 오늘날의 거시경제학의 새로운 조류를 형성하게 되었다. 합리적 기대학파에 속하는 학자들은 루카스(R. Lucas), 사전트(T. Sargent), 왈라스(N. Wallace), 배로(R. Barro) 등이다. 이들은 그동안 통화주의(monetarism)의 영향을 받았지만 이로부터 벗어나 새로운 접근방법으로, 즉 합리성의 공준을 불확실성 하의 의사결정에 적용하여 실업과 인플레이션을 하나의 경기변동현상으로 파악할 수 있는 이론적 틀을 제시하였다.

합리적 기대론자들은 고전학파의 거시이론에 합리적 기대가설(rational expectation hypothesis)을 도입함으로써 실업과 인플레이션의 문제를 해명하려는 이론적 모형을 매우 정교하게 제시하고 있다. 그러나 그 이론적 모형에서 도출한 결론이 고전학파의 그것과 일맥상통하는 바가 많아 합리적 기대가설학파(합리적 기대가설을 믿은 일련의 경제학파들)를 현대고전학파(신생고전학파, New Classical)라고 부른다.

2) 합리적 기대가설의 가정 및 기본내용

기대가설에는 적응적 기대가설(adaptive expectation hypothesis)과 합리적 기대가설(rational expectation hypothesis)이 있다. 적응적 기대가설의 개념은 카간(P. Cagan)에 의해서 소개되었는데, 이것은 개별 경제주체들이 현재의 기대를 수정함에 있어서 과거의 예상오차에 대한 정보를 이용한다고 가정한다. 즉, 적응적 기대가설이란 과거의 경험에 입각하여 미래를 예상하며 새로운 경험을 할 때 과거의 경험에 입각한 예상을 서서히 수정 · 적응해 나간다는 것을 전제로 하고 있다. 따라서 개별 경제주체자들은 자신의 예상을 실제의 현실에 적응시키는데 어느 정도 시차를 갖는다는 것을 전제로 하고 있다. 예를 들면, 사람들이 인플레이션율에 적응하는 데에는 상당한 시간이 소요되며, 그 동안에는 실제 인플레이션율과 기대 인플레이션율간의 괴리가 있다는 것이다.

합리적 가설의 개념은 무스(J. Muth)에 의해서 소개된 것으로, 이것은 앞으로 예상을 할 때 과거의 정보는 물론이고 그 예상에 영향을 미치는 현재 및 미래의 정부정책 및 기타 여건 등을 이용 가능한 모든 정보를 효율적으로 활용하여 합리적으로 예측한다는 것이다. 즉, 합리적 기대가설은 풍부한 정보를 가지고 있어 자신의 예상을 시차없이 바로 현실에 적응시키고 또한 모든 정보를 가장 잘 효율적으로 이용한다는 것을 전제로 하고 있다.

합리적 기대가설은 다음과 같은 가정에서 출발한다.

① 경제주체들이 형성하는 기대는 합리적이다. 즉, 합리성의 가정이다. 개인들은 자신이 주어진 현재 및 미래의 정책변수, 관련변수 등 이용가능한 모든 정보를 가장 효율적으로 이용함으로써 기대를 형성하는데 있어서 계속적인 실수를 범하지 않는다.

② 임금과 물가가 완전신축성을 갖는다. 따라서 시장에서 불균형이 발생하면 가격조정이 신속히 이루어진다.

가격조정이 신속하게 이루어지기 때문에 생산물시장, 화폐시장, 노동시장, 증권시장 등의 각 시장에서 불균형이 발생하더라도 그것은 즉각적으로 제거된다. 즉, 연속적이고 신속한 시장균형 조정을 가정한다.

③ 노동의 공급은 예상 실질임금의 함수이다. 노동공급함수는 합리적 기대가설에 입각한 예상 실질임금의 함수라는 것이 합리적 기대가설의 견해이다. 또한 합리적 기대가설학파는 근로자들이 단기에도 물가예상을 평균적으로 정확하게 할 수 있다고 본다.

위의 가정에 입각하여 합리적 기대가설의 기본내용을 살펴보기로 하자. 우선, 합리성의 가정은 주어진 정보를 가장 잘 효과적으로 이용하여 예상하는데 실수하지 않는다는 것인데, 이를 가격예상에 적용하여 간단한 수식으로 나타내어 보면 다음과 같이 나타낼 수 있다. 즉,

$$\dot{P}_t^e = E(\dot{P}_t \mid \Omega_{t-1}) \quad \cdots\cdots (22 \cdot 3)$$

$\dot{P}_t^e$: t기에 있어서 예상인플레이션율
Ω_{t-1}: $t-1$기까지의 정보
$\dot{P}_t$: t기에 있어서 실제인플레인션율
E: 확율변수의 기대치[2)]

식 (22·3)은 t기에서의 예상 인플레이션율이 $(t-1)$기까지 얻었던 모든 정보(Ω)를 가지고 실제 인플레이션율에 대한 불편예측치(unbiased prediction)가 되면 그 예상을 합리적이라고 볼 수 있다는 것이다.

다음으로, 시장균형의 가정은 생산물, 통화, 노동, 증권시장 등 모든 시장에서 불균형이 발생되더라도 즉각적으로 청산(clear)된다는 것으로써, 이 가정에 따르면 노동시장에서 임금률에 의거 노동의 공급 및 수요의 균형이 조정되므로 경제는 항상 비자발적 실업이 없는 완전고용균형 하에 있게 된다. 그러나 자연실업률로 대표되는 자발적 실업은 존재할 수 있다.

고전학파의 거시이론체계에서는 사람들이 갖는 미래에 대한 기대(예측)가 확실하다고 보고 있으며, 따라서 완전 예견모형(perfect foresight)이다. 완전예견 하에서 임금을 포함한 가격의 신축성을 가정하므로 완전고용이 달성될 수 있고 완전고용에 대응하는 완전고용 *GDP*가 언제나 자동적으로 결정된다. 또한 고전학파 모형에서는 통화공급이 증가하여도 실물경제에는 아무런 영향을 미치지 못한다는 이른바 화폐의 중립성을 주장하고 있다. 이러한 고전학파의 주장은 현실경제에 비추어 볼 때 매우 비현실적이라고 할 수 있다. 그런데 합리적 기대가설을 주장하는 합리적 기대학파(또는 신고전학파) 경제학자들은 고전학파에서 가정되어 있는 완전예견의 가정 대신에 사람들이 미리 예견할 때 불확실하고 제한된 정보밖에 갖지 못한다는 불완전정보(limited information)의 가정을 도입하고 또한 고전학파의 가격의 신축성, 연속적인 시장균형을 이어받아 물가문제와 고용 및 실업문제를 해명하고자 하였다고 볼 수 있다.

2. 합리적 기대형성과 *AD*−*AS*곡선 및 그 정책효과

1) 합리적 기대 하의 총수요·총공급곡선과 그 균형

사람들은 일상생활에서 그들이 예상했던 것보다 다소 가격이 비싸거나 또는 싸다는 것을 경험하게 된다. 실제의 가격과 예상했던 가격이 서로 다를 때 '가격변화에 따른 충격'(price surprise)을 느끼게 된다. 개개 재화의 가격을 가중평균

---

2) 확률변수 X가 취할 수 있는 모든 값과 모든 확률값의 곱의 합계를 기대값이라 한다.
즉, $E(X)=\Sigma X \cdot f(X)=\dfrac{\Sigma X}{n}$

한 것이 물가수준(price level)이다. 그러므로 개개인의 가격변화에 따른 충격을 경험할 때 경제 전체는 '물가수준의 변화에 따른 충격'을 경험하게 된다. 각 재화의 가격이 소비자들이 예상했던 것보다 더 높아질 때 실제 물가수준은 예상했던 수준보다 높아지게 된다. 이때 사람들이 기대(또는 예상)하는 물가수준을 기대 물가수준(expected price level : P^e)이라 부른다. 따라서 예상밖의 물가의 변화에 따른 충격은 실제물가수준 P가 기대물가수준 P^e에 같지 않을 때 발생하게 된다.

사람들이 물가수준변화에 따른 충격을 측정하는 간단한 방법은 예상물가수준 P^e에 대한 실제물가수준 P의 비율, 즉 P/P^e로 나타낼 수 있다. 만약 $P/P^e=1$이라면, 사람들은 시장에서 형성되는 물가에 놀라지 않는다. 그러나 $P/P^e>1$이면, 예를 들어 $P/P^e=1.5$이라면 물가가 예상보다 5% 높아지게 된다. 이러한 차이가 클수록 사람들은 물가변화에 따른 놀라움이 클 것이다.

물가수준의 변화에 따른 충격은 수요 및 공급측면의 충격에 의하여 발생된다. 여기서 수요측면에서의 충격(demand shock)이란 예상치 못했던 재정·금융정책의 변화, 또는 민간소비 및 투자행위의 갑작스런 변화 등에 기인하여 발생하는 예상치 못한 총공급곡선의 이동을 말한다. 예를 들어, 통화공급의 실제증가율이 목표했던 범위를 초과한다면, 이때 총수요측면의 충격이 나타나게 되는데 이것은 예상치 못했던 통화·금융정책에서 결과되어진다. 이러한 예상치 못한 정책변화에서 결과되는 수요측면의 충격은 기습적 정책충격(policy surprise)이라고 한다.

공급측면의 충격(supply shock)은 예상하지 못했던 총공급곡선의 이동을 말한다. 예를 들어 1974년 OPEC의 석유가격이 예상 밖으로 4배 증가했는데 이것은 기습적인 물가변화의 충격을 초래하는 공급측면의 충격이다.

총수요·총공급 양 측면에 아무런 충격이 없는 한 경제에서, 확장적 재정·금융정책을 실시할 때 보는 경제주체(소비자 및 기업)들이 완전히 예상한다면 총수요·총공급의 어떤 변화도 완전히 예상된다. [그림 22-9]에서 확장적 재정·금융정책의 실시 이전의 AD, AS곡선이 교차하는 a점은 100이라는 물가수준에서 자연산출량 y_n을 생산하고 있음을 보여주고 있다. 만약, 확장적 통화정책의 실시로 통화량이 증가한다면, AD_0곡선은 AD_1로 이동할 것이고 원래의 공급곡선 AS_0와 교차하는 b점에서 균형이 이루어진다(케인지안의 견해). 그러나 정책변화에 대한 합리적 예상 때문에 소비자 및 기업은 통화량증가 만큼 물가가 상승할 것으로 예상하여 각각 임금 및 가격을 상승시키고자 한다. 이러한 임금 및 가격

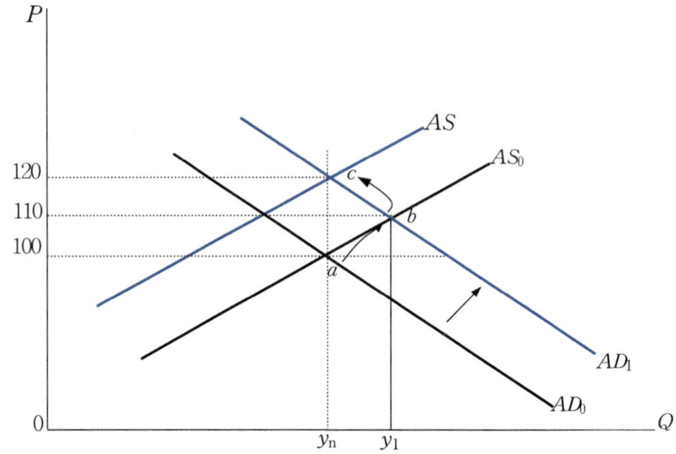

b : 예상치 못한 변화(케인지안의 견해)
c : 예상된 변화(신생고전학파 견해)

[그림 22-9] 안정적인 경제

상승은 AS_0곡선을 우상방으로 이동시킨다. 즉, 물가가 상승하리라는 예상은 총공급곡선을 AS_0에서 AS_1으로 감소시킨다. 이처럼 예상이 합리적으로 들어 맞으면 새로운 총공급곡선은 AS_1이 되고 점 *c*에서는 물가수준 120, 자연산출량 y_n이 된다.

이처럼 예상이 합리적이라면 수요 및 공급측면의 충격이 없으므로 가격변화에 따른 충격은 없게 된다. 정책변화가 예상된다면 실질 *GDP*의 변화는 없고 다만 물가수준만 변화(증·감)시킬 것이다. 즉, 예상하지 못했던 물가변화에 따른 충격에 관계없이 실질산출량(real GDP)은 자연산출량(natural output) 수준에 머물게 된다.

합리적 기대가설을 근거로 하는 신생고전학파 거시경제학(new classical macroeconomics)은 수요·공급측면의 충격이 경제생활에 있어서 불가피한 양상이라고 본다. 그러나 그러한 충격에 대한 합리적 예상이 들어 맞는다면 경제는 평온하고 안정적인 경제(tranquil economy)가 된다는 것이다. 한편, 케인지안들의 경우에서와 같이 정책변화가 예상되지 못한다면 새로운 균형점을 예상보다 더 높은 물가수준을 나타내 주는 *b*점에서 경제의 균형이 이루어진다. 이처럼 예상하지 못한 물가상승에 따른 충격이 발생할 때 그 경제는 총공급곡선을 보다 높은 산출량과 보다 높은 물가수준으로 이동한다.

2) 정책의 비효율성 공준

앞에서 살펴본 바와 같이, 기대가설에서 제시하는 거시경제정책은 케인즈이론과 큰 차이가 있다. 즉, 합리적 기대가설을 주장하는 경제학자들(신생고전학파)은 합리적 기대가설에 따라 예상이 합리적이어서 노동공급자들이 물가를 예상하는데 있어서 정책변화가 물가수준에 미치는 효과를 정확히 인식하므로, 즉 정책이 예상된다면 그 정책이 물가에 미치는 영향도 역시 예상된다고 보고 있다. 따라서 예측 가능한 총수요관리정책의 변화가 실질*GDP* 및 고용에 영향을 미치지 못한다고 믿는다. 다시 말해서, 산출량과 고용량 같은 실질변수들의 안정화는 총수요관리에 의해서 달성될 수 없다는 것이다.

합리적 기대학파 경제학자들은 정부의 재정・금융정책을 실업에 대해 일시적으로만 영향을 미칠 뿐 오히려 실업을 감소시키지 못한 채 인플레이션만 가속시킬 수도 있다는 것이다. 이때 인플레이션율이 가속될 것이라는 것을 노동공급자들이 예상한다면 실제 인플레이션율이 예상 인플레이션율과 같게 되므로 예상 인플레이션율에 근거를 두고 노동계약이 체결된다고 보기 때문에 노동시장의 균형은 교란되지 않을 것이다. 따라서 자연실업률이 달성될 것이다. 즉, 실업수준은 원래의 자연실업률 상태로 되돌아갈 것이라는 것이다. 그러므로 예측가능한 인플레이션율 하에서는 실업률이 변동하게 될 것이다. 또한 일단 인플레이션이 발생하여 사람들이 이것을 예상하기 시작하며, 실업을 유발하지 않고 인플레이션을 억제한다는 것이 비록 전혀 불가능한 것은 아니라도 매우 어렵게 된다. 따라서 장기적으로 실업과 인플레이션이 동시에 상승할 수도 있을 것이다.

이상에서 볼 때, 민간부문이 정책변동에 대해 예측가능하다면 정부정책은 고용량과 산출량에 아무런 영향도 가져오지 못한다. 즉, 단기 및 장기에 있어서 산출량과 고용량의 크기는 총수요를 변동시키는 체계적인 재정・금융정책에 의해 영향을 받지 않는다는 것이다. 이것을 합리적 기대학파 또는 신생고전학파에 의한 정책의 비효율성 공준(new classical policy ineffectiveness postulate)이라고 부른다.

3. 합리적 기대가설에 대한 평가

합리적 기대가설이 정보와 예상의 개념을 경제이론에 명확한 형태로 도입하여 정책형성이나 그 효과를 평가하는 데에 여러 가지 시사점을 제공하여 주었다. 또한 경제안정화 정책에 대한 새로운 견해를 제시하여 주었다는 점에서 경제현상의 분석에 기여하였다고 평가된다.[3]

그러나 이 가설에 대한 비판 역시 다각적으로 이루어져 있다. 특히 케인즈학파에 의한 비판이 만만치 않다. 일반적으로 합리적 기대가설에 대한 비판을 합리적 기대가설 자체에 있는 것이 아니라 정책무력성 명제(즉, 정책의 비효율성 공준)의 전제 및 효과가 현실성이 있는가의 문제에 그 초점이 모아지고 있다. 이러한 비판을 요약하면 다음과 같다.

우선 모든 경제주체들이 과연 모두 완전한 정보를 가지고 있으며 동일한 정보를 공유하고 있는가에 대한 비판이다. 특히 경제주체들, 예컨대 정부와 일반인들 모두가 동일한 정보를 공유하고 있다는 가정은 비현실적이라는 비판이다. 정부가 가지고 있는 정보와 일반인이 가지고 있는 정보는 그 양과 질에 있어서 상당히 다르다. 즉, 실제에 있어서 정부의 정보가 개인이 가지고 있는 정보보다 정확하고 그 양도 많다. 따라서 정부의 체계적인 정책수행에 있어서 개인과 정부의 정보의 차이로 인해 단기적인 안정화 정책의 효과가 발생할 수 있다는 것이다.

두번째로 가격의 완전신축성에 의해 모든 시장이 즉각적이고도 연속적으로 청산된다는 가정에 대한 비판이다. 만약 임금, 물가가 완전신축적이 아니라면, 즉 합리적 기대가설에 근거하는 경제모형에 임금 및 가격의 경직성을 도입할 경우 단기적으로 정책무력성의 명제는 비현실적이 된다. 그런데 현실적으로는 노동시장의 고용계약 등으로 인해 임금은 하방경직성을 갖게 되고, 많은 상품의 가격이 하방경직성을 가지며 또한 조정속도도 느리다는 것이다.

세 번째로 총수요관리정책이 단기적으로도 유효하지 않는가의 문제에 대한 비판이다. 즉, 단기적 안정화 정책의 무력성에 관한 것이다. 합리적 기대학파는 총수요관리정책이 단기에도 효과가 없다고 주장한다. 그러나 비판론자들은 합리적 기대학파가 주장하는 정책의 무력성 명제는 단기적으로는 적용할 수 없다고 한다. 특히 케인즈학파에 의하면 총수요관리정책은 안정화 정책으로서 유효하다는 것이다.

---

3) 합리적 기대론자들은 통화주의자들이 주장하는 경제안정화 정책에 있어 장기적으로는 무력하다는 장기 필립스곡선을 지지하는 한편, 앞에서 언급한 바와 같이 단기에 있어서도 경제안정화 정책이 무력하다는 것을 주장하였다.

합리적 기대이론

1970년대 등장한 합리적 기대이론은 케인즈 경제학에 일격을 가할 정도였다. 합리적 기대이론이란 가계나 기업 등 경제주체가 이용 가능한 모든 정보를 활용, 경제상황을 합리적으로 예측한다는 이론이다. 이에 따르면 정부의 금융·재정 정책은 아무런 효력을 발휘하지 못한다. 정부가 경기진작을 목표로 통화량을 늘리면 근로자는 합리적 기대를 바탕으로 향후 물가가 오를 것으로 예상하여 임금인상을 요구한다. 통화량이 늘어나 금리를 낮춰도 임금상승 때문에 경기부양 정책은 효력을 발휘하지 못하고 만다.

합리적 기대이론을 창안한 로버트 루카스 미국 시카고대 교수는 완전한 정보의 개념을 이용, 케인즈 학파에 일격을 가했고 후에 노벨 경제학상도 받았다. 그러나 그의 전 부인 리타는 합리적 기대를 실제로 응용하여 루카스에게 가운디 펀치를 날림으로써 유명해졌다. 두 사람은 1988년 이혼했다. 이때 리타는 이혼계약서에 "부인은 노벨상의 50%를 차지할 권리를 가진다"는 조항을 넣었다. 루카스 교수의 노벨상 수상 확률을 높게 판단한 것이다. 반면에 루카스 교수는 자신의 수상 가능성을 낮다고 판단하여 이 조항을 수용했다. 1995년 노벨 경제학상 수상 소식이 알려지자 정작 좋아한 사람은 당사자인 루카스 교수보다는 전 부인 리타였다. 노벨상 상금 1백만달러 중 절반인 50만 달러를 그녀가 차지하게 되었기 때문이다. 당대의 석학과 그 부인이 합리적 기대이론을 두고 벌인 한판 대결은 부인의 압승으로 끝났다.

→ 제4절 스태그플레이션에 대한 주요 학파별 정책대안

1. 고물가, 고실업의 딜레마: 스태그플레이션

1) 스태그플레이션의 의의와 원인

스태그플레이션(Stagflation)이란 불황 속에서 물가상승이 동시에 발생하고 있는 상태를 말한다. 스태그플레이션이란 용어가 처음으로 등장한 곳은 영국이다. 1965년 11월 하원 연설에서 당시 보수당 출신의 레인 맥레오드 재무장관은 "영국은 물가상승(Inflation)과 경기침체(Stagnation)의 이중고를 겪고 있다"며 "우리는 일종의 스태그플레이션 상황에 빠졌다"고 말한 것이 계기가 되었다.

1970년대 들어 실업률이 높아지는데도 불구하고 인플레이션율이 낮아지지 않거나 실업률이 불변인데도 불구하고 인플레이션이 높아지는 기이한 현상이 나타났다. 이와 같은 물가상승과 실업률의 증대 현상이 동시에 발생하는 현상, 즉 필립스곡선이 우상방으로 이동하는 현상을 보여 주었다. 이 같은 현상을 이른바 스태그플레이션(stagflation)이라고 부른다.

2) 스태그플레이션의 사례

1973년 중동전쟁으로 국제유가가 1년 새 4배가량 치솟자 물가상승으로 구매력이 떨어진 미국과 영국의 근로자들은 임금상승을 요구했다. 기업이 이를 수용하여 수익은 하락하고 투자여건이 약화되면서 경기침체 현상이 나타났다. 1979년 2차 석유파동에 의해 미국과 영국은 또다시 스태그플레이션을 겪었고 양국은 정부지출을 줄이고 시중 유동자금을 축소하는 강력한 긴축정책으로 불황에서 벗어날 수 있었다.

[그림 22-10]에서 보듯이, 미국 등 선진국에서 1960년대의 필립스곡선은 안정적인 우하향의 형태를 보여 주었다. 이러한 안정적인 우하향의 필립스곡선은 케인즈학파가 주장했던 재량적 안정화 정책에 당위성을 부여해 주었다. 왜냐하면 이 당시의 인플레이션은 수요견인 인플레이션으로 간주되었으므로 필립스곡선 상의 모든 점들은 정부의 재량정책, 특히 총수요관리정책을 통해 섬세하게 조종하면(fine-tunning) 낮은 인플레이션 하에서도 완전고용을 달성·유지할 수 있다고 보았다. 그러나 1970년대 들어와서 특히 1973년 석유파동을 계기로 60년대까지의 인플레이션과 실업간의 안정적인 역관계와는 매우 다른 상황으로 변하게 되었다. 경제가 침체(stagnation)하여 생산활동이 위축되고 실업률이 높아짐에도 불구하고 인플레이션이 계속되는 상태, 즉 필립스곡선이 우상방으로 이동하는 현상(스태그플레이션)을 보여 주었다. 이는 앞에서 설명한 비용상승 인플레이션과 관련이 있다.

1970년대 우리나라도 오일쇼크로 스태그플레이션을 겪었고, 최근 2008년 이후 저성장, 고물가, 경상수지악화 등으로 스태그플레이션 가능성을 우려하고 있다.

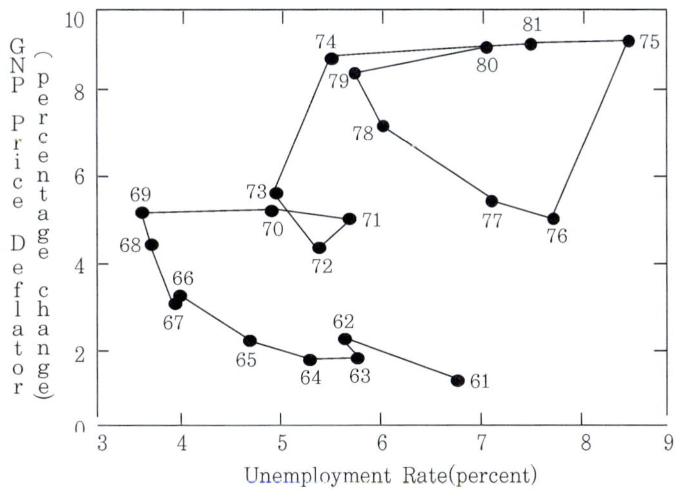

[그림 22-10] 미국경제의 Phillips곡선 이동(1961∼1981)

2. 스태그플레이션의 발생 원인

그러면 스태그플레이션의 원인은 무엇인가? 그 원인은 분명하게 밝혀지지는 않았으나, 1960년대에 있었던 과도한 재정확장으로 인해 1970년대에 인플레이션이 격화되었고 여기에 원유가격 및 임금인상과 인플레이션 심리가 예상인플레이션율을 높였기 때문에 한층 더 높은 인플레이션과 높은 실업률이 발생하였다고 지적되고 있다. 다시 말해서 스태그플레이션의 가장 대표적인 원인은 국제 원유가격 등 수입물가가 크게 올라 생산비가 급등하는 것이다. 생산비가 급등하면 기업들은 이익이 줄어들고, 손해를 보지 않으려고 제품값을 높이게 된다. 그리고 가격이 올라가면 소비자들은 수요를 줄이게 되어 결국 경기침체와 실업증가로 연결된다. 또한 물가가 계속 오를 것이라고 믿는 인플레이션 기대심리에 의해서도 일어난다. 물가가 상승할 것이라는 기대감 때문에 기업들은 제품가격을 계속 올리고 노동자들은 물가가 상승하는 만큼 임금인상을 요구하게 된다.

그 밖의 원인으로는 경기침체기에 군사비와 기업수당 등 소비적인 재정지출 확대, 노동조합의 압력으로 인한 명목임금 급상승, 기업의 관리비 상승으로 인한 가격상승 등을 들 수 있다. 이와 같은 상황에서는, 즉 인플레이션과 실업의 원인이 단순히 과다한 총수요만이 아닌 경우에는 재정·금융정책은 효과적인 안정화 정책수단이 될 수 없게 되었다.

3. 스태그플레이션에 대한 주요학파별 정책대안

1) 케인즈학파

케인즈학파는 70년대의 스태그플레이션현상은 석유가격 및 원자재가격 등의 상승, 그리고 임금인상과 같은 공급측면의 충격(supply shock)에 의해서 결과된 것이다라고 보고 생산성 향상 및 원가절감을 이루는 동시에 종래의 재정·금융정책과 같은 총수요관리정책을 통해 스태그플레이션을 극복할 수 있다고 본다.

필립스곡선과 총공급곡선은 표리의 관계에 있다. [그림 22-11]과 [그림 22-12]에서 볼 수 있듯이 총공급곡선이 이동하는 것은 필립스곡선 그 자체가 이동하는 것과 같다. 즉, AS_0에서 AS_1로 총공급곡선이 이동하고 균형점이 G'에서 J'로 이동하였다면, 필립스곡선도 SPC_0에서 SPC_1으로 이동하고 균형점은 G에서 J점으로 이동한 것과 같다. 그렇다면 AS_1에서 AS_0로 총공급곡선을 이동시키는 동시에 재정·금융정책을 실시하면 유효하다는 것이다. 즉, 생산성 향상을 통한 원가절감으로 총공급곡선을 오른쪽으로 이동시키는 동시에 확장적 재정·금융

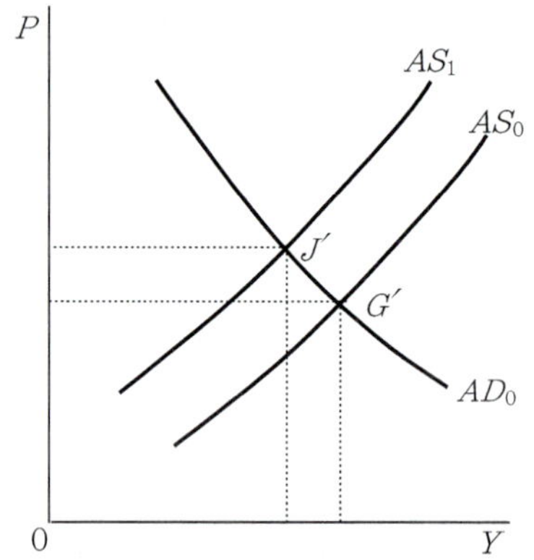

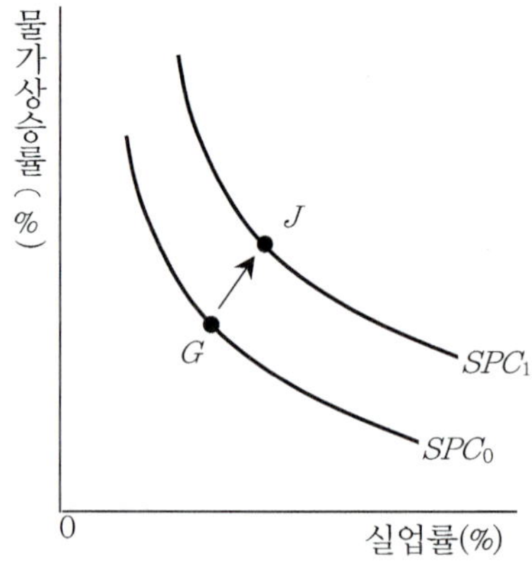

[그림 22-11] 필립스곡선과 총수요·총공급 곡선 [그림 22-12] 필립스곡선과 비용인상 인플레이션

정책을 실시하면 스태그플레이션을 해결할 수 있다고 본다. 이처럼 케인즈학파는 종래의 재정·금융정책과 같은 총수요관리정책이 여전히 필요하고 또한 유효하다고 주장한다.

2) 통화론자들의 견해: 자연실업률 가설

그러나 통화주의학파는 케인즈학파와는 달리 재량적인 총수요관리정책의 실시에 따른 수요견인 인플레이션이 경제주체들에게 인플레 심리를 안겨주어, 이로 인한 예상 인플레가 필립스곡선을 오른쪽으로 이동시켜 스태그플레이션이 발생된다고 본다. 필립스곡선은 단기에는 안정적이고 우하향인 듯이 보이지만 정책당국의 재량적 총수요관리정책으로 인플레와 실업률간의 역의 관계를 이용하고자 하면 필립스곡선 자체가 이동하여 재량정책이 성공하지 못하고, 장기적으로는 필립스곡선이 자연실업률수준에서 수직선이 된다. 따라서 재량적 총수요관리정책이 필요없다고 본다.

[그림 22-13]에서 SPC_0는 물가상승이 없다는 예상 하의($P^e=0\%$) 단기 필립스곡선이다. 현재 실업률이 4%이고 물가상승률은 0%이라고 가정하자. 이때 정부

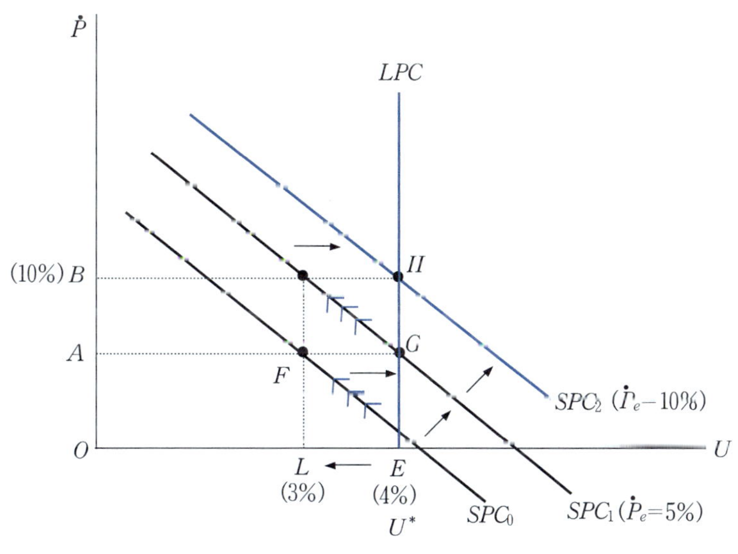

[그림 22-13] 장기필립스 곡선과 자연실업률

가 확장적 재정·금융정책을 실시하여 4%의 실업률을 3%로 감소시키고자 한다면, SPC_0곡선을 따라 올라가 물가상승률을 감수하면, 목적을 달성할 수 있다. 그래서 단기적 균형점은 E에서 L로 이동하였다. 그러나 만약 물가상승률 5%가 계속 지속될 것으로 예측된다면, 노동자들은 예상 인플레이션률을 5%로 받아들여 명목임금률도 같은 비율로 올려 달라고 할 것이고 그렇게 되면 실질임금률이 원래의 수준으로 증가할 것이다. 그러면 기업은 고용을 원래의 수준으로 감소시킬 것이다. 그리하여 필립스곡선은 SPC_1로 이동하게 되어, 결국 실업률이 원래의 4%(G점)로 되돌아 간다. SPC_1곡선은 물가상승률이 5%라는 예상하의 필립스곡선이다. 정부가 다시 실업률을 4%에서 3%로 감소시키고자 확장적 재정·금융정책을 실시한다면, 물가상승률이 10%로 상승할 경우 그 만큼의 물가상승 예상 하에 임금을 10% 상향 조정하고자 할 것이고, 이에 따라 고용수준은 원래 수준으로 되돌아 가고 필립스곡선은 SPC_2로 이동하게 된다. 결국 물가상승이 예상되는 상황 하에서는 장기적인 필립스곡선은 E, G, H의 수직선이 된다.

이상의 분석은 물가상승에 대한 '예상'(expectation)을 전제하고 있다. 즉, 내일의 물가수준예상은 과거의 물가수준 경험에 의하여 얻어지고, 또 과거의 재정·금융정책의 경험에 의하여 얻어진다는 과거적응 기대심리(adaptive expectation)에 의존한다. 그러므로 사람들이 예상 인플레이션과 실질 인플레이션에 대해서 완전 정보를 입수하는 한, 장기적으로 물가상승률과 실업률간의 역의 관계는 존재할 수 없다는 것이다.[4] 다시 말해서 사람들의 예상 인플레이션이 상승하면 필립스곡선은 예상 인플레이션율만큼 오른쪽으로 이동하여 궁극적으로 장기에는 실업률이 인플레이션율과 상관없이 자연실업률 수준으로 회귀하게 되어 필립스곡선은 수직선의 형태를 띠게 된다는 것이 통화론자들의 자연실업률이론의 요지다.

결국, 인플레이션율을 유발하면서 실업률을 감소시키려는 확장적 총수요관리정책은 비록 단기적으로는 유효하나, 장기적으로는 효과가 없다는 것을 나타내주고 있다. 그리고 실업률은 장기적으로는 OE수준(즉 4%)을 유지하게 될 것이다. 이러한 실업률, 즉 확장적 재정·금융정책에 관계없이 장기적으로 변하지 않는 실업률을 자연실업률(natural rate of unemployment)이라고 한다. 그리고 이때의 GDP를 자연 GDP(natural GDP)라고 한다.

자연실업률 가설은 물가상승에 대한 '예상'(expectation)을 전제로 하여 내일

4) 통화주의자들은 기대가설을 도입시켜 정책형성 및 효과에 대한 것을 이론적으로 보다 체계화시키고 있다.

의 물가수준 예상은 과거의 물가수준 경험에 의하여 얻어지고, 또 과거의 재정·금융정책의 경험에 의하여 얻어진다는 과거적응 기대심리(adaptive expectation)에 의존한다. 그러므로 사람들이 예상 인플레이션과 실질 인플레이션에 대해서 완전정보를 입수하는 장기에 있어서는 물가상승률과 실업률간의 역의 관계는 존재할 수 없다는 것이다. 또한 자연실업률이론은 정부가 확대정책을 남용하거나 공급측면에서 불리한 충격이 작용하면 우하향하는 단기 필립스곡선이 오른쪽으로 이동한다는 것을 보임으로써 스태그플레이션현상을 설명하고 있는데, 이는 정부의 안정화 정책 시행 여부와 관계없이 국민경제는 자연실업률 수준으로 회귀한다는 것을 밝힘으로써 단기의 재량적인 정책이 불필요하다는 고전학파 계통의 입장을 확인하고 있다.

3) 스태그플레이션대책에 관한 공급경제학의 정책대안

스태그플레이션이란 경제문제를 해결하기 위하여, 케인즈이론에 입각한 전통적인 재정·금융정책을 비롯하여 소득정책 등을 시행하여 보았지만 만족할 만한 성과를 거두지 못하였다. 이에 따라 스태그플레이션 문제의 원인을 규명하고 정책대안을 제시할 수 있는 새로운 경제이론을 갈구하게 되었다. 이러한 시대적 배경 하에 태동한 것이 공급경제학(supply-side economics, SSE)이다.

래퍼(A. Laffer), 펠트슈타인(M. Feldstein) 등 공급경제학자들에 의하면 공급경제학이란 개개인의 인센티브(incentive)에 관한 새로운 학문이라고 한다. 공급경제학은 세율의 변경을 통해서 노동과 저축을 보다 더 매력있게 유인하여 생산과 총공급을 증가시키고자 하는 것을 주요 내용으로 하고 있다. 다시 말해서 공급경제학은 상대가격, 총공급, 그리고 결과적으로 경제성장에 어떤 영향을 미치는가 하는 점을 분석의 초점으로 삼고 있다. 이러한 공급측 경제학의 주요 내용을 구분하여 정리하여 보면 다음과 같다.

첫째로, 세율의 변화는 상대적 가격의 변화를 초래하여 결과적으로 경제적 선택과 자원배분 및 기타 경제활동에 영향을 미친다. 특히, 세율의 변화가 노동과 자본을 공급하는 공급자의 동기(incentive)에 큰 영향을 미친다. 즉, 세율변화에 의한 상대가격의 변화는 ① 노동과 여가, ② 소비와 저축, ③ 시장행위와 비시장행위 사이의 선택에 큰 영향을 미치게 한다. 예컨대 세율의 감소는 여가를 노동으로 대체시키고, 소비를 저축으로 대체시킴으로써 총공급을 증대시키고 경제성장을 달성할 수 있게 한다. 결국 세율의 변화는 동기(incentive)유발을 가져온다는 점을 공급경제학자들은 강조하고 있다.

둘째로, 세율과 산출량과의 관계에서 초기 단계에는 세율을 증가시킴으로써 정부의 경제활동이 활발해지고 공공재의 생산이 증가하여 민간부문의 자본 및 노동의 생산성이 향상되나, 세율이 점점 증가하게 되면, 그에 따라 경제적 동기 유발에 나쁜 영향이 나타나 오히려 생산성이 하락하게 된다. 특히, 세율의 증가는 소비자의 가처분소득을 감소시켜 재화에 대한 소비를 감소시키고 나아가서 재화의 공급의 감소를 가져오게 하므로 경제성장에 나쁜 영향을 미친다.

셋째로, 세율의 변화와 경제적 동기, 산출물 및 공급 등과의 관계는 단기적인 측면보다 장기적인 측면에서 찾아 볼 수 있다. 그런데 분석기간이 길면 길수록 탄력성은 증가하는 경향이 있으므로 세율하락에 의한 감세정책의 기대효과는 기간이 길면 길수록 더욱 커진다고 볼 수 있다. 따라서 공급경제학에서 제시되고 있는 정책방향은 단기적인 경우(예컨대 경기변동 등)를 위한 것이라기보다는 장기적인 경우(예컨대 경제성장 등)를 위한 것이라고 할 수 있다. 즉, 장기적인 관점을 중시하고 있다.

이상의 세 가지 점을 주요 내용으로 하고 있는 공급경제학의 기본적인 목표는 총공급을 초과하는 총수요로부터 결과하는 인플레이션을 멈추게 하는 것이다. 인플레이션을 잡기 위한 총수요억제정책은 심각한 실업을 야기하기 때문에 공급측면에서 생산비를 하락시키고 생산단가를 하락시키는 방법을 취한다. 저렴한 가격과 생산성 향상은 실업과 인플레이션을 해결하면서 산출량을 더욱 자극하게 될 것이다. 공급경제학은 이러한 목적을 달성하기 위하여 다음과 같은 다섯 가지의 대안을 제시하고 있다. 즉, ① 가계저축을 장려하여 기업투자를 자극하기 위해 조세감면을 실시하고, ② 근로소득자에 대한 조세 수준 및 한계세율을 낮춰 여가 대신 노동에 전념케 하여 산출량을 증대시키며, ③ 기업저축을 장려하여 활발한 투자활동을 모색키 위해 가속상각 등을 통한 법인세 부담을 덜고, ④ 정부규제의 조항수를 줄이며, ⑤ 정부재정 적자지출을 줄인다.

이상 다섯 가지 정책대안은 모두 조세감면을 통한 생산성 향상과 직결되고 있다. 이러한 생산성 향상을 통해서 실업과 인플레이션문제를 해결하는 것이 바람직하다고 보는 것이 공급경제학자들의 주장이다.

요컨대 공급경제학자들은 스태그플레이션의 문제를 해결하기 위해서는 케인즈경제학에서 경시되었거나 무시되었던 공급측면을 중시해야 한다고 주장하며, 공급을 증가시키거나 공급측면에 충격을 주는 정책처방을 강구해야 한다고 주장한다.

※ 애그플레이션

애글플레이션(Agflation)이란 농업(Agriculture)과 인플레이션(Inflation)의 합성어로 농산물가격 급등에 따른 물가상승을 의미한다. 과거의 인플레이션은 국제유가의 가격에 영향을 받거나 경기 및 설비투자가 활발할 때 나타났으나, 최근에는 농산물의 공급부족도 인플레이션의 주요 원인으로 부각되고 있고, 특히 밀, 옥수수 등 기초적인 곡물가격의 급등이 전반적인 농산물가격 상승의 요인이 되고 있다.

- 애그플레이션의 원인

고유가와 지구온난화를 극복하기 위한 대체 에너지 개발이 전세계적인 주목을 받으며 차세대 연료로서 바이오 에탄올이 부상하여, 원료가 되는 옥수수 및 사탕수수, 밀 등의 재고가 빠르게 감소하여 농산물가격이 상승하였다.

한국 농촌경제연구원의 '세계 곡물 수급동향'에 따르면, 2008곡물년도(2007.9월~1008.8월)에는 세계 곡물 재고율이 15.2%에 머물 것으로 전망되었다. 이는 2007년 재고율(16.4%)은 물론 1972~1973년 세계곡물파동 때의 재고율 15.4%보다 낮은 수준이다. 게다가 중국과 인도 등 인구가 20억명이 넘는 두 국가의 경제발전으로 식품 소비량은 급증하는 반면, 농산물을 생산할 토지는 감소하는 추세이다. 중국의 경작면적은 도시화의 진행과 더불어 1996년 1억3,100만ha에서 2006년 1억3,010만ha로 7.6%(990만ha) 감소하였고, 미국은 1980년 이후 20여 년간 2.8%(96만ha) 감소하였다.

- 애그플레이션의 경제적 영향

애그플레이션의 주요 요인으로 분석되는 옥수수에 대한 수요 급증세의 영향으로 옥수수 생산지인 아이오와주 땅값이 2006년 한 해동안 36% 상승하였고, 곡물수출 2위국인 아르헨티나 옥수수 농장가격도 27% 상승하였다. 또한 미국의 경우, 식료품가격이 2007년 1~5월 중(6.7%) 전년 동기(2.1%) 대비 세배 이상 상승하였다. 지속적인 곡물가격 상승은 축산, 양계 농가 및 곡물을 원재료로 사용하는 음식료업체들에게 원가 상승요인으로 작용해 결과적으로 식품, 축산품 전반의 소비자 가격 상승을 초래할 우려가 있다. 실제로, 2006년 우리나라의 곡물자급도(쌀 제외)는 4.6%에 불과하고, 2007년 농축산물 무역적자가 110억 달러에 달할 만큼 농축산물의 대외의존도가 높다. 이 때문에 국제 곡물가격 상승은 곧바로 국내 각종 농축산물 가격상승으로 이어진다. 국내 소비자물가는 2007년 10월에 3.0%, 11월에 3.5% 등 가파른 상승세를 보였고, 2008년 초에는 각종 공공요금의 인상도 예상되어 인플레이션이 우려된 바 있다.

•관련인물• 경제학 혁명의 주인공, 케인스

존 메이나드 케인스
(John Maynard Keynes, 1883~1946)

학력
1904 : 케임브리지 대학교 (학사)
1908 : 케임브리지 대학교 (석사)

주요 경력
1906~1908 : 영국 인도청
1911~1945 : 『이코노믹 저널』 편집인
1915~1919 : 영국 재무부
1944 : 브레턴우즈 회의 영국 대표

주요 저서
1919 : 『평화의 경제적 귀결』
1923 : 『통화개혁론』
1926 : 『자유방임의 종언』
1930 : 『화폐론』
1936 : 『고용·이자 및 화폐의 일반이론』

1929년 9월 3일 미국 다우존스 지수가 사상 최고치를 기록했다. 정점을 찍은 주가는 10월 말 큰 폭으로 하락했고, 이후 바닥이 보이지 않는 추락이 계속됐다. 주식시장의 붕괴는 실물경제에까지 영향을 미쳤다. 1933년 미국의 산업생산은 1929에 비해 40% 넘게 감소했고, 1929년 약3%였던 실업률은 1933년 25%까지 치솟았다.

기존의 경제이론, 즉 고전학파 경제학은 "공급은 스스로 수요를 창조한다"는 세이의 법칙(Say's law)에 근거하고 있다. 세이의 법칙에 따르면 상품이 공급되면 그 가치만큼 소득이 창출되고, 이 소득이 수요로 이어지기 때문에 과잉생산은 일어날 수 없다. 일시적으로 초과공급이나 실업이 발생할 수 있지만 물가와 임금의 신속한 조정을 통해 불균형이 해소된다는 것이 고전학파 경제학의 가정이다.

대공황 같은 현상은 이런 공급중심의 경제이론으로는 설명하기가 어려웠고, 경제학은 위기에 빠지게 되었다. 이때 구세주처럼 등장한 이가 영국의 경제학자 케인스이다. 케인스는 1936년 출간한 『고용·이자 및 화폐의 일반이론』을 통해 총수요 부족이 경기침체의 원인이라고 주장했다. 물가나 임금이 고전학파 경제학의 가정처럼 신속히 변화하지 않기 때문에 총수요부족이 오래 지속될 수 있다는 것이 그의 주장이다. 생산물에 대한 총수요가 부족하면 재고가 쌓이고, 고용이 감소한다. 늘어난 실업자로 인해 소비가 감소하면 총수요가 더욱 감소하는 악순환이 발생한다. 그러므로 침체된 경기를 회복시키기 위해서는 재정정책 등 총수요를 증가시키려는 정부의 노력이 필요하다. 총수요가 국민소득을 결정한다는 케인스의 이론은 경제학계에 큰 반향을 불러왔다. 미국의 경제학자 로렌스 클라인(Lawrence Klein)은 케인스가 경제학에 가져온 변화를 케인스 혁명(Keynesian Revolution)이라 명명하기도 했다. 대공황에 빠졌던 서구의 국가들은 앞다퉈 케인스의 처방을 받아들였고, 1960년대까지 케인스 경제학은 막강한 영향력을 발휘했다.

케인스는 20세기 경제학자 중 현실에 가장 큰 영향을 미친 경제학자이지만 케임브리지대에서 그가 처음 공부한 학문은 수학이었다. 케임브리지대 경제학과 교수 마샬(Alfred Marshall)의 권유로 경제학을 공부하기 시작한 케인스는 얼마 지나지 않아 두각을 나타냈고, 1908년 케임브리지대 경제학 강사가 되었다. 제1차 세계대전 기간 중에는 영국 재무부에서 근무하였으나 패전국 독일에 대한 무리한 배상금 요구에 회의를 느껴 사임했다. 그는 너무나 보복적인 배상금 요구를 철회하지 않으면 또 전쟁이 일어난다고 예언했는데, 그 예언은 그대로 실현되었다. 이후 케인스는 연구와 문예 활동 등으로 분주한 세월을 보내면서 주식시장에 투자해 많은 돈을 벌었다. 그리고 제2차 세계대전 중에는 새로운 국제금융체제를 확립한 브레턴우즈(Bretton Woods) 협정에 영국 대표로 참여했다. 케인스는 종전 후 세상을 떠났지만 그의 경제학에 대한 발자취는 앞으로도 오래 기억될 것이다.

<작성자: 김훈민/KDI경제정보센터, 2011.10.04>

•관련인물• 화폐의 중요성을 강조한 160cm 거인, 프리드먼

밀턴 프리드먼
(Milton Friedman,1912-2006)

학력
- 1932 : 러트거스 대학교 (B.A.)
- 1933 : 시카고 대학교 (M.A.)
- 1946 : 컬럼비아 대학교 (Ph.D.)

주요 경력
- 1946~1977 : 시카고 대학교 경제학과 교수
- 1977~2006 : 스탠퍼드 대학교 후버연구소 선임연구위원

수상 경력
- 1951 : 존 베이츠 클라크 메달
- 1976 : 노벨경제학상
- 1988 : 자유의 메달
- 1988 : 국가과학상

주요 저서
- 1962 : 「자본주의와자유」
- 1963 : 「미국화폐사」
- 1980 : 「선택할자유」
- 1994 : 「화폐경제학」

"인플레이션은 언제 어디서나 화폐적 현상이다"(Inflation is always and everywhere a monetary phenomenon). 밀턴 프리드먼이 1969년 런던에서 개최된 윈콧 기념강연에서 남긴 말이다. 프리드먼은 인플레이션을 '상품에 비해 돈이 너무 많은 현상'(too much money chasing too few goods)으로 표현했다. 경제 전체의 생산량은 고정되어 있는데 화폐공급이 계속해서 늘어난다면 물가는 상승한다. 개인 입장에서는 돈이 많으면 많을수록 좋지만 경제 전체적으로 돈이 늘어나면 인플레이션이 발생하는 것이다.

프리드먼은 인플레이션이 화폐적 현상이란 명제를 일생 동안 거듭 강조했다. 교과서에서는 보통 인플레이션의 원인을 수요견인(demand-pull)과 비용인상(costpush)으로 나누어 설명하지만 이 둘은 단기적 원인이라 할 수 있다. 대부분의 경제학자들은 장기에 인플레이션을 발생시키는 원인은 화폐라는 데 동의하고 있다.

화폐의 중요성을 강조한 프리드먼의 이론은 통화주의 학파를 형성시켰으며, 각국 중앙은행의 통화정책 수립에 큰 영향을 미쳤다. 또한 프리드먼은 대표적인 자유주의 경제학자로서 미국의 각종 자유주의적 정책수립에도 크게 기여했다. 이때문에 영국의 경제주간지 이코노미스트(The Economist)는 그가 사망했을 때 '20세기 후반에 가장 큰 영향력을 발휘한 경제학자'라는 평을 내놓기도 했다.

하지만 그의 어린 시절은 그리 순탄치 않았다. 프리드먼의 부모는 동유럽 출신의 이민자다. 당시 많은 이민자들과 마찬가지로 그의 부모는 매우 가난했다. 설상가상으로 프리드먼이 고등학교 3학년이 되던 해에 아버지가 세상을 떠나고 말았다. 그는 장학금을 받기 위해 뉴저지주의 러트거스 대학교에 진학할 수밖에 없었다. 수학에 관심이 높았던 프리드먼은 재학 중에 보험계리사 시험에 도전하지만 낙방하고 만다.

낙방 후 경제학자로 진로를 굳힌 프리드먼은 1932년 경제학과 석사과정에 들어간다. 시카고 대학 강의실에서 이름순에 따라 그의 옆자리에 앉았던 여학생 로즈디렉터(Rose Director)는 몇 년 뒤 그의 부인이 되어 학문적 동반자로서 평생을 함께 했다.
1946년 컬럼비아 대학교에서 박사학위를 받은 프리드먼은 경제학과 교수로 시카고 대학에 돌아온다. 프리드먼은 이후 30년 가까이 시카고 대학에 재직하며 많은 연구성과를 남겼고, 1976년에 '소비분석, 통화의 역사 및 이론에서의 업적과 경기안정화 정책의 복잡성을 명쾌하게 제시한 공로'로 노벨경제학상을 수상한다.

프리드먼은 1966~84년 뉴스위크(Newsweek)지에 칼럼을 연재하고,'선택할 자유'(Free to Choose)란 TV 시리즈를 제작하는 등 대중에게 자신의 사상을 전파하는 활동도 게을리하지 않았다. 160cm의 단신으로 통화주의와 자유시장의 장점을 세계에 널리 알린 그는 앞으로도 위대한 경제학자로 기억될 것이다. <작성자: 김훈민/KDI 경제정보센터, 2011년 8월호>

제 23 장
장기에 있어서 경제변동: 경기순환과 경제성장

→ 제 1 절 경기변동의 유형과 경기순환국면

1. 경기순환과 경기순환의 유형

1) 경기순환

경기순환규모가 보여주는 주기적 순환운동을 경기순환(economic cycle) 또는 경기변동(business cycle)이라고 한다. 즉, 1년 이상의 기간에 어느 정도 규칙적으로 반복하는 파동을 가지고 소득, 생산, 고용 및 물가 등의 경제현상이 변화하는 것을 경기변동 또는 경기순환이라 한다. 다시 말해서 여러 가지 요인(전쟁, 기술진보, 인구증가, 사회관습의 변화 등) 등으로 인해 생산량, 고용, 물가 등의 중요한 경제지표들의 끊임없는 양적 · 질적 변화 내지 변동현상을 경기순환 또는 경기변동이라 할 수 있다.

경기의 순환은 물가수준 · 임금수준 · 고용 · 실업 · 국민소득수준 등에 관한 통계에서 명백하게 인식될 수 있는데 이것은 자본주의의 생성과 동시에 출현된 자본주의 경제의 질병이기도 하다. 그러나 경제학의 발전은 경제순환의 원인을 규명하고 나아가서 그 대책을 수립할 수 있게 함으로써 1930년대 또는 그 이전에 발생했던 것과 같은 큰 불경기나 공황현상은 사전에 방지될 수 있게 되었다.

2) 경기순환의 유형

경기순환은 순환주기의 길이에 따라서 주순환, 소순환, 장기순환 등으로 구분된다.

(1) 주순환

주순환(major cycles)은 9~10년 주기를 갖는 파동을 말하며, 이 파동의 정점에서 때때로 나타나는 공황현상이 경제에 심각한 타격을 주는 경우이다. 이 주순환은 프랑스 경제학자 주글라(Clement. Juglar)가 발견하였다고 해서 주글라파동(Juglar wave)이라고도 한다. 주글라는 프랑스의 은행대출, 이자율 변화, 물가 등의 시계열 자료를 분석하여 설비두사(equipment investment), 즉 고정투자(fixed investment)가 경기변동에 미치는 영향에 주목하였다. 따라서 주글라순환을 설비투자 순환이라고도 한다. 이 주순환은 경기순환 중에서 주요한 의의를 가지고 있으며 일반적으로 경기변동 또는 경기순환이라고 할 때 이 주순환을 말한다. 이 주순환은 경기변동의 주된 대상이 된다.

(2) 소순환

소순환은 평균 3~5년을 1주기로 하는 것인데, 이 순환을 주순환과 대비해서 소순환(minor cycles)이라 한다. 이것은 1923년 영국의 통계학자 키친(Joseph Kitchin)이 발견했다 하여 키친파동(Kitchin wave)이라고도 한다. 키친은 1890년~1922년 기간동안 미국과 영국의 어음교환액, 도매물가, 이자율 변화 등을 통계자료로 활용하여 이론적이고 이상적인 순환기로 40개월이라고 밝혀냈다. 이 소순환은 재고품의 순환과 일치하고 있어서 재고순환(inventory cycles)이라고 하는데, 단기의 파동은 주로 재고투자의 변동에 기인한다.

(3) 장기순환

장기파동은 콘드라티에프의 파동(Kondratiev's wave)이라 불리워진다. 이것은 러시아의 경제학자 콘드라티에프(Nikolai Kondratiev)의 연구성과에 대해 1939년 슘페터(Joseph Schumpeter)가 명명하였다. 그는 유럽제국과 미국의 1790년부터 1920년 사이의 물가지수와 이자율을 검토한 결과 50년 내지 60년을 주기로 하는 장기파동을 발견하였다.

제1의 장기파동은 1780~90년에서 1810~17년에 걸친 상승기와 1810~17년에서 1844~51년에 걸친 하강기로 이루어진다. 제2의 장기파동은 1844~51년에서 1870~75년에 걸친 상승기와 1870~75년에서 1890~96년에 걸친 하강기로 이루어진다. 제3의 장기파동은 1890~96년에서 1914~20년에 걸친 상승기와 1914~20년에서 1953년까지의 하강기로 성립된다. 1953년 이후는 제4의 장기파동의 상승기라고 할 수 있다.

이러한 파동의 원인에 대해, 슘페터는 기술진보, 혁신, 신자원이나 신영토의 발견 등이 그 원인이며, 제1 장기파동은 산업혁명, 제2 장기파동은 철도수송의 발달, 그리고 제3 장기파동은 자동차, 전력 및 중화학공업의 발달과 관계가 있다라고 보며, 1953년 이후의 제4 장기파동의 상승기에는 전자 · 원자력이 원동력이라고 본다.

2. 경기순환의 특징

경기순환은 다음과 같은 세 가지 특징을 가지고 있다.

1) 총체적 · 거시적 현상

경기순환은 총체적 · 거시적 현상이다. 이것은 특정 기업이나 산업에 있어서 야기된 변동만을 의미하는 것이 아니고 국민경제 전체, 즉 모든 산업에 있어서의 변동의 종합을 의미하며, 모든 경제조직에 영향을 미치는 전체적 · 포괄적인 변동을 뜻한다.

2) 순환적인 현상

경기변동은 순환적인(cyclicality) 현상이다. 이것은 전진변동(progressive change)과 같이 동일한 방향으로만 움직이는 것이 아니다. 상승 또는 하강과정을 규칙적으로 반복한다. 물론 경기순환의 주기는 반드시 일정하여 불변하게 고정된 것이 아니고 어떤 폭을 가지고 변화하는 것이다.

3) 자본주의 경제와 밀접성

경기순환은 자본주의 경제의 생성발전과 함께 나타나는 현상이다. 일반적으로 이와 같은 현상이 주기적으로 나타나는 것은 자본주의가 성립・발전한 이후의 일이다. 경기변동은 고도의 기술을 응용하여서 자본을 집약적으로 이용하고 근대적 대량생산을 영리주의 하에서 행하는 경제체제와 밀접한 관계가 있다.

그리고 경기순환의 특징은 농업부문보다는 상공업부문에서 더욱 현저히 나타난다. 이것은 경기순환이 근대적인 대량 생산조직과 밀접한 관련이 있음을 의미한다.

3. 경기순환의 4국면과 변동요인

1) 경기순환의 4국면

경기변동은 몇 개의 국면(phase) 또는 단계를 가지고 순환하는 것으로 파악하고 있다. 경기변동의 국면의 구분은 학자에 따라서 이분법, 삼분법, 사분법 등으로 나누어지지만 오늘날 가장 대표적인 구분법은 밋첼(W.C. Michell)의 사분법이다.

밋첼에 의하면 경기순환국면은 호황(prosperity)국면, 후퇴(recession)국면, 불황(depression)국면, 회복(recovery)국면 등으로 나누어지고, 경기후퇴국면이 급격한 경우 공황(crisis)국면이라고 한다.

[그림 23-1]에서 경기의 상승・하강의 기간, 진폭의 기준은 없다. 다만, 전체적인 경제활동에 있어서 절대적 상승・하강을 반영하는 것이다. 또한 A, B, C

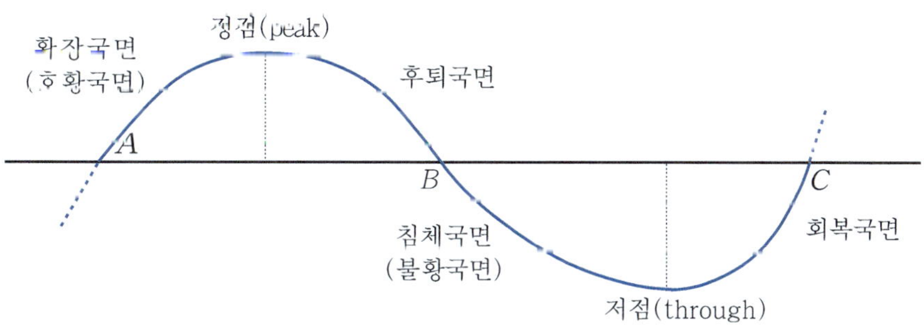

[그림 23-1] 경기순환의 4국면

점은 상승·하강이 없는 경우의 상태, 즉 균형상태이고 A에서 C까지가 하나의 순환(cycle)이다. 그리고 경기의 순환은 호황에서 경기후퇴로의 전환점과 불황에서 회복에로의 전환점에서 찾아볼 수 있는데, 호황에서 경기후퇴로의 전환점을 정점(peak)이라고 하고, 불황에서 회복에로의 전환점을 저점(through)이라 한다. 그러면 각 국면의 경제적 양상이 어떠한가를 알아보자.

(1) 호황국면(확장국면)

투자활동은 경제의 전 영역에 파급되고 투자가 투자를 불러일으켜서 유통량과 생산량을 증대시키고 국민소득을 증대시킨다. 투자의 증가는 처음에는 기계·철강·건축재료 등의 자본재의 생산을 증대시킨다.

그 다음에 소비재 생산부문에 중점이 옮겨간다. 드디어 물가가 상승하기 시작한다. 물가의 상승과 소득계층의 변동으로 수요구조가 변화한다. 단기소비재의 수요는 비교적 안정적인데 반하여 자동차·냉장고·텔레비전 세트 등 내구소비재와 사치품은 그 수요가 증대하여 가격이 상승하고, 또 경기상승에 따라 각 산업의 원료수요가 증대하여 수입이 증대한다. 이에 반해 수출은 물가상승으로 인하여 감소하고, 따라서 국제무역수지는 적자로 되는 경우가 많다.

(2) 후퇴국면

호황이 종국에 이르면 금융이 극히 곤란해지고 따라서 이자율이 폭등한다. 자금수요는 점점 더 증대하는데 반하여 대부자금은 결핍하여 소위 자본결핍의 현상이 나타난다.

이자율이 급등하면 주식시장에서 증권가격이 하락하고, 따라서 새로운 증권의 발행이 점차 어려워져서 산업금융의 자본이 핍박해진다. 은행은 사태가 좋지 못함을 알아차리고 대출을 중지하고 대출자금을 회수하려 한다. 따라서 신용공황(credit depression)이 발생한다. 호황이 급격히 다가온 때를 특수경기(boom)라고 한다. 그리고 호황국면의 최고정점에서 경기후퇴 국면이 나타나기까지 호황현상이 어떤 요인으로 상당한 기간에 걸쳐서 계속된 상태를 고원경기(plateau)라고 한다. 이러한 고원경기는 제2차 세계대전 후의 선진자본주의 경제에서 볼 수 있었던 현상이다. 그 이유는 세계대전 중에 억제되었던 소비수요가 풀려나가기 시작하였고 세계대전에서 파괴된 경제의 재건을 위한 대규모 투자가 오래도록 계속되었기 때문이다.

신용공황으로 인하여 금융시장이 붕괴되면 생산의 감소, 실업자의 증대, 소득의 감소, 기업의 파산, 물가의 폭락 등의 현상이 일어난다. 금융시장의 붕괴로 인하여 이와 같은 현상이 심각하게 나타나는 경우를 경제공황(economic depression)이라고 한다.

(3) 불황국면(침체국면)

산업활동이 위축되고 약체기업은 도태된다. 금리는 하락하고 장기투자는 위험하다고 생각된다. 산업활동의 부진과 함께 실업자가 증대한다. 금리가 하락함과 동시에 중앙은행의 재할인율도 인하되며 자본재의 생산은 최저수준으로 하락한다.

(4) 회복국면

경기회복의 최초의 징조는 금융시장에서 나타난다. 불황기에 저하된 금리는 기업가활동을 자극하여 화폐자본에 대한 수요를 증대시킨다. 금리가 하락하게 되면 증권가치가 상대적으로 높아지므로 증권투자가 성행하게 된다.

또한 불황이 기업 또는 산업의 합리화를 유도하여 기업과 산업의 체질이 개선되고, 불황 중에 억제되어 있던 수요가 풀리기 시작함에 따라 기업활동이 회복되기 시작한다. 따라서 유효수요가 증가하고 유휴설비가 가동되며 밀린 임금이 정리되고 생산이 증가하여 고용이 늘어난다. 기업은 활기를 찾게 되어 또 다시 고정설비에 대한 투자활동을 개시한다. 이에 따라 신용이 확장되고 금리・이윤・물가 등이 차츰 상승하게 되어 호황에 접어든다.

이상에서 설명된 경기순환의 4국면의 경제적 양상을 표로 요약하여 보면 〈표 23-1〉과 같이 나타낼 수 있다.

〈표 23-1〉 경기의 4국면

호황국면(확장국면)	· 전체적인 경제활동의 상승국면 · 투자증가, 소비증가, 고용 및 GDP 상승 · 증권가격 상승추세가 최고점에 도달 · 이윤상승, 물가 및 임금 상승
후퇴국면	· 전체적인 경제활동의 활기가 상실됨 · 판매감소 및 이윤감퇴, 이자율 상승 · 소비 및 투자의 감소, 고용 및 GDP 감소
불황국면(침체국면)	· 소비감소 및 재고증가 → 상품가격 하락 · 고용 및 GDP 크게 감소 · 투자 및 자본형성의 감소 · 기업이윤이 매우 감소, 심하면 도산이 속출
회복국면	· 평상 상태로의 회복 · 증권가격 상승세, 기업이윤회복이 상대적으로 빨라짐 · 기업의 투자의욕 왕성, 가격의 완만한 상승 기미

23-1 : 경기지표 읽는 방법

일반적으로 경기란 한 나라의 전반적인 경제활동 수준을 말한다. 한 나라의 경제가 돌아가는데 있어 소비, 투자, 수출이 늘거나 줄어서 기업 매출이 달라지면 생산도 같은 방향으로 변하는 관계가 있다. 통계청이 매월 발표하는 "산업활동동향" 자료에는 국내 경제활동을 나타내는 대표적인 지표들을 포함하고 있다. 생산지수는 매월 생산량을 조사해 생산수준을 가늠하기 위한 지표이다. 소비는 도소매판매액지수, 내수용소비재 출하지수 동향을 통해 측정하고 있다. 설비투자는 설비투자추계지표, 기계류내수출하지수, 기계류수입 동향으로 파악하고 있으며, 향후 설비투자를 예측하는 지표로서 기계수주 통계를 작성하고 있다. 건설투자동향은 건설시공실적을 금액으로 조사해 작성하는 건설기계통계를, 건설투자예측은 건설수주 통계를 활용하고 있다. 경기가 좋은지 나쁜지 쉽게 알기 위해서 증감률을 계산하는 것이 일반적이다.

흔히 사용하는 증감률로는 전년동월비 또는 전년동분기비가 있다. 이 비율은 전년 같은 달 또는 같은 분기에 비해 이 달 또는 현분기의 경기수준이 어느 정도 증감했는지를 나타내는 지표이다. 예를 들어 금년 4월의 생산증가율이 10.8%감소한 것은 지난해 4월 생산을 100이라고 가정한 경우 금년 4월 생산이 89.2라는 의미이다.

한편 통계청에서는 보조지표로서 전월비 증감률도 함께 발표하고 있다. 직전달에 비해 경기수준이 어떻게 변했는지 나타내는 지표이다. 이때 매월 경기지표가 계절요인 때문에 좋게 나타난 것인지, 실제 경기가 좋아진 것인지를 분간해야 한다. 예를 들어 아이스크림은 봄보다 여름에 잘 팔리게 마련인데 여름이기 때문에 잘 팔린 것인지, 예년보다 더 많이 팔린 것인지를 식별해야 한다. 일단 작성된 통계에서 계절요인을 제거하고 경기가 좋거나 나빠진 요인만을 추정해서 새로 만든 통계가 계절조정변동 통계이다. 전월비를 구할 때는 바로 이 계절변동조정 통계를 이용하고 있다. 전월비는 단기간의 경기변화를 볼 때 유용한 지표이다.

끝으로 경기종합지수는 이제까지 언급된 개별지표들과 수출입액, (신용장)내도액, 전력사용량, 노동투입량 등의 여러 지표를 종합해서 작성하고 있다. 이 가운데 경기동행종합지수는 현재의 경기상황을 나타내는 지표이다. 이 지표를 이용해서 경기가 올라가고 있는지, 내려가고 있는지 파도와 같은 모양으로 한눈에 볼 수 있게 만든 지표가 순환변동치이다. 이 지표가 전달보다 커지면 경기가 좋아진 의미로 해석된다. 6~7개월 후의 경기를 미리 나타내 주는 지표로서 경기선행 종합지수가 있다. 이 지수의 전년동월비 움직임은 마치 순환변동치와 같이 파동으로 나타난다. 전년동월비 크기가 전월보다 커질 경우(감소할 때는 감소폭이 줄어든 경우) 일정 시간이 지나면 경기가 좋아질 것이란 의미로 해석된다.

23-2 : 경기 논란

경기바닥 판단을 둘러싸고 자주 논란이 벌어진다. 경제가 어려울수록 정부나 국책연구소들은 경기지표가 저점을 통과하여 곧 상승세로 반전된다고 예측하는 반면, 일반 기업이나 가계는 경기의 개선을 체감할 수 없다고 주장한다. 지표경기와 체감경기의 차이는 두 경기를 구성하는 요소가 다르기 때문에 발생한다.

경기를 나타내는 대표적인 지표는 경기 종합지수이다. 이는 선행지수, 동행지수, 후행지수로 구분된다. 문자 그대로 이들은 각각 가까운 장래의 경기동향, 현재의 경기상태 그리고 경기변동을 사후에 확인하는 지수들이다. 동행지수에서 계절마다 반복되는 계절적인 요인과 일정한 추세를 띤 추세적인 요인을 제거하면 현재의 경기가 순환 상의 어디에 위치하고 있는지를 알려주는 경기동행종합지수 순환변동치가 나온다. 이 지표는 해당 월이나 분기의 국민생산활동의 순환적인 움직임을 가장 정확하게 보여주는 것으로 가장 좁은 의미의 경기지표이다.

우리가 흔히 말하는 체감경기는 수많은 경제지표 중에서 소비지출, 특히 내구재에 대한 소비지출, 설비투자에 대한 지출, 고용상태 변화 등에 크게 영향을 받는다. 소비자는 가계수입의 변화나 내구 소비재를 구매하는 여유 등을 보고 경기변화를 체감한다. 기업은 급격히 증감하는 주문이나 이로 인한 투자계획 변동과 인원조정의 필요성을 절실하게 느낄 때 경기변동을 체감한다.

체감경기와 지표경기가 차이가 나고 경기회복시에 체감경기가 지표경기보다 늦은 이유로는 첫째, 체감경기를 구성하는 요소들은 국민생산의 변동을 뒤따라가는 경기 후행적인 특성 때문이다. 내구재를 비롯한 소비지출은 경기지표 중에서도 대표적으로 후행지수에 속한다. 소비자는 경기가 완전히 회복된 뒤, 가계소득이 가까운 장래에도 감소하지 않을 것이라는 확신이 들 때 비로소 경기회복을 인정하면서 내구재를 구입한다는 것이다. 고용변화도 본질적으로 경기의 후행적 성격을 지니고 있다.

경기가 나빠지더라도 고용을 줄이는 결정을 가급적 자제하는 것이 기업의 생리이다. 경기가 어지간히 회복되지 않고서는 고용은 좀처럼 늘어나지 않는다는 말이다. 아궁이에 불을 지펴 방 아랫목이 따뜻해지기 시작해도 방안에 온기를 느끼려면 시간이 걸리는 것과 마찬가지다. 한국은행과 경제단체는 기업 일선의 경기상태를 좀 더 실감나게 알려주기 위해 기업경기 실사지수(Business Survey Index : BSI)를 조사, 발표하고 있다.

둘째, 경제위기로 인해 구조조정이 진행 중이고 실업이 급속히 증가하는 특수상황에서는 체감경기 회복이 보통 때보다 더 늦어진다. 그러한 국면에서는 경기지표만 보고 설비투자 증가계획을 세우는 기업은 드물다. 또한 실직한 가장이 있는 가계에서 경기지표가 회복조짐을 보인다는 보도만으로 내구재 소비를 늘릴리는 만무하다.

셋째, 통계치와 지표의 해석 차이 때문이다. 보통 지표경기의 회복세를 진단하는 경우 경기종합지수 순환변동치를 인용하는 경우는 드물다. 실제 상황보다 수개월 경과한 뒤에 이 지표가 집계되기 때문이다. 대부분의 경우 현재 경기를 추측한다. 따라서 단순한 오류가 발생할 수 있는 것이다. 더구나 경제 각 부문별 구조조정이 진행되는 상황에서는 각 지표가 과거와 유사한 패턴을 지속할 가능성도 적다. 또 많은 지표가 전년동기, 즉 동월이나 동분기와 비교한 증감률로 표현되기 때문에 지표의 수치가 현재 수준(level)보다는 동향의 방향이나 속도를 나타내기도 한다. 즉, "올랐다"가 아니라 "하강 속도가 감소하고 있다"는 식의 진단이 자칫 경기회복이라고 해석될 수도 있다. 이처럼 체감경기와 지표경기간의 괴리는 약간 존재할 수밖에 없다는 사실은 인정해야 한다.

2) 경기변동의 원인

경기변동이 어떠한 원인에 의하여 발생하고 있는가? 원래 이 현상을 어떠한 하나의 원인에 의하여 설명할 수는 결코 없다. 왜냐하면 그것은 몇 개의 원인에 의하여 일어나고 있기 때문이다. 그러나 어느 원인에 중점을 두는가에 따라서 여러 가지로 생각해 볼 수 있다. 경기변동의 원인에는 비경제적인 것과 경제적인 것이 있다고 주장하기도 한다. 비경제적 원인에는 전쟁, 발명, 기후에 의한 수확량의 변화, 기호의 변화 등이 있다. 경제적인 원인에는 경제체계 내부의 기구가 어떻게 경기변동을 생성시키는가에 초점을 두고, 어떤 경제적 요인들이 결합되어 경제활동의 극대와 극소, 회복과 후퇴가 반복적으로, 순환적으로, 지속적으로 나타나는가를 설명하고 있다.

대다수의 학자들은 이 두 가지 이론을 절충하는 경향이 있다. 이들은 경기변동을 설명하는 데 있어서, 투자재 또는 자본재 수요의 급격한 변동에 초점을 두고 있다. 투자의 급격한 변동을 가져오는 비경제 요인으로 흔히 ① 기술혁신, ② 인구성장 및 영토의 확장, ③ 경기기대(expectation)[또는 기업가의 '야성적 충동'(animal spirit)]의 변동 등을 중요시 한다. 이와 같은 비경제적 요인들은 투자수요의 초기변동을 가져오는 경제요인들과 결합하여 내생적 충격을 주어 순환적 반응을 나타내고 이를 더욱 더 증폭시킨다고 주장한다.

→ 제 2 절 경제성장의 개념과 성장요인

1. 경제성장의 중요성과 성장의 개념

1) 성장의 중요성

우리의 삶의 질에 있어서 여가시간, 작업장의 안전, 건강 그리고 쾌적한 환경 등 이러한 요소들이 국민소득에는 포함되지 않는다 해도 삶의 질과 관련된 식량, 주택, 의료지원, 교통, 교육시스템, 문화예술감상 등 많은 요인들이 GDP에 포함된다. 그러므로 1인당 GDP가 높아지면 사람들의 물질적 풍요를 증가시킬 수 있고 또한 물질적 풍요의 증가분 일부를 포기한다면 이것으로 가난한 사람들을 돕는다든지, 환경을 쾌적하게 하는 등과 같은 중요한 사회적 목표를 달성할 수도 있다. 따라서 GDP로 측정되는 경제성장에 선진국을 포함한 많은 국가들이 관심을 보이고 있고 GDP 성장을 위해 노력하고 있다.

2) 성장의 개념

[그림 23-2]에서와 같이 국민소득규모가 증대하는 경우, 국민소득은 몇 개의 경기순환을 포함하여 추세적으로 볼 때, 그 규모가 증대하는 경우가 있다. 이처럼 실질 GDP의 시간에 따른 추세적인 증가를 경제성장이라 한다. 여기서 실질 GDP(output)의 증가는 생산요소(inputs)의 증대 및 기술진보 등에 의해 이루어진다. 다시 말해서, 인구증가, 자본축적, 기술진보 등에 의한 생산량의 증대 추세를 경제성장이라 한다.

쿠즈네츠(S. Kuznets)에 의하면, 근대적 경제성장이란 인구 일인당 또는 노동자 일인당 생산량(산출량)의 지속적 · 규칙적 · 급속한 증가를 의미한다. 즉, 단위당 투입물로부터 얻은 산출량의 증가(생산능률의 증가)를 경제성장이라 한다.

[그림 23-2]에서 t_0시점의 실질 GDP 규모 Y_0의 결정을 논하는 것이 앞의 제16장에서 다룬 국민소득결정이론이다. 그리고 성장추세선을 중심으로 상승과 하강을 반복하는 경기순환을 논하는 것이 앞의 제1, 2절에서 다룬 경기변동론이다. 그리고 경기순환과정에서 실질 GDP의 추세적인 증가 및 그 요인을 다루는 것이 경제성장이론이다.

한편 경제성장과 경제발전은 같은 의미를 갖는 것으로 흔히 사용하나, 구별해서 사용해야 한다. 경제성장이란 GDP 또는 소득의 증가를 의미하고, 경제발전이라 하면 GDP의 증가와 동시에 GDP의 성장에 필요한 사회제도의 변화도 포함

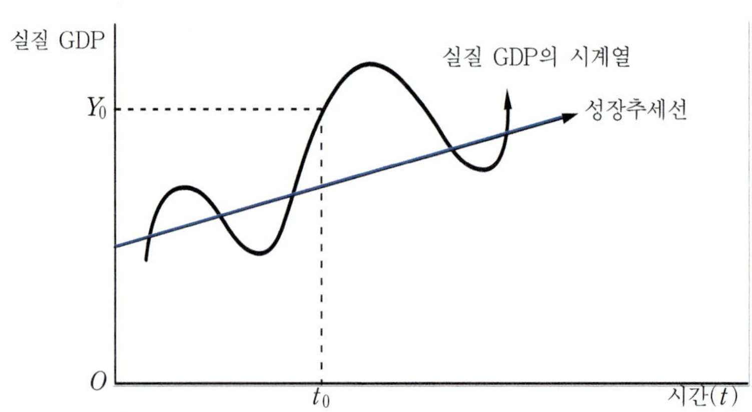

[그림 23-2] 실질 GDP의 시계열 형태

된다. 경제성장은 산출량의 증가를 의미하므로, 그것에 필요한 투입요소의 증가와 투입요소의 효율적 사용 또는 기술개발 등이 성장요인들로 취급된다. 한편, 경제발전은 이러한 성장요인들 외에도 산업구조의 변화와 그에 따르는 사회제도의 변화까지도 포함한 것이다. 예를 들어 설명하자면, 경제성장이란 1인당 GDP의 증가율과 거기에 따르는 자본축적, 기술인력의 양성, 그리고 기술변화 등을 의미한다. 경제발전이라고 하면 자본축적, 기술인력양성, 기술변화 외에 공업부문의 상대적 확대에 따르는 인구이동, 도시의 상대적 확대, 핵가족의 증가, 교육제도의 확대, 무역부문의 확대와 그에 따르는 여러 가지 변화 등 많은 사회제도적인 변화까지도 포함한다.

이상의 관점에서 볼 때 경제성장 이론은 주로 생산요소의 증가 및 기술진보 등의 경제적 변화에 의한 총산출량(aggregate output)의 증대에 초점을 두고 그것이 증대될 수 있는 방법(how)과 조건(condition)이 무엇인가를 다룬다면, 경제발전이론은 경제성장 원인을 경제적인 요인들(생산요소공급의 증가 및 기술진보 등) 뿐만 아니라 사회·문화·정치 및 심리적인 요인 등 경제외적 요인까지 취급함으로써 경제의 여러 가지 부문에서의 질적 변화를 다룬다.

한편 경제발전이 내포하고 있는 사회제도적인 변화를 측정하여 한 지표로 나타내기는 어려운 일이다. 따라서 대부분의 경우에는 경제성장은 1인당 소득의 증가를 의미하고, 경제발전의 상태는 소득수준에 의해 측정된다. 즉, 경제성장은 1인당 소득의 증가율을 의미하고, 경제발전의 수준은 1인당 소득수준으로 측정한다.

» 읽을거리 « 경제성장률 VS 잠재성장률

- 경제성장률 : 한 나라의 GDP규모가 일정기간(보통 1년)에 얼마나 증가하였는지를 말한다. 예컨대 2011년 GDP가 \$100억이고 2012년에 \$110억이었다면 2012년 경제성장률은 10% $\left(\frac{110-100}{100}\right)$로 GDP가 2011년보다 2012년에 10% 증가하였다는 뜻이다.
- 잠재성장률 : 물가상승을 유발하지 않는 선에서 생산자원을 최대한 효율적으로 이용할 수 있을 때 달성가능한 성장률을 말한다. 즉, 한 나라 경제가 유효자원을 최대한 활용하여 안정적으로 도달할 수 있는 중장기 성장수준을 말한다.
- 잠재성장률은 '미래 성장수준'을 의미하며 경제성장률이 잠재성장률보다 높아지면(경제성장률 > 잠재성장률) 물가상승 등의 부작용이 나타난다. 따라서 경제성장은 한 나라의 경제가 감당할 수 있을 정도로 성장하는 것이 바람직하다고 볼 수 있다.
- 우리나라의 실제성장률과 잠재성장률의 추이와 전세계 잠재성장률 전망

* 한국의 잠재성장률이 떨어지는 이유 : ① 노동인구 공급 둔화, ② 근로시간 감소 ③ 설비투자 부진

특히 저출산과 고령화로 생산가능인구가 급격히 감소하면서 잠재성장률 하락속도가 빨라질 것으로 예상됨.

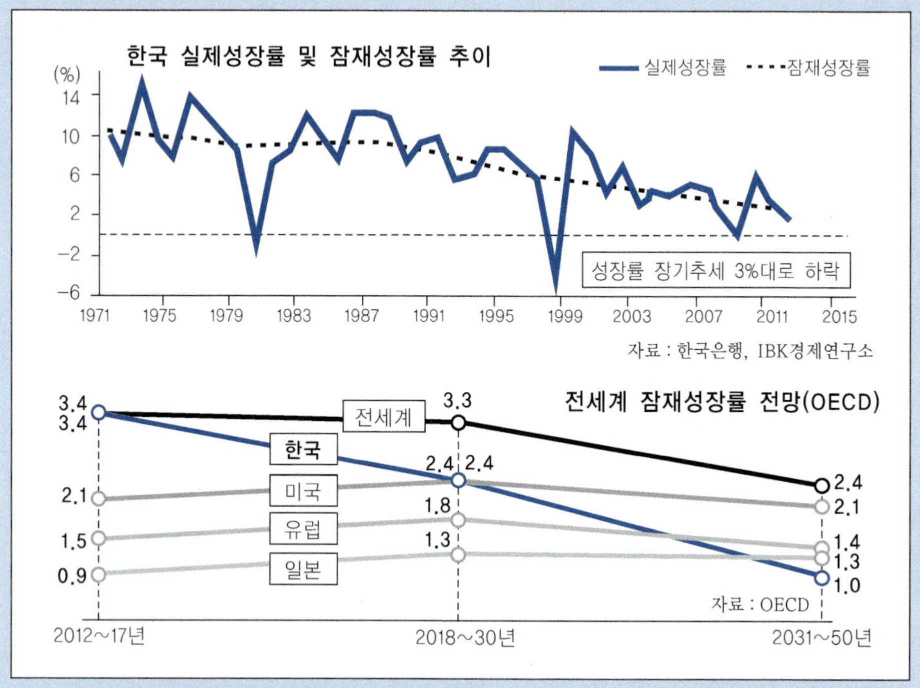

<자료: 동아일보, 2013년 1월7일자. 88면>

2. 경제성장의 기본요소와 상대적 중요성

1) 성장의 기본요소

경제성장(economic growth)이란 여러 가지로 정의될 수 있겠지만 쿠즈네츠(S. Kuznets)에 의하면 한 나라의 경제성장은 1인당 국민소득의 지속적인 성장을 내포하며 대개는 인구의 증가와 사회적 · 경제적 제도의 변화를 의미하는 큰 구조적 변화를 수반한다는 것이다. 그리고 소득의 증대, 즉 생산능력의 증대는 이에 필요한 기술의 끊임없는 진보와 아울러 그에 부응하는 사회의 행태적 및 제도적인 변화에 바탕을 두는 것이라고 했다.

이와 같이 경제성장은 국민경제의 생산력 증대를 의미하고 생산능력 증대는

기술진보, 그리고 국민의 태도나 사회적·제도적 변화를 수반하면서 실현되어 진다고 볼 수 있다. 따라서 경제성장의 요인은 여러 가지 측면에서 고찰해 보아야 할 것이다. 그러나 국가에 따라서, 또한 시대에 따라서 여러 가지 서로 다른 요인들이 제시될 수 있고 그 상대적 중요성에 있어서도 차이가 있을 수 있다. 그러나 오늘날 일반적으로 모든 국가에 공통적으로 인정되고 있는 경제성장의 기본요인으로 제시되고 있는 4대 요소는 인적 자원(노동력), 물적 자원(자원설비), 자연자원(토지 및 광물자원), 그리고 기술(과학기술 및 경영관리기술) 등이라 할 수 있다. 이들 4대 요소는 이른바 '성장의 엔진'(engine of growth)을 싣고 수레가 굴러갈 수 있게 하는 4개의 바퀴에 비유되기도 한다.

〈표 23-2〉 경제성장(발전)의 4바퀴

경제성장요인	예
① 인적자원	노동력의 크기 노동자의 질(교육, 숙련도, 훈련)
② 자연자원	석유와 가스 토양과 기후
③ 자본형성	장비와 공장 총체적인 사회자본
④ 기술 및 기업가정신	과학의 질과 기술에 대한 지식, 연구개발투자 경영노하우 혁신의 보상

2) 4대 요소의 상대적 중요성

성장의 기본요소인 노동, 자본 및 기술 중 어느 것이 경제성장에 있어서 보다 더 중요한 역할을 하느냐는 스미스(A. Smith) 이후 많은 경제학자들에 의해 논의의 대상이 되어 온 문제이다. 그런데 그 상대적 중요성은 시대에 따라서 또는 요소조건의 변화에 따라 다르게 평가되어질 수 있다. 예를 들면 스미스, 맬더스 등 고전파 경제학자들이 활동하던 18세기에는 자본이나 기술이 거의 사용되지 않았고 인구에 비하여 토지나 자원이 풍부했던 시대라 할 수 있다. 이런 시대에는 경제성장에 노동이 결정적인 역할을 하였을 것이다. 고전파 경제학자들에 의해 제시된 노동을 토대로 한 경제성장론이라든지 생산물의 양과 가치가 노동에 의해 결정된다고 하는 노동가치설 등은 그러한 시대적 상황을 배경으로 하고 있다. 따라서 그 이론들은 당시의 시대적 상황에서는 타당성을 갖는 것으로 인정되었을 것이다. 그러나 노동 이외의 생산요소의 중요성이 크거나 토지 및 자원 등의 요소가 빈곤한 경우에는 노동만이 생산에 있어서 중요한 요인이라고 하는 것은 그 타당성을 갖지 못할 것이다.

오늘날 많은 선진국에서 경험한 바와 같이 인구의 규모가 거의 일정한 수준으로 있으며 생산구조는 토지와 관련되는 1차 산업보다는 자본 및 기술이 중요시 되는 2차 및 3차 산업이 중심이 되는 경우에는 인구나 토지가 그렇게 중요한 성장요소는 아닌 것으로 간주하게 되었다.

이에 따라 성장이론도 고전파의 경우처럼 노동-토지의 관계에 관심을 두기보다는 자본-노동의 관계 또는 기술이 체화된 자본축적-노동의 관계에 관심을 두게 되었다. 그러한 예로서 솔로우(R.M. Solow)의 성장모형은 자본축적을 성장의 결정요인으로 간주한다. 또한 일본의 下村 治(시모무레 하끼메)에 의하면 전후 일본의 고도성장은 자본축적과 이에 따른 설비투자 때문이라고 하였는데, 이처럼 경제성장의 중요한 요인을 자본축적으로 보고 있다. 그런데 기술은 자본설비나 장비라는 일종의 캡슐에 담겨있는 경우가 많으므로 기술진보를 자본축적과 기술변화와 엄밀히 구분하기는 어렵다. 그렇지만 지속적인 기술혁신과 기술진보가 그동안 선진국의 경제성장과정에서 자본보다도 더욱 더 중요한 역할을 했다는 것이 사무엘슨(P.A. Samuelson), 솔로우, 데니슨(E.F. Denison) 등에 의해 밝혀졌다. 이처럼 선진국의 예에서 볼 때는 경제성장의 중요한 요인은 기술이라고 볼 수 있다.

•관련인물• 사이먼 쿠즈네츠(Simon Kuznets)

Simon Kuznets
(1901~1985)

현대사회에서 국민소득 통계는 필수불가결하다 해도 과언이 아니다. 산출량을 시장가격으로 평가하는 현재의 체계는 삶의 질을 제대로 나타내지 못하는 한계가 있다는 비판도 받고 있지만 경제적 성과를 측정하는데 있어 GDP 혹은 GNP는 객관적 지표란 측면에서 큰 의미를 가진다. 국민소득 통계가 이처럼 중요한 역할을 담당하고 있기 때문에 사람들은 그 역사가 매우 오래됐을 것이라고 생각하기 쉽지만 미국의 경우 1930년대 대공황 전까지는 제대로 된 국민소득 통계를 내지 못했다. 미국의 후버(Herbert Hoover) 대통령은 대공황에 적절히 대처하지 못했다는 평가를 받고 있는데, 국민소득에 대한 충분한 정보가 후버에게 없었기 때문이라며 그를 옹호하는 이들도 있다.

국민소득 통계에 대한 아이디어는 제1차 세계대전 이후 미국에서 싹텄다. 대공황 시절인 1932년 미국 상무부(United States Department of Commerce)는 상원의 요청으로 국민소득 측정방법 개발에 착수했지만 내부에서는 이러한 업무를 맡을 사람을 찾아내지 못했다. 당시에 상무부가 적임자로 선택한 외부인사는 바로 러시아 출신의 쿠즈네츠였다.

1901년 러시아에서 출생한 쿠즈네츠는 볼셰비키 집권시절 어린 나이에 우크라이나 지방 통계국 국장에 올랐으나 1922년 미국으로 이주해 컬럼비아 대학에 입학했고 학사학위를 받은 후 곧 박사과정에 들었다. 쿠즈네츠의 지도교수는 경기변동에 관한 연구로 널리 알려진 경제학자 미첼(Wesley Clair Mitchell)이었는데, 그는 전미경제조사국(National Bureau of Economic Research, NBER) 설립에 주도적으로 참여한 인물이다. 미첼의 권유로 전미경제조사국 연구원으로 일하던 쿠즈네츠는 국민소득 추계 의뢰를 받았다. 그는 일련의 연구를 통해 국민소득을 개념화하고 국민소득 구성요소들의 측정방법을 제시했으며, 이로써 미국정부는 대공황 이후 GNP를 공식으로 측정할 수 있게 됐다.

전미경제조사국에서 근무하면서 펜실베니아 대학과 존스 홉킨스 대학에서 교수직을 겸했던 쿠즈네츠는 1960년 하버드대학 교수가 됐다. 은퇴할 때까지 연구활동에 전념한 쿠즈네츠는 경제성장이론 발전에도 크게 기여했고 1971년에는 노벨경제학상을 수상했다.

<작성자: 김훈민/KDI 경제정보센터, 2011.6.30>

•관련인물• 솔로, 경제성장의 학문적 기초를 닦다

로버트 솔로
(Robert Slolw,1924~)

학력
- ·1947 : 하버드 대학교(B.A.)
- ·1949 : 하버드 대학교(M.A.)
- ·1951 : 하버드 대학교(Ph.D.)

주요 경력
- ·1950~현재 : MIT 경제학과 교수
- ·1961~1962 : 美경제자문단위원회 수석 이코노미스트

수상 경력
- ·1961 : 존 베이츠 클라크 메달
- ·1987 : 노벨경제학상
- ·1999 : 국가과학상

경제성장모형이란 경제성장의 과정을 단순화시켜 나타내는 이론적 모형을 말한다. 경제성장을 연구하는 경제학자들은 성장모형을 통해 경제성장의 요인을 밝혀내려고 노력한다. 지금까지 많은 성장모형들이 등장했는데, 가장 기초이자 출발점이 되는 것은 MIT(매사추세츠공과대학교) 경제학과 교수 로버트 솔로가 고안한 '솔로모형'(Solow growth model)이다. 이후 등장한 대부분의 성장모형들은 솔로모형을 확장하고 개선하는 형태다. 솔로는 1987년에 노벨경제학상을 수상했는데, 수상위원회가 밝힌 그의 수상 이유는 아주 짤막했다. '경제성장이론에 기여한 공로.'

솔로는 1924년 뉴욕 브루클린의 유대인집안에서 태어났다. 그가 10대였던 1930년대는 대공황의 시기였다. 이 시기에 성장한 경제학자들은 대공황이 경제학을 공부하게 된 계기가 됐다고 말하는 경우가 많다. 솔로 역시 예외는 아니다. 대공황을 통해 경제의 성장과정에 관심을 가지게 된 그는 1940년 하버드대학에 입학해 경제학을 전공했다. 그의 지도교수는 1973년 노벨경제학상 수상자인 레온티예프(Wassily Leontief)였다. 훗날 솔로는 레온티예프와의 만남이 인생의 전환점이었으며, 그가 자신을 경제학자로 만들었다고 말했다.

대학을 졸업하기 직전인 1950년에 MIT교수가 된 솔로는 그곳에서 다른 교수들과 함께 많은 연구들을 수행했다. 당대 최고의 경제학자로 인정받고 있던 사무엘슨(Paul Samuelson) 교수의 연구실이 솔로 연구실 근처였다는 것은 그에게 행운이었다. 솔로는 사무엘슨과 학문적 교류를 주고받으면서 그와 함께 많은 이론들을 만들어냈다. 1950년대부터 본격적으로 경제성장이론 연구에 매

달린 솔로는 솔로모형을 만들어내 그의 이름을 널리 알리게 된다.

솔로모형 이전의 모형들은 역사적으로 나타난 경제성장의 특징(경제성장의 정형화된 사실)들을 잘 설명하지 못했지만, 솔로는 해로드(Roy F. Harrod)와 도마(Evsey Domar)의 이론을 보완・발전시켜 이를 만족스럽게 설명해냈다. 솔로모형에서 생산요소는 자본과 노동이다. 이 요소들을 결합하고 활용하는 방법은 생산기술(technology)에 해당한다. 솔로모형에서 산출량이 증가하려면, 즉 경제가 성장하려면 자본과 노동의 양이 증가하거나 생산기술이 향상돼야 한다. 그런데 산출량이 증가해도 인구가 더 빠른 속도로 증가하면 아무 소용이 없으므로 중요한 것은 1인당 산출량의 증가다. 장기에 1인당 산출량이 증가하려면 기술이 진보해야 하는데, 이는 기술의 중요성을 의미한다. 솔로모형은 시장경제가 완전고용을 이루면서 지속적인 균형성장을 할 수 있다는 것을 이론적으로 증명했다는 의의도 있다.

물론 그의 모형에도 한계점은 있다. 솔로모형은 각 국가간의 경제성장률 격차가 시간이 흐를수록 줄어든다는 수렴현상을 예측했지만 현실에서는 그렇지 않은 경우가 더 많다는 점이다. 솔로모형의 한계를 극복하기 위한 노력은 현재진행형이다.

<작성자: 김훈민/KDI 경제정보센터, 2011.6.30>

3. 경제성장의 제약요인

각국이 지속적인 성장을 하는 데 있어 다음과 같은 제약요인들이 나타나고 있다.

1) 공해와 기후변화

오늘날 세계 각국들이 급속한 산업화・공업화를 추진하여, 성장정책을 추구하다 보니 자연히 자원이 파괴되고 자원의 형태가 변하기도 한다. 복지사회를 이룩한다는 명분 하에 환경이 생태학적으로 파괴되는 위험을 감수하면서 지속적인 성장을 추구하고 있다. 그런데 사회복지는 실질GDP의 성장만으로 달성되는 것이 아니라 대기오염・수질오염・교통난・소음산업재해・자연의 파괴 등의 문제가 해결되어야 비로소 달성될 수 있다. 이러한 의미에서 공해문제가 미래의 경제성장을 제약하는 요인으로 작용하게 될 것이다.

한편, 경제성장을 위해 사용되고 있는 에너지, 특히 석탄과 석유 등 화석연료의 사용은 대기에 이산화탄소 등 온실가스(greenhouse gas)의 배출과 축적을 통해 지구의 기후를 변화시키고 있다. 따라서 지구온난화에 따른 기후변화 문제를 해결하기 위한 방편으로 온실가스를 배출하는 화석연료의 사용 억제가 경제성장의 장애요소로 대두되고 있다. 이에 따라 지속적인 경제성장(sustainable growth)을 위해 화석연료의 사용 억제와 신재생 에너지를 포함한 대체에너지 개발을 위해 각국이 노력하고 있다.

2) 자원의 재배분과 조정의 왜곡현상

경제성장정책을 추구하다 보면 자원의 재배분을 필요로 하게 된다. 새로운 생산방법, 새로운 경영방법, 새로운 자원의 발견 등은 대부분 자원의 재배분을 필요로 한다. 이때 자원의 재배분을 효율적으로 이루어지게 하는 것은 시장기능, 즉 가격기구이다. 소비자에 의한 수요변화와 공급자에 의한 공급변화에 잘 적응하지 못하는 산업은 결국 도태되고 만다. 경제성장에 따라 재화의 변화와 공급은 변화하기 마련이다. 이러한 변화에 잘 적응하지 못하는 산업은 결국 도태되겠지만, 사양산업을 경영하는 기업주들은 보다 많은 정부의 특혜를 요구한다든지 혹은 가격기구에 의한 자원의 재배분을 저지하려고 노력한다. 특히, 생산량과 생산요소시장에 존재하는 독점은 경제성장에 필요한 자원의 재배분을 거부하게 된다. 독점기업들은 그들이 보유하고 있는 생산시설을 그대로 유지하기 위하여 새로운 생산과 생산기술을 거부하는 경향을 보이게 된다. 따라서 가격기구에 의한 효율적인 자원의 재배분이 쉽게 이루어질 수 없으며, 이것이 경제성장의 제약요인으로 작용하게 된다.한편, 전통적인 관습·제도·가치관 때문에 자원배분이 왜곡되고, 따라서 경제성장의 제약요인으로 작용하게 된다. 예컨대 생산효율이 낮은 산업에서 생산효율이 높은 다른 산업으로의 노동이동 및 자원이동은 당연한 일임에도 불구하고 전통적인 관습·제도·가치관 때문에 노동 및 자원의 이동이 쉽사리 이루어지지 않는다면 경제성장의 제약요인이 될 수밖에 없다.

3) 성장과 인간의 가치

성장이 과연 인간생활을 반드시 행복하게 하느냐의 문제가 대두되고 있다. 따라서 인간의 행복을 어떻게 정의하느냐의 가치관문제를 고려하지 않을 수 없다. 철학적 의미에서 성장지향적 사회는 그들 구성원에게 미래를 위해 고통과 땀민을 요구하는 사회라는 지적도 있다. 예컨대 불교국가인 부탄은 풍부한 관광자원을 가지고 있지만 GDP 증가보다는 쾌적한 생활환경·문화재의 보존·외부개발에 따른 각종 범죄의 방지 등을 위하여 그 나라의 관광인원을 엄격히 제한하고 있다. 이러한 것은 가치관의 문제이다. 물질적인 풍요보다는 정신적인 풍요가 인간의 행복을 가져다 줄 수 있다는 가치관이 존재하는 사회에서 경제성장은 제약을 받게 된다.

제 3 절 저개발국의 경제적 특성과 개발이론

1. 저개발국의 개념과 특징

1) 저개발국이란?

어떤 나라가 저개발국(underdeveloped country)인가? 선진국(develop country)과 저개발국의 분류는 그 기준에 있어서 절대적이라기 보다는 상대적이며 또 분류하는 사람의 편의와 주관에 의해 크게 영향을 받는다.

저개발국가란 미국, 서구 여러 나라 및 일본 등과 같이 공업화된 선진국가에 비해 1인당 GDP 수준이 상대적으로 크게 낮은 후진국을 지칭한다.

세계 여러 나라들 중에서 선진국, 중진국, 저개발국 또는 개발도상국으로 분류하는데 그 기준으로써 가장 보편적으로 이용되는 지표는 1인당 실질GDP이다. 세계 여러 나라들은 1인당 실질 GDP기준에 의해 사무엘슨(P.A. Samuelson) 교수가 분류하여 놓은 것에 의하면 미국, 독일, 일본 등이 선진국에 속한다. 그리고 중진국 부류에 속하는 나라들은 한국, 브라질, 대만, 필리핀 등이며 중진국 중에서도 한국, 대만, 싱가포르 등과 같은 NIC's(newly industrialized countries) 국가들을 신흥공업국이라고 한다. 그러나 1997년 4월 국제통화기금(IMF)은 한국을 포함하여 대만, 싱가포르, 타이완, 이스라엘을 선진공업국(advanced industrialized countries)으로 분류하였다.

한편 $500 이하의 소득수준의 국가들을 저소득국가 또는 저개발국이라고 하는데, 다시 말해서 1인당 실질 GDP 수준이 상당히 낮으며 주거, 보건의료 등 여러 면에서 가난한 생활을 하고 있는 국가들을 저개발국 또는 후진국으로 분류한다. 이런 그룹에 속하는 나라들은 대부분 아프리카 및 아시아 일부 지역에 위치한 나라들이며 그 수가 상당히 많다.

1인당 국민소득은 소득수준을 측정할 수 있으나 경제개발과 복지를 측정하기에 부적합하다. 이러한 부족한 점을 극복하기 위해서 국제연합 교육과학문화기구(United Nations Educational, Scientific and Cultural Organization: UNESCO)와 국제연합개발기구(United Nations Development Programme: UNDP)는 한 국가의 경제발전 수준의 포괄적인 측정을 위하여 노력하고 있다.

즉, 1인당 국민소득뿐만 아니라 인력개발을 나타내는 학교취학률, 건강을 나타내는 의사의 수, 과학수준을 나타내는 과학자와 기술자 수, 생활쾌적도를 나타내는 주택수, 사회안정도를 표시하는 소득분배의 균등도 등을 가중치로 주는 종합지수를 만들어 경제발전도를 나타내는 기준을 삼고자 하는 견해이다. 하지만 국제연합 교육과학문화기구(UNESCO)와 국제연합개발기구(UNDP)의 복지지수(welfare index)의 채택은 1인당 국민소득수준 하나에 의존하는 것보다는 훨씬 정확한 분류가 가능하겠지만 복지지수의 작성에 따르는 번거로움이 있으므로 현실적으로 잘 이용되지 않고 있다.

2) 저개발국의 공통적인 주요한 특징

저개발국의 공통적인 주요한 특징은 우선 국민 대다수의 생활수준이 매우 낮다는 점이다. 낮은 생활수준은 기아, 질병, 열악한 주거환경, 낮은 교육수준, 보건·의료시설의 미비 등의 원인이 되고 있다.

이처럼 낮은 소득수준을 가져오는 요인을 넉시(R. Nurkse)는 "가난하기 때문에 가난하다"고 보았다. 저개발국가들은 가난하기 때문에 저축할 능력이나 동기가 없다. 더욱이 소득이 낮기 때문에 재화에 대한 수요도 낮고 그 결과 한편으로는 자원의 부족에 시달리며, 또 한편으로는 투자욕구가 부족하다. 때문에 노동생산성이 낮고 1인당 소득도 낮을 수밖에 없으므로 빈곤의 악순환(vicious

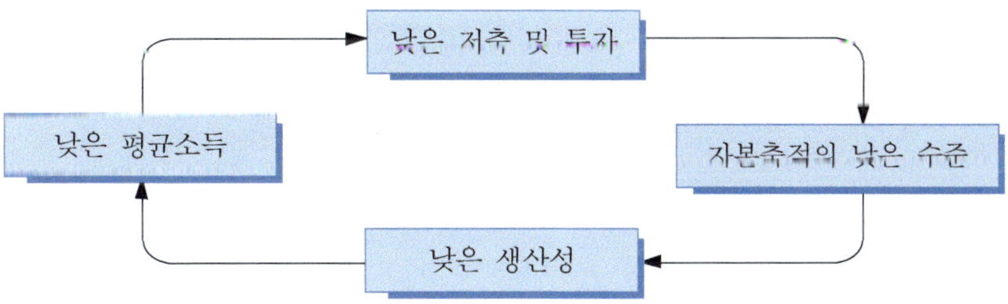

[그림 23-3] 저개발국의 빈곤의 악순환

circle of poverty)에 빠져 들게 된다. 이러한 관계를 그림을 통해 살펴보면 [그림 23-3]과 같다.

저개발국이 지니고 있는 두 번째의 특성은 외채누적과 이국적 기업의 침투에 따른 대외의존도가 심화되고 있다는 점이다. 저개발국은 1차상품 수출에 의존함으로써 국제분업구조 속에서 불리한 위치에 있다. 이처럼 1차상품의 교역조건 악화에 직면한 저개발국들은 자립적 전략으로써 적극적인 공업화 노력을 기울여 왔다.

그러나 오늘날 많은 저개발국에서는 막대한 액수의 외채에 대한 원금상환 부담이 크게 높아지고 있으며 일부 국가에서는 채무상환이 곤란한 지경에까지 이르고 있는 실정이다. 이러한 외채누적의 원인은 이들이 채택했던 수입대체 공업화 전략은 원료, 중간재, 자본재를 해외에 의존함으로써 수입의 확대→경상수지 적자→대외차입 확대→채무누적이라는 결과를 야기하였기 때문이다.

뿐만 아니라 최근 다국적기업(multi-national corporation)의 활동이 전세계적으로 활발하게 이루어지면서, 다국적기업이 생산공정 일부를 저개발국에 이전시켜 저개발국의 값싼 노동력을 이용하여 부품조립 또는 원재료 가공 등을 통해 반제품 또는 최종제품을 생산하여 이를 본국 또는 제3국으로 재수출하는 현상은 저개발국의 대외의존도를 심화시키고 있다.

저개발국의 세 번째 특징은 이중구조적 성격에 있다. 이중구조라는 것은 한쪽에 있어서 자본집약적이고 노동의 생산성이 높으며 따라서 임금도 높은 근대화된 부문과 다른 쪽에 있어서 노동집약적이고 노동의 생산성이 낮은 비근대적 부문이 공존한다는 것이다. 이러한 이중구조가 왜 발생했는가 하는 것은 과잉인구의 경제에 급격히 근대기술이 도입되어 공업화가 진전되는 경우, 이 부문의 노동에 대한 수용력이 작기 때문에 잔존하는 노동자는 재래의 비근대화 부문에서 노동을 하지 않을 수 없으므로 비근대화 산업과 근대화 산업이 병존하게 된다. 따라서 후진국이 선진국으로 발전해 가는 과정에서 이중구조는 피할 수 없는 현상이라고 볼 수 있다. 농업과 공업을 비교해 보면 공업부문은 근대화 부문이며 농업은 비근대화 부문이라고 할 수 있다.

2. 저개발국의 경제개발이론과 개발전략

1) 균형성장론

이제 넉시(R. Nurkse)의 균형성장론(balanced growth theory)에 대해 살펴보기로 한다. 저개발국은 자본축적의 부족으로 인해 빈곤의 악순환에 직면하고 있으며, 발전의 저해요인은 바로 빈곤의 악순환이라고 보아 이를 타개해야 한다는 것이다. 저개발국에 존재하는 빈곤의 악순환은 자본축적의 공급측면과 수요측면의 모두에 내재하고 있다. 우선 공급측면에서는 축적능력이 부족하여 자본축적의 부족이 초래되고 자본축적의 부족은 다시 저생산성을 가져오게 한다. 그러나 저생산성은 저소득의 결과를 가져오며 이는 저축능력의 부족을 초래함으로써 악순환이 계속되는 것이다. 즉, "저소득→저저축→저자본축적→저투자→저생산→저소득"이라는 악순환이 전개된다.

자본축적의 수요측면에서는 국내시장이 협소해서 투자유인이 부족하며 이것이 자본축적의 부족을 초래하는데, 이는 다시 저생산성을 가져오며 이에 따라 소득수준 역시 낮게 된다. 그러나 저소득수준은 구매력을 협소하게 하는 요인이 되기 때문에 결국 투자유인의 부족을 초래하므로 악순환은 계속되는 것이다. 즉, "저소득수준→시장협소→저투자유인→저자본축적→저생산성 및 저소득수준"이라는 악순환이 전개된다.

이와 같은 저개발국이 직면하게 되는 악순환을 타개하기 위해서는, 우선 자본축적의 측면에 있어서 소비억제, 사치품 소비억제를 취해 저축을 증대시켜 자본축적을 꾀하는 한편, 불균형인 산업발전에 의한 농촌의 잠재실업을 해소하고 전기, 기세산업 등의 건설을 통해 상대의 저축능력을 제고함으로써 자본축적의 증진을 도모해야 하며, 수요측면에서는 산업내부 및 산업상호간에 균형발전에 의한 자본의 한계생산력 제고 등에 의해 시장규모확대 및 투자수요확대를 꾀하도록 해야 한다는 것이다.

균형성장론의 요지는 자본축적의 증진을 도모하고(공급측면) 산업상호간 균형발전에 의한 시장규모확대 및 투자수요확대(수요측면)를 꾀하여야 한다는 것이다. 어떤 기업 또는 산업이 생성하고 발전하기 위해서는 어느 정도의 시장의 크기가 확보되어 그 생산물이 유리하게 판매될 가능성이 있어야 한다. 예를 들어, X재를 생산하는 기업의 경우에 있어서도, X재를 제조하는 회사의 근로자가 그 소득 모두를 X재에 지출하지 않을 것이므로 타산업들이 개발되어 그 산업에서도 X재에 의한 구매력이 창출되어야 X재에 대한 판로가 제한받지 않을 것이다. 판로의 제약이 없어야 그 기업발전의 돌파구가 열릴 것이다. 따라서 X재를 생산하는 기업의 투자유발 및 발전을 위해서는 여러 범위의 많은 산업들이 어느 정도 균형적으로 개발되고 확대됨으로써 각 산업의 생산물에 대한 상호간의 수요가 창출되어야 할 것이다.

2) 불균형성장론

앞에서 살펴본 균형성장론에 의하면 산업 각 부문에서의 대약진(big push)을 통하여 모든 산업이 상호의존적으로 성장해 나갈 때 비로소 경제가 발전하는 것이다.

허쉬먼(A.O. Hirschman)과 같은 학자에 의해 주창된 불균형성장론(unbalanced growth theory)에 의하면, 어떤 한 선도산업(leading industry)의 발전이 타산업에 연쇄반응적인 효과를 통해서 경제발전이 이루어질 수 있다고 보아 경제발전을 위해서는 주요한 몇몇 선도산업에 중점적인 투자를 하는 것이 바람직하다는 것이다. 즉, 저개발국이 여러 부분에 동시에 투자하기 위해서는 많은 투자재원이 필요한데 이러한 재원을 기대하기는 현실적으로 어렵다는 것이다. 또한 균형발전의 경우보다는 불균형발전에 있어서는 계획된 불균형에 의해서 유발투자가 발생할 소지가 큰 것으로 보아 불균형발전이 오히려 바람직한 것으로 보고 있다.

결국 불균형발전론에서 제시되고 있는 논지는 희소한 투자재원 하에서 투자창출(ability to investment)을 극대로 유발시킬 수 있는 투자의 순서를 결정하는 것이 저개발국 경제발전의 지름길이 된다는 것이라고 볼 수 있다. 여기서 투자의 유발구조(inducement mechanism)를 두 가지 측면에서 고려하고 있는데, 하나는 사회간접자본(social overhead capital : SOC)부문과 민간투자(directly productive activity : DPA)부문간의 고의적인 불균형을 통하여 투자할 능력을 유발시키는 것이고, 다른 하나는 DPA 부문 내에서의 유발기구이다. SOC 부문과 DPA 부문 사이의 균형성장을 통한 유발투자의 창출은 어려우나 이들 두 부문간의 불균형성장을 통해서 유발투자를 창출하는 것은 가능하다는 것이다. 일반적으로 SOC 부문이 확충되면 확충될수록 민간투자부문이 어떤 생산물을 위해 필요로 하는 비용은 인하될 것이다. 그렇다면 SOC부문을 확충시켜 놓으면 민간투자부문이 확충되도록 투자를 유발시키는데 수월해질 것이다.

한편 DPA 부문 내의 유발구조도 '전방연쇄효과'와 '후방연쇄효과'로 구분하여 볼 수 있다. 전방연쇄효과(forward linkage effect)란 선도산업의 발전이 그 선도산업의 생산품을 사용하여 생산할 수 있는 새로운 산업을 발전시키는 효과를 말한다. 즉, 선도산업으로서 최종수요만을 충족시키지 않는 모든 생산활동(nominal activities)은 다른 어떤 부문에서 전방생산(forward production)의 생산물을 투입물로도 이용하려는 노력을 유발시키게 되어 타산업의 발전을 촉진시키게 된다.

즉, A산업이 확대될 때 A산업에서 생산된 제품을 중간재로 사용하는 C산업의 확대가 유발된다는 것으로, 예를 들어 철강산업이 발전하면 이를 투입물로 이용하는 자동차, 조선산업 등이 발전할 수 있다는 것이다.

후방연쇄효과(backward linkage effect)는 선도산업이 설립되면 그 선도산업에 투입될 중간재를 생산하는 산업의 발전이 유도되는 효과를 말한다.

즉, A산업이 확대될 때 A산업에 중간재를 공급하는 B산업의 확대를 유발하게 되는 것을 말하는데, 예를 들어 자동차산업이 발전하면 여기에 중간재를 공급해 주는 제철공업, 타이어 및 유리부속공업 등의 발전이 가능해 진다.

지금까지 균형성장론과 불균형성장론의 주장을 살펴보았는데 양 이론의 주장이 서로 상호배제적인 것이 아니라 구체적인 상황 속에서 각각 부분적인 타당성을 갖는 것으로 보아야 할 것이다. 불균형성장론의 권고대로 투자의 우선순위에 따라 중점적으로 투자하되 균형성장론의 주장대로 산업간의 불균형이 너무 크지 않도록 하고, 특히 중점투자산업의 판로문제를 심각하게 생각해야 한다고 하면 상반되는 두 견해는 크게 무리없이 조화될 수 있다. 즉, 이들의 차이는 개발정책에 있어서 정책적 조화(policy mix)로서 극복될 수 있다고 볼 수 있다.

3) 개발전략

저개발국 경제발전의 전략에 있어서 기본적으로 중요한 것은 선두산업(leading industry)의 선정과 그에 따른 투자배분의 문제이다. 즉, 투자를 어떤 특정부문에 중점적으로 배분하는 것이 좋은가, 아니면 모든 산업에 투자배분이 균형을 이루도록 하는 것이 좋은가를 생각해야 할 것이다. 그런데 이러한 문제와 관련하여 학자들간에 상당한 논쟁이 있었으며, 이 논쟁은 앞에서 살펴본 균형성장론과 불균형성장론의 대립이다.

넉시(R. Nurkse), 로젠스타인 로단(P. Rosenstein-Rodan) 등에 의해 주장된 균형성장론에 의하면 경제 내의 모든 산업분야가 균형적으로 성장할 수 있도록 개발정책이 수립되어져야 한다고 한다. 반면, 허쉬먼(A.O. Hirschman)과 같은 학자에 의해 주창된 불균형성장론에 의하면 어떤 한 선도산업의 발전이 타산업에 연쇄반응적인 효과를 일으켜서 경제발전이 이루어질 수 있다고 보아 경제발전을 위해서는 주요한 몇몇 선도산업에 중점적인 투자를 하는 것이 바람직하다는 것이다. 즉, 저개발국이 여러 부분에 동시에 투자하기 위해서는 많은 투자재원이 필요한데 이러한 재원을 기대하기는 현실적으로 어렵다는 것이다. 또한 균형성장 전의 경우보다는 불균형성장에 있어서는 계획된 불균형에 의해서 유발투자가 발생할 소지가 큰 것으로 보아 불균형발전이 오히려 바람직한 것으로 보고 있다.

균형성장론과 불균형성장론은 모두 그 나름대로의 일리가 있다고 생각된다. 다만 두 이론의 차이는 각각의 강조점이 다른 것이라고 볼 수 있다. 즉, 균형성장에 있어서도 실제로는 어떤 중점부문의 선정이 필요할 것이고 불균형성장에 있어서도 생산물에 대한 수요측면을 무시할 수 없으므로 타산업의 발전이 필요하게 된다. 따라서 그 내용면에서 그렇게 큰 차이가 없는 것이고 다만 어느 점을 더 강조하고 있느냐 하는 점에서는 차이가 있다고 생각된다.

이러한 이론, 특히 불균형성장론에 고무되어 1950년대 후반부터 1960년대에 걸쳐서 대부분 저개발국의 초기의 공업화 전략은 주로 수입대체산업의 육성에 집중되어 많은 투자가 이루어졌다. 이러한 공업화 정책을 흔히 수입대체 공업화(import substitution industrialization strategy)라 부르기도 한다. 이것은 높은 관세를 부과하거나 또는 수량통제 등의 수단을 통하여 수입을 억제하고 수입을 국내산업으로 대체하는 방법을 말한다. 수입대체가 이루어질 수 있는 산업은 주로 최종재(자동차, 가전제품 등)이고, 이를 위한 소재, 중간재 등의 자본재는 수입하여 최종제품으로 조립·가공하여 국내시장에 공급하는 것으로 공업화를 시작하게 된다. 그렇게 함으로써 앞에서 설명한 바와 같이 후방연쇄효과를 통하여 생산에 필요한 자본재도 국내에서 생산하려는 효력이 유발되고, 마침내 주요한 자본재의 국내공업화로 수입대체정책의 전개가 저개발국의 공업화 촉진에 많은 기여를 하였으며, 또한 성공한 예도 없지 않다.

그러나 수입대체산업을 위해서 필요로 하는 중간재의 수입이 증가됨으로써 국제수지의 적자가 누적되고 외화위기가 심각하게 나타났다. 즉, 이 정책이 최종재 수입을 제한하는 한편 원료, 소재, 중간재 등의 자본재 수입을 촉진시켜 무역수지의 적자가 확대되고 외화위기의 심각함이 나타나게 되었다. 외화공급의 부족으로 수입대체산업에 소요되는 중간재의 수입이 불가능하게 되는 경우 또는 협소한 국내시장이 충족되고 난 후에 이들 수입대체산업에 유휴시설이 발생하게 되는 경우 등이 나타나게 되었다. 또한 수입대체산업에 외화와 자본이 집중됨에 따라 전통산업 부문이 정체되고 1차 상품의 수출잠재력이 침식당하는 경향이 수반됨으로써 무역수지의 불균형은 매우 확대되는 경향이 나타났다.

수입대체산업의 육성을 주안으로 하는 정책이 위와 같이 국제수지의 불균형과 국내의 생산시설의 과잉을 초래하는 경향에 비추어, 1960년대 후반기부터 저개발국은 공산품의 수출에 보다 더 큰 역점을 두어야 한다는 견해가 대두되기 시작하였다. 특히 가공품 수출확대 정책이 자본 및 자원이 부족한 후진국에서는 매우 바람직한 정책방향이라는 점이 인식되기 시작하면서 많은 저개발국가들이 종래의 수입대체 공업화 정책으로부터 수출지향적 공업화 정책으로 전환하게 되었다.

수출지향적 공업화 전략(export-oriented industrialization strategy), 특히 소위 수출주도 개발전략을 채택한 나라들은 급속한 성장을 이룩하였다. 한국, 대만, 홍콩, 싱가포르 등 이른바 신생공업국(newly industrializing countries : NIC's)의 개발유형 속에서 노동집약적 산업의 상품을 대규모로 수출하여 선진국의 동일산업을 급속하게 따라잡고, 그것을 중요한 매개체로 하여 중화학 공업화를 추진하고 있는 수출지향적 공업화의 전형을 찾아 볼 수가 있다.

한편, 선진국의 경험에 비추어 볼 때 정부는 다음과 같은 것에 중점을 두어야 한다. 즉, 첫째로 빠른 개발을 촉진시키기 위해서는 건전한 경제환경의 구축과 유지에 주력해야 한다. 규칙(rule of law)을 확립하고 혁신과 경쟁을 유도해야 한다. 다음으로 교육, 건강, 의료, 소통(transportation)을 통해 인적 자원의 투자에 주도적 역할을 해야 한다. 특히 비교우위가 없는 민간부문은 시장의 자율적 기능에 의해 구조조정이 이루어지는 것이 바람직하겠지만 정부의 주도적 역할이 오히려 신속하고 효율적으로 구조조정을 달성하는 경우도 존재할 것이다.

→ 제 4 절 경제성장 및 개발정책의 논쟁과 문제점

1. 성장론자와 비성장론자의 대립

경제성장은 물질적 풍요를 가져다 주기 때문에 오늘날 많은 국가들은 끊임없이 성장정책을 추구하고 있다. 그러나 경제성장에 부수되는 문제점도 가볍게 보아 넘길 수 없다.

많은 경제학자들은 경제성장은 커다란 가치를 가지기 때문에 경제성장을 중요한 경제정책의 최종목표로 삼아야 한다고 주장한다. 그러나 경제성장은 아무런 이익도 주지 않는다는 가치관을 가지고서 경제성장에 반대하는 주장도 있다.

경제성장을 지지하는 주된 근거는 경제성장이 물질적 풍요와 생활수준의 향상 및 문화생활을 보장한다는 점에 있다. 경제성장은 인간의 물질적 욕망과 희소성의 문제를 해결해 주는 수단이 될 수 있다. 경제성장이 이루어짐에 따라 1인당 실질국민소득이 증가하고 실질국민소득이 증가함에 따라 물질적 풍요와 생활수준의 향상 및 문화생활을 영위할 수 있다.

그런데 경제성장에는 비용이 따른다. 그것은 급속한 공업화·산업화의 추진에 따른 화석연료를 포함한 자연자원의 고갈, 자연의 훼손과 환경의 파괴 및 각종 오염·공해 등이다. 즉, 최근 경제성장이 심각한 공해 및 지구온난화에 따른 기후변화와 환경문제를 낳고 있다. 그래서 성장론자와 반성장론자 사이에 논쟁이 일어나고 있다. 성장론자들은 반성장론자들이 성장과 환경의 관계를 지나치게 과장하고 있다고 주장한다. 결국 성장과 환경문제는 가치관의 문제이다. 산에 있는 나무를 베어 생산적인 생산활동에 사용할 것인가 아니면 나무에 전혀 손대지 않고 자연의 미를 즐길 것인가 하는 것은 사회가 어느 것에 더 우선순위를 두느냐의 문제이다.

공해와 환경오염이 심각한 것은 사실이지만 그렇다고 해서 성장을 중단한다는 것은 잘못된 판단이다. 성장정책을 추진하면서 자연보호정책을 병행하는 것이 필요하다. 공해 및 환경오염을 방지할 수 있는 비용을 생산비용에 포함시키는 것이다. 공해 및 환경오염을 초래하는 기업에게 공해 및 환경오염을 제거하기 위한 비용을 부담시킴으로써 성장을 계속하면서 환경문제를 해결할 수 있다. 따라서 성장정책을 추진함과 동시에 환경오염비용이 생산비용에 포함될 수 있도록 법적 조치를 마련하여야 할 것이다.

2. 소득분배 및 물가문제

소득분배의 공평이 달성되기 위해서는 전체국민 중에서 중산계층이 차지하는 비중이 높아야 한다. 경제성장은 이들 중산층을 두텁게 할 수 있다. 그러나 성장정책만을 추구하다 보면 소득 양극화와 같은 소득분배불공평의 문제가 발생할 수도 있다. 성장전략에서 특정부문을 성장케 함으로써 타부문으로 파급되게 하는 불균형성장론을 성장의 전략으로 채택할 경우 소득분배불공평의 문제가 발생할 수 있다. 예컨대 수출지향적 성장정책을 채택함으로써 공업 및 수출산업의 성장은 농업부문의 상대적 낙후를 초래할 수 있다.

많은 개발도상국가들이 부족한 자원을 이용하여 보다 큰 성과를 얻고자 채택하고 있는 성장전략은 불균형성장정책이다. 그런데 불균형성장정책을 도입하는 경우 낙후부문에 대한 소득분배문제를 고려하지 않으면 안 된다.

또한 성장정책을 강력히 추진하다 보면 물가문제가 대두된다. 물가불안은 저소득생활자들의 소득분배를 더욱 악화시킬 수 있다. 따라서 적정한 성장을 이룩하면서도 물가문제와 소득분배의 공평성문제를 신중히 고려하여야 한다.

3. 투자배분과 개발논쟁

저개발국의 경제발전의 전략에 있어서 기본적으로 중요한 것은 선도산업의 선정과 그에 따른 투자배분의 문제이다. 즉, 투자를 어떤 특정부문에 중점적으로 배분하는 것이 좋은가 아니면 모든 산업에 투자배분이 균형을 이루도록 해야 좋은 것인가를 생각해야 할 것이다. 그런데 이러한 문제와 관련하여 학자들 간에 상당한 논쟁이 있었으며, 이 논쟁은 앞에서 살펴본 균형성장론과 불균형성장론의 대립이다.

넉시, 로젠스타인 로단 등에 의해 주장된 균형성장론에 의하면 경제 내의 모든 산업분야가 균형적으로 성장할 수 있도록 개발정책이 수립되어져야 한다고 한다.

반면, 허쉬먼과 같은 학자에 의해 주장된 불균형발전론에 의하면 어떤 한 선도산업의 발전이 타산업에 연쇄반응적인 효과를 통해서 경제발전이 이루어질 수 있다고 보아 경제발전을 위해서는 주요한 몇몇 선도산업에 중점적인 투자를 하는 것이 바람직하다는 것이다. 즉, 저개발국이 여러 부분에 동시에 투자하기 위해서는 많은 투자재원이 필요한데 이러한 재원을 기대하기는 현실적으로 어렵다는 것이다. 또한 균형발전의 경우보다는 불균형발전에 있어서는 계획된 불균형에 의해서 유발투자가 발생할 소지가 큰 것으로 보아 불균형발전이 오히려 바람직한 것으로 보고 있다.

균형성장론과 불균형성장론은 모두 그 나름대로의 일리가 있다고 생각된다. 다만 두 이론의 차이는 각각의 강조점이 다른 것이라고 볼 수 있다. 즉, 균형성장에 있어서도 실제로는 어떤 중점부문의 선정이 필요할 것이고 불균형성장에 있어서도 생산물에 대한 수요측면을 무시할 수 없으므로 타산업의 발전이 필요하게 된다. 따라서 그 내용면에서 그렇게 큰 차이가 없는 것이고 다만 어느 점을 더 강조하고 있느냐 하는 점에서는 차이가 있다고 생각된다.

참고

한국의 공업화 정책의 특징

오늘날 개발도상국의 공업화 정책을 개괄적으로 특징짓기 위해 보통 이분법이 사용되고 있다. 대외지향적 정책(outward-oriented policy)과 대내지향적 정책(inward-oriented policy)이 그것이다. 대외지향적 정책은 국내시장을 위한 생산과 수출시장을 위한 생산에 유사한 인센티브를 주는 공업화 전략으로 정의될 수 있다. 이 정책의 주요한 이점은 비교우위의 원리에 기초를 둔 수출산업을 촉진하는데 있다. 이에 반해서 대내지향적 정책은 국내시장을 위한 산업의 발전에 중점을 두는 전략이다. 이 정책의 주요한 이점은 한 국가의 대외무역에 대한 의존도를 낮춤으로써 대체로 경제적 효율을 희생시키더라도 자급(self-sufficient)경제를 촉진하려는 데 있다. 그러나 한 국가의 수입수요가 체화된 기술이전과 그것에 의한 생산증대에의 기여를 위해 필요불가결할 때 이러한 수입수요를 위한 외환조달에 있어 수출 이외의 다른 대체적인 외환획득의 기회를 제공하지 못한다는 결점을 갖고 있다. 오늘날 선진국으로부터의 기술도입은 개발도상국에 있어서 공업화 정책의 성과를 좌우하는 하나의 기본원인이 되고 있다. 따라서 개발도상국은 필요한 기술도입에 대한 재원조달을 위해서는 외환의 획득을 위한 추가적인 수단이 있어야 한다.

거센크론(A. Gerschenkron)의 명제에 따르면 후진국은 공업화 직전에 선진국으로부터 빌릴 수 있는 기술혁신의 더 많은 예비저장품을 가질 수 있으므로 공업화에 늦게 출발하는 나라일수록 일단 공업화에 착수하면, 보다 먼저 근대적 공업화 단계에 들어간 나라들보다 더 높은 성장률을 기대할 수 있다. 개발도상국의 공업화에 결정적인 요소는 '후발주자'(late comer)의 충분한 이점을 취하는 것이다.

말할 나위도 없이 한국과 같은 '후발주자'에게 유용한 이점은 오직 긴밀한 국제적 교류가 이루이질 경우에만 달성될 수 있다. 이 점에 있어서 국제무역과 외자의 역할은 '후발주자'의 이점을 실현하기 위한 유효한 메카니즘으로서 강조되어야 한다. 대외무역과 자본은 '후발주자'에게 현대적인 기술 및 경영과 국내적인 한계를 넘어선 시장의 확대를 제공한다.

한국에서는 대외지향적 전략이 공업발전에 도움이 되었다. 한국의 경제는 수입대체산업의 국내기반으로부터 출발하여 비교우위의 원리에 기초를 둔 수출지향적 공업으로 이행해왔다. 대외지향적 전략은 경쟁적인 공업의 발전을 촉진할 뿐만 아니라 경쟁력 있는 공업의 유형에 변화도 가져온다. 이를테면 선진국으로부터의 선진기술의 확산과정을 통해 한국의 비교우위는 전자, 기계, 조선 등과 같은 숙련노동집약적인 영역으로 확대되기 시작했다. 새로운 수출공업의 출현은 또한 시간이 경과할수록 대외지향적 개발전략을 수행할 한국의 능력을 보여주었다.

이와 같은 대외지향적 개발전략은 공업부문의 효율성에 기여한 바가 크다. 해외 및 국내 시장에서의 경쟁은 효율적인 경영과 생산시설의 보다 완전한 이용 및 생산의 최적규모를 통해 생산비를 절감시키는 데 강력한 유인을 주었다. 경제적 효력의 일부는 또한 수출시장의 확대에 의해서 가능하게 된 수평적 및 수직적 전문화를 통해 달성되었다.

공업발전이 자본집약적인 중공업부문으로 확대될 때에는 최적시설규모가 소규모의 국내시장에 비해서 상대적으로 크게 된다. 따라서 현재 시설규모는 효율적인 최적시설규모보다 훨씬 더 작은 경향이 있으며 이에 따라 효율성이 희생되게 된다. 소규모의 국내시장을 전제로 한다면 수직적 및 수평적 전문화는 불가능하게 된다. 국내시장이 소규모일 때는 중공업제품의 판매시장을 창출하는 데 한계가 있음이 또한 명백하다. 이러한 경우에는 독점생산자가 혁신을 통해 생산성을 향상시킬 유인이 거의 없다. 그리고 어느 정도까지는 효율성의 손실이 노동투입의 증대에 의해서 보상될 수 있다. 한국은 이러한 점을 타개하고 '후발주자'의 이점을 달성할 수 있는 효과적인 메커니즘을 찾아 대외지향적 공업화 정책을 추진하였다.

제 7 편

국제무역, 환율 및 국제수지

제 24 장
국제무역의 이론과 새로운 국제경제환경

지난 4반세기동안 국가간의 교역은 그 규모에서 엄청나게 증가하였다. 이제 세계의 거의 모든 나라에 있어서 대외거래는 그 나라 경제에 어떤 형태로든 심대한 영향을 미치게 되는 상황이 되었다. 우리나라의 경우도 1960년대 초에는 겨우 1억 달리에 지나지 않는 수출규모였으나 2011년12월5일 통관기준 무역규모가 1조 달러를 달성하였다. 수출(5천 150억 달러)과 수입(4천 850억 달러)을 합한 무역액은 규모면에서 세계 10위권(9번째)에 이르게 되었으며 이러한 대외거래가 우리 경제에 차지하는 비중은 실로 매우 크다. 오늘날 거의 모든 국가경제는 그들의 규모에 상관없이 글로벌 경제의 변동에 의해 영향을 받고 있다.

이 장에서는 국제무역에 관하여 살펴보게 된다. 먼저 국제무역이 발생하게 되는 원인에 대하여 진단한다. 왜 한국은 다른 나라들과 교역을 하고자 하는가? 국제무역의 기본원리로서 비교우위를 논의하고 비교우위에 바탕을 둔 자유무역 논리와 이에 대응하는 보호무역 논리를 설명한다. 다음으로 GATT(General Agreement on Tariffs Trade)의 제8차 다자간 협상인 우루과이라운드 협정을 살펴보고 GATT체제로부터 WTO체제로 전환된 국제무역환경에서 추구되는 글로벌화(globalization)와 세계경제 블록화로 나타나는 지역주의의 이율배반적인 국제경제환경에 대하여 설명한다.

→ 제 1 절 국제무역의 이익

1. 절대우위론과 비교우위론

1) 스미스의 절대우위론

국가간의 무역에 깊은 관심을 가졌던 사람들은 15~18세기의 유럽 국가들의 중상주의자들이었다. 중상주의자들은 금이나 은 또는 귀금속 등을 매우 중요시 했는데 그 이유는 그러한 귀금속이 곧 국가의 부라고 생각했기 때문이다. 따라서 그들의 관심은 부를 어떻게 증대시킬 수 있을까에 쏠려 있었는데, 그 방법은 국가간의 무역을 통하여 수출을 증가시키고 수입을 줄여서 무역의 차액을 가능한 한 크게 하는 것이었다. 이 경우 국가간의 무역은 영합게임(zero-sum game)으로 한 나라의 이익은 그 나라와 거래하는 다른 나라의 손실이며, 따라서 이익과 손실을 합하면 영이 된다는 것이었다.

중상주의는 나라를 부강하게 하기 위하여 수출을 많이 하여 금·은 등의 귀금속을 모으고 수입은 적극 억제하여 금·은 등의 귀금속의 유출을 억제하는 강력한 보호무역주의를 표방하였다.[1)]

이러한 중상주의의 일방적인 보호무역에 반기를 들고 국가간에 무역을 하면 오히려 교역당사국들이 모두 이익을 보게 된다는 자유무역주의를 최초로 이론적으로 설명한 것이 바로 아담 스미스(Adam Smith)의 절대생산비설(또는 절대우위설)이다.

〈표 24-1〉 한국과 미국간의 생산비 비교

	상품단위당 노동투입량	
	직물1단위	밀1단위
한 국	5	6
미 국	7	3

1) 이러한 중상주의의 보호무역정책을 스미스는 인근궁핍화 정책(beggar my neighbor policy)이라고 불렀다.

한국과 미국간의 직물과 밀의 생산에 있어서 유일한 생산요소는 노동뿐이라고 가정한다면 〈표 24-1〉에서 나타나듯이 한국은 직물 1단위를 생산하는데 5명의 노동과 밀 1단위를 생산하는데 6명의 노동이 필요한 반면, 미국은 직물과 밀에 각각 7명과 3명의 노동이 필요하다. 스미스에 의하면 이 경우 한국은 직물 1단위를 미국보다 2명 적은 노동으로 생산할 수 있고 반면에 미국은 밀 1단위(예컨대 밀 1말)를 한국보다 3명이 적은 노동으로 생산할 수 있다.

따라서 한국은 직물생산에 절대우위가 있고 미국은 밀생산에 절대우위가 있다고 한다. 스미스는 이 경우 한국은 직물생산에 특화하고 미국은 밀생산에 특화하여 양국간에 교역을 하면 두 나라 모두에 이익이 된다는 것이다.

✔ 절대우위 : A국이 어떤 상품 1단위를 생산하는데 B국보다 적은 양의 생산요소를 사용할 때 A국은 B국에 대하여 그 상품생산에 '절대우위'가 있다고 한다.

이제 스미스의 절대생산비설에 따른 두 나라간의 무역에 의한 이익을 살펴보자. 먼저 한국은 직물생산에 특화하게 되므로 총 11명의 노동(전체노동력을 11명이라고 가정)을 직물생산에 투입하면 직물 2.2단위를 생산할 수 있다. 즉, 5명이 직물 1단위를 생산할 수 있으므로 직물 2단위 생산에는 10명이 필요하게 되고, 여분의 1명 노동은 1/5단위의 직물을 더 생산할 수가 있게 된다. 따라서 직물 2.2단위를 생산할 수 있다.

미국의 경우 총노동력 10명(전체노동력을 10명이라고 가정)을 밀생산에만 투입하면 밀 3과 1/3단위를 생산할 수 있다. 이 경우 한국은 절대우위를 가지는 직물만을 생산하고 미국은 절대우위를 가지는 밀만을 생산하여 두 나라가 무역을 하면 모두 이익을 볼 수 있다는 것이 스미스의 절대우위론이다. 여기서 한국과 미국간에 직물 1단위와 밀 1단위가 1 : 1로 교환될 수 있다고 가정하고 두 품목의 교역에서 운송비를 무시하자. 한국의 경우 미국과의 무역 이전에는 11명의 노동을 직물과 밀생산에 투입하여 각각 1단위씩 생산한다. 따라서 국내소비도 밀 1단위와 직물 1단위가 된다. 반면에 미국은 10명의 노동으로 직물 1단위와 밀 1단위를 생산하고 소비하게 된다. 이제 두 나라가 무역을 하게 되면 절대우위가 있는 품목에 특화하여 생산하게 되는데 이때 한국은 직물생산에, 그리고 미국은 밀생산만 하게 된다.

먼저 한국의 경우를 보자. 한국은 11명의 노동을 직물생산에 투입할 때 2.2단위의 직물을 생산할 수 있다. 이 중 직물 1단위를 미국에 수출하고 그 대신 밀 1단위를 수입한다. 한국의 국내소비는 직물 1.2 단위와 밀 1단위가 되는데 무역을 하기 전보다 직물 1/5단위를 더 소비할 수가 있으며 이것이 바로 무역의 이익(gains from trade)이 되는 것이다.

미국의 경우도 무역의 이익이 발생하게 되는데 그것은 늘어난 밀 1과 1/3단위의 소비이다(왜 밀소비가 무역이 이루어지기 전보다 1과 1/3단위 만큼 늘어났는가는 독자들이 계산해 보기 바란다.)

2) 리카도의 비교생산비설

스미스의 절대생산비설에 의하면 두 나라간에 상품생산에 있어서 각각 절대우위가 있을 때만 무역이 이루어진다. 따라서 상품생산에 있어서 어느 나라에 절대우위가 없으면 무역은 성립하지 않는다. 즉, 한 나라가 두 상품생산에 있어서 절대우위를 가지고 있고 다른 나라는 절대열위에 있게 되면 두 국가간에는 무역이 이루어지지 않는다는 것이다.

리카도(David Ricardo)는 비록 어느 한 나라가 두 상품생산에 절대우위를 가지고 있고 다른 나라가 절대열위에 있다고 하더라도 무역을 하면 두 나라 모두 이익을 볼 수 있다는 것을 그의 비교우위론(또는 비교생산비설)에서 지적하였다.

〈표 24-2〉를 보면 직물과 포도주 생산에 있어서 프랑스가 한국에 비하여 두 상품생산에 절대우위를 가지고 있다.

〈표 24-2〉 한국과 프랑스의 생산비 비교

	상품단위당 노동투입량	
	직물1단위	포도주1단위
한 국	5	6
프 랑 스	4	3

한국의 포도주에 대한 직물의 생산비 : 5/6

프랑스의 포도주에 대한 직물의 생산비 = 4/3

→ 한국은 프랑스에 비해 포도주에 대한 직물 생산비가 낮음

한국의 직물에 대한 포도주의 생산비 : 6/5

프랑스의 직물에 대한 포도주의 생산비 = 3/4

→ 프랑스는 한국에 비해 직물에 대한 포도주 생산비가 낮음

스미스의 절대우위론에 의하면 이런 경우에는 무역이 성립될 수가 없다. 그러나 리카도는 한 나라가 다른 나라에 비해 두 상품생산에서 절대우위를 가지고 있더라도 두 국가간에 상대적인 생산비율을 고려하면 비교우위가 있게 되고 따라서 무역을 하는 것이 이익이 된다고 주장하였다.

〈표 24-2〉에서 한국과 프랑스간의 두 상품의 생산비 비율을 비교해 보면 다음과 같다. 한국의 포도주에 대한 직물의 상대적 생산비 비율은 5/6이고 프랑스의 포도주에 대한 직물의 상대적 생산비 비율은 4/3이다. 따라서 포도주에 대한 직물의 상대적 생산비는 한국이 프랑스보다 낮다. 이 경우 한국은 프랑스에 비해 직물생산에 비교우위가 있다고 말한다.

✔ 비교우위(Comparative Advantage) : 갑국이 을국보다 한 상품을 다른 상품에 비하여 상대적으로 적은 양의 생산요소를 투입하여 생산할 수 있을 때 갑국은 을국에 비하여 그 상품생산에 비교우위가 있다고 말한다.

한편 한국의 직물에 대한 포도주의 상대적 생산비 비율은 6/5이고 프랑스의 직물에 대한 포도주의 상대적 생산비 비율은 3/4이다. 따라서 이 경우에 직물에 대한 포도주의 상대적 생산비는 프랑스가 한국보다 낮다. 따라서 프랑스는 포도주생산에 비교우위가 있다.

리카도는 각국이 비교우위를 가지는 상품만을 분업적으로 생산하여 거래를 하면 모두에게 이익이 된다는 점을 지적하였다. 그러면 비교우위론에 의한 두 나라의 교역이 양국 모두에 이익이 된다는 것을 구체적으로 살펴보자.

먼저 한국과 프랑스에 있어서 한국은 직물생산에 비교우위가 있고 프랑스는 포도주생산에 비교우위가 있으므로 한국은 직물생산에 특화하고 프랑스는 포도주생산에 특화하여 교역한다고 하자. 물론 이때도 양국간의 교역에 있어서 운송비나 보험료, 관세 등은 없다고 가정한다. 이제 포도주와 직물이 1 : 1로 교환된다고 가정하자. 프랑스는 7명의 노동을 모두 포도주생산에 투입할 경우 포도주 2단위 생산에 6명이 필요하고 여분의 1명이 추가적으로 1/3단위의 포도주를 더 생산할 수 있어 포도주를 2와 1/3단위를 생산할 수 있다. 이 중 1단위는 한국에 수출하고 나머지 1과 1/3단위를 국내에서 소비하게 된다.

무역이 이루어지기 전에는 포도주 1단위 생산이 국내에서 소비할 수 있는 유일한 포도주 소비량이지만 한국과의 교역 이후에는 1과 1/3단위의 포도주를 국내에서 소비할 수 있으므로 여분의 1/3단위가 바로 국제무역을 통한 이익이 되는 것이다. 국제교역을 통한 한국의 이익은 다음과 같다. 한국은 11명의 노동을 모두 직물 생산에 투입하여 직물을 2과 1/5만큼 생산하고, 1과 1/5을 소비하고 1을 수출한다. 그리고 포도주 1단위를 수입한다. 따라서 직물 1/5을 더 소비할 수 있으므로 한국의 경우 직물 1/5단위가 무역의 이익이 된다.

리카도는 노동의 한계생산물(MP_N)은 상품의 생산량과 관계없이 일정한 것으로 가정하고 있다. 한계생산물이 일정하다는 것은 한 상품생산을 위한 다른 상품생산의 기회비용이 일정하다는 의미가 된다. 기회비용 일정의 원리는 한 나라가 비교우위에 있는 상품만을 생산하게 된다는 비현실적 논리로 나타난다. 또한 리카도는 노동가치설을 신봉하였으므로 자본, 토지 등 노동 이외의 생산요소를 포괄하지 못하여 상품생산에 있어서의 생산요소들 간의 대체관계를 간과하였다.[2]

그럼에도 불구하고 앞에서 지적하였듯이 리카도의 비교생산비설은 비록 어느 국가가 상품의 생산에 절대열위에 있다고 하더라도 비교우위의 상품생산이 있게 마련이고, 따라서 국제무역은 각 국가간에 이익을 가져다 준다는 논리를 제시함으로써 국제무역이론의 초석을 다졌다는 점에서 큰 의의가 있다고 할 수 있다.

•관련인물• 비교우위론으로 자유무역을 옹호한 리카도

베이비드 리카도(David Ricardo, 1722~1823)

주요 경력
- 1819~1823: 영국 하원 의원

주요 저서
- 1810: 『금의 가격』
- 1815: 『이윤론』
- 1817: 『정치경제학 및 과세의 원리』

리카도는 1772년 유대인 이민자의 아들로 태어났다. 그의 아버지 에이브러햄 리카도(Abraham Ricardo)는 런던에서 주식거래업에 종사하고 있었는데, 리카도는 일찌감치 학업을 포기하고 14살 때부터 아버지 일을 도왔다. 어린 시절부터 실무를 배운 리카도는 20살 무렵에 이미 업계의 실력자로 떠올랐다. 리카도는 퀘이커 교도의 딸인 프리실라 윌킨슨(Priscilla Anne Wilkinson)과 사랑에

2) 리카도는 상품의 가치는 그 상품생산에 투하된 노동의 크기에 의하여 결정되어야 한다는 노동가치설을 주장하였다. 자본이나 토지 등의 생산요소도 결국 사전에 노동이 투입된 결과라고 보았다.

빠지지만 집에서 결혼을 반대하자 아버지와 의절하고 21살 때 독립한다. 이후 리카도는 국채인수 등에서 뛰어난 수완을 발휘하여 큰 성공을 거둔다.

그가 경제학을 접한 것은 우연한 계기에서였다. 1799년 영국 남서부의 온천 휴양지 바스(Bath)에서 휴가를 즐기고 있던 리카도는 무료함을 달래기 위해 아담 스미스(Adam Smith)의 『국부론』(1776)을 읽게 된다. 『국부론』에 크게 감명받은 리카도는 27살의 나이에 경제학 공부를 시작하기로 마음먹는다. 독학으로 경제학 공부에 몰두한 그는 경제와 관련된 신문 기사나 소논문을 저술하면서 조금씩 명성을 쌓아나간다.

1817년에는 주위 사람들의 권유로 『정치경제학 및 과세의 원리』란 책을 펴내는데, 이 책은 『국부론』 이후의 경제학 이론들을 집대성한 명저로 평가받고 있다. 리카도는 이 책에서 비교우위론을 근거로 자유무역의 필요성을 주장했다.

그의 비교우위론은 국제무역은 절대우위에서 발생한다고 본 아담 스미스의 견해를 뒤집는 것이었다. 스미스는 영국의 와인 생산비가 프랑스보다 낮아진다면 영국은 프랑스로부터 와인을 수입할 이유가 전혀 없다고 말했는데, 이는 절대우위론에 근거한 것으로 볼 수 있다. 절대우위론에 따르면 각국은 타국에 비해 더 적은 비용으로 생산할 수 있는 제품들을 수출한다. 그런데 선진국은 후진국에 비해 거의 모든 상품생산에 절대우위를 가지고 있는 경우가 많기 때문에 절대우위론은 선진국과 후진국 사이에 무역이 발생하는 원인은 잘 설명하지 못한다.

하지만 리카도가 비교우위이론을 내놓으면서 비교우위에 의해 국제무역이 발생하고, 이것이 모든 나라에게 이익이 된다는 사실이 밝혀졌다. 리카도가 예로 든 영국과 포르투갈의 교역에서 두 나라는 모직물과 와인 두 상품만을 생산한다. 그리고 포르투갈은 두 상품 모두를 영국보다 낮은 비용으로 생산할 수 있다. 그러나 기회비용을 비교하면 포르투갈은 와인 생산에, 영국은 모직물 생산에 비교우위가 있다. 이 경우 양국이 문을 닫고 교역을 하지 않는 것보다는 각각 와인과 모직물 생산에 특화해 교환하는 것이 더 이득이 된다. 영국이 자국 기후에 잘 맞지 않는 와인을 생산하려 노력하는 대신 포르투갈에서 수입을 하고, 그 생산에 투입될 노동력과 자원을 모직물 생산에 투입하는 것이 훨씬 효율적이라는 얘기다.

대학 문턱을 밟지 못했음에도 불구하고 비교우위론을 비롯한 뛰어난 이론들을 만들어낸 리카도는 그 누구와 비교해도 손색없는 훌륭한 경제학자임에 틀림없다.

2. 근대적 무역이론: 생산가능성곡선을 통한 무역의 이익

1) 기회비용이 불변일 경우

앞에서 지적한 대로 노동의 한계생산물이 일정하다는 것은 기회비용이 불변이고 생산가능곡선이 직선이 됨을 의미한다. 생산가능곡선을 통해서 리카도의 비교우위설에 따른 무역의 이익을 좀 더 구체적으로 살펴보자.

[그림 24-1](a)에 표시된 한국의 생산가능곡선은 한국이 직물 1단위를 더 생산하기 위하여 포도주 5/6단위의 생산을 포기해야 하며 포도주 1단위를 더 생산하기 위해서는 직물 6/5단위의 생산을 희생해야 함을 보여주고 있다. 즉, 직물

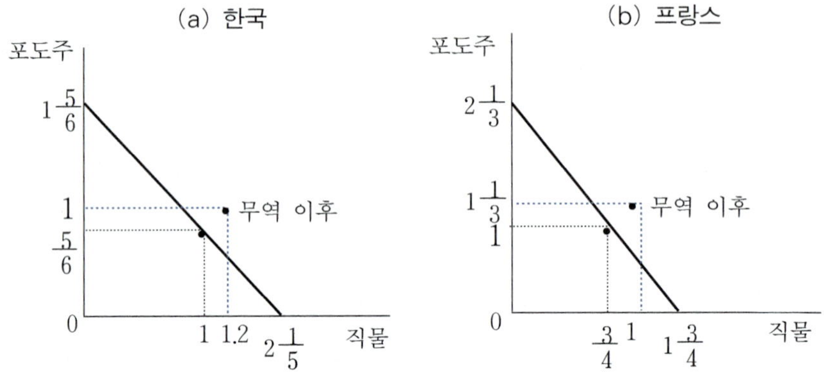

[그림 24-1] 한국과 프랑스의 생산가능곡선(기회비용이 불변이라고 가정함)

1단위의 기회비용은 포도주 5/6단위이고 포도주 1단위의 기회비용은 직물 6/5단위이다. [그림 24-1]에서 보듯이 생산가능곡선이 직선이기 때문에 직물과 포도주의 기회비용은 이 두 상품의 생산량에 관계없이 일정하다. 리카도의 노동가치설을 적용하면 생산가능곡선은 두 상품의 상대가격 또는 교환비율을 표시한다고 할 수 있다. 예컨대 직물 1단위를 더 생산하기 위해서는 5/6단위의 포도주 생산을 줄여야 한다는 것은 직물 1단위의 가격이 포도주 5/6단위라는 것을 의미한다.

[그림 24-1](b)에 표시된 프랑스의 생산가능곡선에 의하면 프랑스는 직물 1단위를 더 생산하기 위해서 4/3단위의 포도주 생산을 희생하여야 하며 포도주 1단위를 더 생산하기 위해서는 3/4단위의 직물생산을 줄여야 한다. 따라서 프랑스의 경우에는 직물 1단위의 가격(기회비용)은 4/3단위의 포도주이며 포도주 1단위의 가격은 3/4단위의 직물이 된다. 이때 직물과 포도주의 가격비는 1 : 4/3이 되어 직물과 포도주가 프랑스에서 1 : 4/3로 교환된다.

위의 분석을 통해 직물의 기회비용은 한국의 경우 5/6 단위의 포도주이며, 프랑스의 경우 4/3단위의 포도주이다. 따라서 한국은 직물의 기회비용이 프랑스보다 낮다. 이는 직물 1단위를 생산하기 위해 포기해야 하는 포도주의 양이 한국이 프랑스보다 낮다는 것을 의미하기 때문에 한국이 직물 생산에 비교우위가 있다고 한다. 반대로 포도주의 기회비용은 프랑스가 한국보다 낮다. 따라서 프랑스는 포도주생산에 비교우위가 있다.

자급자족의 폐쇄경제 하에서 한국의 경우 직물과 포도주간의 상대가격은 1 : 5/6로 거래된다. 무역을 통해 두 국가에 무역의 이익이 발생하기 위하여 한국과 프랑스가 무역을 하면 직물 1단위의 국제가격은 포도주 5/6단위(한국의 국내가격)와 포도주 4/3단위(프랑스의 국내가격) 사이에서 결정되어야 한다. 즉, 국제적인 상대가격이 포도주 5/6단위와 4/3단위 사이에서 결정되는 한 무역은 두 나라에게 모두 이익이 된다. 그러면 무역이 두 나라 모두에 어느 정도의 이익이 발생하는지 살펴보자.

한국과 프랑스 사이에 무역이 이루어지고 직물과 포도주에 대한 대외거래에서의 교환비율이 1 : 1이 되었다고 하자. 한국은 무역을 하지 않을 때는 1단위 직물을 덜 생산하면 포도주 5/6단위를 얻을 수 있는데 무역을 하면 직물 1단위를 희생(수출)하여 포도주 1단위를 얻을(수입) 수 있게 된다.

이 경우 한국은 모든 생산요소를 전부 투입하여(즉, 직물생산에 완전 특화하여) 그것을 프랑스에 수출하며 그 대가로 프랑스로부터 포도주를 수입하면 무역 전보다 이익을 얻게 된다. 한국이 11명의 노동을 직물생산에 투입하면 2와 1/5단위의 직물을 생산할 수 있다. 이 중 1단위의 직물을 프랑스에 수출하고 그 대신 1단위의 포도주를 수입하면 한국의 직물과 포도주에 대한 소비는 각각 1.2단위와 1단위가 된다.

무역 이전과 무역 이후를 비교하면 무역 후에 직물에 대한 소비가 0.2 단위 더 늘어나서 사회 전체의 효용이 증가한다. 같은 논리로 프랑스는 포도주생산에 특화하여 포도주를 수출하고 직물을 수입하면 사회 전체의 효용이 포도주소비의 증대에 따라 늘어나게 된다.

한국과 프랑스간에 무역이 이루어지면 포도주 1단위의 국제적인 상대가격은 3/4단위의 직물(프랑스의 국내가격)과 6/5단위의 직물(한국의 국내가격) 사이에서 결정된다. 앞에서 논의되었듯이 직물과 포도주가 국제거래에서 1 : 1로 교환되면 프랑스는 7명의 노동을 포도주생산에 투입하여 포도주 2와 1/3단위를 생산한다. 이 중 포도주 1단위를 수출하여 직물 1단위를 수입하면 프랑스의 직물과 포도주에 대한 소비는 각각 1단위와 1과 1/3단위로서 무역 이전보다 포도주 소비수준이 1/3단위 더 많아지게 됨으로써 무역의 이익이 생기게 되는 것이다. 이상의 내용을 요약하면 〈표 24-3〉과 같다.

리카도의 비교생산비설은 19세기 자유무역주의의 이론적 근거가 되었으나 앞에서도 지적했듯이 오직 노동만 상품가치의 척도이며 노동의 한계생산성이 일정하여 두 상품간의 생산가능곡선이 직선으로 나타나고(상품생산의 기회비용이 일정) 비교열위에 있는 상품은 전혀 생산하지 않고 비교우위에 있는 상품만을 생산하게(완전 특화) 된다는 것으로 귀결됨으로써 논리가 너무 단순하고 비현실적이라는 비판을 받아왔다.

〈표 24-3〉 한국과 프랑스의 기회비용과 무역이익

항목 \ 국가	a) 한국	b) 프랑스
기회비용	직물 1단위 = 포도주 $\frac{5}{6}$ 단위 포도주 1단위 = 직물 $\frac{6}{5}$ 단위	직물 1단위 = 포도주 $\frac{4}{3}$ 단위 포도주 1단위 = 직물 $\frac{3}{4}$ 단위
비교우위	한국의 직물 기회비용이 프랑스보다 낮고, 프랑스의 포도주 기회비용은 한국보다 낮다. 따라서 한국은 직물 생산에, 프랑스는 포도주 생산에 비교우위가 있다.	
특화부문	직물에 완전 특화	포도주에 완전 특화
교환비율	직물:포도주 = 1:1	
무역이익	직물 $2\frac{1}{5}$ 생산, $1\frac{1}{5}$ 을 소비하고 1을 수출, $\frac{1}{5}$ 더 소비, 포도주 1을 수입	직물 1 수입, 포도주 $1\frac{1}{3}$ 을 생산, 1을 수출 하고 $\frac{1}{3}$ 을 더 소비

2) 기회비용이 체증하는 경우

앞에서 지적한대로 리카도의 비교생산비설에 의한 국제무역의 이론은 단일생산요소(노동)와 기회비용 일정불변의 가정과 이에 따른 비교우위에 있는 상품만 생산하게 되는 결과를 가져오게 되어 비현실적이다.

이러한 리카도의 비현실적 가정들을 제거하여 국제무역의 이익을 논의하고자 하는 것은 기회비용 일정 불변대신 기회비용체증의 원칙을 적용하고 있다. 이 경우 한 국가의 생산가능곡선은 원점에 대하여 오목하게 나타난다. 또한 사회구성원들의 선호가 똑같다는 가정을 하고 있으므로 이 경우 대표소비자의 무차별곡선이 바로 사회무차별곡선이 된다.

[그림 24-2]에서 기회비용체증의 생산가능곡선은 원점에 대하여 오목하며 한 경제의 모든 활용 가능한 자원을 가장 효율적으로 사용하였을 때 생산할 수 있는 직물과 포도주의 생산물조합을 나타내고 있다. 생산가능곡선과 사회무차별곡선(U_1)이 접하는 점(E)은 한 경제의 모든 자원을 가장 효율적으로 사용하면서 동시에 사회구성원들의 만족을 극대화시키는 점이다.

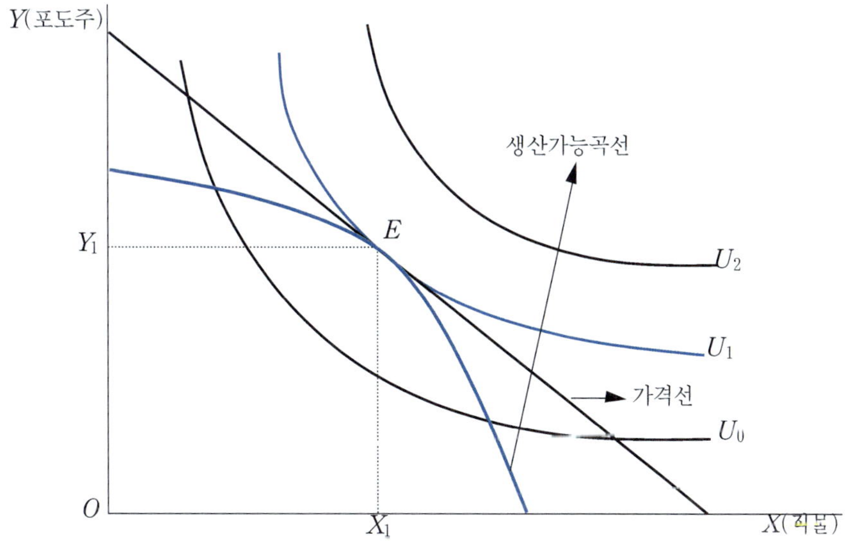

[그림 24-2] 기회비용체증하의 생산가능곡선과 사회무차별곡선

한 국가가 다른 국가와 무역을 하지 않는 자급자족경제(autarky)에서는 직물을 X_1, 포도주를 Y_1만큼 생산하는 것이 사회 전체의 효용을 극대화하는 생산 수준이 된다.

[그림 24-2]에서 생산가능곡선과 사회무차별곡선이 점 E에서 접하고 있기 때문에 이 점에서 두 곡선의 기울기는 일치한다.

점 E에서 두 곡선의 기울기가 같다는 것은 생산가능곡선의 한계변환율(MRT_{XY})과 무차별곡선의 한계대체율(MRS_{XY})이 일치한다는 것을 의미하고 가격선이 (생산가능곡선뿐만 아니라) 무차별곡선과 접하고 있기 때문에 한계대체율은 X재와 Y재의 가격비 $\left(\frac{P_X}{P_Y}\right)$와 같다.3) 따라서 점 E는 자급자족경제 하에서 최적의 생산물구성과 사회구성원들의 소비점을 보여주고 있다.

자급자족경제에서 한 국가는 X_1만큼의 직물과 Y_1만큼의 포도주를 생산하고

3) 한계변환율(MRT_{XY})은 한 국가가 X재를 한 단위 더 생산하기 위해서 몇 단위의 Y재 생산을 포기해야 하는가를 나타내고 한계대체율(MRS_{XY})은 한 소비자가 주어진 예산하에서 X재 한 단위를 더 소비하기 위해서 Y재 몇 단위의 소비를 포기해야 하는가를 보여준다. 여기서는 모든 소비자의 선호가 동일하다고 가정하기 때문에 MRS_{XY}는 바로 사회 MRS_{XY}를 나타낸다. 동시에 두 곡선의 기울기가 같기 때문에 X재와 Y재의 가격비와 일치하고 따라서 $MRT_{XT}=MRS_{XY}=\frac{P_X}{P_Y}$의 조건이 성립한다.

소비하는 것이 주어진 자원 내에서 사회 전체의 만족을 극대화한다고 할 수 있다.

만약에 한 나라가 다른 나라와 무역을 해서 사회 전체의 효용이 자급자족 경제의 경우보다 커진다면 그것이 바로 무역의 이익이 되는 것이다. 이제 기회비용체증의 생산가능곡선과 사회무차별곡선을 이용하여 무역의 이익을 살펴보기로 하자.

앞의 내용에서 한국은 직물생산에 비교우위가 있고 프랑스는 포도주생산에 비교우위가 있다. 한국이 프랑스와 무역을 하게 되면 비교우위가 있는 직물을 프랑스에 수출하고 프랑스로부터 포도주를 수입한다. 이 무역으로 인하여 직물의 국제적인 상대가격은 국내 상대가격보다 높아진다고 앞에서 지적하였다. 즉, 한국의 입장에서 포도주 수량으로 표시한 직물의 상대가격(P_X/P_Y)이 무역 전보다 높아지는 것이다. 직물의 국제적인 상대가격이 높아지면 [그림 24-3]에서 가격선 AB가 가팔라져서 $A'B'$로 이동하게 된다.[4] 새로운 가격선 $A'B'$와 생산가능곡선이 접하는 점(E_2)이 새로운 생산점이 되는 것이다.

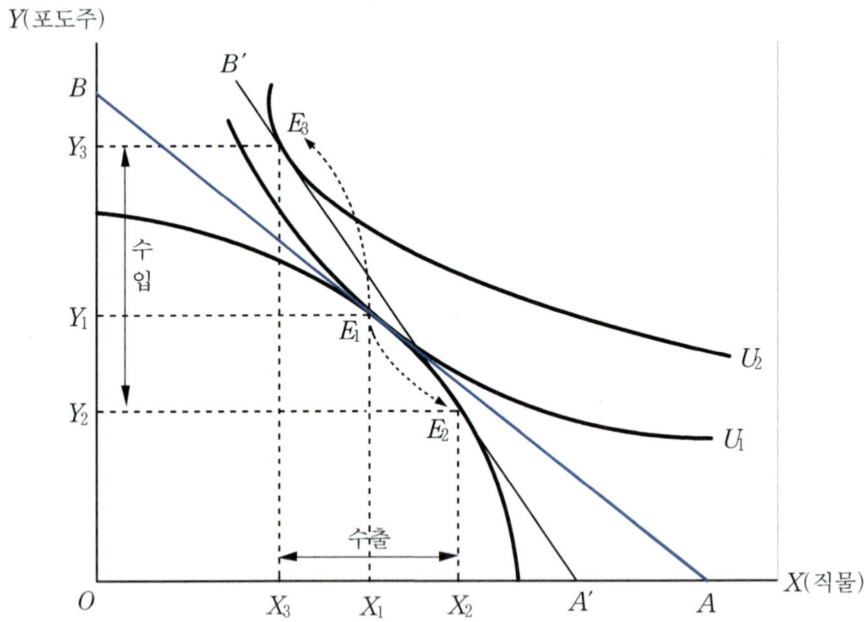

[그림 24-3] 개방경제의 국내생산, 국내소비와 무역의 이익

4) 무역을 하면 포도주의 국제가격은 종전의 국내가격보다 낮아지게 된다는 것은 앞에서 설명하였다.

[그림 24-3]에서 직물(X)과 포도주(Y)의 국제적인 상대가격은 $A'B'$의 기울기에 나타나 있다. 이 경우 한국은 국제가격선 $A'B'$와 무차별곡선 U_2가 접하는 E_3점에서 소비함으로써 사회구성원들의 효용수준이 높아지게 된다. 즉, 한국은 프랑스와 무역이 이루어진 후에 생산가능곡선 밖에 있는 E_3점을 소비할 수 있는데 이는 국제적인 상대가격비 $A'B'$에서 직물을 $(X_2 - X_3)$만큼을 수출하면 포도주를 $(Y_3 - Y_2)$만큼 수입할 수 있기 때문이다.

무역으로 인해 국내 생산점은 E_1에서 E_2로 바뀌고 국내 소비점은 E_1에서 E_3로 이동하여 무역 전보다 더 높은 효용을 얻게 된다. 이것이 바로 무역의 이익이 되는 것이다. 프랑스의 경우에도 포도주의 직물수량으로 표시한 상대가격이 무역 전보다 높아지기 때문에 무역의 이익을 얻을 수 있게 된다(프랑스의 무역의 이익은 독자들이 스스로 그림을 그려가면서 생각해 보기 바란다.).

[그림 24-3]에서처럼 생산가능곡선이 기회비용체증을 반영할 경우 각 나라는 비교우위를 가지는 상품에 완전특화하지 않고 부분특화를 하게 된다. 한국의 경우 비교우위를 가지는 직물을 $(X_2 - X_1)$만큼 더 생산하고 비교열위에 있는 포도주를 $(Y_1 - Y_2)$만큼 덜 생산한다. 하지만 포도주를 덜 생산할 뿐이지 리카도의 완전특화처럼 전혀 생산되지 않는 것은 아니다.

오늘날 국제거래에서 모든 나라가 어느 특정상품에 완전특화하지 않고 부분특화하고 비교열위에 있는 상품도 생산하고 있는 것이 일반적인 현상이라고 할 때 기회비용체증의 원칙을 반영한 생산가능곡선은 이처럼 일반적인 현상을 잘 설명해 주고 있다 하겠다.

3. 생산요소 부존량 차이의 원인; 헥셔-올린 정리와 레온티에프 역설

1) 헥셔-올린 정리

리카도의 비교생산비설은 비교우위의 원인이 각국의 상대적 생산비의 차이에 있다는 것을 설명하고 있으나 생산비의 차이가 생기는 원인에 대하여는 아무런 설명이 없다. 각국의 생산비에 차이가 생기는 원인에 대하여는 1930년대에 헥셔(E. Heckscher)와 올린(B. Ohlin)이 각국간에 생산함수와 수요구조가 동일하다고 하더라도 생산요소 부존량에 차이가 나면 상품생산에 투입된 생산요소 집약도에 차이가 나서 상대적 생산비의 차이가 발생한다는 것을 처음으로 지적하였다.5)

즉, 비교우위의 원인은 국가별 생산요소 부존량의 크기와 생산요소 집약도의 차이에 있다고 분석한 무역이론이 헥셔-올린 정리(Heckscher-Ohlin theorem)이다. 헥셔-올린 정리는 다음의 아홉 가지 가정 위에 서 있다.

① 2국-2재-2요소의 구조를 고려한다. 즉, 두 생산요소는 노동과 자본이며, 두 재화는 의류와 기계이다.

② 양국간의 생산기술, 즉 생산함수가 동일하다.

③ 생산기술은 규모에 대한 수확불변(constant returns to scale)을 만족시킨다.

④ 의류의 생산은 언제나 기계의 생산보다 노동집약적인 생산방법을 사용한다. 이것은 기계생산은 언제나 의류생산보다 자본집약적인 생산방법을 사용한다는 것을 의미한다.

⑤ 완전특화는 이루어지지 않는다. 즉, 한 나라가 한 가지 재화만 생산하는 일은 없다.

⑥ 생산물시장과 생산요소시장이 완전경쟁의 상태에 있다.

⑦ 국가간에는 생산요소의 이동이 없다.

⑧ 양국간에 기호의 패턴이 큰 차이가 없다. 즉, 양국간의 수요의 패턴이 같다.

⑨ 양국간의 무역은 자유롭게 이루어지며 국제화물운송에서 운송비는 없다.

이러한 가정 하에서 헥셔-올린 정리는 다음의 두 가지 명제를 제시하고 있다.

첫째, 무역당사국 각각이 상대적으로 풍부한 생산요소를 많이 사용하여 생산되는 상품에 비교우위가 있다. 예컨대 한국은 노동이 상대적으로 풍부하므로 노동을 많이 필요로 하는 직물생산에 비교우위가 있고, 미국은 토지가 풍부하므로 토지를 많이 필요로 하는 농산물생산에 비교우위가 있다는 것이다.

둘째 명제는 생산요소가 한 나라에서 다른 나라로 이동하지 않더라도 그 생산요소를 사용해서 만든 상품이 국제무역을 통해 거래되면 생산요소의 상대가격이 국제간에 같게 되는 경향이 나타난다는 것이다. 이것을 요소가격 균등화 정리(factor price equalization theorem)라고 한다(자유무역을 통해 요소의 상대가격이 국제간에 균등하게 되는 경향이 있다는 것).

예컨대 한국은 노동집약적인 직물생산에 특화함으로써 노동에 대한 수요가

5) 각국의 생산비에 차이가 발생하는 원인이 생산요소부존량의 차이 때문이라고 처음으로 밝힌 경제학자가 스웨덴의 헥셔(E. Heckscher)이고 이 이론은 헥셔의 제자 올린(B. Ohlin)에 의해 더욱 발전되었기 때문에 '헥셔-올린 정리'라고 부른다.

증가하게 되고 따라서 임금이 상승하며, 미국의 경우 토지에 대한 수요의 증가로 지대가 상승하게 될 것이다. 따라서 한국의 임금수준은 미국의 임금수준과 같아질 것이며 미국의 지대는 한국의 지대와 같게 될 것이다.

2) 레온티에프 역설

헥셔-올린 정리의 첫 번째 명제에 따르면 자본이 상대적으로 풍부한 나라는 자본집약적인 상품을 수출하고 노동집약적인 상품을 수입하게 된다. 미국의 경우 자본이 풍부한 나라이기 때문에 자본집약적인 상품을 수출하고 노동집약적인 상품을 수입할 것이다.

그런데 미국의 경제학자 레온티에프(W. Leontief)는 미국의 자료를 분석한 결과 헥셔-올린 정리의 첫 번째 명제와는 정반대의 사실을 발견하였다. 레온티에프는 1947년의 미국 산업연관표(Input-Output Table)를 이용하여 100만 달러의 수출상품을 생산하는데 필요한 노동량과 자본량을 계산하고 동시에 100만 달러의 수입상품을 수입하지 않고 자국에서 생산할 경우에 필요한 노동량과 자본량을 계산해 본 결과, 100만 달러의 수입상품을 국내에서 생산하는 것이 100만 달러의 수출상품을 생산하는 것보다 자본량을 상대적으로 더 필요로 한다는 것을 발견하였다. 즉, 다른 나라에 비해 상대적으로 자본이 풍부한 나라로 생각되는 미국이 헥셔-올린 정리의 첫 번째 명제와는 반대로 자본집약적인 상품을 수입하고 노동집약적인 상품을 수출한다는 사실을 발견하였다. 이것을 레온티에프의 역설(Leontief paradox)이라고 한다. 레온티에프는 이러한 결과에 대한 원인을 미국 노동자들의 높은 노동생산성에서 찾고 있다. 즉, 미국 노동자의 생산성이 다른 나라에 비해서 상대적으로 높기 때문에 미국이 양적으로 볼 때는 자본집약국이지만 노동생산성으로 볼 때는 노동집약국이라는 것이다.

4. 현대적 무역이론

1) 제품수명주기이론

제품수명주기이론(product life cycle theory)은 선진국 기업들이 신제품을 개발한 후 그 제품이 점차 성숙단계에 듦에 따라 이들 제품의 생산을 비용이 낮은

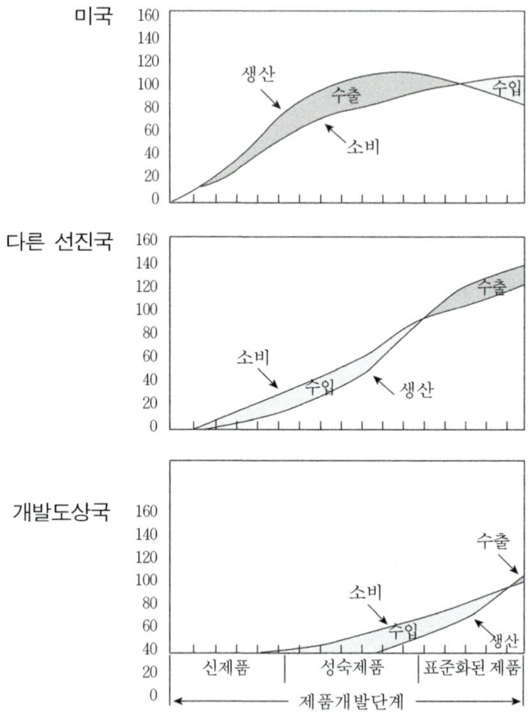

자료 : R. Vernon and L.T.Wells, The Economic Environment of International Business, 4th ed., Englewood Cliffs, N.J. : Prentice-Hall, 1986.
장세진, "글로벌 경영", 박영사, 2003년, p. 69.

[그림 24-4] 제품수명주기이론

개발도상국으로 이전하는 과정을 따라 국제무역패턴이 나타난다는 것을 밝힌 이론이다. 신제품이 처음 개발되었을 때는 개발된 그 나라에서 주로 생산이 이루어진다. 왜냐하면 신제품개발의 초기단계에 있어서는 소비자들의 선호를 민첩하게 파악하여, 제품을 자주 변경해야 하므로 그 제품이 개발된 국가에 위치하여 생산하는 것이 더 유리하기 때문이다. 그러나 그 신제품이 시장에서 널리 받아들여지게 되고 제품이 성숙기에 접어들게 됨에 따라 점차 소비자와 밀접하게 정보를 교환할 필요가 없어지게 된다. 결국 성숙단계에 이르면 이미 표준화된 제품을 어떻게 값싸게 만들 것인가가 중요한 관심사가 된다.

[그림 24-4]와 같이 제품이 도입기를 지나 성장기를 거쳐 성숙기, 쇠퇴기에 도달함에 따라 생산시설이 점차 신제품 개발국이었던 미국으로부터 다른 선진국

으로, 다시 개발도상국으로 이전되고 미국은 해외 생산기지로부터의 수입에 의존하게 되어 미국의 국제무역패턴이 제품의 도입단계에서는 해외에 수출을 하게 되지만 성숙단계에서는 오히려 그 제품을 수입하는 현상을 빚게 된다는 이론이다.

이와 같은 제품수명이론은 과거 1960년대와 1970년대에 미국이 전세계에서 신제품 개발을 주도할 때, 미국기업의 해외투자와 수출・수입패턴을 잘 설명했던 이론으로 평가받고 있다. 그러나 글로벌경쟁이 심화되어 전세계적으로 많은 기술혁신기업이 발생하고 있는 요즈음에는 그 이론의 적용가능성에 대해 많은 의문이 제기되고 있다. 더구나 최근에는 다국적기업에 의해 첨단제품마저도 전세계에서 동시다발적으로 생산 및 판매가 이루어질 수가 있고, 인터넷의 영향으로 전세계가 하나의 시장으로 통합되고 있기 때문에 반드시 선진국에서 먼저 생산하여 후진국으로 이전된다는 보장이 없다.

2) 신무역이론

신무역이론(new trade theory)은 1970년대부터 새롭게 연구되고 있는 국제무역이론이다. 이 이론은 특히 경제학에서 산업조직이론과 국제무역이론을 결합하여 산업의 특성이 국제무역패턴을 일으킨다고 설명한다.

따라서 이와 같이 엄청난 규모의 경제가 있는 산업에서는 세계적으로 소수의 기업만이 살아남을 수 있다. 이러한 소수의 기업들은 이 산업에 일찍부터 진출했던 기업으로서 이들 기업을 가진 국가에서는 수출을 하게 되고 그렇지 않은 국가는 수입을 한다는 것이 이러한 신무역이론에서 제시하는 일부 산업에서의 국제무역패턴이다.

이들 이론은 전통적인 무역이론과 배치되는 면이 존재한다. 이들 신무역이론은 정부의 역할에 대해서도 기존의 무역이론과 상이한 입장을 취하고 있다. 즉, 선점효과(first mover's advantage)와 규모의 경제가 높은 산업에서는 정부의 전략적 무역정책(strategic trade policy)이 중요한 역할을 한다는 주장은 기존의 무역이론들이 정부간섭의 배제를 주장하는 것과는 큰 차이가 있다.

3) 포터의 경쟁우위이론

Porter는 1990년 각국의 경쟁우위가 어디에서 비롯되는가를 보다 체계적으로 분석하는 분석틀을 제공하였다. [그림 24-5]에서 보는 바와 같이 포터의 국가

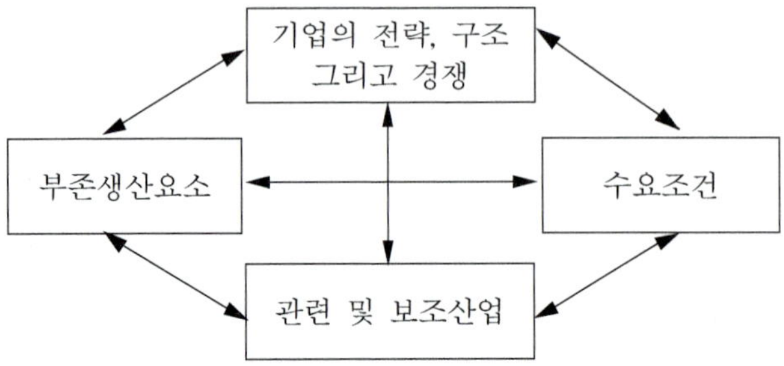

자료 : Michael E. Porter, "The Competitive Advantage of Nations", Harvard Business Review, March-April 1990, p. 77.
장제진, "글로벌 경영", 박영사, 2003년, p. 72.

[그림 24-5] 경쟁력우위

경쟁력이론은 경쟁우위의 근본을 크게 네 가지 요소에서 찾고 있다.

즉, 부존생산요소(factor endowment), 관련 및 보조산업(related and supportive industry), 수요조건(demand condition), 그리고 기업의 전략과 구조, 그리고 경쟁(firm strategy, structure, and rivalry)에 의하여 결정된다고 보았다. 포터는 이들 네 가지 요소를 네 개의 다이아몬드라고 명명하였다. 이들 네 가지 요소는 서로 상호간에 영향을 주는 요소로 파악되고 있다.

먼저 부존요소는 Heckscher-Ohlin이론에서 살펴본 바와 같이 각국의 경쟁력 있는 사업을 결정하는 가장 중요한 요소이다. 포터는 이들 부존자원을 보다 자세하게 나누었다. 먼저 기본요소로서는 자연자원, 기후, 위치, 그리고 인구분포 등이 해당되고, 고급요소로는 통신, 하부구조(infrastructure), 기술인력, 연구시설, 기술노하우와 같은 것을 의미한다. 그는 이들 고급요소가 경쟁우위를 창출하는 데 더욱 중요한 역할을 한다고 보았다.

수요조건이란 경쟁우위를 더욱 개선·발전시키는 자극을 주는 국내수요가 존재하는가의 여부이다. 포터는 이와 같은 소비자들의 존재가 기업의 경쟁력을 강화시키는 데 중요한 필요요소라고 지적하였다.

관련 및 보조산업은 국제적으로 경쟁력을 가지기 위해서는 이 산업에 필요한 중간재를 공급하는 산업과 관련산업의 기술진보가 선행되어야 한다는 것이다. 즉, 스위스의 제약산업이 크게 경쟁력이 있는 것은 스위스의 기초화학산업이 발달했기 때문으로 설명되고 있다.

마지막으로 국가경쟁력에 영향을 주는 요소는 기업의 전략과 구조, 그리고 경쟁이다. 국내에서 기업간의 경쟁이 치열하면 치열할수록 국제경쟁력이 더 크게 증가한다고 보았다. 이와 같은 포터의 이론은 기존의 Heckscher-Ohlin이론을 보다 구체화하였다는 평가를 받고 있다.

제 2 절 교역조건의 결정과 변동

1. 교역조건

교역조건(terms of trade)이란 수출·수입상품의 교환비율을 말한다. 교역조건은 일반적으로 수입상품 수량을 수출상품 수량으로 나눈 값으로 표시하거나 아니면 수출상품 가격을 수입상품 가격으로 나눈 값으로 나타낸다. 따라서 교역조건은 수출상품 1단위가 수입상품 몇 단위와 교환되는가를 나타낸다고 할 수 있다. 예컨대 교역조건이 1보다 크면 수출상품 1단위로 수입상품을 1단위 이상 구입할 수 있음을 의미한다. 따라서 교역조건이 1보다 크면 자국에 유리하다고 하고 1보다 작으면 불리하다고 한다.

✔ 교역조건 : 수출상품 1단위와 교환되는 수입상품 수량을 말한다. 즉, 수입상품으로 표시한 수출상품의 교환가치이다. 이를 식으로 나타내면

$$\text{교역조건} = \frac{\text{수입상품수량}}{\text{수출상품수량}} = \frac{\text{수출상품가격}}{\text{수입상품가격}}$$

앞에서 교역조건이란 수출상품과 수입상품의 가격비라고 설명하였다. 그러나 한 나라의 수출·입상품은 여러 가지 상품이 포함된다. 따라서 수출·입상품 가격을 여러 가지 상품에 대하여 계산한 수출물가지수와 수입물가지수로 대체하여 계산한다. 즉,

$$\text{교역조건} = \frac{\text{수출물가지수}}{\text{수입물가지수}},$$

$$수출물가지수 = \frac{비교년도\ 수출가격}{기준년도\ 수출가격} \times 100,$$

$$수입물가지수 = \frac{비교년도\ 수입가격}{기준년도\ 수입가격} \times 100$$

로 나타낸다.

이것이 바로 일반적으로 말하는 교역조건이다.

2. 교역조건의 변동

교역조건은 실제로 수출상품과 수입상품이 다양하므로 수출・입상품 가격을 여러 상품에 대하여 종합적으로 계산한 수출물가지수와 수입물가지수의 비율로 나타난다고 앞에서 지적하였다. 즉, 교역조건은 아래와 같다.

$$교역조건 = \frac{수출물가지수}{수입물가지수}$$

한편, 교역조건의 변동을 가져오는 요인으로는 다음과 같은 것을 지적할 수 있다.

① 환율 : 환율↑→수출품의 미래가치↓→교역조건 불리
② 해외수요 : 해외소득↑→재화수요↑→공산품의 소득탄력성↑
③ 경기순환

첫째, 교역조건은 환율의 변동에 영향을 받는다. 예컨대 환율이 인상되면(평가절하) 수출상품가격은 하락하고 수입상품가격은 상승하기 때문에 교역조건이 악화된다.[6] 따라서 국제수지의 악화를 타개하기 위하여 덤핑, 환율인상 등을 강행하게 되면 교역조건은 악화된다.[7] 반면에 환율인하는 교역조건을 개선하게

---

6) 만약 환율이 \$1=₩800에서 \$1=₩1,000이 되면 8천원짜리 수출품 가격은 \$10에서 \$8로 하락하게 된다. 반면에 수입품의 경우 \$10짜리 수입품의 국내가격은 8,000원에서 10,000원으로 상승하게 된다.

7) 예컨대 수출상품 1단위의 국내가격이 1,600원이고 수입상품 1단위에 국제가격이 2달러이며 \$화 대 원화의 교환비율이 1 : 800이라면

될 것이다.

한편, 환율을 인상시키면 수출품의 가격은 하락하고 수입품의 가격은 상승하므로 수출은 증가하고 수입은 감소하여 무역수지는 개선될 수 있다.[8]

둘째, 교역조건은 세계시장에서의 수요·공급사정에 의해서 영향을 받게 된다. 경제성장의 결과로 소득이 증대하게 되면 재화에 대한 수요가 늘어나고 특히 공산품의 소득탄력도가 농산품의 그것보다 크기 때문에 공산품의 가격이 상대적으로 더 빨리 증가하므로 공산품에 대한 농산물의 교역조건은 장기적으로 보아 불리해진다.

셋째, 경기순환과정이 교역조건에 영향을 미친다. 특히 농산품에 대한 수요와 공급은 비탄력적이기 때문에 경기 상승기에는 교역조건이 농업국에 유리하게 되고 경기 침체기에는 교역조건이 농업국에 불리하게 된다.

3. 교역조건의 결정

두 나라간에 교역되는 재화의 교환비율을 나타내는 교역조건은 두 나라의 교역량이 일치하는 수준에서 결정된다. 그런데 앞에서 논의한 비교생산비설은 교역조건의 상한과 하한을 알려줄 수는 있으나 거래되는 재화의 교환비율, 즉 교

$$\text{교역조건} = \frac{1,600}{1,600} = 1\text{이 된다.}$$

즉, 이 것은 수출상품 1단위와 수입상품 1단위가 교환됨을 의미한다. 그런데 환율이 $1=₩1,000으로 오르게 되면 교역조건 $0.8(=\frac{1,600}{2,000})$이 되어 수출상품 1단위와 수입상품 0.8단위가 교환되므로 교역조건은 악화된다고 할 수 있다.

지금까지의 논의는 상품교역조건에 관한 것이었다. 교역조건에 있어서 또 하나의 개념으로 소득교역조건(income term of trade)이 있다.

$$\text{소득교역조건} = \frac{\text{수출물가지수}}{\text{수입물가지수}} \times \text{수출수량지수}$$

수입물가지수에는 아무런 변동이 없는데 국내생산기술의 발달로 인하여 수출상품의 생산비가 인하되어 상품의 가격이 하락하면 상품교역조건이 악화될 수 있다. 그러나 수출이 동시에 늘어나서 수출수량지수는 높아진 것이므로 소득교역조건은 유리해 질 수 있다. 따라서 생산기술향상에 따른 상품교역조건은 악화되더라도 소득교역조건은 개선될 수 있으므로 국가경제적으로 바람직하다 할 것이다.

8) 환율상승이 무역수지를 개선시킨다는 보장은 없다. 즉, 수출품의 가격하락에 따른 해외수요가 탄력적이어야 하며 동시에 수입품가격 상승에 이은 국내수요 역시 탄력적이어야 한다. 우리나라의 환율이 급등하고 있음에도 무역수지가 개선되지 않는 경우가 있는데 이는 우리와 경쟁국인 일본의 대미 달러 환율이 더 큰 폭으로 증가하는 경우에 발생할 수 있다. 환율변동이 한 나라의 무역수지에 어떤 영향을 미치는가는 이러한 여러 가지 내적·외적 상황을 동시에 고려해야만 파악할 수 있다.

역조건을 정확하게 알려주는 것은 아니다.

교역조건의 결정을 설명하는 이론은 상호수요의 원리(principle of reciprocal demand)로서 이 원리에 따르면 양국이 상호 수요하고 공급하려는 상품의 양이 균형을 이루는 점에서 교역조건이 결정된다는 것이다.[9]

상호수요의 원리에 따른 상호수요곡선은 각각의 교역조건에서 무역당사국 각자가 얼마만큼을 수입하고 얼마만큼을 수출하고자 하는가를 표시하여 주는 곡선, 다시 말해서 교역조건변동에 대해 한 국가가 수출하고자 하는 재화와 수입하고자 하는 재화를 표시하는 곡선으로서 오퍼 곡선(offer curve)이라고도 하는데, 한 나라의 상호수요곡선은 그 나라의 생산가능곡선과 사회무차별곡선으로부터 도출할 수 있다. 이제 두 나라의 상호수요곡선이 [그림 24-6]과 같이 주어졌다면(상호수요곡선의 도출은 부록을 참고할 것), 직물과 포도주의 균형국제가격비, 즉 균형교역조건을 얻을 수 있다. 직물과 포도주간의 균형교역조건은 두 나라의 상호수요곡선이 만나는 점에서 결정된다.

[그림 24-6]에서 한국과 프랑스의 상호수요곡선이 J점에서 만날 때 직물과 포도주의 균형조건은 OT의 기울기로 나타난다. 만약 가격비가 OS의 기울기인 경우 한국은 K점에서 직물을 OX_1 만큼 수출하고 포도주를 OY_1 만큼 수입하고자 하는데 비하여, 프랑스는 M점에서 OY_3 만큼의 포도주를 수출하고 OX_3 만큼의 직물을 수입하고자 한다. 따라서 국제시장에서 직물은 X_1X_3 만큼의 초과수요 상태이고 포도주는 Y_1Y_3 만큼의 초과공급 상태가 된다. 따라서 포도주의 국제가격은 하락하고 직물의 국제가격은 상승하여 국제가격비는 OS에서 OT로 접근하게 된다. 반면에 직물과 포도주의 국제가격비가 OS'라면 직물이 초과공급 상태이고 포도주가 초과수요 상태에 있는 경우이므로 직물가격은 하락하고 포도주가격은 상승하여 국제가격비는 OT로 접근하게 되는 것이다. 따라서 직물과 포도주의 국제가격비는 OT에서 균형이 이루어져서 직물과 포도주의 교역량이 유일하게 결정된다. 균형점 J에서 한국은 국제가격비 OT에서 OX_2의 직물을 수출하고 OY_2의 포도주를 수입하게 되며 프랑스는 OX_2의 포도주를 수출하게 된다. 따라서 두 나라간의 직물과 포도주에 대한 상호수요공급은 일치하고 균형교역조건은 OT 선에서 결정되는 것이다.

---

9) 이 원리는 밀(J.S. Mill)에 의해서 제기되었고 마샬(A. Mashall)에 의해서 도식화되었다. 상호수요곡선의 도출은 부록을 참조바람.

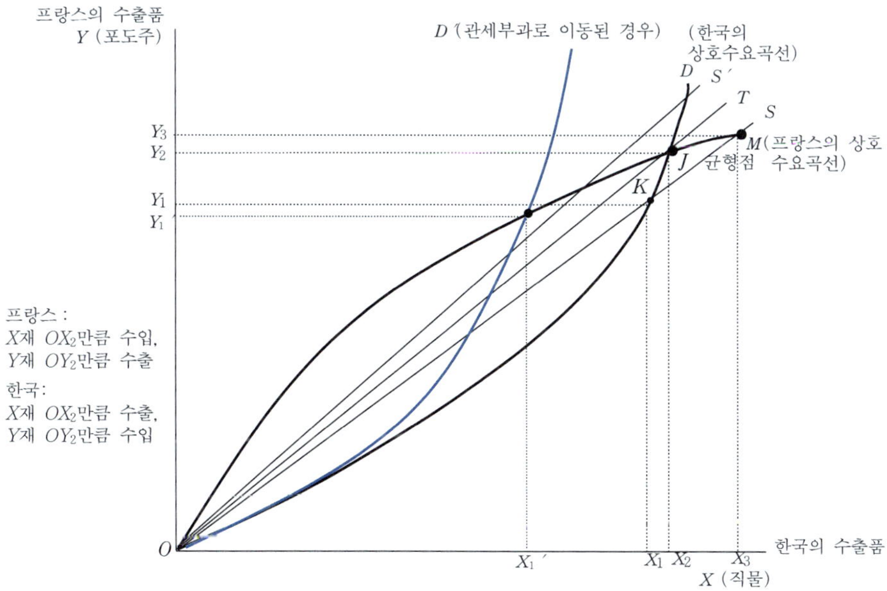

[그림 24-6] 균형교역조건의 결정

부록 상호수요곡선의 도출

한 나라의 상호수요곡선은 그 나라의 생산가능곡선과 사회무차별곡선으로부터 도출할 수 있다. 먼저 한국의 상호수요곡선의 도출과정을 살펴보자.

[그림 1]을 보면 먼저 E_0점에서는 외국과의 거래가 없는 상황에서 한국의 생산과 소비가 이루어진다. 이때의 가격선은 RS이고 RS의 기울기는 직물가격의 포도주가격에 대한 상대가격비가 된다. 즉, 상대가격비는 P_X/P_Y로서 직물 1단위와 포도주 몇 단위가 교환될 수 있는가 하는 한국 내의 교역조건을 나타낸다.

이제 프랑스와 무역을 하게 되면 가격선은 $R'S'$로 이동하게 된다. 제1절에서 논의하였듯이 한국과 프랑스가 무역을 하게 되면 한국에 비교우위가 있는 직물의 국제가격은 상승하고 비교열위에 있는 포도주의 국제가격은 과거보다 하락하게 된다. 가격선이 $R'S'$가 됨에 따라 한국의 생산점은 E_1이 되고 소비점은 E_1'가 된다. 즉, 직물을 OX_1만큼, 포도주를 OY_1만큼 생산하고 이 중에서 (X_1-X_1')만큼의 직물을 프랑스에 수출하고 $(Y_1'-Y_1)$만큼의 포도주를 프랑스로부터 수입하게 된다. 같은 논리로 직물과 포도주의 국제가격비가 R''

S''로 변한다면 한국은 E_2점에서 생산하고 E_2'점에서 소비한다. 이 경우에는 (X_2-X_2') 만큼의 직물을 수출하고 그 대신 $(Y_2'-Y_2)$만큼의 포도주를 수입하게 되는 것이다. 이러한 수출 · 수입의 변동관계를 다른 직각좌표에 옮겨 보면 다음과 같다.

[그림 2]에서 원점은 한국이 무역을 하지 않는 경우를 나타낸다. [그림 2]에서 가격선이 $R'S'$일 때 한국은 (X_1-X_1')만큼의 직물을 수출하여 $(Y_1'-Y_1)$만큼의 포도주를 수입하였다. 이것을 [그림 2]에 표시하면 OS'선상의 G점이 된다. [그림 1]의 (X_1-X_1')와 $(Y_1'-Y_1)$은 [그림 2]에서는 OA 및 OC와 각각 일치한다.

[그림 1]에서 가격선이 $R''S''$ 일 때 한국은 (X_2-X_2') 만큼의 직물을 수출하여 $(Y_2'-Y_2)$만큼의 포도주를 수입하게 된다. 이것을 [그림 2]에 옮기면

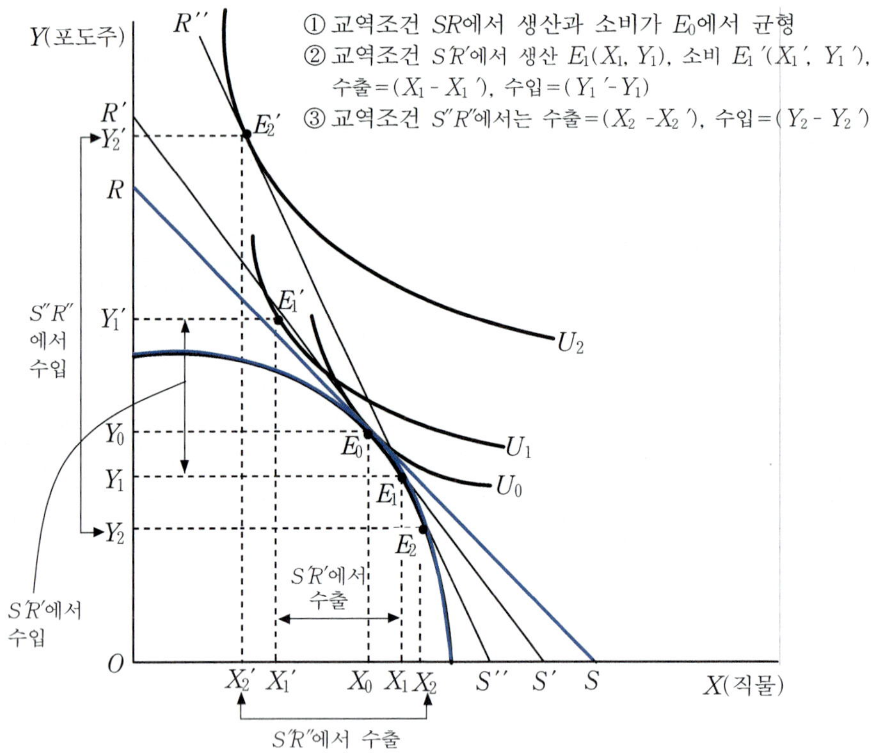

[그림 1] 국제가격의 변화에 따른 한국의 수출입변화

OS'' 선상의 H점이 된다.[10]

이때 OB는 한국의 직물수출량 (X_2-X_2')과 같고 OF는 포도주 수입량 $(Y_2'-Y_2)$와 같다. [그림 2]에서 원점과 G점, H점을 연결한 OD곡선이 한국의 상호수요곡선(offer curve)이 된다. 이제 프랑스의 상호수요곡선을 살펴보자. [그림 3]에서 프랑스의 상호수요곡선은 프랑스가 직물에 비해 포도주 생산에 비교우위가 있기 때문에 OD'곡선처럼 포도주를 표시하는 종축에 대하여 볼록한 모양을 하게 된다. [그림 1]에서 가격선이 $R'S'$일 때 [그림 3]에서 프랑스는 OA' 만큼의 직물을 수입하고 OC' 만큼의 포도주를 수출하게 된다. 한국의 상호수요곡선의 도출과 같은 과정을 통하여 프랑스의 상호수요곡선 OD'를 구할 수 있다.

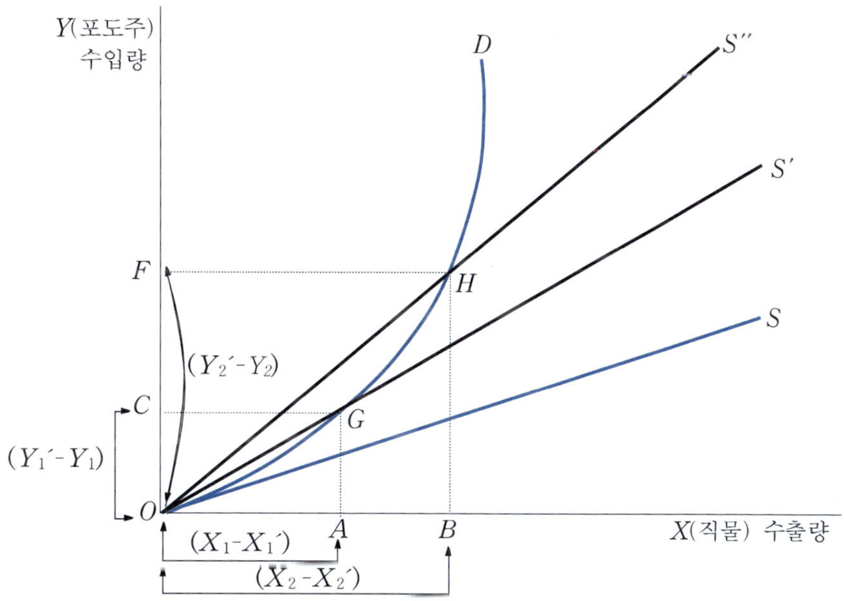

[그림 2] 한국의 상호수요곡선: 교역조건이 변할 때 $X \cdot Y$재의 상대가격이 변할 때 한국이 프랑스에 수출하고자 하는 X(직물)과 수입하고자 하는 Y(포도주)의 조합의 궤적이다.

10) 이 그림에서 OS, OS', OS''선상으로의 이동은 프랑스와의 무역에서 직물의 국제가격은 상승하고 포도주의 국제가격은 하락하는데 따른 결과로서 한국의 교역조건이 개선되고 있음을 나타낸다.

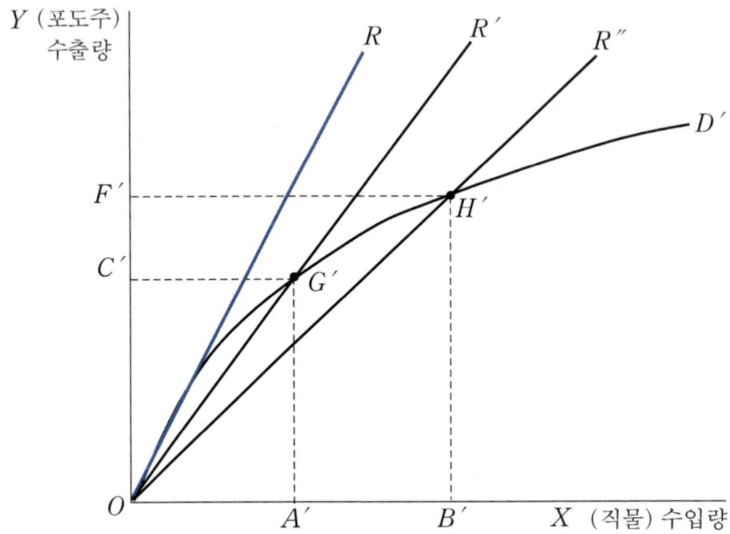

[그림 3] 프랑스의 상호 수요곡선

두 나라의 상호수요곡선에 의하여 직물과 포도주의 균형 국제가격비, 즉 직물과 포도주간의 균형 교역조건은 두 나라의 상호수요곡선이 만나는 점에서 결정된다. [그림 1]~[그림 3]을 종합하여 [그림 24-6]이 도출되었다.

제 3 절 관세의 경제적 효과

국제무역에서 관세가 부과되면 국민경제에 어떤 영향을 미치게 될까? (수입)관세란 수입상품에 대하여 부과하는 세금을 말한다. 그리고 관세의 수입가격에 대한 비율을 관세율(tariff rate)이라 한다.[11] 관세는 일반적으로 국민경제에 여러 가지 복합적인 영향을 미친다.

11) 국제무역의 정책수단으로 관세(tariff, 수출보조금(export subsidy), 수입할당(import quota), 수출자율규제(voluntary export restraint), 자국자재 사용조건(local content requirement) 등이 있다. 그리고 관세의 유형으로 종량관세(specific tariff)와 종가관세(ad valorem tariff)가 있는데, 전자는 수입상품의 각 단위당 일정액의 관세를 부과하는 것이며, 후자는 수입상품의 가격에 일정비율의 관세를 부과하는 것이다.

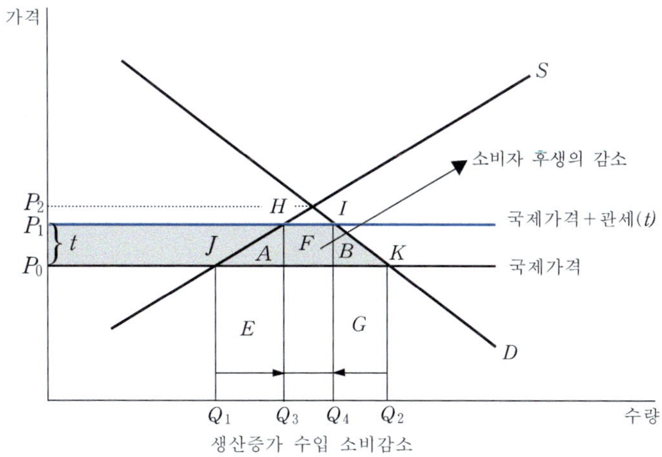

관세의 경제적 효과(긍정)

① 국내 생산증대 효과 : Q_1Q_3

② 소비감소(억제) 효과 : Q_4Q_2

③ 관세 후 수입 : Q_3Q_4

④ 원래수입(Q_1Q_2) －생산증가(Q_1Q_3)＋소비감소분(Q_4Q_2)
　= 관세 후 수입(Q_3Q_4)⇒ E와 G는 국제수지 개선효과

[그림 24-7] 관세부과의 효과

위의 그림에서 D는 국내 수요곡선, S는 국내 공급곡선, P_0는 국제가격을 나타낸다. 이제 수입국은 P_0의 가격에서 얼마든지 수입할 수 있다. 따라서 P_0에서의 수평선이 세계공급곡선이 된다. 이제 수입국에서 수입상품 단위당 t원의 관세를 부과한다고 하자.

이 경우 세계공급곡선은 종전의 P_0에서 t원만큼 상승한 가격, 즉 P_1에서 수평선이 된다[12] 왜냐하면 이 수준에서 얼마든지 수입할 수 있기 때문이다. 수입상품에 관세를 부과함으로써 새로운 수요량은 Q_4, 시장가격은 P_1, 국내기업들에 의한 공급량은 Q_3, 그리고 수입량은 Q_3Q_4이다. 이 그림에 의하여 여러 가지의 관세효과를 설명할 수 있다.

12) 세계공급곡선이 완전 탄력적이기 때문에 수입국의 소비자들이 관세를 모두 부담하게 된다.

1. 긍정적 효과

1) 산출량 증가 효과

관세의 부과로 국내생산량이 증가하는 효과로서 Q_1Q_3가 산출량 증가 효과이다. 산출량 증가는 고용증대를 가져오므로 고용증대효과 또는 국내산업보호효과라고도 한다.

2) 소비억제 효과

관세를 부과한 결과 국내수요량이 Q_4Q_2 만큼 줄어들었으며 이를 관세의 소비억제 효과라고 한다.

3) 재정수입 증대 효과

수입량이 Q_3Q_4이고 수입 단위당 관세가 t원이기 때문에 사각형 면적 F는 정부가 거두어 들이는 재정수입이 된다. 따라서 이것이 관세부과에 따른 재정수입 증대 효과이다.

4) 국제수지 개선 효과

관세부과로 인하여 Q_1Q_3 만큼과 Q_4Q_2 만큼의 수입이 줄어들었으므로 사각형 E와 G는 관세로 인한 국제수지 개선 효과이다.

5) 교역조건 개선 효과 : 일반균형분석에 의한 효과

수입량이 줄어들고 이에 따라 수출국시장에서 수출상품의 초과공급이 발생하게 되면 수출국의 해당 상품가격이 하락하게 되며, 따라서 수입국의 교역조건은 개선되게 된다.[13] 이를 교역조건 개선 효과라 한다.

---

13) 수입국의 수입량이 변동하더라도 국제적으로 경제규모가 작다면 세계시장가격에 영향을 미칠 수 없다. 따라서 교역조건 개선 효과가 나타나기 위해서는 수입국에서 수입하는 수입량이 국제무역에서 큰 비중을 차지하고 있어서 수입량의 변동이 국제가격을 변동시킬 수 있어야 한다.

2. 부정적 효과

1) 소비자 후생 및 사회 후생의 손실효과

「그림 24-7]에서와 같이 관세부과로 가격이 P_1으로 상승함에 따라 소비자후생은 면적 P_1IKP_0 만큼 감소한다. 그 중에서 P_1HJP_0는 국내 생산자후생의 증가로, F는 재정수입으로 나타난다. 그러나 나머지 면적 A와 B는 다른 국내 경제주체들의 이익증대로 나타나지 않는다. 따라서 A와 B는 사회후생의 순손실을 나타내며 이것이 관세부과에 따른 소비자 후생 및 사회 후생의 손실효과가 된다.

2) 반경쟁 효과

관세의 부과는 대내적으로는 국제기업들 간의 경쟁을 제고시키나 대외적으로는 자유경쟁을 제한하게 되어 반경쟁효과를 유발하게 된다. 대부분의 경우 후자가 전자를 압도하는데 특히 국내 산업구조가 불완전경쟁시장일수록 그러하다.

3. 관세부과에 대한 찬·반 의견

자유무역론자들은 관세의 부과가 국민경제에 미치는 부정적 효과를 중요시하여 관세부과에 반대한다. 반면에 보호무역론자들은 관세부과의 긍정적 효과를 중요시 하며, 특히 유치산업의 경우 관세부과를 통하여 그들이 국제경쟁력이 생길 수 있는 기반을 만들어야 한다고 주장한다.

일반적으로 여러 나라에서 관세부과는 국내외 경제여건 변화에 따라 기민하게 대응할 수 있도록 관세율의 범위를 정해놓고 필요에 따라 관세율을 변경할 수 있는 탄력관세제도를 많이 사용하고 있다.

제 4 절 국제경제환경의 변화와 세계무역기구

1. 자유무역론과 보호무역론

리카도의 비교우위설은 모든 나라가 비교우위가 있는 품목을 수출하고 비교열위에 있는 상품은 수입을 하면 세계 전체의 생산량은 증대되고 이에 따른 소비도 증가함으로써 각국의 경제가 보다 윤택해진다는 자유무역의 논리이다. 자유무역이론은 국제교역이 아무런 장애없이 이루어지면 모든 국가에 이익이 된다는 파지티브-섬(positive sum) 게임을 주장한다. 이 이론은 주로 아담 스미스, 데이비드 리카도 등 영국의 고전학파 경제학자들에 의하여 강력히 제기되었다.

이러한 자유무역론에 대하여 그 긍정적인 측면을 인정하면서도 그러한 자유무역에 의한 이익이 모든 국가에 돌아가기 위해서는 국가간에 수평적인 경제력이 전제조건이 되어야 함을 지적하면서 경제상황에 따라 국내시장이나 국내산업을 관세 또는 비관세장벽으로 보호해야 한다는 보호무역의 이론이 나타나게 되었다. 독일 역사학파의 시조인 리스트(F. List)에 의해 대표되는 보호무역론자들의 이론의 요지는 국내의 유치산업보호에 있다. 유치산업(infant industry)이란 생긴지 얼마되지 않은 유아기에 있는 산업을 일컫는다. 보호무역론자들은 아직 공업화를 이룩하지 못한 후진국은 초보단계에 있는 유치산업을 보호하기 위하여 무역을 제한하면서 국내수요를 기반으로 그 유치산업이 성장하도록 하여 국제경쟁력을 갖출 수 있도록 해야 한다고 주장한다. 따라서 유치산업이 국제경쟁력을 갖출 수 있는 동안 선진국으로부터 수입을 억제하는 보호무역이 필요하다는 것이다. 후진국에 있어서 비교열위에 있는 산업은 일반적으로 공업부문이라고 할 수 있는데 처음부터 자유무역을 실시하면 이들 산업은 국제경쟁력이 약하기 때문에 성장할 수가 없으나 일정기간 동안 보호해주면 국내수요에 힘입어 생산경험의 축적을 통한 생산성과 기술수준의 향상을 통하여 비교우위의 산업이 될 수 있다는 것이다. 1970년대부터는 선진공업국들이 신흥공업국을 상대로 유치산업이 아닌 철강산업, 전자제품산업, 자동차산업 등을 보호할 목적으로 보호무역정책을 강화하는 경향을 보이게 되었는데 이를 신보호무역주의(new protectionism)라고 한다.

2. GATT와 다자간 무역협상

오늘날의 세계경제에는 자유무역론과 보호무역론의 두 입장이 동시에 나타나고 있다. 많은 국가들이 자유무역의 필요성을 주장하면서도 다른 한편으로 여러 가지 보호무역정책을 실시하고 있는 것이 사실이다. 세계적으로 여러 나라들이 관세, 쿼터 등의 보호무역정책을 채택하면서도 국제회의석상에서는 자유무역의 확대를 주장하고 있는 것이다. 이러한 이율배반적인 현실은 자유무역론과 보호무역론 둘다 상당한 논리와 설득력을 갖고 있음을 보여 준다고 하겠다.

제1차 세계대전이 끝난 1919년 이후부터 제2차 세계대전이 발발한 1939년까지의 기간에 세계의 여러 나라들은 경쟁적으로 보호무역정책을 채택하였다. 세계 각국의 이러한 보호무역의 실시는 세계경제의 발전을 저해하고 각국간의 마찰을 초래하게 되었다. 이에 따라 제2차 세계대전이 끝난 후 세계 각국은 자유무역의 기치를 내걸고 미국주도 하에 "관세 및 무역에 관한 일반협정"(General Agreement on Tariffs and Trade : GATT)을 체결하였다. GATT는 관세 및 비관세장벽을 낮추고 국제무역에서의 차별을 없애는 등 세계 각국의 무역장벽의 점진적 철폐를 통한 자유무역질서의 확립에 그 목적을 두고 있으며 제2차 세계대전 직후인 1947년에 출범하였는데 우리나라는 1967년에 가입하였다.

GATT는 세계 자유무역 질서의 확립을 위해서 ① 최혜국 대우원칙, ② 내국민 대우원칙, ③ 수량제한 철폐원칙 등 몇 가지 기본원칙을 고수하고 있다.

(1) **최혜국 대우원칙**(most-favored-nation treatment) : 가맹국이 어떤 한 국가에 대하여 특전이나 면제를 베푼다면 여타 모든 회원국에 대해서도 똑같이 특전이나 면제를 적용해야 한다는 것이다. 즉, GATT 가맹국 중 두 나라가 쌍무적으로 관세인하협정을 맺으면 그 협정의 내용과 효력이 다른 가맹국에도 적용되어야 한다는 원칙이다.[14]

(2) **내국민 대우원칙** : 가맹국이 자국 내에서 판매, 운송, 내국세 등에 관하여 외국기업을 내국기업에 비하여 불리하게 대우하지 않아야 한다는 것이다. 가맹국이 특히 관세 이외에 내국세, 정부규제 등에서 수입품을 국산품과 동등하게 취급해야 한다는 원칙인데 설사 최혜국 대우원칙에 의거하여 각국에 균등한 경쟁기회를 준다하더라도 수입품에 대해 내국세, 정부규제 등의 차원에서 국산품

14) 인접국간의 관세동맹과 자유무역지대는 최혜국 대우원칙을 위배하여 차별적 성격을 갖고 있으나 지역내의 자유무역을 촉진시키는 측면이 있다는 점에서 예외로 인정하고 있다.

과 차별대우를 하면 실질적으로 무역확대가 어렵게 된다는 것이다.

(3) **수량제한 철폐원칙** : GATT가 인정하는 유일한 수입규제수단인 관세 이외에는 원칙적으로 수량할당, 수입허가 등에 의한 어떠한 수량규제도 두어서는 안 된다는 것이다.[15)]

자유무역의 확대를 기치로 출발한 GATT가 국제무역질서에 끼친 공헌은 지금까지 몇 차례에 걸쳐 다자간무역협상을 개최하여 세계 각국의 관세율을 전반적으로 낮추고 각종 보호주의적 비관세장벽을 철폐 또는 완화시킨 것이라고 할 수 있다.

GATT가 개최한 다자간협상은 8차에 걸쳐서 행하여졌다. 1947년 제네바에서 23개국의 참가로 열린 제1차 협상에서 제5차 협상(Dillon Round)까지 주협상의제는 관세인하였다. 이때의 관세협상은 참가국들의 관심품목만을 선정해서 협상하는 품목별 협상방식이어서 효과는 미미하였다. 따라서 GATT는 관세장벽을 획기적으로 낮추기 위하여 1964년부터 1967년에 걸쳐 제6차 다자간 협상인 케네디라운드(Kennedy Round)를 개최하였고 선진국의 관세율을 공산품의 경우 가중평균으로 약 35% 낮추는데 성공하였다. 그러나 무역장벽으로서의 관세의 기능이 저하되자 세계 각국이 비관세장벽을 동원하여 자국의 산업을 보호육성하려는 움직임이 나타나게 되었다. 이로 인하여 국제무역질서가 왜곡되게 되었고 따라서 이렇게 왜곡된 무역질서를 바로 잡는 것이 GATT의 당면과제였다. 1973년부터 1979년까지 약 5년 반동안 열린 동경라운드(Tokyo Round)는 이러한 문제점을 해결하고자 진행되었다. 그 결과 관세가 추가적으로 크게 인하되었고 MTN코드(Multilateral Negotiation Code)라 불리우는 11개의 다자간협정이 체결되어 관세를 비롯한 각종 비관세장벽까지 규제할 수 있게 되었다. 동경라운드는 1979년에 끝났는데 그 다음 해인 1980년부터 8년에 걸쳐서 평균관세율을 미국은 31%, EC는 27%, 그리고 일본은 28% 각각 인하하도록 합의했다.

1980년대에 들어서서 일본이 경제대국으로 등장하게 되고 아시아 신흥공업국들(NICs)이 급부상하자 세계무역질서를 주도해온 미국과 유럽공동체(EC)가 신보호무역주의로 돌아서게 되었다. 특히 미국 등 일부 선진국은 공산품분야의 경쟁력이 약화되자 이의 보전을 위하여 자기들이 비교우위를 점하고 있던 서비스와 농산물 분야에서 무역의 확대를 추진하게 되었고 이 과정에서 국제통상마

---

15) 국제수지 악화를 방지하기 위하여 필요하다고 인정될 경우, 식량의 자급자족이 위협받을 경우, 그리고 저개발국의 경제발전을 위하여 수입할당이 필요하다고 인정될 경우에는 예외로 인정하고 있다. 이러한 예외조항을 인정받은 국가를 GATT 18조국이라고 한다.

찰이 빈번하게 발생하게 되었다. 이러한 상황에서 새로운 다자간협상의 개최가 필요하게 되었다. 그러던 중 1986년 9월 우루과이의 푼타델 에스테에서 GATT 특별총회가 개최되었고 여기서 제8차 무역협상인 우루과이라운드(Uruguay Round)의 협상이 시작되었다. 우루과이라운드의 기본취지는 세계자유무역의 확대를 위하여 관세와 비관세장벽을 완화 내지 철폐하고 지금까지 무역의 주대상이 되어온 재화 이외에 서비스와 농산물 등을 주협상의제에 포함시켜 포괄적으로 다루자는데 있다. 이러한 배경에는 미국과 EC 등 여러 선진국들의 무역적자가 심화되고 일부 공산품에 있어서 비교우위가 없어지자 상대적으로 유리한 위치에 있는 서비스, 지적소유권, 농산물 등을 협상에 포함시킴으로써 자국의 이익을 도모하고자 하는 의도가 깔려 있었다. 따라서 선진국과 후진국 사이에 이해관계가 대립되게 되었고 우루과이라운드 협상은 난항을 거듭하면서 당초시한인 1990년 2월을 훨씬 넘기면서 계속되었다. 그러다가 협상을 시작한지 7년 3개월만인 1993년 12월 15일 UR이 타결되었다. GATT회원국들에 의해 타결된 UR협정은 각국 정부의 서명과 의회의 비준을 거쳐 1995년 1월 1일부터 발효되었다.

3. GATT / WTO 체제의 등장

우루과이라운드 협정은 기존의 공산품 외에 서비스, 지적재산권, 그리고 농산물 분야를 포괄하여 국제교역에 관한 총괄적 규범을 제정하였다. 한편 GATT가 단순한 국제협정이어서 무역분쟁이나 통상마찰을 효율적으로 조정하거나 해결할 수 있는 구속력을 갖지 못하였으므로 그런 취약한 부분을 개선하여 UR협정을 관할하고 국제무역분쟁을 해결할 수 있는 세계무역기구(World Trade Organization : WTO)를 설립하게 되었다. 따라서 UR협정이 발효되는 1995년부터 제2차 세계대전 이후 세계무역질서를 유지해온 GATT체제가 발전적으로 확대되어 GATT / WTO체제로 출범하게 된 것이다.

1947년에 시작된 GATT협정과 그 이후 UR협정이 종결되기 전까지 채택된 보는 부수협정을 총괄하여 1947 GATT라 하고 UR협상에서의 협의를 거쳐 변경된 GATT 규정체계를 1994년 GATT라 한다.[16] UR협정으로 1995년 1월 1일부터 출범한 세계무역기구(WTO)는 1994 GATT를 기본으로 하고 있다. 그러

16) 1994년 GATT는 1947 GATT의 기본골격은 그대로 유지한 채 일부조항이 수정되거나 뜻을 명확히 하는 양해가 부가된 것으로서 UR협정의 부속서의 하나로 편입되었다.

므로 WTO 체제가 GATT를 완전히 대체한 것이 아니라 GATT와 WTO가 밀접하게 통합된 GATT / WTO체제가 시작되었다고 해야 할 것이다.[17] GATT / WTO 회원국은 2012년 8월말 현재 157개국이다.

GATT / WTO체제의 핵심기구는 세계무역기구로서 모든 국제교역규범을 관장하는 강력한 다자간무역기구의 역할을 수행한다. 과거 GATT체제하에서는 국가간의 무역분쟁을 해소할 강력한 기능이 결여되어 있었으나 GATT / WTO 체제에서는 분쟁해결기구(Dispute Settlement Body : DSB)가 법적 구속력과 감시기능을 갖추고 각국간의 무역분쟁이나 통상마찰을 적극적이고 능동적으로 주도할 수 있게 되었다. 앞으로 국경없는 경제교류시대가 도래함에 따라 GATT / WTO체제의 국제교역질서의 확립과 국제간에 자원의 효율적 배분을 추진함에 있어 큰 역할을 하고 있으나 국가간 무역분쟁을 해결하는데 있어 선진국의 입장을 다소 대변하는 경우도 발생하고 있다.

GATT와 WTO의 차이점

	GATT	WTO
권 한	강제적 집행능력 결여	강제적 집행능력 보유
성 격	단순 협정	법적 구속력을 가진 국제기구
규율대상	공산품	공산품, 농산물, 서비스, 지적소유권

4. OECD(경제협력개발기구)

WTO체제와 더불어 선진국클럽으로 세계경제질서를 주도하고 있는 또 하나의 기구가 OECD(Organization of Economic Cooperation and Development : 경제협력개발기구)이다.

OECD는 그 역사적 배경을 보면 제2차 세계대전 직후인 1947년 유럽 여러 나라의 복구사업을 위해 탄생한 유럽경제협력기구(OEEC : Organization of European Economic Cooperation)를 모태로 출발하였다. 영국, 프랑스, 서독, 이탈리아 등 전쟁의 피해를 많이 입은 나라들이 미국에 전후복구를 위한 원조를 요청했고 미국은 소위 '마셜플랜'(Marshall Plan)이란 계획 아래 유럽의 전후복구사업에 자금을 대량투입했다. 이 자금의 운용방식과 지원사업의 우선순위 등

17) 안국신, 신경제학개론, 1996, 577쪽 참조.

을 정하기 위해 OEEC라는 기구를 창설하게 되었고 이 기구는 1960년까지 존속했다. 유럽경제의 부흥을 위해 OEEC가 기여한 바는 실로 컸다.[18]

유럽경제가 어느 정도 본 궤도에 올랐다고 판단한 18개 국가는 그동안 받은 미국원조에 보답하는 뜻으로 그들도 세계의 어려운 나라들을 도와주면서 세계경제의 공동발전을 위해 기여할 때가 되었다고 믿었다. 이들 18개국에 미국과 캐나다를 포함한 20개국을 주축으로 새로운 기구를 창설했는데 이것이 바로 OECD이며 1961년에 발족되었다. 이 기구의 헌장을 보면 자유민주주의와 시장경제의 창달, 그리고 세계경제 전반의 발전에 기여한다는 정신에 동참하고자 하는 나라는 회원국이 될 자격이 있다고 되어 있다. 다만 회원이 되기 위해서는 전체 회원국의 동의를 받아야 한다는 조건이 좀 까다로운 편이다.

1964년에 일본, 그리고 69년에 핀란드, 71년에 호주 그리고 73년에는 뉴질랜드가 가입하였다. 그 이후 20년 동안 신규가입이 없다가 94년에 멕시코, 95년에 체코, 96년에 헝가리와 폴란드가 가입함으로써 회원국은 28개국이 되었다. 한국은 1996년 12월에 29번째 회원국으로 가입하였으며, 2012년 현재 회원국은 34개국이다.[19]

OECD는 동질적인 인식을 가진 회원국간의 상호 관심분야에 대한 정부차원의 토의, 협조 및 조정을 위한 모임이다. 따라서 WTO와는 달리 강제성보다는 회원국들 간의 합의에 기초하여 운영되고 경제분야뿐만 아니라 삶의 질과 관련된 광범위한 분야의 현안에 대한 협조 및 해결 방안을 모색하는 창구의 역할을 수행하는 것이 OECD의 성격이다. OECD 회원국간에 합의된 행동규칙은 회원국간의 상호압력(peer pressure)을 통하여 이행토록 하는 것이 원칙이며 WTO 분쟁해결절차 등과 같은 불이행에 대한 제재의 수단은 존재하지 않는다. OECD에서 연구되고 성안된 국제적인 행동규범은 WTO와 같은 전세계적인 국제기구를 통하여 국제규범화되도록 하고 있다.

OECD가 추구하는 가치 중에 가장 중요하다고 볼 수 있는 것은 자유시장경제의 확대이다. 따라서 정부의 간섭을 배제하고 규제를 줄여나가는데 노력해오고 있고 그에 따른 상당한 성과를 거두고 있다는 평가를 받고 있다.

18) OEEC가 기여한 것으로는 생산시설의 복구를 비롯해 유럽 전역의 도로망, 통신망, 상하수도 시설 등을 현대화한 것 등이다.

19) 34개 회원국은 다음과 같다: 영국, 독일, 프랑스, 이탈리아, 벨기에, 네덜란드, 룩셈부르크, 덴마크, 아일랜드, 핀란드, 그리스, 스페인, 포르투갈, 스웨덴, 오스트리아, 노르웨이, 아이슬란드, 스위스, 체코, 헝가리, 폴란드, 미국, 캐나다, 멕시코, 호주, 뉴질랜드, 터키, 일본, 한국, 이스라엘, 슬로바키아, 에스토니아, 칠레, 슬로베니아.

5. UNCTAD와 남북문제

경제가 발전함에 따라서 세계는 선진국과 후진국으로 분류되는데 선진국과 후진국들 사이에 발생하는 경제적 불평등에 대한 해결방안과 관련하여 야기되는 선진국들과 후진국들 간의 정치적, 경제적 마찰을 남북문제라 한다. 이는 대부분의 선진국들은 지구의 북반부에 위치하고 있고 후진국들은 남반부에 자리잡고 있기 때문에 선진국과 후진국들 간의 정치 경제적 문제를 남북문제로 명명하고 있다.

남북문제는 19세기 제국주의시대에 식민지국들은 1차 산품을 수출하였고 선진국들은 2차 산품을 수출함으로써 불평등거래에 의해서 제기되었다고 할 수 있다. 게다가 제2차 세계대전 후에 창설된 브레튼우즈(Bretton Woods System) 및 GATT 체제에서 선진국들이 자국에 유리한 국제경제 질서를 구축함으로써 남북문제는 더 심화되었던 것이다.[20]

이러한 문제점을 해결하기 위하여 후진국들은 비동맹세력(제3세계)을 중심으로 UN산하에 남북문제를 토의하기 위한 UNCTAD(United Nations Conference on Trade and Development : 유엔무역개발회의)를 설립하였다. 무역을 통한 저개발국의 경제개발 및 남북협력을 도모하기 위해 제1차 UNCTAD 총회가 1964년 3월에 개최되었고 그 이후 남북문제는 UNCTAD를 중심으로 전개되었다. 1970년대에 국제 통화위기 및 선진국의 보호주의 강화 성향은 개도국의 무역과 발전에 유해할 뿐 아니라 국제경제협력 기반 자체를 위협하는 것이라고 경고하면서 SDR(Special Drawing Rights : 특별인출권)과 개발원조의 연관문제를 중심으로 국제통화개혁이 제기되었다.[21]

이러한 남측의 새로운 변화요구로 1974년 제6차 UN특별총회에서 신국제경제질서(New International Economic Order : NIEO)가 채택되었다. NIEO에서 제시된 이념은 국가간에 경제적 불평등을 야기시키는 기존의 경제질서 대신 국가간 공동이익과 상호협력이라는 정신에 입각하여 새로운 세계경제 질서를 창출하려는 것이었다. NIEO에 대한 남측의 요구와 기대는 높으나 그것을 실질적으

---

20) GATT체제 하에서 선진국들이 비교우위를 갖고 있는 2차 산품들에 대한 관세는 지속적으로 인하하여 공산품의 국제거래를 확대시킨 반면 1차 산품의 교역규모는 크게 신장되지 못하였을 뿐만 아니라 후진국의 경우 교역조건까지 악화되는 악순환이 지속되었다.

21) 국제통화위기는 미국이 달러의 금태환중지를 선언함으로써 야기되었고 이는 브래튼우즈체제의 붕괴를 가져왔으며 달러화의 세계기축통화로서의 기능도 상당 부분 상실되는 결과를 가져왔다.

로 성사시킬 힘은 미미하였다. 1980년대에 들어와서는 남측국가들 사이에서도 산유국 대 비산유국 또는 자원보유국 대 비자원보유국간에 갈등과 마찰이 생김으로써 남측국가들 간의 결속이 급속히 저하되고 따라서 NIEO의 이념은 퇴색되기 시작하였다.

6. 세계경제 환경의 변화와 지역경제 블록화 현상

거의 1세기를 끌어오던 동·서 냉전체제는 1989년에 동구권에서 사회주의 경제를 포기하는 대변혁이 일어나고 1991년에 사회주의 종주국인 소련이 해체됨으로써 종식되고 이와 더불어 세계경제는 새로운 국면을 맞게 되었다. 새로운 세계질서는 과거의 군사력에 바탕을 둔 힘의 균형(balance of power)으로부터 경제력에 바탕을 둔 이해의 균형(balance of interest)으로 옮겨가고 있다.

GATT / WTO체제의 정착과 WTO산하의 새로운 무역규범은 무역자유화의 범위를 종전의 공산품에서 농산물, 서비스, 지적재산권 등 교역이 가능한 거의 모든 분야로 확대되었다. 특히 서비스, 지적재산권 등의 영역이 포함됨으로써 세계교역은 재화를 중심으로 하는 하드웨어(hardware)의 경쟁에서 지식, 정보, 두뇌 등 소프트웨어(software)의 경쟁시대로 접어들고 있다.

UR협정에서 타결을 본 세계공동규범 제정의 움직임은 향후 환경문제(Green Round), 경쟁정책, 노동기준, 반부패 등으로 확산되어 나타날 것으로 전망된다. 이러한 세계공동규범의 확산은 모든 국가가 똑같은 조건하에서 경쟁해야 함을 의미하기 때문에 모든 국가에게 기회와 도전의 계기를 마련해주고 있다고 하겠다.

반면에 지역경제블록화 현상도 두드러지고 있다. 탈냉전 이후 많은 국가들이 경제통합의 형태를 통하여 자국의 경쟁력을 꾀하고 있다. EC(유럽공동체 · European Community)는 단일시장을 바탕으로 단일통화와 공동외교·안보정책까지를 포함하는 유럽연합(European Union : EU)을 구성하였다. 유럽연합은 2004년 5월 1일 폴란드, 헝가리, 체코 등 중·동유럽 국가 10개국을 포함하여 27개국의 거대 유럽경제권(European Economic Area : EEA)의 형성을 염두에 두고 있다.[22] 이러한 유럽의 통합 움직임에 대응하여 미국, 캐나다, 멕시코는

22) 2012년 12월 현재, 27개국이 EU의 회원국이다. EU는 ECSC(European Coal and Steel Community)와 EEC(European Economic Community)가 역내 6개 국가들이 1951년과 1958년에 각각 설립하면서 시작되었다. EU란 이름은 1993년 Maastricht Treaty에 의해 설

NAFTA(North American Free Trade Area : 북미자유무역지대)를 출범시켰으며 향후 중남미국가들까지 확대될 것으로 전망된다. 반면 아시아에서는 ASEAN (Association of South East Asia Nations)이 아시아 자유무역지대(Asia Free Trade Area : AFTA)를 형성했으며 아시아 태평양 지역의 18개국을 회원으로 하는 APEC(Asia Pacific Economic Cooperation : 아사아·태평양경제협력체)은 동지역에서의 무역과 투자의 자유화를 추진하기 위해 활발한 활동을 전개하고 있다.[23)]

지역경제통합체는 비회원국에 대하여는 배타적인 경향이 있고 GATT/WTO정신에 반하는 측면이 있으나 참여회원국들 간에는 교역장벽의 철폐를 통한 자유무역의 확대라는 점에서 긍정적인 측면이 있다고 하겠다. 향후 세계각국들의 자국의 이익에 기초한 지역경제블록화 현상은 더욱 더 심화될 것으로 보인다.

7. 지구온난화와 유엔기후변화협약

1) 지구온난화

지구온난화(global warming)란 지구표면에서 대기 중으로 방출되는 대기 중의 온실가스(greenhouse gas)가 대기 중에 축적되어 지구표면으로부터 방출되는 적외선을 과다하게 흡수하여 지구가 더워지는 현상이라 할 수 있다. 교토의정서에서 정한 지구온난화 대상 온실가스는 이산화탄소(CO_2), 메탄(CH_4), 아산화질소(N_2O), 수소불화탄소(HFCs), 과불화탄소(PFCs), 육불화항(SF_6) 등 6 가지이다.[24)]

립되었다. 17개 회원국으로 구성된 통화 공동체(eurozone)는 1999년에 설립되었다. EU 회원국의 인구는 약 5억 명으로 전세계 인구의 7.3%에 해당하고, 세계 GDP의 20%를 차지하고 있다. 마지막으로 EU는 2012년 노벨 평화상(Nobel Peace Prize)을 수상하였다.

23) ASEAN의 현재 회원국은 말레이시아, 싱가포르, 인도네시아, 태국, 필리핀, 브루나이, 베트남 등이며 미얀마(구버마), 라오스, 캄보디아도 곧 가입할 것으로 알려지고 있다. APEC의 회원국은 한국, 일본, 중국, 홍콩, 대만, 싱가포르, 태국, 말레이시아, 인도네시아, 필리핀, 브루나이, 호주, 뉴질랜드, 파푸아뉴기니, 미국, 캐나다, 멕시코, 칠레이다.

24) 이산화탄소는 석탄, 석유 등 화석연료를 연소시킬 때 발생하며, 메탄은 쓰레기 매립지 등 환경기초시설에서 유기물이 산소가 없는 상태의 분해과정을 거치면서 발생한다. 아산화질소는 농경지에서 질소질 비료 사용에 따라 발생하며, 프레온가스의 대체물질인 HFCs, PFCs, SF6 등은 냉장고의 냉매 및 반도체를 포함한 전자제품 등 정밀기계의 세정제 등으로 사용된다.

2) 유엔기후변화협약과 교토의정서

UN기후변화협약(UNFCCC: United Nations Framework convention on Climate Change)은 1992년 6월에 브라질의 리오 총회(Rio Convention) "유엔환경개발회의(UNCED)"에서 채택되었는데, 이산화탄소 등 온실가스 배출량의 증가에 의한 지구온난화, 그리고 이에 따른 기후변화(climate change)를 예방하는 것을 목적으로 하고 있다. UNFCCC는 리오 회의에서 참가국 178개국 중 우리나라를 포함한 154개국이 서명하였으며 1994년 3월에 50개국 이상이 가입함에 따라 공식적으로 발효되었다. UN기후변화협약에는 1999년 11월말까지 180개국이 가입하였으며 우리나라는 1993년 12월 47번째로 가입하였다.

교토 의정서(Kyoto Protocol)는 지구온난화의 규제 및 방지를 위한 국제 협약인 기후변화협약의 수정안이다. 이 의정서는 1997년 12월 11일 일본 교토에서 개최된 지구온난화 방지 교토 회의(COP3) 제3차 당사국 총회에서 채택되었으며 러시아의 비준에 의해 2005년 2월 16일 발효되었다. 교토의정서에 의하면, 온실효과를 나타내는 이산화탄소를 비롯한 모두 6 종류의 감축대상 온실가스의 법적 구속력을 가진 배출 감소 목표를 지정하고 있다. 교토의정서 제3조에는 선진국이라 할 수 있는 부속국 I (Annex I)은 2008년부터 2012년까지의 기간 중에 1990년 수준보다 적어도 5.2% 이하로 감축할 것을 목표로 하고 있다. 하지만 개발도상국인 Non-Annex I에 속한 국가들은 교토의정서를 비준하더라도 온실가스 배출 감축목표를 설정할 필요는 없다. 왜냐하면 잠재적인 기술 및 경제 제약에 직면하고 있기 때문이다. 하지만 이들 국가들은 온실가스 배출량 수준을 보고해야 하며, 국가차원의 기후변화 완화 프로그램을 개발해야 한다.

우리나라는 2002년 11월에 대한민국 국회가 이 조약을 비준하였으나 개발도상국으로 분류가 되어 온실가스 감축의무는 없으며, 대신 공통의무인 온실가스 국가통계 작성 및 보고의무는 부담한다.

부속국 I에 속한 국가들이 배출량 감축목표를 달성하는데 필요한 비용을 낮추기 위하여 세 가지 수단을 허용하고 있다. 이들은 공동이행(Joint Implementation: JI), 청정개발체계(Clean Development Mechanism: CDM), 그리고 배출권 거래제(emission trading system) 등이다.

2012년 11월에 카타르 도하에서 열린 제18차 기후변화협약 당사국 총회(COP18)에서 195개 참가국은 격론 끝에 "제2기 교토의정서 체제(2013~2020년)"를 출범시키는 데 간신히 성공했다. 그러나 2기 체제에서는 일본 · 캐나다 ·

러시아·뉴질랜드 등 온실가스 다량 배출국이 "온실가스 감축에 대한 법적 의무를 지지 않겠다"고 밝혀 사실상 교토의정서 체제에서 이탈한 셈이다. 중국·미국·인도 등 온실가스 배출량 1~3위 국가는 1기에 이어 이번에도 온실가스 감축 의무이행에 동참하지 않았다.

한편, 녹색기후기금(Green Climate Fund; GCF)은 선진국이 개발도상국의 온실가스 감축과 기후변화 적응을 지원하기 위해 UN 기후변화협약을 중심으로 만든 국제금융기구인데, 2010년 12월, 멕시코 칸쿤에서 열린 UNFCCC 제16차 기후변화 당사국 총회에서 GCF 설립을 공식화하고 기금 설립을 승인하였다. 그리고 2012년 11월, 카타르 도하에서 열리는 제18차 기후변화 당사국 총회의 참가국 인준으로 대한민국 인천 송도에 GCF 사무국 유치가 확정되었다.

3) 국제무역과 환경

국제무역 또는 무역자유화는 몇 가지 메커니즘, 예컨대 보다 낮은 환경기준으로의 국가간 사법적 경쟁, 오염물질 저감 기술의 이전, 오염물질의 월경파급효과, 경제의 전반적인 규모의 변화 등을 통하여 환경에 영향을 미칠 수 있다. 하지만 무역 자유화가 환경에 미치는 가장 직접적인 효과는 산업구성을 통해서일 것이다. 무역자유화는 비교우위에 따라 상품생산의 특화를 유도할 것이고, 공해집약도가 낮은 재화에 특화하는 국가들은 보다 쾌적한 환경을 갖게 될 것이다. 반면에 공해집약도가 높은 재화에 비교우위가 있는 국가들은 오염물질 배출량의 증가로 환경문제가 심각해 질 수 있다.

무역자유화가 환경에 미치는 효과에 대해 염려 하는 많은 사람들은 구성 효과(composition effect), 특히 무역자유화가 공해물질 피난처(pollution haven: 공해 산업에 특화하는 국가들)의 창출을 낳을 것이라는 염려에 집중되어 나타난다. 예컨대, 무역자유화를 통한 관세인하가 상품의 생산과정에서 오염물질을 많이 배출하는 산업에 집중되면 이러한 재화들의 수입이 증가하여 수입국은 환경의 질이 좋아질 수 있으며 수출국의 환경은 악영향을 받을 수 있다.

제 25 장 환율과 국제수지

제 1 절 국제거래와 환율

제24장에서 우리는 국제무역이 발생하는 원인(요인)과 각국의 상대우위(또는 비교우위)를 갖는 상품을 생산하여 국제간 교역(무역)을 통해 발생하는 이익에 대해 논의하였다. 그런데 재화의 교환이 국경을 넘어서 국제간에 이루어지기 때문에 교환이 국내에서 이루어지는 것과는 달리 국제결제의 문제가 수반된다. 또한 세계 각국은 나라마다 자기 나라의 통화를 사용하고 있으므로 국제간의 거래는 국가간의 화폐가치의 차이로 인해 서로 다른 통화에 대한 교환비율인 환율의 문제를 수반하게 된다.

국제간의 결제가 성립하는데 있어서 나타나게 되는 복잡한 여러 가지 문제는 국제간의 통화가 각기 다르기 때문에 발생하게 되는 것이며, 이같은 문제는 한 국가의 화폐를 다른 국가의 화폐로 사거나 팔려는 요구에 수시로 응하여 통화의 교환기능을 갖고 있는 은행이 주요 국가들의 화폐가 거래되는 외환시장을 통해서 해결하고 있다. 이제 국가간의 교환비율이 되는 환율이란 어떤 것이며, 그것이 어떻게 결정되는가에 대해서 알아보기로 한다.

1. 환율의 정의

환율(foreign exchange rate)은 일국의 화폐와 다른 나라의 화폐가 교환되는 비율이며, 그것은 국내화폐의 한 단위가 외국화폐로 교환되는 비율 또는 외국화폐의 한 단위가 국내화폐로 교환되는 비율로 표시된다. 전자는 외국화표시환율(rate in foreign money)이라고 하고, 후자를 내국화표시환율(rate in home money)이라고 한다. 그런데 외국화표시환율은 국내화폐 한 단위로 받을 수 있는 외화액을 나타내므로 수취환율(receiving quotation)이라고 부르고, 내국화표시환율은 외국화폐 한 단위에 대하여 지급해야 하는 내화액을 나타내므로 지불환율(giving quotation)이라고 부르기도 한다.

그런데 환율을 자국화표시법으로 표시할 때는 환율의 등락과 일국화폐의 대외가치의 등락은 반대의 의미를 가지기 때문에 주의할 필요가 있다. 예를 들어 환율이 1달러=1,000원에서 1달러=12,00원으로 상승했다고 하면 환율이 오른 경우이며, 이때 우리나라의 화폐가치가 미국 달러화에 비하여 하락하였다는 것을 의미한다.

2. 자유환율의 결정: 변동환율제도 하의 환율결정

변동환율제도 하에 있어서 환율(일국의 화폐단위로 표시한 외화의 가격)은 외환의 수요·공급에 의하여 결정된다. 그러므로 환율의 결정을 논하기 위해서는 외환의 수요·공급을 고찰해야 한다.

1) 외환에 대한 수요 및 공급

논의를 단순화하기 위해서 우리 경제와 미국 경제에 국한시켜 설명하기로 한다. 즉, 우리나라는 미국으로부터 곡물만 수입하고 미국은 우리나라로부터 직물만 수입한다고 하자. 그렇다면 우리의 입장에서 미화(달러화)에 대한 수요는 곡물의 수입을 위해 발생된다. 반면 달러화의 공급은 직물의 수출에 의해서 나타나게 된다. 따라서 달러화에 대한 수요는 곡물의 수입수요로부터 도출될 수 있고 달러화의 공급은 직물의 수출로부터 도출될 수 있다.

두 나라는 경제적으로 안정되어 있으며 두 나라간의 환율은 1달러 : 1,200원이라고 가정하자. 환율이 1달러 : 1,200원일 때 우리나라의 수입업자가 1,200만원을 주고 국내의 외환은행에서 1만달러의 외환을 매수하여 이것으로 미국에서 1만달러에 달하는 옥수수 500포대를 수입하여 국내에서 판매하면 1,200만원을 받을 수 있다. 단, 임시이윤을 무시하였을 경우이다. 그런데 환율이 1달러 :

1,300원으로 상승하였다고 하면 수입업자는 이제 1,300만원을 주어야만 1만달러의 외화를 구입할 수 있다. 그러면 1,300만원을 주고 외환은행에서 1만달러의 외환을 구입하여 그것으로 미국에서 1만달러 상당의 옥수수 500포대를 수입하여 국내시장에 팔면, 국내물가가 불변이라고 가정하였을 때 1,200만원을 받을 수 있다. 그러면 1,300만원을 지불하고 수입해서 1,200만원의 수입을 보게 되었으니 순 100만원의 손해를 본 셈이다.

이와 같이 환율이 상승하면 수입업자는 손해를 보게 되어 환율의 상승은 수입을 억제하게 된다. 이와 같은 수입수요의 감소 때문에 달러화에 대한 수요량이 감소하게 된다. 위와 같은 사항을 통해서 달러화의 수요곡선을 그림으로 나타낸 것이 [그림 25-1]이다.

한편, 우리나라의 수출업자가 임시이윤을 무시한 상태에서 1,200만원 상당의 직물을 미국에 수출하면 1만달러의 미화, 즉 외환을 받을 수 있으며 또 1만달러의 외환을 국내의 은행에 매도함으로써 1,200만원을 받을 수 있다.

두 교역당사국가인 미국과 우리나라의 경제는 다 같이 안정되어 있어서 각각 국내물가에 아무런 변동이 없을 때 어떠한 원인으로 우리나라의 화폐가치가 하락하여 환율이 1달러 : 1,300원이 되었다고 하면 우리나라의 수출상은 전과 마찬가지로 1,200만원 상당의 직물을 미국에 수출하여 앞서와 마찬가지로 1만달러의 외환을 받을 수 있다. 그런데 이 외환을 우리나라의 외환은행에 매도하면 이제는 1,300만원을 받게 되므로 전보다는 100만원의 수입이 증가하게 된다. 즉,

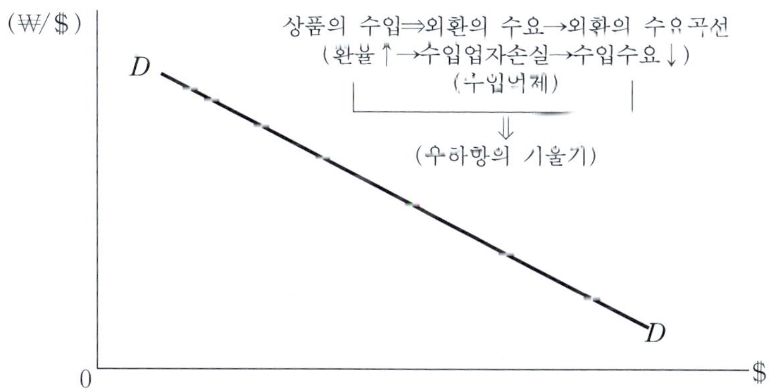

[그림 25-1] 외환에 대한 수요

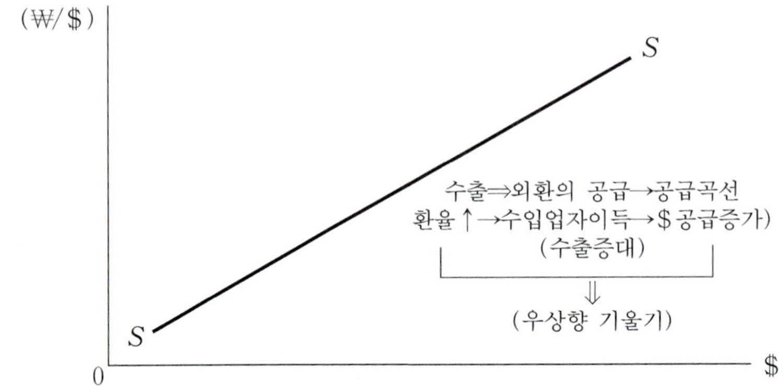

[그림 25-2] 외환의 공급

환율이 상승함으로써 수출업자의 수출이득이 늘어났다. 그러므로 환율이 상승하면 수출업자의 이득이 크게 되므로 수출이 촉진된다. 수출의 증가는 그 만큼 달러화의 공급을 증가시키게 된다. 따라서 환율이 상승하면 그 만큼 달러의 공급이 더 많아지게 되어 외환의 공급곡선은 [그림 25-2]와 같이 우상방으로 나타낼 수 있다.[1]

2) 균형환율의 결정

환율이라는 것은 외환의 매매가격이기 때문에 일반상품의 가격형성과 같이 외환의 수요·공급이 일치하는 데에서 결정된다. 한 국가의 외환에 대한 수요·공급은 앞에서 본 바와 같이 그 나라의 무역실태, 즉 수출과 수입이라는 실물거래에 의존한다. 수출은 외환을 받아서 국내에 이를 공급하는 것이며 수입은 외환을 국내에서 구입하여 상대수출국에 보내는 것으로 외환의 수요가 된다. 외환의 수요·공급곡선이 [그림 25-3]에서와 같이 주어진다면, *SS*곡선과 *DD*곡선이 교차하는 점 *E*에서 균형환율이 결정된다. 외환의 공급곡선과 수요곡선을 이동시키는 요인은 이자율의 변동, 인플레이션 그리고 경제활동수준 등이 있다.

만일 환율이 내리면 수출이 잘 되지 않으므로 외환의 공급은 적은데 수입은 촉진되어 외환의 수요는 많아질 것이다. 따라서 *CF*에 해당하는 외환의 초과

1) 상대국인 미국에 있어서는 위와 반대의 현상이 나타나게 될 것이다.

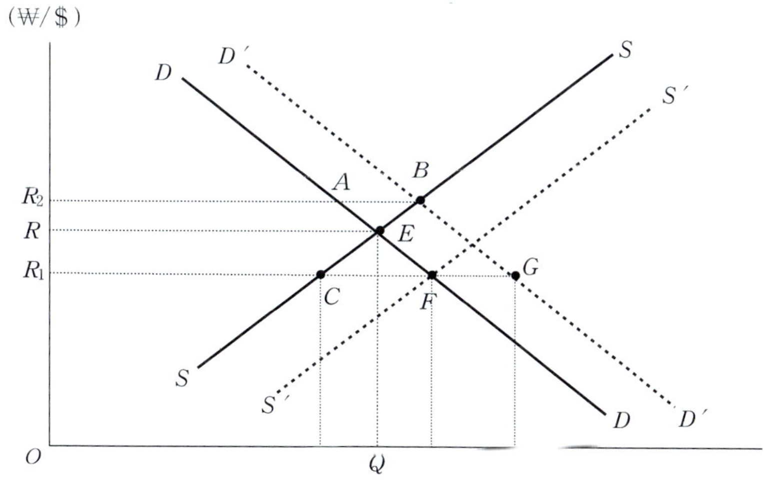

· 환율이 내리면 한국이 수요하고자 하는 $의 수량 = R_1F
· 미국이 공급하고자 하는 $의 수량 = R_1C

[그림 25-3] 환율의 결정

수요가 발생하고, 수입업자들의 환매입경쟁이 발생되어 환율은 등귀한다. 만약 환율이 등귀하면 수출은 촉진되어 외환의 공급은 많아지는 반면 수입은 억제되어 외환의 수요는 감소한다. 그래서 *AB*만큼의 외환의 초과공급이 발생하고 따라서 수출업자들의 환매경쟁으로 인해 환율은 하락한다. 그러므로 외환의 수요·공급곡선이 일치하는 점 *E*에서 균형외환수급량이 *OQ*로 결정되고, 이때 균형환율이 *OR*로 결정된다.

위에서 살펴본 바와 같이, 외환시장에서 수요·공급에 의하여 자유로이 결정되는 환율을 자유환율(free exchange rate)이라고 한다. 그리고 이러한 환율제도는 완전한 변동환율제라고 한다. 따라서 자유환율은 중앙은행이나 그 밖의 외환관리 당국에 의한 시장개입이 전혀 없이 자유롭게 외환이 매매되는 제도, 즉 완전한 변동환율제도(flexible exchange rate system) 하에서 결정된다.

변동환율제의 장점은 앞에서 살펴본 바와 같이, 환율의 신축성이 있는 변동으로 만일 국내경제가 최초에 완전고용수준에 있다면, 그 수준을 그대로 유지할 수 있게 한다. 특히, 국제무역이 그 나라의 국민총생산에서 차지하는 비중이 작을 때에는 매우 효율적인 방법이라 할 수 있다. 그러나 변동환율제도는 소위 환리스크를 부담하게 하고 또한 외환시장에 투기를 발생하게 하여 환율을 불안정

하게 만들 가능성이 높다.[2]

3) 환율에 영향을 미치는 요인들

환율에 영향을 미치는 요인들은 각종 재화의 수출입에 영향을 미치는 요인들이므로 환율에 영향을 미치는 경제적·비경제적 요인들은 즉각적으로 그 효과가 나타나고, 또 어떤 요인들은 당장에는 큰 영향이 없는 것 같아도 장기적으로 쌓이면 매우 중요하고 심각한 영향을 미친다. 여기서는 일반적으로 지적되고 있는 몇 가지 경제환경의 변화가 어떤 영향을 미치는가를 살펴보자.

(1) 국내외 물가수준의 변화와 환율(구매력평가설)

장기적으로 볼 때 환율은 국내외 물가수준의 변화에 영향을 받는다는 것을 이론적으로 정리한 것이 구매력평가설이다. 즉, 환율은 국내외의 물가수준을 반영하여 구매력이 같아지도록 조정된다는 이론을 구매력평가설(theory of purchasing power parity)이라고 한다.[3] 이 주장은 상품의 균형가격의 결정이론을 환율의 결정에 활용한 것이다.

외환이란 이종화폐간의 교환비율이다. 외환에 대하여 일정한 가격을 지불하게 되는 근본적인 이유는 그 화폐가 당해 외국에 있어서 상품과 노동에 대한 구매력을 가지고 있다는 사실이다. 또한 외국화폐에 대하여 일정한 자국화폐를 제공하는 것도 자국에 있어서의 상품과 노동에 대한 구매력을 현실적으로 제공하는 것을 의미하는 것이다. 그러므로 양국간의 환율을 결정하는 가장 근본적인 요인은 2종의 화폐가 각각 자국에서 가지고 있는 구매력인 것이다.

구매력평가설은 절대적 개념과 상대적 개념으로 나누어 볼 수 있다. 절대적 구매력평가설은 양 교역국간의 절대적인 물가수준의 차이에 의하여 환율이 결정된다는 것이다. 예를 들어 우리나라에서 교역재가격이 80,000원이고, 미국에서는 100달러라고 하면 환율은 달러당 800원이 된다. 구매력평가설의 상대적인 개념에 따른 환율의 변화는 기준년도의 환율에 양국의 물가상승률의 변화율을

---

2) 환율이 불안정하다는 것은 그 나라의 경제뿐만 아니라 국제경제를 교란시키기 때문에 환율의 안정을 목적으로 해서 1944년 국제통화기금(IMF : International Monetary Fund)의 제도가 창설되었다.

3) 이 구매력평가설(theory of purchasing power parity)의 근본사상은 19세기의 자금논쟁 이래 주장되어 왔으며, 그 선구자는 리카도라고 주장되나 이것을 체계화시킨 학자는 스웨덴의 캇셀(Guatav Qassel)이다.

곱하여 얻는다.

$$\text{현재의 환율} = \text{기준년도의 환율} \times \frac{\text{현재의 국내물가수준/기준년도의 국내물가수준}}{\text{현재의 외국물가수준/기준년도의 외국물가수준}}$$

예를 들어 미화 1달러당 800원이 기준년도의 환율이라고 하고 우리나라의 대외물가가 미국보다 1.2배 더 상승하였다고 가정하면 새로운 환율은 달러당 960원이 된다. 즉, 국내물가의 상승률이 미국 내의 물가상승률보다 크면 환율이 상승할 것이고 적으면 환율은 하락할 것이다.[4)]

(2) 이자율과 환율

환율의 변화는 물가수준 이외에 이자율의 차이에 의해서도 영향을 받는다. 이자율의 차이에 의한 영향은 단기적으로 나타나게 된다.

일반적으로 자본의 국제적 이동이 허용되고 물가상승률 등의 경세적 여건이 같으면 자본은 이자율이 낮은 나라에서 이자율이 높은 나라로 이동된다.

예를 들어 미국의 국채는 년 10%의 이자를 지불하는데, 영국의 국채이자율이 년 15%로 올랐다고 하자. 미국의 투자자들은 영국에서의 높은 수익률을 추구하기 위해 영국의 국채를 매입하고자 할 것이다. 그러기 위해서는 미국 달러화를 팔고 영국 파운드화를 사야 한다. 따라서 영국 파운드화에 대한 수요량이 증가하고 이것은 영국 파운드화의 가격을 상승시킨다.

이처럼 이자율의 상승은 외환의 공급증가를 가져옴으로써 평가절상의 결과가 생기고 이자율의 하락은 평가절하의 결과를 가져온다. 1980년 초의 미국 달러가격이 다른 선진국의 통화에 비해 상승한 것은 수출이 증가되고 수입이 감소되어서가 아니라 바로 미국의 이자율이 다른 선진국의 이자율보다 높았기 때문에 일어났던 것으로 그 좋은 예라 하겠다.

(3) 경세활농수준과 환율

외환의 수요와 공급은 국내외 경제활동과 외국의 경제활동수준에 크게 영향을 받는다. 소비자들의 소비지출은 소득이 증가함에 따라 증가한다. 따라서 소득이 증가함에 따라 수입품에 대한 소비지출도 늘어날 것이다. 그러므로 국내경

4) 가격수준의 변동이 있다 하더라도 아파트나 토지와 같이 국제적으로 수출입이 일어날 수 없는 재화가 있기 때문에 환율에는 직접적인 영향을 미치지 않을 수도 있다. 따라서 단기적으로는 구매력평가이론이 적용되지 않을 수도 있으나, 장기적으로는 국내외의 물가상승률의 차이가 환율수준에 결정적인 영향을 미친다는 것을 부인할 수 없다.

제활동이 활발해져서 국민소득이 증가하면 수입수요가 증가하고 따라서 외환에 대한 수요를 증가시키는 반면에, 국내경기가 침체되면 수입수요가 줄어들어 외환에 대한 수요도 감소된다. 또 외국에서의 경제활동 위축은 우리나라 상품의 수출을 감소시켜 외환의 공급이 감소된다. 우리나라 수출의 증가가 선진제국의 경기에 크게 의존하고 있음은 우리도 잘 아는 사실이다. 따라서 국내경제활동의 상승과 외국경제의 경기침체는 환율을 상승시키는 효과가 있으며 반대로 국내경제활동의 위축과 외국경제활동의 상승은 환율을 하락시키는 효과를 가지고 있다.

25-1 : 환율과 금리

흔히 국제적으로 자본이동이 완전히 자유로워지면 모든 국가에서 금리수준은 동등해질 것이라고 생각하기 쉽다. 예로 미국의 금리가 5%이고 일본의 금리가 3%인데 한국의 금리가 10%로 제 각각 금리차이가 나는 이유는 국제자본이동의 제약 때문이라는 생각은 잘못이다.

외국투자자가 1년간 1만달러를 우리나라에 투자하려는 경우를 생각해 보자. 이 투자자는 미국의 금리가 5%인데 우리나라에서는 10%라면 미국에 투자할 때보다 1만달러의 5%인 5백달러의 이자를 더 얻을 것이라고 단순히 생각하기 쉽다. 그러나 실제는 그렇지 않다. 이 투자자는 투자액 1만달러를 원화로 투자해야 하기 때문이다. 장차의 환율변화를 고려해야 하는 것이다. 투자기간 동안 원-달러의 교환비율이 1천원에서 1천백원으로 원화가 평가절하될 경우 이 투자자가 1만달러에 해당하는 1천만원을 1년간 투자해서 얻는 원리금은 1천1백만원이지만 원, 달러의 교환비율이 1천백원으로 변했으므로 달러표시 원리금은 1만달러가 된다. 결국 원화의 평가절하로 이 투자자의 1년간 달러표시 투자수익률은 제로이다.

따라서 외국투자자가 우리나라에 투자하려할 때 우리나라의 금리수준뿐 아니라 투자기간 동안에 예상되는 원화 환율변화도 함께 고려해야 한다. 실제로 국제금융시장이 완전히 통합되어 국제자본이동이 자유롭게 이루어져도 국가간 환율의 변동폭이 모두 다르면 국가간 금리수준도 모두 달라질 수밖에 없다. 그래야만 환율의 변화를 고려한 투자수익률이 모두 같아질 것이다. 환율의 급등이 예상되는 국가가 외국자본을 유입하려면 이에 상응하는 국내금리의 인상도 있어야 되는 것은 이런 이유에서다. 국가간의 예상 투자수익률 계산에는 금리와 환율뿐 아니라 시장외적 위험인 각국의 정치적 위험요인 등이 모두 고려되어야 한다. 만일 두 국가간에 다른 조건이 모두 같고 자본이동이 완전히 자유로워지면 양국간의 금리차는 환율예상 변동폭을 의미하게 된다. 양국의 금융자산이 투자자에게 동일한 수익률을 가져다주는 이른바 이자율평가(interest parity)에는 환율변동이 포함되어야 한다. 과거 우리나라 기업들이 국제금융시장에서 낮은 금리로 외자도입을 해서 상당한 이득을 얻을 수 있었던 것은 국내외 금리차에 비해 원화의 환율변동이 미미했기 때문이었다. 원화의 환율변동폭제한이 없어진 지금 우리의 기업들은 외자도입에서 국내외의 금리차뿐 아니라 조달외화의 대원화 환율변동도 모두 중시해야 한다. 과거와 달리 원화환율 변동이 매우 커진 지금 국내기업들이 외자조달시 원화의 환율변동 위험을 극복할 수 있는 방안들이 시급히 마련되어야 할 것이다. 이는 국내기업들이 환율변동 위험을 피하면서 낮은 금리의 국제금융시장에 쉽게 접근할 수 있게 될 때 우리나라의 금리하향 안전도 그만큼 앞당겨질 수 있기 때문이다.

3. 고정환율제도와 환율조정

1) 고정환율제도 하의 환율과 장·단점

앞에서 우리는 일반상품의 가격이 상품시장에서 결정되는 것과 마찬가지로 외환시장에서 외환의 수요·공급에 의해 환율이 결정되고 변동되는 과정을 살펴보았다. 여기서와 같이 외환시장에서 외환의 수요·공급에 의해 환율이 결정되도록 하는 환율제도를 변동환율제도라고 한다.

그러나 상품의 경우에 일부 품목에 대해서 정부가 가격을 규제하는 것(예컨대 아파트값, 쌀값, 토지가격 등)과 같이 국가가 중앙은행을 통해서 환율을 어떤 일정 수준으로 고정시키거나 또는 일정한 범위 내에서만 환율의 변동을 허용하는 제도를 고정환율제도라고 한다. 즉, 정부가 임의로 환율을 고정시키는 제도를 고정환율제도라 한다.

고정환율제도(fixed exchange rate system)에서 환율은 외환시장에서 수요와 공급을 일치시키게끔 변동하지 않고 정부 또는 외환당국에 의해 어떤 수준에서 고정된다. 예컨대 [그림 25-4]에서 환율이 E_1으로 고정되어 있을 수 있다. 이러한 때 외환에 대한 수요량은 E_1A만큼이 되고, 외환의 공급은 E_1B만큼 되어 BA만큼의 초과수요가 존재한다면, 외환당국은 E_1으로 표시된 환율을 유지하기

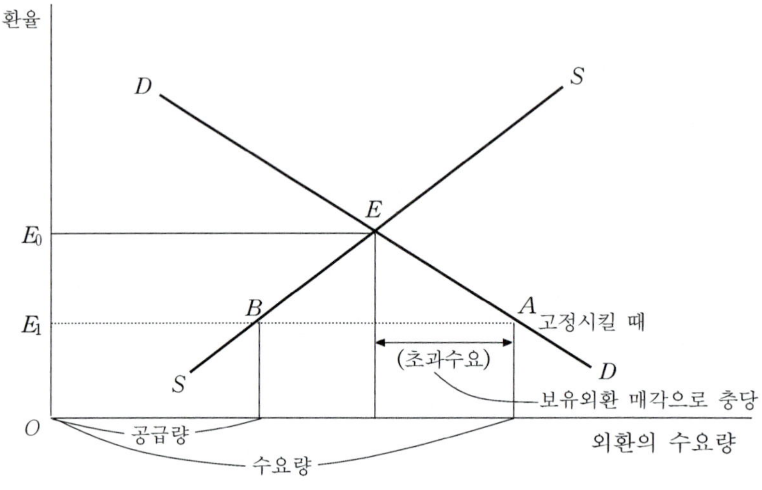

[그림 25-4] 외환의 수요·공급과 고정환율

위해서 이러한 초과수요만큼을 보유외환의 매각으로 충당하게 된다.

고정환율제도는 한 나라의 통화의 대외가치를 고정시키는 것을 의미하고, 변동환율제도는 외환시장의 수급에 맡겨 자유롭게 결정되는 것을 말한다. 따라서 변동환율제도 하에서는 국제수지의 불균형이 주로 외환의 수급에 의한 환율변화를 통해서 시정된다. 그러나 고정환율제도하에서는 국제수지의 불균형은 무역당사국의 국내균형의 희생을 통해서 시정된다. 이러한 점에서 볼 때 고정환율제도는 변동환율제도보다 국제수지의 불균형을 시정하는 데 있어서 경제에 고통을 더 많이 주는 제도라고 할 수 있다. 다시 말해서 고정환율제도 하에서는 외환시장에서 환율이 형성될 수 있는 실세를 반영하지 못하고 또한 국제수지 조정의 수단으로써 신축적으로 조정될 수 없다는 문제점이 있다. 고정환율이 실세로부터 유리된다면 자원배분의 왜곡을 가져오고, 결국 그 만큼 사회적 후생을 감소시키게 된다.

이미 언급된 바와 같이, 변동환율제도하에서는 대외불균형이 외환시장의 자동적 조정기능에 의해 조정되므로 국내의 재정·금융정책 등 총수요관리정책의 독립성이 유지된다. 즉, 변동환율제도 하에서는 각국이 상당한 정도의 독립적인 재정·금융정책을 실시할 수 있다. 물론 현실적으로는 국제경제적 차원에서 상당한 정도의 제약을 받게 된다는 점을 유념해야 한다. 그러나 고정환율제도 하에서는 국내 재정·금융정책을 잘 통제할 수 없으므로 국내경제의 통제가 잘 되지 않는다. 한 예로, 고정환율제도 하에서 물가상승이 있게 되면 이는 국제수지의 불균형으로 나타난다. 그리고 이를 시정하기 위해 재정·금융정책을 실시(축소)하면 대내균형(예컨대 완전고용)을 저해함으로써 초기정책이 효과를 상쇄시키게 된다.

변동환율제도의 장점인 환율변동에 의한 국제수지의 불균형의 시정, 국내총수요관리정책의 독립증대 등은 고정환율제도의 단점이 된다. 반면, 변동환율제도의 단점은 고정환율제도의 장점이 된다.

요컨대, 고정환율제도의 문제점은 국제수지의 불균형, 고용보호 및 실업방지라는 측면에서 불리하고 물가에 있어서 이점을 가지고 있다. 그런데도 대부분의 후진국에서 고정환율제도를 실시하고 있는 것은 환율의 추세를 산정할 수 있는 외환시장을 갖고 있지 못하고 있을 뿐만 아니라, 정부주도형 관련 정책의 수행과정에서 관련목표를 달성하기 위한 주요한 정책목적으로서 환율을 이용하기 때문이라 할 수 있다.

2) 고정환율제도 하에 있어서 국제수지 조정

금본위제도 하에 있어서 국제수지의 조정기능은 금의 이동에 따른 통화량의 변화에 의하여 이루어지고 있었다. 그러나 고정환율제도 하에서 국제수지의 불균형을 시정할 수 있는 방법에는 ① 평가의 변경을 통한 조정, ② 무역과 외환에 대한 직접통제등이 잇다.

(1) 환율평가의 변경을 통한 조정

국제수지의 불균형은 흑자국의 평가절상, 또는 적자국의 평가절하에 의하여 상실된다.5) 국제수지의 균형은 흑자국측에서는 화폐공급량보다 높은 비율로 증가시킴으로써 회복할 수 있으나, 이때 흑자국 내의 물가수준이 적자국의 그것에 동조하여 상승하게 될 것이다.

이제 국제수지가 균형되고 모든 나라의 화폐량도 변화하지 않는 균형상태로부터 출발하여 외국에서 평가절하가 행하여졌다고 가정하면, 외국의 평가절하

5) 평가절상 : 현재 1$＝₩1,000인데, 1$＝₩800이 될 때 환율인하, 이때 수입↑, 수출↓, 국내 디플레이션 우려, 외채부담, 일시적 국제수지 역조
평가절하 : 현재 $1＝₩1,000에서 ₩1,100으로 인상, 이때 수출↑, 수입↓, 인플레 우려, 국제수지 개선효과.

의 즉시적 효과는 자국의 국제수지를 적자로 만들고 외국의 그것을 흑자화하므로 다음 기에 있어서는 자국의 화폐보유량은 증가하게 된다. 따라서 다음 기에는 화폐공급량의 변화효과에 의하여 두 나라의 국제수지의 불균형이 축소되는 방향으로 나아가게 된다. 평가의 변경은 통화가치가 감소한 국가로부터 그것이 증가한 국가로의 일정의 잠재적인 이전과 같은 효과를 갖는다. 혹은 같은 문제를 다른 측면에서 보면 국제수지의 흑자를 낳고 있는 국가는 적자국에 대한 이전지출(transfer)을 행하고 있으며, 평가를 변경하여 국제수지를 조정한다는 것은 이전지출을 삭감시키는 것을 의미한다.

(2) 직접통제

정부에 의한 직접통제는 정부가 무역의 흐름이나 외환의 배당에 대하여 강권으로 개입하는 것을 뜻한다. 직접통제의 수단은 꽤 많으나, 특히 일반적인 수단은 수입에 대한 직접적인 통제라고 할 수 있다. 수입허가제도 등이 그 하나의 예이다.

제 2 절 국제수지와 그 균형

1. 국제수지와 국제수지표

우리나라 국제수지는 크게 경상수지, 자본·금융계정, 오차 및 누락으로 구성되고 있다(〈표 25-1〉 참조).

경상수지는 상품·서비스수지, 본원소득수지 및 이전수지 등 4가지로 세분된다.

자본·금융계정은 자본수지와 금융계정으로 나누어 지고, 자본수지는 자본이전 및 비생산비금융자산으로 구분하고 금융계정은 직접투자, 증권투자, 파생상품 및 기타 투자로 구성된다.

오차와 누락은 경상수지와 준비자산증감으로 기록하는데 준비자산증감의 부호가 반대가 된다. 따라서 준비자산증감이 '−'의 값을 가지면 준비자산의 증가를 의미하며, '+'의 값을 가지면 준비자산의 감소를 나타나게 된다.

〈표 25-1〉 국제수지 요약표

(단위: 억달러)

	2011^{p}			2012
	상반기	하반기	연간	상반기^{p}
Ⅰ. 경 상 수 지	81.0	184.0	265.1	137.5
상 품 수 지	135.0	174.5	309.5	111.3
서 비 스 수 지	-33.3	-10.4	-43.8	16.6
본 원 소 득 수 지	-4.4	28.9	24.6	23.1
이 전 소 득 수 지	-16.3	-8.9	-25.2	-13.6
Ⅱ. 1) 금 융 계 정	-92.7	-228.5	-321.1	-97.6
직 접 투 자	-88.3	-68.6	-156.9	-102.2
증 권 투 자	6.6	96.6	103.1	96.7
파 생 금 융 상 품	1.9	-19.2	-17.4	12.9
기 타 투 자	48.2	-159.0	-110.8	-48.1
준 비 자 산	-61.0	-78.2	-139.1	-57.0
2) 자 본 수 지	-2.9	4.4	1.5	4.2
Ⅲ. 오 차 및 누 락	14.6	40.0	54.6	-44.0

자료 : 한국은행

2. 국제수지의 균형

국제수지의 균형에 관한 고찰방법은 국제수지표에 의하여 커버되어야 할 모든 거래를 자발적 거래와 조정적 거래로 구분하며, 이것에 의하여 국제수지의 균형 또는 흑자, 적자를 정의하게 된다.

제임스 미드(James Edward Meade)는 국제수지표의 다른 여러 항목의 크기의 여하에 관계없이 발생하는 거래를 자발적 거래, 그 자체를 목적으로 해서 행하여지는 것이 아니고 국제수지표의 여러 항목의 조정적 거래에 의하여 메꾸어져야 할 갭을 발생시키기 위하여 유발되는 거래 혹은 다른 여러 거래를 조정하기 위해 행하는 거래를 조정적 혹은 보정적 거래라고 정의하였다.

자발적 거래와 조정적 거래와의 구별을 기초로 하는 국제수지 정의의 두 번째 사고방법은 IMF가 초기에 채택하였던 통화당국이 국제수지의 다른 항목에 있어서 적자 혹은 흑자를 커버하기 위한 외화를 조달하기 위하여 행하는 자본조달 또는 자금공급을 정부에 의한 보정적 금융거래로 정의하고, 그 크기를 가지고 국제수지의 불균형을 정의하고 있다.

25-2 : 외환보유액은 유사시 대외지급에 사용되는 외국 돈

IMF 사태가 터졌을 때 사용할 수 있는 가용 외환보유액은 88억7천만 달러였다. 그러나 9개월만에 약 430억달러로 늘어났다. 그런데도 그 정도로는 안심할 수 없다고 아우성이다. 왜 그럴까. 외환보유액은 한 나라가 유사시에 동원하여 대외지급에 사용할 수 있는 외국 돈을 말한다. 만일 한 나라가 제때 외채를 갚지 못하거나 수입대금을 지불하지 못하면 부도를 내고 만다. 러시아처럼 모라토리엄(채무불이행)을 선언, 아예 국가부도를 인정하는 경우가 그런 예다. 개인과 마찬가지로 국가도 부도를 내면 대외신인도 저하, 대외거래 위축을 감수해야 한다. 그런 사태를 방지하려면 외환보유액이 충분해야 한다. 외환보유액은 정부와 중앙은행이 보유하고 있는 대외지급 준비자산을 말한다. 크게는 금과 보유외환으로 구성된다.

그러나 정부와 중앙은행이 보유자산 모두를 금방 사용할 수 있는 것은 아니다. 외국에 빌려줬거나, 국내은행 해외점포에 빌려준 돈은 상환받는데 상당한 시간이 걸리므로 그 돈은 유사시에 즉시 사용할 수 없다. 따라서 전체 외환보유액에서 이 부분을 제외한 나머지가 바로 가용외환보유액이다. 1999년 1월말 현재 총 외환보유고는 536억달러이지만, 국내은행의 해외점포 예치금이나 해외에 빌려준 금액 352억달러를 제외하면 가용보유고는 500.8억달러이다.

가용외환보유액은 많을수록 좋을까. 반드시 그렇지 않다. 안전성위주로 보유액을 운용하면 그 만큼 수익률은 낮다. 잘못하면 놀리는 돈(idle money)이 될 수 있다. IMF(국제통화기금) 등에선 통상 연간 경상지급액(수입+무역외지급+이전지급)의 25%를 적정 보유액으로 권하고 있다. 그러나 우리나라처럼 외채만기가 속속 돌아오는 상황에서는 보다 많은 외환보유액이 필요하다.

→ 제 3 절 국제통화제도의 변천과 한국환율제도의 역사

이 절에서는 국제통화제도가 금본위제도에서 금환본위제도를 거쳐 현재의 변동환율제도에 이르게 되는 과정을 살펴보고 다음으로 우리나라가 택해왔던 여러 환율제도에 대하여 살펴보고자 한다.

1. 국제통화제도의 변천

국제통화제도(International Monetary System)란 국제간 재화와 자본의 이동에 따른 대외거래상의 화폐를 용이하게 지불할 수 있게 하는 국제금융결제의 체제를 의미한다. 그러므로 국제통화제도의 기본적 기능은 국제간 금융결제의 원활한 수행을 도모하기 위하여 국제수지의 만성적 불균형상태 하에서 국제유동성의 국가간 편재가 일어나지 않도록 각국의 환율체계와 운용원칙 등을 수행하는 것이다. 일반적으로 국제통화제도의 유형은 환율이 결정되는 방법에 따라, 첫째, 고정환율제도와 둘째, 변동환율제도로 구분하고, 셋째, 두 환율제도의 절충형 환율제도로서 관리변동환율제도 등이 있다. 이 절에서는 여러 가지 유형의 국제통화제도가 1800년대 후기에서부터 어떻게 변천되어 왔는가를 역사적으로 조명해 보고자 한다.

1) 금본위제도 : 1870~1914년

금본위제도(gold standard system)란 화폐단위를 순금의 일정한 중량으로 정해 놓고 금화의 자유주조를 허용하며 금과 자유로운 태환이 가능한 고정환율제도를 말한다. 금본위제도 하에서는 각국은 화폐 한 단위에 포함되어 있는 금의 양을 정하게 되며 따라서 환율은 각국의 화폐 한 단위에 포함되어 있는 금량의 비율로 결정되며 이를 금평가(gold parity)라고 한다. 예컨대 1913년 $1는 금 0.035온스의 가치를 갖는 것으로 정해져 있고 영국은 £1에 0.257온스의 금의 가치를 갖는 것으로 정해져 있으므로 금을 기준으로 하여 달러화와 파운드화간의 환율은 £1 = $4.86가 된다. 이 제도는 19세기와 20세기 초에 걸쳐 세계주요국에서 채택되었으며 이 제도 하에서는 각국통화는 금의 중량을 기준으로 그 가치가 정해져 있었기 때문에 각국 통화간의 교환비율, 즉 환율은 금을 통하여 고정되게 되었다. 그러므로 금본위제도는 바로 고정환율제도이다. 이 제도는 1821년 영국이 최초로 채택한 후 1870년대에 미국, 독일, 프랑스 등 많은 국가들이 채택하면서 국제통화제도가 되었다. 금본위제도 하에서 국제수지조정은 흄(D. Hume)의 '가격-정화 플로우메커니즘'(price-specie flow mechanism)에 근거를 두고 있다.[6] 흄은 금의 유출입을 통하여 통화량의 변동을 가져오고 따라서 물가수준을 변동시켜 수출입에 영향을 미침으로써 국제수지의 불균형이 자동적으로 조정되는 과정을 제시하고 있다.[7] 예컨대 한 나라의 국제수지가 흑자이면 흑자분만큼 금의 총유입량이 늘어나고 그에 따른 국내 물가수준이 상승하게 된다. 이러한 국내 물가의 상승은 수출을 감소시키고 수입을 증가시킴으로써 국제수지 흑자를 줄이게 된다.[8] 이러한 조정은 국제수지가 균형, 즉 영이 될 때까지 계속된다는 것이다. 이러한 금본위제도는 제1차 세계대전 직전인 1914년까지 국제금융과 국제경제의 발전에 공헌해 왔다. 그러나 1914년 제1차 세계대전이

---

6) 금본위제도 하에서 국제수지의 조정이 자동적으로 이루어진다는 것을 설명하는 이론이다. 즉, 금본위제도 하에서 한 나라가 경상수지 적자를 시현하고 있다면, 이는 상품의 수입(외환의 수요)이 수출(외환의 공급)을 초과하여 외환부족상태에 있음을 의미한다. 외환이 부족하면 그 나라 사람들은 자국화폐를 금으로 바꾸어(정화로 태환) 금을 외국에 보낸다. 이러한 금의 수출은 금본위제도 하에서는 통화량의 감소를 뜻한다. 통화량의 감소는 국내 물가수준을 하락시킨다. 물가수준이 하락하면 수출이 증가하고 수입이 감소하며 그 나라의 경상수지 적자는 자동적으로 해소된다. 고정환율제도하에서도 자동적인 통화감소와 이에 따른 물가하락은 경상수지 적자를 해소시키는 것이다. 한편, 경상수지가 흑자인 경우는 그 반대현상으로 흑자가 해소된다.
차철호, 『현대국제경제학』, 형설출판사, 1991, 22장의 22. 1. 1.

7) 금의 유출입을 통하여 통화공급량이 변하고 그로 인한 물가수준의 변동을 통한 국제수지불균형이 해소되기 위해서는 통화의 불태화 정책이 실시되어서는 안 된다. 즉, 금본위제도는 고정환율제도로서 대외균형의 달성을 위해 대내균형을 희생시키고 물가가 통화공급에 따라 신축적으로 조정됨을 의미한다.

8) 국내물가가 올라가면 수입이 늘고 수출이 줄기 위해서는 다음 조건이 성립해야 한다.
$X=P_x(P_e)$에서 X=명목수출액
P=국내물가수준
x=실질수출액
e=환율을 나타낸다
위 식에서 e는 일정하다고 가정하고 P에 관해서 전미분하면,
$\frac{dX}{dP}=x+P\frac{dx}{dp}=x(1+\frac{P}{x}\frac{dx}{dp})$가 된다.
여기서, $(\frac{P}{x}\frac{dx}{dp})$는 수출품에 대한 해외수요의 가격탄력$(\epsilon_x)$이다. 따라서 ϵ_x가 탄력적이면, 즉 $(\epsilon_x)>1$이면 P의 증가는 수출액의 감소를 가져온다. 한편으로 $(\epsilon_x)<1$이면 P의 증가가 오히려 수출액을 증가시킬 수 있으나 국제수지(경상수지)가 개선되기 위한 충분조건은 수출의 증가폭이 수입의 증가폭보다 커야 된다. 경험적으로 이런 경우는 거의 나타나지 않는 것으로 알려져 있다. 이 논의에 대해서는 정운찬, 『거시경제론』(제3판), 다산출판사, 1991, 제8장 참조.

발발하면서 국제무역 및 국제금융질서가 극심한 혼란에 빠져들게 되었다. 제1차 세계대전 이후 각국은 그동안 전비조달을 위해 통화팽창을 계속하였고 이런 와중에서 주요 유럽국가들은 통화의 금태환을 정지하고 환율을 변동환율제도의 형태로 운용하게 되었으며, 미국은 달러화의 금태환을 보장하고는 있었으나 사실 다른 화폐와 달러가 태환되지 못함으로써 미국 달러화도 변동환율형태로 운영되다가 제1차 세계대전 이후의 세계경제질서의 회복을 위해서는 금본위제로의 복귀가 당면과제로 제기됨으로써 1919년 미국은 금본위제에 복귀하였다.

영국, 프랑스, 이태리, 일본 등도 1922년에 금본위제도의 복귀에 합의하였다. 그러나 1920년대의 영국경제의 정체는 세계경제의 주도력을 상실케 함으로써 파운드화의 국제적 신뢰가 떨어지고 파운드화의 금태환 요구가 증가하기 시작하였다. 드디어 영국은 1929년의 대공황과 금보유고의 고갈로 파운드화의 금태환을 정지함으로써 1931년 금본위제로부터 이탈하게 되었다. 한편 미국은 1930년대의 대공황으로 인하여 국제통화질서가 그게 혼란스러워지게 되자 달러화의 평가절하를 단행함으로써 일시적인 변동환율제도를 채택하게 되었고 금본위제도는 결국 붕괴하고 말았다.

참고

금본위제도 하의 국제수지조정 메카니즘 : 물가수준과 정화이동의 이론

국제수지의 조정과정에 관한 신고전파학자들의 이론은 물가수준과 정화이동의 이론(the 'price-specie-flow' doctrine)이라고 한다. 이 이론은 금본위제 하에서 국제수지의 불균형이 어떤 과정을 밟아서 조정되는가를 설명하는 것으로 이것을 최초로 체계적으로 서술한 학자는 데이비드 흄(David Hume)이다. 그 후 아담스미스, 존 스튜어트 밀 등 고전학파의 경제학자들에 의하여 발전되면서 케인즈 이론이 출현할 때까지 국제수지의 조정기구에 관한 가장 유력한 이론이었다.

금본위제도 하에서는 각국은 금의 일정량을 자국통화의 화폐단위로 정하고 금과 자국통화의 태환을 인정하였다. 따라서 환율은 각 통화의 '금평가'(gold parity)에 의해서 고정된다. 이처럼 환율이 고정된 상태에서 어떤 국가의 국제수지가 수입에 대한 수출의 초과에 의해 흑자가 되었다고 하자. 그 결과 금이 유입되고 유입된 금은 중앙은행에 의하여 사들여진다. 중앙은행의 금보유량의 증대는 그 액의 몇배에 달하는 통화공급의 증가를 가져와 결국 무역수지의 흑자국에서는 민간부문의 화폐보유량이 증가하게 된다. 화폐보유량의 증가로 물가수준이 상승한다.

물가수준이 상승한 흑자국에서는 수출이 억제되고, 수입이 증가하는 반면, 물가수준이 하락한 적자국에서는 수출이 증가하고 수입이 억제된다. 이와 같이 하여 당초 무역수지에 수출초과를 일으킨 국가에서는 출초액이 점차 감소하여 곧 금의 유입을 정지한다. 만약 물가수준 저하의 영향이 나타났다고 하면 그 나라의 무역수지가 입초로 전환할지 모른다. 또 당초 입초였던 나라는 이와 반대의 사태가 발생하게 된다. 결국 국제수지는 균형을 이루게 된다. 이것을 도식화하면 [그림 1]과 같다.

이와 같이 고전파 경제학자들은 국제수지의 불균형은 정화의 흐름 혹은 정화의 이동, 즉 금의 수출입과 이에 수반하는 물가수준의 변동을 통하여 조정된다고 보았다. 물가수준과 정화이동의 이론은 각국의 중앙은행이 이른바 금본위제의 게임의 규칙들(rules of the gold standard game)을 지킬 것을 전제로 하고 있다. 즉, 정화준비가 증가한 국가의 중앙은행은 화폐공급을 늘리고, 이것이 감소한 국가의 중앙은행은 화폐공급을 감소시킬 수 있도록 금융정책을 운영하는 것을 말한다. 그러나 금융정책의 운용의 이면에는 물가가 신축적이어서 항상 완전고용상태를 유지할 수 있다는 가정을 전제로 하고 있다.

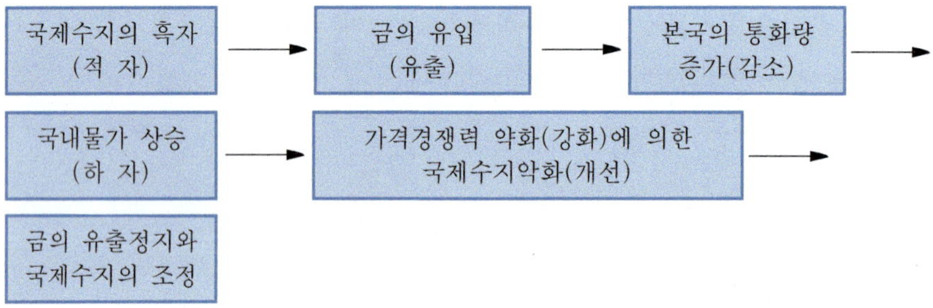

[그림 1] 금본위제도하에서 국제수지의 조정

2) 브레튼우즈체제(금환본위제 하의 조정가능 고정환율제도) : 1944~1973년

제2차 세계대전이 끝날 무렵인 1944년 새로운 국제통화질서의 확립을 위해 미국 뉴햄프셔주에 있는 브레튼우즈(Bretton Woods)에서 44개국의 대표들이 모여 세계경제의 안정과 부흥을 위하여 IMF(국제통화기금 : International Monetary Fund)의 창설에 합의하고 IMF가맹국을 중심으로 미달러화를 기축통화(key currency)로 하는 금환본위제와 조정가능고정환율제도(adjustable fixed exchange rate system)를 양대축으로 하는 브레튼우즈체제를 출범시켰다. 브레튼우즈체제 하에서 환율은 단기적으로는 1온스당 35달러의 평가를 중심으로 고정되나 장기적으로는 각국의 국제수지 여건에 따라(예컨대 불균형의 경우) 평가변경을 허용함으로써 국제수지의 불균형을 조정할 수 있게 된다. 이와 같이 환율이 단기적으로는 고정되어 있으나 장기적으로는 조정이 가능하다는 점에서 브레튼우즈체제를 조정가능고정환율제도라 한다. 그리고 IMF가맹국들의 통화는 금에 대한 평가를 직접적으로 설정하지 않고 미달러화에 대한 평가(IMF평가라고 함)를 기준으로 기준환율을 설정하고 대미달러환율의 변동범위를 IMF평가의 상하 1%범위 내에서 고정시키는 의무를 가진다. 따라서 미국은 외환시장개입 등을 통하여 달러화의 금평가를 고정시키는 책임을 갖게 되었다. 이러한 의미에서 브레튼우즈체제는 달러화를 기축통화로 하는 금환본위제인 것이다. 이 브레튼우즈체제는 미국의 달러화만이 금과의 일정교환 비율을 유지하고 각국의 통화는 기축통화와의 기준환율(par value)을 설정 유지함으로써 환율을 안정적으로 유지시키고자 했던 제도이다. 브레튼우즈체제 하에서는 일시적인 국제수지불균형이 발생할 경우에는 IMF 각 회원국들이 출자한 자금을 활용함으로써 불균형을 해소하고자 하였고 국제수지의 기초적 불균형 상태에서는 환율의 변동이 허락되었다. 따라서 브레튼우즈체제는 '조성가능고정환율제도'를 통해 환율을 안정시키고 국제수지의 불균형을 해소시킴으로써 국가간의 무역을 증대시키는 것을 목표로 하였다. 이러한 브레튼우즈체제는 나름대로 1960년대에 이르기까지 어느 정도 환율의 안정에 기여하면서 세계무역증진에 기여해 왔으나 근본적인 문제점도 제기되었다. 세계각국은 브레튼우즈체제 하에서 달러화를 금과 함께 국제준비자산으로 보유하게 되었다. 그러나 세계의 금생산은 세계경제의 성장과 무역규모 확대에 따르지 못하게 되어 달러화가 국제준비자산 중에서 차지하는 비중이 점차 커지게 되었다. 미국은 이에 따라 달러화를 언제든지 금으로 태환해 주어야 하는 부담을 안게 되었고 이 부담이 미국의 거시경제정책의 수행에 있어서 걸림돌로 작용할 잠재적 가능성을 갖게 되었다. 즉, 금의 달러가격을 1온스당 35달러의 수준에 고정시켜야 할 책임을 지고 있는 미국으로서는 미국의 통화확대는 외국중앙은행들의 달러보유액을 증가시킬 수 있는 기회가 되는 반면, 금의 달러가격을 상승시키기 때문에 미국은 통화금융정책에 제약을 받게 되었다. 달러화가 국제자산으로서의 기능을 다하기 위해서는 달러화의 공급이 원활히 이루어져야 하는데, 이 경우 미국은 국제수지 적자를 감수해야 될 가능성이 커지며 따라서 달러에 대한 국제적 신뢰도는 하락하게 된다. 반면에 달러의 신뢰도를 유지하기 위해서는 미국의 국제수지 적자를 해소해야 하는데 이는 곧 국제유동성의 부족을 가져오는 결과가 된다. 결국 국제유동성의 공급이 미달러화에 크게 의존함에 따라 국제유동성 적정 공급문제와 달러화의 국제적 신뢰성문제가 상충되는 소위 유동성 딜레마(liquidity dilemma)문제를 야기시키게 되었다.[9] 1960년대에 월남전으로 인한 미국의 막대한 군비지출은 달러화의 과잉공급을 초래하게 되었으며, 이로 인한 미국의 국제수지 적자 확대는 달러화에 대한 국제적 신뢰도를 떨어뜨림으로써 반사적으로 금에 대한 투기적 수요가 증가하면서 브레튼우즈체제에 불안이 나타나기 시작하였다.

이에 따라 미국의 연방준비은행과 유럽의 중앙은행들은 금보유량을 대량매각함으로써 금값의 안정을 꾀했으나 실효를 보지 못했다. 한편으로 국제유동성의 부족문제를 해결하기 위하여 IMF는 금과 달러화 이외에 새로운 국제준비자산으로서 SDR(Special Drawing Rights : 특별인출권)을 창출하게 되었다. 1969년 7월 IMF총회에서 합의되고 1970년에 창출된 SDR은 금이나 다른 외환과의 교환성이 없어서 민간거래용으로 사용되지 않고 각국 통화당국간의 결제에만 사용됨으로써 IMF가맹국들의 정부간에 국제수지의 불균형을 결제하기 위한 국제준비자산으로서의 기능이 부여되었다. SDR의 한 단위는 '일정량의 금과 특가를 유지시키는 페이퍼골드(paper gold)'이다. IMF는 SDR의 창출을 통하여 적절한 양의 국제유동성을 공급함으로써 금과 같이 산출량이나 기축통화국의 적자규모에 의해서 그 공급량이 결정되는 종래의 불안정한 국제유동성의 공급형태를 어느 정도 개선할 수 있게 되었다. 그러나 현실적으로 브레튼우즈체제 하의 조정가능고정환율제도는 국제수지조정 메커니즘의 기능을 수행하는데 몇 가지의 문제점이 나타나게 되었는데 이는 다음과 같다.

첫째, 기초적 불균형의 경우에만 IMF가맹국의 환율변경을 허용하였기 때문에 경기변동 등의 요인에 의한 일시적인 국제수지의 불균형이 일어날 경우에는 총수요관리정책을 통하여 시정할 수밖에 없었다. 예컨대 경기변동에 의하여 국제수지 적자가 발생하였을 경우 긴축적 재정·금융정책을 통하여 경상수지를 개선시키고 이자율상승을 통한 순자본유입을 증가시켜 자본수지를 개선시킴으로써 국제수지의 균형을 도모할 수 있으나 이때 국내총수요가 감소함으로써 실업이 증가하여 대내경제가 불안정하게 되는 경제사회적 비용을 부담해야 하는 문제가 생기게 되었다.

둘째, 어느 국가에 국제수지불균형이 나타날 때 그것이 기초적 불균형때문인지 또는 일시적 경기변동에 기인한 것인지를 적시에 판단하는 인식시차와 국내경제정책의 선택과 집행에 따른 시차로 인하여 환율의 신축성이 강화되고 이로

9) 유동성딜레마는 이를 처음 제기한 트리핀(R. Triffin) 교수의 이름을 따라 트리핀 딜레마(Triffin dilemma)라고도 부른다.
R. Triffin, *Gold and the Dallar Crisis*, Yale University Press, New Haven, 1960.

인하여 환율은 경직성을 띄게 되었다. 따라서 국제수지의 불균형이 심화되어 대폭적인 환율변경이 불가피하게 되었다.

셋째, 결과적으로 일시적이고 대표적인 환율변경은 투기성 단기자본의 이동을 촉진시키는 계기가 되었고 이는 국제외환시장의 불안정을 가속화시키게 되었다. 이런 가운데 미국의 만성적 국제수지 적자는 약세통화의 매각과 강세통화나 금의 매입을 위한 투기성 단기자본의 이동을 가속화시키는 결과가 되어 준비자산으로서 미달러화의 국제적 신뢰도가 크게 훼손됨으로써 기축통화로서의 기능을 다하지 못하게 되었다.

이상에서 살펴본 바와 같이, 국제유동성의 신뢰도와 공급의 적정성 및 국제수지 조정메커니즘의 경직성 등의 문제점들이 결국 브레튼우즈체제를 붕괴시킨 결과를 가져오게 되었던 것이다. 1960년대 초반과 후반기에 일부 국가들은 미국에 대하여 달러화의 금태환을 요구하였고, 민간부문에 의한 달러화와 금과의 투기적 거래가 유발되면서 달러화의 투매현상이 일어남으로써 달러화의 국제적 신뢰도는 땅에 떨어지게 되었다. 이에 IMF는 SDR을 창출하여 유동성을 확대하고 국가간 협력을 통한 금풀제와 금의 이중가격제 등을 실시하여 달러화의 국제적 신뢰도를 회복하려고 하였다.[10] 그러나 금풀제는 1966년까지 금에 대한 민간부문의 투기를 억제하는데는 어느 정도 성공적이었으나 계속되는 미국달러화에 대한 신뢰도 하락으로 그 기능이 마비되면서 프랑스가 먼저 금풀제도를 이탈하게 되었으며 이어서 1967년 11월에 파운드화의 16.7% 평가절하조치로 금풀제도의 운영은 사실상 어렵게 되었다. 연이어 나타난 국제적인 대규모의 골드러쉬(gold rush : 금매입)가 발생하였다. 이에 대비하기 위하여 1967년 4월에 미국을 비롯한 금풀제를 채택했던 국가들이 금풀제를 폐기하고 금의 이중가격제도(two-tier system for gold)를 채택하게 되었다. 그러나 미국을 비롯한 주요 선진국들의 이러한 노력에도 불구하고 미국의 국제수지 적자의 지속적인 누증은 달러화의 신뢰도를 추락시키면서 유럽 여러 국가들은 미국에 대해 그들이 보유하고 있는 달러화에 대한 금태환을 강력히 요구함으로써 브레튼우즈체제의 존립 자체를 위협하게 되었다. 마침내 1971년 8월 15일 미국의 닉슨(R. Nixon)

---

10) 금풀제(gold pool)란 1961년에 미국, 영국을 비롯한 주요 선진 8개국 중앙은행들이 금가격을 1온스당 35달러로 유지하기 위해 금과 달러화에 대한 투기적 거래를 억제할 목적으로 민간 금시장에 개입하는 제도를 말한다. 금의 이중가격제도(two-tier system for gold)는 금거래에 있어서 민간시장에서는 금가격이 금의 수요와 공급에 의해서 자유롭게 결정되도록 허용하는 반면 각국의 중앙은행간의 공적거래에는 금 1온스당 35달러의 공정가격을 적용하도록 하는 제도를 말한다.

대통령은 달러화의 금태환정지를 선언(닉슨선언)하였고, 이에 따라 달러화를 기축통화로 하는 브레튼우즈체제는 붕괴하게 되었다.[11] 1971년 12월 선진 10개국 경제각료들은 닉슨선언으로 야기된 브레튼우즈체제 붕괴에 따른 국제외환시장의 혼란을 수습하기 위하여 미국 워싱턴 D.C에 있는 스미소니언박물관에 모여 고정환율제도로의 회복을 표방하면서 달러화를 8.57%평가절하(금 1온스당 35달러에서 38달러로 달러의 금평가조정)하고 과거 기준환율의 1%수준에서 제한되었던 환율의 변동폭을 2.25%로 확대하는 소위 '와이드밴드환율제'(wide band exchange rate system)의 채택을 주요 내용으로 하는 이른바 스미소니언협정(Smithonian Agreement)을 체결하였다.[12] 이러한 스미소니언협정에도 불구하고 미국의 경상수지는 계속 악화되었으며 통화량의 계속적인 팽창으로 물가상승의 악순환에 시달렸으며 이로 인하여 투기자본이 마르크화와 엔화에 집중되어 달러화의 가치는 더욱 하락하게 되었다. 결국 미국은 1973년 2월에 금 1온스당 38달러에서 42.22달러로 다시 10% 평가절하를 단행하였으며 EC국가들은 동년 3월에 공동변동환율제도(European system of narrower exchange rate margins : snake system)로 이동하게 되었다. 스미소니언체제가 달러화의 재평가절하로 와해된 이후 각국은 자국의 경제여건과 필요에 따라 다양한 환율제도를 채택하게 되었으며, 이에 대처하여 IMF는 1974년 6월 "변동환율운용지침"을 설정 표방하게 되었다. 결국 브레튼우즈체제는 스미소니언협정에도 불구하고 실효를 거두지 못한채 양대지주인 '달러화의 금태환'과 '고정환율제도'의 종말을 고하게 되었고 국제통화제도는 크게 변모하는 결과를 가져오게 되었다.

3) 킹스턴체제(변동환율제도로의 이행 : 1976년~현재)

브레튼우즈체제의 회생을 위한 스미소니언협정도 실효를 거두지 못하자 1976년 1월 자메이카의 수도 킹스턴(Kingston)에서 새로운 국제통화질서가 수립됨으로써 국제통화제도는 브레튼우즈체제에서 킹스턴체제로 넘어가게 되었다.

---

11) 닉슨선언은 1971년 8월 15일 다음과 같은 3개 항의 긴급조치를 발표하였다.
① 미국은 달러화의 금태환을 중지한다.
② 미국은 무역상대국들이 그들의 통화가치를 평가절상하지 않는 한 10%의 수입과징금을 부과한다.
③ 미국은 인플레이션 억제를 위해 임금·물가수준을 동결한다.

12) 스미소니언체제는 새로운 국제통화제도라기 보다는 브레튼우즈체제의 연장에 불과하며 결과적으로 새로운 국제통화제도인 킹스턴체제가 채택될 때까지의 과도기적 성격을 띠게 되었다고 할 수 있다.

킹스턴체제는 브레튼우즈체제의 붕괴 이후 현존하는 통화체계를 수용한 것이며, 그 기본내용은 다음과 같다.

첫째, IMF회원국에게 그 경제여건에 맞는 독자적인 환율제도를 자유로이 선택할 수 있는 재량권을 부여함으로써 오늘날 대부분의 선진국들이 실시하고 있는 변동환율제도를 사실상 인정하였다.13)

둘째, 금의 공정가격제 및 금평가제를 폐지함으로써 가치척도로서의 금의 기능이 사라지게 되었다. 대신 금의 기능을 일명 '페이퍼골드'(paper gold)라고 불리는 SDR이 맡게 됨으로써 브레튼우즈체제에 있어서의 금 달러본위가 킹스턴체제 하에서 SDR본위로 바뀌어지게 된 것이다.

셋째, 국제준비자산으로서 SDR의 기능을 증대시키기 위하여 그 사용범위를 크게 확대하였다. 이것은 SDR의 적절한 창출과 관리에 의하여 국제유동성부족으로부터 야기될 수 있는 문제와 특정통화에 대한 과도한 의존에 따른 국제통화신뢰도의 문제점 등을 해결해 나기고자 한 것이다.

넷째, 킹스턴체제는 회원국들의 국제수지불균형 문제를 국제통화체제의 안정을 저해하는 가장 큰 요인 중의 하나로 간주하였다. 따라서 킹스턴체제는 IMF의 국제수지조정 지원기능을 강화하기 위해 IMF신용을 크게 증대시켰으며 동시에 이용조건을 완화하였다.14)

이와 같은 기본내용들이 지적하고 있듯이 킹스턴체제 하에서는 여러 국가들이 채택하고 있는 환율제도가 그 나라의 경제적 여건과 필요에 따라 다양한 형태로 나타나게 되었다. 특히 대부분의 주요 선진국들은 관리변동환율제도를 많이 채택하고 있는데, 새 제도에서는 대체로 외환의 수요와 공급에 따라 환율이 변동하는 시장기능에 따른 환율결정체제이지만 환율의 변동이 지나칠 때는 정부가 어느 정도 외환시장에 개입하게 된다. 킹스턴체제 이후 주요 산업국가들에 의하여 채택되고 있는 관리변동환율제도 하에서 각국은 중앙은행이 외환시장 개입을 통하여 환율을 신축적으로 변동시킴으로써 장기적이고 구조적인 국제수지불균형을 시정할 수 있게 되었다. 즉, 통화당국은 보유하는 외환안정기금이나 환평형기금(exchange equalization fund)의 활용을 통해서 외환시장에 개입하게

13) IMF는 동시에 국제통화질서의 안정적인 유지를 위해 각국의 자의적인 환율조작을 금지하는 등 환율정책운용 상의 의무도 부과하여 동의무의 이행여부를 감시하는 감독업무도 수행하게 되었다.

14) 후진국의 국제수지적자보전을 위한 확대신용금융(Extended Fund Facility), 신탁기금(Trust Fund), 보완금융(Supplementary Financing Facility) 등을 신설하여 IMF의 신용공여능력을 크게 확대하고 종전의 대기성 차관(stand-by credit)에 대한 인출요건도 크게 축소하는 방향으로 이용조건을 완화시켰다.

된다. 외환시장에서 환율이 일정수준 이상으로 상승하면, 즉 환율변동이 상한폭을 초과하면 보유외환을 매각하고 환율이 하한폭 이하로 하락하게 되면 외환을 매입함으로써 외환에 대한 수요를 증대시켜 환율을 안정적으로 유지하고자 한다. 결국, 관리변동환율제도는 고정환율제도가 갖는 단점을 보완해서 일관성있는 대외경제정책을 펴면서도 대외여건 변화에 탄력적으로 대처할 수 있도록 재량권을 부여하는 환율제도라 할 수 있다.

그러나 킹스턴체제 또한 여러 문제점들이 노출되고 있는데 대표적으로는 ① 환율의 불안정, ② IMF 감독기능 미약, ③ IMF 및 가맹국가간의 경제정책협조의 한계 등이 지적되고 있다.

첫 번째의 환율불안정 문제는 근본적으로 변동환율제도의 특성에 기인되는 것이지만 그 이외에도 환율의 국제수지조정기능을 제대로 수행하지 못하고 있음에도 원인이 있다. 환율의 단기변동의 심화는 중장기적 환율변동추세를 예측할 수 있는 중심지표가 없어 환위험을 야기시킴으로써 환위험의 회피를 위한 금융비용을 증가시키는 결과를 가져왔고 국제무역 및 자본이동을 위축시키게 되었다. 이와 같은 환율의 불안정한 추세는 국제유동성의 편재현상을 더욱 심화시키고 보호무역을 강화시키는 방향으로 나타남으로써 현행 국제통화제도를 불안하게 하는 요인으로 작용하고 있다.

두 번째로 킹스턴체제 하에서 IMF는 모든 가맹국에 대하여 각국의 경제여건에 적합한 환율제도를 선택할 수 있는 재량권을 부여한 동시에 국제통화질서의 안정을 유지하기 위하여 재정 · 금융정책과 환율의 안정성 유지 등을 위해 IMF 및 가맹국과 상호협조해야 한다는 의무를 부과하고 있으며 자국만의 이익을 얻기 위한 환율조작을 금지하고 있다. 또한 IMF는 국제통화제도의 건전한 운용을 위해 가맹국의 환율제도 운용에 대한 국제적 감독기능을 갖는 한편 신용제도를 통해 가맹국의 일시적인 국제수지 조정재원을 지원하도록 되어 있다. 그러나 IMF의 감독기능이 주로 정책권고의 수준에 머물러 있을 뿐만 아니라 IMF 신용제도를 활용하고 있는 개도국에 부과되는 각종 의무도 권고사항에 그치고 있어 효율적인 감독기능을 수행하지 못하고 있다. 또한 가맹국의 재정 · 금융정책의 건전성 여부 및 환율조작 등에 대한 객관적 판단기준이 명확하지 않아 IMF의 감독기능은 제대로 발휘되지 못하고 있는 실정이다.

세 번째로 킹스턴체제 하에서 각국은 정책의 국제적인 파급효과를 고려하지 않은 채 자국의 이익만을 위한 재정 · 금융정책을 추진함으로써 주요국간의 거시경제정책에 대한 상호조화가 이루어지지 않고 있다. IMF가맹국간의 정책협조는 국제경제의 상호의존성을 고려하여 상호협의 하에 각국의 경제정책을 조정함으로써 참여국가들의 이해상충을 발생시킴이 없이 세계후생을 증대시키는데 목적이 있다. 그러나 정책협조를 위한 여러 차례의 선진국간 회담이 이루어졌으나 정책협조 결과는 그 성과가 크게 미흡한 상태였다.15) 상호정책협조가 현실적으로 미흡한 것은 협조대상인 공동경제목표와 채택될 정책수단에 대한 합의가 어려울 뿐만 아니라 경제협력에 수반되는 편익과 비용에 대한 각국의 견해차이와 국가간의 신뢰성문제 그리고 장래에 대한 불확실성 등이 존재하기 때문으로 판단된다. 따라서 국제간 효과적인 정책조정이 이루어지기 위해서는 각국의 상반된 이해관계를 평가할 수 있는 객관적 기준과 정책조정을 위한 제도적 장치가 마련되어야 할 것이다.

이와 같이 여러 문제점들을 내포하고 있는 현행 킹스턴체제에 대한 개편 논의는 크게 두 가지 의견으로 집약되고 있다. 첫 번째 의견은 근본적인 제도 개편보다는 현재의 변동환율제도의 테두리를 유지하면서 주요국간의 정책협조를 강화하고 이를 위한 IMF의 감독기능을 강화하자는 것이다. 이 견해에 대해서는 미국, 일본, 독일 등 선진국그룹이 동조하고 있다. 두 번째 의견은 현행 환율제도의 메커니즘은 선진국간 정책협조를 강화하는데 비중을 두고 있기 때문에 개도국에 있어서는 환율불안정은 근본적으로 극복되기 어려우며, 특히 환율의 단기급변에 의한 피해를 개도국들이 가장 크게 받고 있기 때문에 환율안정과 국제수지 불균형조정을 위해 각국간의 정책조화를 추진해야 하며, 그 방법으로 목표환율대(target zone for exchange rate)의 설정과 주요 거시경제정책에 대한 목표지표의 설정을 통해 다국적 정책감독기능을 강화해야 한다는 것이다.

이 견해는 프랑스와 개도국그룹이 주로 지지하고 있다. 두 번째 의견은 결국 현행 환율제도를 근본적으로 개편하자는 것인데 목표환율제도는 국제수지의 균형을 이룰 수 있는 기준환율을 정하여 이 기준환율을 중심으로 상하로 일정한 범위의 환율대 내에서 시장환율이 신축적으로 변동하도록 하는 제도를 말한다. 이 방식은 크게 보아서 고정환율제도의 범주에 속한다고 볼 수 있는데 다만 브레튼우즈체제 하의 조정가능 고정환율제도와의 차이점은 환율변동 범위가 넓고

---

15) 국제간 정책협조를 위해 1975년 이래 선진국 경제정상회담이 변동환율제의 원활한 운영과 석유파동 이후의 세계경제의 회복 및 물가안정 등을 위해 매년 개최되어 오고 있으며 1973년에 국제통화 및 금리문제를 논의하기 위한 G-5재무장관 및 중앙은행 총재회의가 개최되었으며 동회의는 1986년부터 G-7회의로 확대되어 열리고 있다. 1985년 9월의 플라자 협정(Plaza Agreement)에서 각국의 상호협조 하의 환율조정문제가 제도화되었으며 1987년 2월의 루브르 합의(Louvre Accord)도 같은 취지로 이루어졌다.

목표환율대 자체의 변경이 가능하며 정책당국의 외환시장 개입의무가 크게 제한된다는 점이다. 또한 이 제도는 브레튼우즈체제 하에서의 기축통화였던 미국 달러화에 일본 엔화, 독일 마르크화를 추가한 3개국 통화를 기축통화로 하여 고정환율제도로 운용한다는 것이다. 그러나 이러한 제도를 수용하기 위해서는 3국간의 정책협조가 매우 중요한데 그러한 협조에 따른 각국의 이해관계가 일치할 가능성이 극히 희박하여 실현가능성은 거의 무망한 것으로 인식되고 있다. 지금까지의 개편논의를 종합해 보면, 현재로서는 근본적인 개편보다는 세계경제를 주도하고 있는 선진공업국들의 주장대로 현행제도(킹스턴체제)의 기본골격을 그대로 유지하면서 미흡한 부분에 대하여 점진적이고 부분적으로 수정보완해 나가는 방향으로 전개될 것으로 전망된다.

2. 한국 환율제도의 역사

이제 현행 자유변동환율제도로 이행되기까지 한국 환율제도변천과정을 살펴보기로 한다.

1) 초기의 환율제도(1945. 10~1964. 4)[16]

우리나라에 최초로 환율제도가 도입된 것은 1945년 8월 15일 해방과 더불어 미군정이 시작되면서 공정환율을 채택한 때부터이다. 미군정은 당시 조선은행권인 원화와 미달러화간의 공정환율을 1달러당 15원(현재의 원화기준으로는 0.015원)으로 책정하고 대민간 채무지급에만 적용하고 민간의 대외거래는 인정하지 않았기 때문에 일반거래에는 적용되지 못하였다. 1949년 6월에는 공정환율(1달러당 450원)과 일반환율(1달러당 900원 : 현재의 원화 기준으로는 0.90원)을 분리시킴으로써 복수환율제도를 채택하였다. 1953년 2월에 통화개혁(100 : 1의 평가절하)으로 화폐단위는 '원'에서 '환'으로 바뀌었으며 1962년 6월에 제2차 화폐개혁(10 : 1의 평가절하)으로 화폐단위는 '환'에서 현재의 '원'으로 바뀌었다. 결국 우리나라 초기의 환율제도는 해방 이후 1963년 초까지 미달러화에 대한 공정환율제도가 실시되었으며 대미달러환율은 1945년 10월 1달러당 0.015원 하던 것이

16) 이 부분에 관하여는 한국은행에서 발간한 『한국의 국제수지』, 1975 참조.

1963년 초에는 1달러당 130원까지 상승하였다.

2) 단일변동환율제도(1964. 5~1980. 1)

우리나라는 1964년 5월에 종전의 공정환율기준 미화 1달러당 130원의 고정환율제도를 폐지하고 달러당 255원을 하한으로 하는 단일변동환율제도를 채택하였다.

이 제도의 원래목적은 고정환율을 외환시장의 수급에 따라 유동적으로 조정함으로써 공정환율의 실세화를 추구하고자 한 것이었다. 그러나 새로 채택된 단일변동환율제도에 있어서도 원화환율의 실세반영이 제대로 이루어지지 않았는데, 그 이유로는 이 기간동안 한국은행의 외환시장개입으로 환율이 실세로 미달러화에 계속 고정되어 있었기 때문이다. 이 때문에 환율이 인플레이션과 연동되지 못함으로써 실세반영이 제대로 되지 않아 필요한 때마다 여러 차례에 걸쳐 평가절하를 실시하였다. 1969년 11월의 4.5% 평가절하, 1971년 6월의 13% 평가절하, 그리고 1974년 12월 오일파동에 대처하기 위한 21.3%의 평가절하로 달러당 480원으로 환율은 인상되었고, 외국환은행의 대고객 전신환매도율을 1달러당 485원에 고시하였으며, 1979년 말까지 1달러당 484원의 환율을 유지함으로써 환율은 사실상 1979년 말까지 장기적으로 고정되어온 결과가 되었다.

이와 같이 대미달러화에 연동된 실질적인 고정환율제도는 몇 가지 문제점을 수반하게 되었다. 첫째로는 환율의 가격조정기능이 미약했다. 국내의 인플레이션이 외국에 비해 훨씬 높은 상황에서 환율이 고정되어 있었으므로 우리나라의 수출품목들은 해외시장에서 가격경쟁력을 상실하게 되었다.[17] 그리고 이를 보완하기 위한 방안으로 수출품목에 대한 각종의 보조금정책은 자원의 효율적 배분을 저해하게 되었다. 결과적으로 국제수지조정수단으로서의 환율의 기능이 미흡하였으며, 따라서 국제수지는 악화되었고 두 차례에 걸친 오일쇼크는 국제수지 적자를 더욱 확대시켜 외채의 누적을 가져오게 되었다.

둘째로는 원화를 미달러화에 고정시킴으로써 발생된 문제이다. 1970년대에

17) 국내 인플레이션이 환율에 반영되지 않으면 수출품의 해외시장에서의 가격이 상승하게 되어 가격경쟁력이 약화된다. 예컨대 환율이 $1=₩500일 경우 원화 5,000원짜리 수출품의 해외가격은 $10가 된다. 그런데 인플레이션의 결과로 ₩5,000짜리 수출품이 ₩8,000이 되면, 해외시장에서의 가격은 $16가 되어서 가격경쟁력이 떨어지게 된다. 물론 반드시 이렇게 나타나는 것은 아니지만 만약에 수출기업들이 수출상품의 해외수요탄력도가 커서 수출품의 달러 가격을 인플레이션율만큼 증가시키지 못하게 되면 기업들의 채산성은 크게 악화될 것이다.

주요 선진국들의 변동환율제도로의 이행에 따라 달러에 연동된 고정환율 하에서는 달러가치의 변동에 의해 원화의 대외가치가 자동적으로 변동하게 되었다. 특히 달러가 강세를 보일 경우 원화는 과대평가되는 현상이 나타나게 되었다.

셋째로는 환율조정이 적기에 실세를 반영하여 이루어지지 못함에 따라 필요에 따른 대폭적인 환율조정이 이루어지게 되었고, 이는 경제전반에 걸쳐 충격과 부작용을 수반하였다. 이와 같은 문제점들로 인하여 1980년 2월에 환율제도를 다시 개편하게 되었는데 그것이 다음의 복수통화바스켓제도이다.

3) 복수통화바스켓제도(1980. 2~1990. 2)

정부는 환율변동의 안정과 주요 교역상대국과의 경쟁력제고라는 차원에서 1980년 2월 27일부터 '복수통화바스켓제도'를 채택하였다. 이 제도는 원화의 대외가치를 SDR바스켓과 독자바스켓의 이중통화바스켓에 연동시킴으로써 특정국 통화의 가치변동이 원화의 대외가치변동에 미치는 영향을 최소화하고 주요국 통화의 가치변동을 평균적으로 반영하도록 하는 환율제도이다.

SDR바스켓의 구성통화수는 1974년 7월에 16개국 통화였으나 1981년 1월에는 미국, 일본, 영국, 서독 및 프랑스의 5개국 통화로 되었다.[18] 독자바스켓은 우리나라의 주요 교역상대국 통화들로 구성되었다.

독자바스켓을 채택한 이유는 SDR바스켓 구성통화가 우리나라 주요 교역상대국의 무역비중을 정확히 반영하지 못하므로 미국과 일본에 편중되어 있는 우리나라 무역구조를 반영하도록 하기 위한 것이다.[19] 결국, 복수통화바스켓제도는 SDR바스켓에 의한 원화의 대미달러화 환율과 독자바스켓에 의한 원화의 대미달러화 환율을 산출한 후 이 두 개의 환율을 기준으로 중앙은행이 외환보유고, 내외금리차, 국제수지상태, 국내외 인플레이션율의 차이 그리고 외환시장 전망 등을 감안하여 당일의 한국은행 집중기준율을 결정고시하는 제도를 말한다. 즉, 국제외환시장(주로 뉴욕외환시장)에서 결정된 미달러화의 여타 통화간 환율을 기초로 중앙은행은 SDR바스켓기준에 의한 원화의 대미달러 환율과 독자바스켓기준에 의한 원화의 대미달러 환율을 각각 산출하고, 두 환율을 다시 가

18) SDR바스켓의 5개국 통화는 1975~79년간 세계의 5대 교역국가의 통화로서 각국의 무역가중치는 미국의 달러화 42%, 서독의 마르크화 19%, 영국의 파운드화, 일본의 엔화 그리고 프랑스의 프랑화가 각각 13%였다.

19) 우리나라 주요 교역 상대국(7개국)의 교역가중치는 미국 0.4636, 일본 0.3525, 서독 0.0548, 캐나다 0.0474, 영국 0.0368, 네델란드 0.0160이다. 차철호, 『현대 국제경제학』, pp. 819-822.

중평균하여 얻은 환율에 외환의 실세반영장치를 감안하여 최종적인 원화의 대미달러 환율이 결정된다.[20]

복수통화바스켓제도 자체에 내재하고 있는 문제점들은 1980년대 후반(1986-89)에 우리나라 국제수지가 흑자로 전환되면서 미국을 비롯한 주요 교역상대국들과의 잦은 통상마찰과 원화평가절상 압력의 요인으로 표면화되기 시작하였다. 이에 새로운 환율제도의 도입에 대한 필요성이 제기되었고 이에 따라 시장평균환율제도가 채택되기에 이르렀다.

4) 시장평균환율제도(1990. 3~1997. 12)

시장평균환율제도는 1990년 3월부터 시행되고 있으며 기본적으로 국내외환시장에서 외환의 수요와 공급에 의해 환율이 결정되는 제도이다.[21] 시장평균환율제도 하에서는 외국환은행간에 거래된 달러의 평균가격(시장평균환율)이 다음날 외환시장의 외환거래의 기준가격이 된다.[22] 다음날 외환시장의 기준가격이 되는 대미달러 시장평균환율은 국내 외환시장에서 거래된 원화와 달러화와의 거래환율을 거래량으로 가중평균하여 결정한다.[23] 한편 달러 이외의 기타 통화에 대한 원화의 환율은 대미달러 환율을 국제금융시장에서 형성되는 기타 통화의 대미달러 환율로 재정하여 간접적으로 산출하는데 이를 재정환율이라 한다.[24] 이상에서 살펴본 시장평균환율제도는 제한적이나마 외환시장에서 외환의

---

20) 예컨대 국제외환시장에서 마르크화에 대한 미달러화 상승과 엔화에 대한 미달러화 가치의 하락이 원화의 대미달러 환율에 미치는 효과는 각 화폐의 무역가중치에 따라 상쇄되므로 마르크화에 대한 미달러화의 강세가 원화의 대미달러 환율변동에 미치는 영향은 상대적으로 적게 나타난다.

21) 물론 현행 시장평균환율제도가 관리변동환율제도의 성격을 갖고 있다는 것은 앞에서 지적한 바 있다. 시장평균환율제도 시행초기에는 상하 변동 허용폭이 0.4%이었으며, 제1차에서는 0.6%, 제2차에서는 0.8%, 제3차는 1.0%, 제4차는 1.5% 그리고 제5차에서는 2.25%로 확대되었다. 이러한 상하변동 허용폭이 제거되면 환율제도는 자유변동환율제도가 됨은 물론이다.

22) 시장평균환율을 결정하는 외국환은행에는 시중은행, 특수은행, 지방은행, 외국은행국내지점, 종합금융회사, 한국은행 등이 포함된다.

23) 시장평균환율의 산출과정을 예시하면 다음과 같다.

시장평균 환율 산출(예시)

은행간거래환율(A)	거래량(B)	거래금액(C) = A×B
₩780.00 : US$1	US$10,000	₩7,800,00
₩781.00 : US$1	US$10,000	₩7,810,000
₩782.00 : US$1	US$20,000	₩15,640,000
	US$40,000(D)	₩31,250,000(E)

시장평균환율 : E/D = ₩31,250,000/40,000 = 781.25

수요와 공급에 따라 환율이 결정되므로 환율의 가격기능을 제고시키고 외환시장의 활성화에 이바지 하였다. 그러나 시장평균환율제도 역시 여러 가지 문제점이 제기되었는데 첫째, 대규모의 환투기가 나타나서 외환수급의 불안정으로 달러환율의 변동폭이 커질 경우 중앙은행의 개입한계와 환율조정능력의 문제가 제기될 수 있다는 점, 둘째, 은행간 외환시장과 선물환 및 금융선물시장의 미발달, 셋째, 중앙은행의 일관성있고 장기적인 환율정책의 추진이 결여될 경우 장기적인 환율변동추세를 예측하기가 어려워진다는 것 등이다.

5) 자유변동환율제도

1990년 3월부터 실시되었던 시장평균환율제도는 1997년 12월 환율변동제한폭을 철폐함으로써 자유변동환율제도로 이행하게 되었다.

---

24) 예컨대 $1=₩780, $1=1.5마르크이면 원화와 마르크화간의 환율은 연동방식에 의해 간접적으로 산출되는 재정환율인데 이때의 재정환율은 ₩780/1.5마르크=₩520이 된다. 즉, 1마르크=₩520이다.

많이 활용한 참고도서

Karl E. Case & Ray C. Fair, *Principles of Economics*, Prentice-Hall, 1989.

N. Gregory Mankiw, *Principles of Economics*, 3rd ed., Thomson, 2004.

Panl A. Samuelson & William D. Nordhaus, *Economics*, 18th ed., Mc-GrawHill, 2005.

Marc Lieberman & Robert E. Hall, *Introduction to Economics*, 2nd ed., Thomson, 2005.(김인철 외 2역, 경제학원론, 제2판, 2006)

찾아보기

ㅂ

ㅅ

ㅇ

ㅊ

[저자약력]

■ 박 유 영

- 숭실대학교 경제학과 교수
- 전 한국경제학회 이사
- 전 한중경상학회 회장
- 전 한국전문경영인(CEO)학회 회장

학력 : 숭실대 경제학학사, 숭실대 경제학석사, 숭실대 경제학박사

[주요저서]

- 경제학원론, 삼영사, 2000.
- 한국형기업가정신의 사례연구, 숭실대출판부, 2004.
- 글로벌경쟁과 한국경제(공저), 두남, 2005.
- 금융경제론, 탑북스, 2010.
- 경제학사(공저), 문영사, 2011.

■ 조 성 봉

- 숭실대학교 경제학과 교수
- 전 에너지경제연구원 선임연구위원
- 전 한국경제연구원 선임, 초빙연구위원

학력 : 동국대 경제학학사, 연세대 경제학석사, 오하이오주립대 경제학박사

[주요논문]

- "유통부문 경쟁제한성 검토에 구매시장력은 유용한 개념인가?", 산업조직학회 (2011.9)
- "연료비 이외의 항목도 발전시장의 변동비로 간주할 수 있는가?", 한국환경경제학회, 한국자원경제학회 (2011.9)

[주요저서]

- 이명박 정부 정책평가 및 선진화 과제, 한국경제연구원 2011.1
- 대형 유통업체는 경쟁을 해치는가? 대형 유통업체 규제에 대한 경쟁정책적 분석, 한국경제연구원(2010.7)
- 공기업 개혁, 한국경제연구원 (2007.12)

■ 박 창 수

- 숭실대학교 경제학과 부교수
- 전 에너지경제연구원 책임연구원
- 전 경북대학교 경제학과 전임강사

학력 : 숭실대 경제학학사, 숭실대 경제학석사, University of Colorado(Boulder) 경제학 박사

[주요저서]

- R&D Trade, and Productivity Grow in Korean Manufacturing, Review of World Economics 139(3), 2003.
- Korean and Taiwanese Productivity Performance: Comparisons at Matched Manufacturing Levels, *Journal of Productivity Analysis* 23(1), 2005.
- Productivity growth in Korea ; efficiency improvement or technical progress, Applied Economics 38(8), 2006.
- Reform of the Patent Rights System and Its Impact on R&D Activities in Korea ; The Case of the Electronics Industry, *Asian Journal of Technology Innovation* 18(1), 2010.

■ 김 대 욱
· 숭실대학교 경제학과 부교수
· 전 산업연구원 연구위원
· 현 전력산업연구회 이사
학력 : 연세대 경제학학사, University of California at Davis 경제학박사

[주요 학술논문]
· "에너지 소비효율개선과 리바운드 효과: 수송부문을 중심으로," *자원·환경경제연구*, 제 21권(2), 2012년
· "셀프서비스 주유소의 진입에 관한 실증적," (공저), *경제학연구*, 59(2), 2011년
· "기업의 소유권과 효율성에 관한 연구: 전력산업을 중심으로," (공저), 규제연구, 19(1), 2010년
· "주유소의 제품별 유류가격분산에 관한 실증연구: 소비자의 탐색편익과 탐색빈도를 중심으로," (공저), *산업조직연구*, 17(2), 2009년 6월.
· Biases in Static Oligopoly Models: Empirical Evidence from the California Electricity Market," joint with Christopher Knittel(MIT and NBER), *The Journal of Industrial Economics*, LIV(4), December 2006.

[주요 저서]
· 「정유사의 원가공개의 효과에 관한 실증적 연구」(공저), 에너지경제연구원, 2011.
· 「기후변화를 대비한 에너지 소비절약방안에 관한 실증적 연구」(공저), 아산사회복지재단, 2011. 3.
· 「공공요금 조정방식 개선방안: 전력·가스를 중심으로」(공저), KDI, 2010.

경제원론[제2판]

2011년 2월 25일 제1판 1쇄 발행
2013년 2월 20일 제2판 1쇄 발행
2020년 2월 25일 제2판 4쇄 발행

저 자 박유영 · 소싱봉 · 박상수 · 김대욱
발행인 김 광 식
조 판 아 림 기 획

07285
발행처 서울특별시 영등포구 선유로3길 10, 617호
도서출판 **탑 북 스**
등 록 2009.12.21 제 2016-000101호
전 화 02)365-2223 팩 스 02)365-2221

정가 33,000원

ISBN 978-89-97519-48-4-93320